一部关于超自然现象、离奇事件、古老文明的神秘之书

世界未解之谜
中国未解之谜

文若愚　编著

北京联合出版公司
Beijing United Publishing Co.,Ltd.

图书在版编目（CIP）数据

世界未解之谜　中国未解之谜 / 文若愚编著 . —北京：北京联合出版公司，
2017.2（2018.10 重印）

ISBN 978-7-5502-9020-4

Ⅰ . ①世… Ⅱ . ①文… Ⅲ . ①科学知识－普及读物 Ⅳ . ① Z228

中国版本图书馆 CIP 数据核字（2016）第 262622 号

世界未解之谜　中国未解之谜

编　著：文若愚
责任编辑：徐秀琴
封面设计：李艾红
责任校对：徐胜华
美术编辑：盛小云

北京联合出版公司出版

（北京市西城区德外大街83号楼9层　100088）

北京鑫海达印刷有限公司印刷　新华书店经销

字数720千字　720毫米×1020毫米　1/16　28印张

2018年10月第2版　2018年10月第3次印刷

ISBN 978-7-5502-9020-4

定价：68.00元

前　言

　　人类在地球上繁衍生息了几百万年，但人类的起源究竟在哪里？充满神秘力量的金字塔，其中的超自然现象到底作何解释？恐怖的百慕大三角是无数飞机与船只的梦魇，而它的魔力究竟何在？出现在世界各地的UFO真真假假，它真的是外星人存在的证据吗？轰动一时的尼斯湖水怪到底是人为的闹剧还是真有其物？中国历史王朝更替，国都频迁，但华夏第一都到底在哪里？徐福东渡寻觅不老灵药，是史实还是传说？马王堆古尸为何历经千年不腐？金缕玉衣真的能让肉体不朽吗？孝庄太后为何下嫁多尔衮……关于文明、关于地球、关于帝王将相、关于历史名人、关于社会文化，有太多太多的谜团等待人们去挖掘。

　　这些令人感到困惑不解的事件和现象广泛而真实地存在着，有些是人类当前的认知能力和科技水平所不能完全解释的，有些是其真实面目被历史尘封，还有些则是由于当局者的刻意隐瞒和篡改。它们所散发出来的神秘魅力，像磁石一般吸引着人们好奇的目光，并激发起人们探求真相的强烈兴趣。在对种种谜团的破译和解析过程中，人们不但能够获得知识上的收益，还能得到愉快的精神体验。

　　鉴此，我们组织编写了这本《世界未解之谜　中国未解之谜》，本书以知识性和趣味性为出发点，多层面、多角度地展示了从神秘传说到远古文明、从帝王后宫到文化名人、从自然奇域到人文建筑、从历史文化到军事政界等方面具有研究价值、富具探索意义和为人们所关注的未解之谜，内容涉及政治、经济、历史、文化、军事、科技、地理等诸多领域，可谓包罗万象。对于每个未解之谜，编者并未以一家之言取信于读者，而是在参考了大量文献资料、考古发现的基础上，结合新迈的研究成果，客观地将多种经过专家学者分析论证的观点一并提出，展示给读者，或引经据典，或独辟蹊径，或提供佐证，或点明主题，使读者既多了一个与大师们面对面交流的机会，又多了一条了解真相的途径，从而见微知著、去伪存真，努力揭示出谜团背后的真相。写作风格上，本书力求通俗易懂、精准生动，将大量未知的事物与现象用深入浅出的语言完整表达出来，可读性强，符合不同层次读者的阅读需求。

同时，编者精心挑选了300余幅精美图片，包括实物图片、自然风光、建筑景观、出土文物、摄影照片等，与文字相辅相成、相得益彰。人物背后的故事、历史背后的真相、谜团背后的惊悚，诸多内幕与线索层层结合，直击事实真相，为读者展示出更广阔的认知视野和想象空间。

流畅的叙述语言、逻辑严谨的分析理念、图文并茂的编排形式、新颖独到的版式设计，将读者感兴趣的疑点与谜团立体地展现出来，使读者在轻松获取知识、提升科学和文化素养的同时，得到更广阔的审美感受和愉快体验。

目 录

·上篇·
世界未解之谜

·下篇·
中国未解之谜

上篇
世界未解之谜

神秘宇宙之谜

银河系是太阳系所在的恒星系统，包括近 2000 亿颗恒星和大量的星团、星云，还有各种类型的星际气体和星际尘埃。它的总质量是太阳质量的 1400 亿倍。银河系里有 2000 亿颗太阳的"兄弟姐妹"，而目前科学家已知道了 150 个恒星有行星环绕。

浩瀚宇宙，群星闪烁。仰望天空，人类对神秘的宇宙充满了想象：是否存在外星生命？UFO 是否是外星人派来的使者？我们是宇宙中孤独的智慧生物？火星布满尘埃的表面，曾经真的有水流吗？"火星上的脸"的奇怪照片真的是其他文明世界想与人类接触的标志吗？外星人真的已经在地球上的百慕大魔鬼三角区、喜马拉雅山、加勒比海海域、阿根廷海域、阿斯塔地，以及南、北极或月球背面建立了基地吗？

宇宙的诞生

21 世纪来临了，世纪更替，千年狂欢，但人们并没有忘记那些长期困扰人类的疑问。人们渴望通过找寻这些问题的答案来更多地了解大自然。

宇宙是永恒不变的吗？宇宙有多大？宇宙是什么时候诞生的？宇宙中的物质是怎么来的？关于宇宙的疑问太多了，人们从远古时代就提出了许多诸如此类的问题。

当人类第一次仰望苍穹，看到了广阔无垠的天空和闪闪发光的星星，不禁想知道这一切究竟是怎样产生的。各个民族、各个时代都有种种关于宇宙形成的传说。不过那都是建立在想象和幻想基础上的优美的神话故事。在今天，科学技术的日益发展，使人类有了强大的认识自然的工具，但关于宇宙的成因却还没有定论，还处在假说阶段。人们总结了一下，大致有以下几种假说。

第一种假说是"宇宙永恒论"。这种假说认为，宇宙并不是动荡不定的，宇宙中的星体、星体的数目和分布以及它们的空间运动从开天辟地时开始，就一直处于一种稳定状态，宇宙是永恒的。持这种假说的天文学者把宇宙中的物质分门别类，分成了恒星、小行星、陨石、宇宙尘埃、星云、射电源、脉冲星、类星体、星际介质等几大类，认为在大尺度范围内，这些物质处于一种力和物质的平衡状态。也就是说，一些星体在某处湮灭了，另一些新的星体一定会在另一处产生。宇宙在整体范围内是稳定的，即使发生了变化，也只是局部的变化。

第二种假说是"宇宙分层论"。这一观点认为宇宙的结构是分层次的，恒星是一个层次，恒星集合组成星系是一个层次，若干个星系结合在一起组成的星系团是一个层次，一些星系团再组成超星系，成为一个更高的层次。

第三种假说就是到目前为止许多科学家都比较赞同的"宇宙大爆炸"理论。这一观点是由美国著名天体物理学家加莫夫和弗里德曼提出来的。他们认为，大约在200亿年以前，我们今天所看到的天体的物质都集中在一起，形成一个密度极大、温度高达100亿度的原始火球。这个时期的天空中，到处充满了辐射，恒星和星系并不存在。后来因为某种未知的原因，这个原始火球发生了大爆炸，组成火球的物质被喷发到四面八方，并逐渐冷却下来，密度也开始降低。爆炸发生2秒钟之后，质子和中子在100亿度的高温下产生了，随后的11分钟之内，自由中子衰变，进而形成了重元素的原子核。大约1万年以后，氢原子和氦原子产生。在这1万年的时间里，散落在空间中的物质开始在局部联合，这些物质凝聚成了星云、星系的恒星。大部分气体在星云的发展中变成了星体，因受星体引力的作用，其中一部分物质变成了星际介质。

此后，科学家建造了太空望远镜，并以"哈勃"命名，希望能够借它来确定哈勃常数。哈勃常数是以"哈勃"命名的宇宙膨胀率，多年以来成为宇宙中最为重要的数字。哈勃常数的物理意义就是星体互相抛离的速度和距离之比。常数数值越大，表示宇宙扩张到今天的大小所需的时间就越短，宇宙就越年轻。它与宇宙现在的年龄有关，不但涉及宇宙的过去，还将决定宇宙的未来。宇宙有一个开始，是否一定会有一个结束？宇宙产生于"无"，是否最后的归宿也是"无"呢？

从一开始，人们就围绕哈勃常数展开了激烈的争论。按照哈勃本人测得的数值可以推算出宇宙的年龄约为20亿岁，但是地球就有40亿岁，这显然是不可能的。很显然，宇宙应该比在它其中的星球诞生得更早。科学家们自20世纪70年代开始，不断地采用各种手段测算哈勃常数，并得出了不同的结果。但是人们从这些数值出发，推算出的宇宙年龄却是大相径庭的。

科学家们一方面围绕着哈勃常数展开喋喋不休的争论，而另一方面，科学家们对某些星体年龄的测定却更为准确。现阶段，天文学家们已经测知，银河系中一些最古老的星系的年龄约为160亿岁。按这样推测，大爆炸只能在160亿年以前发生，而根据科学家们最近用哈勃望远镜得到的一些观测结果分析，推算出宇宙的年龄约为120亿岁。这个结论证明：宇宙确实比存在于它其中的古老星系更年轻。

如果测算结果是正确的，那么只能说明原先的假设出现了错误，宇宙可能不是从爆炸中诞生的。宇宙的年纪这么"小"，再度让自己的身世在人们眼中变得神秘起来。

1999年9月，印度著名天文学家纳尔利卡尔等人对大爆炸理论发起挑战，并提出了一种新的宇宙起源理论。他们把自己的研究成果命名为"亚稳状态宇宙论"，这是纳尔利卡尔和另外3名科学家共同提出的新概念中最重要的观点。

他们认为，宇宙不是由一次大爆炸形成的，而是由若干次小规模爆炸共同形成的。这种新理论认为，宇宙在最初的时候是一个巨大的能量库，被称为"创物场"，而大爆炸理论所描述的是没有时间和空间的起点。在这个能量场中，接二连三的爆炸逐渐形成了宇宙的雏形。此后小规模的爆炸还在不断地发生，导致局部空间的膨胀，局部膨胀时快时慢，综合在一起便形成了整个宇宙范围的膨胀。

以前，人们认为宇宙在时间上是无始无终的，在空间上是无穷无尽的，是无限的。后来在观测中人们发现宇宙仍在膨胀，但速度却慢了下来，这就形成了一个全新的宇宙有限观，这一观点几乎将宇宙无限的旧观念完全代替了。宇宙学家根据观测，推算宇宙在超空期中的一个小点上爆炸，先膨胀再收缩，到最后死亡消散，大约要经过800亿年。现在大约只过了160亿年，宇宙间的一切在以后的600亿年中将逐渐向中心一点集拢，当时空都到了尽头，宇宙也就不复存在了。就像超巨星在热核燃烧净尽，引力崩溃，所有物质瞬间向中心收缩，形成我们至今仍不可见的黑洞一样，成为存在而不可见的超物质，也许这就是宇宙死亡的模型。

寻找宇宙中心

从古至今，人们每天都能看见太阳东升西落，好像太阳在围绕地球运转，自然会产生地球位于宇宙中心的想法，后来这种观点被日心说所推翻，它认为太阳才是宇宙的中心。那么宇宙的中心到底是什么？地球、太阳、银河系还是其他河外星系，更或者宇宙根本就没有中心？其实很久以前就有人思考过这个问题，人们通过大量的观测工作记录了许多测量数据，并根据这些数据形成了一些观点和看法，但到目前为止还未形成一个系统的具有说服力的学说。

托勒密像

早在公元90～168年，古希腊学者托勒密就建立起了世界上第一个完整的地心宇宙体系。他在总结前人的观点和测量数据的基础上，特别是针对那时关于行星的观测结果，提出地球处在宇宙的中心静止不动这一说法。恒星均位于被称作"恒星天"的固体球壳上，其他的天体如太阳、月亮、五大行星等都沿各自的轨道绕行在地球周围，每颗行星都在一个小圆轨道上做匀速转动，人们将这些小圆轨道称为"本轮"。"本轮"的中心又在一个被称为"均轮"的大圆轨道上围绕地球匀速转动。这样，在以地球为中心的轨道上，"恒星天"和太阳、月亮、五大行星等各自做匀速运动。

就当时的科学状况而言，托勒密的地心说中许多内容是比较科学的。例如，托勒密在研究天体运动时，建立了新的几何学模型和坐标参考系。另外，他把恒星固定在被他称为"恒星天"的固体球壳上，俗称"水晶球"，至今人们还将这种假想的"天球"概念保留在天文观测上。但是托勒密的理论是错误的。

中世纪期间，欧洲教会就是利用这个错误来维持统治的，使西方认为地球是宇宙中心的错误历史延续了1400多年。在这段时期，教会总是宣传上帝居住的极乐天堂是最高天堂，"上帝选定的宇宙中心是地球"。教会把地心宇宙观奉为神圣不可侵犯的真理。

但是，教会的统治并不能阻止人们探寻真理的脚步。

从14世纪中期开始，随着人类不断扩大生产活动、发展经济，社会需求提高了，一种新的文化潮流在欧洲兴起。15 世纪，航海事业的发展促进了天文学的进步，为了正确导航，天文学家需要精确地观测和预报天体的位置，这时就发现采用托勒密理论计算出来的行星位置与实际偏差很大，因此他的理论显得非常不实用。

即使是这样，仍有一些人坚决地维护地心说理论，他们采取在"本轮"上再加"本轮"的方法来处理出现的偏差，若计算出来的行星位置仍与实际位置存在偏差时，就再加上一个本轮，以此类推进行下去直到不再有偏差存在为止。有时几颗行星的"本轮"数多达 80 多个，而且某颗行星究竟应该被加上多少个"本轮"才合理，谁也无法确认。天文学由此陷入了尴尬的局面。

公元 1543 年，波兰天文学家哥白尼在《天体运行论》一书中向传统的地心说提出了挑战，认为地球是一颗不断转动的普通行星，太阳才是宇宙的中心，其他的天体都围绕太阳运转。那么哥白尼是一个什么样的人，他的宇宙观又是如何形成的呢？

伟大的哥白尼于 1473 年 2 月 19 日诞生在波兰西部维斯杜拉河畔的托伦城。21 岁时，哥白尼求学于欧洲最文明的国家，也就是当时文艺复兴的中心——意大利。

在意大利生活的 10 年当中，哥白尼深受当时文艺复兴思想的影响，例如他曾拜访过达·芬奇这位文艺复兴的代表人物。年长他 20 岁的画家兼科学家十分蔑视宗教神学，认为教会利用天堂来做买卖，而天堂全是虚构出来的。达·芬奇企图恢复一些古典哲学家的天文学说，主张宇宙的中心不是地球。和达·芬奇一样，意大利天文和数学家诺瓦拉也反对地心说，哥白尼经常和他在一起观测天象，探讨怎样改进"地心说"。当时，哥伦布发现新大陆的消息也将哥白尼创立新的天文学说的热情和勇气激发出来了。

哥白尼仔细阅读了各种古罗马和古希腊的哲学著作后，初步提出了"地动"的思想。这个在今天看来十分古老的科学见解在当时却显得很新鲜。

回到波兰后，哥白尼将全部的精力投入到天文学研究工作上。经过数十年的辛勤工作，他终于创立了新的宇宙结构理论。哥白尼认为，巨大的天球并没有动，人们看到的天球的运动只是一种表面现象。只是因为地球在自转，所以人们产生了错觉，认为天球在动。他大胆指出，地球不是宇宙的中心，地球只是绕着太阳在转，太阳才是宇宙的真正中心。

随着科学技术的发展，有人又提出一种新的观点，认为太阳仅是太阳系的中心，银河系也有中心，它周围所有的恒星也都绕着银河系的中心旋转，但是宇宙是没有中心的，即不存在一个中心，让所有的星系围着它转。这种观点可用宇宙不断膨胀的理论加以解释。因为在三维空间内，宇宙的膨胀一般不发生，只有在四维空间内宇宙才有可能膨胀。四维空间不仅包括普通三维空间的长度、宽度和高度，还包括时间。尽管描述四维空间的膨胀困难重重，但也许我们可以通过气球的膨胀来解释它。

假设宇宙是一个不断膨胀的气球，而星系遍布在气球表面的各个点上，我们人类就住在某个点上。此外还需要假设星系只能沿着表面移动而不能进入气球内部，或向外运动而不会离开气球的表面，在某种意义上我们被描述为一个存在于二维空间的人。假如宇宙不断膨胀，即气球的表面不断地变大，那么表面上的每个点的距离就会越来越大。其中，若以某个人所在的某一点为定点，这个人将会看到其他所有的点都在后退，而且距离他越远的点，其退行速度越快。

现在，倘若我们要寻找气球表面上的点的退行起点，那么我们就会发现它其实已经不在气球表面上的二维空间内了。由于气球的膨胀实际上是在三维空间内从内部的中心开始的，而我们所处的位置在二维空间上，所以我们无法将三维空间内的事物探测清楚。

同样的道理，三维空间内部不是宇宙膨胀的起点，而我们却只能在宇宙的三维空间内运动。在过去的某个时间，即宇宙开始膨胀的时候，或许是亿万年以前，虽然我们可以看到，可以从中获得有关的信息，而回到那个时候却是不可能的。所以说宇宙没有中心。

但这种观点同样无法解释所有的现象，宇宙到底有没有中心仍有待证明。

黑洞！黑洞！

为了研究太空中看不见的光线，美国宇航局研制发射了高能的天文观察系统。在其发回的 X 射线宇宙照片中，天文学家发现了最惊人的一幕：那些人们认为已经湮灭了的星体依然放射出比太阳这样的恒星体更为强烈的宇宙射线。这证明了长久以来人们的一个大胆设想：宇宙中确实存在着看不见的"黑洞"。

什么是黑洞呢？要解释这个问题，我们要先从万有引力谈起。

牛顿的万有引力定律认为，地球和宇宙间的一切天体，都具有强大的相互吸引力，它们能牢牢地吸引住附近的一切物体。比如地球的引力吸引着地表的物质使之不能随意地飞离地球；人们想要把人造卫星送上围绕地球运行的轨道，至少要使发射的火箭有每秒钟 8 千米的速度。如若不然，因为地球的引力，人造卫星就会被拉回地面，我们称这个速度为第一宇宙速度；如果我们要把一只飞船送到火星上去，也就是说要让飞船摆脱地球引力的控制，那么发射的火箭就要把速度提到每秒钟 11 千米，这个速度叫作第二宇宙速度，又被称为天体的表面脱离速度。不同天体的表面脱离速度也不同，这与质量关系密切。比如说，月球的质量比地球小，表面脱离速度就比地球的表面脱离速度小很多；而太阳的质量比地球大许多倍，表面脱离速度就会相应大许多。

那么，人们不禁又要问：有没有可能在宇宙中有这样一些天体，它们的表面脱离速度能超过每秒 30 万千米，比光速还要大？由于它自己的引力如此之大，以至于连它所发射的光都跑不出来？

1798 年，法国天文学家拉普拉斯从牛顿力学出发，预言了宇宙中可能存在引力如此之大的大天体。他认为"宇宙中最明亮的天体，很可能我们根本就看不到它"。他大胆地假设说，如果有一个天体的密度或质量很大，达到了一个限度，这时它很可能是不可见的。因为光速也低于它的表面脱离速度，也就是说光无法离开它而最终到达我们这里。他的预测其实就是一种早期的黑洞理论。

近代以来，爱因斯坦发表了广义相对论，越来越多的自然科学家从牛顿力学和广义相对论出发，得出了类似结论，纷纷预言"黑洞"的存在。依据牛顿的万有引力理论，科学家得出，一个球形的天体，一旦它的质量超过太阳质量的 2 倍，就可能引发"引力崩溃"。也就是说，它可能会向自己的中心引力坍缩，成为一个体积无限小、质量无限大的质点。依据爱因斯坦的广义相对论，德国科学家史瓦西计算出了一个可能具备无穷大引力的天体半径。他进一步阐述说，一个天体一旦半径达到了这个大小，就很可能有无限大的引力，任何物质都不能从它那儿逃脱出来，只能被它吸引进去。即便光线速度极快，也"难逃噩运"。这个有能力把一切吸引住的地方，人们无法看到它，因而称之为黑洞。

当今科学家们更加确切地定义了黑洞，他们认为黑洞是广义相对论能够预言的一种特殊天体。这种天体具有一个封闭的边界称为"视界"，这是它最基本的特征。视界的封闭也是相对而言的，外界的物质和辐射可以进入视界，而视界内的一切都无法逃逸到外面去。更简单地说，黑洞不向外界发射和反射任何光线，人们就没办法"看到"它，这就是黑洞之所以"黑"的原因；同时任何东西一旦进入其中，就再也出不来了。黑洞似乎永远都处于饥饿的状态，是个填不饱的"无底洞"，有人形象地把它叫作"星坟"。

人们已不再质疑是否有黑洞，那么黑洞里面的情况如何呢？由于目前对黑洞还没有直接的观测依据，科学家们只能从理论上推测。假如有一位无畏的科学家驾驶飞船向黑洞飞去，他最先感到的是巨大的吸引力。他要是从窗口望出去，就会看到一个平底锅似的圆盘在周围星光衬托下很显眼。走得更近，远方似乎有"地平线"，发出 X 射线，那似乎深不见底的黑洞便是被这"地平线"包围着。光线在黑洞附近变形，成为一个光环。宇航员这时要返航已是不可能的了，双脚受到的巨大引力使得他向黑洞中心飞去。他如同坐在刑具台上，头和脚之间出现巨大的引力差，这巨大的引力差早在距"地平线"4800 千米之外的地方就把他撕碎了。

科学家一直在寻找能说明黑洞存在的证据。黑洞本身是不能被直接观测到的，但它有相当大的引力场，这就会影响附近天体的运动。于是人们找到了间接观测黑洞的方法，那就是由附近天体的运动来推测黑洞的存在。如果有物质落向黑洞，当它接近但还没有到达视界时，就会围绕着黑洞外围做高速旋转，运动轨迹呈盘状或喇叭状，而且这些物质在高速旋转时会因摩擦而产生高温，同时释放出强大的高能 X 射线。人们用仪器是可以探测到 X 射线的，所以这类高能辐射也成为科学家们寻找黑洞的重要线索。根据这一点，天文学家开始在浩瀚的宇宙中细细搜寻。终于人们发现在天鹅座附近有奇特的强 X 射线源，这就是著名的"天鹅 X-1 射线源"，有一颗比太阳大 20 倍的亮星和它相互围绕着旋转。估计这个 X 射电源便是一个黑洞，而且这个黑洞大概拥有 8 倍太阳的质量。人们还估计，在一个名叫 M87 的椭圆星系的核心，很可能有一个质量巨大的黑洞，而它竟有 90 亿倍太阳的质量。

从这些结果出发，科学家们大胆地做了更深一步的设想。他们认为，在整个宇宙中，普遍存在着黑洞，而且组成宇宙的主要天体很有可能就是黑洞。他们还进一步预言，在银河系中心，很可能也存在着一个质量相当于 500 万个太阳质量的巨大黑洞。正是由于它巨大的引力，才将成千上万颗恒星吸引住，这些恒星和气体的运行速度极快，而且都围绕着银河系中心旋转，成为一个十分巨大的集合体，银河系由此而成。

那么，什么原因导致宇宙中黑洞的形成呢？有人认为，恒星到了它的晚年，耗尽全部的核燃料，由于自身引力发生坍缩。如果坍缩物质的质量比太阳质量大 3 倍，那么最终的坍缩产物就是黑洞。此类黑洞的质量一般不会很大，不超过太阳质量的 50 倍。另外有人还认为由于在星系或球状星团的中心部分密集分布了很多恒星，以至于星与星之间极易发生大规模的碰撞，导致超大质量天体的坍缩，质量超过太阳 1 亿倍的黑洞就这样形成了。还有一种说法认为，也许是在宇宙大爆炸时，产生了极为强大的力量，一些物质被如此强的力量挤压得非常紧密，于是产生了"原生黑洞"。

一旦证实了黑洞的普遍存在，那么宇宙不但神秘如同我们的想象，甚至神秘得超乎我们的想象。我们知道宇宙仍处于不断的扩张中，这是宇宙大爆炸的结果，爆炸中心的宇宙核仍是一切物质的来源。宇宙是否会在宇宙核的物质变得很稀薄时停止扩张？是否会因为各天体的自身引力而导致收缩？相对论的回答是肯定的，黑洞的存在部分地证实了相对论的判断。也许宇宙不会消失在一个黑洞中，那么很可能会消失在几百万个黑洞中。因此，彻底地揭开黑洞之谜，还关系着人类对于宇宙归宿的追问。

旋转的地球

是什么力量驱使地球如此永不停息地运动——在围绕地轴自转的同时，又在一个椭圆形轨道上环绕太阳公转，带来昼夜交替和季节变化，使人类及万物繁衍生息？

宇宙间的天体都在旋转，这是它们运动的一种基本形式，但要真正说明这个问题，首先要弄清楚地球和太阳系是如何形成的，因为地球自转和公转的产生与太阳系的形成密切相关。

天文学家认为，太阳系是由古代的原始星云形成的。原始星云是非常稀薄的大片气体云，因受到某种扰动影响，再加上引力的作用而向中心收缩。经过漫长的演化，中心部分物质的气温越来越高，密度也越来越大，最后达到了可以引发热核反应的程度，从而演变成了太阳。太阳周围的残余气体，慢慢形成了一个旋转的盘状气体层，经过收缩、碰撞等复杂的过程，在气体层中凝聚成固体颗粒、微行星、原始行星，最后形成了一个完整的太阳系天体。

大家知道，如果要测量物体直线运动的快慢，应该用速度来表示，但是如何来衡量物体旋转的状况呢？有一种办法就是用"角动量"。一个绕定点转动的物体，它的角动量就是质量乘以速度，再乘以该物体与定点的距离。物理学中有一条非常重要的角动量守恒定律，说的是一个转动的物体只要不受外力作用，它的角动量就不会因物体形状的变化而发生变化。例如一个芭蕾舞演员，当他在旋转的时候突然把手臂收起来

光约需一天时间才能横越太阳系。

地球　太阳

太阳和行星

太阳和其他恒星组成星系。

所有星系组成宇宙。

最远的星系的光需要 150 亿 ~ 200 亿光年才能到达地球。

宇宙机构示意图
宇宙内有很多星系，地球仅仅是绕太阳旋转的一颗细小的行星，而太阳也只是银河系无数恒星中的一颗。

（质心与定点的距离变小），他的旋转速度就会自然而然地加快，因为这样才能保证角动量不变。这一定律在地球自转速度的产生中有非常重要的作用。

原始星云原本就带有角动量，在形成太阳系之后，它的角动量仍然不会损失，但已经进行了重新分布，各个星体在漫长的演变过程中都从原始星云中得到了各自的角动量。由于角动量守恒，行星在收缩的过程中转速也将越来越快。地球也是这样，它获得的角动量主要分配在地球绕太阳的公转、地月系统的相互绕转以及地球的自转中。

我们很容易产生错觉，常常以为地球的运动是匀速运动，否则每一日的长短也会改变。物理学家牛顿就这样认为，他把宇宙天体的运动看成是上好发条的钟，认为它们的运行准确无误。实际上，地球的运动也是在不断变化的，而且非常不稳定。有人研究"古生物钟"时发现，地球的自转速度逐年变慢。距今 4.4 亿年前的晚奥陶纪，地球公转一个周期需要 412 天；而到了 4.2 亿年前的中志留纪，每年只有 400 天；到了 3.7 亿年前的中泥盆纪，一年为 398 天；到了一亿年前的晚石炭纪，每年大约是 385 天；到了 6500 万年前的白垩纪，每年是 376 天；而现在一年是 365.25 天。天体物理学的计算证明了地球的自转正在变慢。科学家认为，产生这种现象的原因，是由于月球对地球潮汐作用的结果。

由于人类发明了石英钟，便可以更准确地测量和记录时间。通过一系列观测和研究发现，在一年内，地球自转存在着时快时慢的周期性变化：春季自转比较缓慢，秋季则加快。科学家认为，这种周期性变化的原因，与地球上大气和冰的季节性变化有关。另外，地球内部物质的运动，如重元素下沉、轻元素上浮等，都会影响到地球的自转速度。

除此之外，地球公转也不是匀速运动。地球公转的轨道是椭圆形的，最远点与

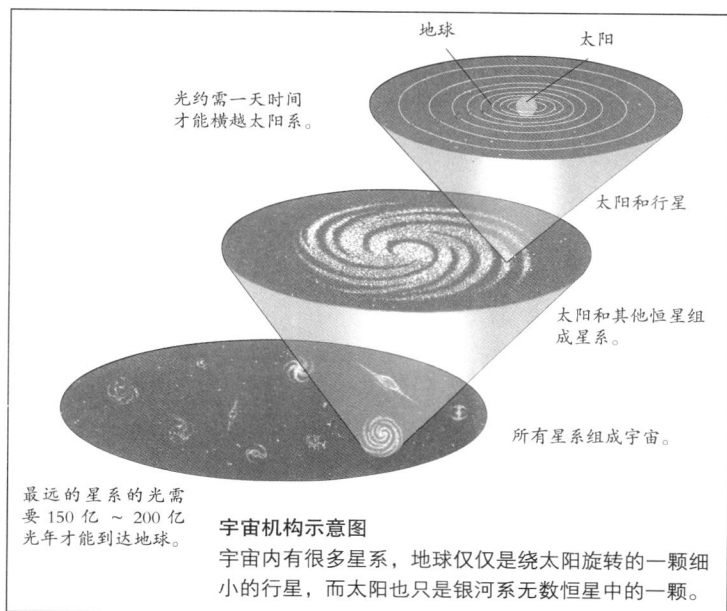

最近点相差大约500万千米的距离。当地球由远日点向近日点运动，离太阳近的时候，受太阳引力的作用就会加强，速度也就变快。由近日点到远日点时则相反，地球的运行速度会减慢。

另外，地球自转轴与公转轨道并不是垂直的，地轴也并不是稳定的，而是像陀螺一样在地球轨道面上作圆锥状旋转。地轴的两端也不是始终指向天空中的某一个方向，而是围绕着一点不规则地画圆。地轴指向的不规则，是地球运动所造成的。

由此可知，地球的公转和自转包括了许多复杂的因素，并不只是简单的线速或角速运动。地球就像体衰的病人，一边时快时慢地围绕太阳运动，一边又颤颤巍巍地自转着。

地球还同太阳系一起围绕银河系运动，并随着银河系在宇宙中飞驰。地球在宇宙中运动不息，这种奔波可能在它形成时便开始了。

地球仍然在运动着，它的加速、减速与太阳、月亮以及太阳系其他行星的引力有关。那么，地球最初是怎么运动起来的呢？以后又将如何运动下去的呢？它的自转速度会一直慢下来吗？

也许有人会问，地球运动是否需要能量呢？能量又从何而来？假如地球运动不需要消耗能量的话，那么它是"永动机"吗？地球最初是如何开始运动的呢？是否存在所谓的第一推动力呢？这些问题现在都还没有答案。

第一推动力到现在为止只是一种推断。牛顿在发现了三大运动定律和万有引力定律之后，曾用他后半生的全部精力来研究和探索第一推动力。后来他得出了这样的结论：上帝设计并塑造了这完美的宇宙运动机制，且给予了第一次动力，使它们运动起来。这显然与现代科学格格不入。而对于第一推动力的科学解释，还有待于人们进一步的探索发现。

太阳末日

太阳是我们这个星系赖以生存的能量源泉。如果没有太阳，地球上的人类、动物和植物都无从生长，我们美丽的地球将会一片死寂。太阳如同烈焰，带给人类温暖和光明，从古至今都被视为至高无上的象征。太阳会有衰老死亡的一天吗？它的未来将会如何？

宇宙中，太阳是离地球最近的恒星。其核心温度高达1500万～2000万K，每秒都有6亿多吨的氢聚变为氦，每4个氢原子核在这一过程中聚变为1个氦原子核，太阳也就因此向外辐射出一小部分的能量。地球植物的生长和光合作用，煤、石油等矿藏的形成，大气循环、海水蒸发、云雨生成等等，均源于太阳的活动。10亿年来，地球的温度变化很小，不超过20℃。这是太阳稳定活动的证据，这也为生命的孕育、演化打下良好基础。

太阳上的氢聚变反应至今为止已经历了几十亿年，从不间断。氢持续减少，氦不断产生，太阳的未来是怎样的呢？

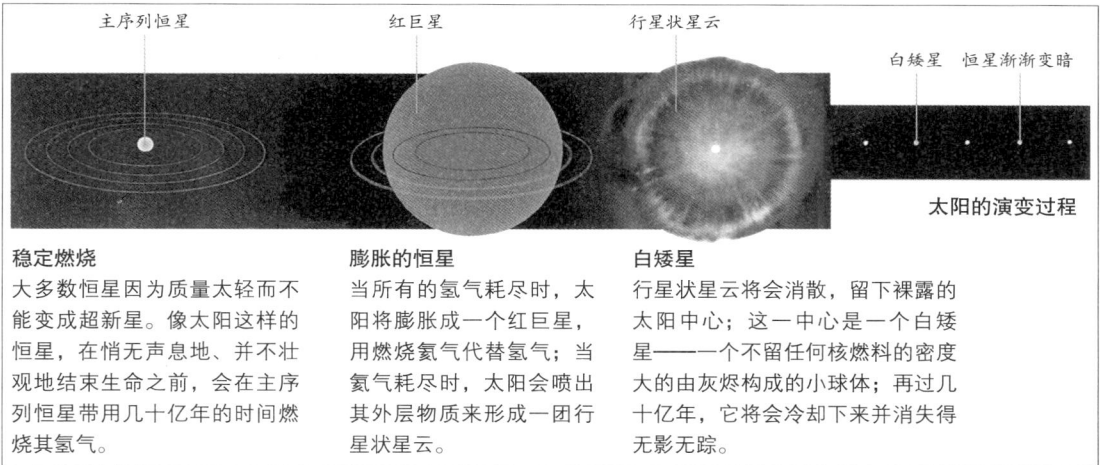

主序列恒星　　　　　　红巨星　　　　　　行星状星云　　　　　白矮星　恒星渐渐变暗

太阳的演变过程

稳定燃烧

大多数恒星因为质量太轻而不能变成超新星。像太阳这样的恒星，在悄无声息地、并不壮观地结束生命之前，会在主序列恒星带用几十亿年的时间燃烧其氢气。

膨胀的恒星

当所有的氢气耗尽时，太阳将膨胀成一个红巨星，用燃烧氦气代替氢气；当氦气耗尽时，太阳会喷出其外层物质来形成一团行星状星云。

白矮星

行星状星云将会消散，留下裸露的太阳中心；这一中心是一个白矮星——一个不留任何核燃料的密度大的由灰烬构成的小球体；再过几十亿年，它将会冷却下来并消失得无影无踪。

　　恒星演化理论诠释了"主星序阶段"，即从恒星中心核内的氢开始燃烧直至全部生成氦。恒星在主星序阶段上称为"主序星"。各恒星体根据各自质量在主星序中存在的时间是不同的。天文学家爱丁顿发现，恒星体的质量与它为抗衡万有引力而产生的热量成正比；星体膨胀速度与产生热量成正比。产生的热量越多，星体膨胀速度越快，相应的留在主星序中的时间越短。太阳现在就处于主星序阶段，科学家计算，太阳最多有 100 亿年左右的时间停留在主星序阶段，至今为止它已有 46 亿年处于这一阶段了。大于太阳 15 倍质量的恒星只能在主星序阶段停留 1000 万年，相当于 1/5 太阳质量的恒星则可以存在长达 10000 亿年之久。

　　恒星漫长的青壮年期——主星序阶段一旦度过，进入老年期就会成为"红巨星"。在这个阶段，恒星将膨胀到大于本来 10 亿多倍的体积，因此被称为"巨星"。之所以被加上"红"，是由于随着恒星迅速膨胀，其外表面越来越远离中心，温度也随之降低，发出的光也愈发偏红。红巨星尽管温度降低，光度却增大，变得极其明亮。人类肉眼能看到的亮星，就有许多是红巨星。我们熟悉的即是猎户星座的"参宿四"，其直径为太阳直径的 800 倍，达 11 亿千米。若"参宿四"在太阳的位置发光，红光会遍及整个太阳系。"主序星"到"红巨星"的衰变过程，变化不仅是外在的，内核也发生了巨大的转变——从"氢核"成为"氦核"。氦核逐渐增大，氢燃烧层也不断向外扩展。

　　一旦形成红巨星，它便会发展到恒星演化的下一阶段——"白矮星"。外部区域迅速膨胀，氦核受反作用力向内收缩，其中的物质温度增高，内核温度最终将超过 1 亿度，引发氦聚变。氦核经过几百万年燃烧殆尽，而恒星的外壳混合物仍然以氢为主。这时恒星结构复杂了许多：氢混合物外壳下隐藏着一个氦层，还有一个碳球埋藏在内。这样，恒星体的核反应更加复杂，其内部温度上升，最终使其变为其他元素。红巨星外部与此同时也开始急剧地脉动振荡：恒星半径大小不定，稳定的主序恒星变为多变的大火球。火球内部的核反应更加动荡，忽强忽弱。恒星内部核心的密度增大到每立方厘米 10 吨左右，此刻一颗白矮星便诞生在红巨星内部。

白矮星的特征是体积小、亮度低、质量大、密度高。例如天狼星伴星，体积类似地球，却差不多和太阳一样重！它的密度为每立方米1000万吨左右。由白矮星的半径和质量，算出其表面重力差不多是地球表面重力的1000万～10亿倍。任何物体在这样高的压力下都将毁灭，即使是原子也会被压碎；电子也将脱离原子轨道而自由运动。

由于没有热核反应来为单星系统提供能量，白矮星一边发光，温度一边降低。100亿年的漫长岁月过去后，白矮星将停止辐射而死亡，躯体会变成硬过钻石的巨大晶体——"黑矮星"，在宇宙中孤单地飘浮。

一些科学家们认为，几十亿年后，太阳会在快要灭亡时迅速膨胀，所有太阳系内的星体和星际物质都会被"吞噬"掉。到那时，太阳会剧烈地抖动，大量物质在脉动过程中被抛入星际空间，而太阳会失掉大部分的质量，其余部分则缩为白矮星。银河系中发现的大量变星表明，恒星死亡过程中脉动和质量的抛失极为普遍，一些变星每年能够抛出等于地球质量的大量物质。为了更好地了解包括太阳在内的恒星如何灭亡，可以研究这种质量的抛失。

一些科学家认为，虽然目前还不太清楚恒星的演化过程，但50亿年后，可以基本肯定太阳会成为红巨星。随之地球上的一切生命都会灭亡，地面温度将高于现在两至三倍，北温带夏季最高温度会达到100℃；而地球上的海洋也会蒸发成为一片沙漠。太阳大概会在红巨星阶段停留10亿年，光度会提高到今天的几十倍；体积也将会极大地膨胀，若从地面观察，会看见整个天空都是太阳。

当然"世界末日"距现在还很遥远，但因为提前几十亿年了解这样的"大结局"，人们不禁会疑惑："生命的进化必将是一场悲剧，那其意义究竟为何呢？"

月亮背面

自古以来，人们就喜欢仰望月亮，然而无论何时何地人们看到的总是月亮的同一面。为什么人们无法观察到月亮的另一面呢？原因在于月球绕轴自转的周期与绕地球公转的周期刚好相同，因此人们用肉眼始终只能观察到月球的半个球面。

地球的公转轨道面和月亮的公转轨道面存在一个交角，这就使月亮自转轴的南端和北端，每月轮流朝向地球，因而在地球上有时也能看到月亮两极以外的一小部分，占月亮表面的59%。那么其余的41%的月面（月亮的背面）呢？它始终背着地球，让人难窥其实。有人说，月亮的背面，也许有空气和水的存在，重力可能要比正面大一些；也有些人预言那里有一片既广阔、又明亮的环形山；还有一部分人认为月亮正面的中央部分是最高地，而背面的中央部分则是一片"大海"——呈暗色的平原。

1959年1月2日，苏联发射的"月球1号"探测器在1月4日飞抵离月亮6000米的上空，并拍摄了一些照片传回地球。1959年10月4日，苏联又发射了"月球3号"。它于10月6日开始进入月球轨道飞行，7日6时30分，转到月亮背面大约

7000 米的高空。当时在地球上的人们看到的是"新月"景象，而在月亮上正是太阳照射其背面的白天，是照相的大好时机。就这样有史以来拍摄到的第一批月亮背面的照片公之于众。

月亮的背面也像正面一样，中央部分没有"海"，绝大部分是山区，其他地方虽有一些"海"，也都比较小。背面的颜色相较于正面稍红一些。

1966 年美国"月球太空船"所拍摄的照片，使人们能够看清同美国西北部的圆丘相似的月面上那些大量错落、形状不一的圆丘。科学家认为，是月亮内部熔岩向月面鼓涌形成了这一月貌。

科学家对现代科学仪器观测的结果和宇航员带回的月亮岩石进行分析，提出了这样的假设：在月貌的形成过程中，火山活动和陨星撞击这两种自然力量都起了作用。在火山活动中形成了许多圆丘和较小的环形山，而那些大环形山则是陨星撞击月亮时造成的。

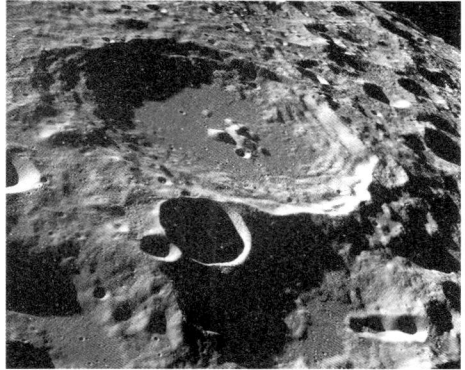

月球表面
月球并非如我们所遥望的那般光滑无瑕，而是斑驳陆离、坑坑洼洼。

而随着科学家观测的深入，产生的有关月背的疑团却愈发复杂。第一件怪事是月球的最长半径和最短半径都在月背。月球半径最大处比平均半径长 4 千米，最小处比平均半径短 5 千米（月球半径的平均值通常被认为是 1738 千米）。

第二件怪事则是月球的正面集中了所有的月瘤。月瘤也叫月质量瘤，是月球表面重力比较大的地方。科学家们估计，在这些地方的月面以下有许多高密度物质。此外，月球上还有些地方重力分布小于平均值。令人不解的是，月瘤所在的正异常区和重力偏小的反异常区都在正面，而月背上却没有一处。

另外，月球"海洋""湖""沼""湾"等凹陷结构占了月球正半球面积的一半，共有 30 余处这样的凹陷分布在月球上，但 90%以上都集中在正面，完整的"海"只有两个是在月背上，不足背半球面积的 10%，月背其余 90%的面积都是由起伏不平的山地所组成，山地的分布结构呈现出几个巨大的同心圆，地形凹凸悬殊，剧起剧伏，而这种地势是正面所没有的。

人们不禁要问，月球正面与背面的这些差异是怎样形成的？自从看到了月球背面的"本来面目"，科学家们便对这一问题从各种角度展开了研究。经过长期的努力，科学界形成了几种不同的见解。

有人认为，在地球引力的作用下月球发生了"固体潮"，即月球地层也出现类似地球上的潮汐现象，结果就导致了正背面的差别。也有人认为，月球正背面的差异是由巨大的温差所造成的。当地球运转到太阳与月亮之间，月亮上便会发生日全食，此时月球正面的温度会急剧降低，因而形成巨大温差，反复的温度骤变引起了正背面的差别。

暗物质之谜

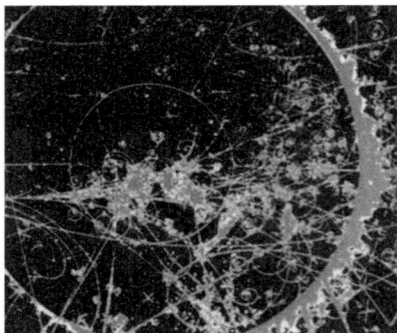

中微子

大爆炸使宇宙充满了中微子。以前曾认为中微子没有质量，新的实验结果证明：一个中微子的质量是一个电子质量的1/100000。这足以使得这些粒子在所有暗物质中占据很大的比例。

宇宙大爆炸理论认为：宇宙诞生之前，没有时间，没有空间，没有物质，也没有能量。约150亿年前，一个很小的点爆炸了，逐渐膨胀，形成了空间和时间，宇宙随之诞生，并经过膨胀、冷却演化至今，星系、地球、空气、水和生命便在这个不断膨胀的时空里逐渐形成。

最近的天文观测和膨胀宇宙论研究表明，宇宙的密度可能由约70%的暗能、5%的发光和不发光物体、5%的热暗物质和20%的冷暗物质组成。也就是说，宇宙中竟有九成是看不见的暗物质，其中可能包含宇宙早期遗留至今的一种看不见的弱相互作用的重粒子——冷暗物质正是支持膨胀宇宙论的关键。

正因为宇宙中的暗能、暗物质至今尚未被发现，所以科学家们给我们留下了一系列关于宇宙中的暗物质问题的谜团。人类共同关心的问题是：宇宙中的暗物质究竟有多少？它们在宇宙中占有多大的比例？目前天文学家还无法确知。只是给出了一些估计的数字：在宇宙的总质量中，重子物质约占2%，也就是说，宇宙中可观测到的各种星际物质、星体、恒星、星团、星云、类星体、星系等的总和只占宇宙总质量的2%，98%的物质还没有直接观测到。在宇宙中非重子物质的暗物质当中，冷暗物质约占70%，热暗物质约占30%。

紧接着，下一个问题又来了：宇宙中存在的大量非重子物质的暗物质组成成分究竟是些什么粒子？它们的形成及运动规律又是怎样的呢？于是寻找暗物质，探求暗物质的性质就成了世界高能物理研究的热点之一，寻找的途径包括在超大型加速器上的实验，还包括在地下、地面和宇宙空间对宇宙线粒子的测量。中国科学院高能物理研究所在寻找暗物质的研究方面在国际上一直处于领先地位。1972年高能所云南高山宇宙线观测站曾观测到一个奇特现象，即观察到一个从宇宙射线中来的能量大于3000亿电子伏特的粒子碰撞石墨中的粒子后，产生了3个带电粒子。分析表明，其中一个是负介子，一个是质子，还有一个是能量大于430亿电子伏特、寿命长于0.046纳秒的带电粒子。许多科学家认为若此事能被证实，它将肯定是超出标准模型的新粒子，而这个新粒子就可能是暗物质的粒子。

1979年，科学家发现，在仙女座背景方向的温度比天空其他方向的要高，那里存在着巨大的未知质量。"失踪"的物质哪里去了呢？按照牛顿物理万有引力定律，星系中越往外的行星绕该星系中心的转动速度越慢。太阳系中的行星运转正是这样的。但已观测到有许多星系，其外边缘行星比中心附近行星绕转得更快。这说明除看得见的星系或星系团外，还有大量暗物隐藏在其中，它们像晕一样包围着星系和星系团。那么这些像晕一样的东西是由什么物质构成的呢？有人认为是 X 射线和星系际云，但它们远没有估算的暗物质那么多；也不是年老的恒星，如体积很小的中子星和白矮星，它们行将死亡时会抛出大量物质，但人类并未观测到。英国剑桥大学的物理学家霍金认为有可能是黑洞。还有不少科学家认为是"中微子"。并提出了暗物质的"中微子"模型。但研究这个模型还存在一定的困难，例如，按此模型只有在超星系团周围才有晕，但实际上在星系周围也观测到晕；而且中微子是否有质量，科学实验也未最终确证。

20 世纪 80 年代，美国和苏联的一些科学家提出了暗物质的"轴子"模型。按照这个模型，混沌伊始（宇宙爆炸后不久有一个混沌不分的时期），宇宙就如一坛重子和轴子混合交融的浓汤。后来重子由于辐射能量，慢慢地转移到团块中心去了，结果普通发光物质的核被冷子晕包围，形成了星系似的天体。这个模型简洁美妙，有人用计算机对这种模型进行了模拟演算，最终得到的宇宙演化图像与我们今天观测到的宇宙十分吻合。但这个模型毕竟是假想的产物，它能否成立，还需要更多的实验来验证。

从理论上说，冷暗物质粒子应该具有一种质量很重的中性稳定粒子，它不直接参与电磁相互作用，但可以参与弱相互作用和引力相互作用。这种粒子肯定是超出标准模型的粒子，如果能在实验中直接观测到这种粒子，将是探讨物质微观世界结构和基本规律方面的重大突破。中国科学院高能物理研究所参加了由意大利罗马大学牵头的意中 DAMA 合作组的冷暗物质粒子研究。为了避免各种信号干扰，意大利国家格朗萨索实验室建在一个高速公路穿过的山洞下，岩石厚度有 1000 米。中意科学家研制的 100 千克低本底碘化钠晶体阵列安装在意大利格朗萨索国家地下实验室，经过 8 年的实验，已经探测到这种物质粒子偶尔碰撞碘化钠晶体中的原子核时发出的微弱光线，已获得了这种信息的 3 个年调制变化周期，并据此推算出这种粒子很重，它的质量至少是质子的 50 倍。实验的初步结果提供了宇宙中可能存在一种重粒子，即冷暗物质粒子的初步证据。

科学家们认为，这种粒子的存在将非常有力地支持暴胀宇宙论和超对称粒子模型，困扰天文学家 70 多年的谜团就能澄清，粒子物理、天体物理、宇宙学将会有突破性发展。但实验上要确认冷暗物质的存在及特性，尚需进一步的观测数据和可靠证据，我们期待着关于暗物质的一系列谜团早日揭开。

银河系的中心到底是什么

在科学技术不发达的古代，无论是中国人还是西方人，都毫无例外地把人类居住的地球看成是宇宙的中心，这就是有名的"地心说"。直到 16 世纪，哥白尼才提出了"日心说"向"地心说"挑战。经过长时间艰苦的努力，哥白尼的"日心说"才逐渐占了上风，取得了这场争论的胜利。"日心说"的主要贡献是把地球降为一颗不可见的宇宙射线——主要成分是穿梭在星际介质之间的由超新星所发散出来的高能量质子。

热的云际介质，主要成分为氢气。

磁场，太空中的磁场使尘埃排成一列列的，从而使马头星云后面的星际介质呈现出条纹状的外观。

星际介质

在广袤的太空中，这些星际尘埃占了星系总质量的10%，剩下的空间中有足够的气体，形成200亿颗与太阳类似的恒星。这个尘埃和气体的混合物，就是星际介质。它一直在不断地翻腾，产生新的恒星并且吸收消亡恒星的剩余物质。消亡恒星返还的物质和它们形成时的物质有些微妙的不同。因此，星际介质的组成也在不断变化。

参宿一，组成猎户腰带的恒星之一。

猎户座的马头星云，它是一个密集的分子云的一部分。从"马鼻子"到"马鬃毛"的距离约为4光年。

分子云，由厚厚的尘埃组成，遮挡了云中所有新生恒星的光。

普通行星，而把太阳作为宇宙中心天体。到18世纪，赫歇尔又进一步指出，太阳是银河系中心。到20世纪，卡普利批驳了太阳是银河系的中心的说法，他把太阳流放到银河系的悬臂上，认为太阳离银河系中心有几万光年之遥。

当太阳"离开银心"之后，谁坐镇银河系的中心就成了天文学家特别关注的大问题。因为，银心距离人类并不算太遥远，理应把它的"主人"搞清楚。但是，由于银心处充满了尘埃，对银心的观测并不容易，要想透过这层厚厚的面纱，看清银河系中心的真相，实在不容易。

随着科学技术的进步，观测银河系的手段也在不断改进，人们对银心的了解也在不断增加。这种方法主要是接收尘埃无法遮挡的红外线和射电源，然后再对之进行分析研究。就像医生测人体心电图一样，天文学家们从红外线和射电波送来的大量有用信息来观测银河系的内部结构。

最先接收到银心射电波的科学家是美国贝尔实验室的工程师詹斯基。

由于银心核球的红外线和射电波信号很强，詹斯基认为，它似乎不是一个简单的恒星密集核心，而很可能是质量极大的矮星群。1971年，英国天文学家提出了这样的假设：核球中心部有一个大质量的致密核，或许还是一个黑洞，其质量约为太阳质量的100万倍。这种假设有一个前提，那就是如果核球中心真有一个黑洞，那么银心应有一个强大的射电源。于是，天文学家们开始了对银心射电源的探测。

20世纪80年代，美国天文学家探测到以每秒200千米的速度围绕银心运动的气体流，这种气体流离中心越远速度越慢，他们估计这是银心黑洞射电源的影响造成的。另一些美国天文学家也宣布探测到银心的射电源，这说明银心可能是一黑洞。

但这种说法遭到了苏联的天文学家的质疑，他们认为证明银心是黑洞的证据不足，并提出了另一种假设：银心可能是恒星的诞生地，因为其中心有大量的分子云，总质量为太阳质量的 10 万倍，温度为 200K ~ 300K。

由于天文学家对于银心是否为黑洞的问题争论不休，为了解决这个问题，美国天文学家海尔斯提出了一个假设，即一对质量与太阳相当的双星从黑洞旁掠过时，其中一颗被黑洞吸进后，另一颗则以极高速度被抛射出去。这个判据得到了天文学家们的认同。但经过计算，根据掠过黑洞表面的距离，这样的机会并不大。海尔斯的判据虽不能最终解决问题，但不失为一条探测的路子。然而，要最终搞清楚银心的构成大概仍有许多工作要做。

UFO 解密

长久以来，人们都自以为人类才是宇宙中唯一的生命，可是 UFO 的出现使人类开始重新考虑并关注其他星球是否存在生命的问题，以及这些生命是否与地球、人类之间存在着某种联系。关于神秘的 UFO 的故事不断充斥在各种杂志、报刊和影视中，那么 UFO 是不是外星人的交通工具呢？它真的是天外来客吗？

UFO 是英文 Unidentified Flying Object 的缩写，中文意思为"不明飞行物"，它主要是指出现在地面附近或天空中的一种奇异的光或物体，也称"飞碟"。这个缩写最早是在美国 1947 年 6 月 24 日出现飞碟时由一名记者在报纸上使用的，一直沿用至今。

最早记载不明飞行物出现的时间是在 1878 年 1 月，美国得克萨斯州的天空中突然出现了一个圆形物体。当地农民 J. 马丁发现这一圆形物体后，这条新闻同时登载在 150 家美国报纸上。1947 年 6 月 24 日，美国爱达荷州的企业家肯尼斯·阿诺德驾驶私人飞机飞经华盛顿时，发现雷尼尔山附近出现了 9 个以一种奇特的跳跃方式在空中高速前进的圆形物体。它们就像一种类似弯形的闪光物，更像是碟盘一类的器具。这些物体以大约 2000 千米 / 小时的速度疾飞而过，转眼就在天空中消失了……美国几乎所有的报纸都报道了这一事件，世界性的飞碟热被引发，"飞碟"的名称由于十分形象、贴切而开始流传。

随着 UFO 目击事件的日益增多，人类也尝试着想与之较量一番，但是在几次的较量中都以人类的失败而结束。1956 年 10 月 8 日，一个 UFO 出现在日本冲绳岛附近，适逢附近正在实弹演习的一架西方盟国的战斗机飞过，机警的战斗机炮手马上向它开炮。结果炮弹爆炸后，"先下手为强"的战斗机碎成残片，机毁人亡，而被攻击的 UFO 却安然无恙。1996 年 8 月的一天，美国西部某导弹基地附近也出现了一架长期滞留的 UFO。自作聪明的人类在对它拍完录像之后，立即启动基地几乎所有的导弹发射装置来攻击它。奇怪的现象又一次发生了，基地所有的装置在同一时刻瘫痪，而 UFO 依然安然无恙。特别是一束神奇的射线击中了一套最先进的导弹发射装置，使它在顷刻间"熔为一堆废铁"！科学家们闻讯赶来，一致认为可能是一种高脉冲的东西把这套先进的装置"化"为废铁的。

几次"以卵击石"的事件造成了巨大损失之后，专门研究 UFO 的科学家们开始对"妄自尊大"的人们提出忠告："与 UFO 相遇时，'先下手为强'是绝对不可取的；因为与 UFO 相比，人类的飞机与炮弹就像一个与坦克较量的弹弓。除了无谓的牺牲外，我们别无选择，只能静观其变。"

然而，人类并没有停止对 UFO 的研究。1967 年，由美国政府授权、美国空军协助，以哥诺兰大学著名物理学家爱德华·U.康顿博士为首，组成了歌诺兰大学调查委员会。他们全面分析鉴别了 1948 年以来美国空军搜集到的 12618 起 UFO 报告。整整 18 个月以后，他们的研究结果被整理成了一份名为《不明飞行物体的科学研究》（亦称《蓝皮书计划》）。这份共有 2400 页、重达 4.5 千克的报告认为，由于 UFO 对国家安全并无具体威胁，所以不应再重视 UFO 的研究了。英国国防部同期也开展了同样性质的研究，他们调查研究了 1967 ~ 1972 年间英国境内的 1631 起 UFO 事件，认为除了极少数"未能查实"的不明飞行物以外，绝大部分只是高空气球、飞行器碎片、大气现象和飞机等物质。

罗勃·D.巴利先生是美国"20 世纪 UFO 研究会"的主席，也是研究 UFO 的权威人士。据他所知，美国军方目前掌握着一架 1962 年坠毁在美国墨西哥州某空军基地的 UFO 的最详尽的资料。这个 UFO 有 16.8 米的直径，它的主要原料是一种地球上找不到的金属，外形是典型的碟状飞船。飞碟的飞行速度在着陆时达到 144 千米 / 小时，但它的着陆装置未放下来。各种专家对写有文字内容的飞碟碎片进行了分析鉴定，但仍破解不了其中的奥秘。

按照巴利先生的说法，UFO 显然真实存在，但事情却另有蹊跷。2001 年 3 月 10 日，美国中情局首次大规模解密了 859 份秘密情报文件。这批从 1947 ~ 1991 年的内容五花八门的秘密文件，包括了美国中情局从 20 世纪 40 年代末一直到现在对 UFO 现象展开的研究。这 50 年来的研究结果让人瞠目结舌：UFO 的存在并没有确凿证据，换句话说，也许根本就没有 UFO！

以美国侦察部为研究对象的历史学家海恩斯将 20 世纪 90 年代美国中情局所有关于 UFO 的秘密内参全部翻阅后，得出的结论是：在 1950 ~ 1960 年间，所谓的 UFO 超过半数都是美军人员驾驶的侦察飞机。

他认为美国一直在撒一个弥天大谎！海恩斯主要由两个方面确定和推测美国政府的行为：一是当时苏联对美国领空的入侵造成了美国民众的恐慌，美政府假借 UFO 可以安抚民众；二是因为美国当时的 SR-71 和 A-12 是最机密的情报收集机，但它们总是在飞临敌方上空时受到致命的威胁。所以中情局就以 UFO 这枚"烟幕弹"来为其护航，这样就会麻痹被侦察国的防空警报系统，从而改变原来的被动状况，同时达到浑水摸鱼的效果。

根据中情局的一些解密文件和海恩斯的研究，许多人认为：苏联政府在早期曾经创造了 UFO 现象，目的就是为了引起美国社会混乱。但是这种想法反而被美国政府所利用，制造了后期的 UFO 现象，并指望 UFO 能够遮掩政府进行的绝密间谍飞机的实验，但到目前为止，这种说法仍缺乏足够的证据。

无论 UFO 是否存在，全世界仍有约 1/3 的国家还在对不明飞行物进行持续的研究工作。美国的一些理工大学甚至还把对这种不明飞行物进行分析与讨论正式列入了博士论文的选题。

神奇的麦田怪圈

20 世纪 70 年代末，英国威尔特郡的农民在成熟的玉米和小麦地里收割庄稼的时候，发现许多庄稼遭到了破坏。从高处看，很多庄稼倒伏，并呈现出有规则的和对称的圆圈现象。

经新闻媒体报道后，英国的麦田怪圈引起了很多人的兴趣，到威尔特郡考察观光的游人络绎不绝。但是，因为这种奇观仅仅在收获季节前的几周内出现，而且是在尚未收获的田地里，所以并不是每一个到威尔特郡的人都能看到这种奇观。

科学家根据观察到的现象猜测，可能是一股小的台风导致了这一奇观。但后来却出现了包括三角形在内的其他几何图案，而小旋风的涡旋只能形成圆圈，因此，这个谜团又笼罩上了一层迷雾。这个据说容易出现外星人削平庄稼的地方竟然成了旅游热点，农田主也趁机向来参观的游客收取费用，发了一笔小财。但是这种奇异的现象到底是怎么发生的呢？热衷于此的人对此仍然好奇不已。此后不久，在英国汉普郡的 Chilbolton 天文台附近的麦田里，人们再次发现了两个图案。其中之一是一个如同电影里常常虚拟的外星人形象的脸形，另一个是人类 1974 年 11 月向 M13 球状星云发射的信息修改后的图案。

自此以后，每年都有麦田怪圈在世界各地被发现，并且地域逐年扩大，形状逐年复杂，数量也逐年增多。

2000 年 6 月 24 日，一家名为"公众"的俄罗斯电视台播放了一组画面，显示发生在俄罗斯南部斯塔夫洛波尔地区的一块成熟的大麦田里的四个有规则的对称的圆圈，似乎有人以顺时针的方向把圆圈中的庄稼削平。这 4 个圆圈中最大的直径长达 20 米，其余 3 个的直径分别为 3 ~ 5 米。另外，人们发现一个深 20 厘米的土洞，位于最大的圆圈的中心处，洞面光滑。

安全官员排除了是人力所为的可能，但是在现场也没有发现任何化学物质和辐射现象。这样，他们就猜测这个麦田怪圈是外星人造成的，而且推测"他们可能使用了与人类不同的起飞和着陆原理"。而当地的一些居民也声称，他们曾经看见了所谓的外星人降落。据说这些外星人从降落到重新起飞离去只用了几秒钟时间，那么，外星人制造的那个深 20 厘米的土洞又是干什么用的呢？"公众"电视台将此解释为这是外星人用来"土壤取样"的。

这些麦田怪圈究竟是怎样形成的呢？这成了世界各国科学家和相关媒体关注的话题，并提出了各种推断和假说。大致可以分为两类：一种认为是大自然的杰作，一种则说是外星人所为。

支持前种说法的大都是考古学家、气象学家、物理学家、地质学家、动物学家和农学家等等。

一些考古学家认为，可能在怪圈生成的地下埋藏有石器时代的圆形巨石建筑，或是青铜器时代的埋葬品呈圆形分布。这些地下的埋葬品和建筑可能影响到土壤结构，因而农作物也作出特定的反应。气象学家则提出，大量尘埃包含在陆地上生成的小型龙卷风中，在风的作用下，尘埃与空气剧烈摩擦产生静电荷。神秘的怪圈就是在带有静电荷的小型龙卷风的作用下产生的。一些地质学家提出了"球形闪电说"，认为球形闪电和其他因素即"等离子体旋流"共同形成了怪圈，此外，太阳表面黑子活动增强亦与怪圈有一定关系。日本科学家声称，根据"球形闪电说"，他们在实验室里利用球形闪电设备已成功地模拟了怪圈现象。还有一些地质学家认为由地球核心发出的大地射线导致了怪圈这一奇怪现象。植物会因这种射线发生有规则的倒伏，动物和人也会因此而得病。动物学家则提出，动物发情求偶的季节一般在5～7月，雄性动物围绕雌性动物打圈，从而制造出怪圈。那些有在田间做窝习性的动物如刺猬和一些鸟类也可能有类似的创作。农学家则称，田地之所以出现怪圈地，是因为其土壤成分不一。霉菌病变及施肥分布的不均都有可能使农作物发生某种形状的倒伏，让人们误以为是一种奇异的现象。

除以上说法外，仍有许多人坚持认为：这些出现在各地的麦田怪圈是天外来客——外星人留下的。当他们乘坐飞碟光临地球时，飞碟刚好降落在麦田上，旋转的强烈气流造成了一个个怪圈。

正当持这两种不同论调的人们争论不休时，1990年，8个法国青年向世界宣布：所谓的怪圈不是什么大自然的创作，而纯属某些人的恶作剧行为。

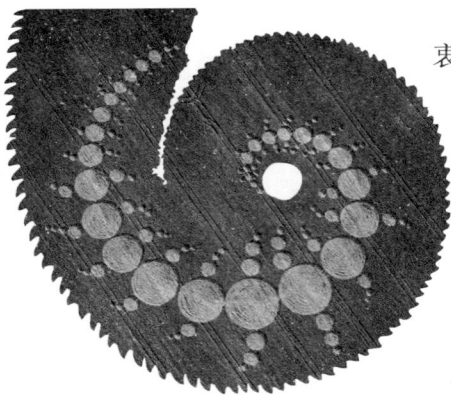

麦田呈现出巨大的规则和对称的圆圈

这一年的夏天，8名法国青年出于对自然的热衷慕名来到英国，对麦田怪圈进行科学考察。在多次出现怪圈的麦田附近的山丘上，他们架设了高清晰度的夜视仪及敏感度很高的红外摄像机。7月24日，在发现麦田里出现了10个怪圈、3条直线之后，他们随即观看录像带，结果发现其中有一些模糊的影像。经分析，确认这些模糊的痕迹是人体物质的热辐射留下的。第二天夜里，摄像机里又出现了6个不太清晰的影像。1991年9月，英国名叫多格·鲍尔和戴维·柯莱的两名男子向公众宣布，是他们制造了麦田怪圈。利用一根弹簧、两块木板以及一个将其固定在棒球罩上的古怪器具，就可以制造这样的怪圈。研究怪圈的英国专家德尔加多闻讯后承认自己上当受骗，并指责这是十分肮脏的把戏。

麦田怪圈真的是某些人的恶作剧吗？但为什么所有怪圈的周围都没有留下任何

人的足迹？一些人也曾守候在麦田边，希望当场捉住这些恶作剧者，但至今却什么也没有发现，而怪圈却不断地出现。由此看来，这个问题似乎并没有我们想象的那么简单。怪圈的神秘恶作剧者到底是谁呢？

外星人谜团

外星人在驾驶飞碟飞行于地球上空或者到地球上时，免不了发生事故，因而有些飞碟的残骸以及外星人的尸体，甚至是活外星人就落到了地球上。

1950年，美国在新墨西哥州回收了几具外星人尸体。这是人类首次有记载的发现外星人尸体的事件。这年年底，在该州的一个空军基地，曾降落了一个不明飞行物。两三辆吉普车迅速朝那个不明飞行物驶去，那是一个非常典型的圆状飞碟。飞碟里走出一个乘员，上了一个军官的吉普车，接着就开往了该基地的指挥部。这些乘员在指挥部待了约一个小时就回到了飞碟上，不久飞碟垂直起飞离开了地球。这显然是一次面对面的直接接触，但是没有人出来证实这件事。直到40余年后，即1989年11月末，才有一位科学家出来承认此事。这位科学家曾参与外星人的尸体处理工作。他说，有4具外星人的尸体一直保存在俄亥俄州的空军基地里。当时在任的杜鲁门总统曾下令所有相关人员严守这一机密，并同意对外星人的尸体进行研究。

透露这条消息的科学家是斯通·弗里德曼，当年他直接参加了对外星宇宙飞船残骸及外星人尸体的处理工作。据他讲，这4个外星人个头很小，呈深灰色的皮肤满是皱纹，但头和眼睛都很大。他们的耳朵和鼻子深陷于脸内部，从手肘到手腕的那截手臂特别短。很明显，外星人与人类长得很不一样，看起来也很恐怖。

此后，美国又发现和收到了数具外星人尸体。1953年夏，在美国亚那桑利上空一个飞碟发生了故障，其中一部分碟体甚至陷在沙子里。美国军方派人赶到时，发现里面有5个外星人。这几个人和地球人长得比较像，只是胳膊特长，而且每只手只有4个手指，指间还有连接物，看起来像青蛙的蹼。其中一个还活着，但伤得很重，不久就死了。

另一艘坠毁于1962年的飞碟直径有17米，由一种在地球上找不到的金属制成。在飞碟残骸里发现两个类人的生命体，身体比地球人矮，只有1米左右，但头比地球人的头大，鼻子只有小小的突起，嘴唇很薄，还有一对没有耳郭的小耳朵。

外星人的尸体在世界其他许多地方也被发现过。1950年，有一个飞碟坠毁于阿根廷荒无人烟的潘帕斯草原。这个飞碟的圆盘高约4米、直径约为10米、座舱高约2米，有舷窗，表面光亮严整。这个飞碟正好被驱车经过的建筑师塔博博士发现了。在强烈的好奇心的驱使下，他停车走近物体。他从圆形物体的舷窗往内看，发现舱内有4张座椅。其中3张各坐着一个小矮人，他们一动也不动，显然已经死了。这些小矮人长得与地球人差别不大，有鼻子、眼睛和嘴巴，头发呈棕色，长短适中，皮肤黝黑，穿一身铝灰色的服装。只是第四张座椅空着。

第二天，等到他与朋友们再来看时，地上只留下了一堆灰烬，温度很高，站在旁边也能感觉到。他的一个朋友抓起了一把灰，手立刻就变紫了。后来，塔博博士患上了一种非常怪的疾病，连续发高烧，好几个月不退，皮肤破裂，像老树皮一样，成了不治之症。

这3个外星人的尸体被人们发现却未能回收到。于是就有人推测，可能第四张座椅上的那个外星人当时还活着，为了不让自己和飞碟落入地球人之手，就把飞碟和3个外星人的尸体悉数烧掉了。

苏联科学家杜朗诺克博士在南斯拉夫宣布：苏联一支科学探险考察队于1987年11月在戈壁沙漠中发现了飞碟。当时，它的一部分已埋在沙堆中，直径有22.78米。让人吃惊的是，这次发现的外星人尸体达14具之多，而且没有腐烂，可能是沙漠中气候干燥的缘故。

法国巴黎的UFO报告真实性科学协会主席狄盖瓦，曾经在喜马拉雅山峰的冰雪中发现一个飞碟残骸和6个外星人的遗体。当时法国政府大力支持他们回收外星人遗体和飞碟残骸的工作，回收工作持续了数月才结束。从回收的外星人遗体看，它们身材矮小，只有1米左右，四肢瘦弱，但头和眼睛都比地球人大很多。他们还收集到许多金属残片，大的有2～3平方米，而这些金属在地球上仍没有找到。

在这一回收过程中，他们还找到了一些动物，如马、牛、狗、鱼，甚至还有一头大象和几百个鸟蛋。这让人感到莫名其妙。由于这些残骸都是被冰雪封冻起来的，因此很难断定其失事的时间，可能是几年前，也可能是在几千年甚至上万年前。

由此似乎可以判断，外星人的存在是确定无疑的，然而他们到底来自何方呢？据参加解剖的人说，外星人的肺与地球人是一样的，由此断定，他们的"家乡"也是一个氮气多于氧气的地方。哪个星球有这种条件呢？目前尚未找到答案。

太阳系地外生命探疑

地球是幸运地拥有生命的唯一天体吗？人类是孤独的吗？在广袤无垠的宇宙中，是否还有同样具有生命的天体？

自从人们知道了地球不是宇宙的中心，就开始猜测有地外文明的存在，也创造出了关于外星生命的神话传说。

随着现代天文学、生物学、无线电技术和航天技术的日益发展，更多的人开始接受这样的观点：宇宙中的天体数目如此庞大，其中不可能没有适合生命生存的另一个天体，不可能没有与我们地球人相似的、有智慧的、能创造自己文明的生物存在；甚至很有可能有些球外生物创造出的文明比我们地球上的人类文明更为先进、更为优秀。对地球外文明的研究早已不是人们所传说的神话故事，而成为一门严肃的科学。

人类对地外生命的研究由来已久，离地球较近的月球首先进入了人类的视野。早年有人猜想月球很可能是一个空心体，里面居住着外星人。其主要理论依据是因为当年阿波罗登月飞船在月球上登陆的时候，指令舱中的记录仪记录到的持续震荡波长达 15 分钟，这一结果使科学家感到极为惊异。有学者认为，如果月球是实心体，那么在碰击后产生的震荡波不会回荡这么长时间，至多维持 5 分钟。由此，便出现了月球可能是空心体的设想。但在仔细研究月岩标本后，科学家发现其中金属含量较高，而且其中的亲氧金属如铁等并没有被氧化。据此有人居然得出了一个大胆的假设：月球很可能是一个空心体，而且是外星人人工制造的。也有了诸如月球的内部可能是一个奇特的生态系统，也许居住着一些比人类更文明的"月球人"，那里可能是外星生命为了监视地球而设置的一个巨大的航天站等各种奇思妙想。但是这种种设想都被无情的事实推翻了，一切不过是人类依据科学观测所做出的主观猜想，也可以认为是半真半假的神话故事。

而在 19 世纪 30 年代，曾出现过一个"月亮骗局"的故事，影响极大，轰动一时。事情的经过是这样的：1835 年 8 月，美国新创办了《纽约太阳报》，该报为吸引读者和打开销路、扩大销量，便诚邀英国作家洛克为自己撰稿。当时英国天文学家约翰·赫歇耳正前往非洲南部的开普敦去观测研究南天星空。洛克便选中了这件事，用自己的生花妙笔杜撰出了一个神奇而又引人入胜的月亮的理性生物的故事。他在故事中说，赫歇耳的望远镜在不久以前已能分辨出月球表面有约 18 英寸，即大小约 45 厘米的物体。

通过登月探测，基本排除了月球存在生命的可能。

用这样高分辨率的望远镜，他看见了月亮上有鲜花和紫松等树木，也有一个碧波千里的湖泊，还有一些类似野牛、齿鲸等动物的大型动物。他还惊讶地看到了一种长有翅膀并且外貌有些像人的动物。文章这样写道："他们的姿势看上去充满了热情而且很有力度，因此我们推论这种生物是有理性的。"结果许多人对这一重大新闻深信不疑，人们奔走相告，该报一度成为当时最畅销的报纸。

天文学家们很快把这个骗局拆穿了。科学证明，如果要把月面上 45 厘米大小的物体分辨出来，光学望远镜的口径至少需要 570 米那么大，这么大的望远镜到今天人们仍没有能力造出来。同时，当时虽然还没有一位天文学家登上月球亲眼看见月球的样子，但由地面天文观测分析也能推知，月球上没有水，也没有大气，是一个死气沉沉的荒凉世界。

随着科学技术的发展，人类对地外生命的研究也变得更加科学。为了寻找地外生命，科学家们首先研究了地球人的进化过程。他们认为：地球人虽是"万物之灵"，具有很高智慧，但起源也和地球上的动植物一样，是从地球上进化出来的。换言之，地球上的碳、氢、氧、氮等元素，先是发生了长期的化学变化和物理变化，后来又经历了复杂而漫长的生物演化过程，最后才演化出了人类。科学实验也已经证明，人类生命的化学基础是蛋白质和核酸，而蛋白质又是由各种氨基酸构成的，氨基酸则是由复杂的有机分子组成的。在宇宙中，不仅碳、氢、氧、氮等元素广泛存在，而且在温度极低的星际空间也发现了几十种复杂的有机分子，在许多陨石中甚至还找到了十几种重要的氨基酸的存在。这就可以认定，只要地球外的星球环境适于生命体的存在，那么就很可能会发生大量的有机体演化。

当然，如果以我们地球生命的形成、演化历史作为标准，还需要很多条件才能从氨基酸逐渐演化成生命。如合适的温度、足够厚的大气层的保护、水的存在、液态的氨或甲烷的存在、足够长时间而且较为稳定的光和热。

在宇宙中，地球只是一个再平凡不过的行星，但对于人类来说，它是我们生命的摇篮，是最重要也是最熟悉的天体。地球是如此适合我们人类生活，有充足的水，空气中富含氧气，温度不冷不热，这与它距离太阳的位置等条件有关。譬如水星和金星是离太阳最近的两颗行星，水星的白天热得如火，夜晚却冷得比冰还凉；厚厚的金星大气成分以二氧化碳为主，温室效应很明显，导致环境极为恶劣，任何生物根本就生存不下去。火星在地球轨道以外，虽说距离太阳并不是很远，但比起地球来，不但气候极其寒冷，而且根本没有水，生物在这种情况下也不可能生存下去。土星和木星上没有任何生命存在，这一点十几年前宇宙飞船的空间探测就已证实了。位于太阳系边远空域的3颗大星是天王星、海王星和冥王星，科学家们通过空间探测以及各种地面观测知道，它们同样不具备适宜智慧生命生存的环境。到目前为止，所有的太阳系探测结果都表明，太阳系中的行星中只有地球是适于像人类这种智慧生命生存繁衍的星球。

不过一些科学家，尤其是化学家认为，生命可能不需要以碳和水为基础。在高温情况下，生命的化学基础有可能是硅。另一种有理性的生命不一定有物质外壳，其存在形式可能是以能的形式。

由此看来，太阳系中是否存在有生命的星球，至今仍无定论。不过，随着科学技术日新月异的发展，人类探索太空的足迹将会出现在更多的星球上，到那时这个问题一定会大白于天下。

远古文明之谜

　　那个被人们传说了几千年的神奇之地"亚特兰蒂斯"到底是不是真的存在过？如果存在，又是如何突然间消失得无影无踪的？索尔兹伯里的史前巨石阵到底是谁建造的？究竟是用来做什么用的？在南美的秘鲁荒原上纳斯卡线条是外星人还是当地土著居民的杰作？它们究竟是怎样绘制的？它们究竟是用来做什么的？

　　一段段远古的文明在回望中逐渐展露出她神秘的笑靥。智慧的古希腊，伟大的古罗马，永恒的古埃及，虔诚的古印度，美丽的巴比伦，苦难的犹太，神秘的玛雅、印加、阿兹台克……它们中有的涉及一时一事，有的扩及一国一族，更有的牵涉到一个失落的世界。人们已经解答了很多，就像一个成人一般追寻着自己儿时的记忆。可是解答的越多，无法解答的也就越多，也就越是惊叹于前辈的伟大。

庞贝古城是怎样覆灭的

　　1748 年，那不勒斯国王的御前工程师阿勒比尔奉命去勘测一条 150 年前开凿的引水隧道。他在那不勒斯西北部 20 多千米的地方开始挖掘。挖到 6 米多深时，发现了一具手握金币的木乃伊和一些色彩鲜艳的绘画。经历史学家认定，阿勒比尔下挖的地方正好就是已经失踪了 1600 多年的古罗马名城庞贝。人们在阿勒比尔的率领下，开始对庞贝古城展开发掘工作。当时发掘的目的，主要还在于寻找一些艺术珍品和金银财宝。到了 1763 年，有一个叫约翰的德国人，凭着自己苦学来的知识，从挖掘出的杂乱零碎的遗迹中，第一次整理出庞贝古城的原样。

　　从 1860 年以后，经过 100 多年系统的大规模发掘，庞贝古城基本上已经重见天日了。发掘的结果表明，庞贝古城是一座背山临海、繁荣热闹的避暑胜地。它位于维苏威火山东南脚下，离罗马 241 千米，距那不勒斯 23 千米。庞贝城建在面积约 0.63 平方千米的五边形台地上，有一堵长 3 千米的城墙。城墙共有 7 个城门和 14 座城塔。城里"井"字形的纵横街道，把全城分成 9 个地区。街道由石块铺成，在主要的街道上，还有马车留下的车辙。在街道的十字路口上，有带有雕像的石头水槽。水槽和城里的水塔相通，供市民使用。街道两旁有

考古专家正对庞贝古城遗址进行勘察

1863 年，庞贝挖掘活动频繁。工人把清理出来的垃圾放在筐里背走。泥水工正在修屋顶，竖起柱子，架上横梁。

商店、饭馆。墙上还有广告和标语。城南还有一座可容纳1200名观众的大剧院。此外，竞技场、体育场、酒店、赌场、妓院和公共浴室应有尽有。这表明，庞贝古城当时已经成为古罗马帝国达官贵族们的游乐场了。

在重现的庞贝古城里，人们可以清楚地看到，生活突然中断时的情景。餐桌上放着没有吃完的带壳的熟鸡蛋和鱼，面包炉里有烤好的面包，商店前柜上放着硬币，瓶罐中有栗子、橄榄、葡萄、小麦和水果。已经化成化石的蒙难者完好地保留了当时遇难时的表情、姿态和动作：有蹲在地上双手捂住面孔的；有趴在地上不断挣扎的；有头顶枕头仓皇外逃的；还有小女孩抱着母亲的双膝号啕大哭的；乞丐拼命攥住零钱袋；奴隶角斗士死在挣不开的铁链上；看家犬前腿跃起，猫儿钻进柜底……整个庞贝城好像一部电影定格在某一瞬间。这些尸骨周围被火山灰泥石浆包得严严实实，形成硬壳。后来，遗骸腐朽，化为乌有，而尸体原型的空壳却保留了下来。考古学家门就地灌注石膏，让死难者保持原状。庞贝古城当年居民约有3万人，至今掘出2000多具尸骨。

庞贝古城的大部分居民跑到哪里去了？留在古城里的人为何死得这样悲惨？人们在探索着答案。有人说，庞贝古城毁于维苏威火山爆发。公元79年8月24日中午，维苏威火山发出了震耳欲聋的巨响。一瞬间，喷出的岩浆直冲云霄。浓浓的黑烟，裹挟着滚烫的火山灰砂，弥漫着令人窒息的硫黄味，铺天盖地地降落在庞贝城。几个小时之内，14米厚的火山灰就毫不留情地将这座生气勃勃的古城埋没得无影无踪了。

庞贝古城毁于维苏威火山爆发基本上是没什么疑问的，问题的症结在于庞贝古城是否是在一瞬间毁灭的呢？有人提出了异议。维苏威火山的爆发有一个过程，前后经历了八天八夜，古城居民完全可以从容地逃生。火山盖被冲开时，岩浆、碎石、烟灰、水蒸气一起喷上天空，天地顿时漆黑一团。半小时后，喷出物才飘到庞贝城，无孔不入的粉尘和硫黄气体使人窒息。4小时后，等到飘落到屋顶的火山灰够重时，建筑质量较差的屋顶才塌下来，人们仍可从废墟中爬出来逃命。在第一次的袭击中，几乎无人丧生。48小时后火山喷出物减少，天空渐渐明朗，逃出城的人以为没事了，纷纷返回，其中尤以回家取财宝的富豪居多。就在这时，第二次大喷发降临了，灼热的气体和烟灰置人于死地，今日所见的遗骸大约都是由这一次袭击所致。

那么庞贝城又是如何在火山爆发中变成"化石城"的呢？

这要归功于"水熔岩"。当年火山灰阵雨足足下了八天八夜，蒸汽遇冷凝成水滴，聚合空气中的灰尘，落下瓢泼大雨。大雨扫荡山顶灰渣，形成滔滔泥流。泥浆流就像水泥一样，干燥后坚如岩石，给积灰的城市盖上了一层硬壳，这就是地质学上所说的"水熔岩"。"水熔岩"将庞贝3座城市严严实实地密封起来，阻止了后人的盗窃，为人类保存了1900年前最完整的"城市博物馆"。庞贝灾变中还有一大谜就是那不勒斯为何不曾覆灭？那不勒斯目前有人口140万，占那不勒斯湾一带人口的2/3，为意大利第四大城市。它比庞贝城更靠近维苏威火山，可是它为什么始终未受破坏？从地理方面考虑，那不勒斯地势略高于庞贝三城，维苏威火山爆发时盛行西北风，火山缺口在东北方，火山灰奈何不了那不勒斯。可惜，繁盛一时的庞贝古城就这样瞬间消失了。

"大西洲"为何沉没于海底

关于大西洲的传闻是世界历史上最大的谜团，世界各地都流传着这个传闻。据说大西洲是一块神奇的大陆，那里曾经产生过人类文明史上的奇迹，那里生活着智慧超凡的人。他们创造了高度发达的物质和精神文明。千百年来，这一奇特的传闻吸引无数人们探询和追踪它的由来，遗憾的是，迄今为止人们还未发现大西洲的踪迹。

最早对大西洲的故事进行记录的是古希腊著名哲学家柏拉图，他所记述的有关大西洲的传说，是从他表弟柯里西亚那里听来的。而柯里西亚又是从他曾祖父卓彼得斯那里得知的，而卓彼得斯又是听当时雅典人梭伦所说的。梭伦是当时著名政治改革家和诗人，曾用长达 10 年时间游历埃及、塞浦路斯、小亚细亚等地。他回国后想把在埃及听到的有关大西洲的传闻，编写成叙事诗传给后人，可惜他未来得及完成便去世了，到柏拉图所在的时代，关于大西洲的故事已经广为流传、妇孺皆知。

柏拉图像
古希腊哲学家柏拉图最早在其文献中提到大西洲的情况，当然这也是道听途说，没有确切的证据。

传说柏拉图为证明其真实性曾经亲自到埃及去做实地考察。他访问了当地许多有名望的僧侣和祭司，但是，也只是听到些传闻罢了，并没有找到他所需要的材料。柏拉图在公元前 350 年写过两篇对话录《克里斯提阿》和《泰密阿斯》，他在文中这样写道：9000 年前在大西洋有座孤岛，名叫亚特兰蒂斯，面积比利比亚还要大。那里土地肥沃，物产富饶，矿藏丰富，人们冶炼、耕作和建筑。那里的道路通畅、运河纵横交错，对外贸易发达。为攫取更多财富，他们凭借强大的船队向外扩张，曾一度征服了包括埃及在内的地中海沿岸大片地区。不幸的是，一场毁灭性的地震和随后的海啸，使得整个岛屿包括都市、寺院、道路运河和全体居民，在顷刻之间沉入海底，消失在滔天的波浪之中……

历史上真的出现过这么一个大西洲吗？

"反对大西洲派"的人认为，亚特兰蒂斯岛根本没有存在过，它仅仅是柏拉图等人诗意般的浪漫幻想。反对者主要从时代和地理位置两方面进行了批判和驳斥。

首先是在时间上。依据柏拉图所指来推算，大西洲沉没的时间应是距今 11500 年，即公元前 9600 年。就目前所知，最早的耕作出现在公元前 7000 年的伊拉克和公元前 6000 ～前 5000 年中国原始农业萌芽的河北磁山新石器文化，而最早的农业文明是公元前 4000 ～前 3000 年地处两河流域的苏美尔文明。同时，时代的矛盾也反映在冶金和建筑上，试想公元前 9600 年，亚特兰蒂斯岛真的有可能出现那样灿烂的文明吗？

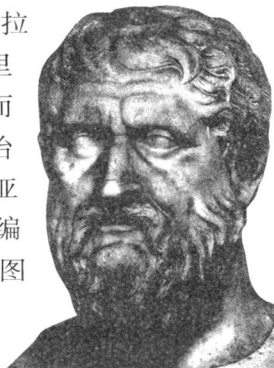

其次是在地质学上。业内人士普遍认为，像利比亚这么大面积的古国，在顷刻间沉没大海是极端不可思议的事情。从理论上讲，大陆板块所进行的漂移，因地质构造运动所导致的地势升降，因纬度冰消雪融引起的海平面升降，无一不是相当迟缓的过程，每年平均不超过厘米量级。据称，目前所知陷入地震时地面裂口中的最大物体是 1906 年旧金山大地震时的一头母牛。所以，整个岛屿陷没是不可能的事。

同时，根据大陆漂移说的理论来分析，在很久以前，几乎所有大陆都是一个整体，后来分裂成几大板块陆地，这些板块陆地好像巨大的岛屿漂移在岩石圈的软流圈层上，随时间的推移渐渐分裂开来，形成了现在的地形地貌。假如用一把剪刀把各个大陆板块剪下来，然后拼结在一起，人们会惊奇地发现原来所有的大陆板块都能够对接，而且吻合得很巧妙。这时也就没有大西洲的立足之地了。

这种大陆漂移说和板块构造理论已经被当今地质地理学界所普遍认可和接受了。

但是另一方面，"支持大西洲派"认为，大陆拼接本身是"天衣有缝"的，特别是在大西洋部分拼接得不严密，露出部分缝隙；它的面积尽管没有大西洲大，但那是大西洲向下陷落所导致。

此外，他们还找到了一个地质学上的证据来说明，在亚速尔群岛外围，还发现少量的海豹，但海豹不可能自己游到海洋中心，它们是近海生物。假如没有大西洲，这里又怎么会曾是近海呢？在亚速尔群岛上还发现有大量野兔，它们来自何方呢？14 世纪加那利群岛被人们第一次发现时，当时岛上还没有船只，却有人、牛、山羊和狗，它们又是来自何方呢？美洲印第安人曾经普遍以大象和猛犸象骨为艺术和建筑的主题，而现在美洲仅仅发现过它们的残骸，并没有这些动物。

诸如此类的现象还有很多，只有一个道理能够解释得通，那就是：历史上曾经出现过一座"陆桥"，用来连接欧洲、美洲和非洲，因此动物们可以在"陆桥"上进行迁移活动。

这座陆桥应该出现于大西洋，但它究竟是不是那个传说中的大西洲呢？目前还不得而知。

非洲原始岩画之谜

在世界文明发源地之一的非洲有许多史前原始岩画。这些岩画精美绝伦，分布极为广泛，约有十多个国家，如阿尔及利亚、埃塞俄比亚、埃及、莫桑比克、肯尼亚等都有这种原始的艺术作品保留下来，而且数量非常多，流传也很广。其中有 1.5万幅岩画遗址在塔西里被发现，而在撒哈拉地区有 3 万幅。

这些岩画有相当复杂的表现形式和手法，还有丰富多彩的内容。粗犷朴实的笔画使用的是水混合台地上的红岩石磨成的粉末冷制而成的颜料，由于颜料中的水分能充分渗入岩壁内，长久接触后发生化学变化，使颜料溶进岩壁。因而很多年后，画面依然鲜艳夺目。

早在 1721 年，一个葡萄牙人旅游团从委内瑞拉出发到莫桑比克旅游观光，一个旅游团成员偶然在岩壁上发现了一幅画着动物的岩画。随后人们又发现了位于阿尔及利亚东部的巨大颜料库，它位于撒哈拉沙漠中的恩阿哲尔山脉，这条山脉长 800 千米，宽 50 ~ 60 千米，岩画的主要颜料就是那里蕴藏的丰富的红砂土矿藏。1956 年，一个法国探险队在这片广阔的山区里竟发现了 1 万多幅作品。

科学家们根据这些岩画所反映的内容，推断撒哈拉地区以前并不是沙漠，而是存在着一群生活在旧石器时代和新石器时代的人们，他们的谋生手段是猎取大型水栖动物，也放牧羊群。大量考古资料证实，公元前 8000 ~ 前 2000 年，撒哈拉地区并不是沙漠，而是一片布满热带植物的草原，这种草原正适合狩猎。

非洲原始岩画中，有许多神秘的人物形象，有的是手持长矛、圆盾的武士，他们乘坐战车迅猛飞驰，仿佛雄伟的战士；有的场面则是人们射击野鹿和狩猎野牛，他们手持弓箭，个个身材魁梧。科学家们由此得出以下结论：当时战争频繁，甚至成为人们的职业，而在经济中占突出地位的是狩猎。画面上有些人戴着小帽子，身缠腰布；有些没有武器，做出敲击乐器的样子；有些人像是欢迎"天神"的降临，做出贡献物品的样子，仿佛是描述祭神的画面；有些人则像是跳舞，舞姿呼之欲出。其中还有画着巨大的圆脑袋的人像，他们的服饰非常厚重笨拙，除了两只眼睛，脸上什么也没有，而且表情呆滞。人类发明了宇宙飞船以后才明白这些画面的意思，现在的宇航员穿上宇宙服、戴上宇宙帽后，与那些圆头人像有着惊人的相似。

究竟是谁创作了非洲原始岩画呢？许多人认为是当地的土著布须曼人创作的。布须曼人的文化中心正是撒哈拉地区，在这个中心地区发现的许多岩画都可以证明这一点。北边的塔西里，东北的西班牙，南边的非洲中部及南部，东边的埃及的岩画都是从这个中心地区传播开来的。

而一些欧洲学者则坚持认为外来文化的传播创造了非洲史前岩画，有的干脆说非洲史前岩画是欧洲史前岩画的复制品。他们认为首批欧洲移民尼安德特人在公元前 5 万年左右来到非洲，大批克罗马侬人在 4000 年后移居非洲，他们是欧洲史前岩画的创造者，是他们把岩画带到了非洲。

但不少专家指出，岩画中表现了非洲一些部族的人种特征，例如非洲人一般都有较突出的臀部，这是欧洲史前岩画中不可能有的。非洲岩画究竟是天外来客的随心之作，还是非洲土著布须曼人的智慧结晶，或是欧洲史前岩画的复制品？现在仍然众说纷纭。然而非洲岩画的发现对世界原始文化研究有着重要的意义，它能使我们了解、考察非洲原始部族的生活与社会形

撒哈拉沙漠岩石水彩画，表现的是正在放牧的早期牧人的生活。

态，这一点是毋庸置疑的。

而在所有的非洲原始岩画中，撒哈拉大沙漠的壁画尤为壮观。

撒哈拉大沙漠位于非洲北部阿特拉斯山脉与苏丹草原以及大西洋与红海沿岸之间，它巨大的面积几乎占据了非洲全部面积的一半。

这些充满神秘色彩的沙漠壁画是德国探险家巴尔斯于1850年在撒哈拉考察时无意中发现的，有鸵鸟、水牛及各式各样的人物像。由于缺乏考古知识，当时这些壁画并没有引起他的重视。

23年后科学家专门对这些壁画进行了考察，结果发现在画中记述的都是1万年以前的景象。

在撒哈拉大沙漠中部的塔西利台地恩阿哲尔高原上，人们又偶然发现了一处巨大的壁画群落。这个壁画群落长达数千米，全都绘在岩阴上，上面刻画了远古人们的生活情景，五颜六色、色彩雅致。此后一些考古学家、考察队纷至沓来。亨利·罗特于1956年率法国探险队在沙漠中发现了1万件壁画。第二年，他们回到巴黎，带回面积约合1平方米的壁画复制品及照片，成为当时轰动世界的考古新闻。

考古学家在沙漠中还发掘出许多的村落遗址，它们都是新石器时代的人类遗址。从发掘出的大量文物来看，撒哈拉在距今1万~4000多年间是一个草木茂盛的绿洲。当时在这里劳动、生息、繁衍的部落和民族，创造了高度发达的文化。磨光石器的广泛流行和陶器的制造是其主要特征。当时的文化已发展到相当高的水平，从壁画中的撒哈拉文字和提斐那文字可以看出这一点。

壁画中绘有很多的马匹，还有形象生动、神态逼真的鸵鸟、大象、羚羊、长颈鹿等，甚至有描绘水牛形象的壁画。科学家断言，以塔西利台地为起点，南到基多湖畔，北到突尼斯洼地，构成了撒哈拉地区庞大的西北水路网。台地在多雨期出现了许多积水池，沿着这些积水池，繁殖出各种各样的动植物，撒哈拉文化得到高度发展，昌盛一时。

人们同时发现，只有极少数地区才有关于骆驼的壁画，而且这些骆驼形象的壁画都属于非洲岩画的后期作品。

大约在公元前400~前300年左右，撒哈拉成为沙漠，骆驼才从西亚来到这里，罗马共和国的疆土扩张时期也在此时。根据壁画内容可以推测当时人们很可能喜欢在战争、狩猎、舞蹈和祭祀前后在岩壁上画画，用画来鼓舞情绪，或者是表达对生活的热爱。这些画生活气息非常浓郁，非洲人民勤劳勇敢、乐观豪迈的民族性格和鲜明的地方特色得到了充分的体现。

正如前文所说，另外一些学者以人种学为研究方向，认定并非是非洲本土的布须曼人绘制了岩画，其中的根据之一是布须曼人对透视法一无所知，而非洲岩画中却充分运用了这一技法。在西班牙东部、北非、撒哈拉、埃及等地区岩画之间的相似之处，一些考古学家推测在遥远年代，有一群人从地中海漂泊到好望角去了，当他们漫游到撒哈拉及东非大平原时，那里是一片充满生机的绿洲，正是他们理想的狩猎区和栖息的家园，而后他们停留在山区高原，在那里创作了许多最早的非洲岩画，他们就成为最早的狩猎者和狩猎艺术家。

　　然而这些只是他们的主观猜测和臆想，毫无根据可言。至于说岩画不是布须曼人的作品，原因是他们不懂透视法则更显得荒谬。因为即使说后来的布须曼人不懂岩画知识和技巧，也并不代表那些已灭绝的布须曼人不懂。这种知识与技巧只有极少数人才能掌握，而且传授方法非常神秘，所以后来的布须曼人看不懂前人所画的岩画并不足为奇。何况因年深日久，不少岩画已模糊不清，后来者也难以辨认了，以人种学观点为依据是一种种族偏见，缺乏足够的说服力。

　　还有个别学者认为很难弄清岩画究竟是非洲本土的古老艺术还是外界文化的辐射，而且他们认为任何伟大艺术都是国际性的，没有必要把任何艺术都贴上民族的标签，这种工作是毫无意义的。如同世界其他地区的画廊一样，非洲文化也兼容诸多民族及其原始宗教派别的艺术。尽管这种泛论并不能让所有的人满意，但它提供的认识非洲岩画出处的思路仍有可取之处。

　　撒哈拉大沙漠的岩画究竟是谁绘制的呢？这至今仍是一个未解之谜，如果能找到答案，将会对人类更全面地认识撒哈拉大沙漠的史前文明和发展历程有不小的帮助。

埃及金字塔是怎样建造的

　　谈及埃及，就不能不说代表其灿烂文化的"世界七大奇迹"之一的金字塔建筑群——胡夫金字塔、卡夫拉金字塔和门卡乌拉金字塔。胡夫金字塔位于开罗西南郊，是埃及最大的金字塔，由 230 万块巨石建造，其中最轻的 2.5 吨，最重的达 40 吨。这些金字塔由于修建时期在 5000 ~ 6000 年前，目前没有发现任何记录它建造的文字，却在建筑学、数学、几何学、物理学等方面给后人留下了种种离奇、有趣的暗示，留下了无数的难解之谜！

　　胡夫金字塔的底面呈正方形，每边长 230 多米，绕金字塔一周，要走 1 千米的路程。胡夫金字塔，除了以其规模的巨大令人惊叹以外，还以其高超的建筑技巧而著名。塔身的石块之间，没有任何粘着物，而是一块石头叠在另一块石头上面的。每块石头都磨得很平，至今已历时数千年，人们也很难用一把锋利的刀刃插入石块之间的缝隙，这不能不说是建筑史上的奇迹。另外，在大金字塔身的北侧离地面 13 米高处有一个用 4 块巨石砌成的三角形出入口，因为如果不用三角形而用四边形，那么，100 多米高的金字塔本身的巨大压力将会把这个出入口压塌。而用三角形，就使那巨大的压力均匀地分

古埃及人建造金字塔示意图（想象）

散开了。在4000多年前，对力学原理就应用得如此巧妙，不能不令人叹为观止。

究竟是什么力量，什么机器和什么技术，把这块岩石地带整平的？建筑师是如何挖掘通向地层下的隧道的？他们如何使光线渗入内部？

多年来，人们公认的说法是，埃及金字塔是由埃及的劳动者在公元前3000多年用手工建造的。当时的劳动者用没有轮子的运载器械运送如此沉重的石块，而且他们只能借助于畜力和滚木来艰难地移动石块，把巨石运到建筑地点的，他们又将场地四周天然的沙土堆成斜面，把巨石沿着斜面拉上金字塔。就这样，堆一层坡，砌一层石，逐渐加高金字塔。每批10万人，每一大群人要劳动3个月，历经20多年的劳动才换来胡夫金字塔的建成。多年来，专家们认为金字塔建造者都是被强迫来做工的奴隶。然而新的发现使他们相信劳动者并不是奴隶，他们是埃及的公民。在金字塔的一些石块上发现的标记为这种想法提供了证据。专家们认为这些标记是劳动者写明他们的工作以表示他们为建造金字塔而自豪的方式。这些标记是以古代象形文字书写的，它们是劳动者的人名。美国耶鲁大学和埃及考古学家在金字塔附近还发现了一座大建筑物的废墟。他们相信这里曾经是储藏粮食和烘烤面包的场所。他们认为这个地方所产生出来的食物可供养10万工人。

但这种说法在今天却受到了考古学家们的挑战。根据金字塔的建造规模，有关专家估计，在修建大金字塔时，埃及居民至少应有5000万，否则难以维持工程所需的粮食和劳力。然而，据历史资料统计，在那个时期，世界总人口才有2000万，这是一个多么惊人的矛盾。更令人不解的是，建造金字塔的石块都是从很远的地方运到吉萨沙漠去的。这些石块大的有40吨，小的也有2.5吨，仅胡夫大金字塔就用了230万块这样的石块。从埃及当时的科技水平来看，还没有能力运输如此又重又多的大石块。因此，有人大胆设想，石块不是从陆地或水上运输的，而是由宇宙来客在空中运输的。这种大胆设想或许被认为是太荒谬了。但是，以胡夫金字塔来说，该塔底边各边长230米，误差不到20厘米。塔高146.5米，相当于40层楼高，东南角与西北角的高度误差仅为1.27厘米，如此低的误差率，即使许多现代建筑也望尘莫及。更让人惊奇的是，胡夫大金字塔的塔高乘上10亿等于地球到太阳的距离；用2倍塔高除以塔底面积，等于圆周率，即3.14159，而该塔建造好差不多过了3000年后，人们才把圆周率算到了这个精确度。塔的四边正对着东南西北四个方向，塔的周长米数正好与一年的天数相吻合（即365.24天），其周长乘以2正好是赤道的时分度，坡面的高是纬度的6%，塔的自重乘以10的15次方正好是地球的重量。因此，无论是谁选定这个塔址，都应该对地球体的球结构、陆地和海洋的分布等有充分了解。

一位叫戴维杜维斯的法国化学家，提出了一个关于金字塔建造的全新见解。他认为，建造金字塔的巨石是人工浇筑的。他把从金字塔上取下来的小石块逐个加以化验，结果证明，这些石块是由人工浇筑贝壳灰石组成。尽管考古证明，人类在几千年前就已掌握混凝土制作技术，但这些贝壳石灰石浇筑得如此坚如磐石，以至很难将它们与花岗岩区别开来，实在是令人难以置信。由此他推测，在埃及，奴隶建造金字塔很可能是采用"化整为零"的办法，先将搅拌好的混凝土装进筐子，再抬上正在建造中的金字塔。这样，只要掌握一定的技术，就能浇筑成一块块巨石，将塔一层一层加高，这种做法既省力又省工，或许是上天特意为了证明他所说是正确的，这位法国科学家还在石块中发现了一缕人的头发。

可惜的是，这些推论都是后人的一种猜测，当时的人是如何建造这样一个奇迹的，我们无从知晓。但修建金字塔，一定是集中了当时古代埃及人的所有聪明才智。今天，当我们再次漫步在金字塔世界时，只有陶醉在她谜一般的神话传说中。

神秘的奥尔梅克石像

奥尔梅克文明的历史，可以追溯到公元前 2000 年，但是在阿斯特克帝国崛起之前的 1500 年，这个古老的文明就已经消失了。但是仍然留下了很多关于奥尔梅克人的美丽动人的传说，人们甚至亲切地称呼他们为"橡皮人"——根据传说，他们居住在墨西哥湾沿岸的橡胶生产基地。

传说中的奥尔梅克人的家乡，正是科泽科克斯河注入墨西哥湾的地方。"科泽科克斯"这个地名的意思就是"蛇神出没的地方"。相传远古时代，奎札科特尔和他的门徒就是在这个地方登陆墨西哥的——他们搭乘"船身光亮有如蛇皮一般的"船舶，从地球的另一端渡海而来。也就是在这里，奎札科特尔登上一艘"蛇筏子"扬帆而去，从此离开了中美洲。

就在科泽科克斯西边，从圣地亚哥·图斯特拉镇出发，向西南方向行驶 25 千米，穿过葱翠的原野，便是崔斯萨波特古城；科泽科克斯的南边和东边则是圣罗伦佐城和拉文达城，在这些地方，无数的典型奥尔梅克人雕刻品相继出土。有些雕刻的是庞大的头颅，重达 30 吨，其他的是巨型的石碑，上面镌刻着两个相貌完全不同的种族——都不是美洲印第安人——相会的情景。制作这些杰出艺术品的工匠，肯定是属于一个精致的、高度组织化的、繁荣富裕的、科技上相当发达的文明。令研究者们困惑的是，除了艺术品之外，这个文明没有留下任何东西让后人探寻它们的根源和性质，它们的存在又有什么样的代表意义。唯一能够确定的是奥尔梅克人在公元前 1500 年左右，带着已经得到了充分发展的、高度文明的文化，突然出现在了中美洲这片神奇的土地上。

考古学家挖掘出的巨大人头像中，最大的一尊是在耶稣基督诞生之前不久雕制完成的，也就是公元前 100 年左右制作的，它重达 30 多吨，大约高 1.8 米，圆周 5.4 米。它们呈现的大多是非洲男子的头部——戴着紧密的头盔，绑着长长的颚带，耳朵穿洞，鼻孔宽阔，鼻梁两旁显露出一道道很深的沟纹，嘴巴肥厚下垂，下巴紧贴着地面，有的两只大眼睛冷冷地睁着，宛如两颗杏仁，有的则是安详地闭着双眼。在那顶古怪的头盔底下，两道浓密的眉毛高高翘起，显出一脸怒气。看上去总会感觉有一种阴郁、深沉的凝重气息。奥尔梅克人留下 5 座非同一般庞大的雕像，描绘的是面貌具有明显黑人特征的男子。当然，2000 年前的美洲并没有非洲黑人，直到白种人征服了美洲之后，黑人才被抓来当奴隶。然而，考古学家发现的人类化石却显示，在最后一个冰河时代，移居美洲的许多种族中，就有非洲黑人。

这一尊尊人头像，都是用整块的巨大玄武岩雕成，竖立在粗糙的石板叠成的基座上。尽管体积十分庞大，雕工却显得十分细致老练，五官的比例均匀完美。

在清除了周围的泥土之后，它立刻呈现出一种令人望而生畏的严肃的气概。和一般的非洲土著的雕刻品不同的是，它所使用的是写实的雕刻方法。五官的线条简洁而且有力度，表现出黑人身上所独有的面貌特征。

显然，奥尔梅克人曾经建立了相当辉煌灿烂的雕刻文明，进行过大规模的工程计划。他们发展了高超的技艺，有能力雕琢和处理巨大的石块（他们遗留下的人头像，有些用一整块巨石雕刻而成，重达20吨以上）。不可思议的是，尽管研究者一再地努力挖掘，却始终没有在墨西哥找到任何的证据和迹象可以证明奥尔梅克文化曾经有过"发展阶段"。这个最擅长雕刻巨大黑人头像的民族，仿佛从石头里蹦出来，突然出现在了墨西哥。有趣的是，这些让考古学家百思不得其解的5尊巨大的、显露黑人五官特征的人头雕像，被刻意埋藏在地下，以一种独特的形式排列着。

那么这些巨型的人头像雕刻品，代表什么意思呢？有人推测是奥尔梅克人自己的自画像，有人认为那不是他们制作的，而是出于另一个更加古老的、已经被遗忘的民族之手。

正统学界一贯主张，公元1492年之前，美洲一直处于孤立的状况之中，跟西方世界没有接触。思想比较前卫的学者，拒绝接受这种教条式的观念。他们认为，奥尔梅克雕像所描绘的那些深目高鼻、满脸胡须的人物，可能就是古代活跃于地中海的腓尼基人，早在公元前1000年之前，他们就已经驾驶船舶，穿过直布罗陀海峡，横越大西洋，抵达美洲。提出这个观点的考古学家进一步指出：奥尔梅克雕像所描绘的那些黑人，具体地讲，是腓尼基人的"奴隶"，他们是在非洲西海岸捕捉到这些黑人，然后千里迢迢地将他们带到了美洲。

然而还有一个问题，纵横四海的腓尼基人，在古代世界的许多地区留下了他们的独有的手工艺品，却没有在发现的奥尔梅克人聚居地留下属于他们的任何东西。事实上，就艺术风格来讲，这些强劲有力的作品似乎并不属于任何已知的文化、传统和艺术类型。不论是在美洲还是在全世界，这些艺术品都没有先例。

奥尔梅克文化究竟从何形成，又是如何衰亡？这是个连历史学家都无法回答的问题，刻在石头上的日历以及历史，就更加难以解释了。总之，奥尔梅克文化隐含着诸多未知数，对它的了解和研究才刚刚开始而已，历史学家和科学家们不知还要经历多少年的不懈的努力，才能够找到它的谜底。

克诺罗斯王宫的毁灭

在希腊神话和传说里，记载着这样一个故事：米诺斯国王是诺色斯、克里特和整个爱琴海的国王。有一次他派他的儿子安德罗吉到大陆去参加运动会。不料，安德罗吉遭到了雅典国王的妒忌并被谋害致死。米诺斯震怒之下，发动战争，众神也纷纷降灾荒和瘟疫到雅典，雅典被迫求和，答应定期送童男童女到克里特。而米诺斯国王把他们关禁在迷宫里，或是让恶兽吃掉，或是饥饿而死。为此，雅典人惶惶不安。

这自然是久远的希腊传说了，尽管流传得相当广泛，但一直以来都没能引起人们足够的重视。19世纪70年代，德国著名考古学家谢里曼根据《荷马史诗》提供的线索找到了传说中的特洛伊城，从那时起，考古学家们开始试图寻找一座希腊神话传说里的王宫——克诺罗斯王宫。英国的考古学家阿瑟·伊文斯带考古队来到克里特岛，经过3年的发掘，终于在克里特岛的伊拉克利翁市

在克里特岛上发现的坛子。这些坛子是古代克里特人用来盛粮食、橄榄油及酒的。

发现了米诺斯文明中最大最重要的王宫遗址——克诺罗斯王宫。

于是，希腊神话中的记述不再是无稽之谈，人们密切关注这一发现。伊文斯所发现并复原的王宫，位于克里特岛的伊拉克利翁市东南大约8千米远的地方，具体来讲，这里是新王宫。在历史上，克诺罗斯王宫最初始建于大约公元前1900年左右，此后成为米诺斯王国的政治经济、文化的中心，并且逐渐染上某种宗教色彩。在进入文明时代后，它又和王朝法院的崇拜紧密结合起来，宗教圣地的气息变得越来越浓厚，带有神圣庄严的色彩。相应地，米诺斯王权也具有了浓厚的宗教色彩，国王兼任祭司司长的职位，王宫就是最高的祭坛。

伊文斯所发现的新王宫，大约建立在公元前1700～前1500年，是在旧王宫的基础上不断扩建的，它的建筑设计也更加完善。王宫建成后面积为2.2万平方米，即使是最保守的估计，王宫里的厅堂房间总数也至少在1500间以上，更别提梯道交错，廊檐低回了，外人很难搞清楚它究竟是怎样建起的。或许这也是王宫叫作迷宫的缘故吧。

王宫建筑总体上呈长方形，四周没有围墙和望楼。中心是长方形的中央庭院，长60米，宽30米，可以说是所有米诺斯王宫中最大的庭院了。由于王宫是依仗山势而建，地势东高西低，所以从东侧望去楼房高耸，门窗长廊错落有致，仿佛建筑是巧夺天工的杰作。

王宫的中央庭院两边都有楼房，西边的楼房是主要作为国王自己办公、祭祀、贮藏之用的。一层是一系列的神龛、楼梯、神坛还有祭仪大厅，二层则作为办公集会厅、档案馆等。墙外还有10间库房，里面有许多的大型的陶瓮、陶罐。祭仪大厅正中放着一把专供国王享用的椅子。所以，大厅还叫"御座宝殿"。东边的楼房却可以称为"生活区"，这里包括国王及其后妃的寝宫、接待厅、学校等等。楼层有四五

层之多，布局也更加复杂了，主要的有"双斧大厅"。大厅墙上挂着高大的盾牌，也就是在荷马史诗中曾有提及的那个盾牌。当然，所有布置十分豪华，在墙上绘有海豚戏水等自然景色的壁画。另外，王宫的壁画，是很值得一提的，它为研究米诺斯文化与社会生活提供了丰富的资料。

考古学家的研究为克里斯岛的历史填补了光辉的一页。大约在公元前2300～前1500年，克里特王国的文化曾经盛极一时，而其最辉煌的时候，正是米诺斯王朝。米诺斯国王精明强悍，治国有方，使得国家发展到极盛时期。当时的爱琴海诸岛纷纷向他称臣，雅典也被迫纳贡。无疑，这里曾经有着高度灿烂的文明。

然而，颇为令人感到奇怪的是，大约到了公元1500年前后，克里特岛上的所有城市，几乎在同一时间全部被毁坏了，克诺罗斯王宫也没有能够幸免，不久，强盛的王国也在地球上销声匿迹了。这是什么原因促成的呢？

1967年，美国的考古学家揭开了历史的谜团。

原来，在距离克里特岛以北约70千米的地方，有一个叫桑托林火山岛。虽说这座火山的海拔仅仅为566米，20世纪以来的3次喷发规模也较小。但是，在岛上60多米厚的火山下竟然挖出了一座古代的著名商业城市，这使得人们的看法改变了。根据有关研究，这里曾经发生过人类历史上最严重的一次火山喷发。时间就是在公元前1500年前后，桑托林火山喷出的火山灰渣达到了162.5千米，岛上的城市霎时间被湮没到厚厚的火山灰下。火山喷发十分猛烈，据记载，当时的埃及上空出现了连续3天漆黑一片的景象。而且，火山喷发引起的海啸，浪头高达50米，滔滔的巨浪很快就冲到克里特岛，淹没了岛上的一切所有。

就是这样绝无仅有的一次火山大喷发，葬送掉了一个古老的文明社会，克里特王国就这样永远消失在人类的文明史上，渐渐被人们所遗忘了，仅仅留下了神秘莫测的零星传说。

"斯芬克斯"究竟何时诞生

埃及人很崇拜狮子，他们认为狮子是力量的化身，因此古埃及的法老把狮身人面像放在他们的墓穴外面作为守护神。著名的狮身人面像位于开罗市西的吉萨区，在卡夫拉金字塔的南面，距胡夫金字塔约350米。斯芬克斯狮身人面像是世界上最大的狮身人面像，石像脸长达5米，头戴奈姆斯皇冠，额头上刻着"库伯拉"圣蛇浮雕，下颌雕有象征帝王威严的长须，在阿拉伯文中，它被称为"恐惧之神"，象征着君主的威严与权力。

关于斯芬克斯石像的出现时期在学术界也有很多种说法，至今不能得到统一，于是斯芬克斯的谜依然存在着，不同的只是谜的内容从人换成了石像而已。

斯芬克斯是传说中的恶魔，以关于人的谜语为难题吞食掉了许多人。当俄狄浦斯准确无误地回答出它的问题之后，它羞愧至极，觉得无颜再活在世上，于是跳崖自杀。当时的国王瑞翁为了让人们记住这个罪恶滔天的恶魔，便在斯芬克斯经常出没的地方，即今天狮身人面像所在之地，造了一座石质雕塑，流传保存至今成为文化珍宝。也许只是因为时代久远，于是就有了人们的种种想象和猜测，这些都不能用科学去考证。严谨的考古学界则有确切的研究行动，并一直认为狮身人面像修建于大约公元前2500年，处于古王国时代第4王朝的埃及法老卡夫拉统治时期，下令雕刻石像的就是卡夫拉而不是瑞翁，他要求按照自己的脸型雕刻，把狮身人面这一奇特而浩大的工程作为礼物送给后世的人们。这可能是因为狮身人面像与卡夫拉的容貌比较相近的缘故，所以有此猜想。但是也有反驳者认为，这完全不能证明石像就是卡夫拉自己建造的，因为他完全可以在自己统治的时期将石像进行修改，使之成为自己脸型的样式。

然而科学家们发现，狮身人面像比人们认为的年代可能要更早，甚至早一倍。波士顿大学的地质学家罗伯特·M.肖赫第一次从地震方面切入，对吉萨遗址进行了研究，结果表明，狮身人面像最初雕刻的时间比通常人们认为的要久远，因为这座石像裸露在外面，与周围的石灰石床岩受风化和侵蚀的时间要比人们认为的长得多。另外，狮身人面像和其他年代确凿的建筑物侵蚀程度有着显著的差异，这也表明了存在于时代之间的距离。

科学家们利用各种先进的仪器和方法对狮身人面像进行了研究，经过声波穿行速度等科技测试，他们惊奇地发现，狮身人面像的"尾部"是卡夫拉统治时期出现的，要比石像前面的部位和两边部位的壕沟年代晚一半以上的时间。也就是说早在卡夫拉修建狮身人面像之前，狮身人面像的头部就已经存在1000年了。这一发现使他们大为振奋，并且深信不疑，地质学家于1919年10月22日在圣地亚哥举行的美国地质学年会上提交了他们的研究报告：狮身人面像的实际修建时间是公元前7000～前5000年。

然而考古学家们完全不能接受这样的研究结论，他们认为这与他们所了解的古埃及的情况完全不相符合。就他们所掌握的考古知识来看，在卡夫拉统治的几千年前，古埃及人根本不可能拥有建造这一巨型建筑物的技术，甚至也完全不可能有这种愿望的产生。狮身人面像的修建技术比已经确定年代的其他建筑物的技术已经先进很多，如果再将它的建造年代提前那将是不可思议的事情。如果承认地质学家的结论，那么几千年前，修建狮身人面像的不应该是古代埃及人，而只可能是另外的一群高级智慧生物，或者也只能是还不能确定到底存在与否的外星人。

位于吉萨大金字塔前的狮身人面巨型雕像
关于它的传说很多，但近代以来，考古界和科学界更关注的是它的艺术价值和雕刻工艺。

宇宙学的研究者根据金字塔建筑群与天文现象的种种巧合神奇之处，以及金字塔内遗存的超前于现代的物品，推测金字塔是外星人在不同时期单独或帮助法老建造的。科学家以先进的仪器探测发现，狮身人面像之下也有类似金字塔内的秘密通道和密室。于是有人猜想斯芬克斯也是出自外星人之手，原本是作为宇航导向的标志，而后又被法老发现并占为己用。

斯芬克斯像雄伟壮观，它表情肃穆，凝视远方。当年土耳其人攻打埃及时，曾以斯芬克斯的鼻子和胡须做靶子打炮，被打掉的鼻子和胡须现存于伦敦的大英博物馆内。学术界的争论与猜测使斯芬克斯到现在为止仍扑朔迷离，它凝视远方的眼睛里充满了等待被理解的渴望，但是它到底出自谁手，来自哪个久远的年代，都没有准确的答案。期待研究者找到更能让大家信服的证据，拨开深藏在狮身人面像后面沉重而神秘的历史云雾，见到一个完整的、有着明确历史内涵的狮身人面像。

《荷马史诗》中的特洛伊城真实存在吗

特洛伊古城位于土耳其西北部的西拉沙立克山丘下，紧临碧波万顷的达达尼尔海峡，隔海与巴尔干半岛相望。长期以来，人们一直以为它是《荷马史诗》中虚构的一座城市，并且为此引起过一些争论。19世纪70年代，考古学鼻祖海因里希·谢里曼通过他执着而卓越的考古发现，使这座荒丘下的古城终于在世人面前从虚幻走向隐约的真实。

谢里曼从小就被特洛伊战争的故事所吸引，故事里海伦的美、阿喀琉斯与部将帕特洛克纳斯之间的忠诚和友谊都让谢里曼深深感动，但给他印象最深的还是《伊利亚特》里特洛伊城被焚烧时火光冲天的描述及插图，它唤起了谢里曼强烈的好奇心，给他幼小的心灵留下了深刻的烙印。1870年，谢里曼带着年轻的妻子来到濒临爱琴海的土耳其西北部沿海地带，开始了一生中梦寐以求的伟大事业——寻找特洛伊城。谢里曼召集了100多个民工开始了旷日持久的发掘工作。谢里曼没有科学的考古经验和科学的发掘技术，他遇到年代较晚的建筑物遗址时，不像现代的考古发掘者，给予绘图、照相、记录和测量，而是立即把它毁掉。这样他发掘了一层又一层，每一层都是属于某一历史时期的居民区，一代代的人在这里生活过，一座座城市在这里繁华过。每天他都会有不一样的收获，包括他所要寻找的特洛伊城在内，他发掘出了总共9个城市的遗址，都是不为人知的原始古迹。但问题出现是这9个遗址里哪一个才是他要找的特洛伊城呢？在第9层他发现了自以为是"普里阿蒙宝藏"的遗址，而事实上，后来的考古发现谢里曼早已经挖过头了，特洛伊战争时的遗址应该在这一层的三层之上。

从考古看来，特洛伊城前后延续时间较长，城市是在不断发展、扩大的。特洛伊城遗址自下而上的分为9层。第1层大约是公元前3300～前2500年的一座直径只有90多米的石筑小城堡，有城墙和城门，出现了铜器，有磨光黑陶和灰陶。还发现有一个刻着人面的石碑。第2层大约在公元前2500～前2200年，城市开始繁荣，筑有坚固的城堡，城堡较第 1 层有所扩大，直径达 120 多米，有城墙、城门，城内有居住住址和铺砌的道路，谢里曼发现的所谓"普里阿蒙宝藏"就是在这一层出土的，该层有大量的灰烬，估计是于战火硝烟之中被毁掉的。第 3、4、5 层大约在公元前 2200 ~ 前 1800 年，城市范围较大，但其发展规模和水平都不高，建筑不如以往雄壮。第 6 层在公元前 1800 ~ 前 1275 年，特洛伊城发展到历史上最大的规模，城墙更为坚固，总长达 540 米，至少有 6 座城门。居址平面呈长方形，布局井然有序，城内发现有火葬墓，葬具为骨灰瓮。德普费尔德认为它属于特洛伊战争时期，但是有的科学家不同意这一观点。他们认为这一层与其他层次的建筑风格有很大差异，而且从墓藏的不同葬俗也能看出不同，所以他们怀疑它应该属于另外一种文化，可能是又一个新的民族占领了该城。第 7 层在公元前 1275 ~ 前 1100 年，可以分为 A、B 两个阶段，A 属于特洛伊战争时期，是与第 8 层属于同一文化系统的人创造的。布利根认为特洛伊在被希腊军队围困 10 年之后，因中木马计而陷落，即是这一时期。B 属于后期青铜器时代至铁器时代。第 9 层属于希腊化时代文明堆积。亚历山大大帝率领马其顿军队越过达达尼尔海峡，进入土耳其，占领特洛伊。第 10 层属于罗马时代文化堆积。公元前 168 年罗马灭掉马其顿，特洛伊也随之落到罗马人的控制之下。

现今的史学界普遍认为，历史上确实存在过特洛伊城。这座城市始建于公元前 16 世纪，坐落在土耳其西北部的达达尼尔海峡入口处，地处欧亚大陆交通要冲。公元前 13 ~ 前 12 世纪，特洛伊城发展到鼎盛时期，普里阿蒙王国拥有无数的珍宝，令周围的邻邦垂涎欲滴。当时，希腊各城邦逐步发展壮大，图谋向外扩张，富庶的特洛伊城就成为被掠夺的目标。公元前 12 世纪，希腊各城邦组成联军进攻特洛伊，围困 10 年方才攻下。《荷马史诗》描述的就是这次战争的故事。特洛伊城陷落后，遭到洗劫和焚毁，然后随着岁月慢慢地沉淀下去成为地下需要发掘的遗址。

特洛伊城遗址的发现启示我们，文学作品包括神话传说的创造，都可能有其真实的现实存在。但是从历史考古来看，谢里曼对特洛伊城遗址的发掘，仍然有许多不能让人信服的地方。比如，他是通过什么方式确定各个层次遗址的年代及其特征属性的？关于特洛伊城的几个层次有一些不一样的观点存在。谢里曼被称为考古学鼻祖，是因为他从神话的角度为考古学开辟了一个新的领域，而并不是因为他准确地展现了特洛伊城。

特洛伊古城的城堡遗址
这种坚固的城堡对防止外敌的入侵起了很大作用。这些古城堡大约建于公元前 6 世纪 ~ 前 3 世纪。

玛雅人为何修建金字塔

　　大凡讲到金字塔，人们往往会想到埃及的金字塔，毕竟这里是"世界七大奇迹"之一。其实，古代美洲的金字塔不仅数量超过了埃及的，而且特色更鲜明。埃及的金字塔是国王法老的陵墓，而美洲玛雅人的金字塔，则不完全是帝王的陵墓，更多的是一种祭坛。

位于尤卡坦半岛上的玛雅人建立的金字塔远眺图。这种金字塔与古埃及金字塔有明显的不同，不管在建筑风格上还是使用上。

　　中美洲的玛雅人是一个特别的人种，语言自成一体，脸型轮廓很独特，前额倾斜、鹰钩鼻、厚嘴唇。他们在美洲这片沼泽低洼、人迹罕见的热带雨林中，创造了令人难以想象的辉煌文明，如平顶金字塔祭坛、浮雕、石碑等众多杰出的建筑物。玛雅人创造了一套精巧的数学，来适应他们按年记事的需要，以决定播种和收成的时间，对于季节和年度中雨水最多的时间准确的加以计算，以期充分利用贫瘠的土地。他们所掌握的数学技巧，在古代原始民族中，高明得令人吃惊，尤其是他们熟悉"0"的概念，比阿拉伯商队横越中东的沙漠把这个概念从印度传到欧洲的时间早1000年等。凡此种种，使得玛雅文化也成为世界文明史上的奇葩。

　　玛雅文化诞生于公元前1000年，分为前古典期、古典期和后古典期3个时期，直到公元9世纪突然消失。据考证，大约公元前后，玛雅人达到了第一个兴盛期，在尤卡坦半岛南端的贝登湖周围建立了第一批"城邦"，营造了一个繁华的城市。现今整个遗迹面积达130万平方米，其中心地带包括金字塔、祭坛等多处建筑。中心大广场东侧的美洲豹金字塔；塔高达56米，分为9级，塔顶建有尖型小庙；西侧是2号金字塔，高46米。最高的4号金字塔高达75米，站在塔顶可一窥全岛全貌。与埃及最早的几座金字塔进行比较，人们发现它们竟然如同孪生的姐妹一般。苏格兰天文学家斯穆斯对埃及的两座金家塔作了为期4个月的勘测，他得出了一些发人深思的数据：塔的4个面都是等边三角形，它们正好朝着东南西北4个方位；底边与塔高之比，恰好为圆周率与半径之比；塔的高度为地球周长的二十七万分之一，也是地球到太阳距离的一万亿分之一。

　　不过玛雅人金字塔的天文方位计算得更为精确：天狼星的光线经过南墙上的气流通道，直射到长眠于上面厅堂中的法老头部；北极星的光线通过北墙的气流通道，径直射进下面的厅堂里。

　　一直以来，人们都认为金字塔是一种坟墓，而且确实在很多金字塔中找到了木乃伊。那么，玛雅人会不会是不谋而合也用工程浩大的金字塔作坟墓呢？如果是，为什么金字塔与塔顶上的神龛是这么不相称，整个塔的建造水平是如此之高，而神龛却是相当粗糙，这不能不令人怀疑神龛可能是后来加上去的。后来，在金字塔发掘出了一些精致的透镜、蓄电池、变压器、太阳系模型碎片、不锈钢，以及其他不知什么合金制成的机械、工具等。根据这些，人们又推测，金字塔原先很可能是玛雅祖先的祭坛和用来观察天象的神坛。由于玛雅人对神有种近乎狂热的崇拜。玛雅人信奉的神主要有太阳神、雨神、风神、玉米神、战争之神、死亡之神等。在玛雅人看来，神的世界远比人间凡世丰富伟大。他们经常举行祭祀典礼，每位玛雅人都认为，为神献身是一种非常神圣的事情。因此玛雅人依照自己的历法建造的金字塔，实际上都是一种祭祀神灵并兼顾观测天象的天文台。

这些宏伟遗迹处处显示的不平凡，使得它与如今比邻的印第安人居住的茅屋和草棚格格不入，而且这些宏伟的建筑并不是出于实际生活的需要，而是严格按照玛雅人的宗教信仰和神奇的玛雅历法建造的，简直令人难以置信。从考古学家掌握的证据来看，当时玛雅人仍巢居树穴，以采集或狩猎为生，过着相当原始的生活，似乎没有文明前期过渡形态的痕迹；那奇迹般的文化并没有经过一个由低向高逐渐发展的过程，而似乎是在一夜之间从天而降，骤然间涌现出了各种超越时代的辉煌成就。任何民族对外部世界的认识都必须和他们的生产方式相一致。因而有些学者以此为基点，认为这些建筑不是玛雅人自己创造的，而是别人传授给他们的，可是又有谁能把这样先进的知识传授给他们呢？

而且从早期的人类文明历史来看，文明的创造和辉煌都离不开河流：埃及和印度的古代文明，首先发祥于尼罗河或恒河流域中，中国古代文明的摇篮则在黄河和长江流域。为何偏偏只有玛雅人把他们的灿烂文明建筑于热带丛林之中呢？

不管怎样，不知出于何种原因，公元900年前后，玛雅人放弃了高度发展的文明，大举迁移，他们所创建的中心城市停下了新建筑的建造，城市在某一天被完全放弃，繁华的城市变得荒芜，任由热带丛林将它们吞没。玛雅文明一夜之间消失于美洲的热带丛林中。后来从发掘出来的仅完成了一半的雕刻来看，这场劫难似乎来得十分突然，然而当时又有什么灾难是他们无可抵挡的呢？玛雅人抛弃自己建造起来的繁荣城市，却要转向荒凉的深山老林，这种背弃文明，回归蒙昧的做法，是出于自愿，还是别有隐情？

关于玛雅文明的消失有着种种的猜测，有人说玛雅人是受到了瘟疫、战争等的袭击，但是为什么没有见到尸体？玛雅文明的消失与它的崛起一样，充满了神秘的色彩，为世人瞩目。

有人认为，玛雅人有可能被外族入侵，他们被迫离开家门。可是，有谁比正处于文明和文化兴盛时期的玛雅人更强大呢？

有人认为玛雅人是由于发生地震而被迫离开家园。可是直到今天，那些雄伟的石构建筑，虽然有些已倒塌，但仍有很多历经千年风雨依然保存完整。

有人认为，可能是因为隔代争斗，或是年轻的一代起来反对老一代，或是发生内战，或是因为一场革命，使得玛雅人离开了故土。如果真有上述情况中的任何一种发生的话，那么也只有一部分居民，即失败者，离开国家，而胜利者则会留下生活。但调查研究没有发现有玛雅人留下来的任何迹象，哪怕是一名玛雅人！

当历史渐行渐远，成为一种遥远的回忆后，我们所能了解到的只是梦呓般的神话，以及一幢又一幢遗弃的建筑，然而神秘的玛雅人，神秘的玛雅文明，神秘的玛雅金字塔无不让我们心驰神往……

玛雅都市是怎样消失的

大约从公元 1700 年开始，美洲的学者就已经发表了一批介绍中美洲玛雅文化的考察报告，可惜只是浮光掠影，表述得不很详尽。1885 年，年轻的美国探险家桑普逊由印第安人作为向导，在古代玛雅帝国所在的墨西哥尤卡坦半岛丛林中艰辛跋涉，终于发现了奇琴伊察城。后来在他担任尤卡坦领事的 24 年里，他几乎都泡在那里挖宝。1930 年前后，相关部门曾经动用飞机对该遗址进行了多次空中拍摄，并于 1947 年开始在这里进行有组织的大规模的发掘，终于使奇琴伊察城得以重见天日。

奇琴伊察遗址位于今天墨西哥尤卡坦州的中南部，是古代中美洲玛雅文化的三大城市之一。这里属于干旱区域，水源主要是来自石灰岩溶洞的天然井，所以水源在这里备受重视。"奇琴"在玛雅语中的意思就是"井口"，"伊察"意思是"伊察人"，"奇琴伊察"的意思就是"伊察人的井口"。

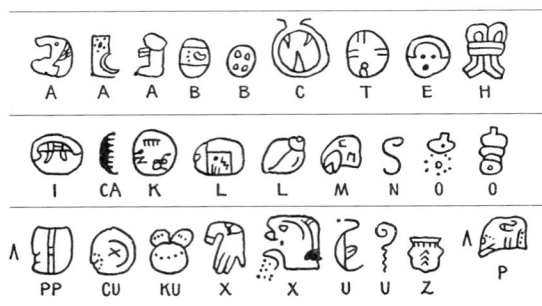

玛雅人使用的文字破解

文字的发明是玛雅人的一项伟大成就。古玛雅象形文字别具一格，是由几何图案、鸟兽或人形图案组合而成，既能表意又能标音。通常文字符号与彩色图画并列在一起，每个句子附一图画，文字之后经常会接数字。玛雅语言丰富，有 3 万个词汇。

有的学者认为，早在公元前 1500 年到公元 300 年，玛雅民族就已经占领了这个地区，并且在公元 6 世纪占据了奇琴伊察城。早期的奇琴伊察建筑中有神秘文字大厅、鹿厅、神堂等，公元 10 世纪被异族占领后，又修建了大金字塔、大祭祀冢、武士神庙等。1450 年前后，城市被废弃，玛雅文化随之消失。今天我们所见到的遗址就是后期的建筑。

总体来讲，整个遗址大约占地 6 平方千米，南北长为 3 千米，东西宽为 2 千米，各种建筑物总共有数百座之多。其中，卡斯蒂略金字塔、战士金字塔、球场等处保存得还算完整。至于"圣井"中的宝物早就已经被打捞殆尽了。

卡斯蒂略金字塔是一座巧妙的天文台。它高 24 米，有 9 层，四面对称，底边各个边长为 75 米。四面各有 364 级台阶可以通到塔顶，加上台基共 365 级，恰好与一年的天数相吻合。塔顶是平顶庙宇，三面开门，南面开着窗户。正门的大门两侧，分别立着一座羽蛇像石柱，每年的春分和秋分时节可见到"光影蛇形"之奇景。古代的玛雅人就是在大门前面的广场上载歌载舞，宣告春耕、秋收的开始。

在距遗址大约 1.5 千米的地方，有两口直径约为 60 米的水井。井的旁边有一座大理石柱建成的金字塔，塔基边长是 60 米，宽 30 米，顶部的平坛有神庙。在塔庙到另一处神泉之间，有宽 4.5 米、长 60 米的石径连接着。另一处神泉就是玛雅的"神泉"，是"雨神"居住的地方，奇琴伊察的名字就是来自于这个神泉。

当年桑普逊在察看这口圣泉时，发掘出一些美洲狮、鹿的残骸，还有玛雅人专用的祭祀香料。当然，也陆续发现了古瓶、矛头、翡翠碗，甚至人的骸骨，还有更多的是金盘、金铃铛、玉石……可以说，桑普逊的探宝活动获得了巨大的成功。此外，他还意外地证实了玛雅人用活人祭雨神的传说。玛雅人崇拜雨神，相信天气的变化、作物的丰歉都是由它来主宰的，所以人们会不定期地给雨神送美女做"新娘"，也就是从全族中挑选出最漂亮的少女，在献祭的当天全族人在神庙面前，把打扮好的少女连同陪嫁的金童玉女，一同投入神泉中，随后投入大量的金银财宝，以便压着他们下沉。

值得注意的是，在奇琴伊察城还有几个球场。最大的一个位于城北，总体面积达到了 22576 平方米。场地的两头有石墙，墙上面镶有石环，以供投篮之用。据民间传说，1200 年前，玛雅人就已经普遍流行着类似现代的篮球赛了。球像排球那样大小，是实心橡胶的，很重，要将球投入墙上的石环中得有很好的体能和技巧。比赛中禁止用手、脚接触球，所以球的命中率极低。胜利者会受到很高的荣誉，甚至可以随意向观众索取财物作为奖赏；失败者却往往丧失一切，也可能会被砍头示众。球场墙壁上就刻有一个球员被斩首、而首级插在看台杆顶的浮雕。这种生死比赛，是何等的激烈和悲惨呀！

众所周知，玛雅文明达到登峰造极的地步，是在 6～9 世纪的时候，但在 10 世纪后急转直下，乃至湮没消亡。那么，是什么原因造成了他们的灭亡呢？难道是气候的巨变、地震、风灾、瘟疫等自然灾害的流行，令人们无法维持生存，以至于田陌荒芜、人烟稀少？还是由于遭到了内乱、外族的入侵，迫使他们背井离乡而逃往别处？他们后来又去了哪里呢？在人类的文明史上，再也没有出现过关于他们的记录。一个偌大的民族难道就这样不明不白地毁于旦夕之间？

透过以上的种种迹象，有关学者认为，玛雅文明实际上毁于自己手中。他们刀耕火种的生活方式，造成了毁林、水土流失、地力的衰竭。同时人口的急剧增长，特别是从公元前 800 年开始，人口每隔 400 年就翻一番，在公元 900 年已经到 500 万人，远远超出了土地的承载力，所以社会崩溃也是必然的趋势。再者，如前文所述，玛雅人的文明有高度发达的一面，也有落后的一面。他们狂热地崇拜鬼神，用活人祭祀，甚至还从自身的耳朵、舌头、生殖器上钻孔取血，以便献给神灵，结果导致人们体弱多病，一代不如一代，最终使得整个民族灭亡！

复活节岛石雕的创作者是谁

1772 年，一支荷兰舰队在雅可布·罗赫文的率领下前往非洲，在距离智利西海岸 3000 多千米的南太平洋上，他们发现了一个地势险峻的小岛。发现小岛这天恰好是西方的复活节，所以这座小岛就被命名为"复活节岛"。复活节岛面积只有 120 平方千米，人烟稀少，岛上没有树林，在长满青草的山坡上，留有许多火山爆发的痕迹。岛上居民是一些土著人，人口不足 6000。最引人注目的是在小岛靠近岸边的地方，矗立着许多巨大的石雕人像，大的足有 10 米高，小的也高达 5 米。这些巨像双耳下垂，前额低垂，面无表情。此外，岛上还有上百件民用铁器。但是岛上居民甚至可能连最简单的工具都不会使用，按他们的能力是根本无法雕出那么多巨像的。那么这些巨像及岛上的建筑又是什么人留下的呢？有什么作用或象征意义呢？

另外，许多石像的头上原来都有圆形的帽子或头饰。巨像倾倒后，这些头饰滚落在旁。这些头饰是用岛上火山口的红石雕成的，又大又重，它们是怎样戴到巨大的雕像头上的呢？这一切都给这座小岛涂上了一层神秘的色彩，吸引了无数的科学家和探险家前来考察。遗憾的是，直到现在仍然是收效甚微，得到的只是一些说服力不强的猜测。

有人研究了岛上刻有文字的木板后认为，复活节岛原是南太平洋扩大后的一部分，曾经拥有灿烂的文明。大约在一两万年前，一场突然爆发的大地震使得这块古大陆遭到劫难，只有复活节岛幸免于难。岛上的石雕像和石建筑，都是那个时代的遗迹。

挪威的人类文化学家特尔·海尔塔尔认为，岛上的居民来自离此较近的北美洲。为这种说法提供根据的是，岛上有原产南美大陆的甘薯。但是一支法国探险队在对复活节岛进行了全面考察后，却提出了全新的见解。他们认为，岛是外星人访问地球时留下的，这个小岛很可能是外星人的基地。

很多人相信了这种说法，但法国的科学家却不这样认为。他们为了再现当年的景象，用坚硬的石头当"凿子"，用葫芦装水洒在石头上帮助"雕刻"，这样就在岩石上凿出了一个个小坑。经多次重复后还可以在岩石上"雕"出形状来。他们又用木头和绳子模仿了巨像的搬运工程。尽管如此，他们还是得不到令人信服的结论。绳子和棍子也是工具，当时的人会使用吗？在岩石上凿个小坑容易，但要想雕出一座五官俱全、高达 10 米的石像，用"洒水雕刻"的方法能办到吗？

法国科学家们找到的最有希望的线索，是一些岛上原住居民留下的木制牌，上面刻着一些类似文字的符号。根据这些推测，长耳人就是印第安人，短耳人就是波利尼西亚人。这些石像是为纪念长耳人自己的首领而雕刻的。石像是已故酋长和宗教领袖的象征，是神化死者的偶像，长耳人相信它有超自然的力量足以抵御天灾人祸，保佑海岛风调雨顺，于是激发起部族巨大的创作热情，一代接一代地雕刻下去。洛加文将军登岛时，目睹岛民点燃火把，诚惶诚恐蹲在石像面前，双手合十，不停叩头。于是他最早提出偶像崇拜的看法：石像就是岛民膜拜的神灵。然而所有这一切都没有确凿的证据，难作结论。

欧洲人另有一种说法。公元前4世纪，马其顿帝国曾有一支远征舰队失踪了，实际上就是远航到太平洋，流落并定居于复活节岛上，那些石像都是高鼻子，正是欧洲人的特征。他们认为，有两点事实必须肯定。第一，复活节岛曾经存在过灿烂的文明，人口最多时超过2万人；第二，优越的自然环境、丰饶的物品、众多的人口，支撑了这个文明，又由于滥垦滥伐，人口负荷过大，招致环境恶化，森林砍光，两族为生存而厮杀，导致文明的崩溃。

复活节岛上的土著居民还保持着传统的习俗与装束。

1914年英国一位女学者指出，石像中的一部分代表神，另一部分是现实人的影子，如同"照片"。1934年来岛定居的法国神甫认为，石像纯粹是为当时岛上的活人竖立的。1962年，法国学者玛泽尔又另提一说，他说石像不是神，也不是活人，而是太空来客搞的名堂。太空人因技术事故迫降于复活节岛上，教土著人基本语言和星空常识，临走前造了这些石像留作纪念。有些专家却认定石像是镇岛的卫士。岛民没有自卫的力量，想用这些"哨兵"威慑，吓退来犯之敌。

即使搞清了石像的用途和创作者，仍然没法解开石像运输到位之谜。远古时人们没有任何机械，单靠人力是怎样搬运几十吨重的石像？又如何把巨像从采石场拽到海边？又如何起重定位？

1986年，挪威学者海尔达尔提出了一种论点，他在捷克工程师巴夫的协助下，组织18名岛民分成两组，一组用绳索使石像倾斜，一组用绳索紧拉石像底部，几个人用木杆撬动，两组用力牵拉，几十吨重的石像竟在沙滩上摇晃移动。用同样的方法，可使石像升到石台之上。依此计算，15个劳动力一天之内就可将150吨重的石像移动200米。躺在采石场的半成品底部棱角尖锐，海边的石像底部平滑而无棱角，正是长途拖拽磨损的见证。

复活节岛的这些谜团何时能够彻底解开，依然是考古学家和历史学家的大课题。

英国"巨石阵"到底有什么用处

在英国南部的索尔兹伯里平原上，有一群排列得相当整齐的巨大石块，这便是举世闻名的斯通亨治"巨石阵"。

巨石阵的主体是一根根排成一圈的巨大石柱。每根石柱高约4米，宽约2米，厚约1米，重约25吨，其中两根最重的有50吨。在不少石柱的顶端，又横架起一些石梁，形成拱门状。巨石阵的主体是由一根根巨大石柱排列成的几个完整的同心圆。周围由一道深6米多、宽约21米的壕沟勾勒出轮廓。沟是在天然的石灰土里挖出来的，挖出的土方正好作为土岗的材料。紧靠土岗的内侧，56个等距离的坑构成又一个圆圈。由于考古学者奥布里于17世纪首先发现这里，所以这些坑被称为"奥布里坑"。坑用灰土填满，里面还夹杂着人类的骨灰。在这个范围内有两个巨型方石柱一般大小的圆形石阵，并列在一个小村旁边。这些巨石高七八米，平均重量28吨左右，直立的石块上还架着巨石的横梁。砂岩圈的内部是5组砂岩三石塔，排列成马蹄形，也称之为拱门，其中最高的一块重达50吨。这个马蹄形位于整个巨石阵的中心线上，开口正好对着仲夏日出的方向。

据考古学家们分析，那平均重达二十五六吨的青色巨石、砂岩石是从30～200千米以外运来的。建造者们首先挖出一道圆形的深沟，并把挖出的碎石沿着沟筑成矮墙，然后在沟内侧挖了56个洞，但这些洞挖好之后又被莫名其妙地填平了。也就是说，最令人费解的奥布里坑就是这一时期所造。约公元前2000年开始的是巨石阵建筑的二期工程，这次最早修筑的是一条两边并行的通道。三期工程大约始于公元前1900年，建成了庞大的巨石圆阵。在其后的500年期间，巨形方石柱的位置被不断调整，二期工程的青石也重新排列，终于形成了欧洲最庞大的巨石结构。可惜的是双重圆阵西面部分始终没有竣工。

据英国考古学家考证，巨型方石阵于公元前2750年开始建造，距今已将近5000年，其建造时间可能比埃及最古老的金字塔还要早。据估算，以当时的生产力水平，建造巨石阵至少需3000万小时的人工，也就是说，至少需1万人连续工作1年。

在发掘中，始终没有发现用轮载工具或是牲畜的痕迹。建造者们是如何从数十千米甚至数百千米外把巨石运来的？曾有专家组织人用最原始的工具试图把1块重约25吨的巨石从几十千米外运来，但几经努力，都没有成功。从实际操作技巧看，有些巨型石块单靠滚木和绳索，恐怕得用上千人才能移动起来，所以有理由相信，建造者们绝对不是一个未开化的民族。

有人认为，巨石阵很可能是一个刑场。原因是最近从巨石阵挖掘出了一颗年代久远的人类头骨。现代分析技术认为，这是一具男性骨骸，曾有一把利剑将他的头颅齐刷刷地砍下。考古学家在这颗头颅的下颌下发现了一个细微的缺口，同时在第四颈椎上发现了明显的切痕。由于其墓穴孤独地埋在那里，人们有理由相信，他并非死于一场战争，而是被一柄利剑执行了死刑。在巨石阵及其周围还曾发现数具人类遗骸。1978年，一具完整的人类骨骼在围绕巨石阵周围的壕沟中被发现，这个男人是被像冰雹一样密集的燧石箭射死的。

最近一种流行的说法是，巨石阵有天文观测的功用。早在18世纪，就有人发现巨石阵有以下特点：巨石阵的主轴线指向夏至时日出的方位，巨石阵中现在标记为第93号和94号的两块石头的连线，正好指向冬至时日落的方向。

20世纪初，英国天文学家洛基尔进一步指出，如果站在巨石阵的中央观察，那么第93号石头正好指向立夏（5月6日）和立秋（8月8日）这两天日落的位置，第 91 号石头则正好指向立春（2 月 5 日）和立冬（11 月 8 日）这两天日出的位置。因此，洛基尔认为，早在建造巨石阵的时代，人们就已经把一年分为 8 个节令了，即立春、春分、立夏、夏至、立秋、秋分、立冬、冬至。洛基尔的研究引起了天文学家和考古学家们的浓厚兴趣。他们联想，巨石阵大概是远古时代人们为观测天象而建造的，它很可能就是一座非常非常古老的"天文台"。

20 世纪 60 年代初，一位名叫纽汉的学者宣称，他找到了指向春分日和秋分日日出方位的标志，并指出 91、92、93、94 号石头构成了一个矩形，矩形的长边正好指向月出的最南端和月落的最北端。后来，英国天文学家霍金斯用电子计算机进行了大量计算，用巨石阵来预报月食。巨石阵里还有 56 个围成圈的坑穴，坑内有许多人的头骨、骨灰、骨针和燧石等。霍金斯认为，古人就是用这些坑穴来预告月食的。

后来天文学家霍伊尔更认为巨石阵能预报日食。果真如此的话，那么石阵的建造者在天文学和数学方面的造诣，将远比希腊人、哥白尼甚至牛顿还高。天文学家迈克·桑德斯则认为，石阵是在已经了解太阳系构造的基础上建造的。

对于把巨石阵称为天文台的说法，有人提出疑问：建造者们为什么不用既轻便又很容易从当地得到的木材和泥土来建造这座天文台，而非要到很远的威尔士山区去运来这些大石块呢？再说，上面提到的那些坑穴中的人类墓葬又和天文学有什么关系呢？正是这些疑问，使不少人坚持认为巨石阵实际上是一种神秘的宗教场所，它和天文台根本沾不上边。

现在，又有人提出一种观点，认为巨石阵既可能是用来祭祀的宗教活动场所，又是墓葬场所，同时也可能还是观测天象的天文场所。这就好像在中国已经发掘出的不少古墓那样，其中也都发现了古代的星图。

曾有一块巨石倒塌下来，现代学者们曾试图把它准确地放回原来的位置，但经努力，终难如愿。为此，有位学者指出：在地球上的位置若有几厘米的偏差，在外太空的计算上就可能达到若干光年。

奇怪的是，曾有学者用当前最先进的仪器设备，检测出巨石竟能发出超声波！古人在刀耕火种的时代怎么会知道超声波呢？难道是外星人在遥远的史前时代光顾了英格兰？

究竟是天文台，还是宗教活动场所，或者是二者兼而有之，还在争论之中。

米诺斯迷宫何以保存得如此完整

相传远古希腊克里特岛上有个富裕强盛的米诺斯国，国王米诺斯是最高天神宙斯的儿子。王后与一头公牛怪私通，生下一个牛首人身的怪物。牛首怪不食人间烟火，只爱吃人，刀斧不入，横行宫廷，国王对它毫无办法，又怕丢丑，于是就命人建了座迷宫。这就是米诺斯迷宫。迷宫有无数通道和房间，牛首怪关进去以后出不来，而外人也难以进去。牛首怪每 9 年要吃 7 对童男童女，由臣服于米诺斯的雅典城邦国进贡。

这种情形直到雅典第三次进贡时才得以改变。雅典王子提修斯自愿充当牺牲品。王子来到米诺斯迷宫，米诺斯公主对他一见钟情，两人相爱了。公主送他一团线球和一柄魔剑，叫他将线头系在入口，边走边放线。王子在王宫深处找到了牛首怪，经过一场殊死搏斗，终于用魔剑刺死了它，然后顺原线走出王宫，携公主返回雅典。从此，王子和公主幸福地生活在一起。

这个故事出自荷马史诗《奥德赛》和古希腊的神话。世上真的有米诺斯迷宫吗？直到1900年，英国考古学家在经过了25年的考古工作以后，终于发掘出了23300平方米的米诺斯迷宫遗址。在清理出无数浮土后，古王宫墙基重现于世人眼前。

米诺斯迷宫建于什么年代，为什么能够保存得这样完整？

古希腊文明源于爱琴海。克里特文化是爱琴海文化的代表。早在公元前3640年，克里特岛居民就懂得使用青铜器。按历史分期，公元前3000～前2100年为早期米诺斯文化。克里特岛面积8336平方千米，是爱琴海最大岛屿。中期米诺斯文化时以岛北克诺索斯城为中心建立了统治全岛的奴隶制国家，并控制了爱琴海大部分岛屿和希腊南部沿海地区，是当时欧洲第一海上强国，因而有雅典进行活人牺牲祭祀之说。公元前1700年前后的一次大地震使岛上建筑大部分被毁坏。公元前1700年开始复建的米诺斯王宫更加雄伟壮丽。可是200年后，王宫忽然销声匿迹，米诺斯文化也突然中断。

米诺斯宫殿
米诺斯王及其大臣居住的宫殿，不只是政治权力的中心，它们还主宰全国经济。宫殿里充满了浓厚的宗教气氛，犹如令人敬畏的神庙。

人们苦苦思索：早期克里特人有能力复建被毁的建筑物，晚期反而弃之而去，当时的人到哪里去了呢？从遗址出土的2000块线形文字泥板，被鉴定为公元前1500年左右的遗物，1952年，英国学者破译其内容，确认那是希腊半岛迈锡尼人的希腊文字。这证明米诺斯的主人已经换成迈锡尼人，米诺斯王国已经不复存在了。既然迈锡尼人统治了克里特，为何不享用这宏丽的宫殿，却忍心把它毁了呢？

对此，美国人威斯、穆恩、韦伦3人在合撰的《世界史》中这样说："约在公元前1400年，克里特发生了一个突然而神秘的悲剧。米诺斯的伟大王宫被劫掠了，被焚毁了，克里特的其他城市也遭到了同样残酷的命运。"是叛乱吗？是地震吗？

有人说，公元前1450年克里特再次发生的地震毁了米诺斯的文明。但通过查证灾害地理档案，人们发现这一年并没有发生足以毁灭米诺斯的地震。倒是公元前1470年前后，发生过一次骇人听闻的火山灾害。

克里特岛北方 130 千米处有个 78 平方千米的桑托林岛，岛上有座海拔 584 米的桑托林活火山。公元前 1470 年前后，这里发生了人类历史上伤亡十分惨重的一次火山大喷发。桑托林火山喷出 625 亿立方米的熔岩、碎石、灰尘，仅次于人类有史以来喷出物最多的坦博拉火山（1815 年，印度尼西亚，喷出物 1517 亿立方米）。火山灰覆盖了附近的岛屿，50 米高的巨浪席卷地中海的岛屿和海岸，造成数以十万计的人口死亡，同时毁灭了克里特岛的一切。

持上述观点的学者认为，米诺斯迷宫除了顶盖外，地基、墙体、壁画保存得那样完整，只能用一霎时的天降之灾来解释了。若是人为破坏，必然有捣掘、剥离的痕迹。火山之灾毁灭克里特文明，可能更为接近实际。

米诺斯迷宫留给人们太多的谜，也许再过 100 年也找不到真正的答案，也许根本就找不到什么真实的答案。

吴哥城消失的文明

1861 年的一天，有 5 个人在中南半岛的柬埔寨原始森林里搜索着。四周灰暗的树荫遮天蔽日，绊人的树根到处都是，不知名字的昆虫任意叮咬着他们的皮肤，匍匐在地上的毒蛇随时都有攻击人的可能。5 个人中，走在最前面的是法国生物学家亨利·墨奥特，跟在他身后的是他从当地雇用的 4 名仆人。这时候，仆人们一个个浑身无力，直冒冷汗，向墨奥特请求道："主人，请不要再往前走了，我们回去吧！我们再也不敢向前走了，这会触怒恶魔与幽灵。即使你给我们再多的钱，我们也不干了……"

墨奥特所要寻找的，就是已经消失了几个世纪的古城——吴哥城。本来，墨奥特是为了寻找一种珍贵的蝴蝶才来到高棉地区的。

在深入高棉内地后，他与 4 名被雇用的当地土著人进入一大片阴暗深沉的丛林区，希望能捕获一种罕见的蝴蝶品种。他们一行 5 人沿着中南半岛的湄公河逆流而上，约走了 480 千米，然后乘坐一条小船由湄公河支流深入内地，到达高棉的金边湖。一路上奇景异兽不断出现，很多罕见的植物、昆虫在这片未开化的丛林地带展现出生命的光彩，这使墨奥特大开眼界，兴趣大增。

然而随行的土著人却

吴哥四面塔群

变得越来越烦躁不安，在走了一大段路之后，他们竟然止住脚步，不愿再前进一步。

"主人，我们只能跟随您到这里，再向前……"

"再向前怎么样？你们看，我千里迢迢来到此地，到现在还没捉到一只蝴蝶，我可不愿意就这样前功尽弃，空手而回。再说……"

"可是主人……"仆人争先恐后地抢着说道，"前面那座密林里藏着许多幽灵，它们不但会让人迷路，还会用可怕的毒气把我们全部杀死。"

"幽灵？"墨奥特对他们的话感到可笑，这些迷信的土著人居然还相信在这个时代里有幽灵存在！但他没有别的办法，只能鼓励胆怯的随从道："这个时代不可能存在幽灵！就算真有，我们这么多人，肯定会把幽灵吓跑。要是能够把幽灵抓住，不仅比捉蝴蝶有趣、刺激，而且你们也可以因此成为人们心目中的英雄。你们还怕什么？"

土著人对墨奥特的话不以为然，仍然不断地恳求墨奥特不要冒险："主人！这可不是开玩笑的，听说丛林里有魔鬼的咒语，所以几百年来一座大城堡一直孤单地待在丛林里，没有人住……"

这些土著人所说的古城就是12世纪时吉蔑人在丛林中兴建的吴哥城，它最兴盛的时期是13世纪。一位中国商务使节兼旅行家周达观在1296年的著作《真腊风土记》中详细记载了它的盛况：

在吴哥城门口，任何人都可以自由出入由士兵驻守的城门，只有狗和罪犯除外。一种用瓦覆盖的圆形房屋是那些养尊处优的王宫贵人们的住所，这些房屋都是面向着旭日初升的东方。奴仆则在楼下不停地忙碌着。有几百间石屋和20多座小塔围绕着一座黄金宝塔，这就是巴容神殿。神殿的东边则有两头金色狮子守卫着金桥。这一切都显示出吉蔑帝国的繁华和气派。

无比尊贵的国王穿着富丽堂皇的绸缎华服，头上时而戴着以茉莉花及其他花朵编成的花冠，时而带着金冠，身上更是佩戴着许多稀世珍品：珍珠、踝环、手镯、宝石、金戒指……百姓或其他国家的大使想见国王，便于国王每日两次坐朝时，席地而坐以等待国王的驾临。一辆金色车子在鼓乐声中缓缓地载来国王，此时大家在响亮的螺声中需要合掌叩头，等国王在传国之宝——一张狮子皮上坐定。然后众人要等螺声停止，才敢抬头瞻望国君之威仪，并将诸事奉告……

由此可以得知，吉蔑帝国不但国力强盛，而且秩序严谨。据说这个民族的人口曾达到200万。

当然，当时的墨奥特并不知道这些，他只是看到土著人表情严肃地向他比画着，强烈的好奇心让他兴奋异常："丛林中居然隐藏着一座大城堡，如果把它公之于世，岂不举世震惊！"这种想法逐渐取代了他原先捉蝴蝶的愿望。"这样吧，我给你们加倍的钱，你们再陪我往前走一走，探个究竟，好吗？"

随从们尽管心里很不情愿，但还是鼓起勇气，怀着战战兢兢的心情，小心翼翼地再向前走。他们一直在这荒凉的丛林中搜了4天，仍旧毫无结果。第5天他们仍然什么也没发现，墨奥特没有办法，只得率领仆人折回。就在此时，忽然他们眼前呈现出 5 座石塔，尤以中央那座最高、最宏伟，塔尖在夕阳的映照下熠熠生辉。

墨奥特看到这座被长久埋藏在丛林中的古城，不禁瞠目结舌。他找到了举世闻名的吴哥城！吴哥城堪称一座雄伟庄严的城市，东西长 1040 米，南北长 820 米，几百座设计独特的宝塔林立，周围还有类似护城河的宽 200 米的灌溉沟渠守卫着。有许多仙女、大象及其他浮雕刻在建筑物上，其中 172 人的"首级像"显得尤为壮观雄伟。从这座古城中有寺庙、浴场、图书馆、纪念塔及回廊来看，在此兴建都市的民族当年的文化必定十分发达，他们那高超的建筑技术在世界建筑领域堪称一流。

后来，墨奥特因感染热带疾病去世而没能揭开古城的秘密，但法国方面继续进行着不懈探索。到现在为止，人们还没有找到吴哥城荒废的原因。查遍所有的史料，也只能得知在 1431 年的时候，暹罗人以 7 个月的时间，将吴哥城攻下，搜刮了大批战利品而去。第二年他们再度光临吴哥城，却发现这里已经变成了一座空城，人畜皆无，这就是吴哥窟。于是人们做出了种种猜测。有人认为，吴哥城被暹罗大军攻陷之后，这里的居民被强行带到某地去做奴隶了。然而幼子、病弱者、老迈的人也不见了，难道这些人也可以充当奴隶吗？有人认为国内曾发生过一场大规模内乱，国民互相残杀，所有的人无一幸免。然而让人不解的是，城内没有发现一具尸体。

还有人认为可能有一场可怕的传染病侵袭了吴哥城，这场传染病夺去了大部分居民的生命，侥幸生存者为了避免传染病继续流行，将死者全部焚毁，然后怀着哀伤的心情远走他乡。而真实的情况到底怎样呢？人们仍在搜寻着答案。

帝王后宫之谜

世界历史源远流长，帝王们自命为天子，被天下人奉若神明。历史上的帝王加在一起成千上万，他们有的对社会起过巨大的作用，影响了历史的进程，被后人所称颂；有的则是过眼烟云，在历史画卷中没有留下任何痕迹。历史的演绎和文明的进步是多元化的，如同男女两性的相互依存。帝王政治的主流离不开后宫统治的映衬和补充，在男性占绝对主宰的历史舞台，因为女性的加入而更加精彩，也更加充满了悬疑。

罗马皇帝克劳狄真是傻子吗？查理大帝加冕是事出偶然吗？伊凡雷帝杀死了亲儿子吗？威廉二世是死于意外吗？埃及艳后为何神秘而死？伊丽莎白女王为何终身不嫁？沙皇尼古拉二世的幼女曾生还于世吗？这些未解之谜吸引着人们不断地去探索、去发现。

古埃及图坦卡蒙法老是死于谋杀吗

古埃及以其灿烂的文明和神秘的传说吸引了无数历史学家和考古学者。在开罗南700多千米的尼罗河西岸，埋葬着30多个法老，学者们称之为"帝王之谷"。

1922年，考古工作者在"帝王之谷"内发现了距今3000多年前十八王朝的法老图坦卡蒙的陵墓。图坦卡蒙是著名的阿蒙普特四世（即埃赫那吞）王后尼费尔提提的女婿。这位君主政绩平平，没有什么大作为。他大约于公元前1361年登基，当时年仅10岁，娶了一个12岁的少女。19岁时他便死去了（也有人认为他死时18岁）。这些就是史料传说对他生平的全部介绍。图坦卡蒙的陵墓是迄今为止所发现的最完整、最有价值的古代埃及法老的陵墓。

1972年和1976年图坦卡蒙墓中出土的部分珍贵文物先后在伦敦、华盛顿展出，吸引了成千上万的欧美观众，再次轰动了整个世界。图坦卡蒙之死又一次成为人们津津乐道的话题。

古老、神秘的图坦卡蒙之墓发掘成功后，人们终于见到基本上完整的法老墓葬，也第一次看到了法老的葬制。

整座墓由前室、墓室、耳室、库室组成。除墓室外，所有的地方都放满了家具、器皿、箱匣等各类器物，其中包括墓主人的宝库。墓中的每件器物，都以金银珠玉装饰而成。在墓室中还发现了两尊真人大小的乌木镀金雕像，据学者们认为是图坦卡蒙的形象。这两尊雕像生动逼真、栩栩如生，充分反映了古代艺术家们高超的技术和丰富的想象力。在8年的挖掘过程中，考古人员在墓中发现了2000多件文物，墓中奇珍异宝非常丰富。

图坦卡蒙的木乃伊被密封在重重的棺椁之中，在棺材外面的 4 层是涂金的木椁。最里面的是黄金打制成的棺椁。当揭开裹在木乃伊脸部的最后一层亚麻时，人们突然发现图坦卡蒙的脸上靠近左耳垂的地方有一处致命的创伤，创伤是怎么造成的？凶手是谁？这一切都成了谜。

结合一些文献史料的记载和刚出土的壁画文物可以大体得知：由于图坦卡蒙登基时年纪非常小，只得同老臣阿伊共掌大权。他在 19 岁时突然死去。在他死后，他的年轻皇后请求赫梯王派一王子与她完婚。可是赫梯王子在来埃及途中被人杀害。接下来，老臣阿伊继承了王位。

可是，从这些零散的资料与传说中无法揭开图坦卡蒙猝死之谜，谜底在哪里？也许仍长眠于尼罗河充满神奇色彩的土地下，我们只有期待更多的出土资料来揭开这个谜底，也许会由此发现更多不为人知的谜团，从而为世人留下更多的悬念和无限的遐想。

图坦卡蒙法老的黄金面具

尼禄与罗马城的毁灭

公元 1 世纪，古罗马城十分繁荣，一度成为欧洲的政治、文化、经济、贸易中心。然而后来，这座繁华的都市竟在一场大火中变为废墟。究竟谁是这场灾难的罪魁祸首？古今史学家对此一直存在着争议。

公元 64 年 7 月 18 日，罗马城内的圆形竞技场附近突然发生了一起可怕的火灾。顺着当日的大风，烈火迅速蔓延，一直持续了 9 天之久。全城 14 个区被烧毁了整整 10 个区，其中 3 个区化为焦土，其他各区只剩下断瓦残垣。在罗马城历史上，这是被记入史册的一次空前的大灾难。大火吞噬掉了无数生命财产，许多宏伟壮丽的宫殿、神庙和公共建筑物被付之一炬，同时遭到这场浩劫的还有在无数战争中掠夺来的金银财宝、艺术珍品以及不朽的古老文献原稿。

按照当时流行的说法，是尼禄下令放的这场大火。尼禄在罗马历史上以残暴著称，幼年丧父的尼禄由其母亚格里皮娜抚养成人。亚格里皮娜这个女人阴险多谋、酷好权势。公元 54 年她以残酷手段毒死尼禄的父亲克劳狄，年仅 17 岁的尼禄便是她在毒死克劳狄后推上皇帝宝座的。尼禄也是个残忍凶暴、骄奢无度、放荡不羁的君主，经常在宫廷中举办各种盛大的庆典和赛会，宫女时常被命令佩戴着贵重的装饰品裸体跳舞，作为君主的尼禄整日不理政事，肆意挥霍，纵情享乐。他还常以多才多艺的大艺术家自诩，扮成诗人、歌手、乐师乃至角斗士亲自登台表演，甚至还在希腊率领罗马演出队参加各种表演比赛，并以此为荣。罗马国库在尼禄纵情享乐、挥金如土下渐渐耗损殆尽。于是他增加赋税，任意搜刮，甚至以"侮辱尊敬法"等莫须有的罪名没收、掠夺富人的财产，试图扭转危机。帝国各地和各阶层对尼禄的残暴压榨都感到非常愤怒。

公元 64 年发生在罗马城内的火灾，据说尼禄不但坐视不救，且涉嫌唆使纵火，因此被怀疑是罗马大火的纵火者而遭到众人的谴责。传闻说他纵火焚烧罗马古城仅仅是因为对简陋的旧城感到厌烦或是为了一观火光冲天、别开生面的景致而取乐。据说当时他登上自己的舞台（一说花园的塔楼），看着烧成一片火海的罗马，在七弦琴的伴奏下，一边观赏狂暴的大火造成的恐怖情景，一边高声吟诵有关古希腊特洛伊城毁灭的诗篇。甚至在这场大劫之后，他还在罗马城已遭受巨创的基础上，在帕拉丁山下把自己的"黄金之屋"修建起来。这座"金屋"里的陈列，不仅有金堆玉砌的宫廷建筑中常见的装饰，而且有林苑、田园、水榭、浴场、水池和动物园，供人领略其特有的湖光水色、林木幽邃的风景。黄金、宝石和珍珠把整个宫殿内部装饰得富丽堂皇。餐厅的天花板用象牙镶边，管中喷出股股香水。在浴池里则是海水和泉水的混合物。尼禄看到这座豪华别致的建筑物时，赞叹说"这才像个人住的地方"。传说尼禄还想建立一座以他的名字来命名的新首都。

为了消除群众对他的不满情绪，尼禄便找别人当他的替罪羊。他下令逮捕那些所谓的"第一批受迫害的基督徒"，并说他们就是纵火嫌疑犯。通过这种暴行，尼禄企图转移人们的视线，使人们憎恨那些"纵火犯"。但群众的眼睛是雪亮的，这种可笑的伎俩反而更加使这个暴君的凶恶面目暴露无遗。

但究竟尼禄是否就是罗马大火的纵火者呢？古今史学家对此意见很不一致。

古罗马史学家塔西佗认为放火焚烧罗马城的的确是尼禄，尼禄想利用罗马大火的废墟来修造一座新的宫殿。他又说，因为火是从埃米里乌斯区提盖里努斯的房屋那里开始的，这表明尼禄是想获得建立一座以他的名字命名的新首都的荣誉。

苏联学者科瓦略夫等则持反对意见。他认为："人民中间传说，城市的被烧是出于尼禄的意思，他仿佛是不满意旧的罗马并想把它消灭以便建造一个新的罗马。另一个说法是，烧掉城市是为了使元首能够欣赏大火的场面并鼓舞他创造一个伟大的艺术品。显而易见，这些说法与事实不符，而火灾则是偶然发生的。特别应当指出，火灾是在七月中满月的日子开始的，而在那样的日子里，它的'美学'效果是不怎么好的。"

繁华的古罗马城在顷刻间化为乌有，这不能不令人扼腕叹息。这场大火究竟是不是尼禄所为，至今仍是一个谜。但是作为一名君主，尤其是一个臭名昭著的暴君，尼禄对古罗马城的灭亡的确负有不可推卸的责任。

"傻子"皇帝克劳狄

公元 41 年 1 月 24 日，罗马正是乍暖还寒的时候，地中海沿岸的初春，带着咸味的海风不时吹来，更是增加了几分寒意。但这一天却并不显得冷清，罗马城中的人们三五成群地伫立在街道两边翘首期盼，或是在街头巷尾走来走去。元老院议事厅里灯火通明，人声鼎沸。这种熙熙攘攘的情况已经持续了两天，一切似乎还没有停止的迹象。在 3 天前，罗马帝国皇帝盖乌斯被近卫军在皇宫里刺杀，现在元老院正在为新皇帝的人选争执不下。突然，大墙外面一阵混乱，人们疑惑地看过去，只见皇帝的近卫军正众星拱月般地簇拥着一个人走过来，他就是被暗杀的皇帝的叔叔，罗马人众所周知的"傻子"克劳狄。

原来当皇帝被暗杀的时候，当时已 50 多岁的克劳狄正好亲眼看见了一切经过，吓得躲在窗帘后面簌簌发抖。近卫军发现后将他拖了出来，本来准备杀了他灭口，但看到他又老又丑、胆小怕事，才放过了他。当元老院的元老们为了新皇帝的人选几天来争论不休的时候，近卫军们就恶作剧般地拥立他为皇帝。

军营里的士兵们不断高呼着克劳狄的名字，议事厅里却如死一般的寂静，元老们面面相觑，好长时间才缓过劲来。近卫军和士兵们拥有强大的武装，他们的意志不能违反，尽管内心有一万个不愿意，元老们还是赶紧争先恐后地把元首惯有的权力和头衔授给了克劳狄。于是，罗马历史上第一个由近卫军拥立的、也是唯一以"傻"著称的皇帝克劳狄，就这样在垂暮之年传奇般地登上了罗马权力的最高峰。更叫人百思不得其解的是，当时的罗马帝国经过长期的对外扩张，已经成了一个以地中海为内海、横跨亚非欧三大洲的大帝国，这个"傻子"皇帝统治这个庞大的帝国竟达 13 年之久。人们不禁要问：他到底仅仅是貌似痴呆、大智若愚呢，还是真的低能，受人操纵、愚弄？

克劳狄的"傻子"称呼由来已久。克劳狄于公元前 10 年出生于罗马行省高卢的首府鲁恩，他的父亲德鲁素斯就是这个省的总督。虽然出身高贵，但童年和少年时期的克劳狄是不幸的。无情的病魔不仅损害了他的健康，毁坏了他的容貌，而且影响了他的智力和思维正常发育。他身体弱不禁风，行动迟缓笨重，也不善于和人交谈，为此他饱受痛苦、歧视和嘲笑，是奥古斯都家族有名的"丑小鸭"。

不过，历史记载中对克劳狄的评价却充满了矛盾，众说不一，并由此引发了后人长期的争论。

根据一些史料记载，貌似痴呆的克劳狄一世，不但在学术上有自己的见解，在政治上也颇有建树。克劳狄当政前的皇帝胡作非为，使罗马帝国事实上已经陷入了危机，国库空虚，元老大半丧亡，整个国家处在一个非常危险的境地。克劳狄面对这么一大堆烂摊子，处理问题时所表现出来的信心、意志和智慧令所有人都赞叹不已。他登上帝位后做的第一件事就是重赏近卫军士兵，感谢他们的拥戴之功，并因此缓解了皇帝与军队之间的关系；以宽容、合作的姿态同元老院建立了良好关系；下令取消

这尊公元 1 世纪时的雕像将克劳狄表现为主神朱庇特，借此突出皇帝无尽的权力并弘扬他的荣耀。

55

对有关被控叛国罪者的审讯；召回了一些被放逐的元老，并归还了他们被没收的财产等等。这些措施在国家政治生活中创造了一种难得的团结气氛。在外交上，他归还了前皇帝从希腊不择手段弄来的雕像等一些珍贵艺术品，同时又御驾亲征，率领罗马军队横渡泰晤士河，征服了一些重要的城市和小国家。克劳狄也很重视与民众的关系，一上台就宣布废除了一些不合理的赋税，向行省居民赠送公民权，提高他们的政治地位，扩大了帝国统治的基础。

当时罗马最著名的斯多葛派哲学家塞涅卡，对克劳狄的描述、评价却是前后截然相反，甚至是自相矛盾。在公元42年的一封信里，他称赞皇帝是"恺撒之后最好心的人"；但在不久后的一篇讽刺文里，他又把皇帝描绘成一个暴君、傻瓜，讥讽他会在死后变成一个南瓜（在当时的人眼中，南瓜是愚蠢的象征和代名词）。后来的历史学家塔西佗等人也沿用了这种说法，一面称赞克劳狄在统治初年宽厚仁慈，把国家治理得井井有条，赢得了士兵和公民的喜爱；另一面又嘲笑他是个毫无主见的笨蛋，只会听从妻子和奴仆们的意见行事，不像是一个皇帝，更像是一个奴仆。苏托尼乌斯在他的《十二恺撒传》里写道："由他自己决断的事甚至没有他的妻子和被释奴命令的多，因为他总是依他们的利益和希望做事。"总而言之，同时代的历史学家大都倾向于否定他，认为他的确是一个傻子。

在20世纪上半叶西方历史学界掀起了对克劳狄个性特征和功过是非的再评价、再研究的热潮，但结果同以前大致相同，学者们各执己见，看法不一。看来要想彻底揭开蒙在克劳狄脸上的面纱，只有期待更多的考古资料的问世，从而还历史的本来面目。

克劳狄死于公元54年，死因不明，据说在服食了妻子为其准备的毒蘑菇后，经过12个小时的痛苦，一句话没说就死去了，死后被元老院奉为神。

从魔鬼到天使的罗马皇帝提图斯

提图斯是以贪婪出名的罗马皇帝韦斯巴香的儿子，但是与他臭名昭著的父亲相反的是，他在位的两年多里，让人无法找到任何瑕疵，得到了民众最高的赞誉。但提图斯刚上台的时候，人们对他充满怀疑甚至是恐惧，而且公开宣称他会是第二个尼禄（曾被怀疑放火烧了罗马城，以残暴闻名）。

少年时代的提图斯就表现出与众不同的体格和气质，在许多方面堪称完美，他相貌英俊，既威武又和蔼，身体非常健壮，精通武艺和骑术。他在文化上的修养也很深厚，以记忆力超强著称，对一切学问都很感兴趣，而且不用打草稿就能顺口用拉丁文和希腊文作诗。他在音乐方面也很有天赋，吹拉弹唱，无一不精。即使有这样高的才华，提图斯也未能得到罗马公众的喜爱，反而遭到他们的谴责和憎恨。

提图斯拥有一大群狐朋狗友，而这些朋友大都是罗马城中名声最坏的人，其中包括很多同性恋者和太监。提图斯却和他们通宵达旦地厮混在一起，并且他和犹太国王阿格里巴一世的女儿贝勒尼斯的关系暧昧，据说甚至有和她结婚的意图。人们还怀疑他营私舞弊和谋取贿赂。除了这些罪名外，人们还觉得他是一个冷酷残暴的人，在担任近卫军长官时，他的行为既专横又暴虐，只要有人引起他的怀疑，他就秘密地派遣卫队去把他干掉。

对于这样一个魔鬼般的人物，罗马民众早已不抱任何希望了，可是当上皇帝后的提图斯却来了一个180度的大转变，仿佛完全变了一个人似的，充分展示了一个统治者所应具有的美德。他一上台就把贝勒尼斯送出罗马城，对于他和贝勒尼斯来说，这个决定都是非常痛苦的。他最喜欢的情人中有一些是舞艺高超的舞女，很快她们就成了舞台明星，但是他不仅断绝了和她们的来往，而且绝对不到公共剧场观看她们的表演。他很尊重别人的财产，甚至连正当的和习以为常的捐资都不肯接受，更不用说是像他的父亲那样向民众勒索财物了。

对于别人的要求，他都尽量给予满足。当家人向他进谏说他许诺太多难以兑现时，他回答说，不应该让任何人在同自己的皇帝交谈后大失所望地离开。每天晚上，他都会回想自己一天的光阴，有时会为没有给任何人做件好事而悔恨不已。当罗马发生天灾时，他把自己的钱财拿出来救济难民，把自己别墅中的装饰物拿去修复神庙。

更可贵的是提图斯还表现出前所未有的宽容和忍耐，为了让自己的双手从此不沾任何血腥，他宣布接受大祭司的职务。他没有违背自己的诺言，从那以后，他就再也没有签下过判决任何人死亡的命令。当两名贵族青年被揭发有反叛的意图后，提图斯没有对他们采取任何处罚措施，只是警告他们放弃这种念头，因为皇权是命运赐给他的，谁也夺不走。如果他们想要别的东西，他倒是情愿相让。而在对待自己的弟弟时，他的表现就特别宽容。自从他登上皇位后，他的弟弟就一直没有停止过暗算他，甚至公开煽动军队暴动，但是提图斯不但没有处死或流放他，还一如既往地对外宣称他是自己王位的继承人，坚持让他享有从前的所有荣誉。有时提图斯还私下同弟弟交谈，流着泪恳求弟弟收手，希望兄弟俩能够继续像从前那样相亲相爱。

公元81年9月13日，提图斯病逝在自己的别墅中。噩耗传开后，罗马民众悲痛不已。元老院的元老们等不及发布讣告，不约而同地聚集到元老院的议事大厅里，用最美妙的词汇对提图斯进行百般颂扬，抒发自己对皇帝的感激之情。总之，一切提图斯活着的时候没有得到的荣誉，在他死后都加倍地得到了。

提图斯年轻时以残忍而出名，后来又因为生活散漫而污损了名声，即位后，他不仅没有被万能的权力迷倒，反而改善了自己的道德，使他和他的政府成为智慧与荣耀的模范。提图斯在位只有两年就病故了，时间没有给他滥用权力和放纵欲望的机会，他留在人们记忆中的永远是他的慷慨、慈爱和宽容。

是什么原因使提图斯这样一个人人厌恶的魔鬼变成了圣洁的天使？这是英年早逝的提图斯留给后世人的最大疑惑，可惜由于史料的缺乏，我们还不能准确地解释这个问题。如果我们找到了这个难解之谜的答案，很多教育、个人修养方面的难题也许就会迎刃而解。

查理大帝的加冕事出偶然吗

法兰克王国是公元 5 世纪末到 10 世纪末由法兰克人在西欧建立的封建王国，在罗马帝国逐渐衰落的时候，法兰克人正逐步崛起。他们原来居住在莱茵河下游地区，属于日耳曼人的一支。486 年，一位叫克洛维的人率领军队把西罗马人赶出了高卢地区，以巴黎为首都，建立了墨洛温王朝。8 世纪前期，管理宫廷事务的权臣查理·马特逐步掌握了王国的实权。751 年，马特之子"矮子丕平"废掉墨洛温王朝国王，自立为帝，建立了加洛林王朝，但新王朝最强大的局面却是由丕平的儿子——查理大帝开创的。

查理生活的年代正是西欧封建化过程急剧进行的时候，查理所实行的政策措施客观上加速了这一进程，得到新兴封建地主阶层的拥护。查理是位好战的国王，为了建立一个强大的国家，他长年累月率军四处征战，使法兰克王国的版图不断扩张。经过 50 多次战争，查理使法兰克王国成为控制西欧大部分地区的大帝国：西临大西洋，东到多瑙河，北达北海，南至意大利中部，差不多囊括了昔日西罗马帝国的全部国土。

795 年，罗马教皇阿德一世逝世，查理支持利奥三世当选为新的教皇。利奥三世为了答谢查理，在罗马为他大唱赞歌，从而引起了罗马贵族的不满。反对者冲进教皇官邸，逮捕了利奥三世，准备将他送进修道院受刑，扬言要刺瞎他的双眼，割掉他的舌头。利奥首先向拜占庭国王求救，却遭到了无情的拒绝。逃出监狱后他又向查理求援，查理亲自带兵护送利奥三世回罗马，并用武力平息了这场纠纷。利奥三世对查理感激涕零，抓住一切机会报答他。公元 800 年的圣诞节，罗马教皇利奥三世给查理加冕为"罗马人皇帝"，史称查理大帝。

关于查理加冕称帝的问题，历史上存在着不同的说法，有人认为查理根本无意加冕，那只是教皇一厢情愿的报恩行为。在《查理大帝传》中详细记述了加冕的全过程：公元 800 年 12 月 25 日，教皇召集了附近地区所有愿意参加弥撒的人们来到圣彼得大教堂，当晚一切显得格外隆重，教堂内灯火通明，音乐悠扬地回荡着。弥撒仪式开始了，查理望着基督像，全心地沉浸在仪式的庄严之中。突然，教皇利奥三世大踏步地走到查理面前，将一顶西罗马皇帝的皇冠戴到他头上，并高声宣布："上帝为查理加冕，这位伟大的、带来和平的罗马皇帝，万寿无疆，永远胜利！"参加仪式的教徒也齐声高呼："上帝以西罗马皇帝的金冠授予查理，查理就是伟大、和平的罗马皇帝和罗马教皇的保护人！"

教皇利奥三世本想用这样的方式给查理一个意外的惊喜，但他的做法并没有得到预期的效果，反而使查理感到突然和无所适从。查理觉得，"皇帝"这样的称号太令人反感了，自己并不需要被授予这些所谓的荣誉。他更担忧这个加冕背后的无穷隐患：拜占庭的罗马人对于他的皇帝称号肯定会万分仇恨，这甚至会对法兰克王国产生不可估量的后果。查理事后后悔地说："如果知道教皇的策谋，就不会在那天去教堂，尽管那是一个伟大的节日。"

这是爱因哈德在自己的书中记录的情况，依此看，查理大帝是不愿意被加冕称帝的。很多学者采取这一说法，是因为爱因哈德从 20 岁起便被查理聘请到宫中掌管秘书，参与机要，一生中大部分时间都跟随在查理左右，深得查理的宠信，他的记载应该是比较可信的。

如果说爱因哈德说的是真的，查理不愿意称帝，除了顾忌拜占庭的罗马人的仇恨，还会不会有别的原因？普遍认为他忌讳的是教皇利奥三世。教皇主动给他加冕表面上看来是报恩，但同时也会趁机夺回一些权力。查理虽然是个纯粹的基督徒，但他也并不希望教会干预政权，为此，他曾刻意保持了"法兰克及伦巴德国家"的称号，当立他的儿子为王时，查理亲自主持了这一神圣仪式。

查理大帝像

现代许多西方史学家对查理不愿意加冕称帝的说法表示怀疑，他们认为当时的查理拥有至高无上的权力，完全能够控制当时的局势。如果他不愿意，教皇利奥三世决不敢做出冒犯他的事情。

事实上，不管查理是否愿意罗马教皇为他加冕，他在实质上已经成为古罗马帝国的合法继承人和基督教世界的保护者，这次加冕是中世纪历史上的一件大事，影响极其深远，奠定了教廷和王廷对西欧进行双重统治的政治思想基础，开创了中世纪教皇为皇帝加冕的先例。它象征着皇帝的权力来自于上帝，受之于教皇，暗含着教皇权力依然高于皇帝的意思，为日后的教权与王权之争埋下了祸根。

伊凡雷帝杀死了亲儿子吗

伊凡雷帝是俄国历史上第一位沙皇，他 3 岁就继承了莫斯科和全俄罗斯大公位，人称伊凡四世。他性情凶残又生性多疑，独断专行且手段残酷，因而得名"雷帝"。这与伊凡四世幼年的生活环境有着重要的关系，他 17 岁亲理朝政以前可以说是生活在一片黑暗中，先是他的母亲倒行逆施且不明原因地暴亡，然后是贵族们为了争权夺利而每天火并厮杀，没有人顾及年幼的小沙皇的教育。从这种尔虞我诈的环境中成长起来的伊凡四世，过早地目睹了宫廷生活的黑暗和丑恶，在他的性格中埋下了暴戾多疑的种子。俗语说：虎毒不食子，伊凡雷帝却被怀疑亲手杀死了自己的儿子。

俄国著名画家列宾创作过一幅名为《伊凡雷帝杀子》的油画：在灰暗压抑气氛笼罩下的画面上，奄奄一息的皇太子伊凡无力地靠在父亲的胸前，伊凡雷帝惊恐地搂着儿子，他用一只苍老的、血管突出的手抱着伊凡的身体，另一只手紧紧按住儿子流血的伤口，试图挽回儿子的生命。但死神已经快要降临了，儿子的身体软绵绵地支撑在地毯上，用一双绝望却宽恕的眼睛看着衰老的父亲。而伊凡雷帝的双眼中

伊凡雷帝杀子 俄国 列宾 1855 年

伊凡雷帝的惊恐与其子的无奈绝望形成鲜明对照，伊凡雷帝真的误杀了儿子吗？

充满着悔恨，两人的眼神形成了强烈的对比，整幅画有着一种摄人心魄的艺术魅力。

人们为什么会怀疑伊凡雷帝呢？主要是伊凡雷帝的性格非常残忍，在他还是个孩子时，就经常把捉住的小鸟一刀一刀地杀死，或是站在高高的墙上，将手中的小狗摔死，从而发泄心中的不满。而在他 13 岁的时候，就放出豢养的恶狗，将执掌朝政的皇叔伊斯基活活咬死。而当他刚登上皇位后，为了加强皇权，就在全国范围内实行恐怖政策，惩罚反对皇权的大贵族，也不可避免地杀害了许多无辜的平民，用尖桩刑、炮烙、活挖人心、抽筋剖腹等酷刑处死了数万人，得到了"雷帝"的称呼，意思就是"恐怖的伊凡沙皇"。

他的暴政和独裁不仅使遭到镇压的大贵族们心怀怨恨，也引起了广大人民的强烈反对，就连沙皇身边的人，也有"伴君如伴虎"的危机感。本来，伊凡雷帝的这种暴戾性格在他娶了年轻美貌、温柔善良的皇后之后有所改变，她能理解他，开始以自己的爱温暖着沙皇那颗受伤的心灵，总是像天使一样地抚慰着他。可是，保佑他的天使没有永远伴随他，1560 年，他亲眼看着心爱的女人被疾病夺去了生命。失去了皇后之后，童年时期形成的性格又激发出来了。到了晚年，孤独的伊凡雷帝性情更加乖戾、喜怒无常，他总是疑神疑鬼，觉得有人要害他。但是，对于他的长子、未来的皇位继承人伊凡，他还是宠爱有加的，经常让他跟随在自己左右。可以说，除了这个儿子，他已经不再相信任何人了。可是这位皇太子却死在伊凡雷帝的前面，上演了一出"白发人送黑发人"的悲剧。

伊凡太子的死因有着不同的说法，最普遍的一种是：从 1581 年起，伊凡雷帝开始怀疑太子有夺取皇位的嫌疑，多疑的性格使这种想法日益强烈，父子关系也因为他的提防而紧张起来。有一天，伊凡雷帝看见伊凡的妻子叶莲娜只穿了一件薄裙在皇宫中走来走去，违反了当时俄国妇女至少要穿 3 件衣裙的惯例。伊凡雷帝勃然大怒，动手打了儿媳，使已经怀孕的叶莲娜因惊吓而流产。伊凡听到这个消息后，对伊凡雷帝大吼大叫，伊凡雷帝也很生气，一边大骂着"你这个可耻的叛徒"，一边举起手中的铁头权杖向儿子刺去。晚年的伊凡雷帝手里常常拿着一根铁头杖，这是一根顶端包有铁锥尖、柄上刻有花纹的长木杖。伊凡四世一旦发怒，就会随时用这个铁尖木杖向对方刺去，所以宫内的人只要听到木杖敲击地面的声音，就会吓得赶紧躲起来。可是没想到当时伊凡雷帝的铁杖正好刺中了儿子伊凡的太阳穴，然后就是列宾笔下《伊凡雷帝杀子》悲剧场面，最后伊凡因伤势过重而死去了。

俄罗斯历史学家斯克伦尼·尼科夫却不同意这种说法，他认为，当时伊凡父子虽然发生了激烈的争吵，但父亲只不过在儿子身上用权杖敲了几下，并没有造成致命的伤害。太子伊凡原先就有病，再加上丧子和恨父，心情极度悲伤，以致癫痫病发作，后来又引起并发症死去了。因为伊凡雷帝在争吵前几天的信中曾谈道："儿子伊凡病倒了，今天他仍在病中。"所以，伊凡的死主要是病死，而不是伊凡雷帝失手杀死了他。

各国历史上宫廷内部血雨腥风，像这样的父子相残、兄弟反目的事情层出不穷。伊凡雷帝有没有杀死自己的亲儿子，只有让历史来慢慢寻找真实答案了。

英王威廉二世真是死于意外吗

自古宫廷多纷争。在权势和财富的驱使之下手足相残、杀母弑父之事可谓比比皆是。人称"红面庞"的威廉二世似乎也是因为此类原因而丧命于狩猎场的。

1100年8月的一个下午，英王威廉二世在新林骑马狩猎。新林占英国南部一大片土地，当时是皇家狩猎苑。威廉的弟弟亨利和一些随从同行。一行人分为几个狩猎小组，国王和他的亲信顾问蒂雷尔一组猎鹿。国王看见一只赤鹿跑过，立刻射了一箭，射中了赤鹿，但是它没有死。很长一段时间威廉坐在马鞍上不动声色，他用手挡着夕阳的斜照光线，想看清楚那只受伤赤鹿的行走路线。

蒂雷尔就在此时射了一箭，鹿没有射到，却把国王射中，国王向前面倒下去，那支箭在国王摔到地上的时候更深地插入他的胸膛，国王当时便没了气息。蒂雷尔急忙跑出树林向法国逃去。亨利则和其他的人策马飞奔，赶到临近的收藏皇室财宝的曼彻斯特，亨利把财宝抢到并确实予以掌握后，便马上赶回伦敦，加冕登基为亨利一世。此时，距威廉去世之日仅3天，众人从猎鹿的树林离开时，威廉二世仍然暴尸荒野。

但是国王之死至今仍是疑点重重：威廉二世是死于意外，还是被他那充满野心的弟弟谋害了呢？或是如有人所说的威廉二世心甘情愿依照教规自杀身亡呢？大多数人当然相信传说中所出现的凶兆，这凶兆是威廉到新林行猎前夕所做的一个噩梦：

他梦见自己躺在血泊中而被惊醒，惊醒时不断狂叫。此外，还有人说听见国王命令蒂雷尔杀死他，因为根据威廉信仰的"宗教"，他已经老而无用，作为一个权力逐渐衰落的国王，必须在仪式中引颈就戮。

威廉一世共有3个儿子，威廉二世是老二。威廉一世在世时已给3个儿子分家，留给长子罗伯特的是法国的诺曼底，给次子

威廉二世中箭图
在宫廷纷争极端敏感的时候丧命，威廉二世的死真是意外吗？

威廉的是英国，亨利则没有土地，只获得一笔财富。大哥与二哥经常争执不下，甚至兵戈相见，但是二人在1096年以诺曼底为抵押，罗伯特向威廉借了他们所需的钱。罗伯特在1100年夏季启程返国时，还娶了一个十分富有的女人。威廉决定，决不让哥哥还债把诺曼底赎回，他开始计划强夺诺曼底。新林猎鹿驾崩事件就是在做这种准备的时候发生的。

同时，如果亨利真的企图篡夺英国王位，他一定已把形势看得非常清楚。出乎意料的新发展对他篡位的计划有所妨碍，所以亨利先下手为强，其后只需对付一个哥哥而不必再与两位兄长争雄。威廉驾崩，罗伯特又远在他乡，亨利就能篡夺他原本无权过问的王位。证明亨利要对猎鹿时发生"意外事故"负责的一个有力证据是：他从未试图抓蒂雷尔回来以弑君之罪论处，甚至没有没收蒂雷尔的土地以示惩罚。

可是，以亨利的本领和为人是否能组织这样一个谋朝篡位的大阴谋呢？蒂雷尔跟主谋勾结杀掉恩公和朋友，又会得到什么好处呢？事实上自惨祸发生后直到去世时，蒂雷尔都不承认他有弑君行为。

依上所述，亨利的嫌疑可谓是最大。但他要策划这样一个缜密的阴谋却也不是件容易的事情。真凶何在，我们拭目以待。

埃及艳后的神秘之死

生活在公元前69~前30年的埃及女王克里奥帕特拉七世是托勒密王朝最后一个国王。她以惊人的美貌与智慧闻名于世。罗马帝国两位最伟大的人物恺撒与安东尼都曾经疯狂地爱上过她，而她不到40岁便自杀而香消玉殒，不仅令人感叹不已，也让她传奇的经历中又多了一抹神秘色彩，成为一个千百年来让人猜不透的谜。

克里奥帕特拉七世生于公元前69年，是埃及国王托勒密十二世和克里奥帕特拉五世的女儿，从小生长于宫廷，身上有马其顿人的血统，聪明伶俐，貌美如花。公元前51年，国王托勒密十二世去世，克里奥帕特拉按照遗诏和当时的法律规定，嫁给了比她小6岁的异母弟弟，当时她也只有21岁，夫妻二人一起掌管朝政。公元前48年，她在与其弟夺权的宫廷斗争中失败，被其弟驱逐，被迫离开了亚历山大城。但她雄心不死，一心想回埃及跟弟弟争夺王位，不断在埃及与叙利亚边界一带招兵买马。

当时，罗马国家元首恺撒为了追击自己的政敌庞培，率兵来到埃及，以自己尊贵的身份和重兵在握的权势调停埃及王位之争。在这种情势中，克里奥帕特拉的一个拥护者向她提出了一个巧妙的计谋。他

在大多数人心目中，克里奥帕特拉美艳绝伦，艺术家根据自己的想象描绘出这位风华绝代的埃及女王。

让士兵化装成商人，把包在地毯里赤裸的女王抬到恺撒居住的行馆。恺撒以为是行囊，而出现在他面前的竟是一位风姿绰约的美女。她身段曼妙无双，神情妩媚可人，容貌艳丽娇美。恺撒立刻为她的美貌而倾心，而女王也为恺撒的气度着迷。二人离奇的相会和一见钟情的经历，为后世留下了一段香艳的故事，也成为国际政治联姻的佳话。

当然，克里奥帕特拉夜闯军营的"壮举"自然也得到了满意的回报。恺撒率领大军帮助克里奥帕特拉七世反戈一击，击败了她的弟弟成为埃及女王。后来女王与恺撒有了一个儿子，取名托勒密·恺撒。

公元前47年9月，恺撒平定小亚细亚的战乱，也消除了庞贝余党的叛乱回到罗马，女王克里奥帕特拉的美丽倩影时时在他脑海中萦绕，难忍相思之苦的恺撒邀请克里奥帕特拉七世来罗马。恺撒亲自去迎接她进城，整个罗马的上层社会都为之轰动，能够一睹女王非凡的风采令很多罗马贵族感到极为荣幸。大学者西塞罗身为名重一时的高士，也来到艳后面前表达自己的仰慕之情。但令人遗憾的是，公元前44年3月15日，恺撒被刺身亡，克里奥帕特拉黯然地离开了罗马。

恺撒死后，安东尼称雄罗马。公元前43年他与屋大维、李必达结成后三头政治联盟，一起将刺杀恺撒的共和派贵族打败，成功后的安东尼出治东部行省。

也许是历史的巧妙安排，当在东方殖民地巡视时，安东尼在小亚细亚的塔尔索马城见到了女王克里奥帕特拉七世。克里奥帕特拉明白安东尼当时的权势地位，刻意讨好这位刚雄霸罗马的统治者。很快，甜蜜的爱情让安东尼忘记了自己到东方的使命，他乘坐克里奥帕特拉七世的游艇和她一起到了女王的国度。他们在埃及亚历山大的王宫如胶似漆，恩爱无比，共同度过了5年的美好时光。在这期间，安东尼也曾回过一次罗马。因为政治上的需要，他只得背叛爱情。为了缓和与政敌屋大维的冲突，安东尼娶了屋大维的姐姐。但他仍思念着埃及女王，找了借口离开他不爱的妻子，回到东方与克里奥帕特拉结为正式夫妻，并举行了盛大的婚礼。

安东尼宣布把罗马帝国在东方的大片殖民地送给埃及女王，只是为了得到埃及女王的欢心。这种行为显然损害了罗马的国家利益，让罗马人大为不满，而且他抛弃妻子的举动也不合罗马的婚姻习俗，舆论开始谴责他。屋大维抓到机会，说服罗马元老院和公民大会取消了安东尼的罗马执政官职务以及他的一切权力。

公元前31年，安东尼组织自己的军队，在阿克提乌姆海角与屋大维大战。双方的实力不相上下，作战上也是平分秋色。但是，正在双方拼死战斗的时候，克里奥帕特拉却突然将自己旗下的舰队撤出了作战队伍。而安东尼身为全军的主帅，见到女王率舰离开，竟然忍心丢下忠心跟随自己浴血奋战的10万将士，乘一只小船跟随女王而去，大军溃败，安东尼从此便留在埃及。屋大维率兵攻打埃及，埃及军队叛变，安东尼大败。安东尼见大势已去，没有翻身的可能，便除去自己身上的披甲，拔出佩剑，结束了自己的生命，时年仅52岁。

屋大维生擒了克里奥帕特拉，这时一向自负于自己美貌的她也存在一丝幻想，希望屋大维也会迷恋于自己的美色，但屋大维并没有如她所愿。罗马执政者决定将克里奥帕特拉作为战利品带到罗马游街示众，她得到这个消息后，向屋大维提出一个要求，要为去世的安东尼祭奠。随后她留下一份遗书，更衣沐浴后享用了最后的晚餐。克里奥帕特拉进入自己的卧室，黯然神伤，平静地躺在一张金床上，从此再也没有醒来。

遗书中，女王恳求能够让她与安东尼合葬，词情恳切，哀婉感人。她的自杀令屋大维感到十分失望，而她的举动又令屋大维有些神伤，于是同意了她的请求，将女王的遗体与安东尼合葬在一起。

埃及艳后的自杀给古今中外史学家留下了一个至今也无法解开的谜。

传统的观点认为女王早有准备，她事先安排一位农民把一条名叫"阿斯普"的小毒蛇放入一只篮子，再装满无花果，然后将篮子带进墓堡，故意让毒蛇咬伤自己的手臂，中蛇毒昏迷致死。另一种说法是，女王早就把蛇喂养在花瓶里，自杀时，她用自己头上的金簪刺伤毒蛇的身体，毒蛇负痛发怒报复，缠住她的手臂咬伤她，令她中毒而死。

还有一种看法认为，女王并非被毒蛇咬伤致死，而是用一只空心锥子刺入了自己的头部亡命。但女王尸体上找不到刺伤和咬伤的痕迹，而且在墓堡中也没有发现任何有毒的小蛇。

无论是"毒蛇论"还是"毒药论"，或是"锥子论"，都带给后人以无尽的谜思。

伊丽莎白女王为何终身不嫁

伊丽莎白一世是英国都铎王朝最后一位杰出的女王，在她统治期间（1558～1603年），英国国力达到了最鼎盛的阶段。她确立了英国的国教制度，国内政治稳定，经济发展；对外方面英国取得了海上霸权，在东方不断扩张势力。女王在内政外交上创造了无数的辉煌，而个人婚姻方面却始终"独善其身"，成为人们百思不得其解的谜题。

伊丽莎白是英国国王亨利八世的女儿，1533年9月7日出生在泰晤士河畔的格林尼治宫。她的母亲安妮·博琳原来是亨利八世的宫女，这桩婚姻也没有得到天主教会的承认，而亨利和博琳结婚才三个月，她便来到了人世。因此，伊丽莎白被认为是私生女。根据天主教规，她不能成为天主教徒，这决定了伊丽莎白日后向新教靠拢。在她2岁的时候，妈妈因没有生下男孩，被亨利八世以不忠的借口下令处死。年幼的伊丽莎白从小便饱尝失去母亲的凄凉，忧郁的种子在她的心灵扎下了根。但是她很聪明，而且接受了良好的教育，学习也十分刻苦，博览群书，通晓意大利、法兰西和西班牙等国语言，还能翻译难度很大的法文诗。

16岁时的伊丽莎白
作为王室中的女孩，她可能并未曾想过日后会成为英国的一代女王，也可能未曾想过会终生未嫁。

1553 年，伊丽莎白的异母姐姐玛丽登上英国王位，她就是玛丽一世。她是一个狂热的天主教徒，对于亨利八世的宗教改革极为不满，一上台就致力于恢复天主教地位，残酷镇压新教教徒，人称"血腥的玛丽"。本来就仇视妹妹的玛丽，更是以伊丽莎白涉嫌卷入新教运动，毫不留情地将她关进伦敦塔囚禁起来，伊丽莎白开始了终日生活在死神阴影下的岁月。1558 年，玛丽女王的死改变了她的命运，因为玛丽没有子女，伊丽莎白当晚就在英格兰新兴资产阶级、新贵族和新教徒的拥戴下登上英王宝座。

伊丽莎白登基时只有 25 岁，她身材细挑，娴雅多姿，漂亮的鹅蛋脸上嵌着一双水汪汪的大眼睛。她喜欢打扮，也很会打扮自己，白皙的皮肤，配上闪亮的珠宝，时髦的衣饰，优雅的谈吐，是当之无愧的美女，再加上头顶上的王冠，吸引着欧洲大陆不少王公贵胄争相拜倒在她的脚下，用尽心机，以求成为她的丈夫。因为关系到以后英国王位的继承和国家的稳定，伊丽莎白女王的婚事曾被提上英国的政治日程，议会里的大臣们纷纷要求女王早日结婚。可是，伊丽莎白就像一盏蜡烛，任凭群蛾飞扑而不为所动。

最先向伊丽莎白求婚的是她的姐夫、西班牙国王腓力二世，他早就对伊丽莎白青睐有加，在她被囚期间给予过特别的关照。但西班牙是一个顽固的天主教国家，玛丽女王和腓力二世的结合带给英国的危害，人们记忆犹存。初登王位的伊丽莎白由于私生女的身份，英格兰女王的合法地位一直得不到承认，西班牙在当时的国际社会中有着举足轻重的地位。她不动声色地利用起腓力二世来，对他的求婚态度暧昧，当她的地位合法化后，便以宗教信仰不同明确拒绝了腓力二世。后来，伊丽莎白又经常以自己的婚姻为筹码，周旋于欧洲各大国之间，为英国谋求利益。

1578 年，仍待字闺中的伊丽莎白差点就结婚了。当时，法国国王亨利二世的四弟、年仅 23 岁的安休公爵到英国做客，年龄相差近一倍的两人一见钟情，手拉手地在御花园里嬉笑调情，甚至当众拥抱。据说伊丽莎白还答应了安休公爵的求婚，但后来似乎是考虑到英、法、西班牙之间复杂的国际关系，在将要举行婚礼的前几天，女王突然变卦。她郑重宣布解除婚约，并表示会一辈子独身。同时她向国民发表了一番这样的谈话："我无须再选佳婿结婚，因为我在举行加冕典礼时，已将结婚戒指戴与我国臣民的手指上，意即我与全体臣民为伴，将我的生命与贞节献于英国。"感动的英国人民也常用"贞洁女王"的美名来称呼伊丽莎白。

美貌多情的伊丽莎白女王为什么终身不结婚，后人有过种种猜测：女王的父亲亨利八世三次杀妻、六娶皇后，使伊丽莎白从小就蒙上了一层心理阴影，不信任男人和家庭，患上了"婚姻恐惧症"；女王的政敌则宣称她根本没有正常的生理功能，是一个阴阳人，因为宫中曾传出女王的月经少得可怜；而另一些持相反意见的人则说女王有过私生子；还有人认为，从古至今各国王室成员的婚姻，无不烙上深深的政治烙印，只是国家政治、国际关系的附属物，包含了太多的阴谋与利益关系，聪明的女王宁愿选择独身也不愿终生生活在龌龊的交易中。

总之，女王在位 45 年，大臣们为了她的不嫁之谜可以说是绞尽了脑汁，但都未能解开这个死结，随着女王的逝世，更难有解开之日了。

茜茜公主童话的背后是什么

茜茜公主出生于1837年，她的母亲路德维佳女公爵是奥地利公国索菲皇太后的妹妹。据说，茜茜公主健康而美丽，自小受尽家人的宠爱，她更是经常跟随父亲爬山、骑马、打猎，所以养成了非常活泼开朗的性格，全身洋溢着阳光般灿烂的活力与朝气，很招人喜爱，大家都称她"茜茜"。茜茜公主有一个姐姐叫海伦。海伦同奥地利公国索菲皇太后的儿子——23岁的弗兰茨·约瑟夫订有婚约。弗兰茨虽然年轻，却已经是奥国的皇帝、匈牙利和波希米亚的国王。

1853年8月，年轻的皇帝弗兰茨为了探望未婚妻海伦来到了巴伐利亚，没有想到的是这次旅行却改变了茜茜的命运。当时的茜茜还是个15岁的孩子，正处于天真烂漫之时，对男女情事浑然无知，但是她那种摄人心魄的朝气与活力却一下子迷住了年轻的皇帝。于是弗兰茨不顾母亲的反对，放弃了与海伦的婚约，转而向茜茜求婚。8个月后，年满16岁、仍然带着一身孩子气的茜茜就同皇帝弗兰茨·约瑟夫结了婚，站在了维也纳的圣坛上成了"皇后陛下"。

不过，这桩皇族的婚姻一开始就充满了隐患。一方面皇帝的母亲索菲皇太后素以严肃著称，她不喜欢活泼而不拘小节的茜茜；另一方面生性天真烂漫的茜茜对维也纳宫廷生活的繁文缛节也感到无法适应。更重要的是，这次婚姻显然是仓促的，男女双方实际上并没有彻底地了解对方的性情。茜茜嫁给弗兰茨·约瑟夫的时候还只是一个16岁的孩子，对男女情爱一无所知，她是否真的爱着弗兰茨，这大概连她自己也不清楚。随着他们婚姻生活的开始，种种暗藏的隐患便如同冰山一样一一浮出水面。

茜茜和弗兰茨难以磨合的性格成为他们婚姻最大的绊脚石。弗兰茨生性果断冷静，处理任何事情都是一丝不苟，这同天真活泼的茜茜可以说是格格不入的。茜茜向往自由，渴望温情，感情世界极为丰富。然而，身处冷冰冰的维也纳宫廷之中，她所热爱的那种在丛林中奔跑欢叫的自由自在的生活已经成为旧梦，所以她是不可能得到心灵上的慰藉与满足的。在初婚的这段日子里，茜茜转而阅读大量的文学作品，并且学习语言。她非常聪明，可以说一口流利的英语和法语，并且对哲学、历史很感兴趣。同时，她自己也进行文学创作，写下了大量的浪漫诗词，但这些都无法从根本上改变她乏味、不幸的婚姻生活。

在维也纳豪华奢美的宫廷里，茜茜毫无自由的权力可言，她只是被当作一种门面，一个必要的摆设，一个传宗接代工具，她的一切均有婆母索菲一手安排。恶劣的婆媳关系几乎让茜茜感到窒息，甚至连孩子的抚养、教育，她都无法插手，体会不到初为人母的喜悦。婚后10个月，茜茜生下了她的第一个女儿，皇太后索菲以茜茜的性格不适合教育孩子为由，一手揽过了养育这个孩子的责任。茜茜本人则被完全排斥在孩子的教育之外，后来的两个孩子也是这样。茜茜在维也纳宫廷中处在了完全孤立无援的状态下。

这样毫无欢乐可言的生活毁掉了茜茜那种阳光般迷人灿烂的朝气与活力，她的健康出现了严重的问题。她开始了剧烈地咳嗽，一上楼梯就不住地哮喘。到了 1860年，她的病情每况愈下，她不但患了贫血，而且还得了严重的肺病。这时候，医生劝她到马德里去疗养。她很高兴地离开了维也纳和帝国宫廷，来到了马德里。这里迷人的风光和没有拘束的生活方式使茜茜受压抑的心情很快好转，咳嗽也停止了。然而当她重返维也纳，只待了 4 天，便又开始了剧烈地咳嗽和发烧，肺病复发。为了治疗病情，茜茜又离开维也纳去了卡夫，奇怪的是当她的船一离开皇宫，病情严重的皇后便立刻大有好转，几周之后，咳嗽居然完全停止了。从此以后，茜茜寻找各种理由离开了维也纳，尽量多和巴伐利亚的家人待在一起。她这个时期经常以"身体不好"为托词而避免公开露面。人们对此议论纷纷，开始猜测茜茜的婚姻生活是否如传说中那样美满欢乐。

1866 年，奥地利的军队被普鲁士人打败，第二年，皇帝、皇后前往动荡不安的匈牙利访问。在布达佩斯，茜茜一度陷入了与安德烈伯爵热烈的爱情中。1868 年，茜茜的第四个孩子玛丽出世，并在布达佩斯接受洗礼。这一回，茜茜决定自己养育这个孩子。

40 岁以后的茜茜依然貌美如昔，但她比以往任何时候都更热切地关注自己的容貌和身材。她开始了各种健身活动，尤其是坚持散步，刮风下雨从不间断。她还寻求各种各样可以保持青春的秘方，施用在自己身上。到了 57 岁时，茜茜的身材由于多年的节食、每日的锻炼和从不间断的散步而依然苗条，体重始终保持在 50公斤以下。

美貌的茜茜仍然得不到丈夫的关爱。就在这段时间，弗兰茨·约瑟夫和一个女演员的暧昧关系被公开了。令人惊讶的是，茜茜对此事并不介意，相反还很高兴，认为自己外出旅行将不会再受到阻挠。这件事之后，茜茜漫游了整个欧洲和非洲。

1898 年，60 岁的茜茜丧失了活力，她面色苍白，精神萎靡，9 月 9 日这天，茜茜被人刺杀在日内瓦的一个湖边。

她为何被杀，以及她与丈夫的关系到底怎样，恐怕只有她自己清楚。

生命探奇

生命是一门科学，人类关于生命的研究，几千年来从未停止过。

人类的起源，可以说是学术上最令人头痛的问题，不论是人类学家、考古学家、历史学家、生物学家、化学家，甚至于哲学家、宗教家，都曾对人类起源做过各种角度的研究，然而，迄今仍没有最令人信服的说法。

关于人类起源的神话传说，各民族都相当丰富，其中有些说法颇为相似。

究竟谁是人类共同祖先？苍苍莽莽的神农架里到底有没有野人？奇异的人体发电现象是怎么回事？

人类在世界历史上创造了许多伟大的奇迹，而这些奇迹的创造要归功于我们人类有一个与众不同的大脑。但是，尽管人类创造出了种种的奇迹，但是对于人脑的认识却充满了未解之谜，等待着我们去探索、去解决。

人类的起源

你知道我们人类是从哪里来的吗？到目前为止，除了一些美丽的传说和各种未经证实的推测之外，并没有一个真正的答案。它与宇宙的起源、地球的起源并列为三大起源之谜。

关于人类的起源在我国流传着这样的神话故事：盘古开天辟地之后，不知道过了多久，忽然在天地间出现了女娲。女娲在荒凉的天地中无依无靠，十分寂寞，她来到水边，看见自己的倒影，忽发奇想，就照自己的形体用水边的泥巴捏出泥偶，放在地上，迎风一吹便活了，后来女娲给他们起名为"人"。

埃及同我国一样也是一个文明古国，而它的人类起源的说法则更为奇特。据《埃及神话》的说法，人类是神呼唤出来的。埃及人认为全能的神"努"在埃及、在世界出现之前就已存在，他创造了天地的一切，他呼唤"泰富那"，就有了雨；呼唤"苏比"，就有了风；呼唤"哈比"，尼罗河就流过非洲大地。他一次次地呼唤，世界便因此丰富起来，最后，他喊出"男人和女人"，转眼间，就出现了许多人，这些人又创建了埃及。造物工作完成，努就将自己变成男人外形，统治大地与人类，成为埃及第一位法老。

日耳曼神话中说日耳曼人的祖先是天神欧丁和其他的神创造的，众神在海边散步时看到沙洲上长了两棵树，其中一棵挺拔雄伟，另一棵风姿绰约，于是砍下两棵树，分别造成男人和女人。欧丁首先赋予其生命，其他的神分别赋予其理智、语言、肤色和血液等。

　　而在信奉基督教的西方国家里，人们大都相信上帝造人说。《旧约·创世记》中记载：上帝花了5天时间创造了天地万物，到第6天，他说："我要照着我的形体，按着我的样式造人……"于是把地上的尘土捏成人形，将生气吹进人的鼻孔后，造出了男人，取名亚当。上帝见亚当一个人生活得很孤独，就用他的一根肋骨造成一个女人，亚当说："这是我骨中的骨，肉中的肉，就叫她女人吧。"

　　然而，传说毕竟只是传说，缺乏令人置信的科学依据。因此这个话题依然众说纷纭。

　　19世纪，达尔文提出了进化论学说，这成为19世纪人类探寻自身起源的一个新的线索。

　　达尔文是19世纪英国学术界破旧立新的大师。他身患痼疾，为探索自然规律，一生孜孜以求。1859年他的《物种起源》一书问世，这本书是他对自己多年在世界各地亲自观察生物界现象的总结，书中阐述了自然选择在物种变化上起的作用，提出了物种的起源和进化的一般规律。

　　《物种起源》的发表从根本上打击了上帝造人的宗教神话和靠神造论来支持的封建伦理。当时保守势力的反扑顽抗和社会思想界的巨大震动，使一贯注意不越自然科学领域雷池一步的达尔文也兴奋不已。为了用客观事实来揭示人类起源的奥秘，他发愤搜寻各种事实依据，终于在1871年，即《物种起源》出版后12年，又发表了《人类的由来》这本巨著。达尔文认为，物种起源的一般理论也完全适用于人这样一个自然的物种。他不仅证实了人的生物体是从某些结构上比较低级的形态演变进化而来的，而且进一步提出了人类的智力、人类的心理基础等精神文明

达尔文像

的特性也是像人体结构的起源那样，由低级向高级逐渐发展。《人类的由来》奠定了人类学研究的基础。

　　达尔文认为人类起源于古猿。经过一番激烈的学术的和宗教的争论之后，科学界渐渐接受了这个理论。后来的科学家又经过不断探索，在达尔文学说的基础上形成了现代的人类起源说。他们认为，人类是古猿在数百万年的漫长时间里，在大自然的影响下逐渐进化而来的。作为一种学说，进化论有着许多合理的科学内核，然而毕竟是一种假说，也有其缺陷，考古学上的许多发现都无法用进化论的理论解释，例如：

　　1913年德国的人类学家在坦桑尼亚的奥杜威峡谷100万年以前的地层中发现了一具完整的现代人类骨骼。

　　美国科学家麦斯特则在犹他州羚羊泉的寒武纪沉积岩中发现了一个成人的穿着便鞋踩上去的脚印和一个小孩的赤脚脚印，就在一块三叶虫的化石上面。而三叶虫是2.5亿～5.4亿年前的生物，早已绝迹。经过犹他大学的化学专家们鉴定这的确是人的脚印。

在中国云南省富源县三叠纪岩石面上发现有 4 个人的脚印。据考证，这些脚印是 2.35 亿年前留下的。

1976 年，著名考古学家玛丽·D. 利基也曾发现了一组和现代人特征十分类似的脚印。这些脚印印在火山灰沉积岩上，据放射性测定，火山灰沉积岩有 340 万 ~ 380 万年的历史，古生物学家证实，其软组织解剖特征明显不同于猿类。

这些考古发现又是怎么回事呢？它们似乎有悖于达尔文的生物进化论中的观点。根据达尔文进化论假说，森林古猿经过千百万年的进化才成为今天的人类，可是科学家至今却无法找到这千百万年的中间过程，也找不到任何猿与人之间的人存在的证据；按照通常的认识，人类大约在距今 1 万年左右才发展到最原始的状态，有文字记载不过 5000 年时间。按照达尔文进化论假说，几亿年前不可能有人类存在，至于高度的人类文明就更是天方夜谭了。

随着时代的发展和科技的进步，科学家们不断提出新观点，对人类起源问题发表自己的看法。美国加州圣 - 克鲁兹大学的生物学家大卫·迪默则认为地球上的生命，或者说生命的早期形态有可能起源于浩瀚宇宙。

国际生物界一致认为：生命的起源在很大程度上依赖于细胞膜的作用。迪默在实验中发现，即使是在寒冷、充满辐射的真空宇宙环境下，细胞膜仍然具有"生命力"。这说明恶劣的宇宙条件并未阻止生命的演化，生命起源于地球以外的浩瀚宇宙也是完全有可能的。

面对这许许多多的假说、矛盾、谜团，我们不仅要问，人类到底是怎样起源的呢？我们相信一定能解开这个秘密。

人类是由猿进化来的吗

19 世纪中期，英国伟大的博物学家达尔文发现了一套轰动全世界的理论——生物进化论。1831 年，达尔文参加了英国海军"贝格尔号"巡洋舰的环球航行，在南美洲地区整整航行了 5 年，对热带与亚热带动植物进行了广泛的考察。回国以后，根据对生物界大量的观察与实验，他得出了自己的结论：他认为物种的形成及其适应性和多样性的主要原因在于自然选择，生物不断发生变异的原因就是为了适应自然环境和彼此竞争。适应生存环境的变化，通过遗传而逐代加强，反之则被淘汰。归纳起来就是：物竞天择，适者生存，优胜劣汰。达尔文的这套学说，奠定了进化生物学的基础。他还将进化论用于人类发展的思考，阐明了人类在动物界的位置及其由动物进化而来的依据，得出了人类起源于古猿的结论。

在以后的岁月里，古生物学家通过对古生物化石的研究，在达尔文学说的基础上，形成了现代人类起源说。然而，进化论真的反映了人类起源的真实情况吗？人类真的是猿进化而来的吗？根据进化论，人类的进化可分为了三个阶段：1400 万 ~ 800 万年前的古猿、400 万 ~ 190 万年前的南猿和 170 万 ~ 20 万年前的猿人。明显的，在古猿与南猿之间有 400 万年的空缺，在南猿与猿人之间有 20 万年的空缺，但是，直到现在，我们也没有发现任何的关于人类起源中间过渡阶段的化石，这就给传统的进化论提出了挑战。1958 年，美国国家海洋学会的罗坦博士，在大西洋 4.8 千米深的海底，拍摄到了一些类似人的奇妙足迹。1968 年，美国迈阿密城的水下摄影师穆尼，在海底看见过一个奇怪的生物，脸像猴子，脖子比人长 4 倍，眼睛像人眼但要比人眼大得多。20 世纪 30 年代，美国南卡来罗纳州比维市郊的沼泽地区，多次发现过"蜥蜴人"，它们高达 2 米，长着一条大尾巴，每只手仅有 3 根手指，可以直立行走，力气大得惊人，能轻易掀翻汽车。这种生活在水中、沼泽中的类人生物，其祖先又是谁呢？

因此，有人提出了这样的假设：化石空白期人类的祖先不是生活在陆地上，而是生活在海洋中。也就是说，在人类的进化史中，存在有几百万年的水生海猿阶段。他们的理由是 800 万至 400 万年前，在非洲曾有大片的陆地被海水淹没，迫使部分的古猿下海生活，进化为了海猿。几百万年后，海水退却，海猿重返陆地，它们是人类的祖先。这就是"海猿说"。

"海猿说"发现人的许多的生理特征是存在海豹、海豚等水生哺乳动物身上的。比如，所有的灵长类动物都是浑身有浓密的毛，而人与水兽一样，是皮肤裸露没有体毛的；再有，灵长类动物是没有皮下脂肪的，人却与水兽极其相似，人是有皮下脂肪的；第三，人类眼腺分泌泪液以及排出盐分的现象，也是水兽所具有的特征。这在灵长类动物中是绝无仅有的；还有，妇女在水中分娩是没有痛苦的，婴儿天生就喜欢水，并有游泳的本领，这些都说明了人类与水的关系是非同寻常的。

近年来，一系列的发现又重新唤起了人们对生命天外来源说的热情。首先，生命尽管是多样的，它们都有着相似的细胞结构，这使得人们不得不问：既然地球上的生命是由无机物进化来的，那么为什么不会产生多样的生命模式？其次，钼在地球的含量是很低的，但是钼在生命中有中重要的作用，这又是为什么呢？再次，人们不断地从天外坠落的陨石中发现有起源于星际空间的有机物，其中包括了构成了地球生命的全部要素。这使得的人们深信：生命不仅仅为地球所垄断。人类起源于外星人的假设，是近几年来西方最新的一种假设，它是由西方科学家马莱斯提出来的，其根据是在圣地亚哥发现的一个 5 万年前的头骨化石。他研究了这个头盖骨后认为，这具头盖骨所代表的人种，其智力要远远高于我们今天的人类，从而推测这是一个外星人的头骨，进而提出人类祖先是外星人的假说。他认为，外星人与地球上智力水平较高的雌猿进行杂交，生下的后代就是人类，因此，外星人是人类的祖先。

不难看出，现代人类起源的各种假设，从思维上可以分为两大类：一类将人类起源的原因归结为地球以外的偶然因素，即人类不是地球生物自身演变的结果，而是由宇宙深处来的高智慧生物创造的，像外星人创造人类说；一类则坚持认为人类的起源只能从地球自身的发展来考虑，不论怎么变化，人类总是地球生物自身进化的结果，像生物进化论。

科学在发展，研究在发展，人类必将用自己的智慧，来揭开自身的谜团。

消失的尼安德特人

尼安德特人生活在一二十万年前，在人类历史上具有十分重要的地位。由于他们的骸骨最早在德国西北部的尼安德特河流域被发现，因此人们称其为尼安德特人。

尼安德特人的居住方式并不相同，有的住在洞穴中，有的扎营而居。在动物迁徙的路线附近分布比较广泛，这样可以使他们有充足的肉食供应，此外他们还捕鸟、捕鱼。

根据出土的颅骨，尼安德特人的外貌特征与猿十分相似，但脑容量跟现代人相差无几，甚至有的还要大些。他们长得粗壮结实，体型和身高与现代的因纽特人差不多。

尼安德特人已经比直立猿人进步得多，并已经能制造相当精致的工具，他们的石器石片很薄，刃口锋利。北京猿人只会用火，借火，存火；而尼安德特人的用火能力有了一个飞跃——人工取火。还进行大规模的狩猎活动，利用悬崖把千百匹野马赶入绝地。更可贵的是，尼安德特人学会了埋葬，并懂得照顾自己的同伴。人们在罗马附近的一个山洞里发现了一个尼安德特人尸体，他的头下放着石器，在他的周围整齐地排列着74件石制工具，尸体上还铺有红色的氧化铁粉末。很显然，这是有意安葬的，其意义似乎希望死者能恢复生命的活力，到新的世界里继续使用陪葬的工具。有一个尼安德特人骨折后并没有很快死亡。据研究，是他受伤期间得到了同伴们的照顾，才得以存活了一段时间。以上表明，尼安德特人开始对活的和死的同伴表示关心，他们开始思考生命的活力来自何处，开始思考人死后到何处去这样的问题。这些都说明尼安德特人的智力已经有了较大的飞跃。尽管尼安德特人具备了许多技能和一定的社会组织，但是，在7万年前，兴旺一时的尼安德特人却突然灭绝了，留给后人的只有众多的考古发现和无尽的思考。

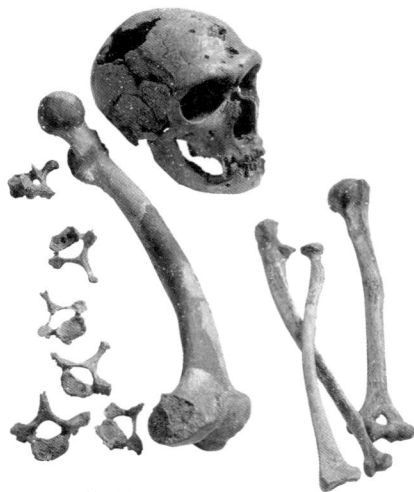

尼安德特人骨骼

1908 年在法国夏佩尔一个山洞里发现的男性尼安德特人的头盖骨和骨头。这个样本的股骨和脊椎都已严重变形。最早的骨骼研究发表于第一次世界大战前，证实了尼安德特人与现代人相比更接近于类人猿，但对他的真实构造、步态和智商则产生了一种完全的误解。尼安德特人承受这种错误的认识长达半个世纪，直到 1950 年对骨骼的重新研究证实了这个人的骨骼变形是由于骨关节炎和骨折；其余的部分属于一个老年的几乎掉光牙的男性。

对于尼安德特人的消失，科学家们历来持不同看法。有的专家认为，尼安德特人的头盖骨越来越大，导致婴儿难以出生，繁殖能力降低，造成了尼安德特人的灭绝。

尼安德特人真的灭绝了吗？能不能在现在的一些偏远山区找到他们与世隔离的生活着的后裔呢？

20 世纪 50 年代，苏联科学院曾报道在西伯利亚东北部寒冷偏僻的地区，发现一群称为"丘丘拉"的野人。据说这些人说话音域非常狭窄，造成这种现象的可能性有两个，一种是遗传突变的结果，另一种则可能显示他们是尼安德特人后裔的迹象。

然而在从高加索山脉到戈壁沙漠的中亚地带发现野人的地点较多。从 15 世纪起，当地的部落民族和探险家就多次发现这些神秘的难以接近的生物。20 世纪初，一名在俄国革命期间驻防帕米尔山脉的红军军官宣称他的士兵追到一个这样的生物并将之射杀。他还对那个生物作了详细描绘："前额倾斜……眉毛粗重……鼻子极为扁平……下颌阔大凸出……身材中等。"这些特征与我们知道的尼安德特人极为吻合。因此，那些士兵很可能枪杀了一个世界上难得一见的尼安德特人。

如果这些情况能被证实的话，那么，尼安德特人可能没有灭绝。实际情况也许是更有才能的智人取代了尼安德特人的地位，尼安德特人退居荒野，逐渐依靠原始的兽性的力量来维持生存。

也有不少学者认为在生存斗争中的落后性导致尼安德特人在进化中被智人灭绝了，就像塔斯马尼亚人被英国人灭绝一样。有人指出，不少尼安德特人化石都显示他们曾受过重创，可能是与智人搏斗后留下的。

赞成尼安德特人灭绝观点的学者很多，他们认为，尼安德特人生活在小群体内，实行群内通婚，后代受到近亲交配的影响而质量下降。尼安德特人眉脊突起，额叶收缩，正是退化的表现。尼安德特人因此变得行动缓慢，走路踉跄，在生存斗争中处于不利地位，终于被灭绝。菲利普·利伯曼和耶鲁大学医学院的解剖学家埃德蒙·克里林则根据尼安德特人的头骨及声道特点，用计算机对尼安德特人的发音能力进行测定，认为尼安德特人是单道共鸣系统，发音能力很低，因而整个种群的思想交流和进步受到了影响，导致发展滞缓，在生存斗争中处于劣势，终于被淘汰。

还有一些人则认为尼安德特人没有消失，而是与其他人种杂交融合了。这一观点认为，尼安德特人生存的地域横跨欧亚非三洲，数量庞大。智人兴旺时，人数很有限，不可能消灭世界上所有的尼安德特人，他们很可能与尼安德特人通婚，杂交的后代更为进步，尼安德特人的基因融化在智人中，因而现代人的身上也保存着尼安德特人的某些特征。

尼安德特人究竟去了哪里，人类历史上没有留下丝毫的记载和证据。即便这样，一些科学家仍然没有放弃对其的研究工作。我们有理由相信，关于尼安德特人的下落之谜总有一天会被解开，只是时间早晚而已。

艾滋病从何而来

人类在同大自然的斗争中遇到过一个又一个的绝症，从肺结核、麻风到癌症。如今，肺结核、麻风对人类来说早已不再是绝症，在人们把精力集中到解决癌症上的时候，又一种绝症出现了，它就是目前搅得全球人心惶惶的艾滋病。

自从 1978 年在美国纽约发现第一例艾滋病人以后截至 1999 年 11 月 26 日，世界卫生组织根据各国官方提供的统计数字表明，全世界已有163个国家和地区报告发现了艾滋病人。据世界卫生组织的专家们估计，全世界艾滋病实际患者已达3400万，全世界已有1600万人死于艾滋病。对于艾滋病的病因，许多科学家进行了大量的研究，但是至今还没有弄清楚。大多数的科学家认为艾滋病的发病与一种T细胞有关。

1983年5月，法国巴斯德研究所的吕卡·蒙塔尼埃研究组从病患者体内的淋巴结里分离出了艾滋病病毒。这是人类首次发现艾滋病病毒。这种病毒能够附着T细胞的表面进行繁殖，受感染的T细胞很快就会停止生长，丧失免疫功能而死亡。而新繁殖的艾滋病病毒又释放到血液中，寻找新的T细胞。这样循环往复的进行导致患者的免疫力下降，最终失去抵抗力。

也有少数的科学家认为，艾滋病并不是仅仅由一种病毒引起的，很可能还有其他的因素在起作用。

1986年上半年，世界卫生组织决定将艾滋病病毒定名为"人体免疫缺损病毒"，英文缩写为HIV。艾滋病即由HIV潜伏性和作用缓慢的病毒引起的疾病，英文缩写为AIDS，中文音译为艾滋病。1988年，世界卫生组织为了唤起世界各国共同对付这种人类历史迄今出现的最厉害的病毒，定每年12月1日为"世界艾滋病日"。

关于艾滋病的来源，说法也是各种各样。起初人们认为艾滋病是由同性恋引起的。因为在美国一些大城市中的同性恋中艾滋病患者居多。可是，经过许多学者的研究后，发现早在古希腊罗马时代，西方国家就已存在同性恋问题，而在东方国家的古代社会里，也同样存在这一问题，如果因同性恋导致艾滋病的产生，那么必定在古代就流行了，为何在当代才传播开呢？从而得出同性恋并非艾滋病起源的结论。

最令人震惊的说法是有人称艾滋病病毒是美国细菌战研究的产物。他们认为艾滋病是美国生物战研究中心利用遗传工程基因重组的新技术制造出来的新病毒。美国在越南战争期间，开始了对这一问题的研究，目的是制造一种新型的生物战武器。研究者首先在中非的绿猴身上做实验，后来转为在以减刑为条件自愿接受该病毒的一些服重刑的因犯身上实验，因犯中不少是同性恋者。他们被释放后，便把艾滋病带到社会上，并由各种途径传播开来。这是实验者和被实验者始料不及的后果。这一观点引起各种各样的议论和猜测。尽管美国有关方面否认这一说法。但一些人还是将美国为全世界艾滋病最多的国家与此问题联系起来，持肯定态度。

还有两位英国科学家曾提出过"外空传入地球"的假说，认为艾滋病病毒可能早在外空中存在，但因千百年来缺乏传播媒介，所以人类一直没感染上。后来由于一颗飞逝的彗星撞击了地球，将这种可怕的病毒带到地球来，祸害了人类。这种假说还没有找到可靠的事实依据来证明。

目前，人们又提出了"猴子传给人类"的假说。科学家经过研究后发现，在猴子身上存在与人类艾滋病患者相同的病毒，被发现的猴子生活在非洲。研究者们从血液接触可以感染上艾滋病病毒以及中非地区高发病率与奇特生活习俗等方面，假定艾滋病病毒是猴子传染给人类的。根据现有的资料显示，早在美国出现艾滋病之前，中非地区的卢旺达、乍得等国家和地区就流行过艾滋病。有人推测类似艾滋病病毒的东西最早存在于当地的猴群中，由于当地人经常被猴抓伤以及吃猴肉等原因，这种病毒就进入了人体，逐渐演变成了艾滋病毒。据一些专家估计，携带艾滋病病毒者可能高达非洲中部城市人口的 10%。在 20 世纪 80 年代，扎伊尔的金沙萨市在对千份血液样本加以检验后，发现其中 6% ~ 7% 带有艾滋病病毒。赞比亚首都卢萨卡也做过一次广泛的调查，发现 18% 的输血者带有艾滋病病毒，在赞比亚 1987 年间便约有 6000 名儿童接受艾滋病治疗。而非洲某些地区 5% 的新生婴儿都带有艾滋病病毒，其中一半至 2/3 的人在两年内会演变成艾滋病。法国一位研究人员偶然了解到中非地区有些居民有

这些关于艾滋病毒的刊物，在英、美、法、西班牙等国家宣传开来，作为艾滋病研究机构的主要宣传品，它详细地介绍了艾滋病毒的来源、传播途径和预防的各种措施。

以下生活习俗：将公猴血和母猴血分别注入男人和女人的大腿和后背等，以刺激性欲；有些居民还用这种方法治疗不孕症和阳痿等病。许多专家认为，艾滋病就是这样传染给人类的。但是中非部分居民奇特生活习俗的历史无疑长于艾滋病流行史，研究者进而假设：可能在很早以前，猴子就将艾滋病病毒传给人类，但因偶然的原因几度自生自灭。在现代，由于大量欧美人员到过非洲，传染上了这种病毒，并把艾滋病病毒带回欧美，加之性生活混乱和吸毒等流行，所以艾滋病在欧美地区就广泛传播开来。

目前，人类对艾滋病的研究已取得许多重大成就，但它究竟怎么起源，至今众说纷纭，很多专家认为这种争论还只是一个开始，要想弄清艾滋病的来源仍需要相当长的时间。

人为什么会做梦

梦究竟是怎样产生的？它究竟能不能预卜吉凶？它受不受人世间自然力量的安排和支配呢？这些问题一直都吸引着历代学者去探讨。然而真正系统而比较准确的研究还是近现代的事。

1900 年，世界著名心理学家弗洛伊德从心理学的角度解释梦的原因。他认为，梦是一种愿望的满足。在多种多样的愿望中，他更为重视性的欲望。认为性欲是人的一种本能，而本能是一种需要，需要是要求满足的，梦就是满足的形式之一。弗洛伊德还认为，梦是有意义的精神现象，是一种清醒的精神活动的延续。借助梦可以洞察到人们心灵的秘密。梦是无意识活动的表现，人在睡眠时，意识活动减弱，对无意识的压抑也随之减弱，于是无意识乘机表现为梦境的种种活动。

弗洛伊德的学生阿德勒则认为，做梦是有目的的。梦是人类心灵创造活动的一

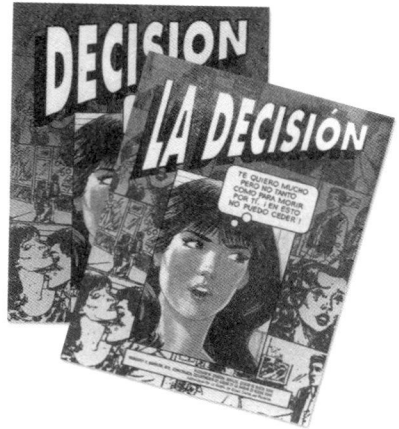

部分，人们可以从对梦的期待中，看出梦的目的。梦的工作就是应付我们面临的难题，并提供解决之道。梦和人类的生活是息息相关的。每个人做梦时，都好像在梦中有一个工作在等待他去完成一般，都好像他在梦中必须努力追求优越感一般。梦必定是生活样式的产品，它也一定有助于生活样式的建造和加强。人在睡眠时和清醒时是同一个人，由白天和夜里两方面表现结合起来才构成了完整的人格。人在睡梦中并没有和现实隔离，仍在思想和谛听。梦中思想和白天思想之间没有明显的绝对界限，只不过做梦时较多的现实关系暂被搁置了。梦是在个人的生活样式和他当前的问题之间建立起联系，而又不愿意对生活样式作新要求的一种企图。它联系做梦者所面临的问题与其成功目标之间的桥梁。在这种情况下，梦常常可以应验，因为做梦者会在梦中演习他的角色，以此对事情的发生做出准备。

弗洛伊德的另一名学生荣格认为，梦就是集体潜意识的表现。重视潜意识，尤其是集体无意识，是理解和分析梦的前提，梦具有某种暗示性。梦所暗示的属于目前的事物，诸如婚姻或社会地位，这通常是问题与冲突的根源所在。梦暗示着某种可能的解释。同时，梦还能指点迷津。

可以说，弗洛伊德、阿德勒和荣格对梦的心理机制，梦的成因以及梦的作用和意义等方面，都有自己独到的见解和贡献。

世界著名生理学家巴甫洛夫从生理机制方面解释了人为什么做梦的问题。他认为，梦是睡眠时的脑的一种兴奋活动。睡眠是一种负诱导现象。大脑皮层兴奋过程引起了它的对立面——抑制过程，抑制过程在大脑皮层中广泛扩散并抑制了皮层下中枢，人便进入了睡眠状态。人进入睡眠时，大脑皮层出现了弥漫性抑制，也就是抑制过程像水波一样扩展，当人熟睡时，弥漫性抑制占据了大脑皮层的整个区域以及皮层更深部分后，这时就不会做梦，心理活动被强大的抑制过程所淹没。当浅睡时，我们大脑皮层的抑制程度较弱，且不均衡，这便为做梦提供了条件。

现代科学发达，可以通过实验分析来逐步揭开梦的奥秘，有的科学家认为：梦是快速眼球运动中"意象"的集合，在快速眼球运动睡眠（REN）就会产生梦境，此时脑电波振幅低、频率快，呼吸和心跳不规则，周身肌肉张力下降。当这时候叫醒睡眠者，他会说："正在做梦中。"如果不断地叫醒（打断其梦），会使其情绪低落、精神不集中，甚至暴躁和性急，科学家认为，这是破坏了人的心理平衡的缘故。睡眠必须是完整而不断，梦的完成对心理平衡大有益处。

有的科学家做过这样的实验：

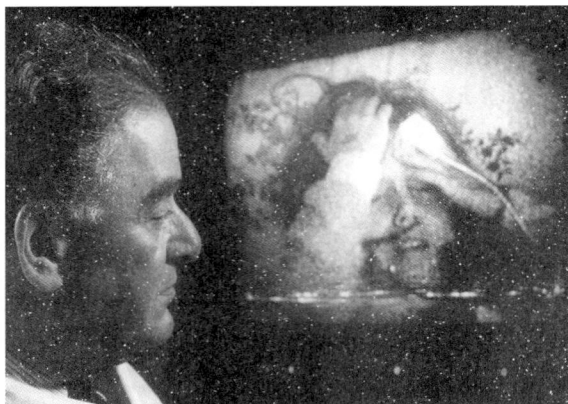
睡眠疾病专家米尔顿·克莱麦医生正通过监控系统研究志愿者梦境产生的机理。

将乙酰胆咸类药物注射到猫的脑干里，此时猫眼快速运动进入睡眠状态。经研究当脑干里某神经元放出乙酰胆咸进行沟通信息时，另一种神经元就停止放出去甲肾上腺素和羟色胺，前一种神经元将信息传至大脑皮层，皮层的高级思维和视觉中心，借助已存的信息去解释、编织成故事，梦就产生出来。在梦境里为什么只见"境象"，尝不出五味，闻不到香臭，这是因为快速眼球运动期间发射出的是视神经元，而不是味觉、嗅觉神经元。为什么梦醒片刻就记不住梦的内容，这是由于梦的储存仅在短暂记忆里，而长期记忆库的去甲肾上腺素和羟色胺处在封闭状态。

当然，心理学家和生理学家对梦的解释和研究也不是完全正确的，有些解释还欠妥和过于简单。但可以相信，随着心理学和生理学的发展，当代和未来的心理学和生理学家们会对梦做出更准确、更完善的解释。

魔力十足的催眠术

人除了清醒和睡眠状态以外，还有一种非常奇特的状态——催眠状态。在催眠状态下，人可以出现许多奇特的现象，例如，可以将一块泥土当巧克力津津有味地吃下去；可以搬动平时无论如何也搬不动的大石块；可以从火堆上走过而不感到疼痛等等。人类在很早以前就发现了这种神奇的现象，但一直无法解释它，因而被人们神化，并被一些祭司和巫师所利用，用以证明神的存在和神所赋予他们的力量。

在大多数人心目中，催眠术仿佛就是"迷魂汤"，是神秘而危险的法术，它能使人完全听任催眠师的摆布，不由自主地做本不愿做之事，包括不道德的和不合法的事；说本不愿说之话，包括羞与人言的和绝对秘密的话。但是催眠术也具有对社会有利的一面，它已经被应用于许多领域。

例如，在医学领域广泛地采用催眠术治愈精神疾病，外科临床治疗上也采用催眠术来进行镇痛，而警方则将催眠术作为进行刑事案件侦查的一种手段。更为神奇的是，有人还采用催眠术来提高外语学习的效果或提高工作的效率。

催眠术为何如此神通广大？它又是怎样产生的？这些着实让人困惑。催眠专家指出：在远古的时代，就有使用催眠术治病或体验宗教境界的说法，埃及的占卜者在3000年前就能使用与现代催眠术相类似的催眠法；古希腊的预言家、祭司以及犹太教、天主教都曾经使用过催眠术。在中世纪的时候催眠术曾经一度衰落，几乎失传。后来，出现了一种新的理论和疗法，被称为"麦斯韦术"。

麦斯韦术可以使病人出现痉挛或叫喊，甚至心醉神迷的状态。麦斯韦术治愈了许多的病人，但是当时的医学界对于麦斯韦术却不认同。法国的皇家科学委员会曾经调查过这种疗法，没有找到可以反驳的证据，于是，麦斯韦术受到了越来越多的欢迎。而且科学委员会在调查中还发现，麦斯韦术不仅真的具有很好的疗效，而且还可以诱发一些特异功能现象。不过科学界对此却反应强烈。他们认为，根本就不存在特异功能的现象，所谓的特异功能说是一种欺骗。这种特异功能现象是欺骗和幻觉的产物。麦斯韦术也因此被认为是一种骗术。

一个志愿者正在接受催眠实验，波浪线是她睡眠深浅的程度，上两条线是志愿者睡眠较深的脑部活动，中间两线是睡眠较浅的脑部活动，而下线是志愿者完全被催眠的情形。

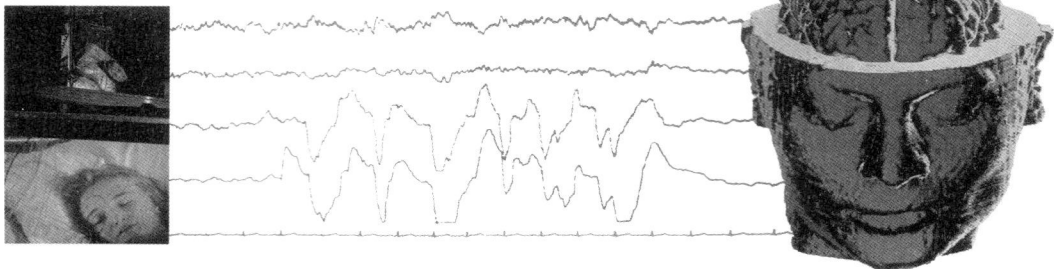

后来，英国医生布雷德以真正科学的态度，对麦斯韦术进行了客观的研究。他称麦斯韦术导致的昏睡属神经性睡眠，从此麦斯韦术就被称为催眠术。但是布雷德的结论受到了许多人的攻击。在经历了 10 多年的争论之后，催眠术才渐渐地被医学界所承认。

现代医学认为，催眠状态是人在强烈暗示下进入的一种非常状态。在这种状态下人可以发挥出比平时大许多倍的潜能，甚至产生一些虚幻的感觉。中世纪在欧洲流传一个用"水刀杀人"的故事，有个国王对一个即将被砍头的犯人突发奇想，在下达行刑命令后让刽子手不用刀砍，而是用一只小水壶在犯人的脖子上浇凉水，只见那犯人的头猛的一下垂到胸前就一命呜呼了。原来这个犯人就是在强烈的暗示下产生了虚幻的感觉，将冰凉的水当成了行刑的刀。

心理学家经过对催眠现象长达 10 多年的研究和观察发现，催眠的现象大致有 10 余种。现在简单介绍几种：

昏睡。有些受催眠者在催眠的状态中，精神不振，极度衰弱，反应迟钝。

感觉异常。有的受催眠者对催眠者的声音始终过敏，无论催眠状态多深或者是离催眠者多远，始终能听到催眠者的声音，而对其他人的声音则失敏，无论多大的声音都充耳不闻。

僵立。有些人在催眠的状态下往往像是雕像一样，四肢及全身僵直。

错觉和幻觉。有的受催眠者在催眠的状态下往往会出现错觉和幻觉。如把臭味当作香味，把噪音当作音乐；把陌生人认作旧交，却不认自己的亲人。

记忆超常。有的受催眠者可在催眠的状态下背诵以前未记起过的长篇文章，甚至是文章中的一个字母出现几次都能够记得很清晰。

意识分离。这种现象的表现是，假如让受催眠者接受疼痛刺激的同时暗示说一点也不疼痛，那么，他就会一方面在记录纸上报告说他疼痛异常，一方面嘴里说一点也不疼。

生理变化。这种现象的表现是，如果对催眠者暗示说他在一杯接一杯地喝水，那么他马上就会大量地排尿。

诱发各种特异功能。

对于这些现象的产生，科学家们也是各执己见。有的人认为，催眠是类似睡眠的大脑的广泛抑制的过程，也就是说催眠是一种局部性睡眠。一些心理学家认为催眠是一种人为的通过单调的刺激引起的意识分离的状态。还有的心理学家认为，催眠现象是社会心理变因的结果，并不存在所谓的催眠状态。

上述各种观点，对于催眠现象在理论上都做出了初步的解释，但是这些理论都还不成熟，只有在将来对心理状态和生理学知识有了更深层次的理解时，才能对催眠之谜做出更进一步的解释。

被野兽养大的人

"生儿育女"是自然界中各种生物为维护其自身繁殖而进行的一种普遍的生理活动。然而却有许多动物"越轨"，不养育自己的孩子，却哺养另一类动物甚至是人类的幼子。

1988 年德国出现了一个狗孩，一对夫妇由于工作太忙，很少有时间照料自己的小孩，家里的母狗却为他们尽了"父母的义务"，后来这个小孩习性变得和狗差不多。

其实类似的事件很多，20 世纪初，在印度发现的两个狼孩就曾引起过轰动。

1920 年 10 月，人们在印度葛达莫里村附近的狼窝里发现两个女孩，一个约八九岁，另一个不足两岁。毕业于加尔各答大学的锡恩神父将这两个狼孩带回了密拿坡孤儿院，并开始对这对经历非凡的姐妹进行长期研究。

神父给这两个女孩取名为卡玛拉和亚玛拉。这对姐妹在很多方面表现出"狼"的特性，她们能利用四肢飞快奔跑，用舌头舔食牛奶和水，吃生肉，嗅觉也异常灵敏，能闻到距离很远的食物味道，视觉也很突出，两人能在伸手不见五指的深夜，在崎岖的山路上游玩。

另外，比较有影响的还有法国探险家亚曼发现的羚童。1961 年，亚曼孤身到撒哈拉沙漠探险，途中他迷路了，很快饮水和干粮都吃完。正在他苦苦挣扎的时候，一个羚童出现了，那个羚童头发乌黑，散乱地披到肩上，皮肤呈健壮的古铜色。亚曼的友好行为博得了生活在那里的瞪羚和羚童的好感。羚童和其他瞪羚一起友好地舔着亚曼的腿和手。亚曼发现男孩是开朗、天真的，看上去大约10 岁左右。他的脚踝部粗壮而有力，直立着身体到处走动，吃东西时却四肢触地，脸部贴在地上，牙齿十分强劲有力，能咬断坚硬的沙漠灌木。他们渐渐成了

"狼孩"用四肢代替双足行走，并能快速奔跑。

"朋友"，彼此非常亲近。一天亚曼点起一堆篝火，起初男孩有些害怕，到处躲闪，后来他也不再害怕火焰，慢慢靠过来，甚至摆弄起炭火来。他不会和亚曼交流感情，却能和瞪羚一样用抽动耳朵和挠头皮等方式彼此沟通。最后男孩将亚曼带出了沙漠，挽救了这位探险家的生命。两年以后，亚曼带着自己的两位朋友再次到沙漠中寻访他的这位不同寻常的朋友。当他们见到男孩和其他瞪羚时，彼此仍很亲近。亚曼还想试一下男孩在自然界中的生存能力，决定与他"赛跑"。他的朋友用吉普车追逐瞪羚，亚曼则开着另一辆车和男孩一起跟在后面，他惊奇地发现，男孩奔跑的速度竟达每小时 52 千米！男孩能像瞪羚一样，以 4 米多长的步伐连续跳跃。

亚曼的奇遇让他感慨万端，他不想让别人知道这个男孩，因为那样人们会将男孩关在笼子里研究，男孩也就失去了自由，那是十分可怕的。于是他和他的两位朋友将事实隐瞒起来，直到十几年后才在书中公布了他的发现。

其实，还有许多类似的奇怪事件，人们发现了许多熊孩、豹孩、羊孩、猿孩等，人们对此已经不再十分吃惊。与之相比，人们更关心动物为何会抚养人类的后代。

对此，人们有许多不同的看法，其中一种解释认为，野兽的母性本能非常强烈，特别是比较凶猛的母狼、母豹等，它们失去了幼兽后，在母性本能的驱使下，很可能对其他幼小的动物进行喂养，因而掠夺人类的小孩也是完全有可能的。还有一种观点是，人类的小孩被遗弃在荒野后，被狼或其他出来觅食的动物发现，便误以为是自己的幼仔而带回去抚养。该观点完全是一种猜测，没有任何事实依据。而前一种观点还能找到一些事实依据，例如 1920 年的一天，印度的芝兹·卡查尔村的猎人打死了两只雏豹，母豹竟然跟随猎人到了村子，叼走了一个两岁多的男孩。3 年后，当地人打死了母豹，并救出了小孩，不过已经快 6 岁的小男孩已经完全习惯了豹的生活方式。

还有许多人认为凶猛的动物是不可能哺育人类的孩子的，但在众多的事实面前并没有更多的反驳证据，关于动物为何要抚养人类小孩的问题，至今仍没有科学的答案。

神秘的记忆移植

传统心理学将人们在过去生活中不断积累的知识与经验在大脑中的反映称为记忆。另一种关于记忆的说法是来自认识心理学，其观点是：信息的输入、编码、储存和提取的过程就是记忆。一个正常成人的大脑分为左右两个半球，重约 1400 克。大脑最重要的部分是大脑皮层，它厚约 1.3 ~ 4.5 毫米，若是将它全部展开，面积可达 7200 平方厘米，它是重要的心理活动器官，其结构和功能相当复杂。那么，是大脑的哪个部位将输入的记忆信息储存起来了呢？记忆可以移植吗？

在科幻电影中有移植记忆的情节，将一个人的记忆通过某种仪器移植入另一个人的大脑当中，植入者不但拥有了前者的全部记忆，而且也可以将许多知识、技能同时植入其脑中。那么，这种出现在电影中的神奇景象是否也会出现在我们的现实当中呢？

另外，究竟移植记忆有哪些现实意义呢？假如可以移植记忆，也许你会产生这样的想法：我一定会成为第一批试验者之一；假如可以移植记忆，我希望烦恼永远离我而去，让快乐始终充满我的脑海。如果记忆真的可以成功移植，这项技术将对人类生活产生重大而深远的影响，我们的生活也将随之发生巨大的变化。

荷兰化学家戴维德曾尝试在老鼠身上进行移植记忆的实验。他将从某只老鼠的大脑中分离出的一些记忆物质，移入另外一只老鼠的大脑中，实验结果表明，接受移植的老鼠的记忆状况和感受能力都有了改变。整个欧洲因为此项实验的成功而轰动，实验得出的结果也令科学家们激动万分。

早在 1978 年，原联邦德国生物学家马田就开始尝试给蜜蜂进行换脑实验。他首先选择培训对象，让两只健康的蜜蜂每天都在固定的时间从蜂房飞出，然后让它们飞到另一个蜂房，在那儿放置了一碗蜜糖让其寻找。经过一段时间的培训，这两只蜜蜂便形成了每天在固定的时间都要飞出去一次的习惯。这之后，马田将它们脑神经中的一点物质取出，并将这些物质分别注入两只未经过任何训练的蜜蜂的神经组织中，奇迹出现了：这两只小家伙每天也在相同的时间飞到另一个蜂房中寻找蜜糖，如同前两只经过培训的蜜蜂一样。由此可以证明，前两只蜜蜂的记忆被移植到了后者的脑中，移植记忆的实验成功了。

在对动物进行的脑移植实验过程中，科学家们受到启发：记忆的传递完全可以建立在物质基础之上，并能够实现在不同大脑之间的相互交换。

从以上两例成功的实验中能够推断，人的记忆从理论上也可同动物的记忆一样进行移植。当然，科学家们若想从一个人的脑中取出一些记忆物质植入到另一个人的脑中，这几乎是不可能的。但是可以采取其他的一些模式，如把一个人大脑中储存的知识完全复制到另一个人的大脑中。科学家能够把一个人的大脑活动情况通过某种仪器记录下来，然后如同给电池充电一般，再通过另一种仪器将这些信息输入到另一个人的大脑中去，使此人也获得该信息。这种模式被科学家们称为"充电"模式。除此之外，还有其他一些模式也被科学家所采用。

科学家的目的是希望找出一种获取知识的突破式新方法，让我们从书本知识共享的时代进入到一个全新的脑资源共享的时代。其实，移植记忆的真正意义在于，通过对该课题的研究，我们会加深对大脑这一神秘的意识载体的了解，使人类向着生命科学研究的更深层次迈进。

是否存在"野人"

千百年来，关于"野人"的记载，在许多的历史古籍中都出现过，而且还有许多的人声称目击过"野人"。"野人"既是古代神话和民间传说的题材，也是自然科学的研究对象，人类揭示了很多的真理，但是"野人"之谜至今仍未揭晓，现有的我国和世界研究"野人"的状况、材料、证据，让科学家们既不能肯定也不能否定，它仿佛是一个"半睡半醒的梦"。人类持之以恒地探索"野人"的问题，是因为"野人之谜"的揭开将对研究人类的起源具有重要的科学价值。无数考察人员、科学工作者和人民群众，为了披露"野人"的秘密，有组织地或自发地进行了长期而艰苦的努力。

中国是世界上传闻"野人"比较多的国家之一。"野人"在我国流传的历史大约有3000多年。有人考证，在世界上有关"野人"最早的传说，是我国古代的《周书》。《周书》中记载说，周成王曾抓到过"野人"。在比《周书》稍晚的《山海经》中，也出现过"野人"的记载。

尽管关于"野人"的记载出现得很早，但是对于"野人"的研究却是近几十年的事。我们所谓的"野人"究竟是怎么来的呢？

在我国明清两代编纂的湖北《房县志》中，多次提到在房县一带有"毛人"出没的传闻。这种"毛人"身材高大，满身是毛，并且经常"食荤"，"时出啮人鸡犬"，《房县志》中所描绘的"毛人"的子孙或许就是现今传疑的"野人"。但是还有的人认为，这种说法是毫无科学性的，他们认为，"野人"是人类远祖腊玛猿或南猿残存下来的后代，也有人认为它是人猿科范围的生物，更有可能是在中国南部地区繁盛的巨猿或褐猿残存的后代。

我国对于野人的考察也进行了多年。在刚刚解放的时候，国家组织了对野人的大规模的考察，虽然历尽千辛万苦，但是却没有得到令人满意的结果。

1959年的5～7月，我国派出的考察队在西藏进行了调查，据说曾获得了一根"雪人"的毛发，长16厘米，经过显微镜的检定，认为它和猩猩、棕熊、牦牛的毛发在结构上都不相同，但是也没有办法证明它就是"雪人"的毛发。

1961年，传说在西双版纳的一个筑路工人击毙了"野人"，据说这个"野人"身高在1.2～1.3米之间，全身覆盖着黑毛，能够直立行走，手、耳、乳等都和人类相似。但是，经过中科院有关单位的考察没有获得直接的证据。有人认为，传说中的"野人"有可能是生活在原始森林中的长臂猿。

1977年，中科院组织考察队对鄂西北、陕南地区进行了为期一年的考察，但是只是获得了一些疑为"野人"的脚印、毛发和粪便，并没有找到关于"野人"真实存在的证据。

在欧洲，关于"野人"的文字记载开始于12世纪，进行形象的描述却开始于13世纪中叶。1820～1843年，英国派驻尼泊尔的驻扎官霍奔森首次在西方的文献中提到"野人"。1953年，英国的约翰·亨特勋爵曾经率领探险队到珠穆朗玛峰地区考察"野人"的踪迹。他确信有"野人"的存在。他在一本关于"野人"的书中写到，"我相信有'耶提'，我看到过他们的足迹，听到过'野人'的喊叫声，还吸取过当地有声望的人提供的第一手资料……这些证据迟早会起作用，使那些持怀疑看法的人放弃成见。"

但是，仍然有人对于亨特勋爵确信有"野人"存在的证据——那些印在雪地上的脚印，表示了不同的看法，认为那些脚印不过是印度的朝圣者们留下的。因为这些不穿衣服的苦行僧们在西藏很少见，他们住在高山的洞穴中，依靠瑜伽功来抵御严寒。修炼的地方离住处是很远的，所以，这些僧人留下的脚印，很可能就被登山运动员发现，误认为"野人"的脚印。

随着科学技术的发展，世界各国关于"野人"的研究已经不仅仅是局限于目击者的表述，而是采取了一些科学的手段。1972年，一位加利福尼亚州的记者艾伦·贝利用录音机录下了一段"沙斯夸之"（流传于美国北部的野人）的叫声。录下来的叫声听起来音域很广，有些像人的声音，又有些像口哨的声音，通过对磁带的研究，从音调的范围和呼叫的长度上看，可以得出这个动物的发音系统比人的发音系统宽广得多的结论。

人类学家格洛伐·克朗兹拿着据说是大脚怪的42厘米的脚印石膏模型和他自己的30厘米的鞋底作比较。克朗兹从石膏模中推断那只脚的骨骼结构和人类不同——他认为那样的结构才能承受有大脚怪那样巨型动物的重量。

无独有偶，在1978年9月，一位妇女在俄亥俄州西边的一个地方与3米多高的野人相遇，并且录下了他的声音。他的声音听起来像狗叫，又好像是人在痛苦时候发出的叫声，很难听。经过专家的鉴定认为，这种声波的范围属于动物，不是机械声或人声，有可能是一种灵长类动物的叫声。

到目前为止，现有的资料还不能证明"野人"的存在，但是关于"野人"的传说和资料又找不到可以否定的依据，所以，"野人"的存在与否仍然是一个未解之谜。但是我们相信，随着时间的推移，"野人"之谜终究会被人们揭开的。

军事之谜

军事无疑是人类历史不可或缺的一个重要组成部分。在世界军事史上，许许多多的关键细节已经因为年代久远、资料缺乏或是某种其他原因而湮没于往昔沧桑的岁月，而诸多军事史上的玄机往往正隐藏在这消失的细节中。

历史上真的有特洛伊战争吗？西班牙"无敌舰队"为什么会覆亡？八国联军用过毒气弹吗？偷袭珍珠港的内幕是怎么样的？"007"的原型是谁？谁摧毁了希特勒的原子弹美梦？希特勒是生还是死？这些扑朔迷离的军事疑案极富传奇和神秘色彩，并为历史披上了一层光怪陆离的外衣，它们所散发出来的神秘魅力，像磁石般吸引着人们好奇的目光，并刺激着人们探索其真相的强烈兴趣。

特洛伊战争是真是假

在《荷马史诗》的影响下，当代艺术家通过电影再现的火爆的"特洛伊战争"，令考古学家倍感压力，因为那次木马屠城的惨烈尚未在考古发掘中得到证实。

特洛伊战争到底是真是假？多少年来人们争论不息。在过去的16年中，来自近20个国家的350多位科学家和技术专家参与了一项对特洛伊遗址的考古发掘工作。这一遗址位于今天土耳其的西北部，其文明活动从公元前3000年早期青铜时代开始，直到拜占庭定居者于公元1350年放弃它。按照这一项目的现任负责人曼弗雷德·科夫曼的说法，确定荷马所描述的特洛伊战争的真实性，成了这一考察活动的主要任务。

科夫曼说，根据考古遗迹推论，大致可断定特洛伊城大约是在公元前1180年被摧毁的，可能是因为这座城市输掉了一场战争。考古人员在遗址处发现了大量相关证据，如火灾残迹、骨骼以及大量散置的投石器弹丸。

按照常理，在战争结束后，保卫战的胜利者会把那些用于投掷的石块等武器重新收集起来以便应付敌人再次入侵；而若是征服者取胜，他们是不会做这种善后工作的。当然，这些遗迹所反映的那次冲突并不意味着就是《荷马史诗》中所讲的那场特洛伊战争。考古证据还表明，在该城此次被打败的几十年后，一批来自巴尔干半岛或黑海西北地区的

古希腊花瓶
古希腊文学和艺术有很多关于特洛伊战争的描述。在这个花瓶上可以看到阿喀琉斯在为一位勇士包扎伤口。

新移民定居到了那个很可能已相当凋敝的城市。

在考古学界，传统的主流看法认为，这些遗迹与《荷马史诗》中提到的那个伟大城市毫无关系；作为考古对象的古城，在青铜时代晚期已没有任何战略意义，因而不可能是一场伟大战争的"主角"。

而科夫曼就此反驳说，对欧洲东南部地区新的考古研究将纠正这些看法。

科夫曼指出，以当时那一地区的标准来看，特洛伊城称得上是一个非常大的城市，甚至具有超地域的战略重要性。它是连接地中海地区和黑海地区以及连接小亚细亚和东南欧的战略中枢。在当时的东南欧地区，特洛伊城的这一战略中枢位置是无与伦比的。特洛伊城显然因此遭受了反复的攻击，它不得不一再进行防卫，以及一再修复、扩大和加强其工事。这在留存到今天的遗址上，还有明显的表现。最近的挖掘还表明，特洛伊城比先前一般认为的规模要大 15 倍，今天遗址覆盖面积就有 30 万平方米。

科夫曼推断，当年荷马必是想当然地认为他的听众们知道特洛伊战争，所以这位行吟诗人才会浓墨重彩地刻画阿喀琉斯的愤怒及其后果。荷马把这座城市和这场战争搭建成一个诗意的舞台，上演了一场伟大的人神冲突。然而，在考古学家看来，《荷马史诗》还可以在一种完全不同的、世俗的意义上得到证实：荷马和那些向荷马提供"诗料"的人，应该在公元前 8 世纪末"见证"过特洛伊城及那片区域，这个时期正是大多数学者所认可的《荷马史诗》的形成年代。

科夫曼认为，尽管在荷马生活的那个时期，特洛伊城可能已成为废墟，但是留存到今天的这一伟大之城的废墟也足以给人深刻印象。生活在当时或稍后时期的《荷马史诗》的听众，如站在彼地某一高处俯瞰，应当能一一辨认出史诗中所描写的建筑物或战场的遗迹。

尽管特洛伊位于安纳托利亚（小亚细亚的旧称），但两位特洛伊考古活动的先驱（德国考古学家谢里曼，1871 年发现了古代特洛伊城遗址；卡尔·布利根，主持了 20 世纪 30 年代对特洛伊的考察）却带给人们这样一种观点：特洛伊是希腊人的特洛伊。这个观点是一种成见。科夫曼指出，这一观点并不正确，2 位先驱的考古研究仅涉及在"西线"从希腊到特洛伊的考察，却忽视了在"东线"对安纳托利亚地区的整体考察。

科夫曼说，随着考古研究的不断深入，学者们已大致确定，青铜时代的特洛伊与安纳托利亚的联系是相当密切的，这种密切程度要超过它与爱琴海地区的联系。在特洛伊出土的、数以吨计的当地陶器以及其他一些发现，如刻有象形文字的印章、泥砖建筑等，都验证了这点。

对安纳托利亚的研究告诉人们，这座今天被称为特洛伊的城市在青铜时代后期曾兴起过一个有相当实力的王国——威路撒。赫梯帝国和埃及人与威路撒都曾保持着密切联系。据赫梯帝国的历史记载，在公元前 13 ~ 前 12 世纪早期，他们和特洛伊城之间的政治和军事关系甚是紧张。

这个时期正是《荷马史诗》所描述的发生特洛伊战争的时期。这中间有什么联系吗？这一点值得继续研究。

几十年前，那些坚持特洛伊战争真实性的学者们曾是少数派，他们的学说曾被主流学术嗤之以鼻。然而，随着近十几年来相关考古活动的突飞猛进，当年的少数派如今成了多数派。而今天的少数派，那些坚决否认特洛伊战争真实性的学者只能用一句"特洛伊没有任何战略意义"的说法支撑他们的观点，正如科夫曼等人指出的，这种说法过于勉强。

科夫曼说，现在大多数学者已达成共识，在青铜时代后期的特洛伊曾发生过几次冲突。然而，我们还不能确定荷马颂吟的"特洛伊战争"是不是对这几次冲突的"记忆蒸馏"，是不是的确发生了一场值得后人永远追忆的大战争。

西班牙"无敌舰队"覆灭之谜

顾名思义，"无敌舰队"就是天下无敌。然而，西班牙的"无敌舰队"却上演了一出"以多负少"的悲剧，"天下无敌"变成了"人尽可欺"。

为了争夺海上霸权，西班牙和英国于1588年8月在英吉利海峡进行了一场举世瞩目、激烈壮观的大海战。这次海战，西班牙实力强大，武器先进，战船威力巨大，且兵力达3万余人，号称"最幸运的无敌舰队"。而当时英国军队规模不大，整个舰队的作战人员也只有9000人。两军相比，众寡悬殊，西班牙明显占据绝对优势。但是，出人意料的是这场海战的结局以西班牙惨遭毁灭性的失败而告终，"无敌舰队"几乎全军覆没。从此以后西班牙急剧衰落，"海上霸主"的地位被英国取而代之。

为什么强大的"无敌舰队"竟然在寡弱对手面前不堪一击，一战而负呢？学术界大致有3种意见。

一是基础说。西班牙的强盛，只是表面上的、暂时的虚假繁荣。西班牙国王腓力二世加强专制统治，搜刮民财，连年征战，专横残忍，挥霍无度，激起了广大人民的愤恨，国内危机四伏。这次战争根本是不得民心的。

二是指挥失当说。另有学者认为，"无敌舰队"的惨败是由于西班牙国王用人不当造成的。1588年4月25日，腓力二世在里斯本大教堂举行授旗仪式，任命大贵族西顿尼亚公爵为舰队总司令，率领舰队远征。西顿尼亚出身于名门望族，在贵族中有较高威望，深得国王信赖，所以被任命为舰队统帅。但是他本来是一名陆将，根本不懂海战，对指挥庞大的舰队在海上作战毫无经验，而且晕船。对这项任命他始料不及，根本没有任何思想准备和信心指挥这场战争。他也曾要求腓力二世另请高明，但未被获准。试想，这样的将领指挥海战，焉有不败之理？

三是天灾说。这种说法认为"无敌舰队"遇上了天灾，而不是人祸。它首先遇到的对手，是非常可怕而又无法战胜的大西洋的狂风巨浪，这是进军时机选择不当造成的。在"无敌舰队"起航不久即遇到大西洋风暴的袭击，许多船只被毁坏，淡水从仓促制成的木桶中漏出，食物大量腐烂变质，水手们疲惫不堪，大多数步兵也因为晕船而失去战斗力。"无敌舰队"还没有与英国交战先折兵，战斗力大大受到削

"无敌舰队"溃败

画中描绘了 1588 年侵入英国的西班牙"无敌舰队"在英国舰队的炮火轰击下狼狈撤退的情景。

弱。不得已，西顿尼亚带着这样一支失去战斗力的舰队与英军开战，从而导致厄运的发生。回国时，在苏格兰北部海域，再次遇到大风暴，一些舰船又被海浪吞噬或触礁沉没。至此，"无敌舰队"几乎全军覆没。

虽然"不以成败论英雄"，但胜者为王，败者为寇。看来，"无敌舰队"覆亡的原因值得所有的军事家深思。

拿破仑为什么会兵败滑铁卢

1815 年春，被放逐到厄尔巴岛的拿破仑回到巴黎，东山再起，很快重新控制了整个法国政权。得到这一消息后，欧洲各国君主如临大敌，立即组织了第七次反法同盟，希望能在最短的时间内将他绞杀。拿破仑也迅速组织部队抵抗，根据制定的正确的战略部署，要在俄奥大军到达之前解决战斗，以迅雷不及掩耳之势先将英普联军各个歼灭。可是这一次战争局势并没有朝着"战神"部署的方向发展。

受命占领布鲁塞尔重要阵地以牵制英军的内伊元帅迟缓犹豫，使这一行动未能如期完成。后来在双方激烈争夺时，拿破仑又命令内伊属下戴尔隆军团由弗拉斯内向普军侧后方开进，和主力部队一起对普军实行夹击，但戴尔隆对命令理解不清，错误地向法军后方的弗勒台开来，使这决定性的一击延误了近两个小时。而当戴尔隆重新赶回普军后方时，又被不明战局的内伊元帅严令调开，这时英军已在戴尔隆的大炮射程之内，戴尔隆机械地执行了内伊的命令，使法军在临胜之际功亏一篑，英军逃脱了被全歼的命运。

另外，在滑铁卢会战的前一天，拿破仑指挥军队追击英军时，就在两军快要相接时突然下起了瓢泼大雨。顷刻间，道路被冲毁，田野一片泥泞，法国骑兵不得不停止追击，使狼狈逃窜的英军绝处逢生。次日清晨，彻夜未停的大雨仍然妨碍着法军按时投入进攻，善于运用机动战术的拿破仑也无法在这样的天气下发挥炮兵和骑兵的机动作用。战斗一直推迟到中午才开始，这就给英军更多的喘息机会。

滑铁卢大战是世界战争史上令人瞩目的一页，也是拿破仑戎马生涯中的最后一战。然而，这一战却以拿破仑的失败而告终。滑铁卢战役的进程既惊心动魄，又富有戏剧色彩，许多微妙因素影响了战局，使法军的锐势急转直下，失去了几乎到手的胜利。

6月18日中午，随着三声炮响，滑铁卢之战的帷幕骤然拉开，排山倒海的法国骑兵呼啸而上，但防守的英军顽强抵抗，以猛烈的火力压住了法国骑兵的锐势。战斗进入了胶着状态，整个下午的激战没有片刻停歇，处于浴血苦战之中的双方都失去了完全控制局势的力量。黄昏到了，拿破仑亲自率领自己的近卫军向英军阵地冲去，但是就在这个时刻，英国的援军到了，而拿破仑一直相信在英援军到来之前会前来救援的格鲁希元帅的部队却始终未到。形势急转直下，英军趁势变守为攻，对法国军队发起了总攻。

列成方阵的法国近卫军一面拼死抵抗，一面缓慢后撤，拿破仑也只好下车骑马而走。他脸色惨白，泪流满颊，在暗淡的星光中跑过了一个个尸横遍野、怪影幢幢的战场。他试图收拾残军，无奈力不从心，战场上躺着2.5万名死去的和受伤的法国人，法国几乎损失了全部的炮队，而几十万奥国生力军正逼近法国边境，还有几十万俄国军队不久也将到来——所有这一切都使拿破仑陷入完全绝望的境地。他不得不宣布退位，从此开始通向死亡的流亡生活。

拿破仑的军队在五月广场向皇帝宣誓效忠
"雾月政变"的胜利将拿破仑推到了政治的最前沿，同时也使法国的资产阶级革命得以在欧洲广泛传播。

法国滑铁卢战役失败的原因引起了史学家和军事评论家的极大兴趣。

有人认为，是格鲁希元帅的迟迟不到毁灭了整个法国军队，因为当时拿破仑的军队有 7.2 万人，英军也有 7 万人，双方势均力敌，谁的援军先到，谁将占据优势。有人认为是天气原因在这场战争中占据了很重要的因素，导致了拿破仑的失败。可是也有人把原因追溯到更早一些时候，他们认为，如果一切都按拿破仑最初的正确战略进行，本来早就可以结束战斗了，滑铁卢的决战也不会发生。第七次反法同盟也会像上几次一样，被拿破仑打得落花流水，一败涂地。

人们还常常把原因归结为拿破仑用兵失误，主要是当时在他身边缺少能攻善战、和他配合默契的将领：达乌被围困在汉堡，缪拉没能够及时从那不勒斯赶回来，马塞纳正在西班牙征战。拿破仑虽然培养了一批将才，但在关键时刻却不能为自己所用，这无疑是一场悲剧。

最后，听一听拿破仑自己的解释吧。他说："这是命中注定的，因为，就算有了这一切原因，那场战斗本来也是该我赢的。"

也许，是这些微妙的因素综合在一起发生作用，使战无不胜的拿破仑再一次遭遇了失败的命运。人们不遗余力地对其中具有决定性影响的因素进行探讨，但是谁也不能说服谁，只好作为一桩疑案继续讨论下去了。

风流女谍的悲剧人生

玛塔·哈里是谁？长期以来，她一向被人们贬抑为 20 世纪的女妖。玛塔·哈里是第一次世界大战期间著名的女间谍，1917 年在巴黎被处决，结束了她 42 年的女谍生涯。她的名字在间谍小说中已经成为以美貌勾引男子、刺探军事秘密的女间谍的代名词。荷兰北部小城吕伐登是她的家乡，那里还因为给她建博物馆引起很多争议。对于这位裸体舞女兼间谍，吕伐登的居民为她感到耻辱，因而起初不愿为她建造博物馆。玛塔·哈里基金会做了大量的工作，终于说服了市民。基金会的人士认为，无论如何，玛塔·哈里毕竟也算是个人物，是位独立的女性和敢于向当时的制度挑战的女权主义者，像她这样有影响的女性在荷兰尚属屈指可数。基金会希望博物馆能为吕伐登扬名，并从前来参观的游客身上获取可观的收入。

1903 年，舞娘玛塔·哈里出现在巴黎，她专门跳印度婆罗门神婆舞蹈，并在这个欧洲享乐天堂中引起不小的轰动。这位东方舞娘的身世很离奇：她出生在印度南部马拉巴尔角，是一位印度活佛与神庙中的舞娘所生。一出生，母亲就死了，她被几名神庙祭司收养。从会走路起，就被强迫学习祭祀神舞。

"玛塔·哈里"在爪哇语中意为"清晨的明眸"。她的身世富有东方传奇色彩，而且舞姿性感、撩人，这一切使她在巴黎迅速走红。同时，凭借独到的奉承男人的本领，她很快成为巴黎社交界红得发紫的高级交际花。姣好的容貌、机敏的头脑，让无数男人都拜倒在她的石榴裙下。

事实上，玛塔·哈里不是什么印度活佛与神庙中的舞娘的女儿，她的原名是玛格丽特·格特鲁德·泽勒，出生于默默无闻的荷兰北部吕伐登小城，吕伐登是一个以养牛和制酪为主的小城，古朴自然，幽静和谐。她的父亲是一家帽子店老板。这个未来名震欧洲的交际花直到 15 岁之前，在吕伐登度过了天真烂漫的童年，出落成一位出众的美人。15 岁时，玛格丽特被送入师范寄宿学校，道貌岸然的校长强暴了她，后来她也成了教师们的玩物。玛格丽特无法忍受屈辱的生活，急于摆脱困境。于是，她与荷兰皇家东印度军的鲁道夫·里奥德上尉结婚。天真的姑娘不知道里奥德上尉是个彻头彻尾的赌棍、酒鬼和好色之徒，从此她走入了地狱般的婚姻。1902年 8 月，她与丈夫正式离婚，结束了 8 年的痛苦婚姻。1903 年，玛塔·哈里只身来到法国，定居巴黎，踏上冒险的生活之旅。

1896 年，她随丈夫来到印度尼西亚爪哇岛后，曾经私下秘密学习那种令她着迷的印度神婆舞蹈。到了巴黎，这种技能终于派上了用场，玛塔·哈里神秘的东方舞蹈使她获得了巨大成功并开始到各国巡演。借演出的机会，她结识了许多高级德国军官，于是她总是不断地能够得知一些国家机密。起初，他们是酒后无意中说的，后来，出于好奇，玛塔·哈里开始主动套取重要情报，她意识到自己手中掌握的这些情报价值连城。

1915 年，玛塔·哈里正式成为德国情报机关的间谍，并以巡演为掩护，被派遣到西班牙搜集情报。她的到来，令西班牙人痴狂，她与社会名流们打得火热。于是，有关西班牙各方面的情报被源源不断发往柏林。可是好景不长，英国情报部门的密探开始跟踪玛塔·哈里，她与德国间谍机构的联系被英国情报部门通报给法国反间谍机构。

发觉被跟踪后，玛塔·哈里回到法国并设法与法国间谍头目拉杜见了面。她说自己可以为法国搞到德国的机密情报。但是，拉杜只是表面上同意了她的提议，仍然把她送到了中立国西班牙。此时正值第一次世界大战，拉杜的目的是通过玛塔·哈里将假情报输送给德国。

由此，她被法国利用，成了一名双料间谍。但是，后来法国因为一封莫名其妙的电报认定玛塔·哈里极有可能为德国方面提供了大量情报。1917 年 2 月 13 日，玛塔·哈里刚刚抵达法国边境，就被以间谍罪逮捕，同年 7 月判处被死刑。

1917 年 8 月 15 日，玛塔·哈里被带出巴黎女子监狱执行枪决。这一天，她刻意打扮了一番，戴上了一顶宽檐黑帽。临死前，玛塔·哈里拒绝被蒙上双眼。她说想看着那些杀死她的男人的眼睛。枪手扣动扳机前，她向他们送去了最后的飞吻。

颇具讽刺意味的是，1999 年英国情报部门公开的 20 世纪初的情报档案显示，当年英国情报机构并没有掌握玛塔·哈里犯有间谍罪的真凭实据。玛

玛塔·哈里

玛塔·哈里毫不隐瞒自己的职业，"我的服务费是 3 万马克"，在审讯中她如此说道。

塔·哈里死后，有人猜测说，是她的情人、西班牙作家恩里克·戈麦斯向当局告密害死了她。也有人认为是戈麦斯的妻子因为妒忌玛塔·哈里勾引了自己的丈夫，而设局陷害了她。

玛塔·哈里的头在她死后被保存在巴黎阿纳托密博物馆，经过特殊的技术处理她的头仍保持了她生前的红唇秀发，像活着一样。2000年玛塔·哈里的头颅不翼而飞，估计是被她的崇拜者盗走了。玛塔·哈里的一生充满悲剧色彩，她留给人们的是无尽的谜一样的传说。

偷袭珍珠港内幕

珍珠港事件是美国在第二次世界大战中遭受的最大损失，也使美国蒙受了前所未有的羞辱。但美国真的事先对日本的偷袭计划一无所知吗？还是美国为了战局的发展有意"促成"了这一事件的发生？对此人们众说纷纭，莫衷一是。

至今仍有许多人坚持认为，美国事先的确不知道日本将偷袭珍珠港，至少美国总统罗斯福未见过这样的信息。美国历史学家布拉特泽尔和鲁特在其《珍珠港·微型照片和J.埃德加·胡佛》一文中写道，包括参与策划袭击的舰长源田实在内的日本舰队官员都断言，发自驶向夏威夷群岛的日本航空母舰的无线电报并未使罗斯福事先得知即将发生袭击。他们强调，在整个航行期间，无线电始终保持静默。在珍珠港事件爆发前，美国联邦调查局通过德、英双重间谍达科斯·波波夫的工作，确实截获了一份有关日本侦察珍珠港的微型照片调查表。调查表中涉及瓦胡岛的军事基地和机场以及珍珠港防务等特殊问题的部分占了1/3的内容。然而多方调查核实证明，除联邦调查局前局长埃德加·胡佛和他的助手之外，美国总统及官员们均未见过这份调查表。

1941年9月3日，白宫总统秘书、陆军准将埃德温·M.沃森接到了胡佛的一封信，但信中强调的是微型照片已被联邦调查局成功侦破，希望借此得到罗斯福的赏识，而没有对调查表中信息的实质进行细致分析，更没有就可能发生的袭击提醒白宫要警惕。

更重要的是，胡佛对波波夫的调查表进行了选编。选编后的调查表只有原来内容的1/4，而这1/4的内容中竟没有涉及夏威夷的材料，当时胡佛送给总统的只是调查表中无关紧要的部分。从联邦调查局以及海德公园罗斯福图书馆馆藏文献中也可证实这一点。同时陆军和海军情报机关也没有得到波波夫的调查表。如果调查表被联邦调查局提供给其他情报机关，某种传送的记录必然会留下来，但是国家档案馆旧的陆军和海军分馆、海军部的海军历史中心和国家档案馆现代军事分馆在回答布拉特泽尔和鲁特的询问时，声称关于波波夫警告的记录没有留下任何痕迹，有关调查表的记录也没有被发现。在海军历史中心和国家档案馆的军事档案部，也未找到9月3日的信以及被胡佛选编的调查表。

胡佛为什么不把调查表的全文送交给罗斯福及其他情报机关？布拉特泽尔和鲁

特认为是胡佛为了控制情报而把这场赌注式的斗争进行下去。胡佛在讨好总统的同时，也想将自己的对手即其他美国国内外情报机关击败。更重要的是，胡佛是一个缺乏判断力的人。虽然调查表中所提出的一系列问题的目的性是十分明显的，但这个双重间谍的调查表并未使胡佛判断出德国对夏威夷及其防务有非同寻常的兴趣，也没有断定日本是其导源处。所以胡佛既没有把调查表原文向总统或陆军和海军情报机关提供，也没有将原文中反复要了解有关珍珠港的资料的实质向有关部门汇报，而这样一份极其重要的调查表在历史的紧要关头竟然被纯粹按日常事务处理了。

但是，随着战后军事解密工作的进展，越来越多的人倾向于认为美国事先知道了日本的偷袭计划，出于某种军事目的并未有所反应。

类似的看法在日本也存在。原日本外务次长西春彦引用荷兰驻华盛顿武官拉涅弗特上校的证词认为，12月2日在华盛顿海军情报部，一名士官指着墙上的地图对上校说："日本机动部队正从这里东进。"两艘航空母舰被标在日本与夏威夷中间的一点上。震惊至极的上校在当天的日记中写道："美国海军情报部开会，日本两艘航空母舰的位置被他们标在了地图上。航空母舰以日本为出发点，向东延伸着它的路线。"总统没有对夏威夷发出警报，而造成日本海军进攻珍珠港，用"不忘珍珠港"来作为动员美国人民投入战争的原动力。甚至参加偷袭珍珠港的日本军官源田实也在其《袭击珍珠港》一文中说："关于美方得知日军偷袭问题的时间，据我所知，事前美国政府领导人已得到了情报，至少在袭击珍珠港的11个小时之前，罗斯福总统已将我方的动向了如指掌。他没有通知前方的原因只能用他的深谋远虑来解释。"

在《罗斯福总统与1941年战争的来临》一书中，美国修正派代表C.A.比尔德写道：1941年1月27日，在向国务卿赫尔送达的一封电报中，美国驻日本大使说："根据秘鲁的日本公使告诉我们大使馆工作人员的一份口讯可知，他了解到一项秘密的计划正在日本军部内拟订，即如果与美国发生事端，日本就会对美国太平洋的海军基地珍珠港实施全力攻击。"这就是说罗斯福有意对日本进攻珍珠港的事实不加重视。在《丑事：珍珠港事件和它的后果》一书中，美国著名新闻记者兼作家约翰·托兰断言罗斯福从各种原始资料，包括从驶向夏威夷群岛的日本航空母舰所发出的无线电报中，肯定侦听到了袭击即将发生。

山本五十六是谁击毙的

"伊号作战"结束后，山本五十六决定利用一天时间视察巴拉尔、肖特兰和布因等前线基地，以激励士气。让日军想不到的是，有关山本视察的详细日程安排的机密电报不仅被美国截获，而且他们引以为豪的极难破译的五位乱码只用数小时时间就被美军专家破译了，这份电报在无形之中也就成为山本的催命符。这也是美国军事情报领域在无线电破译方面继中途岛战役破译日军作战计划之后的又一辉煌成就。

美国太平洋战区总司令兼太平洋舰队司令切斯特·尼米兹清楚地知道，按照安排山本将进入瓜岛机场起飞的战斗机作战半径，正是干掉他的绝佳机会。如果干掉他，将给日本士气民心沉重打击，因为山本五十六不仅是日本海军中最出类拔萃的佼佼者，而且由于他在偷袭珍珠港中的指挥得力，在日本政界和军界成为仅次于天皇和东条英机首相的第三号人物，被日本海军誉为"军神"。可是尼米兹没有因为兴奋而得意忘形，因为干掉山本不仅仅是军事行动，还牵涉到诸多的政治因素，因此一向谨慎的尼米兹仍不敢轻易拍板，而是请示华盛顿。

美国总统罗斯福在仔细征求了海军部长诺克斯和海军作战部长金海军上将的意见之后，授意可以干掉山本，但是为了维护美国的大国风范，一定要对截获日军情报的事情保密，制造伏击的假象。

驻瓜岛的第 339 战斗机中队承担了此次任务。1943 年 4 月 18 日凌晨时分，兰菲尔等 6 人的攻击组和米歇尔亲自指挥的 12 人掩护组出发了，为避开日军雷达，他们必须绕道，选择总共飞行两小时，总航程 627 千米的方案。18 架 P-38 全部加装了大容量的机腹副油箱，处于超负荷状态，因此飞行员不得不使用襟翼来增加升力，尽管如此，飞机还是几乎要滑行到跑道尽头才离地升空。

远在 800 千米外的山本也早早起床，准备行装。

9 时 44 分，山本以他一贯的守时作风，准点来赴这次死亡之约。几乎是大海捞针一样的长途伏击，竟然成功了！此时山本座机正准备降低高度着陆，突然一架零式战斗机出列，向右急转——远处十多架 P-38 正向北飞来。随即 6 架零式战斗机急速爬升，与米歇尔的掩护组缠斗起来。在接下去的短短 3 分钟时间，双方经历了一场你死我活的激战。

此时的卡希利机场上已经尘土飞扬，显然日军飞机正在起飞，中队长米歇尔不敢恋战，下令返航。返航途中，兰菲尔就迫不及待地向瓜岛报告："我打下了山本！"

兰菲尔最后一个着陆，着陆时燃料已经全部消耗干净，他是以滑翔方式落地的，他还没爬出座舱，机场的飞行员和地勤人员就一拥而上。作为击毙山本的功臣，兰菲尔中尉提前晋升为上尉，并获得最高荣誉国会勋章，但为了不暴露破译密码的机密，兰菲尔被立即送回国，直到战争结束才公开了他的战功。其他参战人员都被警告如果将战斗详情泄露出去，将受到军法审判。

山本座机被击落的两天后，日军搜索小队发现了他，他坐在飞机坐垫上，手握军刀，姿态威严，胸口佩戴着勋章的绶带，肩章上是三颗金质樱花的大将军衔，不用

图为日本为山本五十六举行国葬。

查看其口袋中的笔记本，单从左手缺了两个手指，就明白无误地证明这正是山本五十六。经医护人员检查确定，一颗子弹从颧骨打进从太阳穴穿出，另一颗从后射入穿透左胸，山本在飞机坠毁前就已身亡，之所以还保持着威严的姿态，那是飞机坠地后唯一的幸存者高田军医摆放的，高田最终也因伤势严重又无人救护而亡。

4月18日注定是美国人的纪念日：1942年4月18日，杜立特尔率领的B-25轰炸机轰炸了东京，一年后的1943年4月18日，日本海军最出色的统帅山本被击毙。战后，击落了山本座机的话题随着1960年美军相关机密文件获准解密而被再次提起。认定由兰菲尔击落的理由是他在战斗结束后上报的战斗报告，而这份报告当时因出于保密原因一直没有公开，他的战友对此一无所知，一经美国国防部公开，究竟是谁击落山本的问题随之大白于天下。

除了托马斯·兰菲尔的回忆之外，更多的证据显示，兰菲尔的僚机雷克斯·巴伯才是真正击落山本座机的英雄。山本的尸检报告显示，从后方射来的子弹使其致命，与兰菲尔从右攻击的说法出入较大。柳谷谦治为山本护航的零式战斗机飞行员中唯一在世者，也指出了兰菲尔报告的诸多疑点。其中最有力的说法是，在低空的两架P-38在双方机群遭遇之后，兰菲尔的飞机向左，迎战零式；巴伯的飞机才是向右紧追山本座机猛烈开火的那一架。如果是兰菲尔击落了零式之后再掉头攻击山本座机的话，时间根本来不及，至少需要40秒，而山本座机从遭到攻击到被击落，不过区区30秒。日本东京航空博物馆在1975年的实地考察也显示，山本座机的两个机翼完好无损，与兰菲尔的报告完全不符，倒是与巴伯从后攻击的说法比较吻合。

以美国"王牌飞行员协会"为首的众多的民间人士和组织，对此进行了细致的研究和不懈的努力，查阅了大量相关资料，在很多专家学者的认可下，于1997年3月认定，巴伯一人击落了山本座机。生活在俄勒冈州特瑞邦农场的巴伯过着恬静平和的晚年。谈起击落山本的争论，他很平静："没有兰菲尔左转攻击前来救援的零式，也不可能击落山本。而第339战斗机中队中队长约翰·米歇尔，具体策划并亲自指挥了此次战斗，才是最大的功臣。"

然而，自1991年美国战绩评审委员会正式要求美国海军最后判定到底是谁击落了山本以来，迄今美国官方仍没有明确答复。至此，关于击落山本的公案成了永远的谜。

"007"原型是谁

1974年，被誉为英国历史上最成功的间谍达斯科·波波夫的传奇经历被编成自传。此后，以波波夫为蓝本创作的詹姆士·邦德（007）系列电影也获得了极大的成功，据说，波波夫真实的间谍生活比起电影中的007来一点也不逊色。

1912年，英国间谍达斯科·波波夫出生在一个富裕的南斯拉夫家庭。波波夫生性风流，算得上名副其实的花花公子。尽管艳史不绝，每到一处总要结识美女留情，但波波夫却是一名天生特务，能操流利的意大利语、法语、英语和少许德语，是一名不折不扣的语言天才，他随即成为南斯拉夫特务网络的中心人物。

1940 年 2 月，波波夫在家中接到好友约翰尼从柏林来的电报，约翰尼是波波夫1936 年在德国弗赖堡大学结识的挚友，他们约好 2 月 8 日在贝尔格莱德塞尔维亚大饭店见面。而波波夫所不知道的是当时约翰尼已受雇成为纳粹间谍，这次来就是看准了波波夫在英国交游广阔，招揽他做间谍募集情报对抗盟军的。

关于当时的情况，在英国公共档案办公室新近解封的一批军情五处的机密情报档案中有比较详细的记载。1940 年，波波夫不甘为德军所利用，于是主动请缨，马上找到了英国驻巴尔干国家的商务参赞斯德雷克，要求英国方面提供一些情报，以帮助他打入德国情报网。几天以后，伦敦批准了这个计划。波波夫依靠自己导演的双簧戏，成功打入德国间谍层，从此开始了他双重间谍的生涯。

档案还记载了波波夫制造隐形墨水的配方，显示他爱用酒杯混合隐形墨水。此外，他的档案还包括大量载有日期的文件、隐形墨水明信片、印上"已拆开"或"检查"邮戳的邮件，及他寄给女友的信件。

1941 年 7 月，波波夫被派到美国去发展一个谍报小组。他的德国上司对他说："日本可能要同美国开战，我们也不能坐视。"此时，波波夫已经觉察到日本要偷袭珍珠港的种种迹象。

在征得英国情报当局的同意后，波波夫以南斯拉夫新闻部驻美国特派员的身份飞往纽约，在完成德国情报机构交给的任务后，他向美国联邦调查局通告了日本入侵美国的消息。经过英国情报机构与美国的斡旋，美国联邦调查局局长埃德加·胡佛召见了波波夫。

但胡佛似乎对他并不感兴趣，并因为波波夫生性风流，终日与法国电影明星纠缠在一起，而彻底把搜集情报的任务抛到脑后而大为恼火。虽然英国军情五处已通知联邦调查局，波波夫在为英国工作，但联邦调查局却对此存疑。胡佛最终虎视眈眈地指责道："你是什么骗人的间谍，自从你来到这里以后，没有一个纳粹狗与你联系。我领导着世界上最廉洁的警察机关。但你却在 6 个星期里搞了一套豪华的房子不说，还追逐电影明星，严重地破坏了我们的法律，甚至企图腐蚀我的部下。我再也不能忍受下去了！"

波波夫对胡佛说："我到美国，是为了帮助你们备战而来。我曾以各种方式给你们带来了严重的警告，确切地提醒你们，在什么地点、什么时间、什么人以什么方式将向你们国家发动进攻。"但胡佛根本不相信，波波夫扫兴而去。5 个月后，日本偷袭珍珠港。

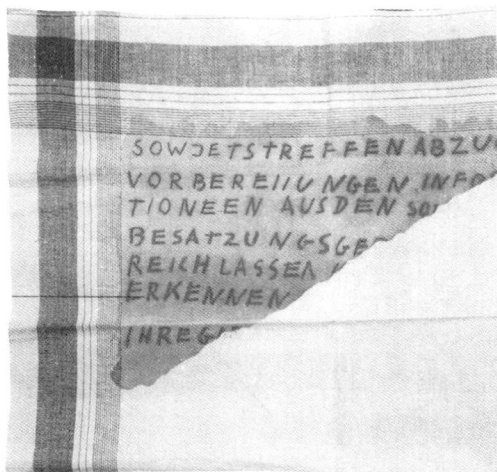

用隐形墨水书写的情报
这条手绢上用过化学药品的部分字迹被显示出来。

这次糟糕的会见使波波夫十分失望，情绪异常低落地离开了。

1942 年 11 月，波波夫再一次踏上了英国的土地。盟军对德国发出一些假的警告，并对德连续实施了"斯塔基行动"和"马基雅维里计划"，为的就是迷惑德国人。在"斯塔基行动"中，他们向德国情报机关提供假情报，说英国在加来港地区正准备发动一次大规模的两栖登陆，并把德国轰炸机群引诱到英国皇家空军的阵地，使德军处于易受攻击的境地。

在"马基雅维里计划"中，波波夫把伪造的文件和书信放到一个英国军官的遗体上，然后让这具遗体随海浪冲到西班牙海岸。遗体上的文件中有关于向希腊进攻的绝密卷宗，让德军"意外"地发现这具遗体和情报。同时，波波夫又在向德国人的报告中说，有许多英美军人应召在苏格兰接受跳伞训练，以及英国方面对最近的一起飞机失事事件顾忌重重等消息。柏林当局立即向撒丁岛增派部队，潜水艇也奉命开往克里特。结果，西西里的防御力量削弱了，使巴顿将军轻而易举地冲进巴勒莫城。

1944 年 5 月上旬，随着情报的增多，双重间谍的工作量很大：他们认真编造和研究信息，使它们与盟军的战略计划相吻合，并取信于敌。然而，要想使如此众多的情报不出现纰漏简直不可能，果然，后来一些细节性错误引起了德国情报部门的注意。

1944 年 5 月中旬的一个深夜，英国军情六处的人急匆匆地赶来告诉波波夫，让他乘敌人还未发觉，赶快回葡萄牙里斯本通知其他人员转移，然后潜逃到比利时。

波波夫于是星夜兼程地赶到里斯本，开始营救和组织逃亡工作。然而一切都为时太晚，那些正在工作的谍报人员都没能逃脱纳粹的魔爪，他本人也险些被纳粹抓获。

1944 年 6 月 6 日盟军登陆法国前夕，波波夫曾协助盟军瞒骗德国，令德军从盟军登陆的地点诺曼底转移到别的地方，居功至伟。

波波夫参与了二战期间许多重大情报活动。他对从事间谍工作的人的评价是：这是一群神秘的人，他们无孔不入，无处不在。胜利了不可宣扬，失败了不能解释。我的武器就是谎言和欺骗，我自己还卷入了一些违背正常社会准则的行为，包括谋杀。但我并没有觉得内心不安，因为这只是战斗对我的考验。

英国在战后两年确认波波夫的功绩，在 1947 年向他颁授 OBE 勋章（即英帝国官佐勋章）。

波波夫有句名言："要使自己在风险丛生中幸存下来，最好还是不要太认真对待生活为好。"有关波波夫的各种版本的传奇故事始终在人们中间流传，007 的出现更为了解真实的波波夫设置了重重障碍。

希特勒生死之谜

1945 年 4 月 30 日，战败的纳粹元首希特勒与情妇爱娃·布劳恩在柏林总理府的一间地下室中双双自杀身亡。然而就在纳粹帝国的最后一段日子，希特勒并不甘心就此失败，他曾经秘密策划了一个大胆的"格陵兰逃亡行动"。

一名参与当年逃亡计划的前德军研究人员向媒体披露了纳粹"格陵兰逃亡计划"的一些鲜为人知的内幕。厄内斯特·科尼格曾是二战时期德国先进水上飞机的研究人员和驾驶员，他之所以对纳粹元首试图在二战末期通过水上飞机出逃格陵兰的计划了如指掌，是因为他曾亲自参与纳粹大型水上飞机的研究和制造。在一些英国朋友的劝说下，科尼格终于把这个本打算保留到自己死去的秘密大逃亡计划公之于众。

1945 年 4 月初，科尼格接获命令，要求他们准备两架 BV-222 水上飞机，并做好长途飞行的准备，据说乘坐飞机的将是元首和其他 30 多名纳粹高官。随后，特拉沃明德市的港口码头源源不断地有大量雪地设备包括雪橇、帐篷和食品等都被送来。

事后，科尼格才知道这次帮助纳粹高官出逃的计划被称作"格陵兰行动"，包括希特勒以及德国空军元帅戈林，纳粹党卫军首脑希姆莱，德国海军总司令、希特勒的继承人卡尔·邓尼茨上将等纳粹高级官员都将乘坐飞机撤退到北极的格陵兰岛。

"格陵兰行动"计划出发点定在德国基尔市的一个港口，逃亡的纳粹高官将在那里乘水上飞机飞往丹麦格陵兰岛。但事情并不像事先想象的那么顺利，在二战的最后几周，柏林被苏军重重围困，希特勒的私人秘书和副手马丁·波曼则在试图逃离柏林时死于非命。由于根本无法脱身，于是希特勒决定自己不参加"格陵兰逃亡行动"，留在柏林。

1945 年 4 月 22 日，歇斯底里的希特勒宣称自己将随第三帝国一起而亡，德国已经输掉了这场战争，他还告诉残余的纳粹高级官员各自逃生。不久，当希特勒自杀的消息传出后，最后一架已经装备好的 BV-222 水上飞机在特拉沃明德市被研究人员炸毁，至此逃亡计划彻底失败。

到了 1945 年 5 月 4 日，苏联侦察员在帝国总理府花园的一个弹坑里发现了两具焦尸，推测为希特勒和爱娃。然而，斯大林并不认为希特勒已经死了，说他只是隐匿起来了。但是，多方证据显示，希特勒的确是消失了。

直至 1956 年，德国行政民事法庭的审判官们在听了 48 名证人的证词后认定：1889 年出生的阿道夫·希特勒已不在人世。但是，在开庭的时候许多重要证人都没有出庭，很多极其重要的文件也没有举证，而当初给希特勒做过假牙的牙医和他的助手这两个极其关键的证人也都在事后翻了供，称并不能确定焦尸身上的假牙一定是希特勒的。

有关假牙的认定，在 1945 年时，苏联军官把希特勒的颅骨给牙医看，他说自己认得给希特勒做过的那几颗假牙。但是，到了 1972 年他却推翻了这个说法。说并不能肯定那一定就是希特勒的颅骨；他的助手也发表了同样的言论。两个关键证人的翻供彻底否定了先前的结论，因为，当初苏联尸检专家鉴定的依据恰恰就是他俩的证言。

此外，希特勒开枪自尽时在沙发上留下的血迹经过鉴定证明并不是血，只是色泽相像的液体。就连被认为是希特勒的那具焦尸上的血型也和希特勒本人的血型不符。当时还有一个流行的说法：1945 年 4 月 30 日，希特勒在对太阳穴开枪前曾服毒，但在尸体鉴定时，并未发现服毒痕迹，焦尸的大脑内也未发现弹痕。

种种迹象表明，希特勒根本不是自杀死在地下室，那具烧焦的尸体根本就是替身。

既然希特勒没有自杀，为什么爱娃却服毒了？看来是为了让这幕戏演得更逼真些。希特勒的副官京舍的证言说他曾下令让警卫离开通向希特勒套间的房舍。希特勒在隔壁换了装，改变了外貌，不该知道这一秘密的人，事先都已经被清理出地堡。

众所周知，4月30日午夜，4万多人逃出帝国总理府防空洞，夹在人群中希特勒很容易就能混出去。那时候，柏林和德国其他地方到处是无家可归的人，希特勒也可以不费吹灰之力就消失在人流中。

希特勒警卫队成员凯尔瑙在事后供称，5月1日他见到过希特勒。此外，外国报刊战后也立即出现了有关希特勒撤到阿根廷（或巴拉圭、西班牙、爱尔兰）的报道，只是并没有确凿的证据罢了。还有一个更加关键的证据出现在丹麦的北海海滨，一只密封的玻璃瓶里面装着一名德国潜艇水兵的信，信中说潜艇撞上了沉船，破了个大洞，部分艇员逃生，希特勒就在这艘潜艇上，但他在艇尾紧闭的舱内，无法脱身。这意味着，希特勒并未自杀死在地下室，而是死在沉没的潜艇中。

如今，帝国总理府花园内发现的尸首也已无法重新鉴别了，因为1970年，在苏联克格勃主席安德罗波夫的命令下，那些尸体已经被挖出并彻底焚毁，骨灰随后抛入河中，焚毁的全过程保存着完整的记录。

希特勒死在地下室还是潜水艇？是和情人一起自杀还是逃亡途中遇难？也许谁都没有百分之百的证据，二战历史中有关希特勒末日这段记载远远没有画上句号。希特勒的生命结束得极其阴暗，落得死无葬身之地的下场。这也许是一切独裁者应有的结局。

美国在日本投放原子弹意图何在

原子弹的横空出世无异于毁灭性打击的突然降临。1945年美国在日本的广岛和长崎投放的两枚原子弹就是见证。

如此具有杀伤力的武器，美国为何要选择在日本投放？

传统的观点认为，其最终目的只是为了缩短第二次世界大战，避免美军伤亡，同时对苏联炫耀一下原子弹的威力。而且，在投放原子弹后的第二天，杜鲁门就发表声明，要日本接受提出的条件，早日投降，否则的话，日本只会自取灭亡。

但是有些日本学者对上述看法提出了质疑。1986年3月，金子郭朗在日本《文艺春秋》特别号上发表《美国选择广岛投掷原子弹的原因》一文。文章中说，日本驻华盛顿的7名记者通过查阅美国国会公文文书馆及当时美国政府的有关机密文件和有关人员的日记、著作后发表观点：避免100万美军阵亡的说法是不可信的。当时美军绝密文件《日本登陆作战纲要》记载，美军准备在日本进行两场登陆作战，一是九州，二是关东平原。在拟制这份纲要时，美总参谋部曾征询过西南太平洋军司令部的意见，得到的答复是九州登陆作战的前30天将死亡5万多人，而麦克阿瑟坚持认为事实上不会有那么多伤亡。总之，不论从哪个文件也找不到死亡100万人的推算数字。所以，他们认为，宣称避免100万美军阵亡完全是一种夸张，是为了使投掷原子弹的行为合理化。

美国为什么在日本投掷原子弹呢？记者们根据所查阅的资料证明，在原子弹研究初期，美国就已确定对日本使用原子弹，并把它当作一种"巨大的实验"。美国还曾计划把这种未有充分把握的原子弹用来轰炸集合在特鲁克群岛的日本舰队，以避免万一原子弹不爆炸后泄露机密。随着原子弹试验成功，他们坚持要用原子弹进行攻击，目标选择在人口集中、没有遭到普遍轰炸的城市，

长崎上空腾起的蘑菇云

以便科学家同行观测原子弹的功能，检测其威力。这是原因之一。

另有一个原因是，美国迫于议会强大的压力而最终决定使用原子弹，因为美国研制这两颗原子弹耗资巨大，花了20亿美元。

原子弹的余威还未消失殆尽，中子弹的研制已大功告成。威力更胜一筹的中子弹又将何时被美国投向何方呢？当年原子弹的投放原因至今仍说不清、道不明，以后投放别的核弹还需要理由吗？

历史悬案

作为一个独立的学科，历史无疑是完整的。然而作为一个纯粹的认知对象，历史又是不完整的。许多关键的细节都因为年代久远或史料缺乏等原因而湮没于往昔的沧桑岁月，而历史的玄机往往正隐藏在这消失的细节中。

扑朔迷离的历史悬案为历史真相披上了一层神秘的外衣，像磁石一样吸引着人们好奇的目光，并刺激着人们探究其庐山真面目、正本清源的兴趣。而在对种种历史悬案进行解析和破译的过程中，人们不仅能获得知识上的收益，还可以得到精神上的愉快体验。

罗马帝国覆亡之谜

公元410年，哥特人首领阿拉里克率领日耳曼大军攻占了有"永恒之城"之称的罗马城，西罗马帝国逐步走向灭亡。但这次事件并不是西罗马帝国灭亡的真正原因，那么西罗马帝国覆亡的原因何在呢？

用船装酒运往罗马的浮雕
罗马人喜爱纵酒狂欢世所闻名，但他们的溃败真是因为铅中毒引起的吗？

在公元410年攻克罗马城以前许久，哥特人就在逐渐沿用罗马人的风俗习惯，而在边远地区居住的罗马人，几百年来，也不断接受蛮族文化的影响，同时日耳曼民族雇佣的罗马士兵也日渐增多，他们对罗马当然不是忠于职守。

因此，阿拉里克于公元410年攻克罗马，并非对罗马帝国致命的打击。不过，因为那是罗马帝国800年来第一次被打败，心理上的伤害，很难估量，也许比破坏建筑物更加不能挽回。这个原因使人们更加容易理解为什么阿拉里克攻克永恒之城在历史上一直被看作是罗马帝国灭亡的象征；而汪达尔王盖塞里克于公元454年攻陷罗马时烧杀抢掠更甚的事实，反而不算什么。

最近掌握的证据对解释罗马因何在公元5世纪为哥特人不费吹灰之力一举攻克也许帮助很大。1969～1976年，在英国南部赛伦塞斯特展开的挖掘工作，在一座公元4世纪末5世纪初的罗马人的墓群里，找到了450具骸骨，多数骨头中的含铅量，是正常人80倍之多，儿童骸骨则更加厉害。这些人可能死于铅中毒，虽然未能证明这一点。

罗马人对他们的优良供水系统引以为傲，通常都以铅管输送饮用水。罗马人用铅杯喝水，用铅锅煮食，甚至用氧化铅代替糖调酒。吃下如此多的铅，一定会全身无力，还有另一个恶果，就是丧失生育能力。后期的罗马皇帝经常鼓励夫妻生育更多子女，可能是为预防人口减少，虽然并无精确详细的人口消长数字证实有这种现象。即使吸收微量的铅，对生殖能力也有影响，所以罗马人很可能因为喝了含铅的酒和水而致死及致帝国覆亡。

但这种看法并没有充分的依据，只是根据少量考古资料提出的猜测，这种假设还有待更多资料加以证实。

铅中毒也不可能是罗马城于公元 5 世纪被攻陷的唯一原因。如果是这样，东罗马帝国为什么能在西罗马被灭亡后，继续存在 1000 年呢？当然，东罗马帝国仍然能存在，原因很多：边疆不长，较容易抵御，可避免外族入侵；同时，东罗马帝国国内治安维持较好。但有一件事情也值得人们关注，就是东罗马帝国境内的铅矿较西罗马少得多，所以当地居民只得凑合使用自认为较低劣的瓦锅和陶杯。罗马帝国灭亡的真正原因在哪里？也许还有更多的秘密有待探寻，还有更多的谜团有待解开，人们期待着罗马帝国覆亡的原因早日真相大白。

马可·波罗中国行

《马可·波罗游记》是一部在历史上影响很大的学术文献，但是自从它问世以来，许多学者就不断对它的真实性提出质疑。他们在阅读这部文献并查阅一些历史资料之后，提出了这样的疑问：马可·波罗真的到过中国吗？

据史书记载，马可·波罗是威尼斯商人，1271 年随父亲与叔父来中国，4 年后的 5 月到达蒙古帝国的上都。1275～1291 年的 17 年间，马可·波罗在元朝一直以客卿的身份供职。归国后，他在本邦威尼斯对热那亚人的战争中成了俘虏，在狱中与同狱的比萨文学家鲁恩梯谦合作，他口授而鲁恩梯谦笔录，完成了留传后世的《马可·波罗游记》（亦名《东方见闻录》），成为风靡一时的"世界一大奇书"，至今已有五六十种不同的版本（在我国就有 7 种之多）。书中对于中亚、西亚、东南亚等地的情况都详尽地进行了记录，其中尤以第二卷（其 82 章）记载的中国部分最为具体，诸如元初政事、战争、宫殿、朝仪以及对中国名都大邑的繁荣景象的记载都非常翔实，引人入胜。游记中记载了一种可燃的"黑色石块"，明显可以看出是煤炭。这种早在中国汉代就开始使用的燃料被马可·波罗带回到了西方，使西方人眼界大开。他把许多被当时欧洲视为奇异的东西和知识介绍过去，为欧洲知识界打开了一扇了解东方的窗户，无怪乎人们要说，马可·波罗"在欧洲人心目中创造了亚洲"。

那么，马可·波罗真的踏上过中国的土地吗？对此，在经过仔细调查后，大多数中外学者确认了马可·波罗到过中国的可能性，但也把书中的缺点实事求是地指了出来。如英国的亨利·玉尔，法国的亨利·戈尔迪、伯希和，美国的柯立夫和意大利的奥勒吉等人都是深入研究过马可·波罗的学者，他们对于马可·波罗是否到过中国的问题都持肯定意见。也有少数学者认为他的游历范围仅限于北京，例如在1879年美国的海格尔撰《马可·波罗到过中国吗？从内证中看到的问题》一文认为：马可·波罗只到过北京，书中所记载的只不过是在北京的见闻罢了。即便如此，作者对他到过中国的事实还是比较肯定的。

但是，仍有许多人对于书中的记载表示怀疑。早在马可·波罗生前，由于有许多关于人所未知的奇闻趣事的记载，人们已经开始怀疑和讽刺《游记》的部分内容，甚至在他临终前，关心他的朋友仍劝他删掉那些背离事实的叙述。后来，随着地理大发现，欧洲人对东方的了解越来越多，《游记》中讲的许多事情逐渐被证实，而此书被视为荒诞不经的部分也渐渐不再只是"神话"，但对《游记》的真实性持怀疑态度的人还大有人在。直到19世纪初，德国学者徐尔曼仍然认为《游记》只不过是一部教会传奇，它只是一部冒充为游记而编排拙劣的传奇故事，它的创作是为了传教士和商人的利益，借以得到蒙古人的好感而达到与中国通商的目的。同时他还说，大布哈里亚境内是马可·波罗一家最远的所到之地，他从曾到过该地的商人们口中听到关于蒙古帝国的情况，而关于印度、波斯、阿拉伯及埃塞俄比亚的叙述则抄自阿拉伯著作。

交易的场景
贸易是马可·波罗真正关心的事，东方财富的传说对他有很大的吸引力。

在众多怀疑马可·波罗到过中国的学者当中，英国人克雷格·克鲁纳斯是提出证据最多的一个。1982年4月14日，克雷格·克鲁纳斯所写的《马可·波罗到过中国吗？》一文被发表在英国《泰晤士报》上，再次对马可·波罗到过中国与否表示怀疑。克鲁纳斯认为，"他可能根本就没有访问过中国"，而仅仅凭借某种波斯"导游手册"和个人的主观想象编撰成书，而《游记》不过是马可·波罗与鲁恩梯谦合作的一场"克里空"罢了。他有4条根据：第一，中国的史籍浩如烟海，没有一条关于马可·波罗的史料可供考证；第二，书中很多地方的统计资料都值得怀疑，中国丰富多彩的景象变成灰茫茫的一片，书中模糊地记录了蒙古皇帝家谱的情况，很不准确；第三，书中没有关于中国茶、汉字及重大发明印刷术的记载，而它们在中国却是最具特色的；第四，许多中国地名被写成了波斯叫法，马可·波罗有可能只到过中亚的一些国家。

我国学者杨志玖教授撰文肯定了马可·波罗确实到过中国的结论，他列出了丰富的事实反驳了上文的推断。杨教授在文中说，早在1941年，一条研究马可·波罗来华的珍贵史料就在我国《永乐大典》中被发现：元至元二十七年八月十七日，尚书阿难答等人的奏折中提到"今年三月奉旨,遗兀鲁、阿必失呵、火者取道马八儿,往阿鲁浑大王位下",这个记载与《马可·波罗游记》中所载的情况完全吻合,从而确认马可·波罗一行离开中国的时间为1291年。中外学者高度推崇和评价了杨志玖教授的这一发现及研究成果,被认为是判定马可·波罗来过中国的一个"极其可靠的证据"。杨志玖的论文还逐一分析了英国人克雷格·克鲁纳斯文章中提出的4个"论据",对此的回答颇有说服力。当然杨志玖的论文也不否定《马可·波罗游记》一书中存在错误以及夸大的成分,但对于不是历史学家、没有受过高深教育的马可·波罗来说,在监狱的恶劣环境中口述而成的著作,能达到这个水平已经很不简单了。

1991年10月,中国学者蔡美彪在北京召开的马可·波罗国际学术讨论会上宣读了《试论马可·波罗在中国》的长篇宏文,认为在中国的17年间马可·波罗与各地各族人民的感情一直十分友好。其书虽然夸张了某些记述,但却是对中国的热爱与友好的体现。从这个意义上说,在历史上有过影响的《马可·波罗游记》不仅是一部学术文献,而且还记录了他与中国人民的友情。蔡美彪延续和发展了杨志玖教授在20世纪40年代提出的相关观点,也对马可·波罗的中国之行给出了新的说明。

亚瑟王及其圆桌武士传说之谜

被誉为"樱花之国"的日本自古以来就极其崇尚武士道精神,其忠君、坚毅的主旨也正是大和民族生生不息的动力之源。古老的西方也曾流行着武士的传说,那便是亚瑟王和他的圆桌武士。在大多数人的心目中,亚瑟王及其所率领的圆桌武士便是一个充满罪恶的世界中的坚忍忠勇志士的代表,是维护文明、抵制蛮强入侵的英雄。

那么为何称其为圆桌武士呢?圆桌一词从何而来呢?

圆桌就放置在亚瑟王宫廷正中央。它象征了蔓延到全国各地的荣耀和王权,和国王加冕时手握的宝球作用相同。但圆桌的含义要比很多宝球深远。圆桌在实际意义上象征的是友爱与和谐。任何在圆桌周围坐着的武士都不会觉得地位比别人低,不会觉得委屈。圆桌是嫉妒、贪图权力与高位的解药,而中古时代战争与动乱正源于上述种种人类缺点。但是亚瑟王也规定,只有最杰出的"威猛无比、本事极大"的武士才能成为圆桌武士。

圆桌骑士

　　一位精通木工的专家曾认真检查了这张桌子。它大概是 14 世纪制成的。他的看法也得到了碳 -14 年代测定法证实，断定圆桌用的大约是 14 世纪 30 年代所砍伐的树木制成。如果这张桌子不是亚瑟王所制，又会是谁制这张桌子的呢？英王爱德华一世可能性最大，他当政年代是 1272 ~ 1307 年。

　　亚瑟王的传说，与 11 ~ 13 世纪日趋形成的见义勇为和保卫宗教的理想密切相关。每一个战士倘若要做成功的十字军士兵，倘若要追寻耶稣基督举行首次弥撒时所用的圣杯，都应该以亚瑟王的武力为效法对象。见义勇为的骑士精神到 14 世纪发展到极致。爱德华三世当时企图把法国征服，就像传说中亚瑟王要与罗马"独夫卢修斯"打仗一样。由于对骑士精神的崇尚，再加上亚瑟王的传说，设立一个新的武士精英组织的构想便在爱德华脑中形成。这个新组织以伦敦西边的温莎宫为活动中心。根据法国史学家让·福罗萨特记载，这是 1344 年 4 月 23 日圣乔治节，在一次盛大的马上比武庆典上宣布的。

　　不管亚瑟王及其武士是否曾经坐过这张圆桌，它的存在不再仅为单纯的家具之用，更成为亚瑟王及其武士忠勇坚毅的一种象征。真正的圆桌抑或早已灰飞烟灭，抑或至今尚存在某个不为人知的偏僻角落，而传奇的武士们则将千古流芳。

泰坦尼克号的沉没

　　电影《泰坦尼克》自上映以来，在全球引起了巨大的轰动。人们在感叹影片宏伟的场面和感人的爱情故事的同时，也再次掀起了探讨泰坦尼克号沉没之谜的热潮。

　　泰坦尼克号是由著名船舶设计师托马斯·安德鲁斯设计的，该船是当时世界上唯一超过千万吨的巨型客轮，全长 259 米，宽 28 米，泊位 46328 吨，排水量 66000 吨。船舱内设备齐全，豪华舞厅、酒吧、吸烟室、游戏厅、游泳池等均达到世界先进水平。地面上铺有厚厚的阿富汗纯毛红地毯，天花板上悬吊着豪华灯饰，墙壁上装饰有淡雅素洁的图画，在当时人们的心目中，泰坦尼克号是名副其实的"海上皇宫"。

　　1912 年 4 月 10 日，在人们的欢呼声和乐队的礼乐声中，泰坦尼克号开始了它的首次航行。它从英国南安普敦港出发，船上共有 2224 名乘客，其中有不少知名人士和行业精英，如创建了著名的美国麦西百货公司的约翰·雅各布·阿斯特和伊希多·施特劳斯，巨轮的设计师托马斯·安德鲁斯等，还有很多暴发户，乘坐泰坦尼克号首航在人们看来已成为身份的一种标志。泰坦尼克号犹如一位尊贵的"海上皇后"，起锚后在大西洋上平静地航行了 4 天。如果一切顺利，按计划到达目的地——美国纽约还有 3 天，而且横渡大西洋的新的航海速度也可能由泰坦尼克号来创造。当时，快乐与兴奋之情洋溢在船上每一个人的心中，无论是船员还是乘客。

　　4 月 14 日夜，泰坦尼克号正以每小时高达 23 海里的速度行驶着，观察员突然发现有一座巨大的游离冰山正靠近船体的前方，他迅速提醒舵手躲闪，然而太晚了，只听一声巨响，船体开始大幅度摇晃，船舱内发出各种响声，器皿纷纷坠落，人们

泰坦尼克号轮船

的叫声更是尖锐恐怖。不久海水涌进船舱，许多人还在睡梦中，不知发生了什么事情。船上乱作一团，走廊里、甲板上、楼梯口处，挤满了不知所措的乘客，他们有的跳海，有的抱着桅杆不放，有的争先恐后地往橡皮筏上跳。

凌晨 0 时 15 分，第一道 SOS 求救信号从泰坦尼克号上发出，随后救生艇被有步骤地放到海里。人们争先恐后地跳到救生艇上，人性自私的一面在恐惧面前一览无余。船长史密斯为了控制局面决定和其他绅士一起先把生的希望让给妇女、儿童，男人们后上救生艇。凌晨 2 时 20 分，连同 1500 多名乘客和船员，"永不沉没"的泰坦尼克号葬身大西洋海底。

灾难发生后，西方国家媒体迅速以大量篇幅报道了沉船事件，对于沉船的原因和场景描述各式各样，莫衷一是。其中有一种"木乃伊诅咒"的说法充满了传奇色彩。

大约在 1900 年前后，考古学家在埃及古墓中发掘出一具刻有咒语的石棺，其文如下："凡是碰到这具石棺的人，都会遭难。"可科学家们并没有理会这些，他们打开了石棺，展现在他们面前的是一具木乃伊。

他们把石棺运回英国并在大英博物馆中展出。不久参加考古工作的成员莫名其妙接二连三地死去。一时间，关于木乃伊显灵的说法此起彼伏。大英博物馆也被迫把展览取消。10 年后，一位富有的美国人希望高价收买石棺和木乃伊并如愿以偿，当时正值泰坦尼克号首航，于是他便将他的"宝贝"运上了泰坦尼克号。可惜谁都没有注意到，在石棺上刻着的最后一句咒语是"将被海水吞没"，连上前面的咒语就是"凡是碰到这具石棺的人，都会遭难，将被海水吞没"。

当然，这种说法缺乏科学依据，科学家在寻找更多的证据来揭示泰坦尼克号的沉没之谜。

1985 年 8 月，泰坦尼克号的残骸被海洋地质学家找到。他们发现，沉没时船体被分裂成两大块的泰坦尼克号只剩下船头和船尾了。1991 年在泰坦尼克号沉没现场，海洋地质学家史蒂夫·布拉斯科和他的同伴将一块船壳钢板打捞上来。这块钢板碎块的边缘非常不整齐，他们在实验室里检验了钢板，结果表明，泰坦尼克号船壳钢板的质地有很大的易碎性。人们有理由相信，船体的沉没是冶炼技术造成的，正如史蒂夫所说，"那时的造船技术超前了，但冶金技术没有跟上"。

世界上许多船舶设计工程师也极为关注这一沉船事件。他们对各种报道进行搜集分析，推断应该是部分船舱施工建造不符合要求，以致遇到冰山后船体内的钢板被冰山撞扁，铆钉松动，并将船体从接缝处撕裂。

由此人们似乎找到了泰坦尼克号沉没的原因，但人们依然在寻找更多的沉船因素。据说，在沉没的前一天，泰坦尼克号曾收到过几次有关航线途中发现浮动冰山的报告，但船长等人并未对此给予足够重视，致使在有大量浮冰和游离冰山的海面上泰坦尼克号仍然保持高速行驶，最终遭遇不幸。而更让人震惊的是，为了表示自己设计的坚固，设计师居然不按船载客人的基数配备救生设备，致使灾难发生后出现救生艇根本容不下那么多客人的局面，最终使 1500 多条无辜的生命葬身海底。

泰坦尼克号沉没的真正的原因仍难讲清，不过它的沉没作为世界航海史上的一个沉痛教训，将时刻给世人以警醒。

华盛顿为什么拒绝竞选第三任总统

华盛顿像
华盛顿是北美独立战争的组织者、领导者，后来被美国人一致推举为第一任总统，素有美国"国父"之称。

在美国历史上，乔治·华盛顿绝对是一位重量级人物，作为美国的开国元勋，是他领导美国人民进行了艰苦的独立战争，从而彻底摆脱了英国殖民者的统治，使美国走上了自由之路。而且在战后，他组建了第一个合众国政府，确立了国家信誉，为美国的国家形态奠定了基本的结构形式。同时，他还很注重国家经济发展，促进了海上贸易的繁荣，制定了影响深远的土地政策。这一切，足以使他终生受到美国人的爱戴。

在他第二次担任总统任期即将结束时，很多人准备再次推举他继续担任美国总统，并且当时的宪法上对总统连任也没有任何限制。可是，华盛顿毅然谢绝竞选第三任总统，并在 1796 年 9 月发表了著名的《告别词》，说服国会，让他卸任回家养老。

对于华盛顿这一出人意料举动的真实原因，许多历史学家已经进行了长期的探讨和研究，但是一直没有一个定论。而华盛顿本人不管是在当时，还是在回到家乡后，都没有公开表示过他拒绝连任的真实原因。尽管如此，历史学家们还是根据华盛顿的生平经历进行了大胆的猜测，以探究华盛顿拒任的原委。

有些历史学家认为，华盛顿主要是担心自己会卷入激烈的党派斗争中去，因而不想继续从政。当时美国历史上第一次出现了激烈的党派斗争，华盛顿本人也觉察到了选民中间日益增长的党派情绪，因此在其告别演说中，语重心长地呼吁团结，反对党派斗争，反对其他分裂势力。不幸的是，在党派斗争中他虽然一直保持中立，但在第二任总统后期，他失去了非党派的立场，成为一个联邦党人。在这种形势下，他中断自己的从政生涯是一个开明政治家的最好选择。

另一些历史学家认为，舆论的攻击对华盛顿做出拒绝连任第三任总统的决定产生了主要影响。英国一位历史学家说："由于想要空闲，由于感到体力衰退和受到反对派的谩骂而气馁，华盛顿拒绝接受要他担任第三任总统的要求。"

美国许多历史和政治学家看法也大致相同。随着党派斗争的加剧，舆论界的斗争也愈演愈烈。在两派报刊互相攻击的同时，华盛顿在他第二任总统期间，也受到反对派无情的攻击。这种攻击如此激烈，以致弄得他焦头烂额，十分难受。他被指责为"伪君子""恺撒"，说他藐视公众。当他提出不连任第三任总统时，许多杂志在其头版头条中还把他的举动称为"恶毒的谎言"。费城的《曙光报》在华盛顿告退的次日宣称："这一天应成为合众国的纪念日……因为，原是我国一切灾难根源的那个人，今天已降到与他同胞们的平等地位。"

华盛顿在 1797 年 3 月 2 日的日记中写道："我现在把自己比做要寻找一个休息之处，并正在屈身倚伏其上的疲惫旅客。但是，人们听任你安安静静地这样工作，这未免太过分了，不是某些人能够忍受得了的。"

其实，上面两种意见是有着密切关系的，但究竟是哪一种在华盛顿的思想深处占主导地位，并产生了决定性影响，人们无法知道。除此之外，还有没有更深一步的原因促使华盛顿不想再继续担任总统，比如说华盛顿本人是否对权力的欲望开始淡薄，或者是身体的原因，现在也还是一个正在进行讨论的问题。

不管怎么样，华盛顿不顾公众的压力，坚决拒绝连任第三任国家总统，从而创立了美国总统两任传统的举动，是有深远影响的。在当时，美国宪法还没有对总统连任作出规定。华盛顿创立的这一传统一直延续到 1940 年富兰克林·罗斯福当选第三任总统为止。1947 年国会鉴于总统权力不断扩大和有可能形成终身制的趋势，才制定了第二十二条宪法修正案，即"任何人不得任总统之职两届以上"，该修正案于1951 年正式批准实行，从而又恢复了华盛顿创立的传统。

在退休不到 3 年后的一天，华盛顿由于偶感风寒，最后病情转重，可能是当时医疗技术的低下和医生的误诊，最后不治身亡。这位美国的国父虽然去世了，但他为美国留下的许多精神财富却永远留在了世世代代人民的心中。当他拒绝竞选第三任总统时，他是否会想到他的这一行为给美国政治带来的巨大影响呢？

也许这个历史之谜并不需要我们想方设法地去解开，记住华盛顿的名字就够了。

林肯被刺背后的隐秘

亚伯拉罕·林肯是 19 世纪中期美国北方资产阶级民主派的代表人物，也是美国历史上的第十六任总统。他在任职期间提出了废奴主张，并领导美国人民取得了南北战争的伟大胜利。

1860 年 11 月，林肯成功当选为美国第十六任总统。南方诸州不满这一结果，在其上台后的 3 个月中，先后有 11 个州退出联邦，组成新美国政府，选举出总统和副总统，并制定了新宪法。奴隶主分裂了联邦，开始公开叛乱。

美国国内形势十分危急，内战一触即发，北方政权岌岌可危，宣誓就职后的林肯面临着严峻的考验。1861 年 4 月 12 日，萨姆特要塞一声炮响，南北战争拉开帷幕。

林肯像

战争进行了一年，但战场上的情形却几乎没有进展，也没有解决黑奴问题，原因是林肯政府一直认为，战争只是为了维护宪法和联邦的统一。当时的林肯综合各方面的意见，做事非常谨慎，认为立刻废除黑奴制不妥。人民与资产阶级左派对他的做法感到不满，并不支持他。

1864 年元旦，林肯签署了"联邦成立以来美国历史上最重要的文件"——《解放奴隶宣言》。此举赢得了全国人民与资产阶级左派的支持，并因此扭转了战争局势。

1865 年 4 月，美国内战终以北方的胜利而告终。林肯开始忙于战后的重建工作，他希望总统任期结束后，能回家乡去开一个律师事务所，但他的愿望没有能够实现。

1865 年 4 月 14 日晚，林肯邀请格兰特将军及夫人去福特剧院观看歌剧《我们美国的表兄弟》。在去陆军部的路途中，林肯忽然有一种不祥的预感，他停下车犹豫起来，觉得自己是不是应该取消去剧院的计划，但很快便放弃了这个念头。为了自身的安全考虑，他亲自要求作战部长斯特顿派一个名为埃克特的陆军上校来做自己的保卫，但斯特顿通知总统，埃克特早已在当晚安排了任务，后来只得委派一名叫布莱恩的军官来做总统当晚的警卫官。

演出十分精彩，剧情慢慢发展到高潮，有人悄悄走进了总统的包厢。不久传出一声枪响，子弹击中了总统的后脑，总统应声倒下再也没有醒来。4 月 15 日清晨 7 点 22 分，是一个令人伤感的时刻，虽然医生全力抢救，但仍是回天无术，林肯总统命赴黄泉。

枪击林肯后，慌乱中的凶手急于逃跑，不慎碰伤了自己的脚，警察沿着血迹找到凶手，凶手因拒捕被前来围捕的警察开枪击毙。

刺杀总统的真凶究竟是什么人？他怎么能在有警卫的情况下溜进包厢？人们希望对这些问题能有所了解，可直接犯罪嫌疑人已被击毙，只好通过其他途径来了解事实。

一番调查之后，事情终于初现端倪。凶手是一位名叫约翰·威尔克斯的职业演员，据说在内战爆发初期，他是站在北方这边的，但后来不知为什么却突然支持南方政权。他曾不止一次地对人说有朝一日一定要杀死林肯，这样不但一下子除去了这个新执政者，而且会使自己出名。他刺杀总统的原因真的如此简单吗？当然这只是官方的调查结果，官员是这样向民众解释的。但很多人都不相信这种说法，他们认为刺杀总统一案一定是一个阴谋，有不可告人的玄妙内情。

林肯在去剧院之前曾有过不祥的预感，而且还对作战部长点名要求埃克特陆军上校担任自己的警卫，作战部长说埃克特上校当晚要执行别的任务而改派他人。事实上，埃克特那晚根本就没有执行什么任务，他在家里待了一晚上，作战部长为什么要说谎？后来派去顶替埃克特的布莱恩，一向行为不轨，认识他的人都对他没什么好印象，但林肯夫人却亲自点名要他保卫林肯，其中是不是藏着什么玄机？至于对凶手的追捕，抓活口也不是不可能的，可最终却把唯一的直接参与者击毙了，是谁开枪打死他的？又是谁下命令要把凶手杀死的呢？更令人奇怪的是，在后来的凶手缉拿报告中，人们惊奇地发现上面居然写着：凶手系自杀身亡。

一般认为林肯遇刺的原因是他的举措对南方不利，激怒了南方叛党，而且他在南北战争中，成功领导北方打败南方，取得了反对南方分裂运动的胜利。南方叛乱分子对他恨之入骨，欲除之而后快。

1861年3月4日，林肯准备到华盛顿宣誓就任美国第十六任总统。当他从家乡前往华盛顿时，美国南方特务便计划在路上刺杀他。林肯事先得到风声，从另外一条路来到了华盛顿，避免了这次暗杀。林肯就任后，南方叛党开始进行更为频繁的谋杀计划，一心想将林肯置于死地。他们甚至在报纸上刊登了一则广告："我愿意前往华盛顿击毙林肯和西华德，只要联邦政府出资100元作为我的酬劳。有意者请函信箱119号。"由于经常发生恐吓事件，林肯周围的人非常担心他的安全问题，他们经常提醒林肯要小心。面对这一切，林肯表现得镇定自若，他用了两个大纸袋把恐怖分子寄来的恐吓信都装在里面，并在纸袋外面写了"暗杀"两个大字。虽然他表现得满不在乎，但早已有心理准备。

林肯是一个政治家，在那场关系到国家生死存亡的南北战争中，是他领导美国人民取得胜利的，他给黑奴带来了崭新的生活，却在和平时期的子弹下丧生。

1926年，林肯的儿子罗伯特·托德·林肯离开人世，他去世之前，把父亲的一些私人文件付之一炬。他告诉朋友，他要把那些文件毁掉的原因是这些文件里有内阁成员犯有叛国罪的证据。现在人们已无法得知他所说的情况是否属实。如果是真的，罗伯特为什么要将这些证据焚毁呢？为什么不向世人公开呢？这成为林肯之死的谜中之谜。

巴顿将军车祸身亡

巴顿将军像

1945 年 12 月 9 日，美国陆军四星上将乔治·巴顿在德国曼海姆附近遭遇车祸。将军不幸身受重伤，抢救无效，于 12 月 21 日在海德堡医院不治身亡。

巴顿将军在第二次世界大战中威名远扬，号称"血胆老将"。他于 1885 年出生于美国一个军人世家，先后在弗吉尼亚军校、西点军校、顿利堡骑兵学院及轻装甲部队学院接受军事训练，为日后成为一名优秀的将军打下了良好的基础。在第一次世界大战爆发后，巴顿曾经奔赴欧洲参与作战，并在指挥坦克作战方面显示了出色的才能。第二次世界大战爆发后，他被任命为美国第 2 装甲军团司令，更是驰骋沙场，战功赫赫，屡次创下辉煌战绩。在战场上他最有特点的话语是"混蛋，你们的刺刀应毫不犹豫地刺向那些杂种的胸膛！"正是由于他的勇猛神武，1945 年 4 月，美国军方授予他四星上将的军衔。

然而又有谁能料到，这么一位久经沙场的老将，居然会在战争结束后不久就死于车祸？本该躺在战功簿上安享成果的巴顿将军，却在被授予军衔的 4 个月后倒在了另一个战场上。

1945 年 12 月 9 日清晨，住在德国曼海姆的巴顿将军和盖伊上将相约去打猎，他的司机霍雷斯·伍德林开着一辆超长豪华卡迪拉克送他们去。据说事发当日，巴顿将军乘坐的轿车刚好遇上火车过道口，等火车驶过，司机注意到离火车道 500 米处停着两辆大卡车。当轿车开始向前慢慢行驶时，一辆卡车也从路边开过来，向着巴顿将军的轿车慢慢驶来，同时另一辆卡车也由相反方向驶近。情急之下，巴顿将军的司机迅速踩下刹车。但是事故还是发生了，卡迪拉克车重重地撞在了卡车右边的底盘上，被撞出 3 米开外。巴顿将军被惯性向前甩去，头部重重地撞在司机席后面的围栏上，脊柱完全裂开，眉骨上方的头皮也被隔板玻璃撞成 7.6 厘米的伤口。

1 个小时后，巴顿将军躺在海德堡医院的病床上，他的头脑还比较清醒，但是四肢不能动，脖子以下没有知觉。医生诊断说，他脊柱严重错位，头骨也受了重伤。

巴顿将军指挥的钢铁雄师在北非战场上大显神威，并在以后的解放巴黎的战役中发挥了巨大的作用。

经过精心救治，巴顿将军的病情开始好转，他的一条胳膊变得有力，另一条腿也有了些微弱的知觉。医生们开始认为他已经脱离了危险，可是就在 12 月 20 日下午，巴顿将军的病情突然急转直下。12 月 21 日清晨 5 时 55 分，他终因血栓和心肌梗死而停止了呼吸。

巴顿将军死后，留给我们的是一个谜。车祸发生时轿车里坐的共有 3 人，为什么只有巴顿将军受重伤，而其他 2 人则毫发无损呢？案发后肇事司机竟能溜掉，也令人不可思议。车祸后赶来的宪兵们对现场进行的例行调查也极为马虎草率，甚至没有留下任何官方记录。以至于日后当人们查起巴顿的情况时，除了军方履历表外，其他方面居然是一片空白。而履历中虽有他在服役期间的全部文献，却唯独少了他遇难情况的有关材料。

这些疑点似乎都表明，巴顿将军之死并非单纯因为一场偶然发生的车祸，实际上有可能是有人蓄意制造谋杀。可是究竟是谁是幕后指使？他为什么要策划这起谋杀呢？

有人认为，巴顿将军的死可能与"奥吉的黄金案"有关。"奥吉的黄金"是二战中纳粹埋藏的一批黄金，据说当时被美军一些高级将领发现了，他们没有上缴给国库，而是私下里瓜分了。事情发生后不久，巴顿将军就被政府指派去调查这个案子。雷厉风行的巴顿将军很重视这件黄金被窃案，调查得非常认真，进展迅速。可是就在案情快要大白于天下的时候，巴顿突然遇车祸身亡了。这个时间上的巧合不能不让人产生怀疑，也许是那些人害怕事情败露而先下了毒手。

也有人说，巴顿将军的死是他的上司精心策划的阴谋。因为据说在二战结束以后，巴顿一直有亲德倾向，他曾公开批评盟军的"非纳粹化政策"，并在新闻记者们面前把纳粹分子和非纳粹分子的斗争，不恰当地比喻成美国民主党与共和党之争。据说后来他又在考虑扶植德国几个未受损失的党卫军部队，然后挑起一场对苏联的战争。

据此，一些美国历史学家们甚至提出很具体的假设，即这位上司就是艾森豪威尔将军。他们认为，艾森豪威尔将军与巴顿将军不和的传闻由来已久，巴顿将军在二战后采取的一些行为无疑与艾森豪威尔的主张大相径庭。艾森豪威尔对此非常不满，为了拔除这个处处和自己作对的眼中钉，很有可能派人除掉巴顿。

如果巴顿将军的车祸真的是一场有预谋的事件，那么究竟是由于什么原因，是谁在幕后策划，恐怕只能等车祸参与者本人坦白才能弄清吧！

戈林自杀之谜

1945 年 11 月 20 日，纽伦堡国际军事法庭开始对戈林进行审判。法庭在对戈林的死刑判决书中说："戈林是第二次世界大战的策划者之一，是仅次于希特勒的人物，他集所有被告的罪恶活动于一身。"在 20 世纪爆发的两次世界大战，给世界造成了无尽的灾难；而这两次罪恶的大战都是由德国挑起的。在法西斯纳粹德国，紧紧追随希特勒并助纣为虐，成为嚣张一时的乱世枭雄，这位一人之下、万人之上的显赫人物就是纳粹德国帝国元帅——赫尔曼·戈林。

1946 年 10 月 15 日夜，就在即将被处以绞刑的 75 分钟之前，戈林竟然神奇般地在严密看守的死牢中服毒自杀，逃避了正义的处决。

有关赫尔曼·戈林自杀的具体细节，已消失在历史的迷雾中。随着柏林资料中心有关戈林自杀时未公布的调查委员会的绝密报告、现场证人的证词、医疗报告、戈林自杀留言的原文等绝密档案的逐步公开，戈林自杀之谜再次浮现在人们视线之中。

戈林在整个关押期间一直把氰化钾胶囊放置于牢房是不可信的。根据采访看守人和对监狱记录的检查，牢房和衣物是经常搜查的。约翰·韦斯特少尉在 1946 年 10 月 14 日，即戈林死的前一天，就搜查了戈林的牢房和他的私人物品。因此，装氰化钾的胶囊起先是随戈林的行李进入监狱的这一点应该是毫无疑问的。因为，行李间是唯一没有被彻底搜查过的角落，并且调查人员在戈林自杀后也确实在他的遗物里找到了另一个氰化钾胶囊。

尽管监狱记录显示戈林并未请求去行李间取东西，但是他曾经送给惠利斯中尉一份礼物以及送给他的律师奥托·斯塔马尔的蓝色公文包恰恰证明他行李中的物品曾经不止一次地被取走，而取走这些物品的人不是像惠利斯这样握有行李间钥匙的监狱军官，就是戈林自己在未按来访要求登记的规定情况下获准进入行李间拿到自己行李中的物品的。

这种推测在本·E.斯韦林根写的《赫尔曼·戈林自杀之谜》一书中得到了肯定。该书是迄今为止对该问题最透彻的研究，这位作者的结论是，戈林曾提出条件让一位监狱工作人员——最大的可能性是惠利斯——为他从行李间取出物品或行李。在临死前的几个小时，戈林取出了隐藏的胶囊，做好了服毒的准备。另一种可能就是，他本人被获准进入行李间，而且的最有可能批准其进入行李间的人还是惠利斯。

戈林的妻子埃米·戈林在随后有关她丈夫是如何得到胶囊的言论，帮助不大，而且不能令人信服。她说 1946 年 10 月 7 日她最后一次探视戈林，那时候她曾问丈夫还有没有胶囊，戈林说没有。从那以后她便再也没有见过戈林，也没再跟他说过话。然而，戈林自杀后，她却立刻公开发言，"此事一定是一位美国朋友所为"。这其中难免让人怀疑藏有什么不可告人的秘密。直到 28 年后，她又对德美起诉团的一位成员提起，当年确实是一位未留名的朋友把毒药递给了她丈夫。又过了不久，埃米·戈林的女儿埃达也出面表示有人曾经帮助过她父亲。到了 1991 年，更传出消息说戈林的侄子克劳斯·里格尔承认，是惠利斯中尉把毒药给了戈林。所有的言论都有可能是真的，但又全都无法证实。

二战后的"纽伦堡审判"

　　戈林的女儿或戈林的侄子在戈林死时还不到 10 岁，因此他们对所发生的一切做出的表态没有多大的可信度。而那些戈林当年的并仍能活着讲述的狱友们——斯佩尔、弗里奇、弗鲁克——为什么在他们后来撰写的纽伦堡经历的著述中却无一例外地略去了这部分具有轰动效应的、也是作为畅销书最重要的卖点的东西呢？

　　还有一个疑点就是，戈林为什么在其自杀留言上注明日期为 1946 年 10 月 14 日至今仍是个谜。这日期不可能是正确的。戈林若将这些吐露他打算自杀的留言保存在他身边达 5 天之久，未免太粗心大意了。在其中的两封信中，他提到他向盟国管制委员会的申诉被拒，而这一消息直到 10 月 13 日他才听说。显然，留言中的日期与自杀前几天内曾经发生的事情在时间上发生了矛盾。

　　近年来，对戈林自杀之谜又有了一连串新的解释：毒药是藏在他的陶土制的烟斗里的，在处决他那天夜里把它剖开，将毒药藏在肚脐里。还有一些更离奇的方法。那个吞下了毒药的人，却永远把他的秘密带进了坟墓，要找到不容争辩的事实真相的一切努力都将是白费工夫。

肯尼迪遇刺悬案

　　"不要问你们的国家能为你们做些什么，而要问你们能为自己的国家做些什么"。约翰·肯尼迪的这句名言让这位美国最年轻的总统深得美国人民的拥护与爱戴。然而他尚未完成对美国民众的承诺就不幸遇刺身亡，而且他的死因一直众说纷纭，现在还未形成统一的结论。

　　悲剧发生在 1963 年 11 月 22 日，当时肯尼迪正在美国南部得克萨斯州达拉斯城进行政务视察。12 点 30 分，总统车队缓缓地通过达拉斯的得克萨斯州教科书仓库大楼时，突然几声枪响划破了寂静的长空。枪响过后，总统在人们的惊叫声中倒卧在血泊之中，与此同时，凶手奥斯瓦尔德被当场抓获。

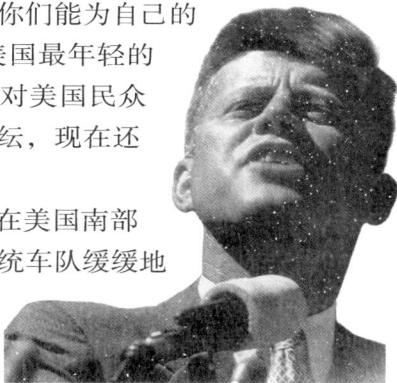

肯尼迪在演讲。

　　由于事情发生得太突然，国会决定由副总统约翰逊继任总统。约翰逊上任后，立即成立了一个七人调查委员会，由最高法院大法官沃伦领导。经多方取证和严格调查之后，该调查委员会于 1964 年 9 月发布了该案件的调查报告，报告指出刺杀行动是奥斯瓦尔德一人所为，与其他部门与集团一概无关。一时间，舆论哗然，结论难以让人信服，案情仍是谜团重重。案件最大的疑问在于枪响的数量。当时官方公布的消息是 3 声枪响，包括穿透肯尼迪总统的身体，同时又射中康纳利州长的那一枪。但是法医 D.B. 托马斯经过审慎研究，在《英国法庭科学周刊》杂志发表了一份震惊世界的研究报告。这份报告仔细分析了当日的现场录音带，并指出当时射向总统车队的子弹是 4 发。其研究所采用的录音带是当时总统车队中达拉斯警方的汽车上的麦克风所录的现场录音，因而资料来源绝对真实可靠。而官方当时认为是 3 声的原因是这4声枪响中只有其中3声枪响听起来比较清楚，剩余的那声枪响则被国家研究委员会说成了"听起来像枪声的噪音"。最为关键的是，得到官方认可的3声枪响都与肯尼迪中弹的时间有明显的间隔，反而是那声"像枪声的噪音"与总统中弹的时间吻合。而这个声音的来源地也不同于其他3声，经回声分析，专家认为射击地点应当位于公园山丘。对现场照片进行研究后不难发现，这发子弹是从前面射来的。众议院特别暗杀委员会主席罗伯特·布莱基在接受《华盛顿邮报》采访时也承认自己认可和接受托马斯的这一分析结果。

1990年召开的一个记者招待会披露出了一些鲜为人知的内幕事件。记者招待会是一个名为珍尼佛·怀特的妇女召开的，她声称自己的丈夫罗克斯曾是一名杀手，与奥斯瓦尔德和鲁比同时受命于美国中央情报局。珍尼佛曾经亲耳听到他们商量刺杀现任总统的计划。肯尼迪遇刺后第四年，罗克斯被中央情报局出卖，接着就死于一场令人匪夷所思的爆炸事件。到了1982年，珍尼佛的儿子李奇·怀特无意间在家中发现了父亲珍藏的私人日记，日记中对1963年的事件进行了详细的记录。美国联邦调查局得知此消息后派人取走了该本日记，至今尚未归还。

刺杀事件发生后的20年内，涉及该案的重要证人都接二连三地丢掉了性命，死亡人数已近200人。而该案的真相却始终未浮出水面。很多人注意到了这样一件事实，那就是得克萨斯州法律规定死于当地的人，尸体必须在当地解剖，但是肯尼迪的尸体却被直接送到了位于贝塞斯德的美国海军医疗中心，并且总统的遗体是在其家属尚未知晓的情况下进行秘密解剖的。于是有人断言当时运到贝塞斯德的青铜棺内并无尸体，这一切只是为了掩人耳目。

整个事件充满了神秘气息，然而这只是肯尼迪家族半个世纪以来悲剧的开始，约翰·肯尼迪的弟弟罗伯特·肯尼迪在竞选总统时也遭人枪杀。对此有一种说法是因为有人担心一旦罗伯特·肯尼迪进入白宫，便会下令调查哥哥被害事件的整个内幕。肯尼迪家族的其他成员也由于各种各样奇怪的原因死于非命，或是终身瘫痪，或是失去了一切政治资本。这个家族悲剧还延续到了下一代人，肯尼迪的儿子小约翰·肯尼迪尽管遵循母亲杰奎琳的教诲低调生活，远离政治，却也未能摆脱不明不白的死亡结局。刺杀肯尼迪总统的凶手究竟是谁？

众所周知，保护美国大财团、大企业家的利益一向是国家制定政策的行为准则。肯尼迪总统是个有进取心的年轻总统，"旧的时代已经结束，旧的行为和旧的思维方式已不再适用"是他竞选总统的著名言论。肯尼迪当选后，便以改变保守的政治机器为己任，这使他与美国主要经济部门大亨们的矛盾日益激化。到了凶案发生的前一年，这些大亨们已无法容忍，可肯尼迪当时的威信很高，大亨们担心他连任下一届总统会继续影响他们的权益。另一方面，肯尼迪与中央情报局在古巴军界问题上也有很大的分歧，中情局的人极有可能也想拔去这个眼中钉。

也有人认为此事件最为关键的是以胡佛为首的联邦调查局。胡佛历经几代总统，权高位重，手中掌握了很多政客的把柄，在美国政界几乎可以一手遮天。肯尼迪不肯向他妥协，积极限制胡佛的权力，两人势如水火。据说在肯尼迪遇刺之前，撤换胡佛之职已提上了工作日程。于是，大财团、中情局、胡佛三者联手策划此次谋杀事件也是在意料之中的。

1993 年，古巴首都哈瓦那放映了一部纪录片名为《ZR——来复枪》。该片的拍摄资料严格遵循史实，参照了古巴和美国电影档案馆资料及古巴保安官员和美国中央情报局探员的访问材料，最终披露出该刺杀事件只是一项政治阴谋的一部分。目前，还未调查清楚策划该事件的人，但古巴方面认为，刺杀总统的凶手是芝加哥的一名黑帮分子和两名古巴流亡分子。

耐人寻味的是，约翰逊在委托特别委员会调查此事后又将调查结果封存起来，对外宣称要在 2038 年，与此事有关的人员全部谢世之后，才能公布。这是为了保护什么人还是在遮掩内幕，人们不得而知。如今，民间有关肯尼迪遇刺案的各种调查仍在继续，但扑朔迷离的结果一直让人们争论不休，也许真要等到 2038 年谜团才能揭开。

马丁·路德·金遇害是一场阴谋吗

1968 年 4 月 4 日傍晚，美国南方基督教领导会议主席、诺贝尔和平奖获得者、美国黑人民权运动领袖马丁·路德·金博士在美国田纳西州孟菲斯市的洛兰停车场旅馆 306 房间用过晚餐，走出房间来到阳台上，看到前来接他去参加晚间集会的车已经停在院子里了。他向司机打了个招呼，告诉他自己马上就可以动身了。正在这时，随着一声震耳的巨响，一颗罪恶的子弹飞来击中了金博士，马丁·路德·金应声倒在了血泊中，就再也没有醒来。刺杀事件在全美产生了极大的震动，金的继任者沉痛地表示："金的被杀是人类历史上最黑暗的一页。"金的被杀激怒了成千上万的美国黑人，痛失自己种族领袖的黑人们失去了理智，在 4 月 4 日晚，美国 20 多个大城市同时爆发了规模空前的黑人示威活动。一周后，黑人骚乱扩大到 168 座城市。为了平息黑人的情绪，美国联邦调查局的侦探们忙得不可开交，到处搜捕罪犯的踪影。

通过调查发现，凶手是从洛兰停车场旅馆对面的一家出租公寓的房间内开枪的，旅馆登记簿上显示当天入住的是一位名叫约翰·威拉德的男子，案发以后这个人就了无踪影了。不久，警方在距离公寓不远的大街上捡到一个包，里面除了装有一架望远镜、一台收音机、两个空啤酒罐和一些零星物外，还有一支口径 30.06 毫米的"雷明顿"牌步枪。根据指纹分析，很快查清凶手是一个名叫詹姆斯·厄尔·雷的惯犯，曾以偷窃、抢劫等罪名被捕，最后的一次是因持枪

图为马丁·路德·金在 1963 年 8 月华盛顿的一次示威集会上发表演讲《我有一个梦想》，这次集会有 30 万人参加。马丁·路德·金将其短暂的一生献给了美国黑人民权运动。

抢劫被判处 20 年监禁，后来从监狱中逃出。当时雷已经逃到了国外，在国际刑警的协助下，美国联邦调查人员费了一番周折，终于在英国将雷正式逮捕归案。

1969 年 3 月 7 日，孟菲斯法庭开庭审理了马丁·路德·金被暗杀一案，在法庭上，雷对所犯罪行供认不讳，审讯进行得异常顺利，最后法庭做出判决，判处詹姆斯·厄尔·雷监禁 99 年。表面上看来，这桩震惊世界的谋杀案就这样了结了。可审判刚刚一结束，雷似乎就后悔了，他坚持自己是无罪的，并要求重新审理此案。实际上在此之前，人们就在雷身上发现了许多疑点。

詹姆斯·厄尔·雷为什么要谋杀金博士？他只是一个令人啼笑皆非的三流窃贼，第一次偷打字机时把自己的存折丢在作案现场；逃避警方追捕时，虽然躲到了电梯间里，却又忘记关上电梯门；抢劫杂货店后驾车逃跑时，又因为急转弯而被甩出车外；两次越狱都被当场抓获……但是就是这样一个笨蛋，后来却莫名其妙地越狱成功，并到处旅游，过上了挥金如土的富裕生活。人们不禁要问：他的钱是从哪里来的？越狱后的雷为什么会突然变成了一个老道的杀手，逃离旅馆时带走了所有物品？虽然在后来他把它们扔到了大街上有些不太高明。而在离现场不远发现的步枪，联邦调查局只能证实杀害金的子弹是从这种型号的枪中射出去的，是否就是杀害金的那一支，却没有足够的证据。此案的疑点那样多，雷为什么会在法庭上一口承认是自己杀了金？

根据金遇刺前后的事态发展，甚至有人认为美国联邦调查局也卷入了这个案件。早在 20 世纪 50 年代，联邦调查局就开始注意马丁·路德·金的一举一动了。后来他们认为金是一个受了共产主义影响的危险分子，还在 1964 年制定了专门的"消灭金小组"计划。当马丁·路德·金获得诺贝尔和平奖之后，据说当时的联邦调查局长胡佛还派人送去一封恐吓信，要他在拿到奖金之前"自毙以谢国人"。虽然人们都知道联邦调查局对金的政治活动采取过许多卑劣手法，但谁也拿不出确凿的证据来证明联邦调查局参与了这场谋杀。

而雷从判刑后就一再为自己喊冤，对法庭做出的"凶手是单独作案，不存在任何密谋"的判决不服，认为自己是被卷入了一起杀害金的阴谋当中了。可是当特别委员会被迫重新开始调查时，雷又说不出这起阴谋是怎么回事，也无法指认出阴谋的其他参与者。

看似简单的马丁·路德·金遇刺案其实并不那么简单，几十年的光阴一晃而过，仍然无法破解。糊涂笨贼詹姆斯·厄尔·雷成了刺杀案的凶手，尽管他从来没有供认自己的动机，但却为这件事在铁窗中度过了自己的漫漫余生。

苏联是如何窃取美国原子弹秘密的

人类在战场上投下的第一颗原子弹，为世界反法西斯战争做出了重要贡献，然而一场新的争端也由此而生，当时世界又一军事强国——苏联，也于 1945 年成功地爆炸了原子弹，其研制时间远远短于美国，那么，是什么使苏联科学家有了如此神力呢？

美国《纽约先驱论坛报》刊出文章，对苏联间谍供认窃取美国原子弹秘密的经过予以披露。

苏联是如何窃取美国原子弹秘密的，多年来一直是个谜。俄罗斯科学家和间谍发表的谈话以及俄罗斯新闻界一年来发表的大量材料揭示了这一谜底。

1941 年 6 月 22 日，德国入侵苏联。俄罗斯近期解密的谍报文件表明，在德国发动进攻的几个月内，莫斯科源源不断地收到了大量有关西方最秘密的武器情报。

1941 年 9 月 25 日，苏联驻伦敦谍报站站长阿纳托利·戈尔斯基把英国战时内阁所属的核咨询委员会 9 天前举行的一次会议的备忘录，转发给了莫斯科。他报告说，英国科学家保证，可以在两年内制造一颗铀弹。

一名代号为"树叶"的间谍也就是英国外交官、著名的剑桥间谍网成员唐纳德·麦克莱恩提供了这一绝密情报。麦克莱恩不但提供了制造原子弹的技术细节，而且还将英国把修建一座铀提炼厂列为最优先项目的消息透露了出来。

间谍头子亚茨科夫声称，拉恩在纽约有一个"熟人"，是个物理学家。这个物理学家说，他应邀参加制造原子弹的绝密工作。这个情报连同一项招募这名物理学家的建议由苏联在纽约的间谍传给了莫斯科。后来，这名物理学家就成了"珀修斯"，即"X 先生"。

苏联原子弹之父库尔恰托夫发表的 1943 年 3 月写给克里姆林宫上司的信中，证实了苏联设在欧洲和美国的间谍网取得的突出成就。他指出，情报来源发来的信息使苏联物理学家在"极短的时间内"把与核裂变有关的全部问题解决了，使之越过了"许多实验性阶段"。

俄罗斯解密的 1946 年 12 月 31 日的一份文件显示，莫斯科还从西方科学家那里得到了有关研制更先进氢弹的情报。这份文件就是物理学家库尔恰托夫写给国家安全委员会各位首脑的一封便函，上面明确注明已收到了关于"美国研制超级炸弹"的情报。1946 年 2 月，亚茨科夫离开美国。他说，在苏联于 1949 年 9 月进行了钚弹试验后，苏联间谍向莫斯科的提供情报的行为暂时停止了。

若真如上面材料所说，苏联人窃取了美国的原子弹秘密，那苏联（以及后来的俄罗斯）承认错误的勇气倒真让人敬佩。一向擅长谍报工作的美国人，是怎样被苏联人窃取了如此高级的秘密呢？苏联人所说的物理学家在制造原子弹的绝密工作中担任什么职务？这位 X 先生是谁？他是怎样将情报送出被严密封锁的研究机构的呢？这一系列谜团都随之而来，发人深思。

梦断梦露

玛丽莲·梦露被称为好莱坞性感女神，是 20 世纪 50 年代美国电影界最具魅力的女星，并因其卓越的表演成就被载入电影史册。

玛丽莲·梦露之美举世公认，她以普通人的身份幸运地进入影坛并一炮而红，演绎了无数动人的故事，并塑造了众多光彩夺目的女性形象。金钱、荣誉和数不尽的风韵伴随着成功而来。然而一切止于 1962 年 8 月 4 日，这一天，梦露在家中自杀，但其中隐秘却风传至今。

当天早上，女管家默里太太刚刚醒来，发现一丝灯光从梦露卧室门下透出，她前去推门却推不开。于是急忙叫来梦露的私人医生格林森打破窗户进入其卧室，看见梦露身裹被单僵卧于床上，手边还放着电话听筒。格林森检查后判定，梦露吞服了大量安眠药巴比妥酸盐身亡。

有人发现梦露的尸体解剖报告中有许多可疑之处：报告一面认为梦露一次性吞服 47 粒安眠药，而同时又说她的胃内除去 20 立方厘米的褐色液体外几乎是空的，而按常理吞服如此多的安眠药在胃内却没有残留是不可能的。尤其是梦露的尸体检查报告从开始的长达 723 页，不知何故删减到 54 页。

梦露死亡当日，美国《纽约先驱论坛报》记者乔·海厄姆斯对梦露的邻居进行了采访。据邻居透露，事发前一天，有架直升机一直在房子上空低飞，嗡嗡作响。乔·海厄姆斯向电话公司索要梦露的通话记录，但遭到拒绝。之后他去查阅卡尔弗机场出租飞机公司的工作记录簿，发现 8 月 5 日凌晨 2 时，一架直升机将一个人从劳福德海滨别墅运到洛杉矶机场。根据线索推论，直升机运输的那个人极有可能是罗伯特·肯尼迪。

梦露的前夫罗伯特·斯莱泽对于梦露的自杀充满怀疑。他曾在梦露死后亲自查看现场，在梦露卧室外面发现一些落下的玻璃碎片，如果说这些碎片是格林森破窗而入留下的，那碎片就应该在室内而非室外。另外，梦露的红色日记本也失踪了，上面记载着梦露与肯尼迪弟兄密切交往的情况，斯莱泽认为梦露之死一定是他杀，红色日记本也被那人拿走，随后破窗而逃。

好莱坞影星劳福德是约翰·肯尼迪总统的妹夫，据他说，梦露生前曾与约翰·肯尼迪及罗伯特·肯尼迪兄弟交往甚密。1954 年劳福德就介绍梦露与约翰·肯尼迪认识，两人开始接触。肯尼迪登上总统宝座后，梦露为其 45 岁生日庆祝会演唱"祝你生日快乐"和"谢谢你记住我"，肯尼迪总统甚至公开说："我甚至可以为那么甜美的声音和完美的技巧放弃我的总统职位！"没过多久，总统的弟弟罗伯特和联邦调查局局长胡佛就通知肯尼迪总统，黑手党掌握了他与梦露的关系。无奈之下肯尼迪只好以断绝与梦露的关系来打击黑手党。梦露却不甘心地一直给肯尼迪打电话、写信，甚至以公开他们的关系作威胁。

肯尼迪被逼无奈只好请弟弟罗伯特劝说，而罗伯特却与梦露一见钟情，梦露向外宣称她将与罗伯特结婚，可他们

梦露在电影《格格不入的人们》的拍摄现场

的关系也渐渐出现裂痕。梦露通过劳福德找到罗伯特，向他威胁说要向全世界公开她是如何被肯尼迪兄弟欺骗的。梦露失去理智并向罗伯特拳打脚踢，劳福德从旁阻止，并通知梦露的心理医生格林森大夫才使她安定下来。

事情的真相果真如此吗？ 1985 年，默里太太向外公布：1962 年 8 月 4 日，罗伯特曾去贝弗利山庄与梦露见面，两人发生争执，梦露开始疯狂，罗伯特的随从只有干涉。梦露死亡现场的最先检查者洛杉矶市中心警察分局杰克·克来蒙斯警官证实，梦露的尸体的确出现了乌青块，而且也不是保持梦露死时的原状。

知名私家侦探史毕葛罗也坚持认为梦露是他杀而非自杀。史毕葛罗于 2000 年在洛杉矶过世，生前曾著有 3 本讲述梦露之死的书。他追查梦露死亡真相的历程长达二十几年，他在书中所做的定论是：玛丽莲·梦露一定是他杀，凶手正是肯尼迪家族中的某位人士，正是他命令芝加哥黑帮分子"做掉"了梦露。

萨斯曼在 20 世纪 60 年代曾为梦露作过宣传人员，他在一个电视节目中对梦露的坏脾气大加批判，说她"不可理喻""傲慢"。萨斯曼说，美国传媒对于肯尼迪兄弟与梦露的关系无人不知，但肯尼迪兄弟不可能会因梦露披露此事而深感威胁，也没理由买通凶手杀她。

梦露的一位朋友曾披露，她生前曾与他通电话："如果约翰周末还不来见我的话，我星期一便通过记者会的方式，揭露我与他们兄弟的关系，看看事情闹到华盛顿会有什么结果。"

萨斯曼对于肯尼迪家族派人暗杀梦露灭口和梦露自杀的说法都不相信，不过他对梦露有"每个行动都是自我毁灭"的评价，他认为梦露只是通过此举报复肯尼迪兄弟。

好莱坞原制片人唐·沃尔夫对梦露的死因一直深表怀疑，经过 7 年的不懈努力，他找到并询问了多名关键性的证人。沃尔夫还同一些专家对梦露的毒物报告进行研究，结果发现在她的血中含有 4.5 毫克戊硫巴比妥和 8 毫克水合氯醛。这个剂量可以让 15 ~ 26 个人死亡。而在胃里却找不到任何痕迹，由此可以认定是他人强行给她进行了致命的静脉注射。沃尔夫写了《对一个谋杀案的调查》一文，于 1998 年 10 月 15 日同时在美、法、英三国出版，文中认定梦露的死是因为她与肯尼迪兄弟的特殊关系，知道太多的国家机密，对美国的安全已是一个不安定因素。

人们为玛丽莲·梦露的猝死深感惋惜，无论是自杀抑或谋杀，夺去的都是她美丽的生命。

神秘宝藏之谜

　　人类历史上，无数次的战争夺去了人们生命的同时，还造成大量财产的损失。人们在紧急情况下和灾难性场合费尽心机或仓皇之中埋下大量宝藏，但大多数人都没机会再回去取回它们。

　　海盗们的巨额财富藏在什么地方？帝王将相在生前享尽荣华富贵后，亿万家财是否与他同眠？希特勒的纳粹德国到底有多少神秘宝藏？这些传说与真实、可能与不可能都诱惑着人们。无数人试图通过远古文献、航海日志，以及各种图表和传说寻找可能的线索；考古学家们也在探求宝藏的踪迹。

特洛伊宝藏

　　19世纪中叶，德国人海因里希·谢里曼放弃优裕的富翁生活，历经辛苦之后终于找到了位于安纳托利亚西北角、濒临达达尼尔海峡入海口的希萨尔利克山的特洛伊古城。在这片古文明遗址中，海因里希·谢里曼发掘出一个装满了奇珍异宝的赤铜容器，里面有金戒指、金发夹和金制酒杯、花瓶等近万件珍宝。其中一件玲珑奇巧的纯金头饰最令人叫绝，它是用金箔将1.6万件小金板缀连而成，可谓巧夺天工。他的重大发现在全世界掀起了轩然大波，在学术界也引起了很大的争论。

　　读过《荷马史诗》的人一定会为故事中映射出来的远古希腊文明的光芒所深深打动，而始终环绕故事中心的特洛伊古城也必定给你留下了深刻的印象，然而特洛伊城在经历了10年的战争后最终毁灭。人们在回味希腊部落史诗般事迹的同时，也不能不为特洛伊感到惋惜。《荷马史诗》作为一部文学史上的不朽之作，对欧洲文明产生的影响非常巨大，而它作为一部史诗也一直深深地吸引着人们去探寻它的真实性。特洛伊城在哪里？它真的存在过吗？

　　根据史料记载，在特洛伊战争发生500多年之后，一切从头开始的古希腊人，曾经在他们认定的特洛伊城原址上重建了一座新的城市，名为"伊利昂"。公元前480年，为了同希腊人作战，波斯国王曾经到这里为智慧女神雅典娜举行过百牲大祭。公元前330年，另一位帝王亚历山大远征波斯之前，也曾在这里拜祈过女神雅典娜。但是到了公元初年，罗马执政官尤利乌斯·恺撒来这里凭吊他的祖先埃涅阿斯的出生地时，这里却已经全然没有了往日的繁荣，而是被满目荒芜所取代。直至罗马时代，一座新城才又在这里崛起，但它在经历了几百年的繁华后，又毁于地震。从此，特洛伊逐渐从人们的记忆中淡去了。后来，人们甚至怀疑这个城市是否在地球上存在过。

当年谢里曼的发现也是让人半信半疑，如今一个多世纪过去了，通过考古工作者的艰苦挖掘，特洛伊城已将它的全貌展现于世人面前。人们在 30 米深的地下发掘出了各个不同时期的特洛伊古城遗址，分属 9 个不同的历史时期。这充分证明特洛伊文化是真实的，而且历史悠久。在这里，公元 400 年左右罗马帝国时代的古城遗址仍在向人们展示着当年雅典娜神庙的雄伟气势。

科学鉴定证明，公元前 1300 ~ 前 900 年间的特洛伊古城遗址是被彻底烧毁的，这有力地证明了《荷马史诗》对历史的描述是真实无误的。人们在这里可以看到厚达 5 米的残败石墙，里面还发现了大量的彩陶和其他生活用品，它们大多绘有简单的几何图形，造型朴素。数百年来，人们对埋藏于特洛伊之下的宝藏一直将信将疑，虽然谢里曼发现的金面具、金盒、金盘、金制的儿童葬衣以及上万件金制首饰，都证实了宝藏的存在，但人们心中产生的新的疑问是：1890 年以后的发现比谢里曼在 19 世纪 70 年代挖掘的遗址离地面要近得多，这表明在建立时间上《荷马史诗》的特洛伊城比谢里曼发现珠宝的小城有几个世纪之差，照此推理，这些珠宝不可能属于普里阿摩斯或《伊利亚特》中的任何人的。同时，这也说明谢里曼由于急于到达小山的底部无意中挖通了《荷马史诗》时代的特洛伊。那么谢里曼发现的黄金制品是不是传说中的特洛伊宝藏呢？或者说，这里还有没有埋藏其他的宝藏呢？

从这里出土的大量不同形式的古代文献里，人们还可以发现更多关于古代文明的秘密信息，但至今仍未能破译特洛伊文字。想解开特洛伊传说中的宝藏之谜还有很长的路要走。

惊人的印加宝藏

曾经生活在南美大陆上的印加人早在新大陆被哥伦布发现之前，就已经创造了属于自己的辉煌文明。印加帝国在印第安人的传说中，就是一个金子的王国。由于那里盛产黄金，所以人们在建筑宫殿时会用大量的黄金作为装饰，比如首都库斯科的太阳神庙和黄金花园就闪耀着金灿烂的光芒。

最初到南美大陆掠夺黄金的是西班牙人弗朗西斯科·皮扎罗。1533 年，皮扎罗率领 180 名骁勇善战的西班牙士兵穿越危险重重的安第斯山脉，到达了印加北部重镇卡沙马尔卡，从未见过这些奇异白人的印加人以为是天使降临人间。为了打败印加人，皮扎罗精心策划了一场战斗，180 名西班牙人以少胜多，打败了 4 万多人的印加军队。被杀的印第安人有 5000 人之

黄金制成的印加太阳神像。"印加"在印第安人语言中意为"太阳之子"。

多，而西班牙人几乎没有伤亡，他们还抓获了阿塔瓦尔帕国王。战斗结束后，皮扎罗不但派人前往印加军营搜刮了价值 8 万比索的黄金，而且还以国王阿塔瓦尔帕为要挟向印加人勒索巨额赎金，最终 13265 镑黄金、26000 镑白银被送到西班牙殖民者的手中。尽管得到了巨额宝藏，皮扎罗却背信弃义地依然要将国王阿塔瓦尔帕这位最后的印加太阳王子杀掉。当阿塔瓦尔帕走上绞架之时，他面对印加人世代崇拜的太阳之神和浩淼神秘的亚马孙丛林，痛切地诅咒这些可恨的刽子手。这些双手沾满了罪恶与血腥的强盗最终都受到了诅咒，他们在掠夺了印加人的大量金银之后，终因分赃不均而引发了激烈内讧，几乎所有的头目，包括皮扎罗、他的 4 个兄弟及伙伴都被杀死或囚禁。那批巨额的印加财宝也因此下落不明，不知所终。

有关印加人宝藏的传说还远不止这些。1576 年，西班牙商人古特尼茨就发现了"小鱼宝藏"。他在一位印第安部落首领的带领下，通过一条崎岖的地道进入了秘鲁印加国王的墓穴，发现了大量令人眼花缭乱的金银珠宝。这个宝藏之所以叫作"小鱼宝藏"，是因为其中有许多眼睛由翡翠打制、全身由黄金制成的小鱼。传说在发现"小鱼宝藏"的地方另一侧还有埋藏着"大鱼宝藏"的陵墓。几个世纪以来，为了找到"大鱼宝藏"，寻宝者前赴后继，寻遍了附近所有的陵墓，结果一无所获。现在秘鲁政府为确保宝藏不落入他人之手，公开宣布在政府不允许的情况下，任何人不得擅自开掘、破坏陵墓。

还有一处印加宝藏，即传说中的印加"黄金湖"，也格外令人瞩目。据传印加王的加冕仪式就在湖畔举行。周身涂满金粉、耀眼夺目的新国王，代表着太阳之子的光辉。他在湖水中将金粉洗去，臣民们纷纷把自己最珍贵的宝石、黄金献于国王的脚前。新国王把所有的这些都投入湖中，作为奉献给太阳的礼品。如此世代积累，黄金湖中就积存了大量金银珠宝。自从 16 世纪西班牙征服印加帝国后，对黄金湖的寻找和打捞行为就从未中断。最后人们确定传说中的黄金湖就是今天哥伦比亚的瓜达维达湖。1545 年，一支西班牙探险队在该湖中捞起了几百件黄金制品，更加证实了黄金湖的传说，更多的寻宝者纷纷被吸引到这里。1911 年，一家英国公司妄图抽干湖水获得宝藏，花费了巨大的人力、财力，结果却没有找到他们想要的巨额财宝。为了保护湖中的宝藏，1974 年，哥伦比亚政府下令禁止在湖中打捞任何物品，并派军队加以保护。黄金湖的传说从而也更加神秘了。

与"黄金湖"宝藏对应的是"黄金城"的传说，这是一个更让寻宝者向往的地方。皮扎罗在得知这一传说后，为探寻其源头严刑拷打了一些印加贵族。一位贵族承受不了重刑，吐露了黄金的所在——位于亚马孙密林中的一位印第安酋长帕蒂统治的玛诺阿国，那里产有堆积如山的金银，但这个地方只有国王和巫师知道，其他人无从知晓。西班牙人立即组织了一支探险队开赴那个既不知道方位、又不知道路的神秘地区。面积达 280 万平方千米的亚马孙原始森林是如此广袤无垠、遮天蔽日，在这里每前进一步都意味着向死神的靠近。因此无数的探险队不是狼狈逃回，就是下落不明，损失极其惨重。

直到 17 世纪时，有 6 个葡萄牙人带领一群印第安人和黑人闯入了亚马孙丛林。

辗转数年，突然有一天他们透过密林发现了一座壮观辉煌的古城遗址和一片大草原，古城中间有一座手指北边高山的石像。几位幸存者将探险经过写成报告，并放置在巴西里约热内卢图书馆里。后来有人依据报告的记载来到遗址，但只找到了小部分的宝藏。

传说中的印加宝藏并不止于此，有人统计过，印加人黄金的数量相当于当时世界其他地方黄金数量的总和。但面对危险丛生的亚马孙密林，更多的冒险家只能"望林兴叹"。或许死去的印加王的灵魂附着在这些珠宝上，它们牢牢看守着这些藏在密林深处的宝藏，世人永远不会找到。

可可岛宝藏

可可岛位于中美洲哥斯达黎加太平洋沿岸以南600千米的海面上，面积只有24平方千米，风景秀丽，是人人向往的旅游胜地。关于可可岛，有一个十分诱人的传说——岛上埋藏着大量的金银珠宝，事实上，这才是该岛闻名遐迩的根本原因。

有关岛上神秘财宝的传说很多，说法虽不一致，但大同小异。

从1535年西班牙殖民头子弗朗西斯科·皮扎罗占领秘鲁开始，利马一直被作为南美西班牙殖民地总督的驻地，这种情况一直持续到1821年。当年，殖民军在南美肆无忌惮地残杀印第安人，大量掠夺当地的金银财宝，并将其聚集在利马，然后定期用船只装运至西班牙。当时有人说利马连大路都是由"金银铺砌而成"，这当然有夸张的成分，但说利马富甲南美却一点不假。当科克伦勋爵在海上击溃了西班牙人的三桅战舰"埃斯梅拉达号"和其他几艘战舰后，圣马丁将军也很快兵临利马城下。趁西班牙人大乱之际，以威廉·汤普森为首的英国海盗洗劫了秘鲁太平洋港口城市卡亚俄，并且先于圣马丁的船队，带着劫掠的大批金银珠宝逃离卡亚俄港。据史料记载，这批宝物价值连城，共计24大箱，其中包括大量金币、金杯、一尊圣母马利亚金像以及其他数不胜数的金银首饰和宝石。

汤普森船长在"玛丽·迪尔号"满载着乘客和贵重物品起航后，改变了主意，他没有将船开往西班牙港口城市加的斯，而是径直往北驶去。他在船员们的协助下，把船上的乘客统统杀死并残酷地扔进了大海，从此"玛丽·迪尔号"成了一艘名副其实的海盗船。经过一番考虑后，汤普森决定往可可岛进发。汤普森的考虑不是没有根据的，因为几个世纪以来，可可岛与世隔绝，其优越的地理位置使他能够轻易地摆脱任何海上监控和追踪，这对南美洲海盗们来说是颇有吸引力的。汤普森小心翼翼地将船上的主要财宝埋藏在可可岛，然后将"玛丽·迪尔号"帆船毁掉，与船员们分乘小艇去了中美洲。

也许是为了摆脱良心上的谴责，汤普森在临死前，决定向一个人透露可可岛上的藏宝秘密，他选中了自己的好友基廷，并将一份平面图和关于藏宝位置的资料交给了他。

基廷曾3次登上可可岛，带回的财宝价值5亿多法郎，但他始终没能找到"玛丽·迪尔号"船上的主要财宝。后来，基廷又向好友尼科拉·菲茨杰拉德海军下士说了可可岛的秘密。这位海军下士很穷，甚至没有足够的钱购买一条船，所以他一直没能去可可岛。菲茨杰拉德临死前，又将藏宝情况告诉了曾经救过自己性命的柯曾·豪上尉。由于种种原因，柯曾·豪上尉也没能去成可可岛。有关可可岛上藏宝的资料就这样一次又一次地不断传递，一份菲茨杰拉德根据基廷提供的情况写成的资料，至今保存在澳大利亚悉尼的"海员和旅游者俱乐部"里。

1927年，法国托尼·曼格尔船长复制了这份资料，并与1927～1929年两次去可可岛上寻找宝藏。汤普森是在1820年用一个八分仪埋藏这笔财宝的，因为它有很大偏差，这种八分仪在1820年藏宝之后就被回收不再使用了。根据1820～1823年的航海仪表资料，托尼校正了汤普森的某些数据，并确信汤普森的财宝就埋在希望海湾和石磨岛附近的海岛。托尼·曼格尔找到一个洞穴，它只有在落潮时将近一个小时的时间里可以进入。他独自一人进入，但洞穴水流很急，当他竭力在水下排除洞外杂物时，洞口的水越来越多，差一点将他淹死。经过一番挣扎，最终回到岸上，他把这个看成是"对藏宝寻找者的诅咒"，从此以后再也不敢去那里冒险了。

随着时间的推移，有关可可岛藏宝的资料也越积越多，虽然他们都纷纷自称是可靠的。

曾有无数寻宝人满怀希望去可可岛探宝，结果却总是空手而归。几经折腾，原来风光旖旎的小岛已经满目疮痍，生态环境也遭到了严重的破坏。

最近，为保护岛上的植物资源，哥斯达黎加政府从长远利益出发，决定禁止人们到可可岛上探宝。同时政府也相应地提高了旅游者在可可岛上应交纳的税金和船只的停泊费，前一项由原来的1.2美元增加到15美元，后一项则由每天15美元增至100美元不等。这些措施虽然能大大限制旅游者的活动，却不能阻挡人们对可可岛宝藏的向往。

拿破仑的战利品

1812年6月，拿破仑在粉碎第五次反法同盟的进攻后，毅然决定进军俄国，以清除欧洲大陆上的最后一个顽敌。同年9月14日，拿破仑率军占领了莫斯科。莫斯科当时几乎已是一座空城：近20万居民大部分随俄军撤走，剩下的人数还不到1万。当天晚上，城内几处建筑起火，火势蔓延开来，整整烧了6天6夜。

拿破仑以战养战的策略，在俄国人坚壁清野战术的打击下，完全发挥不了作用。法军将战线拉得很长，这使得他们运送粮食和弹药的运输队常遭俄军袭击，无法保证军需物质的供应，而俄皇亚历山大一世又不接受和谈。严寒和饥饿威胁着法军，拿破仑不得不在5天之后放弃刚刚占领的莫斯科，向西南方向缓慢后撤。法军在撤退途中不断受到俄国农民游击队和正规军的狙击，而且还有暴风雪的袭击。危急关头法军的辎重队伍丢下25辆装满战利品的马车，而这批战利品的去处便成了令人费解的谜。

"11 月 1 日，拿破仑继续痛苦地退却。在禁卫军的护卫下，他踏上了通向斯摩棱斯克的道路。由于担心途中会遭到俄军的堵截，皇帝决定尽快后撤。"作家瓦·斯戈特所著的《法国皇帝拿破仑·波拿巴的生涯》中对这段历史有这样的描写，"拿破仑感到目前的处境非常危险，他深知在莫斯科所掠夺的古代武器、大炮、克里姆林宫中的珍贵物品、伊凡大帝纪念塔上的大十字架、教堂的装饰品以及绘画和雕像等已无法带走，但他又不能容忍让俄国人继续拥有这些宝物，于是命令手下将这些东西沉入萨姆廖玻的湖里。"他的作品引起了人们的注意，苏联学者尤·勃可莫罗夫觉得这部书可能有助于寻找拿破仑掠夺的宝藏。勃可莫罗夫认为瓦·斯戈特是一位注重史实的作家，他完成和出版这本书的时间在 1831～1832 年之间，与拿破仑远

拿破仑坐像

征莫斯科仅隔 20 年，比较可信。那些曾参加了这次远征的人所写的手记或回忆录应该对此有所涉及，于是他决定要查阅一下与拿破仑同时代的人所留下的记录。

阿伦·德·哥朗格尔是拿破仑最信任的两名亲信之一，他曾和另外一个人一起与拿破仑乘雪橇向西疾驰，这件事发生在法军败退之时。勃可莫罗夫在哥朗格尔的回忆录中见到如下一段话："11 月 1 日，拿破仑从比亚吉玛退走。第二天，我们来到了萨姆廖玻。11 月 3 日到达斯拉普柯布。在这里，我们遇到大雪的侵袭……"

哥朗格尔提及拿破仑曾在萨姆廖玻，斯戈特说拿破仑把战利品沉入了萨姆廖玻的湖里。两者提供的地点和日期是完全相符的。勃可莫罗夫向苏联科学院地理研究所的专家咨询了相关情况，对方在回信中说："在比亚吉玛西南 29 千米的沼泽地有条叫萨姆廖夫卡的河，那块沼泽地的名字也叫萨姆廖夫卡。"

那么 100 多年来，有人对这块沼泽进行过探索吗？勃可莫罗夫虽然查阅了许多资料，但收获甚微。斯摩棱斯克地方政府内政管理局记录保存室提供的一点线索：

1835 年有人根据斯摩棱斯克地区长官的命令率领工兵部队对这个湖进行勘查。他们测量湖水深度时发现，在离水面 5 米左右的地方，有一堆像岩石般的堆积物，铅锥碰上去，似乎发出一种金属的声音。尼古拉一世拨款 4000 卢布，用来建立围堰，把水抽干。但后来发现那也只是一堆岩石而已，搜寻就此中止。

随后勃可莫罗夫的探索因故中断，拿破仑的战利品到底隐身何处愈发迷离。

纳粹匿藏宝藏

1945 年 3 月底，第三帝国危在旦夕，纳粹元首希特勒进行着最后的挣扎，为了有朝一日能东山再起，他命令其副手马丁·鲍曼负责设计一个转移柏林庞大的黄金储备和价值连城的艺术珍宝的方案。

马丁·鲍曼接到希特勒的指示后，经过周密部署，最终决定把这些财宝分批运送出来，一批运往色林吉亚丛林地区，另一批运往巴伐利亚南部。一方面，分批运送可以减少人们的注意，如被发现也可减少损失；另一方面，南部的这两个地方相对比较安全，背靠阿尔卑斯山，完全可以在柏林失守后作为负隅顽抗的据点。

让马丁·鲍曼始料不及的是，巴顿将军的装甲部队行动神速，运宝队刚到色林吉亚，盟军就跟了进来。希特勒匆忙下达了一项"就地隐蔽和疏散"的指令，于是这批财宝被仓促地隐藏在色林吉亚南部马克斯村附近的凯塞罗盐矿中。

1945 年 4 月，赫伯特·埃纳斯特少将率领隶属巴顿第 3 军团第 7 军的第 90 师装甲部队开到了色林吉亚，挖宝行动迅速展开。他们在那里找到了 550 只装有 22 亿德国马克的布袋，然后又在离地面 600 米的矿洞中找到一批艺术珍品和许多罕见的古代制服，寻找纳粹宝藏的序幕就此拉开了。

4 月 8 日，他们又在一个 45 米长、22.5 米宽的地窖里找到了大约 7000 只口袋，口袋里面装满了金锭和金币。除此之外还有大捆的纸币以及金银假牙、表匣、眼镜架、结婚戒指和一串串珍珠项链等。很明显，这些都是从战败国以及集中营的被害者那儿劫掠来的，其中黄金约有 250 吨，艺术珍品 400 吨，几乎欧洲所有纸币币种在地窖中都能找到。

运往色林吉亚的这批德国财宝已经找到，那么另一批财宝又在巴伐利亚南部的何处呢？

美军的情报人员从德国间谍那儿得知，用飞机押运的珠宝埋在了得克森附近的山脚下，同时运送财宝的代号为"杜哈"的专列和 5 辆卡车在到达巴伐利亚时也被盟军顺利截获。然而是否还有其他的黄金被运走了呢？

据说，1945 年 4 月 13 日这天，一架满载珠宝的飞机在党卫军将军斯潘卫的押运下飞往德国南方，同时载着 52 亿德国马克和黄金的两辆列车也随之驶离柏林，其代号为"杜哈"和"鹰"。除此之外，还有 5 辆装满珠宝的大卡车也离开了柏林，其目的地是距慕尼黑西南 50 千米柏莱森堡的一个矿井。

盟军马上开始着手寻找那批代号为"鹰"的专列所运走的黄金。不久在密顿华特村附近爱因西特尔山上的一个山洞里，盟军发现了一处数量为 1 吨左右的纳粹金库，被证实是"鹰"专列上运送的那批财物。可令人百思不得其解的是，其数量为何如此之少。其他的大批财宝都到什么地方去了呢？有 3 种可能：一是分批藏起来；二是被人在路上抢走一部分；三是有人已发现了一些并取走。

经过一番调查，最终确认为第二种情况，即一大部分被别人抢走了。

失踪的黄金就此不知去向。多年来人们对它的下落发表了许多看法：

有人说，这批黄金很可能是德国人勾结美国军队，经过一番密谋后抢掠走的。他们甚至指出，这个集团在 1945 年 6 月 7 日从爱因西特尔山洞中搬走的金锭多达 728 块。五角大楼的发言人对这种说法提出批评，一再说这是无稽之谈。不管美国军方怎样为自己辩解，他们都无法否认曾组织过 300 多人员专门调查此案的事实。而且爱因西特尔山洞的黄金失窃一事也被记载在美军第 3 军团的档案中，白纸黑字，无可否认，就连军队内部的一些官员也存有"不排除其中一部分落到非官方手里的可能性"的看法。

同时，另外一些人更执着地搜集着材料，从而较为详细地提供了这批黄金的下落：

1945 年 6 月初，有两个自称为"德国平民"的神秘人物向第 3 军团驻密顿华特地区的指挥官麦肯齐少校透露了纳粹黄金藏匿的地点。麦肯齐听到这一消息，迅速与上尉博格开着一辆卡车前往藏匿地点。这两个"德国平民"所报告的事情属实，他们确实找到了黄金，并尽可能多地将这些黄金搬上车，途中，博格上尉将司机枪杀。两天后，有人发现他们分别化名尼尔和哈普曼躲藏在瑞士一个名叫维兹瑙的地方。也有人说，1946 年 5 月博格又逃往南美，在那儿的一个大农场里过着神仙般的隐居生活。

黄金真是被麦肯齐与博格掠走的吗？由于没有更确凿的证据证实这一点，黄金失踪案恐怕仍然是美国陆军部卷宗上一宗无法破解的悬案。

文化迷踪

　　文化是人类历史的产物，世界各个民族在其历史进程中以不同的方式创造着不同的文化。作为历史的烙印，文化包罗万象，无处不在。它充满了神秘，耐人寻味又令人陶醉。

　　真的有耶稣裹尸布吗？《荷马史诗》作者是谁？耶稣是否确有其人？达·芬奇神奇的创造力是来源于自己吗？莎士比亚真的另有其人吗？贝多芬为什么会猝死？安徒生是王子吗？列侬为什么会遇刺身亡？

《荷马史诗》的作者究竟是谁

　　大约在公元前 9 世纪至前 8 世纪左右，古希腊产生了一部史诗巨著，直到今天，人们翻开这部史诗，还是会立刻沉浸其中，这就是《荷马史诗》。的确，《荷马史诗》影响了世界上一批又一批著名的文学家、艺术家，从柏拉图和亚里士多德开始，几乎没有一个文学爱好者不从中获益。

　　但是这么一部文学巨著，人们对它的作者却知之甚少。大约在公元前 5 世纪以后，希腊的历史学家、批评家才着手研究、调查有关作者的资料，而《荷马史诗》对于那时的希腊人，无异近代人眼中的史前神话。柏拉图、亚里士多德所了解的《荷马史诗》，还不如今天读者所了解的莎士比亚戏剧详细。导致这种差异的原因是：

荷马吟咏史诗图
古希腊著名诗人荷马正在爱奥尼亚一条大路旁，一边演奏竖琴，一边吟唱歌颂特洛伊英雄的史诗。

莎士比亚生活在印刷术盛行的时代，与他同时代的人都能看到他的剧本；而在当时的希腊，即使是一些受过教育的人，也很难有机会见到《荷马史诗》的手稿本，只是以某种形式在心中记忆他的诗而已，至于具体采用什么记忆方式，我们今天已经不得而知。大约在公元前 6 世纪，由文学家、哲学家柏拉图整理了荷马的诗文，且以一定形式记载下来。但是对于他的作者究竟是谁，却没有任何的资料以供参考。

一般认为，荷马史诗的作者是盲诗人荷马（Homeros，在爱奥尼亚土语里就是"盲人"的意思），但是对于这位盲诗人的出生地，却有众多说法。因为《荷马史诗》在世界上的巨大影响，一个城邦如果被看作是荷马的故乡便有着莫大的荣耀，因此有密而纳、科络丰、皮罗斯、西俄斯、雅典、阿尔格斯等众多城邦争先恐后地宣称是荷马的故乡，直到今天，仍有许多地方以自己培育了一个"伟大的诗人荷马"而感到自豪。事实上，在古希腊，虽然人们不知道荷马个人的具体资料，但是并不否认盲诗人荷马的存在，他们承认荷马就是荷马史诗的作者。柏拉图曾在《理想国》中指出，当时人们尊敬荷马，认为他"教育了希腊人民"。直到18世纪以前，这种看法在欧洲一直占主流。

到了1725年，意大利史学家维柯在《新科学》一书中的《发现真正的荷马》一文里，对这种传统的观点首先发难。他认为荷马这个人根本就不存在，因此争论荷马的故乡就显得毫无意义甚至可笑。他的理由是：《伊利亚特》和《奥德赛》之间的间隔达百年之久，怎么可能是同一作家所为呢？他提出了自己的看法：荷马史诗像大多数民间文学作品一样，是古希腊人民共同创造的，荷马也不过是希腊各民族民间神话故事的总代表罢了。

1795年，德国学者沃尔夫在《〈荷马史诗〉研究》一书里做出更详尽的论证，指出《荷马史诗》从公元前10世纪开始形成，经过长时间的口头流传，在流传过程中又经过不断修改，直到公元前6世纪才用文字记录下来。他的理由是两部史诗都可以分为若干独立的部分，每一部分都曾作为独立的篇章被歌手演唱，经过反反复复的修改才成为我们今天看到的样子。因此他认为《荷马史诗》是由众多民间诗歌汇编而成的。

然而以德国学者尼奇为代表的一部分人，却反对这种"汇编"而成的说法，他们认为历史上确实存在荷马这个人，因为柏拉图等人明确提到过此人。另外，《荷马史诗》具有统一的艺术结构，至于其中存在的一些矛盾，尼奇作了这样的解释：一部如此宏伟的巨著，出现一些前后不相一致的地方，是正常的，也是可以理解的。尼奇论断说，那些认为《荷马史诗》是众多人合写而成的说法是毫无根据的，也是荒诞的。

还有一种折中的看法，认为《荷马史诗》刚开始是一部短诗，可能由盲诗人荷马创作，但是随着时间不断地流传，一些其他诗人对它进行了再创作，不断充实它的内容，就成了今天这样的长诗。这种说法的根据是：《伊利亚特》是以阿喀琉斯的愤怒为核心，《奥德赛》是以尤里西斯的漂流为中心，两者都有一个核心部分，这个核心部分很可能就是荷马所创作的短篇的原型，而其他部分则是后来添加上去的。正因为如此，史诗才一方面具有统一的风格，而另一方面也有着诸多前后矛盾的地方。

20世纪，美国学者帕里从语言学的角度，又提出了新的见解。他在研究中发现《荷马史诗》中有大量程式化的语句，数量高达2.5万个，几乎占全诗的1/5，这些程式化的语句是早期诗歌中诗乐结合的常见现象，但如此众多，绝对不可能由一个诗人独创，一定是经过世代民间歌手不断加工而成的。

荷马，究竟是一个诗人的名字，还是一群诗人的名字，今天仍没有定论，但其留下的英雄史诗却与世共存。

米洛的维纳斯断臂之谜

古希腊神话传说中，有一个女神叫阿佛洛狄特，专管"美"和"爱"。到了古罗马时代，罗马人将她称为维纳斯。没有人见过这位女神，但是关于她的雕像却留下很多。其中最有名的就是一尊断臂的维纳斯雕像。

1820 年 4 月的一天，农民伊沃高斯带着他的儿子在爱琴海中的米洛岛上耕地。当他们正打算铲除一些矮灌木时，突然一个大洞穴出现在他们面前。他们走进这座山洞，发现了一座非常优美的半裸的女性大理石雕像，这就是"断臂维纳斯"神像。

法国驻希腊代理领事路易·布莱斯特很快得知了这个消息，他立即向法国公使利比耶尔侯爵作了报告。侯爵以高昂的价格从伊沃高斯手中买下了这座雕像，价格高达 2.5 万法郎，又把它装上法国军舰，偷偷运往法国。现在这座雕像就陈列在法国巴黎著名的罗浮宫美术馆里，成为罗浮宫的镇馆珍品之一。

从那以后世上就广为流传着有关断臂维纳斯的故事，人们不仅惊叹于维纳斯之美，也对她充满了的疑问和困惑。她是谁？她的制作者又是谁？臂断之前她又是怎样的姿态呢？

这尊在米洛岛上发现的雕像是维纳斯公认的形象，被命名为"米洛的维纳斯"。有些人认为她的这个名字过于"外国化"，因此将它命名为"米洛的阿佛洛狄特"。又因为这座石像的脸型很像公元前 10 世纪古希腊著名雕像家普拉克西德雷斯的作品"克尼德斯的维纳斯"的头部，所以这件作品又被叫作"克尼德斯的阿佛洛狄特"。正因为这两件作品如此相似，很多人断言她的创作者就是普拉克西德雷斯。但是也有相当一部分人认为这么优美的作品的作者应该是公元前 5 世纪古希腊更伟大的雕像家菲狄亚斯或菲狄亚斯的学生，因为作品的风格和这个时代相似。时至今日，比较公认的看法是认为这是一件晚至公元前 1 世纪希腊化时期的作品；还有一种看法认为这只是一件复制品，是仿制公元前 4 世纪某件原作而雕塑出来的，而原件已经消失了……总之众说纷纭，莫衷一是。

现在人们又对另一个问题产生了兴趣：她断了的两只胳膊原来是什么姿势？是拿着金苹果？是扶着战神的盾？还是拉着裹在下身的披布？……近年来的考据家则较一致地认为，她的一只手正伸向站在她面前的"爱的使者"丘比特。虽然不少人曾依照各自的推测补塑了她的双臂，但总觉得很别扭，不自然，还不如就让她缺两只胳膊，让人们用自己的想象去补全它，从此她就以"断臂美神"而闻名遐迩了。

虽然这是个半裸的女性雕像，而且优美、健康、充满活力，可是给人的印象并不柔媚和肉感。她的身姿转折有致，显得大方甚至"雄伟"；她的表情里有一种坦荡而又自尊的神态，显得很沉静。她无须故意取悦或挑逗别人，因为她不是别人的奴隶；她也毫无装腔作势、盛气凌人之感，因为她也不想高踞他人之上。在她的面前，

断臂的维纳斯

希腊化时期（公元前 4 ~ 前 1 世纪）的经典作品，体现了该时期的艺术新风尚：裸体美神像成为创作主流，风格由庄严崇高向世俗化转变，但仍带有大气磅礴的精神气质。在这件作品中，美神阿佛洛狄特端庄秀丽，表情宁静平淡，身体曲线呈螺旋上升状，起伏变化中暗含着音乐的节律。裸露与遮掩恰到好处，尽显女性的婉丽娇媚之姿，错落有致的衣褶变化又添其优美的神韵，同时，作者对人物整体简洁阔大的处理又增加了雕塑纪念碑式的崇高感。这种优美与崇高的完美结合使这件作品成为古希腊人体雕塑中美的典范。

人们感到的是亲切、喜悦以及对于完美的人和生命自由的向往。

自普拉克西德雷斯以来，艺术家们为了歌颂这位女神的美丽与温柔，塑造了各种姿态的裸女造型，而最成功的就是这尊雕像。她体现了菲狄亚斯的简洁，普拉克西德雷斯的温情，也具有留西波斯的优美的人体比例。她的面庞呈椭圆形，鼻梁垂直，额头很窄，下巴丰满，洋溢着女性典雅与温柔的气息。虽然衣裙遮住了她的下肢，但人体动态结构准确自然，艺术家的不凡技艺尽在其中。

然而，现在可能还是她的断臂让人们最感兴趣：美人的手臂在何处呢？

人们曾经在发现石像的同一座洞穴里找到过一些断臂与手的残碎石片，但这些究竟是不是这座雕像的手与臂的残片呢？目前还没有一致的看法。

"断臂"使这座雕像显得很神秘，却更增添了她的残缺美。人们为了解开断臂之谜，还发挥着无尽的想象力，但这个谜也许永远都不会有答案。

纳斯卡地画从何处来

秘鲁的纳斯卡高原是世界上最干燥的地区之一，这里终年骄阳似火，经常连续几年滴水不降。

几十年前的一天，位于秘鲁首都利马的民族学博物馆来了一位飞行员，他自称在秘鲁的安第斯山一带纳斯卡高原的沙漠上，发现了古代印第安人的"运河"。他拿出一张用铅笔勾抹着一些奇形怪状线条的地图，作为自己的证据。

几年过去了，这张地图辗转到历史学家鲍尔·科逊克的手里。科逊克带领一支考察队来到纳斯卡高原。在黑褐色的高原上，他们的确发现了十分明显的"白带"。在这条"白带"上，有的沟形状怪异，沿途也崎岖不平；有的沟则笔直，会长达 1.5 ~ 2 千米。顶多深 15 ~ 20 厘米左右的河床，即使在如此平坦的原野上，水也不会安然流淌在这样的运河里，用运河来命名它，似乎有些夸张。所以，用"沟"来称呼这条"白带"似乎更为准确和到位。考察队的队员们手拿指南针，沿着弯曲的沟行走，同时在地图上记下沟的形状与方位。一段时间过后，他们完成了这个有趣的实验，沟的形状和方位图画成了。令人惊奇的是，这图就像一只喙部突出的巨鹰。与一条长约 1.7 千米的笔直的沟相连的是鹰的尾部。

在当时的情况下，人们是怎样画出这幅巨鹰图的呢？又是怎样确定线条方向和准确地制定鹰身各部位的比例呢？当时采用的测量仪器又是什么样的呢？纳斯卡高原沙漠在考古学家面前展现了它迷宫的一角。

紧接着，一些巨大的人工平行线和许多奇异的图案被发现。当考古学家们乘上飞机以一定的角度在纳斯卡高原上空缓缓盘旋时，数千条方向各异的线条，分别组成三角形、螺线、四边形等多种几何图形。真是一组奇妙的画面！而且，人们还发现这里面有一幅章鱼图，章鱼伸展着 8 条弯弯曲曲的触角，非常形象。

人们还发现了这些地上画的规律，即完全相同的动物画，就像盖图章一样，每隔几十千米就出现一批。同时，比这些动物画大数十倍的人物画也被发现。其中一个长 620 米，躯干挺直而且双手叉在肋下的人像，令人称奇；还有一幅没有脑袋，却画有 6 个手指的人物等等。

还有许多沟更令人不解，它们有十分精确的南北走向，误差不超过一度。史料中没有记载南美居民持有指南针，而且北极星根本不会出现在南半球，在这样的条件下，画家怎么能画得如此精确呢？

以上种种原因和迹象，使纳斯卡高原上的地上画引起了人们的惊叹与关注。有些学者认为它可以与埃及金字塔和巴尔贝克神殿相媲美，将之称为世界第八大奇观。

科逊克等人在将星相图和纳斯卡高原平面图进行对照之后，发现整个四季的天文变化在这些地上画中也有明确的显示。有的标记代表月亮升起的地点，有的画还指出了最明亮的星的位置。在这部地上"天文历"上，太阳系的各大行星，都被标上了各自的三角形和线。在形状的帮助下，点缀在南半球空中的众多星座也能够在地上画中一一找到。

尽管人们对这些巨大的地上画有不同的解释，但大多数人都同意一点，即只有拥有高度发达的测量仪器和计算仪器的人才能制作出这些画，而且由于只有在空中才能看到它们的形状，所以它们是为专门从空中看才制作的。

据说印加人的部落曾经观察过在这里出现的让他们终生难忘的外星生物（或外星人），他们极其热切地希望这些外星生物（或外星人）能够回来。在年复一年的等待中，当他们的愿望实现不了的时候，他们便开始像外星生物（或外星人）一样在平地上构建图案。

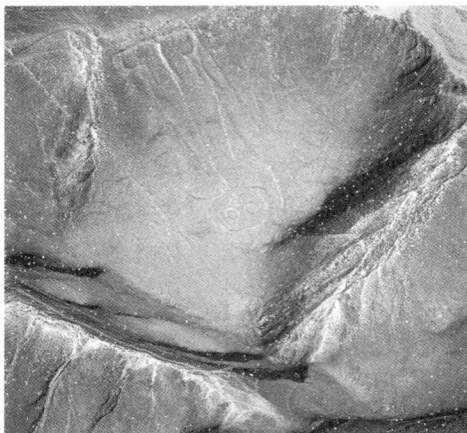

发现于纳斯卡石谷中的地画

但是，诸神一直没有光临，在这期间人

类周而复始地出生死亡，起初人们借助画线方法并未将诸神召回，就开始刨出巨大的动物形象：首先是人们描绘各种各样象征飞行形象的鸟；后来在想象力的驱使下又去描绘蜘蛛、鱼和猿猴的概貌。

另外一些考古学家则持否定态度，认为这些图形和线条是半神半人的"维拉科查人"遗留下的作品，并不是出自凡人之手。这个族群在好几千年之前也将他们的"指纹"遗留在了南美洲安第斯山脉其他的地区里。

专家们对镶嵌在线条上的陶器碎片进行了检测，同时对这儿出土的各种有机物质通过碳14进行测度，结果证实，纳斯卡遗迹年代十分久远，大概是从公元前350年到公元600年不等。至于这些线条本身的年代，由于它们跟周围的石头一样，本质上都是无法鉴定年代的，所以专家没做任何推测。我们只能这么说：年代最近的线条至少也有1400年的历史，但在理论上，这些线条可能比我们推测的年代更为久远。如果是后来的人携带这些我们据以推断日期的文物到纳斯卡高原，也是很有可能的。

以上的种种假设都存在着一些问题。首先，这些线条的坐标和动物的标志只有从高空中才能看出来，地面上的人如果没有先进的技术，根本无法画出来。其次，位于秘鲁南部的纳斯卡高原是一个土壤贫瘠、干燥荒凉、五谷不生的地方，长久以来人烟非常稀少，恐怕将来也不会有大量人口移居这里，在这种地方谁会去完成如此巨大的工程？

直到今天，人类仍然无法知道纳斯卡线条的真正用途和真正年代，更别说是谁画的。这些线条和图形是一个谜团，越仔细观察，就越觉得充满了神秘。

达·芬奇神奇的创造力来源于他人吗

意大利文艺复兴时代的伟大先驱列奥纳多·达·芬奇，是举世瞩目的旷世奇才。达·芬奇才华横溢，知识广博，在许多领域都有建树。他不仅在绘画、雕塑等艺术领域取得了极为丰硕的成果，而且在物理、数学、解剖、地质学、天文和建筑、工程制造方面都有很高的造诣，在这些学科领域中他无愧于"杰出创造者"的称号。就是现代科学家也十分惊讶于达·芬奇的精深的知识结构以及惊人的天赋。因为人们几乎不能相信上天会慷慨地把盖世奇才和美德完全地赋予一个凡人，而天才达·芬奇却能集这两者于一身。他为何如此幸运地得到上苍的青睐成为一个难解之谜。

欧洲一些专家学者近年来广泛而认真地研究了达·芬奇的生平，企图从中找到一些奥秘。有人用计算机分析了

达·芬奇自画像

他一生的成果，结果令人们大吃一惊，若要完成他全部的绘画、雕塑、研究和各种发明等工作，就算一刻不停地做，需要的时间至少也是74年。这对他来说，简直不

可能，因为他只活了67年。

人们从达·芬奇的生平中，还能隐约感觉到某种神秘之处。他一无家庭，二无亲友，终其一生都在躲避着那些被他称为"多嘴的动物"的女人，他隐秘的生活使他从事的事业非常机密。这更使专家们怀疑，达·芬奇可能是得到了神秘人物的帮助。否则，一个人的精力是有限的，如何能取得如此大的成就？

达·芬奇的社交圈很狭小，这就使人们很容易对达·芬奇唯一的仆人托马兹·玛奇尼产生兴趣。托马兹·玛奇尼是一个时刻跟随在达·芬奇左右的人，他是一位面目慈祥、体格强壮并有一双智慧之目的中年术士，阅历十分丰富，曾到过东方，受到过东方圣人和统治者的接见，还带回了大量的古阿拉伯和古埃及的书籍。据记载，他是一位出色的水力专家、雕刻家、机械师，同时对炼丹术和妖法极为热衷，只是因为他身份低微，故不为人们所知。有些学者从这些史料中得出结论：托马兹·玛奇尼是达·芬奇的有力合作者。

但大多数历史学家对上述的观点颇有微词。他们认为，托马兹·玛奇尼这个人物是人们臆造的，并不是历史人物。

有些专家认为，达·芬奇可能是立足于古人的创造发明并对它们进行了再创造和改良而得到如此丰硕的成果的。他们指出，类似直升机的画，早在达·芬奇之前的佛来米派艺术家手稿中就已出现过，与达·芬奇后来的设计很相像。另外，有记载表明，达·芬奇与东方祭司相交甚密，长期往来。他可能从这些古代文明的传继者那儿，得到许多人类知识的精华。

对达·芬奇一生的创造也有人表现出不以为然的态度。他们指出，达·芬奇的科学创造，都只是停留在构想阶段，与真正的科学发明有着本质的区别。但是，持这种观点的专家也不得不承认，达·芬奇是一个集崇高美德和天才智慧于一身的奇才。

牛顿晚年为何会精神失常

伊萨克·牛顿（1642～1727）是英国近代著名物理学家、天文学家、近代力学奠基人。一提起他，人们很自然地会想起苹果落地的故事：1665年，牛顿在家乡林肯郡的一个乡村疗养。有一天，他坐在一棵苹果树下读书，突然一只熟透了的苹果从树上掉了下来，引起了牛顿新的思考：苹果为什么会垂直落到地上？这个问题最终促成了一个伟大的原理——万有引力定律的产生。可以说牛顿的一生是充满智慧和创造的一生，而就是这样一位充满智慧的伟人，却在50～51岁时突然精神失常，对于其中的原因，当时及此后250多年的时间里，众多的科学家都试图找出一种合理的解释，但还没有最终达成共识。有人认为这主要是由于劳累、用脑过度所致；有人则认为是外界强烈的刺激，引起了他精神的暂时"短路"，还有人提出是汞中毒的结果。

其中认为牛顿是由于劳累和用脑过度而导致精神失常的观点得到大多数人的支

持。关于牛顿专心工作的故事，就连小学生也可以随口说出一件来：牛顿请朋友吃饭，他却一直在实验室工作得忘了时间，饿极了的朋友只好先吃了一只鸡，骨头堆放在盘子里。过了好久，牛顿才出来，看到盘中的鸡骨头，"恍然大悟"地说："原来我已经吃过饭了。"就又回到实验室工作去了。1687年，45岁的牛顿发表了《自然哲学的数学原理》，这是他一生最为重要的著作，该书以牛顿三大运动定律和万有引力为基础，建立了完美的力学理论体系。为做好这项工作，牛顿夜以继日地在实验室专心研究。他很少在夜间两三点钟前睡觉，有时一直要工作到清晨五六点钟。《自然哲学的数学原理》问世后，他又立即转入了光学的研究。如此高强度的工作使他不到30岁就已经须发皆白了，长期的用脑过度，极端紧张的工作，造成了科学家植物性神经功能紊乱，最终使他患上了精神失常的疾病。

还有人认为牛顿精神失常是受外界环境的强烈刺激所致。牛顿18岁便进入剑桥大学学习，很快就在科学界崭露头角，以自己的才华得到了很多前辈的赏识，在科学的道路上可谓一帆风顺。但1677年，他的恩师巴罗和一向爱护他的皇家学会干事巴格相继去世，这令他极度悲伤，曾使他的研究工作一度停止。在1689年，他被选为英国国会议员。来到灯红酒绿的伦敦后，他已不可能像从前那样再待在安静的实验室里，各种上流社会的交际应酬使得他的经济捉襟见肘，但多方努力都无法摆脱困境，最后，他闷闷不乐地回到了剑桥大学。1691～1692年，又有两件重大的事情对他的精神产生了极为不利的影响。一件是他母亲的去世，在此后相当长的一段时间内，他都一直精神不振。另外一件是他著作的手稿被烧毁。在他办完母亲的丧事回到剑桥大学后不久的一天早晨，当他从教堂做完祈祷回来，竟发现燃尽的蜡烛已将他书桌上摆放的有关光学和化学的手稿及其他一些论文都化为灰烬了。《光学》是他一生中仅次于《自然哲学的数学原理》的最重要的一部著作，《化学》也是他花费近20年时间辛勤研究的结晶，堪称一部科学巨著。对此，牛顿懊悔不已。他不得不重新整理《光学》手稿，至于《化学》他却再没有精力去做了。

还有一种较新的看法是，牛顿精神失常是由于汞中毒所致。有两位专门研究牛顿生平的学者，对牛顿遗留下来的四绺头发通过现代中子活化、中子衍射等先进手段来综合分析，发现牛顿头发中所含的有毒微量元素的浓度是正常人的好几倍，尤其是汞的含量更是高得可怕。许多学者由此断定：牛顿长期待在实验室里，经常接触有毒的金属蒸气，特别是汞，从而导致中毒精神失常。但这种说法也遭到很多人的质疑，因为牛顿一生中，只有在50～51岁期间精神失常过，其余都处于正常状态，而且我们也无法断定这四绺头发就是他患病期间的，就头发来推断他精神失常的原因太没有说服力了。其次，人头发的微量元素受外界影响很大，这四绺头发历经250多年，很难保证没有受到外界因素的干扰。现在医学上判定汞中毒的临床表现，如手指颤抖、牙齿脱落、四肢无力等症状，牛顿都不曾有过，所以汞中毒的说法很难令人信服。

时到今日，对于牛顿晚年精神失常的原因，仍然没有找到一个合理的解释。

莎士比亚是否真有其人

　　莎士比亚是世界文学史上最为重要的作家，在国际上甚至有人专门研究莎士比亚并形成了一门学问即"莎学"。但是，有人提出莎士比亚只是一个化名而已，他并不是真实存在的，这是怎么回事呢？

　　早在几个世纪以前，就有人提出了疑问，因为莎士比亚是世界著名的伟大剧作家，他有很多作品为后人所传颂，但其生平不为人知之处仍有很多，况且他个人也没留下这类的文字。有关莎翁身世的材料极少，这就给莎士比亚蒙上了一层神秘的面纱。即使是在莎士比亚的女婿霍尔医生所写的日记中，也难以寻到其岳父是杰出剧作家的一点说明。让人感到奇怪的是，当时没有人明确地指出哪些作品是莎士比亚创作的，也没有人对莎士比亚的去世表现出关注之情，因为没有一个人根据当时的习俗为他的去世写过表达缅怀之情的哀诗。因此，就是像拜伦和狄更斯这样的大作家也对莎士比亚曾写过的那些杰作表示怀疑，狄更斯就曾经表示一定要揭开"莎士比亚真伪之谜"。

　　现在我们所知道的关于莎士比亚的生平只限于以下这些。莎士比亚是欧洲文艺复兴时期最杰出的戏剧家和伟大的诗人，他出生于英国埃文河畔斯特拉特福镇一个普通的商人家庭中。年仅21岁时，他就告别了父母，到外面去寻找生活的门路。他曾做过剧场的杂役，后来又靠个人学习成长为一名演员，并逐渐成了一名剧作家。莎士比亚一生中创作了154首十四行诗和2首长诗、37部戏剧，可以说是著作颇丰。除了他生前自己发表的两首长诗以外，莎氏的其他作品都是别人在他死后搜集整理成书的。

　　首先明确表示出怀疑的是美国作家德丽雅·佩肯，他指出："英国著名哲学家弗朗西斯·培根才是莎剧的真正作者。"他还列举出了自己的理由。第一，莎士比亚生活于英国伊丽莎白王朝宗教、政治以及整个社会大动荡的时代，上流社会认为写剧演戏有伤风化，是一件可耻的事，但在牛津大学和剑桥大学的知识分子中，仍有不少学者在悄悄地排戏。可能是迫于社会的压力，为之撰写剧本的人就虚拟出了一个"莎士比亚"的笔名。在当时的知识分子中，培根才华超群，阅历丰富，理所当然是剧作者。

　　其二，莎剧内容博大精深，气势恢宏，涉及天文地理，异域风情，宫闱之事，而演员莎士比亚出身于一个普通的市民家庭，从来没上过大学。因此，莎士比亚不可能写出这样的剧本，说它出自才华横溢的培根之手

《哈姆雷特》中的戏剧场面

《哈姆雷特》堪称莎剧中最为经典的一部，演出经久不衰，被改编成不同形式加以演绎，所表达的戏剧精神已根植于西方乃至全人类的心中。

才能说得通。

其三，将莎剧剧本（尤其是初版作品）和培根的笔记进行对比，可以发现二者有惊人的相似之处，这可以看作"莎剧系培根所著"的线索。

而美国的文艺批评家卡尔文·霍夫曼于1955年提出了一个轰动一时的莎士比亚"新候选人"，他认为与莎氏同时代的杰出剧作家克利斯托弗·马洛才是莎剧的真正作者。霍夫曼认为1593年马洛假称自己受到迫害，离开英伦三岛，只身逃到欧洲大陆。他在以后的生活中以威廉·莎士比亚的笔名，不断地将他创作的一些戏剧作品寄回祖国，从而不断地在英国发表并搬上舞台。他的根据是与演员莎士比亚同样年龄的马洛是一个才华超群、阅历丰富的作家，毕业于剑桥大学，著名戏剧《汤姆兰大帝》就是他的作品。这位剧作家的作品其文体、情节以及作品中塑造的人物和莎剧极其相像，据此卡尔文·霍夫曼断定这些剧本为马洛一人所创作。

还有学者认为，莎士比亚是伊丽莎白女王借用的名字，这个观点让人十分吃惊。莎士比亚第一本戏剧集是潘勃鲁克伯爵夫人出版的，而她正好又是伊丽莎白女王的亲信密友和遗嘱执行者。那些学者们认为女王知识渊博，智力超群，对人们的情感具有极高的洞察力，是完全能够写出那样的杰作的。莎士比亚戏剧中不少主角的处境与女王都出奇的相像。女王能言善辩，词汇丰富，据统计反映，莎剧中的词汇也非常丰富，多达21000多个。女王在1603年去世以后，以莎士比亚为名发表的作品数量大为减少，在质量上也大打折扣，这些很有可能是女王早期的不成熟之作，而在她死后由别人收集出版的。

然而，和彻底驳倒各种各样的怀疑论者一样，要完全推翻莎士比亚的著作权也是极为困难的。到现在，绝大多数人仍坚持莎剧为莎翁创作的说法。

莎士比亚的作品是16～17世纪英国社会现实的深刻反映。莎氏博采欧洲文艺复兴时期的众家之长，大大丰富了自己的新文化思想，从而创作出了能够代表文艺复兴时期文学成就的作品。莎剧情节动人，语言优美，人物个性鲜明，给人们留下了深刻印象。由于其作品反映的是当时英国封建制度解体和资本主义兴起时的各种社会力量冲突的现实，因而其作品有"时代的灵魂"之称。众所周知，莎剧以其四大悲剧而著名，即《李尔王》《麦克白》《奥赛罗》和《哈姆雷特》，这也是奠定莎剧在世界文坛上崇高地位的力作。

正因为如此，莎士比亚不仅仅是一个名字，更成为一个时代的化身，他代表了那个时代。因此，许多人不再去关心莎士比亚真伪的问题，但随着新技术不断运用于历史研究中，相信这个谜题一定会被揭开。

安徒生是王子吗

如果你到丹麦首都哥本哈根旅游，一定会注意到一个美丽的雕像——《海的女儿》，并且导游一定会向你讲述一个与此相关的童话故事：一个万籁俱寂的夜晚，月亮温柔地注视着大海，在海面上缓缓浮出一个人身鱼尾的少女，她是海底的公主，要去和人间的恋人——英俊的王子长相厮守。可是她的鱼尾却阻碍着她的美梦。海巫婆告诉她："有一种药物，可以化鱼尾为双腿，但是你必须放弃你300年的生命。"她毫不犹豫地把药喝了下去……当她醒来时，慈祥的阳光抚摸着她漂亮的眼睫毛，英俊的王子正抱着她，对着她微笑……当你还在回味这个美丽的故事时，导游往往又会打断你的畅想，很得意地告诉你："这是我国伟大的童话作家安徒生写的童话。"

一般的安徒生传记是这样叙述他的生平的：1805年4月2日出生于丹麦富恩岛上一个鞋匠之家，一家人都挤在一间低矮破旧的平房里。由于一家人的生活重负都压在收入不高的父亲身上，致使其操劳过度，在安徒生11岁时就早早离开了人世。此后家境更为贫困，母亲不得已而改嫁，于是安徒生开始了一生的漂泊。他做过各式各样的学徒，经常梦想着长大后能做一个演员，可以在舞台上成为威严的国王、英俊潇洒的王子。到14岁时，他到丹麦皇家剧院做临时演员，可是因为失声，他的演员之梦破灭了。之后尝试给剧团写剧本，可是每次都被退回，幸亏一个导演看中他的才华，动了伯乐惜才之心，就资助他读完大学。这样安徒生不断进行学习与积累，奠定了文学创作的基础。因为感慨于自己童年的不幸，他就决定给全世界的孩子写故事，以让所有的孩子有一个梦一般美丽的童年。1835年，安徒生出版了第一本童话集，反响非常好，于是他一发而不可收，以后每年圣诞节，他都新出一本童话集，作为给孩子们的新年礼物。在40年的创作生涯里，他写了160多篇童话，这些童话，今天成为流行全世界的文学经典。

后来，有人对安徒生的身世提出了怀疑，认为他实际上是一个"落难王子"。这场争论越来越热闹，以至于1990年在安徒生的家乡欧登塞大学举办了数百名学者参加的研讨会，专门讨论安徒生的身世。历史学家延斯·约根森在他的著作《安徒生——一个真正的童话》中，认为安徒生是丹麦皇室的私生子。他的生母是王储克利斯蒂安的情妇。安徒生出生后，为了遮丑，就被送给一个鞋匠收养。这中间安徒生其实一直受到皇室的照顾，不然一个平民少年，怎么可能出入皇家剧院呢？所谓安徒生吃苦的事情，纯粹是皇室故意编造，为的是掩人耳目罢了。另外有人从安徒生童话中寻找证据，发现许多童话都与王子和皇室有关，并且在安徒生童话中还有这样一个故事：一个鞋匠与一个洗衣妇结婚，生下了一个相貌不雅的儿子，却不能自己抚养，这个孩子四处流浪，无意中得到贵人相助，结果发了财，成为社会名流。可是最后丑儿知道了自己发财的原因：原来自己是国王的私生子。这个童话中，丑儿显然是安徒生自己的写照，因为他的"父亲"是一个鞋匠，"母亲"是一个洗衣妇，并且最

安徒生和丑小鸭雕像
《丑小鸭》的故事充满隐喻色彩，是否暗示了安徒生真实的高贵身份？

后安徒生也功成名就。那么这个故事的后半部分是不是也是作家的真实经历呢？专家们作了这样的猜测：安徒生后来获知了自己的身份，也得知自己的成功原来也是别人的刻意帮助，非常烦闷，又不能把这件事公布出去，就只能将之编成童话。

为了搞清楚安徒生的真实身份，丹麦政府也提供了大力支持。在政府许可下，丹麦历史学家塔格·卡尔斯泰德查阅了克利斯蒂安的档案，结果发现，这位风流的国王确实有一个普通的民女情妇。档案中有这样的材料：国王得知自己有了私生子后，曾经派人送钱给他们母子，并且为他的私生子安排了工作。但是资料说得很不详细，历史学家没找到有关安徒生母子的明确材料。

音乐大师贝多芬猝死之谜

天才似乎总要受到更多的磨难，世界音乐史上最伟大的音乐家贝多芬便是这样。他一生与病痛为伴，饱受折磨，尤其是耳朵失聪，几乎断送了他的音乐前程。由此他的精神支柱坍塌了，甚至曾一度绝望得企图自杀。终于，这颗音乐巨星于1827年3月26日下午5时30分陨落，给世人留下无限遗憾。

关于贝多芬是什么原因致死的，人们大都认为：这位作曲家的死是由严重酗酒而引起肝病所致，他在55岁时被发现患有严重肝病。但是英国尤维尔区医院风湿科顾问医师帕尔福曼对这种看法提出了异议。他认为折磨这位作曲家的许多病痛是一种少见的风湿病引起的，这种少见风湿病会使身体的每个器官发炎，并逐渐侵袭全身。贝多芬禁不住要自杀主要是因为这种病痛非常剧烈。最后，贝多芬被这种风湿病折磨致死。他还认为，如果用现代的类固醇给他治疗，给他做肝脏移植手术，贝多芬可以多活许多年，足以让他完成"丢失"的第十首交响曲。

法国著名作家阿尔方斯·卡尔是贝多芬的同时代人，他的《在椴树下》一书为贝多芬之死的原因和具体情况提供了新的线索，并详细介绍了自己的观点。他写道：作曲家死前不久的一天，他的侄子来信说自己在维也纳被牵连进一桩麻烦的事件中，只有伯父出面才可以帮他脱离困境。贝多芬接到信后立即徒步上路。夜宿于一家农舍，到了夜里，贝多芬感到浑身发烧，疼痛难忍。他辗转反侧，难以入睡，于是爬起身，赤着双脚到田野里徜徉。由于时间待得太长，夜寒侵骨，回来时他已冷得发抖。主人从维也纳请来一位医生为其诊治。最后医生确诊为肺积水，生命危在旦夕。得知贝多芬病重的消息后，德国著名钢琴演奏家和作曲家胡梅尔来看他，但贝多芬已无法与其交谈，他仅用饱含感激的目光凝视着他。胡梅尔通过听音筒向他表示他的悲伤之情。贝多芬以听音筒依稀听见几句大声的喊叫之后，顿觉畅然，他两眼熠熠生辉，对老朋友说："胡梅尔，我果真是个天才吗？"说完后，他张大嘴，两眼直勾勾地瞪着胡梅尔，溘然长逝。

另外，还有一些研究专家试图从贝多芬的家庭关系上来揭开作曲家的死亡之谜。中国学者赵鑫珊在《贝多芬之魂》一书中认为：贝多芬的侄子卡尔长期的烦扰，大大损害了贝多芬的健康，给他的精神带来了莫大的痛苦，导致他过早地离开了人世。他的侄子在别人面前称呼贝多芬"老傻瓜",而且只要人家看到他同这个"老傻瓜"在一起,他就觉得丢脸。只要贝多芬对他稍加严格,言语过重,这个无赖就会用自杀来威胁。尽管如此,贝多芬对他慈父般的爱还是有增无减,并且一再容忍他。1826年12月1日,卡尔不听贝多芬之劝,硬要去军队服役,贝多芬只好陪他上路。就是在旅途上贝多芬得了严重风寒,从此一病不起。他回到维也纳时,完全是个去日无多的老人。可是伯父卧床不起的消息传到卡尔那儿后,他竟无动于衷,依然自娱自乐。严重的肺炎过后,接着便是肝硬化,最后引起水肿。有的学者非常明确地说:实际上,贝多芬是被侄儿气死或逼死的。

贝多芬真的是死于酗酒所致的肝病吗?亦有人说他的耳聋和他在爱情上的失意使得他的身心遭受极大的创伤,由此而抑郁成疾。有关贝多芬的死因我们现在去探究似已无必要,我们对他更多的只是崇敬和景仰罢了。

凡·高开枪自杀是精神失常了吗

现代印象派绘画艺术的杰出代表——凡·高,具有非凡的绘画才能,他的绘画作品在他死后才被世人视为珍品,他也由此享誉全球。然而他生前命运多舛,贫困、疾病、饥饿以及天才的不得意使得凡·高的境遇十分凄惨。在1890年6月29日他开枪自杀,因伤重不治而亡,年仅36岁。

近年来,随着对凡·高所代表的印象派绘画艺术欣赏和理解的人的增多,有关凡·高生平的研究也得到越来越多的关注和重视。这位艺术家的死成了人们关注的焦点。他选择以自杀的方式离开这个世界究竟是出于什么原因呢?有一点似乎非常明显——那是他的精神失去控制后,在失常情况下所采取的非理智行为。可是,凡·高精神失常的原因又是什么呢?对这个问题的探讨早已在文化界、艺术界乃至化学界、医学界的专家和学者们中激烈地展开了。

从不同的角度出发,学者们提出了许多不同的观点。

这些观点一般分为两大类。第一类是由医学界、化学界的专家所持的自然原因观点。他们从凡·高的生前嗜好、日常活动和生理疾病着眼,做出了不尽相同的解释。一些人认为:凡·高的精神系统被他的一些不良生活习惯严重地损害了,这直接导致他因失去控制而自杀。他们指出凡·高生前非常喜欢喝艾酒,而艾酒内含有对动物神经组织极为有害的物质岩柏酮,饮艾酒成了他的癖好,这严重伤害了他的神经系统。有大量的证据表明,凡·高体内含有相当惊人的高浓度的岩柏酮。他去世后一年,他的棺椁就被种植在他坟墓上的一棵喜欢岩柏酮的小树的树根紧紧包裹起来,后来为他移坟的人被迫连此树一起移走。也有人认为,凡·高有癫痫症,为了治疗而长期使用对神经系统有麻痹作用的药物洋地黄,最终因这种药物的中毒而导致神经损坏。

第二类观点认为,社会原因造成凡·高的精神失常。一种说法是:凡·高精神崩溃而自杀是因为对心理疾病和自身生理感到恐惧和羞愧。直至最后,持这种观点的人在大量研究历史资料后指出:凡·高死前不但患有严重的青光眼,而且还患有梅毒症。

他自己也清楚，他不久将失去对画家来说最珍贵的视力，而且，他也有很强的"恋母情结"。这给他很大的精神压力，终使他不堪重负而崩溃。

也有很多的艺术、文学界人士是从思想方面找寻原因的。他们认为，凡·高的一生虽然短暂，但历经了太多的磨难。他干过9种职业，四处颠沛流离，饱尝了生活的艰辛和世道的不公。他渴望去拯救那些劳苦大众，可现实总是粉碎他的理想。这就足以使他对生活不再抱有希望。作为艺术家，绘画是他的生命。而且，他有极高的天分，极强的创造力。他从事绘画不过7年，就创作了大量水平极高的作品。可是在那个时代，世人并不理解和认识他所代表的艺术风格，

凡·高的代表作《向日葵》

因此他的作品一点销路也没有。在他生前，只有一两幅画被售出，以至于他不得不依靠弟弟的不断资助来维持生活。他本来已经脆弱的神经被这些无情的现实极大地撞击着，终于不堪重负，所以他才选择用自杀的方式逃避这个没有给他带来什么温暖和快乐的世界。

也许，单纯从某个角度来分析凡·高精神失常的原因都有失偏颇，如果能综合而全面地分析凡·高，可能会得出对凡·高死因的最好的解释。不管如何，这位画家总算在死后能安息了。

列侬为什么会遇刺身亡

凡是爱好音乐的人没有不知道"甲壳虫"乐队的大名，而对于乐队的创始人约翰·列侬更是崇拜万分，直到现在，还有不少人收藏"甲壳虫"的唱片。这个成立于20世纪50年代的乐队，在20世纪60年代可以说是主宰了整个摇滚乐坛。吸引无数青年人的不仅是他们的音乐，还有爱德华七世时代的服饰和那一头拖把似的长发，他们所到之处，受欢迎的程度可以用狂热一词来形容。这支独特的乐队风靡了欧美各国，在世界各地巡回演出并发行了大量的唱片专集，给英国财政赚回了不少外汇。因此，1965年的时候，英国政府特意为乐队颁发了大英帝国勋章。而作为整个乐队灵魂的列侬，不但演唱出色，而且还具有非凡的创作才华，写了不少动听迷人的歌曲。随着他们的作品被制成唱片在国内外大量发行，列侬的名气也如日中天，拥有了越来越多的歌迷和崇拜者，许多人日夜守候在列侬可能出现的地方，只为能够得到列侬的亲笔签名。

可是，就是这样一位天才的音乐家，却于1980年12月8日的深夜，在纽约达科他寓所门口被人枪击而死。列侬的死震惊了全世界，成千上万的人为他的死悲痛、惊叹、沮丧、愤怒，以各种方式来哀悼他。歌迷的反应不亚于对谋害肯尼迪兄弟，或者像精神领袖马丁·路德·金的反应，因为在他们的心中，列侬已经成为一代人的象征。

"甲壳虫"这支以打击乐著称的乐队在 20 世纪 60 年代风靡全世界。

历史定格在 12 月 8 日那个令人心碎的凄惨夜晚，列侬在录音棚里工作到了很晚才回家。当天一直下着小雨，透过雨丝看到属于他的那扇窗口中的昏黄的灯光，列侬不知不觉地加快了脚步。"列侬先生。"黑暗中有人叫着他的名字，他刚要转过身去，只见一个穿着黑雨衣的男子突然从阴影中冲了出来。同时列侬听见了一声巨大的枪响，等他醒悟过来时，一颗子弹已经飞快地穿进了他的胸膛，然后是第二发、第三发、第四发……这时家家户户的电视中正在放着同一个画面，那就是当天下午列侬在接受旧金山电视台的访问实况，电视上的列侬微笑着对电视机前所有看到他的人说："我希望前程万里。"

由于一切是在突然的情况下意外发生的，致使人们对整个事件的发生充满了疑惑：凶手为什么要杀死列侬？这是不是一次蓄意谋杀？

有人认为列侬是因为拒绝为可能是歌迷或崇拜者的凶手签名，便遭到了恼羞成怒的凶手的杀害。中国 1981 年第六期《电影世界》上刊登了一篇题为《"披头士"歌星约翰·列侬》的文章中说："他在纽约的大门口，因拒绝为人签名，被一个莫名其妙的凶手开枪打死。"而列侬的遗孀大野洋子则认为，凶手可能是个糊涂人，他想用制造轰动事件来使自己出名，于是，凶手把目标锁定在了当时红得发紫的列侬。

可是有人认为列侬的遇害并不简单，是一次有预谋的暗杀。事后很快就抓住了凶手，他是一个住在夏威夷的 25 岁的青年马克·查普曼，以前当过保安人员。在事发前两天，他来到纽约，住在离列侬家有 9 个街区的基督教男青年会里，并且和许多崇拜者一起到列侬的住所门口，希望得到列侬的亲笔签名。而在列侬给查普曼签名以后的几个小时，他再一次等待列侬的出现，并向他开枪。当警察抓住他时，发现他身上还带着有列侬亲笔签名的纪念册，可是凶手始终没有说出自己杀害列侬的动机。有人推测查普曼可能是个偏执狂或是歇斯底里症患者，这些人在情绪激动或受到某种刺激后便无法控制住自己的行为。

艺术界很多人也同意列侬是被谋杀的说法，因为列侬与"甲壳虫"乐队其他成员比，更加关注政治，其后期的作品包含有对社会的评论。列侬还是一个参加和平运动的积极分子，因此，他遭到过很多次攻击，生命也多次受过威胁。早在 1964 年，乐队在法国举行第一次音乐会时，列侬在后台就收到了一张纸条："我要在今天晚上 9 点钟把你打死。"在查普曼到达纽约的当天晚上，他叫了一辆出租汽车，去了格林尼治村一趟。第二天晚上他就突然离开青年会，搬到希尔顿中心的一家饭店里去住，并且还大吃了一顿。第三天晚上他就开枪杀死了列侬，这实在是令人不得不怀疑，凶手极可能是受雇于人。

列侬的歌曲可以说是一代人最大的希望和最美的梦想的集合体，歌者虽然去了另外一个世界，那些优美的旋律永远留在了一代又一代人的心目中。

建筑之谜

　　建筑是一个民族在地理、地质、气候、社会、宗教等诸多因素影响下的产物，不同地域、不同民族的建筑结构和建筑风格也各不相同。

　　在人类有意识地为自己搭建起栖身的简陋窝棚时，建筑就已经产生了。作为历史文化的载体，特别是已经存在了几百年、上千年，甚至上万年的人类杰作，它们无不充满神奇：如何解释金字塔里的超自然现象？到底有没有空中花园？雄伟壮观的"太阳门"是如何而来的？比萨斜塔为什么斜而不倒？土耳其为什么会有那么多的地下城市？

史前图书馆之谜

　　我们的祖先以何种方式生存，他们如何交流，与自然有着怎样的关系？

　　无论在世界的哪个角落，我们都会发现他们为后人留下的记载，而且其中不乏惊人的相似之处。现在让我们去看一下意大利的瓦尔卡莫尼卡，那里同瑞典、法国和葡萄牙一样，成千上万的岩石雕刻讲述着人类的史前史。让我们试着"解读"一下这些先于任何字母的沟通体系。

　　瑞典博赫斯兰的塔姆地区有着巨大的弗松岩刻。这里是欧洲后旧石器时代岩刻艺术荟萃之地，著名的岩刻就多达1500余处，共计4万多个形象，内容包括船舶、武士、武器和动物等，雕刻的年代大约在前1500～前500年之间。

　　瓦尔卡莫尼卡的农民称岩石雕刻为"皮托蒂"——玩偶。在这个曾居住过卡穆奈人的伦巴第大区的峡谷里，每年都会有新的岩刻被发现。这些岩刻画包括武士、走兽和武器，还有狩猎和耕耘的情景。这些仍是谜团的符号在向我们讲述着远古的人类，我们的祖先。

　　现在让我们想象一下当时的情景：一个人以灵活而准确的动作，锤击着一块巨大而平滑的岩石。岩石离村庄不远，上面被冰川冲刷出许多条划痕。他锤凿的技巧是：用一块削尖的坚硬石头重复地敲击巨石的平面，获得一系列的米点效果，从而构成各种造型。有时造型周围已经有一些被填平了的浅线条的雕刻。

　　常常有这种情况出现：新的形象靠近甚至重叠到一些更为古旧的形象之上。在同一块岩石上，有一部分充满史迹，而另一部分则令人费解地空白在那里。结果就形成了一种繁杂的壁画，成了难以想象的和等待人们去破译的史前史图书馆。破译谈何容易。这些岩刻的含义还是学者们仍在研讨的课题。

　　学者们进一步解释说："尽管说综合诠释并不那么简单，因为岩石艺术显示的技巧高超，风格多样，内容和质量博大精深，但是我们还是有理由去到神灵的领域里寻求答案。"这些雕刻起初似为一种象征性的东西。铜器—青铜器时代（公元前3000～前1000年）的武器和工具是单独放置的，从未握摸和使用过。有时会出现一种难以解释的构图神话，也可理解为一种宗教思想。

随着铁器时代（公元前1000年左右）的到来，岩刻表现的场景特色具有了讲述故事的性质。在这个年代，特别是在瓦尔卡莫尼卡这地方，尽管岩刻主题各异，但有些题目却占有重要地位：比如武士的造型和鹿的造型。很多画面都表现了狩猎此种动物的情景，但带有怪诞色彩。比如，我们不明白为什么猎人握着投枪，而不是使用射程更远的弓箭这一更为有效的武器；还有，骑手常常是站在马上，好像是考验他的灵巧性；决斗者被刻画成携带着非真实性武器的形象，不是流血形象。这就使人将岩刻的含义很与青年人进入青春期时要经受的考验联系在一起。

还有专家认为，可能是刚刚迈入青春期的贵族征战者在启蒙导师的指引下，聚集在远离村庄的一块僻静之地，去度过他们能够享有成人权利的过渡期。一张19世纪的地图上面标有瓦尔卡莫尼卡地区现在的阿夸乃岩刻天然公园和阿夸乃的解说词。我们从现在仍在阿尔卑斯山东部和中部一代流传的神话故事中得知，阿夸乃是水族中的一群仙女，她们的使命就是帮助青年人克服生活中的困难，因此雕刻中的故事可能就是当时神化需求的反映。对卡穆人来说，那些神仙可能就生活在那里的岩石之上。

这种解释还不能使意大利史前史艺术权威之一的埃玛努尔·阿纳蒂完全信服。要知道，不管是谁从事这方面的研究都离不开他的研究成果和由他领导的卡穆人史前史研究中心所展开的工作。他认为：瓦尔卡莫尼卡铁器时代的造型，首先表现的是对死者丰功伟绩的怀念与赞颂，以及对神话的崇拜。这些形象反映了人们同逝者、祖先、英雄人物以及至高无上的超自然力量之间进行精神对话的需求。在一些画面中，我们看到了有狩猎或者猎物的场面，这好像就是人们为了得到他们所企望的物质在祈求神灵的恩佑。在岩刻中也不乏对日常生活的现实描绘。还有，人们都拥有自己的圣地。瓦尔卡莫尼卡、贝戈山和奇迹山谷位于阿尔卑斯山伸向法国一边的那些山坡就曾经是青铜时代人们定期朝觐的圣地，他们在那里举行隆重的庆祝仪式。贝戈山巍峨壮观的雄姿和有时突发的暴风骤雨、雷电交加的情景，会给那个时代的人类留下十分深刻的印象，他们很可能把这一切都归因于那是神灵居住之地。

这类史前史图书馆在欧洲的许多地方都存在，但瓦尔卡莫尼卡的史前史图书馆却是首屈一指的。它拥有30万个造型，涵盖了从中石器时代（即从公元前8000年起）至罗马人到来这一时间的所有内容。法国的奇迹山谷讲述着铜器和青铜器时代文明的许多故事，而人们在瑞典的博赫斯兰地区、挪威的阿尔塔、葡萄牙的科阿河谷也发现了几十个动物造型，可以称得上是1万年以前旧石器时代动物形态的典型索引。

然而，这一人类的遗产正在遭受着巨大的威胁：在这些有着丰富的岩石雕刻的地区，人们开始了水力发电站水库的建设，很大一部分岩刻被淹没在水下和泥土之中。在葡萄牙公众舆论的压力下，这一破坏行为才被制止。在瓦尔卡莫尼卡地区正在进行的工程同样是有害的：建设中的隧道和高压输电网距切莫大岩石仅有数米，竖立的电线支架就紧靠着著名的岩刻，而道路则刚好从阿夸乃国家公园的底下通过。数千年保留下来的这些人类财富，在我们还没弄清楚它的来龙去脉时就可能被人的无知毁于一旦。

金字塔到底是什么

长期以来，人们一直认为大金字塔就是法老胡夫的陵墓。据文件记载，公元820年，即阿拉伯人统治埃及期间，阿拉伯王子阿布杜拉·艾尔玛曼为了寻宝，曾凿破北侧石壁，沿甬道闯入传说中的"王室"和"后室"，但进去之后却发现，那里不但没有宝藏，也没有法老和王后的遗骸，只有两处空空荡荡的房间，可是封印完整。

艾尔玛曼的发现使世人深感震惊。既然金字塔内没有尸骸，就无法证明它是法老的陵墓。所谓王宫、后室等，也都不过是约定俗成的叫法。这个世界上最大的建筑究竟是做什么用的呢？

有人认为，在古埃及第一、二王朝时，无论王公大臣还是老百姓死后，都被葬入一种用泥砖建成的长方形坟墓，古代埃及人叫它"玛斯塔巴"。后来到第三王朝时期，一位名叫伊姆荷太普的年轻设计师，在给埃及法老佐塞设计坟墓时，发明了一种新的建筑方法。他用山上采下的呈方形的石块来代替泥砖，并不断修改陵墓的设计方案，最终建成一个六级的梯形金字塔，这就是我们今天所看到的金字塔的雏形。

但是，考古学家、心灵学家和秘传研究的学者等并不同意这种见解。一些研究秘传的学者认为，坐落在埃及等地的每一座金字塔都是一个巨大的文化、祭祖和能量聚集的中心：塔里面还存放着许多经书，待在里面可以使人接受宗教的洗礼；集聚在金字塔里的能量强大无比，它可以影响到四周地域的气候变化。

还有一种说法，古埃及的圣人才子为防范后人破坏他们的创造物，就利用金字塔的能量摧毁了胡夫金字塔周围的一切，使之成为一片茫茫沙漠……

有人认为金字塔是纪念物。据考证，狮身人面巨像是在大约公元前2500年古王国时代第四王朝的埃及法老海夫拉统治时期修建的。海夫拉巡视墓碑时，为没有一个体现其法老威仪的标志而不满，一位石匠投其所好，建议利用工地上一

胡夫陵内部结构示意图
胡夫金字塔由大约230万石块砌成，外层石块平均每块重2.5吨，塔原高146.5米，经风化腐蚀，现降至137米。整个塔建筑在一块占地约5.29万平方米的凸形岩石上。

块 200 吨重的巨石雕一座象征法老威严与智能的石像，遂有了驰名世界的斯芬克斯狮身人面像。

有人认为，金字塔是灵魂安息之处。古埃及人认为，诸神告诫人们做什么，人们就应该做什么。他们还相信，世界有始无终，万事万物都循环往复。他们的时间观偏重未来，相信无尽的世界正等着他们去享受。古埃及人还认为，人生在世，主要依靠两大因素：一是看得见的人体，二是看不见的灵魂。灵魂"巴"的形状是长着人头、人手的鸟。人死后，"巴"可以自由飞离尸体。但尸体仍是"巴"依存的基础。为此要为亡者举行一系列名目繁多的复杂仪式，使他的各个器官重新发挥作用，使尸体（木乃伊）能够复活，继续在来世生活。

人总是要死的，但是，为什么要花费这样多的劳力，消耗这样多的钱财，为自己建造一个尸体贮存所呢？除了国王们的豪华奢侈外，有没有其他的原因呢？科学家们的研究表明，金字塔的形状，使它贮存着一种奇异的"能"，能使尸体迅速脱水，加速"木乃伊化"，等待有朝一日的复活。假如把一枚锈迹斑斑的金属币放进金字塔，不久，它就会变得金光灿灿；假如把一杯鲜奶放进金字塔，24 小时后取出，仍然鲜美清新；如果一个人头痛、牙痛，到金字塔里去，一小时后，就会消肿止痛，如释重负；如果一个人神经衰弱，疲惫不堪，到金字塔里去，几分钟或几小时后，就会精神焕发，气力倍增。法国科学家鲍维斯发现，在塔高 1/3 的地方，垃圾桶内的小猪、小狗之类的尸体，不仅没有腐烂，反而自行脱水，变成了"木乃伊"。他按照金字塔的尺寸比例，做了一个小型金字塔，也同样取得了防腐保鲜的效果，这种家庭用的小型金字塔曾经在美国畅销，供防腐保鲜和实验之用。捷克的无线电技师卡尔·德尔巴尔根据鲍维斯的发现，创制了"金字塔"刀片锋利器，并在 1959 年获得了捷克颁发的"专利权"。埃及科学家海利也做了个实验，他把菜豆籽放进金字塔后，同一般菜豆籽相比，出苗要长 4 倍，叶绿素也多 4 倍。

1963 年，俄克拉荷马大学的生物学家们断定：已经死了好几千年的埃及公主梅纳，栩栩如生的躯体上的皮肤细胞，仍具有生命力。最使人毛骨悚然的是埃及考古学家玛苏博士的宣布：当他经过 4 个月的发掘，在帝王谷下 8.1 米的地方打开一座古墓石门的时候，一只大灰猫，拔着满身尘土，拱起背，嘶嘶地叫，凶猛地向人扑来。几个小时以后，猫在实验室里去世了，然而，它忠实地守卫它的主人，已经有4000 年。

所以，有的科学家认为：金字塔的结构是一个较好的微波谐振腔体，微波能量的加热效应可以杀菌，并且使尸体脱水，而在这个腔体中，可以充分发挥微波的作用。可是，4000 年前的法老，怎么知道利用微波呢？这仍然是一个谜。

有人认为，金字塔是地球与外星人联系的方式。美国宇航员最近发现：在一年中特定的某几天，当太阳照在吉萨高地金字塔顶上的条纹大理石板上的时候，反射到空中的亮光在月亮上都能清楚地看到。这难道是与外星人进行通联的方式吗？也许正如埃及古谚语所说"金字塔是光明之顶，是巨大的眼睛"。

还有人认为，金字塔是在法老作古及其继任者登基时，用来演绎远古传说中的法老欧西里斯死后，经由猎户座达到永生而成为某界之王的仪式性建筑。

金字塔留给了人们太多的谜团。至于金字塔究竟是做什么用的，科学家们还在研究中。

传达法老威严的狮身人面像

在埃及的尼罗河畔，除了众所周知的金字塔外，还屹立着一座巨人——狮身人面像。它从埃及向东方凝视，面容阴沉忧郁，既似昏睡又似清醒，蕴含着一股雄壮的气势，给人以神秘的遐想。经过几千年的风吹日晒雨淋，一切都在变化之中，然而狮身人面像却一直默默地守护在尼罗河畔，似乎在捍卫着什么，守望着什么。然而又是谁建造了它，保护了它，为它除沙除尘呢？

有种意见认为，狮身人面像在埃及"古王国"时期建成，是由第四王朝的法老卡夫拉建成的（其在位时间是公元前2520～前2494年）。这是传统历史学观点，它出现在所有埃及学标准教科书、大百科全书、考古杂志和常见的科学文献中。这些文献都表示，狮身人面像的面部是按照卡夫拉本人的模样来雕刻的——也可以说，卡夫拉国王的脸就是狮身人面像的面孔，这一点已被认为是历史事实了。比如，闻名世界的考古专家爱德华兹博士就说过，狮身人面像的面部虽已严重损坏，"但依然让人觉得它是卡夫拉的肖像，而不单只是代表卡夫拉的一种象征形式"。

他们之所以这样说，根据之一乃是竖立在狮身人面像两前爪之间的一块花岗岩石碑上刻着一个音节——khaf。这个音节被认为是卡夫拉建造狮身人面像的证据。这块石碑与狮身人面像并不是同时出现的，而是对图特摩斯四世法老（公元前1401～前1391年）功德的纪念。这位法老把即将埋住狮身人面像的沙土彻底清洗干净了。这块石碑的碑文说狮身人面像代表了"自始至终存在于此的无上魔力"。碑文的第13行出现了卡夫拉这个名字的前面一个音节khaf。按照瓦里斯·巴杰爵士的说法，这个音节的出现"非常重要，它说明建议图特摩斯法老给狮身人面像清除沙土的赫里奥波利斯祭司认为狮身人面像是由卡夫拉国王塑造的"。

然而仅仅根据一个音节，我们就能断定卡夫拉建造了狮身人面像吗？1905年，美国埃及学者詹姆斯·亨利·布莱斯提德，对托马斯·扬的摹真本进行了研究，却得出了与此相悖的结论。布莱斯提德说："托马斯·扬的摹真本提到卡夫拉国王的地方，让人觉得狮身人面像就是这位国王塑造的——这完全是没有事实

狮身人面像全景

根据的；摹真本上根本看不到古埃及碑刻上少不了的椭圆形图案……"

你也许会问什么是椭圆形图案。原来，在整个法老统治的文明时期，所有碑文上国王的名字总是包围在椭圆形的符号里面，或是用椭圆图案圈起来。所以，很难使人明白刻在狮身人面像两前爪之间的花冈岩石碑上的卡夫拉这位大人物的英名——实际上其他任何一位国王都不例外——怎么可以缺少椭圆图案？

再者，即使碑文第13行的那个音节指的就是卡夫拉，也不能说明是卡夫拉雕刻了狮身人面像。卡夫拉可能还因为其他功绩被怀念着。卡夫拉身后的许多位（或许其身前也有许多位）国王（如拉美西斯二世、图特摩斯四世、阿摩斯一世等等）都修复过狮身人面像，卡夫拉怎么就不可能是狮身人面像的修复者之一呢？

实际上，19世纪末和20世纪初开创埃及学的一大批资深学者，都认为狮身人面像并不是由卡夫拉雕刻的，这一说法才是合乎逻辑推理的。当时担任开罗博物馆古迹部主任的加斯东·马斯伯乐也是那个时代最受人推崇的语言学家，也是认同这种观点的学者之一。他在1900年写道：

"狮身人面像石碑上第13行刻着卡夫拉的名字，名字前后与其他字是隔开的……我认为，这说明卡夫拉国王可能修复和清理过狮身人面像，这在某种程度上也证明了狮身人面像在卡夫拉生前已被风沙埋没过……千百年过去了，'斯芬克斯'仍然伫立在尼罗河畔，即使它的身上已经是千疮百孔，但对于敬仰它的人，膜拜它的人来说，这无损于它的形象。"

罗得岛巨人雕像之谜

希腊邮票上的罗得巨像——太阳神赫利俄斯穿着短裤，头戴太阳冠冕，左手按剑于腿上，右手托着火盆在头顶上，双腿叉开立于两座高台上，背后是海港，胯下是出入口航道。那样的巨像该有多大？据说神像高约32米，以450吨青铜铸成，站立的石座高达四五米，巨人的手指头有几人合抱之粗，大腿中空，内部可居住一家人。

罗得巨像建于公元前292～前280年，历时12年完成。巨像与希腊神话中的一则故事有关：远古时代，希腊诸神争夺神位而混战，宙斯最终成为最高的统治之神。宙斯给诸

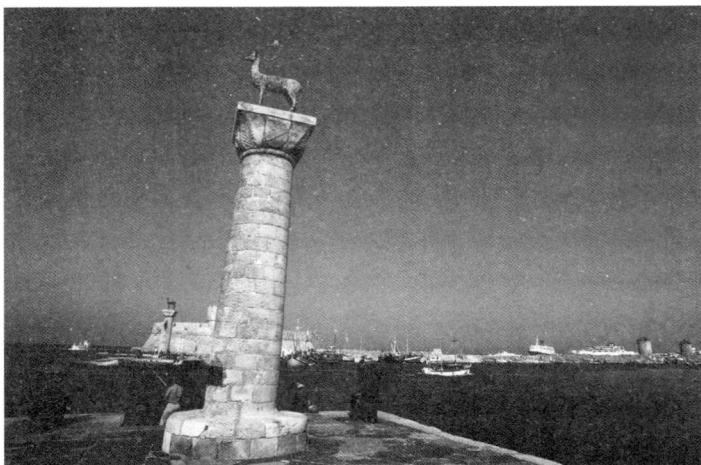

罗得岛曼德拉基港的鹿像
被誉为世界七大奇观之一的神像坍塌以后，人们在原址竖起了这对鹿像，代替保护神的职责。

神分封领地时，唯独忘了出巡天宫的太阳神赫利俄斯。等到赫利俄斯归来时，宙斯指着隐没于爱琴海深处的一块巨石，封给赫利俄斯。巨石欣然升出海面，欢迎太阳神的到来。赫利俄斯以爱妻之名命名那里为罗得岛。

后来的历史渐渐失去了神话色彩。前408年，罗得国控制爱琴海几个岛屿，向地中海沿岸殖民，引起雅典、斯巴达、马其顿、波斯人的嫉恨与恐慌。前305年，波斯的季米特里国入侵罗得岛，全岛居民撤守罗得城。波斯人围困一年未能攻陷，只好撤离该岛。走时匆忙，将攻城装备和大批兵器遗弃于城下。罗得人感谢太阳神的保佑，决定将收集的金属器材熔化铸造一尊赫利俄斯的神像。铸成的巨大铜像立于港口，雄镇海疆。

巨像坠倒的时间确认在前225年。在一次大地震中太阳神像坍塌，倒在原地。这就是说，神像立于基座不过55年，这可能是罗得巨像记载不详的原因之一。

巨像倒地后，断成几截，后人记载称："底座只剩下巨像的双脚，其他部分全散落地上，露出中间的铁质骨架。"

罗得人认为这是"神的意志"，不愿再加修复。后来罗得城从破坏中复苏，繁荣不减当年，要复原巨像毫无问题，然而再也找不到像以前的艺术大师，只好任其自然了。

巨像散落后，为何消失得无影无踪？此谜有三解：

第一，公元653年，阿拉伯人占领罗得岛，看中了神像残骸的巨大物质价值，击碎躯体，搬走碎块，运往意大利，变为废铜出售。

第二，铜像可能被人盗走，赃船在海上遇风沉没了。

12世纪的编年史，记载了阿拉伯人捣毁巨像的细节：阿拉伯人用粗绳系住巨像残腿，甩力把它拉倒在地，将大块残体打碎以便于搬运，甚至就地起炉生火，将碎铜熔为锭块。在整个搬运过程中，阿拉伯人动用了980匹骆驼才将金属碎片运完。搬运使用了骆驼，金属残片显然是从陆路运走，即从罗得岛渡海运到最近的土耳其大陆，再以骆驼运到阿拉伯某地。若运去意大利出售，必然要装船海运，哪里还用得着骆驼？上述记录属于追记，并不全然可信。但加强了阿拉伯人毁灭铜像的可信性，排除了就地熔化铸为其他器械或盗运沉海的两种猜测。

第三，难道铜像残骸真的躺在地上达887年之久才被阿拉伯人拿走？不大可能。大概坠地不久便被入侵者或当地人就地熔化制成其他器械了。罗得岛从公元前2世纪开始，历经罗马帝国、拜占庭、阿拉伯、土耳其的统治。罗得人视太阳神像为圣物，肯定不会自行捣毁。在罗马帝国时期，恺撒、庞培等帝王、贵族都曾到过罗得城游览，他们对太阳神巨像的精巧与庞大惊叹不已。罗马人不可能当废金属处理掉，很有可能运回本土收藏起来了。

然而，这仅仅是猜测而已，太阳神巨像的下落就像它的铸成一样，千百年来一直都是个谜。

雄伟壮观的"太阳门"之谜

在层峦叠嶂的安第斯高原上，有一个名叫提亚瓦纳科的小村庄，它位于秘鲁东南部靠近玻利维亚边境的地方。小小的提亚瓦纳科村本身并没有什么出奇之处，但在村庄附近却有一个散落在长1000米、宽400米范围内的大遗迹群。这就是世界闻名的前印加时期的提亚瓦纳科文化遗址。

遗址被一条大道分成两部分，大道一侧是阶层式的阿加巴那金字塔，另一侧是至今仍保存得很完整的卡拉萨萨亚建筑，在卡拉萨萨亚西北角就是美洲古代最卓越的古迹之一——太阳门。

太阳门是由一整块重达百吨以上的巨石雕刻而成的，它高3.048米，宽3.962米，中间凿开了一个门洞。据说，每年9月21日黎明时分，第一缕曙光总是会很准确地从门中央射入。

这座雄伟壮观的太阳门是怎样建造起来的呢？它又有什么用处呢？对于这些疑问，至今还没有人能做出正确的解答。

关于太阳门的来历，在当地有两种传说，一说是由一双看不见的大手在一夜之间把它建造起来的，另一说是由一个外来的朝圣者变出来的。

然而，传说毕竟是传说，代替不了历史事实。为了弄清太阳门的真实来历，许多国家的学者们做了大量艰苦卓绝的工作，也取得了很多重要的进展。

美国考古学家温德尔·贝内特用层积发掘法，证明太阳门和其他一些建筑是在1000年正式建成的。这里曾经是一个宗教圣地，朝圣的人们跋山涉水去那里参加仪式，可能在朝拜的同时采运了石料，建造起了神殿，而太阳门就是这座神殿的一部分。

以上观点得到了很多学者的支持，但如果真是这样的话，却有一些事情不好解释。据估计，在当时要把数十吨甚至上百吨重的石块从5千米外的采石场拖拽到指定地点，每吨至少要65人和几里长的羊皮拖绳，这样就得有一支2.6万人左右的队伍，而要解决这支大军的吃住，非得有一个庞大的城市才行，这在当时还没有出现。

雕刻无比细腻的提亚瓦纳科神
在整个印第安山区，直到秘鲁北部的陶器和纺织品上都发现了同样的形象，一些考古学家因此认为提亚瓦纳科文化的影响十分广泛。

著名的玻利维亚考古学家卡洛斯·桑西内斯认为，提亚瓦纳科曾经是一个举行宗教仪式的中心场所，而太阳门则是卡拉萨亚庭院的大门。门楣的图案反映了宗教仪式的场面。

阿根廷考古学家伊瓦拉·格拉索则认为，太阳门可能是阿加巴那金字塔塔顶上庙堂的一部分，理由是它作为一个凯旋门或庙堂的外大门，显得过于矮小，尤其是中间的过道，高个子如不弯下腰就通不过去。

美国的历史学家艾·托马斯则认为，这里并不是一个宗教中心，而是一个大商业中心，或者说文化中心。阶梯通向之处是中央市场。

1949年，几位学者成功地破译了太阳门上的部分象形文字，发现它是个石头天文历，只不过它不是一年365天，而是290天，即在一年中的12个月里，10个月24天，2个月25天。这样的历法在地球上有什么用呢？于是有人推测提亚瓦纳科文明来自外星世界，它是某一时期外星人在地球上建造的一个城市，太阳门是外空之门。

又有人根据这里的另一处象形文字，发现太阳门上留有大量天文方面的记载，记录了2.7万年前的天象，其中还有地球捕获到卫星的天象，而当初卫星的"一年"是288天。由此就可以得出结论，太阳门是当时人用来观察地球卫星用的。

然而，这种解释本身就难以让人信服。在2.7万年前，最先进的地球人还处于石器时代，他们有这样高深的天文知识和高超的建筑技能吗？

"太阳门"的秘密还需要人们进一步探索。

神秘的印度尼西亚"千佛寺"

人们都公认由释迦牟尼创立的佛教产生于印度，然而世界上最大的佛塔却在印度尼西亚，而并非建于佛教起源国印度，这不能不说是一件令人奇怪的事情。

印度尼西亚的婆罗浮屠被列为东方文明的四大奇观之一，也是世界石刻艺术宝库之一。佛塔基座上刻有160块浮雕，这些浮雕都是根据佛经刻出来的。中部5层塔身和围墙上也刻有1300块精美浮雕，描绘了佛祖解脱之前日常生活的情景，但并不全是佛教的传说，也有一些反映的是民间传说故事。这些浮雕刻画人物栩栩如生，形象逼真。

这座佛塔的名字融合了印尼文化，并不是印度佛教文化简单的移植。"婆罗"一词来自梵文，是"庙宇"的意思；"浮屠"是古爪哇文，意为"山丘"，"婆罗浮屠"即为"山丘之庙"。佛塔的数量很多，佛像也很多，庙中佛像有1000多尊，大型浮雕1400余块。所以，在爪哇历史中，这座佛塔又被称为"千佛寺"。佛塔被后人发掘出来后，大批学者纷纷前来对它进行研究。然而，时至今日，人们仍在努力探索，一直未能解开它的秘密。

秘密之处首先在于建筑。关于佛塔的建筑年代在任何史料中都没有明确的记载。据考古学家们考证，建筑年代应该十分久远，大约在公元772～830年间，具体什么时间却无法确定。另外，佛塔的设计者究竟是什么人也无从考察，而仅能从民间传说中寻找到一点蛛丝马迹——可能是萨玛拉罗国王。

其次，塔内众多的佛像、雕石均有着深刻的含义。然而，它却不是容易为今人所理解的。迄今为止，世人能够理解的仅占20%。如《独醒图》表现富贵不能淫；《救世图》赞扬佛的慈悲宽宏；《身教图》则教育人们不要冤冤相报，而剩下的大部分佛像雕石今人都已经很难理解其深刻含义了。

还有一个就是种神奇的数字。在婆罗浮屠的整个建筑中，多次用到了"8"、"10"等数字。3层圆台上的小舍利塔的数目分别为32、24、16，塔内佛像总共有504尊，全部都是8的倍数。佛塔建筑中所有舍利塔的数目是73。而"73"的个位数与十位数之和恰好是10，这是佛教中一种圆空、轮回的教义的体现。另据传说，原来塔内佛像总数为505尊，后来由于塔顶原来的佛像修行圆满，达到涅，远走高飞了，所以现在的只剩下504尊。原佛像数505这3位数之和也是10，这与舍利塔的总数目具有相同的道理，即从0出发，经过9个实数后，回复到0。佛像在数字方面时时都注意体现教义。

随着佛塔神秘面纱的揭开，也许会出现越来越多的类似的难题。但相信随着时间的推移和高科技的发展，神秘的千佛寺将完全地展露在世人面前。

重现于世的吴哥古城

历史总留下很多遗憾，光阴总毁去太多珍奇。庞贝古城、玛雅文化遗址已让人们感慨不已，吴哥古城更在丛林之中吸引着人们的目光。吴哥古城是柬埔寨的象征，它是人类文化宝库中的明珠。它与埃及金字塔、中国的长城、印度尼西亚的波罗浮屠并称为"东方四大奇观"。12世纪前半叶，吴哥王朝进入全盛时期，信奉婆罗门教的高棉国王苏利耶跋摩二世，为了祭祀"保护之神"毗湿奴，炫耀自己的功绩，而建造了著名的吴哥窟（小吴哥）。

大吴哥位于吴哥窟的北部，是耶跋摩七世统治时期建造的新都。吴哥城规模非常宏伟壮观，护城河环绕在周围。城内有各式各样非常精美的宝塔寺院和庙宇。在吴哥城中心的是巴扬庙，它和周围象征当时16个省的16座中塔和几十座小塔，构成一组完美整齐的阶梯式塔形建筑群。重现于世的吴哥古迹，具有独特和永久的魅力，这使世人为之倾倒、赞服，同时又使人们产生了无穷的遐想和许多疑问。

疑问之一，是何人建造了美妙绝伦的古城。它的每一块石头都是精雕细琢，遍布浮雕壁画，其技巧之娴熟、精湛，想象力之丰富，使人难以置信，以至于长时间流传着吴哥古迹是天神的创造，不可能出自凡人之手的说法。在垒砌这些建筑时，没有使用黏合剂之类的材料，完全靠石块

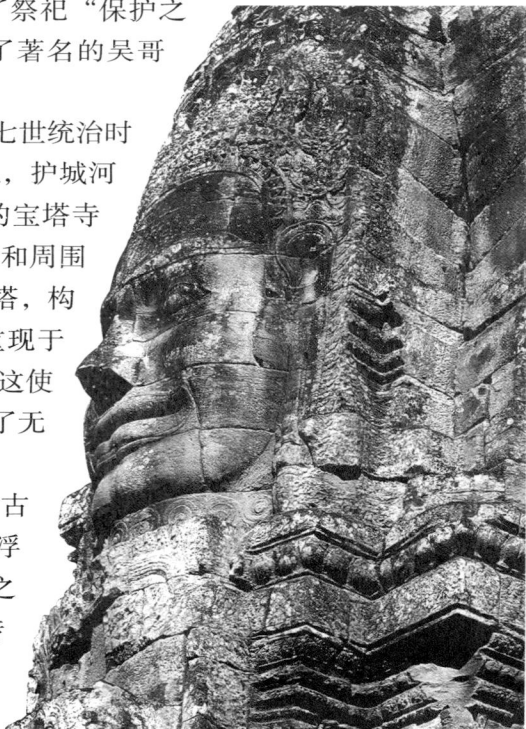

吴哥巴扬寺神化的国王石像头

本身的重量和形状紧密相连，丝丝入扣。时至今日，吴哥古迹的大部分建筑虽历经沧桑，仍岿然不动。吴哥古迹充分向人们展示了柬埔寨人民高度的艺术才能和伟大的智慧。

疑问之二，通过对吴哥城的规模进行估计，在这座古城最繁荣的时候，至少近百万居民生活在这儿。可是为什么这样一座繁荣昌盛的都城竟会淹没在茫茫丛林里呢？它的居民为什么都不见了呢？有人猜测，流行瘟疫或霍乱之类的疾病，使他们迅速地在极短时间内全部死去。还有人猜测，可能是外来的敌人攻占这座城市后，将城里的所有居民赶到某一地方做奴隶去了。

疑问之三，在柬埔寨历史上，放弃吴哥是一个具有重要转折意义的事件，它标志着一度强大的吴哥王朝的瓦解。那么，是不是有别的因素呢？中国一些学者认为，这种结局与暹罗人的不断入侵有关，这使得高棉人做出了撤离吴哥的最终决定。自从暹罗人不断强大后，使高棉人蒙受深重的灾难和巨大的损失。日益衰竭的国力使高棉人无法应付暹罗人的挑战，只好采取回避的方法。O.W. 沃尔特斯博士也有相似的看法。但是他认为，吴哥王朝的衰弱和抵抗力的丧失，并非完全是暹罗人所造成，而是高棉王族之间内部矛盾斗争发展的后果。这时，暹罗人入侵，从而导致了吴哥王朝放弃古城之举。

15 世纪上半叶，吴哥王朝被迫迁都金边，曾经繁华昌盛的吴哥城杂草丛生，逐渐被茂密的热带森林所淹没。由于有关柬埔寨中古时代的史料极其缺乏，重现于世的吴哥古城只能有待后人去探索研究。

印度河文明两大古城遗迹之谜

印度河是世界上较长的河流之一。但在 18 世纪之前，人们根本没有想到这条藏身于沙漠、人迹罕见的河流曾有过堪与古埃及相媲美的璀璨昨天。而且与其他古代文明相比，完全是史无前例的。

印度河文明最早引起人们注意是 18 世纪哈拉帕遗址的发掘。19 世纪中叶，印度考古局长康宁翰第二次到哈巴拉时，发掘出一个奇特的印章，但他认为这不过是个外来物品，只写了个简单的报告，此后 50 年，再也无人注意这个遗址了。后来，考古专家以含哈拉帕在内的旁遮普一带为中心，东西达 1600 千米，南北 1400 千米的地域内，发现了属于同一文明的大量遗址。这个发现震动了考古学界，因为涵盖范围如此之大的古文明在世界上可以说是独一无二的。

1922 年，一个偶然的机会使人们发现了位于哈拉帕以南 600 千米处的摩亨佐·达罗遗迹。这里出土的物品与哈拉帕出土的相似，人们才想起了 50 年前哈拉帕出土的印章，考古学家开始注意这两个遗址间的广大地区。这些遗址位于印度河流域，所以被称为印度河文明。据考证，遗址始建于 5000 年以前甚至更早的年代。然而令人激动的还不仅是它的面积和年代，不久，人们就发现虽然这些遗址属于同一文明，但生活水平并不一样，这是什么原因呢？

对哈拉帕出土的印度印章进行研究的结果令人失望，没有人能释读印章上的文字。文字是一个国家文明的水准，有文字的印章可能在政治、经济活动中担任重要角色。而且印章只在摩亨佐·达罗和哈拉帕出土，于是专家们推断，摩亨佐·达罗与哈拉帕都是都市，这就可以解释为什么处于同一文明的人生活水准不一样，当然这只是推测。

为了进一步证实摩亨佐·达罗和哈拉帕的都市性质，考古学家对摩亨佐·达罗进行了最广泛的发掘。摩亨佐·达罗面积约 100 平方千米，分西侧的城堡和东侧的广大市街区。 西侧的城堡建筑在高达 10 米的地基上 ， 城堡内有砖砌的大谷仓和被称为"大浴池"的净身用建筑等，其中最令人惊讶的是谷仓的庞大，这似乎显示了这个城市当时的富足。不过装满大谷仓的谷物是怎样征集来的呢？

市区有四通八达的街道，东西走向和南北走向的各宽 10 余米，市民的住房家家有井和庭院，房屋的建材是烧制过的砖块。如果不是亲眼所见，这是难以置信的，因为在其他古代文明中，砖块只用于王宫及神殿的建筑。最令考古学家惊异的是其完整的排水系统。其完善程度就连现今世界上数一数二的现代都市也未必能够达到。二楼冲洗式厕所的水可经由墙壁中的土管排至下水道，有的人家还有经高楼倾倒垃圾的垃圾管道。从各家流出的污水在屋外蓄水槽内沉淀污物再流入有如暗渠的地下水道，地下水道纵横交错，遍布整个城市。面对如此密集的地下水道，人们不禁瞠目结舌。住宅区各处均设有岗哨。从挖掘结果看，这是一个十分注重市民生活公共设施的城市。这是一个什么形态的社会呢？为什么它没有宫殿，所有的住房水准又都一样，完全不同于宫殿、神殿林立的古印加，美索不达米亚及国王、法老陵密布贫富悬殊的埃及呢？除了完善的公共设施之外，还有不少通向印度河乃至阿拉伯海的港埠，这是国内外广泛而积极的经济活动的表现。这所有的一切出于何人的规划？ 这个设计师可以说具有现代化的头脑。另外，整个摩亨佐·达罗没有防御系统和攻击武器，也没有精美夺目的艺术作品，这也是已知古代文明中的唯一先例。

这些城市的统治者是什么人？考古学家按照惯例首先在摩亨佐·达罗寻找王宫和神殿，结果一无所获。这又牵涉了一个问题：是什么人，用什么样的方法统治这块辽阔的国土？而且摩亨佐·达罗和哈拉帕有着完全相同的城市建设，难道它们都是首都？因为没有神殿，能不能用其他古文明中的例子——古印加、美索不达米亚、古埃及的国王同时兼任法老或祭司王来推测统治者呢？所有遗址中确实没有发现有祭司王统治的痕迹，难道 5000 多年前的印度河文明已经废弃了君主制？这么大的国土不可能没有统治者，考古学家又仔细研究第一块和以后出土的印章，但经过一个世纪的努力，印章上的字还是无法读解。那么，它是否是一种权力的象征，如果是，这两个城市为什么又没有神殿和宫殿呢？

因为有一小部分印章上刻有神像，于是有人推测，这可能是宗教遗物。但也有人反驳说，这完全是家族或个人的保存品，不能说明整个国家具有宗教性质，况且出土的近 3 万枚印章有神像的只是很小部分。谜团越来越多。有人认为只要能够释读印章上的文字，就可以解释这个文明的来龙去脉。其实，文字固然可以使人了解整个文明的起源和衰落，但大多数考古学家认为必须从多方面研究，以触类旁通。

究竟是什么人创造了这个文明？开始人们曾误以为它是受其他文明的影响发展起来的，但是进一步考古发现，无论是文字还是印章都是其他地方看不到的，而且对出土人类骨骸的鉴定也表明这里的人融混了许多人种的要素，不是现在已知的某个特定民族。

那些当时在今天已经无法居住的地方建设如此高度文明的城市的人，如果不是印度人的先人，那又是什么人呢？印度河文明是怎样被废弃的？后者可以从摩亨佐·达罗出土的人骨上找到一些线索。这里出土的人骨，都是在十分奇异的状态下死亡的，换言之，死亡的人并非埋葬在墓中。考古学家发现这些人是猝死的，在通常的古文明遗址中，除非发生过地震和火山爆发，否则不会有猝死的人。摩亨佐·达罗没有发生过上述两件事，人骨都是在居室内被发现的，有不少居室遗体成堆地倒着，惨不忍睹。最引人注目的是，有的遗体用双手盖住脸呈现出保护自己的样子。如果不是火山爆发和地震，那是什么令这些人瞬间死去呢？这在很长的一段时间内是一个谜，考古学家们提出了流行病、袭击、集体自杀等假说，但均被推翻了。无论是流行病还是集体自杀，都不能解释这"一瞬间"的死亡。为了解开这个谜团，印度考古学家卡哈对出土的人骨进行了详细的化学分析。卡哈博士的报告说："我在9具白骨中发现均有高温加热的痕迹……不用说这当然不是火葬，也没有火灾的迹象。"是什么异常的高温使摩亨佐·达罗的居民猝死呢？人们想起了一些科学家推断的远古时代曾在世界不少地方发生的核战争。摩亨佐·达罗遗址与古代假想中的核战争有无关系呢？事实上印亚大陆是史诗神话中经常传诵的古代核战争的战场。公元前3000年的大叙事诗《玛哈巴拉德》中记叙的战争景象一如广岛原子弹爆炸后之惨景，提到的武器连现代化武器也无法比拟。

另一首叙事诗《拉玛亚那》描述了几十万大军瞬间完全被毁灭的景象。诗中有一点值得注意：大决战的场地是被称为"兰卡"的城市，而"兰卡"正是当地人对摩亨佐·达罗的称呼。据当地人说：1947年印巴分治后属巴基斯坦而被禁止发掘的摩亨佐·达罗，有不少似广岛核爆炸后遗留下来的"玻璃建筑"——托立尼提物质（即世界上第一颗原子弹在美国托立尼提沙漠中试爆后，沙因高温凝固成的玻璃状物质）。答案似乎出来了。但推断毕竟是推断，虽然科学家越来越相信地球上出现过数次文明并被毁灭，但要人们信服摩亨佐·达罗的遗弃与核战争有关还为时过早。

有人认为，印度河文明与其他文明是同时崛起并存的。是不是可以说，印度河文明发展之初，受到过外来文明的影响，但在漫长的历史长河中孕育出独特的高度文明？

还有人提出，印度河文明是多种文化融合的结果，众说纷纭。有一点可以肯定，印度河文明的特殊性和神奇性，使其过去、现在都为人类历史的发展奉献着无法取代的财富，它不仅是印度文化的源头，也是人类文明史的重要一环，揭开它的谜底是今人的重任。

巴比伦"空中花园"的建造之谜

在 2500 年前，一名希腊经师写下了眩人耳目的七大奇观清单：罗德岛巨像、奥林匹亚宙斯神像、埃及金字塔、法洛斯灯塔、巴比伦空中花园、以弗所阿提密斯神庙以及毛索罗斯王陵墓。这位经师说，七大奇观，"心眼所见，永难磨灭"。这就是所谓世界七大奇观的由来。

巴比伦空中花园是什么时间建造的呢？

一般认为，巴比伦空中花园是在幼发拉底河东面，距离伊拉克首都巴格达大约 100 千米，是在巴比伦最兴盛时期尼布甲尼撒二世时代（公元前 604 ~ 前 562）建造的。

千年古都巴格达曾是阿拉伯鼎盛时期阿拔斯王朝的首都，向来以文学艺术和雕塑绘画著称于世，世界名著《一千零一夜》中许多故事的出处都在巴格达。然而，美丽的巴比伦空中花园究竟在哪里呢？

据历史记载，巴比伦是前 626 年迦勒底人建立的新巴比伦王国的遗址，主要由阿什塔门、南宫、仪仗大道、城墙、空中花园、石狮子和亚历山大剧场等建筑组成。遗址一直埋在沙漠中，直到 20 世纪初才被发现。而汉谟拉比（前 1792 ~ 前 1750 年）时代的古巴比伦王国遗址，至今还被埋在 18 米深的沙漠底下。

在遗址宫殿北面外侧不远的一堆矮墙中阿巴斯是一个深深的地下室，散发出一种异样的味道，原来这就是空中花园的所在地，阿拉伯语称其为"悬挂的天堂"。据说，花园建于皇宫广场的中央，是一个四角锥体的建筑，堆起纵横各 400 米，高 15 米的土丘；共有 7 层，每层平台就是一个花园，由拱顶石柱支撑着，台阶并铺上石板、芦草、沥青、硬砖及铅板等材料，眼前只有盛开的鲜花和翠绿的树木，而不见四周的平地；同时泥土的土层也很厚，足以使大树扎根；虽然最上方的平台只有 20 平方米左右，但高度却达 105 米（相当于 30 层楼的建筑物），因此远看就像似一座小山丘。

更有历史学家放言道："从壮大与宽广这一点看，空中花园显然远不及尼布甲尼撒二世宫殿，或巴别塔，但是它的美丽、优雅，以及难以抗拒的魅力，都是其他建筑所望尘莫及的。"前 1 世纪作家昆特斯·库尔提乌斯这样描述这座空中花园："无数高耸入云的树林给城市带来了荫蔽。这些树有 12 英尺之粗，高达 50 英尺。从远处看去，如茵的灌丛让人以为是生长在高大巍峨、树木繁盛的山上森林。"

然而这么豪华的"天堂"现在却什么也看不到了，只有一段修复后的低矮墙中残留的一小块原址遗迹，旁边有一口干枯的老井。据说这就是当年空中花园的遗存品，但尼布甲尼撒博物馆的馆长说，经过考证，现在仍不能确认这就是真正的空中花园遗址，因为这里离幼发拉底河 20 多千米，而资料记载空中花园就在河边上。事实上，大半描绘空中花园的人都从未涉足巴比伦，只知东方有座奇妙的花园。而在巴比论文本记载中，它本身也是一个谜，其中没有一篇提及空中花园。所以真正的空中花园在哪里，至今没人能说得清楚。

至于为什么要建造奇特的巴比伦空中花园，古代世界就有两种不同的说法。

一种说法是，公元前1世纪中叶，西西里岛的希腊历史家狄奥多罗斯在他的40卷《历史丛书》中提及，"空中花园"由亚述女王塞米拉米丝供自己玩乐所建。空中花园或许真的曾名噪一时，但塞米拉米丝却实无其人，她只是希腊传说中的亚述女王。

另一种说法是，来自巴比伦祭司、历史家贝罗索斯（公元前3世纪前期）写过一部向希腊人介绍巴比伦历史和文化的著作，曾提及前614年巴比伦国王去世，新国王尼布甲尼撒即位后，迎娶了北方国米提之女安美依迪丝为妃。而米提是一个山国，山林茂密，花草丛生。米提生长的王妃，骤然来到长年不雨的巴比伦，触目皆是黄土，不觉怀念起故乡美丽的绿丘陵来。她日夜愁眉苦脸，茶不思，饭不想，本来美丽的身影，不久就瘦骨嶙峋了。这可急坏了巴比伦国王。可是，在巴比伦连块石头也难找到。怎么办呢？他请来了许多建筑师要他们在京城里建造一座大假山。经过几年的营造，也不知花耗子了多少奴隶的血汗，一座大山终于造好了。山上还种上了许多奇花异草。这些花木远看好像长在空中，所以叫作"空中花园"。花园里，还建造着富丽堂皇的宫殿，国王和王后得以饱览全城的风光。据说，米提公主从此兴高采烈，思乡病一下子消失得无影无踪。

虽然空中花园已全部为荒漠所吞噬，但同伊甸园一样，空中花园的传说一直吸引了无数人。很长时间以来，许多古代的著作对它是否真的存在过表示疑问。19世纪，德国考古学家罗伯特·科德卫发现了一些证据，他认为可以证明空中花园确实存在过。第一条线索是若干个石拱，它们可以轻易支撑住树林、土壤、岩石以及导水管的巨大重量。接着，他又发现一根轴，从屋顶一直延伸到地面，这可能就是一口井，空中花园的水也就是从这里抽取。进一步的研究表明，屋檐正下方的地面曾用于某种形式的储存。这极可能是一个蓄水库。今天美索不达米亚一带气候干燥、缺少石材，空中花园离幼发拉底河又有一段距离，而花园的花离不开水，那么它是如何解决供水问题的呢？如果真是这样的话，在水泵发明几个世纪前，水又是如何被运到屋顶花园的？

公元前1世纪的历史学家兼作家斯特拉博曾记载："有专门的旋转式螺旋桨把水送到屋顶。这些螺旋桨的功能就是不断地从幼发拉底河抽取水源以播洒滋润整个花园。"尽管人们一直把这种旋转式螺旋桨视为阿基米德螺旋泵，并且由于它能够较好地输送大量水源，最终引发了全世界农业的革新，然而奇怪的是，古代文卷中没有一处特别提到巴比伦曾使用过这种水泵。可这种水泵却被另一位统治者亚述国王塞纳恰诺波使用过，他的都城设在尼尼微，横跨巴比伦西北部的底格里斯河。

专家们认为，空中花园应该要有完善的输水设备，由奴隶不停地推动着相连的齿轮，把地下水运到最高层的储水池中，再经过人工河流往下流以供给植物水分。同时美索不达米亚平原没有太多石块，因此研究员相信花园所用的砖块定是与众不同，相信它们被加入了芦苇、沥青及瓦，狄奥多罗斯甚至指出空中花园所用的石块加入了一层铅板，以防止河水渗入地基。

事实究竟如何呢？还有待于进一步考证。迷人的空中花园，将无尽的谜尽藏腹中。

新巴比伦王国修建过通天塔吗

如今的人们，已能利用航天飞机深入宇宙，更能用望远镜探望宇宙深处的秘密，但人们还是很向往更遥远的天外，希望能达到世界的顶端。这种愿望自古有之。

基督教经典著作《圣经旧约·创世记》第 11 章曾有这样一段记述：古时候，天下众多的人口，全都说着同一种语言，人们在向东迁移时，走到一处叫示拿的地方，发现那里是肥沃的平原，就定居下来。他们商定在这里用砖和生漆修建一座城和高耸通天的塔，以此传播声名，免得四处流散。这件事惊动了耶和华，他看到城和大塔就要建成，十分嫉妒人们的智慧和成就，便施法术变乱了人们的口音，使人们的言语各不相同。结果工程不得不停顿下来，人们从此分散到了世界各地，大塔最终没有建成，后人把这座大塔称作巴别，"巴别"就是"变乱"的含义。

如何看待《圣经》中这段记述，史学界众说纷纭，有的人认为《圣经》中这段传说，有所根据，认为《创世记》记载的那座大塔的原型，就是古代两河流域（即示拿）新巴比伦王国时代巴比伦城内的马都克神庙大寺塔。这座大寺塔，被称作埃特曼安基（意为天地之基本住所）。它兴建于新巴比伦国王那波帕拉沙尔（公元前 626 年～前 605 年）在位时，到其子尼布甲尼撒（公元前 604 年～前 562 年）在位时才建成。这一传说也反映了新巴比伦王国时代，巴比伦城内居民众多、语言复杂的情况。公元前 5 世纪，古希腊历史学家希罗多德在其所著的《历史》一书第 1 卷 181 节中，记载了如下事实："在这个圣域的中央，有一个造得非常坚固、长宽各有一斯塔迪昂（古希腊长度单位，约合 185 米）的塔，塔上又有第 2 个塔，第 2 个塔上又有第 3 个塔，这样一直到第 8 个塔。人们必须循着像螺旋线那样地绕过各塔的扶梯走到塔顶的地方去。那里有一座宽大的圣堂。"希罗多德说塔共 11 层，可能是把塔基的土台或塔顶的庙也计算在内了。公元前 331 年马其顿亚历山大到巴比伦时，这座大塔已非常破败。为了纪念自己的武功，亚历山大曾有意重建此塔，可是，据估算，光是清除地面废料，就需要动用 1 万人，费时两个月。由于工程浩大，亚历山大只好放弃了这个打算。

相反，有的学者不同意《圣经》中提到的通天塔就是新巴比伦时代马都克神庙大寺塔的观点，认为在巴比伦城内，早在新巴比伦时代以前就曾有两座著名的神庙，一座叫作萨哥－埃尔（意为"通天云中"），一座叫作米提－犹拉哥（意为"上与天平"），它们很可能就是关于通天塔的传说的素材。但是，有关这两座神庙，没有更多的史料可以提供参考。

奇域之谜

　　人们总是对陌生的、神秘的未知疆域充满好奇，而对这些神秘的境域，世界各国的科学家有着怎样的认识、研究和探索呢？又有哪些最新成果已经或即将公之于世？还有哪些新生的神秘境域是你所不熟悉的？

　　举世闻名的百慕大三角和日本海上的魔鬼三角难道真的存在吗？双层湖有什么神奇之处？它们是不是像传说中的那样恐怖和耸人听闻？它们真的神秘莫测吗？幽灵岛的神秘出现和失踪是地壳运动的结果吗？东非大裂谷未来的命运将是如何？阿苏伊尔断谷中到底隐藏着多少人类不解之谜？

神秘莫测的间歇泉

　　在中国西藏雅鲁藏布江上游的搭各加地，有一种神奇的泉水——间歇泉。间歇泉的泉水涓涓流淌，在一系列短促的停歇和喷发之后，随着一阵震人心魄的巨大响声，高温水汽突然冲出泉口，即刻扩展成直径2米以上、高达20米左右的水柱，柱顶的蒸汽团继续翻滚腾跃，直冲蓝天。它的喷发周期是喷了几分钟、几十分钟之后就自动停止，隔一段时间才再次喷发。

　　除了中国的间歇泉外，在冰岛首都雷克雅未克附近，还有一眼举世闻名的间歇泉——"盖策"泉。这个泉在间歇时是一个直径20米、被热水灌得满满的圆池，热水缓缓流出。不久，池口清水翻滚暴怒，池下传出类似开锅时的呼噜声，随之有一条水柱冲天而起，在蔚蓝色的天幕上飘洒着滚热的细雨，这条水柱最高竟可达70米。

　　科学家经过考察指出，适宜的地质构造和充足的地下水源是形成间歇泉最根本的因素，此外，还要有一些特殊的条件：首先，间歇泉必须具有能源，地壳运动比较活跃地区的炽热的岩浆活动是间歇泉的能源，因而它只能位于地表稍浅的地区。其次，要形成间歇性的喷发，还要有一套复杂的供水系统来连接一条深泉水通道。在通道最下部，地下水被炽热的岩浆烤热，但在通道上部，泉水在高压水柱的压力下又不能自由翻滚沸腾。同时，由于通道狭窄，泉水也不能进行随意的上下对流。这样，通道下面的水在不断地加热中积蓄能量，当水道上部水压的压力小于水柱底部的蒸汽压力时，通道中的水被地下高压、高温的热气和热水顶出地表，造成强大的喷发。喷发后，压力减低，水温下降，喷发因而暂停，为下一次新的喷发积蓄能量。

神奇的尼亚加拉瀑布

尼亚加拉大瀑布是驰名世界的大瀑布，坐落在纽约州西北部美加边境处，位于尼亚加拉河的中段。这条河流发源于伊利湖，向北流入安大略湖，仅长 58 千米，但是因为伊利湖与安大略湖地势相差 100 多米，当河水流经陡峭的断岩带时，便形成了气势磅礴的大瀑布。

尼亚加拉瀑布以山羊岛为界，分为加拿大瀑布和美国瀑布两部分，由三股飞瀑组成。两处瀑布的水源虽来自同一处，可是只有 6% 的水从美国瀑布流下，其他 94%

尼亚加拉瀑布

雄奇的尼亚加拉瀑布还是勇敢者挑战自我、表演绝技的场所。1859 年，法国走钢丝演员查理·布隆丹从一条长 335 米、悬于瀑布水流汹涌处上方 49 米的钢丝上走过。至今，还没有人打破他创下的纪录。

的水是从加拿大瀑布流下。其中，在河东美国一侧的两条瀑布，有着"彩虹瀑"和"月神瀑"的美称，后者因其极为宽广细致，很像一层新娘的婚纱，又称婚纱瀑布，两瀑布中间隔着兰那岛。在河西加拿大一侧的飞瀑最为壮观，形状有如马蹄，故称马蹄瀑。马蹄瀑与前两瀑相距约二三百米，但看上去基本是"三位一体"的半弧形。

历史上的尼亚加拉瀑布，曾是美国和加拿大两国争执不休，甚至兵戎相见的必争之地。1812 ~ 1814 年间，两国曾多次为此发动战争。后来，双方签订了《根特条约》，规定尼亚加拉河为两国所有，以中心线为界。从那时起近 200 年来，加美两国享有一条和平的边界，双方都在各自的一边设立了尼亚加拉瀑布城。150 多年前，拿破仑的弟弟耶洛姆·波拿巴曾携新娘到瀑布度蜜月，开创了到此旅行结婚风俗之先河。据统计，每年来尼亚加拉瀑布旅游的游客约 400 多万人，其中以情侣、恋人居多。

"尼亚加拉"一词来自印第安语，意即"如雷贯耳"。关于这个瀑布有一则动人的传说：从前，有一位美貌的印第安姑娘被部落的酋长相中。酋长想娶她为妻，但姑娘不愿意，于是，在新婚之夜，她独自划着独木舟沿尼亚加拉河而上。在河水中，姑娘变成了美丽的仙女，后来经常出现在大瀑布的彩虹中。

尼亚加拉瀑布原本是人迹罕至、鲜为人知之地，几千年来，只有当地的印第安人知道这一自然奇观。在他们实际上见到瀑布之前，就听到如同打雷般的声音，因此他们把它称为"Onguiaahra"，意即"巨大的水雷"。据传，欧洲人布鲁勒于 1615 年领略到尼亚加拉瀑布奇观。1625 年，欧洲探险者雷勒门特第一个写下了这条大河与瀑布的名字，称为尼亚加拉。

据说尼亚加拉瀑布已存在约 1 万年了，它的形成在于不寻常的地质构造。在尼亚加拉峡谷中岩石层是接近水平的，每英里仅下降 19 ~ 22 英尺。岩石的顶层由坚硬的大理石构成，下面则是易被水力侵蚀的松软的地质层。激流能够从瀑布顶部的悬崖边缘笔直地飞泻而下，正是由松软地层上的那层坚硬的大理石地质层所起的作用。更新世时期，巨大的大陆冰川后撤，大理石层暴露出来，被从伊里湖流来的洪流淹没，形成了现今的尼亚加拉大瀑布。通过推算冰川后撤的速度，瀑布至少在7000年前就形成了，最早则有可能是在2.5万年前形成的，但具体形成于何时还有待考证。

能"报时"的澳大利亚怪石

岩石能报时？听起来近乎天方夜谭，但在澳大利亚中部阿利斯西南的茫茫沙漠中，确实有一块能"报时"的怪石。屹立在沙漠中的这块怪石高达348米，周长约8000米，仅其露在地面上的部分就可能有几亿吨重。

这块怪石通过每天很有规律地改变颜色来告诉人们时间的流逝：早晨，旭日东升，阳光普照的时候，它为棕色；中午，烈日当空的时候，它为灰蓝色；傍晚，夕阳西沉的时候，它为红色。它是当地居民的"标准时钟"，当地居民根据它一日三次的颜色变化来安排农事以及日常生活。

怪石除了随太阳光强度不同而改变颜色外，还会随着太阳光照射角度的变化而变幻形象：时而像一条巨大的、悠然漫游于大海之中的鲨鱼的背鳍；时而像一艘半浮在海面上乌黑发亮的潜艇；时而像一位穿着青衣、斜卧在洁白软床上的巨人……

怪石为何具有"报时"的功能？

为了解释怪石"报时"的现象，许多考古学家和地质学家对怪石所处的气候条件、地理环境进行了详细考察，并对怪石的结构成分等进行了深入的研究。一些科学家试图这样解释怪石产生的"怪现象"：怪石之所以会变色是由于怪石处在平坦的沙漠，天空终日无云，空气稀薄，而怪石的表面比较光滑，在这种情况下，怪石表面有镜子的作用，能较强反射太阳光，因而从清晨到傍晚天空中颜色的变化能相应地在怪石上得到呈现。

怪石变换其形象则是由于太阳光在不同的气候条件下活动而产生反射、折射的数量及角度的不同，这种变化反映到人眼，即成为怪石幻形。

诡秘幽灵岛

西方人酷爱航海，而历来航海史上怪事多多。在斯匹次培根群岛以北的地平线上，1707年英国船长朱利叶斯发现了陆地，但这块陆地始终无法接近，然而值得肯定的是，这块陆地不是光学错觉，于是他便将"陆地"标在海图上。200年后，乘"叶尔玛克"号破冰船到北极考察的海军上将玛卡洛夫与他的考察队员们再次发现了一片陆地，而且正是朱利叶斯当年所见到的那块陆地。航海家沃尔斯列依在1925年经过该地区时，也发现过这个岛屿的轮廓。但科学家们在1928年前去考察时，在此地区却没有发现任何岛屿。

一艘意大利船在 1831 年 7 月 10 日途经西西里岛附近时，船长突然发现在东经 12° 42′ 15″、北纬 37° 1′ 30″ 的海面上海水沸腾起来，一股直径大约 200 米、高 20 多米的水柱喷涌而出，水柱刹那间变成了一团 500 多米高的烟柱，并在整个海面上扩散开来。船长及船员们从未见过如此景观，被惊得目瞪口呆。当这只船在 8 天以后返航时，发现一个冒烟的小岛竟出现在眼前。许多红褐色的多孔浮石和大量的死鱼漂浮在四周的海水中，一座小岛在浓烟和沸水中诞生了，而且在随后 10 多天里不断地伸展扩张，周长扩展到 4.8 千米，高度也由原来的 4 米长到了 60 多米。由于这个小岛诞生在突尼斯海峡里，这里航运繁忙，地理位置重要，因此马上引起了各国的注意，大量的科学家前往考察。但奇怪的事情发生了，正当人们忙于绘制海图、测量、命名并多方确定其民用、军事价值时，小岛却突然开始缩小。到 9 月 29 日，在小岛生成后一个多月，它已经缩小了 87.5%；又过了两个月，海面上已无法再找到小岛的踪迹，该岛已完全消失。

类似的事情也发生在大西洋北部。有一座盛产海豹的小岛，它是 100 多年前由英国探险家德克尔斯蒂发现的，它也因此被命名为德克尔斯蒂岛。大批的捕捉者来到了这个盛产海豹的岛上，并建立了修船厂和营地，但此岛却在 1954 年夏季突然失踪了。大量的侦察机、军舰前来寻找均无结果。事隔 8 个月以后，一艘美国潜水艇在北大西洋巡逻，突然发现一座岛屿出现在航道上，而航海图上却从来没有标识过这样一个岛屿。潜水艇艇长罗克托尔上校经常在这一带海域航行，发现此岛后大为震惊，罗克托尔上校通过潜望镜发现岛上有人居住，有炊烟，于是命令潜水艇靠岸登陆。经过询问岛上的居民才知道，这正是 8 个月前失踪的德克尔斯蒂岛。

类似的怪事还有很多，科学家们称这种行踪诡秘、忽隐忽现的岛屿为"幽灵岛"。它们不同于那种热带河流上常见的、由于涨水或暴风雨冲走部分河岸或沼泽地而形成的漂浮岛。那么，幽灵岛是怎样形成的呢？这种时隐时现的小岛究竟是从何而来，又因何而去的呢？这成为世界海洋科学家们的热门话题。

法国科学家对这类来去匆匆的"幽灵岛"的成因作了如下解释：由于撒哈拉沙漠之下有巨大的暗河流入大洋，巨量沙土在海底迅速堆积增高，直至升出海面，因此临时的沙岛便这样形成了。然而，暗河水会出现越堵越汹涌的情况，并会冲击沙岛，使之迅速被冲垮，并最终被水流推到大洋的远处。

关于幽灵岛的记载，历史上有很多。爱琴海中就曾先后涌现过 4 个小岛，当时被称为"神岛"。挪威海域的"多尔蒂岛"从 1840 年到 1929 年也曾多次神秘失踪。

美国的海洋地质学家京利·高罗尔教授却提出了完全不同的观点。他认为海洋上的"幽灵岛"的基础是花岗岩石，而并非是由泥沙堆积而成。它形成的年代久远，岛上有茂盛的植物和动物群，是汹涌的暗河流冲击不垮的。那么"幽灵岛"为什么会突然消失呢？他认为"幽灵岛"出现的海域是地震频繁活动的地区，海底强烈的海啸和地震使它们葬身海底。高罗尔教授还认为，如果太平洋西北部的海底板块产生强烈的大地震使之大分裂的话，日本本州、九州也会遭到和"幽灵岛"同样的命运，沉没在碧波万顷的大海之中，而且他声称自己并非是在危言耸听。

另有学者认为，这不过是聚集在浅滩和暗礁的积冰，还有人推测这些"幽灵岛"是由古生代的冰构成，最终被大海所"消灭"。多数地质学家则认为是海底火山喷发的作用形成此类小岛。他们认为，有许多活火山在海洋的底部，当这些火山喷发时，喷出来的熔岩和碎屑物质在海底冷却、堆积、凝固起来，随着喷发物质不断增多，堆积物多得高出海面的时候，新的岛屿便形成了。有的学者认为，小岛的消失是因为火山岩浆在喷出熔岩后，基底与海底基岩的连接不够坚固，在海流的不断冲刷下，新岛屿自根部折断，最后消失了。有的学者认为，可能在海底又发生了一次猛烈的爆炸，使形成不久的岛屿被摧毁。还有学者认为，是火山活动引起地壳在同一地点下沉，使小岛最终陷落。

以上观点虽然各有各的道理，但都不能说明，为什么有些小岛会一而再，再而三地"耍把戏"呢？为什么它们在同一地点突现、消失、再突现、再消失，而与其邻近的海域却没有异常现象发生呢？到底是什么所为呢？这一难以解开的谜团始终困惑着科学家。

百慕大神秘三角区

百慕大三角区位于北大西洋西部，是由 7 个大岛和大约 150 个小岛以及一些礁群组成的群岛。它在科技发达的今天仍然是神秘莫测的海域，在这里先进的仪器都会失灵，而人员一旦遇险则没有生还的可能。这里被称为"魔鬼三角"，是令人恐怖的神秘之所。

在百慕大三角区船只遇险的可怕情况在 500 年前就已经出现了。哥伦布于 1502 年第四次去美洲时，在进入百慕大三角区后，巨大的风暴袭击了他的船队。那种可怕的情景给哥伦布留下了深刻的印象，他把当时的情况告诉了西班牙国王："浪涛翻卷，连续八九天，我两眼见不到太阳和星辰……我这辈子见过各种风暴，可是从来没有遇到过时间这么长、这么狂烈的风暴。"

17 世纪，海盗袭击曾一度成为船舶神秘失踪的原因，可是岸上从来没有发现过船员的尸体和船只的残片。到了 19 世纪，海盗几乎绝迹，可是船舶失踪的事件依然不断发生。

1925 年 4 月 18 日，日本货船"来福丸"号从波士顿出港。不久，北面出现了低气压，为了进入平静的海区，船员把罗盘刻度向南回转，经过百慕大群岛海域。然而不久，这艘船就下落不明了，船与船员都消失得无影无踪。19000 吨的大船——美国海军运输船"赛克鲁普号"同样经历了这样的灾难，它连同 309 名乘员一起消失在百慕大三角区……

到了现代，大量的飞机在飞经这一海域时，也经常发生仪器失灵、飞机及人员神秘失踪的事件。

1948 年 1 月 29 日，百慕大机场的控制塔突然收到英国一架从伦敦飞往百慕大三角区的客机的紧急求救。这架飞机请求帮助指明航向，在控制塔做出指示之前，飞机上的 26 名乘客连同飞机全部消失得无影无踪。

1967 年 2 月 2 日，美国一架从佛罗里达机场飞向波多黎各的飞机，在空中与机场的联络良好，机组人员预计下午 3 时到达波多黎各。但后来空中突然没有了电波，飞机再也没能降落。

……

令人百思不得其解的是，救援者在出事现场既没有看到舰船、飞机的残骸，也看不到遇难者的尸体。更神秘的是，一些失踪的船只在许久之后竟重新在此海域出现，可船上却没有一个人影。为了找出百慕大三角区的神秘事件的原因，专家们从不同角度加以探测。

一些人认为百慕大三角区的怪异现象是"虚幻之谜"。美国科学家拉里·库什利用大量可靠的原始资料进行了广泛深入的研究，他说早在 16 世纪哥伦布探险时期就有记载的这些奇异现象，大多是由于狂浪、飓风、海啸等自然灾害造成的。很多研究百慕大的学者在研究这些空难或海难时没有重视它，甚至有意或无意地删去这些情节，这完全出于猎奇心理，甚至有些人为了吸引别人注意还把发生在其他地方的空难、海难事故说成是在百慕大三角区发生的。最后，拉里·库什呼吁："再也没有比相信百慕大三角区之谜更为糟糕的了。百慕大三角区是最典型的伪科学、超科学、科学幻想和宣传上的胡作非为。"

但更多的人并不否认百慕大的神秘。苏联科学家最早提出海底水文地壳运动说。他们认为，由于百慕大海域的洋流因其极为复杂的海底地貌而纵横交叉、变幻莫测，多个巨大的漩涡流在这里形成，后来美国科学家又进一步证实了这种观点。他们认为，百慕大海域的巨大旋涡在阳光照耀下产生极高的温度，船舰沉没、飞机爆炸就是因此而造成的。次声波地磁引力说是第二种主要观点。苏联地球物理学家 B·B·舒列金在 20 世纪 30 年代提出，海浪产生的次声波可以解释百慕大三角区的神秘现象。他认为，在发生地震、风暴、火山爆发等自然灾害的同时，次声波也随之震荡，这种次声波人耳无法听到，但是却具有十分巨大的破坏力。处在振荡频率约为 6 赫的环境中，人便会感觉极度疲劳，随后又出现本能的恐惧和焦躁不安；而处在频率为 7 赫的环境中时，人的心脏和神经系统陷入瘫痪。次声波在百慕大三角这个区域十分活跃，它可能就是导致种种惨剧发生的罪魁祸首。此外，一些人还把百慕大三角区同"时空隧道"、外星人基地等联系起来，这些无疑又给百慕大三角区蒙上了更加神秘的色彩。

神奇的双层湖

在美国阿拉斯加半岛北部伸向北极圈内的巴罗角上，有一个奇妙的湖，叫努沃克湖，但人们却习惯叫它为双层湖。顾名思义，此湖应为双层。一池湖水分上下两层，上淡下咸，其界限如刀切一般，从不混淆，从不掺和。两层水中生长着迥然不同的生物体，上层是淡水区的动植物，下层是海洋类的动植物。

努沃克湖长 180 米、约深 6 米，水层的分界线位于距湖面 2 米处。由于受北极冷空气的影响，在一年之中的绝大部分时间里，努沃克湖处在冰雪覆盖之下，两米多厚的淡水层，被冻结为一个大冰块。

据科学家研究认为，这座湖是由一条把海和地逐渐隔开了的海湾形成的，冬季降大量的雪，在春天融化后，成为大量的淡水流入湖中，而每当海上风暴骤起时，风浪又将海水灌入湖中，由于海水比淡水重，自然就沉积在海底了。

位于哈萨克斯坦与乌兹别克斯坦之间的咸海也是一个双层湖，在咸海海面以下 300～500 米深度以下的湖中出现了另一层湖，这层湖的水与白垩纪沉积层混合在一起，并与天山山脉之间有暗河相通，湖水从没枯竭过。

在巴伦支海的基丁岛上，有个水层结构比努沃克湖更奇异的湖泊。湖水成分可分为五层：第一层是淡水，生活着普通的淡水鱼，种类繁多；第二层含有微量盐类的水，栖居着节肢动物和甲壳动物，如水母、虾、蟹等；第三层是咸水，栖息着海葵、海星和海鱼；第四层水呈红色，宛如新鲜的樱桃汁液，是水色最美丽的一层，里面生活着许多紫细菌，它们以湖底产生的硫化氢气体作为自己的养料；第五层水是由湖中各种生物的尸体残骸混合泥土而成，生物沉淀、腐朽后产生剧毒的硫化氢气体，除了燃气性细菌外，几乎没有生物的踪迹。由于湖中 5 层水层次分明，故又有"五层湖"之称。

那么，这个湖泊的水为什么保持有明显的分界线呢？湖里为什么又生活着海洋生物呢？

科学家经过观测研究后，作了这样的解释：这个湖位于北极地区，淡水是冰雪融化而来的。淡水较轻，因此处在最上层，而湖面是终年冻结着的，挡住风的吹拂，湖水就很难融合起来。它们都距离海洋很近，由于地壳的升降，海岸线的变迁，小片的海水被封闭起来，变成湖泊，因此湖里栖息了各种海洋生物。

神秘的南极"无雪干谷"

南极是人类最少涉足的大洲，在那里，还有许多现象人们无法解释，"无雪干谷"就是其中最神秘的一个。

总面积达 1400 万平方千米的南极大陆，大部分被冰雪覆盖，从高空俯瞰，南极大陆是一个中部高四周低、形状极像锅盖的高原。这个被形象地称为冰盖的冰层，

罗斯像

19世纪探险家罗斯在其3年的南极航行中，除发现了以他名字命名的罗斯冰架外，也对无雪干谷进行了探测。

平均厚度为2000米，最厚的地方可达4800米。大陆的冰盖与周围海洋中的海冰在冬季连为一体，形成一个总面积超过非洲大陆的白色冰原，这时它的面积要超过3300万平方千米。

在南极洲麦克默多湾的东北部，有三个相连的谷地：维多利亚谷、赖特谷、地拉谷。这段谷地周围是被冰雪覆盖的山岭，但奇怪的是谷地中却异常干燥，既无冰雪，也少有降水，到处都是裸露的岩石和一堆堆海豹等海兽的骨骸，这里便是"无雪干谷"。走进这里的人都感到一种死亡的气息，于是它又被称为"死亡之谷"。

当科学家探测至此，他们对于岩石边的兽骨百思不得其解。最近的海岸离这里也有数十千米，而远一点的海岸则要有上百千米。习惯于在海岸旁边生活的海豹一般情况下不会离开海岸跑这么远，可这些海豹偏偏违背了通常的生活习性来到这里。那么，海豹为什么要远离海岸爬到"无雪干谷"呢？

一些科学家认为，这些海豹来到这里是因为在海岸上迷失了方向。在这个没有冰雪的无雪干谷地区，海豹因为缺少可以饮用的水，力气耗尽而没能爬出谷地，最后干渴而死，变成了一堆堆白骨。

由于存在着鲸类自杀的现象，还有一些科学家认为这些海豹跑到无雪干谷地区就像鲸类一样是自杀。可是并没有充足的理由证明这是海豹自杀，因而有些科学家认为，这些海豹可能是受到了什么惊吓，在什么东西的驱赶下才到了这里。那么海豹在过去的年代里到底是惧怕什么而慌不择路呢？又是一种什么样的东西将它们驱赶到这里呢？这真令人费解。除了神秘的兽骨，无雪干谷还有许多让人无法解释的景观。

新西兰在这个无雪干谷的腹地建立起一座考察站，并根据考察站的名字，把考察站旁边的一个湖取名为"范达湖"。一些日本的科学家在1960年实地考察了无雪干谷的范达湖，奇异的水温现象使他们感到惊讶，水温在三四米厚的冰层下是0℃左右，在15~16米深的地方升到了7.7℃，到了40米以下，水温竟然跟温带地区海水的温度相当，达到了25℃。科学家们对范达湖这种深度越大水温越高的奇怪现象兴奋不已，纷纷来到这里进行考察。

日本、美国、英国、新西兰等国的考察队从各个角度对这一疑团加以解释，争论不休。其中有两种学说颇为盛行，一种是地热说，一种是太阳辐射说。

坚持地热说的科学家们提出这样的观点：罗斯海与范达湖相距50千米，在罗斯海附近有默尔本灿和埃里伯斯两座活火山。前者是一座正处于休眠期的活火山，后者至今仍在喷发。这表明这一带的岩浆活动剧烈，因此会产生很高的地热。在地热的作用下，范达湖就会产生水温上冷下热的现象，然而有很多证据却表明，在无雪干谷地区并没有任何地热活动。这一观点并不足以解释上述现象。

坚持太阳辐射说的专家们则认为，在长期的太阳照射下，范达湖积蓄了大量的辐射能。当夏天到来时，强烈的阳光透过冰层和湖水，把湖底、湖壁烘暖了。湖底层的咸水吸收、积蓄了大量剩余阳光中的辐射能，而湖面的冰层则是很好的隔离屏障，阻止了湖内热量的散发，产生一种温室效应。南极热水湖含有丰富的能有效蓄积太阳能的盐溶液，这就是范达湖的温度上冷下热的原因。但有许多人并不同意此种说法。他们认为：南极夏季日照时间虽长，但很少有晴天，因此地面能够吸收到太阳的辐射能很少，再说又有90%以上的辐射能被冰面反射。另外，暖水下沉后必然使整个水层的水温升高，而不可能仅仅使底层的水温升高。这样一来，太阳辐射说的理论似乎又站不住脚了。美国学者威尔逊和日本学者鸟居铁经过多年的研究，提出了新的论点：虽然南极的夏季少晴天，致使地表只能吸收很少的太阳辐射，但是透明的冰层对太阳光有一定的透射率。这样，靠近表层的冰层会或多或少获得太阳辐射的能量。此外，冬季凛冽的大风会将这一地区的积雪层吹得很薄，而每到夏季，裸露的岩石又使地表能够吸收充足的热量。日积月累，湖水表层及冰层下的温度便有所上升，最后到了融化的程度。由于底层盐度较高，密度较大，底层不会上升，结果就使高温的特性保留下来。同时，在冬天时表层水有失热现象，底层水则由于上层水层的保护，失热较少，因而可以保持特别高的水温。据一些科学家的观测记录显示，此说法还是有一定说服力的。

海上坟地——马尾藻海

马尾藻是一种普通的海藻，可是生长在大西洋的马尾藻却与众不同，它们连绵不断地漂满约450万平方千米的海区，以至于这个海区被称作马尾藻海。

马尾藻海位于北大西洋环流中心的美国东部海区，约有2000海里长、1000海里宽。海上大量漂浮的植物主要是由马尾藻组成，这种植物以大"木筏"的形式漂浮在大洋中，直接从海水中摄取养分，并通过分裂成片、再继续以独立生长的方式蔓延开来。厚厚的一层海藻铺在茫茫大海上，一派草原风光。

马尾藻海一年四季风平浪静，海流微弱，各个水层之间的海水几乎不发生混合，所以这里的浅水层的营养物质更新速度极慢，因而靠此为生的浮游生物也是少之又少，只有其他海区的1/3。这样一来，那些以浮游生物为食的大型鱼类和海兽几乎绝迹，即使有，也同其他海区的外形、颜色不同。

1492年9月16日，当哥伦布的探险船队正行驶在一望无际的大西洋上时，忽然，船上的人们看到在前方有一片绵延数千米的绿色"草原"。哥伦布欣喜若狂，以为印度就在眼前。于是，他们开足马力驶向那片"草原"。但当哥伦布一行人驶近草原时，不禁大失所望，原来那"草原"是一望无际的海藻。那片海域即今天的马尾藻海。

马尾藻海有"海上坟地"和"魔海"之称。这是因为许多经过这里的船只，不小心被海藻缠绕，无法脱身，致使船上的船员因没有食品和淡水，又得不到救助，最后饥饿而死。最先进入这片海域的哥伦布一行就在这里被围困了一个多月，最后在全体船员们的奋力拼搏下才得以死里逃生。在第二次世界大战中，英国奥兹明少校曾亲自去了马尾藻海，海上无风，"绿野"发出令人作呕的奇臭，到处是毁坏了的船骸。到了晚上，海藻像蛇一样爬上船的甲板，将船裹住不放，为了航行，他只好把海藻扫掉，可是海藻反而越来越多，像潮水一样涌上甲板。经过一番搏斗，筋疲力尽的他才侥幸得以逃生。

马尾藻海位于大西洋中部，强大的北大西洋环流像一堵旋转的坚固围墙，把马尾藻海从浩瀚的大西洋中隔离出来。由于受海流和风的作用，较轻的海水向海区中部堆积，马尾藻海中部的海平面要比美国大西洋沿岸的海平面平均高出 1 米。

那么，马尾藻海究竟是怎样形成的呢？如果把大西洋比做一个硕大无比的盆子，北大西洋环流就在这盆中作圆周运动。而马尾藻海则非常平静，所以许多分散的悬浮物都聚集在这里，海上草原就是这样形成的。但是，马尾藻海里的马尾藻究竟是怎么来的，人们还没有找到一个肯定的答案。有的海洋学家认为，这些马尾藻类是从其他海域漂浮过来的。有的则认为，这些马尾藻类原来生长在这一海域的海底，后来在海浪作用下，漂浮出海面。

最令人称奇的是，这里的马尾藻并不是原地不动，而是像长了腿似的时隐时现，漂泊不定。一些经常来往于这一海区的科学家经常会遇到这样的怪事：他们有时会见到一大片绿色的马尾藻，然而过了一段时间，却不见它们的踪影了。在这片既无风浪又无海流的海区，究竟是何种原因使这片海上大草原漂泊不定呢？至今仍是个谜。

东非大裂谷的未来

从北面的叙利亚到南面的莫桑比克，东非大裂谷穿越 20 个国家，延绵 6700 多千米，差不多是地球圆周的 1/5。这道裂口宽达 100 多千米，从周围高原到谷底的峭壁高达 450 ~ 800 米。东非大裂谷气势宏伟，景色壮观，是世界上最大的裂谷带，有人形象地将其称为"地球表皮上的一条大伤痕"。

东非大裂谷其实并不是谷，因为在整条裂谷中，既有崇山，也有高原，而且在伊索比亚南部更分成两支，直到坦桑尼亚与乌干达边界的维多利亚湖地区才重合起来。在这个地球上最长而不间断的裂口内，可以找到地球的最低点、世界最高的火山、地球上最大的湖泊。

东非大裂谷起自叙利亚，形成约旦河谷与死海。死海海面比平均海平面低 400 米，是各大洲中的最低点。这个地区气温很高，水分迅速蒸发，含盐量约为 30%，是海水的 10 倍，就是不会游泳的人也能轻易浮在水面上。

距东非大裂谷起始点约 800 千米处，海水侵入，这道口子沿着亚喀巴湾和红海延伸，到伊索比亚宽阔的扇形达纳基勒洼地才转入非洲大陆。这片平原曾被盐度与死海相当的盐水淹没过，有些部分在海平面 150 多米以下。所有水蒸发后，留下了一层盐层，有些地方的盐层有 5000 米厚。

在沿东非大裂谷形成的湖泊中，坦噶尼喀湖、马拉维湖和维多利亚等淡水湖泊由于四周有干旱荒漠阻隔，湖水里生活着数百种其他地方没有的鱼。

三个湖中最浅的维多利亚深 100 米，这个湖也是形成最晚的，只有近 75 万年的历史。此湖形成时，西面的土地隆起，把数条河流的河道截断，结果河道加深加宽，成为小湖。维多利亚湖本身也经历变迁，在泛滥时会把原来与外界隔绝水体中的生物接收过来，在干旱期，湖中生物又会回到与世隔绝的生活。

形成裂谷的地方都位于地壳的"热点"上，温差与密度的差别令熔岩升向地壳表面，沿着裂谷的轴线火山活动频繁。非洲大陆上的最高峰——乞力马扎罗山与肯亚山就在裂谷的轴线上，第三大火山坦桑尼亚北部的恩戈罗山已坍塌的火山口成为非洲最佳野生动物保护区，火山口内有一个天然灌溉系统，全年水分充足。西面的塞伦盖蒂平原可容下比恩戈罗多 100 倍的动物。

古往今来，东非大裂谷一直引人注目；当今世界，东非大裂谷的未来命运，更是举世关注。

美国地理学家约翰·乔治，曾在 1893 年对裂谷进行了 5 个星期的实地调查。他推测：东非裂谷不是由河流冲刷而成，而是因为地壳下沉，形成了一个两边峭壁相夹的沟谷凹地。现在，越来越多的科学家试图通过勘测东非大裂谷，寻找板块分离的答案。大陆漂移说和板块构造说的拥护者在研究肯尼亚裂谷带时注意到，两侧断层和火山岩的年龄，随着离开裂谷轴部的距离的增加而不断增大，因此他们认为这里是一起大陆扩张的中心。2003 年 1 月，来自美国、欧洲国家和埃塞俄比亚的 72 位科学家协作完成非洲历史上最大的地震勘测。科学家们推测，火山活动频繁的东非大裂谷的"伤口"将越来越大，最终将变成海洋。但是，反对板块理论的人则认为这些都是危言耸听。他们认为大陆和大洋的相对位置无论过去和将来都不会有重大改变，地壳活动主要是作上下的垂直运动，裂谷不过是目前的沉降区而已，将来它也可能转向上升运动，隆起成高山而不是沉降为大洋。

东非大裂谷未来的命运究竟如何，人类只有拭目以待。

骷髅海岸之谜

纳米布沙漠是世界上最古老、最干燥的沙漠之一。它起于安哥拉和纳米比亚的边界，止于奥兰治河，沿非洲西南大西洋海岸延伸 2100 千米。纳米布沙漠被凯塞布干河分成两个部分，南面是一片浩瀚的沙海，北面是多岩的砾石平原，沿斯凯利顿海岸一带的海洋汹涌险恶。这里是世界上唯一沙漠（纳米布沙漠）与海洋（大西洋）相连处，充满了诡异恐怖色彩的骷髅海岸就在南纬 15°～20°之间的纳米比亚西海岸，这段海域因为南极洋流与大西洋洋流相遇，称为"西风漂流"地带。这条 500 千米长的海岸备受烈日的煎熬，沿岸的年降雨量不到 25 毫米，湿度来自夜间所形成的露水以及每隔 10 天左右夜间吹入海岸的雾霭，它们有时深入内陆达 50 千米。8000 万年以来，寒冷干燥的风从海洋吹来，在海岸边堆积起巨大的沙丘。每 15 年一次，奎士布河的威力足以将沙子全部冲到大西洋海岸，而来自西南方向的海浪再把沙子堆上海岸。这种沿岸的冲积过程可能持续上千年，沙粒被不停地冲来冲去。在海浪下面，沙子堆积成巨大的水下沙坝，加上强劲的海风和频繁出现的大雾，使这里变成了危险的水域。几个世纪以来，无数的船只只要到了这里，就难逃死亡的厄运。

因失事而破裂的船只残骸，杂乱无章地散落在古老的纳米布沙漠和大西洋冷水域之间的海岸线上。葡萄牙海员把纳米布这条绵延的海岸线称为"地狱海岸"，也有人把它叫作骷髅海岸。

骷髅海岸从大西洋向东北一直延伸到内陆的沙砾平原，从空中看下去，是一大片褶痕斑驳的金色沙丘。由于长期以来风力的作用，海岸沙丘的岩石被刻蚀得奇形怪状，犹如妖怪幽灵，从荒凉的地面显现出来。南风从远处的海吹上岸来，布须曼人称这种风为"苏乌帕瓦"。"苏乌帕瓦"吹来时，沙丘表面向下塌陷，沙粒彼此剧烈摩擦，发出隆隆的呼啸声，交织成一首奇特的交响乐，就像是献给那些遭遇海难的海员，以及在迷茫的沙暴中迷路的冒险家的挽歌。

可怕的急流，随着沙滩不断卷移，海水冲上来的人骨和破船，时而露出地面，时而掩埋沙里，令人触目惊心。

纳米比亚自然资源非常丰富，素为西方殖民主义国家觊觎垂涎。19世纪德国人大举入侵纳米比亚，但从未占领骷髅海岸。骷髅海岸是水手的墓地，无数的船只迷失在这里的浓雾和狂暴的海水中。据说一支德国部队进入骷髅海岸，却因为迷失方向而全军覆灭。一些外国船队也企图在这里登陆，由于浪高滩险，大多船只都触礁沉没。

1933年，一位瑞士飞行员诺尔从开普敦飞往伦敦时，飞机失事，坠落在这个海岸附近。有一位记者指出他的尸骨终有一天会在"骷髅海岸"找到，可是诺尔的遗体一直没有被发现。

1942年，英国货船"邓尼丁星"号在库内内河以南40千米处触礁沉没，21位乘客包括3个婴孩，以及42名男船员侥幸乘坐汽艇登上了岸。那次救援共派出了两支陆路探险队，从纳米比亚的温德胡克出发，还动用了3架本图拉轰炸机和几艘轮船。其中一艘救援船触礁，3名船员遇难。这次救援用了近4个星期的时间才找到所有遇难者的尸体和生还船员，并把他们安全地送回。

1943年，人们在这个海岸沙滩上发现13具无头骷骨横卧在一起，其中有一具是儿童骷骨；不远处有一块风雨剥蚀的石板，上面有一段写于1860年的话："我正向北走，前往60英里外的一条河。如有人看到这段话，照我说的方向走，神会帮助他。"

但至今仍没有人知道遇难者是谁，也不知道他们为什么暴尸海岸。

骷髅海滩四下望去，满目萧疏荒凉，这片海岸上的一切都不同寻常。

通向大海的四万个台阶

有这样一个神话，爱尔兰巨人麦科尔砌筑了一条路，从他在爱尔兰北部安特里姆郡的家门穿过大西洋，到达他的死敌苏格兰巨人芬哥尔所在的赫布里底群岛。但狡猾的芬哥尔先发制人，在麦科尔还未采取行动前先来到爱尔兰。麦科尔的妻子机智地骗芬哥尔说，熟睡中的麦科尔是她襁褓中的儿子。芬哥尔听了很是害怕，心想襁褓中的儿子已如此巨大，他的父亲一定更加巨大。于是惊慌地逃到海边安全的地方，并把走过的路拆毁，令砌道不能再用。

另一种传说则要平和、浪漫得多。传说，中古爱尔兰塔拉王的武士芬恩·麦库尔爱上了内赫布里底群岛中斯塔法岛上的一位身材高大的美女。为了把这个美人脚不沾水地娶回阿尔斯特，芬恩建造了这条通往斯塔法岛的石路……

今天，在爱尔兰北部海岸的贾恩茨考斯韦角，我们看见的数以万计的多角形桩柱，据说就是巨人麦科尔砌筑的。这些桩柱大部分高 6 米，拼在一起成蜂巢状，构成一道阶梯，直伸入海。从高空望下去，砌道就像沿着 270 多千米长的海岸，由人工砌筑出来的道路，往北一直延伸到大西洋。这些屹立在大海之滨已有数千万年之久的岩层，以其井然有序的排列组合及美轮美奂的造型，令无数游人叹为观止。

贾恩茨考斯韦角的桩柱可分作大砌道、中砌道和小砌道三组，人们饶有兴趣地给这些桩柱起了些古怪的名字，如被峭壁隔开的"烟囱顶"和"哈米尔通神座"观景台。

早在 17 世纪，学者们就开始研究它的起源，"巨人之路"及其周围海岸也很快发展成为一个科学家们频繁光顾的地质学研究场所。撇开神话不谈，关于这条砌道是怎样形成的，就有多种认识。曾有人认为这些桩柱是海水中的矿物沉积所成。

今天，大部分地质学家都认为砌道的形成源自火山活动。约在五千万年前，爱尔兰北部和苏格兰西部的火山活动活跃，从火山口涌出的熔岩冷却后僵化，在新爆发之后，另一层熔岩又覆盖在上面。熔岩覆盖在硬化的玄武岩层土上冷却得很慢，收缩也很均匀。熔岩的化学成分令冷却层的压力平均分布于中心点四周，因而把熔岩拉开，形成规则的六角形。这个过程发生一次后，基本形状就确定下来了，于是便在整层重复形成六角形。冷却过程遍及整片玄武岩，这样就形成一连串的六角形桩柱。在首先冷却的最顶上一层，石头收缩，裂成规则的菱形，当冷却和收缩持续，表面的裂缝向下伸展到整片熔岩，整片玄武岩层就被分裂成直立的桩柱。千万年来，坚硬的玄武岩柱不断被海洋侵蚀，就成了高低不一的模样。石柱的颜色则受到冷却速度的影响，石内的热能渐渐散失后，石头便氧化，颜色由红转褐，再转为灰色，最后成为黑色。不过，地质学家的这种观点还有待进一步考证。

科学之谜

科学在人类摆脱蒙昧、走向文明的过程中扮演了至关重要的角色。一部科学技术的历史就是一部浓缩了的人类发展史。科技的发展代表着一个国家、民族和时代的先进程度和发展方向，无数的科学家为此在科学的道路上不断地探索着。

然而，科学探索是漫无止境的，人类在攻克了一道道科学难关后，往往发现眼前是更加广阔的未知世界。在科学的领域里，有着太多的神秘现象，比如，地球上的氧气是否会被耗尽？海水的源头是什么？龙卷风是怎么形成的？神秘的球形闪电到底是什么？温室效应又存在着哪些争议？细菌真的带有磁性吗？

这些困扰着科学家的神秘现象，也同样像磁石一样吸引着我们的目光，并刺激着我们探究其真相的强烈兴趣。

大陆漂移说

在世界地图被绘制出来之前，几乎没有人对我们生活于其中的这个星球的海陆分布状况产生过疑问，人们对大陆形状的兴趣产生于第一张世界地图产生之后。在对现有海陆分布情况做出解释的各种学说中，"大陆漂移说"影响最大，也最具争议。那么，"大陆漂移说"到底成不成立呢？

麦卡托是一名荷兰学者，他于16世纪末结合人类长期积累的地理资料，依据地理大发现，绘制出人类第一张世界地图。由此，人们对地球表面的基本地理状况有了比较准确的了解，许多人还因此对大陆状况产生了兴趣。科学家在19世纪末发现了一种蚯蚓，叫作"正蚯蚓"，它在欧亚大陆与美洲东海岸广泛分布，但在美洲西部却没有。这显然说明，正蚯蚓很可能是从大西洋彼岸的欧亚大陆"迁徙"到了美洲东海岸。这一发现令当时的许多科学家百思不得其解。

魏格纳是一名德国气象学家，1910年，30岁的他曾因病住院。有一天他躺在床上出神，床对面墙上有一幅世界地图。突然他从地图上获得了某种灵感，发觉大西洋两岸的轮廓非常吻合，他还发现非洲一边的海岸线与南美洲一边的海岸线看上去就像一张被撕成两半的报纸，凹凸相对。他认为美洲与非洲原来是连在一起的，但这个念头一闪而过，他并没有深究。

1911年秋天，魏格纳读到了密卡尔逊写的关于正蚯蚓奇怪分布的书。读后魏格纳不禁想到他在一年多以前注意到的那个奇怪现象，即非洲的西海岸与南美洲的东海岸中一个大陆的凸出部分正好与隔海相望的大陆的凹入部分相似，且遥相呼应。他不由地猜测，本来就是一整块的大西洋两岸大陆后来破裂漂移开来，成为现今的东西两个海岸线。如果是这样，蚯蚓就不是横渡大洋了。沿着这个思路，他又进行了许多研究。魏格纳在 1912 年发表了一篇论文，在论文中他提出了"大陆漂移说"。1915 年他出版了一本轰动世界地质界的著作，书名叫《大陆与海洋的起源》。他认为，地球在远古的时候只有一块陆地，这块陆地叫作"泛大陆"；一个统一的大洋包围着这块泛大陆，这个大洋叫作"泛大洋"。

最新研究发现，约 4.5 亿年前，非洲大陆位于南极，被一片厚冰所覆盖，后来逐渐向北漂移。在漂移的过程中，大量的冰块融化流出，削平了撒哈拉一带像石板路一样的岩石，冲出又直又长的沟壑。

大约两亿年前，地球上发生了一次重大的变化，泛大陆在这次变化中开始发生破裂。破裂了的大陆在地球自转和天体引力的影响下向外漂移，像航行在水面上的船舶一样。这些漂移的大陆在距今约两三百万年前，终于漂到了今天的位置，形成了七大洲、四大洋，即现代地球版图的基本面貌。

许多人对大陆漂移说持怀疑态度，因为人们不相信庞大的大陆可以在水中漂移。另外，限于当时的研究水平，魏格纳的理论也存在着许多破绽和缺陷。1930 年，在第四次前往格陵兰考察时，魏格纳不幸遇难，从此大陆漂移说的主要倡导者也没有了。这一学说一度几乎被人们完全遗忘。

随着海洋地质研究的深入，古地磁研究所总结的大量资料，魏格纳的大陆漂移学说在 20 多年后，又在新的理论基础上重新获得了生命力。

英国物理学家布莱克特是专门研究古代地磁学的专家。1954 年，他找到了大陆漂移的直接证据。1961 年英国人赫兹依据沿大洋海岭对称分布有磁性条带这一新发现，提出了地幔对流和海底扩张说。他设想新地壳的诞生处是大洋的海岭，地幔中的物质不断从海岭当中的裂缝中流出来，并凝结在海岭两边，造成海岭不断向外扩张，并以一浪接一浪、后浪推前浪的方式运动。赫兹认为，迄今这种运动过程仍然持续不断。

1968 年，法国人勒皮雄提出板块构造理论。这种理论认为地球的外壳由 20 几个大板块组成，其中最基本的是太平洋板块、印度洋板块、美洲板块、欧亚板块、非洲板块、南极洲板块等 6 大板块。根据他的板块构造理论，地壳不断发生变化，在整个地质时代载着大陆的板块都在运动着，地球大陆在漫长的年代里实际上被"撕裂"过若干次。新的海洋就在它们被撕裂时形成了，但有时大陆在板块相互碰撞的情况下又粘接在一起，原来的海洋地带就变成了陆地，在别的地方又撕裂成了新的海洋。

通过大洋海岭的扩张，海底也同样不断扩张，这一点成功地解释了目前地球海陆的分布状态。板块学说是一种全新的地理学观念，它指出：大陆和海洋都有分有合，有生有灭，并非永恒不变。

随着更多的观测事实的积累，20世纪60年代以后，大陆漂移论又在新的理论基础上复活。现在通过人造卫星的精密测量，人们已经证实：大西洋在以每年1.5厘米的速度扩展，太平洋上的夏威夷群岛与南美大陆和北美大陆相互靠近的速度是平均每年5.1厘米，澳洲与美洲大陆分离的速度则达到了每年1厘米。但是，这并不意味着这一学说已经被所有的人无条件地接受了。

时至今日，人们仍不太相信这个理论。一些科学家就认为"大陆漂移说"的前提是地球体积和地表总面积固定不变，这是从对地壳变动的认识来分析问题的，因而有许多疑点无法解释。他们认为相似的"板块构造说"也是如此。但勒皮雄关于大陆本来连在一起的思想启发了许多研究者，包括后来怀疑、反对他的研究者。

关于大陆漂移说成立与否的争论还在继续，许多新的学说还在不断涌现，到底孰是孰非，尚无定论。但是可以肯定的是，随着对该问题探讨的深入，人类对它的认识必将日益接近事实。

地球上的水来自何处

从太空中看地球，它是一个大部分为蓝色的圆球，那些蓝色的部分便是水。在太阳系中，地球是唯一拥有液态水的天体。这让人们不禁想问：地球上的水来自何处？

地球其实名不副实，它表面积约5.1亿平方千米，其中陆地面积占地球表面积的29.2%，海洋的面积占70.8%，是一个实实在在的水球。

地球上有多少水？联合国统计资料显示，地球上总共有138.6亿立方米的水。

长久以来，人们对地球上水的来源问题一直争论不休。对此，有两种完全相反的看法，一种观点认为水是从天上（雨雪）掉下来的；另一种观点认为，雨雪是地面上的水蒸发后才到了天上的。

有些科学家说，太阳风导致了水的产生，地球水是太阳风带来的，是太阳风的杰作。首先提出这一观点的科学家是托维利，他认为太阳风是太阳外层大气向外逸散出来的粒子流，电子和氢原子核——质子是其主要成分。根据计算，托维利得出这样一个结论：从地球形成到今天，地球已从太阳风中吸收的氢的总量达 1.70×10^{23} 克。我们知道，氢和氧结合就会产生水，如果把这些氢全部和地球上的氧结合，就可产生 1.53×10^{24} 克的水，地球水现在的总量145亿吨与这个数字是十分接近的。更重要的是，地球水中的氢与氘含量之比为6700 : 1，这同太阳表面的氢氘比也是十分接近的。因此托维利认为，根据这些计算和成分对比，可以充分说明地球水来自太阳风。

研究地球物质成分和内部构造的科学家认为，地球上的水其实是从地球内部挤压出来的，地球表面原本是没有水的。水最早是从星云物质中带来的，在地球形成时，通过地球的演化，后来不断从地球深处释放出来。几乎在每次火山喷发时总会喷出大量气体，水蒸气要占到75%以上。地下深处的岩浆中有水分，即使是由岩浆凝固结晶而成的火成岩，水也以结晶水的形式存在其中。

但是，随着人们对火山现象研究的深入，上述观点被推翻。人们发现同火山活动有关的水，是地球现有水循环的一部分，并不是什么从深部释放出来的"新生水"。

科学家克莱因分析了世界各火山活动区与火山有关的热水中的氚，证明它们与当地的地面水是相同的，从而确认它们是渗入地下的地面水，在火山热力的作用下重新变为水蒸气上升。

后来，科学家根据对某些地区火山热力所导致的氚进行分析，发现人工爆炸能够导致氚含量的升高，这就进一步说明其实是新近渗入地下的雨水变成了火山热水。这些研究成果使那些主张地球水来自"娘胎"的研究者修正了对火山水的看法。

水的来源并无定论，美国艾奥瓦大学的弗兰克等科学家还提出了一个引人注目的新理论：太空中由冰组成的彗星才是地球上水的来源。

原来，科学家发现，大气中水蒸气分子在太阳紫外线的作用下，会分解成氢原子和氧原子。氢原子向外飘扬，当它到达 80 ~ 100 千米气体稀薄的高热层中时，氢原子的运动速度会超过宇宙速度，能摆脱地球引力离开大气层从而进入太空。这样一来，地球表面的水就流失到了太空。人们经过计算发现，飞离地球表面的水量差不多等同于进入地球表面的水量。可是，有一个奇怪的现象似乎不符合这种说法，那就是地质学家发现，2 万年来，世界海洋的水位涨高了大约 100 米。地球表面水面为什么不断增高呢？这至今还是个谜。

自 1918 年以来，弗兰克等人通过对从人造卫星发回的几千幅地球大气紫外辐射图像仔细研究，发现总有一些小黑斑出现在圆盘形状的地球图像上。每个小黑斑面积约有 2000 平方千米，大约存在 2 ~ 3 分钟。经过仔细研究和检测分析后，弗兰克等人发现这些黑斑是由一些肉眼看不见的由冰块组成的小彗星，撞进地球大气层，融化成水蒸气造成的。这些小彗星频繁地坠入大气层，每 5 分钟大约有 20 颗平均直径为 10 米的这种冰球进入大气层，每颗融化后能变成 100 吨左右的水，地球因此每年可增加约 10 亿吨水。地球从形成到今天，大约有 46.5 亿年的历史，照此计算，这种冰球一共为地球提供了 460 亿吨水，比现在地球水体总量还多。

关于地球水的来源有许多各不相同的认识，各有各的道理，但真相究竟如何，还有待于科学家们收集更多的客观证据，以揭开这个谜。

巨雹是怎样形成的

从春末到夏季，是冰雹经常出现的季节。但是按常理来说，只有在冬天那种寒冷的天气里才会结冰，可为什么在炎热的夏天也能形成冰？这实在令人费解。

中国面积辽阔，各地的气候条件各具特点，有些地方就常常发生冰雹灾害。冰雹的分布有这样一个特点：西部多，东部少；山区多，平原少。冰雹在中国东南部地区很少见，常常几年、几十年也遇不到一次；而青藏高原则是冰雹常光顾的地区，局部地区每年下冰雹的次数超过 20 次，个别年份达 50 次以上。唐古拉山的黑河一带是中国冰雹最多的地方，平均每年下冰雹 34 次之多。

世界上冰雹最多的地方则是肯尼亚的克里省和南蒂地区，那里一年 365 天中有 130 天左右下冰雹。

1928 年 7 月 6 日，在美国内布拉斯加州的博达，下了一次规模较大的冰雹，冰雹堆积有 3 ~ 4.6 米高，其中最大的一个冰雹周长 431.8 毫米，重 680 克，是当时世界上最重的冰雹块。

1968 年 3 月，在印度比哈尔邦降下的冰雹中，有一块重 1000 克，一头小牛被当场砸死。这是人类历史上一次严重的冰雹灾害，十分罕见。

那冰雹是怎么产生的呢？它为什么会在夏天出现呢？

原来，在夏天，大量水汽在强烈的阳光照射下，急剧上升，到高空遇冷迅速凝结成小冰晶往下落，一路上碰上小水滴，掺合在一起变成雪珠。雪珠在下降过程中被新的不断上升的热气流带回高空。就这样，雪珠在云层内上下翻滚，裹上了层层冰外衣，越变越大，也越来越重，终于从空中落下，成为冰雹。冰雹小如黄豆，大如鸡蛋，最大的像砖块那么大。冰雹形状并不规则，多数呈球状，有时呈块状或圆锥状。冰雹内部构造很不均匀，中间有一个核，叫雹核，主要是由霰粒或软雹构成，也有由大水滴冻结而成透明冰核的。雹核的外面交替地包裹着几层透明和不透明的冰层，有的冰雹多达十几层甚至 30 层，在冰层中还夹杂着大小不同的气泡。

1894 年 5 月 11 日下午，在美国的博文纳一带下了一场大冰雹。人们发现其中有一块冰雹直径竟然长达 15.2 ~ 20.3 厘米。仔细观察后发现，冰雹里居然有一只乌龟，外面才是层层厚冰。原来，在博文纳，那天正刮着旋风，这只不幸的乌龟被旋风卷上天空，直上云霄，在云海里被当作核，被冰晶层层包裹，等到超过上升气流的承托力时，才坠落到了地面。

有趣的是，有时一场冰雹过后，人们会发现一些特大的冰雹，有的重几十千克，足有面盆大；有的竟有汽车那么大。如 1957 年，中国内蒙古伊克昭盟（今鄂尔多斯市）伊金霍洛旗下了一场冰雹，人们在山谷中发现了一块像一辆吉普车那么大的巨雹。更令人惊奇的是，1973 年 6 月 13 日，在中国甘肃华池县山庄桥发现的一块巨雹比房屋还高。

这些巨雹真是从天上降落下来的吗？但上升空气是托不住一个重 10 千克的巨雹的，所以巨雹来自天空的可能性微乎其微。那它又来自何方呢？

由于没有足够的证据，科学家只能对巨雹之谜进行推测。他们认为，在降雹过程中，冰雹云后部受到干冷空气的侵袭，结果降落到地面的雨滴仍保持着冷却性，随风飘下的雨滴聚集在某一冷的物体侧面上，边冻结，边增厚，形成棱形的巨雹。因此，它的原料来自于天上，成品却是在地面上加工形成的。这种推测有一定的道理，但目前也只是推测。

巨雹究竟是怎么回事？我们只能寄希望于气象学家的研究。相信有一天，这个谜会被解开。

龙卷风成因探秘

在美国俄克拉荷马州阿得莫尔市曾经发生过这样一件怪事：两匹马拉着一辆大车在路上行走，车夫坐在车上，由于天气闷热，他打起了瞌睡，突然一声巨响把他惊醒。睁眼一看，两匹马和一根车辕都已经无影无踪了，而自己和车子却是安然无恙。

俄克拉荷马州的一对夫妇也遭到过这种厄运。在 1950 年的一个晴朗的夏日，他们躺在床上休息。一声刺耳的巨响将他们惊醒，他们俩起来看一看什么也没有发现，以为这声音是梦中听到的，于是重新又躺了下来。但是，他们忽然发现他们的床已被弄到荒无人烟的旷野，周围没有房子，没有任何建筑物，也没有牲畜。只有一只椅子还留在他们的旁边，折叠好的衣服仍好端端地摆在上面！据说这件怪事的罪魁祸首是龙卷风。

龙卷风是云层底部下垂的漏斗状的云柱及其伴随的非常强烈的旋风。文献上记载的下银币雨、青蛙雨、黄豆雨、铁雨、虾雨，还有血淋淋的牛头从天而降等现象，都是龙卷风把地面或水中的物体吸上天空，带到远处，随雨降落造成的。龙卷风中心气压极低，中心附近气压梯度极大，产生强大的吮吸作用。当漏斗伸到陆地表面时，把大量沙尘等物质吸到空中，形成尘柱，称陆龙卷；当漏斗伸到海面时，便吸起高大的水柱，称水龙卷或海龙卷。龙卷的袭击突然而猛烈，产生的风是地面上最强的。

在强烈龙卷风的袭击下，房子屋顶会像滑翔翼般飞起来。一旦屋顶被卷走后，房子的其他部分也会跟着崩解。龙卷风的强大气流还能把上万吨的车厢卷入空中，把上千吨的轮船由海面抛到岸上。在美国，龙卷风每年造成的死亡人数仅次于雷电。它对建筑的破坏也相当严重，经常是毁灭性的。1925 年 3 月 18 日，一次有名的"三州旋风"遍及美国密苏里、伊利诺伊和印第安纳三个州，损失达 4000 万美元，死亡695 人，重伤 2027 人；1967 年 3 月 26 日，中国上海地区出现的一次强龙卷，毁坏房屋 1 万多间，拔起或扭折 22 座抗风力为 12 级大风两倍的高压电线铁塔；1970 年5 月 27 日，一个龙卷风在中国湖南形成后经过沣水，在沣水的江心卷起的水柱有 30米高、几十平方米大，河底的水都被吸干了。

龙卷风在世界各地都曾出现过，中国龙卷风不多见，而在美国、英国、新西兰、澳大利亚、意大利、日本出现的次数却很多。龙卷风在美国又叫旋风，是常见的自然现象。1879 年 5 月 30 日下午 4 时，在堪萨斯州北方的上空有两块又黑又浓的乌云合并在一起，15 分钟后在云层下端产生了旋涡。旋涡迅速增长，变成一根顶天立地的巨大风柱，在 3 个小时内像一条蟒龙似的在整个州内胡作非为，所到之处无一幸免。龙卷风旋涡竟然将一座新造的 75 米长的铁路桥从石桥墩上"拔"起，把它扭了几扭然后抛到水中。事后专家们认为，这次龙卷风旋涡壁气流的速度已高于音速，威力巨大。

把高于音速的龙卷风比喻为一个魔术师一点也不为过。1896 年，美国圣路易市发生过一次旋风，使一根松树棍竟轻易穿透了一块一厘米左右的钢板。在美国明尼苏达州，1919 年也发生了一次旋风，使一根细草茎刺穿一块厚木板，而一片三叶草的叶子竟像模子一样，被深深嵌入了泥墙中。更让人不解的是一次龙卷风将坐在家中的一对夫妇和他们的大儿子和小儿子吹到一条沟里，而她的次子则被刮走不见影踪，直到第二天才在另一个市被找到。尽管他吓得魂不附体，但丝毫未受损伤。令人奇怪的是，他不是顺着风向被吹走的，而是逆着风被吹到那个市的。

尽管人们早就知道龙卷风是在很强的热力不稳定的大气中形成的，但对它形成的物理机制，至今仍没有确切的了解。有的学者提出了内引力——热过程的龙卷成因新理论，可是用它也无法解说冬季和夜间没有强对流或雷电云时发生的龙卷风。龙卷风有时席卷一切，而有时在它的中心范围内的东西却完好无损；有时它可将一匹骏马吹到数千米以外，而有时却只吹断一棵树干；有时把一只鸡的一侧鸡毛拔完，而另一侧鸡毛却完好无缺。龙卷风造成的这些奇怪现象的原因至今都不清楚。

龙卷风的风速究竟有多大？没有人真正知道，因为龙卷风发生至消散的时间短，只有几分钟，最多几个小时。作用面积很小，一般直径只有 25 ~ 100 米，在极少数的情况下直径才达到 1000 米以上，以至于现有的探测仪器没有足够的灵敏度来对龙卷风进行准确的观测。相对来说，多普勒雷达是比较有效和常用的一种观测仪器。多普勒雷达对准龙卷风发出微波束，微波信号被龙卷风中的碎屑和雨点反射后再被雷达接收。如果龙卷风远离雷达而去，反射回的微波信号频率将向低频方向移动；反之，如果龙卷风越来越接近雷达，则反射回的信号将向高频方向移动。这种现象被称为多普勒频移。接收到信号后，雷达操作人员就可以通过分析频移数据，计算出龙卷风的速度和移动方向。为了制服龙卷风，预测龙卷风，人们正努力探索龙卷风形成的规律，以解开这个自然之谜。

神奇的极光

那是在 1950 年的一个夜晚，淡红和淡绿色的光弧在北方的夜空上闪耀，所有在那晚见过北极光的人至今都能回想起当时的盛况。它时而像在空中舞动的彩带，时而像在空中燃烧的火焰，时而像悬在天边的巨伞。它绚丽多姿，不断变换着自己的颜色，一会儿红，一会儿蓝，一会儿绿，一会儿紫，就这样轻盈地在夜空中飘荡了好几个小时。

而这一美丽的奇景也曾在中国的黑龙江漠河、呼玛一带出现过。1957 年 3 月2 日夜晚 7 点左右，忽然一团灿烂的红霞腾起，瞬间化为一条弧形光带，停留在夜空中长达 45 分钟之久。同年，中国北纬 40 度以北的广大地区也出现了同样的现象。其实，北极光是非常罕见的自然现象，中国历史上记载的极光现象，公元前 30年 ~ 1975 年只有 53 次。

1960 年，在俄罗斯的列宁格勒也出现过罕见的北极光。那晚，北极光异常强烈，光弧发出白、红、绿的光辉，升上高空，越来越耀眼，直上万里。

在极光刚开始出现在夜空时，人们先是看到一条中等亮度的均匀的光弧以直线或稍弯曲的形状横过天空伸展开去（长度几百千米，甚至几千千米，宽十多千米或几十千米）。光弧的上端一般离地950千米左右，而下端则是离地100千米左右。它往返扫动的速度达每秒几十千米，只需几分钟其高度就可以增加到1000倍。

1988年8月25日21时，在中国黑龙江省漠河县、呼中区、新林区又出现了极光。刚开始时，在地平线上出现了一个亮点。紧接着，它沿着W形的曲线以近似螺旋的轨迹上升。亮点在不断地升高、移动，面积也在不断地扩大，而亮点的尾部留下了像火烧云似的美丽光带。在这时亮点开始出现了一个淡蓝色的圆底盘，接着，圆底盘从淡蓝色变成了乳白色。亮点射下一束扇状的光面，闪了几下便消失了。西方低空中的光带向上扩展所形成的淡蓝色的云团正在这个时候，就像一个倒放着的烟斗。这条橙黄色带和淡蓝色的云团持续了40分钟左右才逐渐消失。

瑞典北极圈内地区，冬夜永无黎明，北极光很像温暖的火焰，照亮了黑暗。

然而，这绚丽壮观的极光却有极强的破坏力。极光给通讯、交通都会带来严重的影响，它能干扰电离层，影响短波无线电信号的传播。在极光强烈活动的影响下，远在美国阿拉斯加的出租车司机竟然可以收到来自本土东部的新泽西州调度员的命令。极光的不断变化也可能会使电话线、输油管道和输电线等细长的导体中产生感应电流，使输油管道被严重腐蚀。1972年，在美国的缅因州至得克萨斯州的一条高压输电线跳闸，加拿大哥伦比亚的一台23万伏变压器被炸毁，这一切突发事件的"主谋罪犯"就是奇特而瑰丽的极光。千百年来，人们一直在研究、寻找极光形成的真正原因。很早以前就有人观察到了这一大奇景，可对于它的"横空出世"，至今还是没有人能够用科学的说法给以完整的解释。

在古代，极光被因纽特人误认为是火炬；而又有一些人把极光描绘成上帝神灵点的灯，鬼神用它引导死者的灵魂上天堂；而在罗马，极光被说成是黎明女神奥罗拉在夜空中翩翩飞舞，迎接黎明的到来。

俄国科学家罗蒙诺索夫曾经做过这样一个实验：在一个接近真空的球内制造人工放电现象。结果在空气极其稀薄的玻璃球内，随着放电，不断发现闪光。他得出结论：极光是空气稀薄的高空大气层里的大气放电所造成的。后来，这个实验被不断地重复验证，结果是完全相同的。极光是一种放电现象的观点得到证实。但极光仍然有很多谜。比如，高空空气发光是怎样引起的？为什么极光就像万花筒一样可以变幻成千奇百怪的形状，并且在不断变化中从来都是不相同的？极光为什么多发生在两极？

后来科学研究证实，极光的产生来源于太阳的活动。太阳不断放出光和热，它的表面和内部都在不断地进行着各种各样的化学元素的核反应，产生出强大的含大量带电粒子的带电微粒流；这些带电微粒射向空间，会和地球外 80 ～ 120 千米高空的稀薄气体的分子发生碰撞，由于这个速度太快，因而就会发出光来。太阳活动高潮的周期性大约是 11 年 1 次。在高潮期，太阳黑子会呈旋涡状出现，且很大很多。这时的极光因为太阳异常也会比平时更瑰奇壮丽。由此可看出，太阳活动控制着极光活动的频率。有人发现，当一个"大黑子"出现在太阳中心的子午线时，在 20 ～ 40 小时后，极光就会在地球上露脸。因此，是太阳发出的电造就了极光。

极光现象为什么只出现在南北两极呢？因为地球就像是一个以南北两极为地磁两极的大磁石，而从太阳处来的粒子流就是指南针，它飞向两极的运动方式是螺旋形的。事实上，磁极不能控制所有的带电粒子流，在太阳非常强烈地喷发带电粒子流的年份里，人们也能在两极地区以外的一些地方观察到极光。不同气体可分成如氧、氮、氯、氖等，空气成分非常复杂，而这些成分在带电微粒流的作用下，产生不同色彩的光，所以极光才能如此美丽多姿。

有人从地球磁层的角度去研究极光。地球磁层把地球紧紧包住，就如同地球的"保护网"，使地球不受很大的太阳风辐射粒子的侵袭。可是这张"保护网"在南北极上空就不如别的地方密实，这里有许多大的"间隙"，因此一部分太阳风辐射粒子就乘机进入地球磁层。这一点从卫星上看得分外清楚：当太阳耀斑开始爆发时，有些电子就加速沿磁力线从极区进入地球大气层。这就在两极上空形成一个恒定的环形光晕，即极光椭圆环。极光都有圆环并不是一成不变的，其大、小、亮、暗都随着带电粒子的涌入量而变化。由于南北极上空有那些"间隙"，所以极光只出现在两极地区的上空。

现在还有一个疑问是，太阳风进入星际空间的行动是连续的，太阳风会进入地球极区"通道"，但为什么南、北极的极光并不是时刻可见呢？难道说太阳风所经过的那些"间隙"中还设有"关卡"吗？关于这一点，有一个很合理的假设：太阳风带电粒子进入这些"间隙"后，并不是一下子就爆发的。地球磁力线有一种能力，可以把这些带电粒子先藏起来，只有在一些特定因素如太阳黑子强烈活动的影响下，地球磁力线才把带电粒子放出来，于是就有了极光。

可是，这些假设都不能解释地面附近出现的极光现象。有人说这些地面极光是地面附近的静电放电所致，因此，极光会出现在离地面 4 ～ 10 英尺的地方。

又因为许多彗星明亮的尾巴与极光有很多相似的地方，这使人很自然地将这两种现象联系起来。除此之外，还有很多观点，这里就不一一列举了。尽管极光之谜还没有完全揭开，但人类已初步了解了它的许多方面。科学家们对太阳风的研究监测还在紧张地进行着，他们希望通过观察确定太阳风的各种参数是如何变化的。

"温室效应"的争议

近年来，全球气候逐渐变暖，科学家们根据长期观测得到的大量数据分析指出，全球气候在 20 世纪明显变暖，跟 20 世纪初相比，现在的平均气温上升了 0.5℃，这种温暖期是过去 600 年里从未有过的。

全球气候在整个 20 世纪确实一直在变暖，但气候变暖是不是因为"温室效应"呢？会不会持续变暖呢？对此，众说纷纭。

有些科学家认为 20 世纪气候变暖是"小冰期"气温回升的延续，是自然演变的结果，跟"温室效应"无关。在地球存在的 46 亿年中，气候始终在变化，并且是以不同尺度和周期冷暖交替变化的，也就是说，20 世纪气候变暖是正常的自然现象，人们不必恐慌，到了一定的时期气温自然会变冷。科学家经研究发现：第四纪也就是距今 250 万年前，地球上出现了多个不同尺度的冷暖变化。周期越长，气温变幅也越大。周期为 10 万年左右的冰期，气温变化了 10℃；周期为 2 万年的，气温仅变化了 5℃。在近 1 万年中，这个规律依然在起作用：10 年尺度气候变化的变幅是 0.3℃ ~ 0.5℃；100 年尺度气候变化的变幅为 1℃ ~ 1.5℃；1000 年尺度气候变化的变幅为 2℃ ~ 3℃。

但还有些人反对以上观点，他们认为，全球气候变暖是因为"温室效应"，而人类是造成"温室效应"的罪魁祸首。近几十年来，发展迅速的工业制造业以及日益增多的汽车等，导致燃烧矿物燃料越来越多，人类向空气中排放的二氧化碳大大增加。加上绿色植物尤其是森林遭到了极大破坏，无法大量吸收人类排出的二氧化碳，因此，大气层中的二氧化碳浓度大大增加，阻碍了大气和地面的热交换，引发"温室效应"。大量的二氧化碳既能吸收热量，又阻止了地球散热，地球热交换因此失去了平衡，导致全球气温不断升高。一个权威性的政府组织 IPCC（政府间气候变化小组）对全球气候变暖的问题进行了大量详尽的研究，他们明确指出了大气中二氧化碳含量的增加是全球变暖的主要原因。IPCC 的科学家们利用电脑收集了大量的技术发展预测、人口增长预测、经济增长预测等相关资料，再根据对未来 100 年里排放到大气中的二氧化碳数量的 35 种估计值，做出了 7 种不同模型来预测全球气候，最终的结论是气温在未来 100 年可能增加 1.4℃ ~ 5.8℃。如果这种预测变成现实，地球将会发生一场大灾难。农业将遭到毁灭性打击；海平面将上升，淹没更多陆地，并导致淡水危机；各种自然灾害将轮番发生，生态平衡将遭到破坏。据英国《观察家报》2004 年 1 月 11 日报道，由多国科学家组成的国际研究小组在最新一期英国《自然》杂志上发表研究报告称，全球变暖将导致世界上 1/4 的陆地动植物、即 100 多万个物种将在未来 50 年之内灭绝，这必将对人类的生存造成灾难性的影响。为此，英国多位著名气候专家在剑桥大学召开会议，商讨防止地球继续变暖的办法。

尽管"温室效应"论十分盛行，但也有不同的声音。不少科学家认为目前地球正朝低温湿润化方向发展。他们认为，尽管 20 世纪的气温总体上呈上升趋势，但二氧化碳浓度变化与气温曲线变化并非完全一致，20 世纪的 40 ~ 80 年代，有过降温的过程。这种看法也不无道理，他们从两个方面提出证据支持自己的观点。

首先，他们认为，气候变化受地球自身反馈机制的影响。一方面，由于大气与海水间存在着热交换，气温升高时，热交换增强，海水吸收热量升温后，对二氧化碳的溶解度也会增加。不仅如此，气温的升高还会增加地球上的生物总量，寒冷地带由于变热，生长在那里的植物生长期变长，植物带也在高温的作用下移向高纬度的地方，二氧化碳被森林吸收后，要经过更长的时间才能回到大气层。另一方面，由于空气极度湿润，植物残体在这种情况下不能充分分解，以泥炭的形式储存到地壳，这正是碳元素从生物圈到地圈的转化过程。

其次，气温上升过程中产生的水蒸气也能起到一定程度的缓解作用。气温升高导致蒸发加剧，大气含水量增加，形成一些云，大量的太阳辐射会被这些云反射、散射掉，从而缓解气温的上升。

气象系统是十分复杂的，无论地球变暖是否是因为"温室效应"，我们都应该加以关注。相信总有一天我们会弄明白地球变暖的来龙去脉，从而改善环境，造福人类。

厄尔尼诺现象

近些年，每当人们讨论气候和自然灾害的时候，往往会提到这样一个名词：厄尔尼诺。在各种媒体上，它的出现频率也非常高。在人们眼里，厄尔尼诺显然已成了"灾星"的代名词。

厄尔尼诺是南美洲秘鲁渔民最早对影响当地鱼流的秘鲁近海暖洋流的通俗叫法，在西班牙语中是"圣婴"的意思，指的是圣诞节前后发生在南美洲的秘鲁和厄尔尼诺

厄尔尼诺现象引起的洪涝灾害令印度尼西亚许多居民无家可归。

附近，即赤道太平洋东部和中部海水大范围持续异常偏暖现象。厄尔尼诺现象不仅扰乱秘鲁渔民的正常渔业生产，引起当地气候反常，而且在厄尔尼诺现象强烈的年份，还会给全球气候带来重大影响。主要表现在：从北半球到南半球，从非洲到拉美，气候变得异常，该凉爽的地方骄阳似火，温暖如春的季节突然下起大雪，雨季到来却迟迟滴雨不下，正值旱季却洪水泛滥……

现在，对厄尔尼诺已有了一个基本一致的定义，用一句话来说：厄尔尼诺是热带大气和海洋相互作用的产物，它原是指赤道海面的一种异常增温，现在其定义为在全球范围内，海气相互作用下造成的气候异常。它表示一系列的海—气反常现象，主要有以下几方面：东太平洋赤道以南海域冷水区的消失；太平洋赤道地区东南信

风的消失；西太平洋赤道地区的热水向东部扩散；由上述三种现象引起的一系列气候反常。据专家统计，厄尔尼诺大约每过 2 ～ 7 年出现一次，但却没有一定的周期性，每次发生的强度不尽相同（即表层海温的异常程度不同），持续时间也有差别，短的持续半年，长的持续一年以上。

但到目前为止，科学家们依然没弄清厄尔尼诺现象发生的原因。

有一种观点目前较为盛行，这就是大气因子论。这种观点认为，赤道太平洋受信风影响，形成了海温和水位西高东低的形势。与此同时，在赤道太平洋西侧的上升气流和东侧的下沉气流的影响下，信风会加强；一旦信风减弱，太平洋西侧的海水就会回流东方，赤道东段和中段太平洋的海温因此会异常升高，从而导致厄尔尼诺现象的发生。

气象学家已证实，厄尔尼诺确实会引发世界上一些地区气候异常及气象灾害，如干旱、洪涝、沙尘暴、森林大火等。因为海洋在厄尔尼诺的影响下，表面温度上升 3℃ ～ 6℃，导致地球大气的正常环流受到干扰。结果全球气候都因此变得异常，自然灾害迭起，并最终影响地球陆地生态系统。

随着科技的发展和科学家经验的积累，在过去的几十年中，对厄尔尼诺的研究工作已取得较大进展。1997 年 9 月，科学家们利用气象监测卫星收集到了大量数据，并据此得到了一张图片。他们发现了一块水域，其水面要高出正常情况 33 厘米，这是因为肆虐的贸易风推动了温暖的热带海水。它表明，一次剧烈的厄尔尼诺现象正在进行中。果然，在随后的几个月中，该水域对气候的影响逐渐显露出来，全球各地区几乎无一幸免。

今天，天文学观测手段和计算机技术越来越先进，厄尔尼诺现象也越来越被人们所了解，但依然有很多未解之谜需要我们继续探索研究。

惊人的图坦卡蒙陵

图坦卡蒙陵寝的发现是埃及考古工作成就的顶峰，也是埃及考古史上一个重要的转折点，这一伟大的发现是与一位名叫霍华德·卡特的英国考古学家的名字联系在一起的。此外，资助他进行发掘的卡纳冯勋爵也参与了这一最伟大的发现。

1903 年，卡特前往埃及。1906 年，他自己着手进行考古挖掘工作。一开始，他们选定了王陵谷里一小块面积准备进行挖掘，这块地方选对了，应该说运气不错。

卡纳冯和卡特站在山头向下俯视着王陵谷，以前已经有几十个人在那里挖掘过，可惜那些先行者却没有留下一份详细的地图，哪怕是一纸草图。谷里遍地是大堆挖出的碎石，整个谷底看起来有点像月球的表面，乱石堆之间是一座座陵墓的入口，而这都是早已开发的墓葬了，如今唯一的办法只能是系统地全面挖掘下去。

埃及文物管理局长马斯皮罗签署批准卡纳冯勋爵开发帝王谷的文件时坦率地说明，他认为这块墓区已经被挖掘干净，现在再去调查研究纯属浪费时间，他可以肯定帝王谷再也挖不出什么东西了。

卡特在听到这许多否定的说法后，仍然认为有可能发现古墓，而且知道是谁的陵墓。

卡纳冯和卡特开始挖掘了。干了一冬以后，他们基本清除了表层地面的碎石堆，并挖到拉美西斯六世的墓。"我们发现许多当年建陵工人的房舍，都造在巨大的岩石上，而帝王谷里这类岩石附近往往可以找到墓葬。"

可是又继续了两冬后，他们仍然没有真正的收获。几经商量之后，他们决定再挖掘最后一个冬季。这次挖掘的地方，是卡特6年前就应该集中挖掘的目标。他们拆去工房，清走覆土，立刻看到图坦卡蒙墓的入口，这是埃及最为豪华的陵寝。卡特写道："这突然的发现真使我瞠目结舌，接着一连数月不断的收获接踵而至，忙得连想一想都来不及。"

1922年11月，工人们清出了最后一级石阶。卡特走下16级石阶，面对着封闭的墓室门，他清楚地看清了图坦卡蒙的封戳，但同时他也看出了埃及考古学家经常遇到的情况——陵寝已经被人挖过，盗墓贼也在这里做过手脚。

不过，盗墓者并没有把墓室洗劫一空。随着第二道门的清出，他们看见了许多了不起的东西。其中有许多贵重的文物是容易损坏的，迁出以前必须进行保护性的处理，至少在迁出以后立即进行这种处理，为此必须准备大量的保护和包装材料。

从发现陵墓起，全世界各地都有许多人表示愿意提供慷慨的帮助。有许多外地专家参加了工作，为把这项空前的埃及考古做得更彻底、更精确贡献了力量。

这些人都是第一流的专家，有些人的专业是和考古学无关的，由于他们共同的努力，这座陵墓中的文物安全顺利搬出以后，为科学做出了空前的贡献。

其中，图坦卡蒙石棺的出土最令人振奋。这是一部杰作：全棺用一整块质地细密的黄色石英岩凿成，重约1吨。打开石棺，人们首先看到的是一具"人形棺"的棺盖，上面仰卧着那位年幼的国王的金像，那黄金像初出熔炉一样亮得耀眼。金像的头和双手铸成立体的，身体用浅浮雕，周身装饰极为华丽，双手交叉，握着象征王权的钩和连枷，上面用蓝釉镶嵌，脸用纯金铸成，眼睛是霰石和黑曜岩做的，眉和眼睑是大青石玻璃做的，脸上表情严肃而淡漠，但栩栩如生。

棺材是三层套棺，第二层的盖上是那位

宝座

这个宝座是由木料包金制成的，上面绘制了国王与王后的画。

年轻的法老的像，他身穿礼服，周身是华丽装饰。打开第三层套棺时并没有发现更多的新东西，但在整个操作过程中工人们觉得这些套棺重得出奇，使人难以理解。这座墓里的稀奇现象层出不穷，这时人们又发现了一件。

摄影师伯尔顿拍过照片，卡特去掉花环和裹布，才弄明白棺材沉重的原因——第三层棺材整个是纯金造成的。

人们松下几个黄金佛头，然后手提金握柄移开最后一层套棺的棺盖，露出了木乃伊，大家终于看到了图坦卡蒙的遗体。

从墓中许多画面和浮雕以及日用品来看，图坦卡蒙给人的印象是性格比较可爱的，但是关于他的政绩或作为埃及的统治者有何建树现在一无所知，只活了18年的国王大约是不会有什么重大成就的。

这位法老的干尸既豪华又可怕。尸体上浇灌了大量的油膏，这些油膏已经干硬，变成黑色，把寿衣紧紧地粘在尸体上。

整个干尸已经变黑并变了形，但头部和肩部盖着的一个黄金面罩却金光闪闪，显出帝王的尊严，黄金面罩与干尸的双脚没有粘上黑油。

第二层棺是木棺，第三层棺是金棺，它套在第二层的木棺里。人们几次试图把它们分开，但都没有做到，最后把整个棺材加热到932℃，费了很大力气才成功了。移出干尸以后，人们用金棺用锡片套起加以保护。

解剖学家德利医生剪开了干尸和外层包裹布，除脸部和双脚未粘油脂外，整个干尸已经坏得不成样子了。油脂所含松香的氧化作用造成一种燃烧现象，不仅毁坏了裹布，连肌肉和骨头都烧成了焦炭。在干尸的裹布里一共发现了143块各类的宝石，这位年仅18岁的法老是用黄金和珠宝层层包裹起来的。

古埃及的"木鸟模型"与外星人有关吗

人们在埃及的一座4000多年前的古墓里发现了一个与现代飞机极为相似的模型。这个模型是用古埃及盛产的小无花果树木制成的，重约31.5克。发现之初，人们还不知道什么是飞机，便把它称为"木鸟模型"。这个模型现在存放在开罗古博物馆中，编号为"物种登记"第6347号，仔细想来，人类史上的第一架飞机直到1903年才出现，那么，在4000多年以前的飞机模型从何而来呢？

1969年，考古学家卡里尔经仔细分析和研究，断定这是飞机模型，而绝不是"鸟"的模型。因为埃及

不明飞行物
古代银币上雕有飞碟状的飞行器。

古墓里飞鸟模型具备现代飞机的特点：有一个平卧的机体，一对平展的翅膀，尾部还有垂直的尾翼。

卡里尔博士组织了大量专家对其进行分析和研究，以弄清这架飞机模型的本来

面目。专家们认为，这个模型具备了现代飞机的基本特点：机身长 5.6 英寸，两翼平展跨度 7.2 英寸，嘴尖长 1.3 英寸，机尾垂直，尾翼上有一个类似现代飞机尾部平衡器的装置。尾翼的外形设计完全符合空气动力学原理，更重要的是，其特点使机身有巨大的上升力。机内各部件的比例也经过了精确的计算，设计得非常精确。后来，在埃及其他一些地方，人们又陆续找到 14 架这样的飞机模型。古埃及人掌握了这样的技术吗？

在南美洲的一些地方，人们发现了一些与之类似的奇妙飞机模型。还有更令人难以相信的事情，在哥伦比亚，人们在地下约 530 米深的地方，挖出了一个古代飞机模型，这个黄金做的家伙竟然跟美国的 B-52 轰炸机十分相似。

这所有的一切应该如何解释？埃及的飞机模型与南美的飞机模型之间有什么内在联系？据考古发现，4000 多年前人类的技术根本无法制造飞机，那么这些精确的飞机模型又是谁设计的？人们回答不了这个问题，也只有寄希望于外星人。究竟事实的真相如何，还有待于进一步的研究确定。

古希腊人制造过齿轮计算机吗

在 20 世纪初，一位采集海绵的希腊潜水员在安蒂基西拉海峡的水底看到一个巨大的黑影。他游过去一看，发现是一艘古代沉船的残骸，这令他大吃一惊。这个突然的发现使他十分激动，他又一次潜下水，仔细察看，发现有很多大理石雕像和青铜雕像装在古船里面。

不久人们成功打捞了这艘沉船。经专家考证，这艘古船沉没在水下已达 2000 年之久。也就是说，它沉没于公元之初。有关组织马上采取措施保护船上珍贵的古代艺术珍宝。

然而，人们又发现了另一奇迹，而它的价值，所有雕像都不能及。

在工作人员分析、清理船上物品时，他们发现有一团沾满锈痕的东西夹在无用的杂物中。在认真的处理后，人们发现那里面有青铜版，还有一块上面刻有精细的刻度和奇异的文字，有被机械加工的铜圆圈残段。专家们马上意识到这圆圈意义重大，这种东西怎么会出现在古代船上呢？

在认真地拆卸、清洗它两次之后，专家们更加惊异了。这块青铜版竟是一台由复杂的刻度盘、活动指针、旋转的齿轮和刻着文字的金属版组成的机器。经复制发现它由 20 多个小型齿轮、一种卷动转动装置和 1 只冠状齿轮组成，一根指轴在一侧，指轴的转动会带着刻度盘以各种不同的速度转动。青铜活动版保护着指针，版上面有供人阅读的长长的铭文。

美国学者普莱斯用 X 光对这台机械装置进行了检查，最后断定它是一台计算机，太阳、月亮和其他一些行星的运行都可以用它来计算。据检测，它制造于公元前 82 年。世人都为之惊异。要知道，1642 年帕斯卡尔才发明了计算机，而且他当时制造的计算机械十分不准确。虽然希腊人被人们公认是古代最有智慧的民族，但人们对这台古代计算机的出现，还是感到不可理解。

还有，这个机械装置全部是由金属制成的，精密的齿轮转动装置也在其中使用。而人们都知道，在文艺复兴时代才开始使用金属齿轮转动的，必须具备钳、刨、铣等机械加工工具才可以制作它，而在古希腊是根本就不存在这些工具。

于是人们又提出这样一个问题：到底是谁制造了这台机器？

有人说，如果确是古希腊人制造了它，那么恐怕要彻底改写古希腊科学技术的历史。但又无法进行这样的改写，因为只有这个计算机的证据，人们并不知道它的制造者。在古希腊和其他一切古代民族的文献中，也从未发现过关于计算机机械的记载。

如果不是古希腊人制造了它，那么必定是远比古希腊人更聪明、工艺水平和科学技术水平也要高得多的智慧生命制造了它。

美国"阿波罗号"到底登没登上过月球

宇宙飞船"阿波罗号"登上月球，一直都作为人类航天史的一大里程碑而载入史册，更使冷战中的美国一下在航天领域让苏联望尘莫及。它不仅仅是美国人的成就，更是全人类的骄傲。随着时间的消逝，人们在感受到这一前所未有的狂喜之后，似乎更关心这一壮举的真实性，它究竟是伟大的成就还是弥天大谎？

1961 年 5 月 25 日，美国总统肯尼迪代表美国政府向国会宣布在这 10 年内，将把一个美国人送上月球，并使他重返地面。这就是 20 世纪著名的美国"阿波罗"登月计划。

这一计划是当时在应对苏联空间技术挑战的形势下提出的。

可是自从 20 世纪 70 年代以来，一直有人怀疑登月只不过是美国政府一手导演的一个骗局。怀疑者认为，当时美国在与苏联的太空竞赛中始终处于劣势。美国政府在当时技术条件不具备的情况下，一手导演了美国人首次登月的骗局来重振国威，欺骗国际舆论。

还有一些人公开怀疑整个"阿波罗"登月计划本身就是一个大骗局，人类从来没有登上过月球。据美国盖洛普公司在 1999 年的民意调查，有 6% 的美国人怀疑"阿波罗"登月是否真的发生过。

2000 年 7 月中旬，墨西哥《永久周刊》科技版刊载了《20 世纪最大的伪造》一文，作者俄罗斯研究人员亚历山大·戈尔多夫对美国 31 年前

美国宇航员阿姆斯特朗

拍摄的登月照片提出质疑，立刻引起了广大读者的密切关注。

戈尔多夫认为，所谓美国宇航员在月球上拍摄的所有的照片和摄像记录，都是在好莱坞摄影棚里制造的。他的主要理由如下：

第一，"阿波罗"宇航员在月球表面拍摄的照片，背景都没有星星。月球没有大气遮掩，天空又是乌黑的，星星跑到哪儿去了呢？

第二，照片上物品留下影子是多方向的，而太阳光照射物品所形成的阴影应该是一个方向。

第三，摄像记录中那面插在月球上的星条旗在迎风飘扬，而月球上没有空气，根本不可能有风把旗子吹得飘起。

第四，从摄像记录片中看到宇航员在月球表面行走犹如在地面上行走一样，实际上月球上的重力要比地球上的重力小很多，因而人在月球上每迈一步就相当于人在地球上跨越了 5 ~ 6 米长。

戈尔多夫说，他并不否定当年美国宇航员登月的壮举。他认为，美国宇航员当时是接近了月球表面，但由于技术原因未能登上月球。可是，美国为了表功，为了压倒苏联的锐气而伪造了多幅登月照片和一部摄影纪录片，蒙蔽和欺骗世人几十年。

2001 年 2 月 15 日，美国的福克斯电视台播放了《阴谋论：我们登上月球了吗？》，通过采访"专家"，出示"证据"，最终向大众"披露"了美国航空航天局于 20 世纪六七十年代在内华达州的沙漠中伪造"阿波罗"登月的真相。

不过，更多的人认为"阿波罗"登月是不可能造假的，最确凿的证据就是历次登月带回来的 300 多千克月球岩石。月球岩石非常独特，在许多方面和地球岩石不同。

在各方争执不休时，美国于 1999 年 7 月 20 日在华盛顿国家航空航天局博物馆举行仪式，纪念人类首次登月 30 周年。这也多少表达了美国政府对争论的态度。但是，首次登上月球的尼尔·阿姆斯特朗拒绝参加任何记者招待会、签名或合影，第一个踏上月球的人却如此沉默，这种行为给人们留下了更多的迷惑和不解。

如此看来，真假登月仍是未解之谜，证明登月的只有美国政府，有谁撒过弥天大谎会轻易认错的，提出反驳的最权威的戈尔多夫又是俄罗斯人，谁知道其中又掺杂了多少政治的或个人的因素？解开这个谜团，还有待更多的材料和参与者的证明。

动植物之谜

地球的诞生，已有46亿年，但我们仅对它近6亿年来的这段历史了解得比较清楚。地球上的生物虽然早在30几亿年前就已出现，生物从低级向高级不断演化，无脊椎动物让位给脊椎动物；脊椎动物中又不断有新的族群出现，从鱼类、两栖类、爬行类、哺乳类到我们人类，此衰彼兴，依次扮演着地球上的主角。

那么，惊天动地的地球物种究竟是如何爆发的？物种的变异与生命进化究竟是怎样演绎的？在史前的那些遥远年代里，生机勃勃的地球上究竟都发生了什么？在那个地球生物大灭绝的年代里，是谁最后逃过了天谴？在茫茫的深海中，究竟隐藏着什么样的巨型杀手？恐龙是如何突然间神秘灭绝的？在极度深寒的海洋深处，究竟隐藏着什么样的不为人知的秘密？

恐龙灭绝之谜

依据达尔文的进化论，一些科学家认为恐龙自身种族的老化，以及在与新兴哺乳动物的进化竞争中的失败导致恐龙最终灭绝。

还有一些观点则认为慢性食物中毒导致了恐龙的灭绝。原来，曾在中生代遍布全球的苏铁、羊齿等裸子植物，为了保护自身的生存和繁衍，在自己体内产生了一些有毒的生物碱，如尼古丁、吗啡、番木硷等，一些食草恐龙吞入这些植物，也就相当于吞下了"毒药"，在食物链的作用下，食肉恐龙也间接中毒。这样恶性循环下去，毒素在恐龙体内越积越多，由于毒素侵袭，恐龙神经变得麻木，直到最后导致了整个种群都消失灭绝。

另外类似的观点，还有氧气过量说、便秘说等等。但这些观点都是纯粹基于生物学角度来看问题。现代科学家们认为，这些观点的不足之处在于：生物学意义上的物种灭绝是需要一个极为漫长的过程的，而人们目前已经掌握的资料显示，恐龙是在距今大约6500万年"很短"的一段时期内突然灭绝的。因此，这些生物学假设现在受到很大质疑。

现在，支持宇宙天体物理变化导致恐龙灭绝这种观点的科学家越来越多。1979年，美国加州大学伯克利分校著名物理学家、诺贝尔奖获得者路易斯·阿尔瓦雷兹提出了著名的"小行星撞击说"，为人类开辟了一条探讨恐龙灭绝之谜的新道路。

1983年，根据各自的研究，美国物理学家理查德·马勒、天文学家马克·戴维斯、古生物学家戴维·罗普和约翰·塞考斯基以及轨道动力学专家皮埃·哈特等人，共同提出了"生物周期性大灭绝假说"，也叫"尼米西斯假说"。他们的观点是，地球上类似恐龙消失这种"生物大灭绝"是具有周期性的，在地球上大约以 2600 万年为一个周期。其原因在于银河系中的大多数恒星都属于双星系统，太阳当然也不例外，它有一颗人类从未见过的神秘伴星——"尼米西斯星"。"尼米西斯星"在太阳系的外围，大约每隔 2600 万～3000 万年运转一周。在其影响下，冥王星外飘荡着的近 10 亿颗彗星和小行星就会脱离原来的轨道，组成流星雨进入太阳系，其中难免有一两颗不幸撞击或者落在地球上，而也许正是这概率极小的偶然，使一些生物遭到灭顶之灾。

还有一些科学家认为，太阳系在银河系中的"死亡穿行"是恐龙灭绝的主要原因。众所周知，九大行星在太阳系中围绕着太阳旋转，而太阳系则又以银河系为中心旋转，旋转一周需要 2.5 亿年。在受从中心释放出的强烈放射性物质的影响下，一块"死亡地带"在银河系的一部分地区形成了。距今 6500 万～7000 万年前，太阳系刚好在这个"死亡地带"中穿行，放射性射线袭击了所有的地球生物，恐龙也在这次灾难中惨遭灭顶之灾。

另外一些科学家的观点是，6500 万年前这场灾难的罪魁祸首是人们根本无法看见的宇宙射线。苏联科学家西科罗夫斯基称，太阳系附近一颗超新星的爆发导致了恐龙的灭绝。据科学家们推算，在距今 7000 万年前，一颗非常罕见的超新星在距太阳系仅 32 光年的地方爆发。爆发释放出的巨大能量和许多宇宙射线向整个宇宙发散，包括地球在内的整个太阳系都未能幸免于难。强烈的辐射把地球的臭氧层和电磁层完全摧毁了，地球上大多数生物都没能幸免于这场"飞来横祸"。在宇宙射线的侵蚀下，就连庞大的恐龙都几乎完全丧失了自我防御的能力，只能在眼看着自己的身躯慢慢坏死的恐惧中痛苦地死去。那些躲在洞穴或地下的小型爬行动物和哺乳动物，作为幸存者而生存了下来。

此外还有一些观点认为，地球本身的改变造成了这场灾难。科学家们发现，大约每 20 万年地球上就会有一次地磁磁极反转的现象发生。在这可能长达 1 万年的漫长岁月中，地球会暂时得不到磁场的保护，这时宇宙放射性射线就会袭击地球，从而成为恐龙这样的地球生物纷纷灭绝的原因。

最近的科学研究发现，恐龙的灭绝实际上也是一个持续了几十万年的过程，与此同时，恐龙至少经历了两次大规模的死亡。因此，所谓恐龙突然灭绝的这个突然不是绝对意义上的。而对地球产生短期影响的"飞来横祸"和地球自身的突变，不可能持续几万年，甚至几十万年。看来，这些观点都无法成为解答恐龙灭绝之谜的完满答案，因此人类暂时还无法证实或推翻这些科学的"推断"和"假设"。

尼斯湖怪兽到底是什么

1933 年 8 月的一天清晨，英国兽医学者格兰特骑摩托回家，半途上看见一只水怪，长有 4.5～6 米，他从车上跳下来观看，只听见水怪鼻中呼呼作声，随即跳入水中不见了。差不多与此同时，一对到这里旅行的约翰·麦凯夫妇和修路的工人也看到了它。这个神秘的怪物在湖中游弋着，弄得湖水哗哗作响。它露出了两个驼峰似的脊背，皮肤呈灰黑色，有点类似大象，满是皱纹。它时而伸出像蛇一样细长的脖子，时而又沉入水中。发现它的人对它的巨大身体特别感到吃惊。根据他们的推算，怪兽大约有 15 米长，很像早已绝灭了的蛇颈龙一类的动物。

不久后，格兰特和约翰·麦凯夫妇惊人的奇遇就轰动了英伦三岛，也引起了全世界人们的好奇。人们第一次听说，一个湖里居然还生存着我们从来不认识的庞然大物！一时间，尼斯湖闻名天下，好奇的记者、旅游者、生物专家们纷纷云集现场，希望目睹一下这个怪物。有些科学家干脆住在湖边，希望发现它并加以考察。《泰晤士报》则派出记者和聘请来的画家，带着摄影机，举着画板准备为它写出惊人的报道。但是，这个怪兽却像有意捉弄人似的，除了偶尔在什么地方突然露一下脊背，或者伸出它的长颈在湖面晃晃外，便长时间地销声匿迹了。人们给这个怪兽起了个好听的名字——尼西，意即尼斯湖里有趣的怪物。但使记者和画家们失望的是，尼西的具体面貌始终未曾见到。

其实，发现尼斯湖怪兽的并非只是格兰特和约翰·麦凯夫妇以及后来的一些目击者。当人们探访尼斯湖怪兽的来龙去脉之后才发现，尼斯湖怪兽的传说已持续了将近 1500 年。在湖中有某种奇怪动物的说法，一直被当地居民作为生活中的神秘事物之一所接受。早在 1802 年，就有记录在案，一个叫亚历山大·麦克唐的农民就曾经见过"尼西"。当时这只怪兽离他不过四五十米，他看得很清楚，身躯庞大的"尼西"突然露出水面，用短而粗的鳍划水……

1880 年初秋，一只在尼斯湖上航行的游艇，突然间被一只有着细长脖子、长着三角形脑袋的黑色怪兽给弄翻了，船上的游客全部丧生……

同一年，有人潜到岸边的湖底，寻找一艘沉船，突然这个人从湖底发出求救信号。当人们把他拖到岸上时，只见他脸色煞白，神情恍惚，一句话也说不上来。过了好几天，他才说出了使他惊恐万分的事。原来在沉船附近，他看到了一个巨大的怪物，趴在湖底的岩石上，看上去活像一只有 20 米长的怪蛙。

说也奇怪，英国最早的一部叙事诗就和怪兽有关。传说英国盎格鲁－撒克逊时代，有个名叫贝奥伍尔夫的瑞典英雄，他打死了一头巨大的像龙一样的怪兽，保护了人民，被他杀死的像龙的怪兽被描绘得有点像尼西。这一传说至今仍在斯堪的纳维亚半岛传诵。7 世纪末时，英国人将此写入了史诗，书名就以这位英雄的名字命名。

人们不禁要问，即使我们接受了报纸上的说法，湖中有可能存在着怪兽，那么一个巨大的动物隐藏在尼斯湖的泥潭水中，其存在的证据又是什么呢？

1934 年 4 月 19 日，即报纸上刊登发现尼斯湖怪兽一年之后，一位英国的外科医生在尼斯湖畔终于拍摄到了第一张尼斯湖怪兽的照片。这张照片不仅使关心尼西的人欣喜若狂，而且在整个 20 世纪的大多数时间里，引起了人们对尼西热情地寻觅，这种热情至今仍未衰退。这位居住在伦敦哈利街的医学顾问（哈利街是伦敦市最著名医生们的居住街）罗伯特·肯尼斯·威尔逊博士也是一位尼西迷，他经常在尼斯湖畔开车巡视，希望与尼西碰面。4 月 19 日这一天，他开车到尼斯湖畔的因弗莫里斯顿附近，突然看见湖面游着一个从未见过的动物。尽管离得很远，他还是迅速地举起相机按下了快门，一连拍了 4 张照片，有 2 张后来保存了下来，其中就有那张轰动了世界的尼西影照。照片上呈现了一个长拱形的颈部耸立水面、厚厚的身体浮于湖面的涟漪中的景象，看上去像是一个长脖子、小脑袋的不明动物在湖中游着，湖水因它的游动而向四周扩散着圆弧形的波纹……也许尼西发现有人在窥视它，很快就潜下湖去了。

总之，威尔逊只成功地拍摄了几张照片，不久这张照片刊登在英国的《每日邮报》上，立刻引起了人们广泛的兴趣，同时也引来了激烈的争论。一些物种学家说，那张照片上露出水面的不过是潜水的水獭的尾巴放大了尺寸而已，而一些人则争辩，照片上动物的概貌有力地支持了几十个目击者描述的可靠性……直到今天这个争论仍然没有结束。但不管怎么说，人们终于从这张照片上得到了一个证据——湖中的确有着不知名的动物存在。

太平洋怪兽是蛇颈龙、鲨鱼还是爬虫

1977 年 4 月 25 日，日本大洋渔业公司的一艘名叫"瑞洋丸号"远洋拖网船，在新西兰克拉斯特彻奇市以东 50 多千米的海面上捕鱼。当船员们把沉到海下 300 米处的网拉上来时，竟然是一只庞然大物。网里是一具见所未见的怪兽尸体。为了看清楚它的全貌，船员们用起重机把它吊了起来。尸体散发出一股强烈的腐臭，一小部分肌肉和尸体上的脂肪，拉着长长的粘丝掉在甲板上。这下人们看清楚了：这是一个类似爬虫类动物的尸体。尽管尸体已经腐烂，但整个躯体却完整地保存着，可以清楚地看到它的脖子长长的，脑袋小小的，肚子很大（腹部已空，五脏俱无），而且长着 4 个很大的鳍……怪兽身长大约 10 米，颈长 1.5 米，尾部长 2 米，重量近 2 吨，估计死去已经月余。它肯定不是鱼类，也不像是海龟，在海上捕鱼多年的船员谁也不认识它。人们正在议论纷纷之际，船长闻讯赶来，见大家在欣赏一具腐臭的怪物，大发脾气，为了避免自己船舱里的鱼受到损失，他命令船员们把怪物立即丢到海里去！所幸的是，随船有位矢野道彦先生，觉得这是个不寻常的发现，在怪兽被抛下大海之前，拍摄了几张照片并做了相关记录。

消息传到日本之后，举国震动，尤其是动物学家、古生物学家们更是兴奋，他们在对照片进行了分析之后认为："这不像是鱼类，一定是非常珍贵的动物""非常惊人呀！这是不次于发现矛尾鱼那样的世纪性的大发现""20 世纪最大的发现——活着的蛇颈龙"……消息随之传遍了全世界，各国报刊都很快转载了照片，发了消息。各国著名生物学家都对这件事给予了极大的关注。

但怪物已经被丢弃了，尽管大洋渔业公司立刻命令在新西兰海域的所有渔船，到现场去重新捕捞怪兽尸体，但由于消息发表之日（7 月 20 日）与丢弃怪物之日已相隔 3 个月，人们只能徒劳而返。不过，这次发现总算给生物学家们保留下了 3 个线索：一是怪兽的 4 张彩色照片，二是四五十根怪兽的鳍须（鳍端部像纤维一样的须条），三是矢野道彦先生在现场画的怪兽骨骼草图。

（1）照片：从照片来看，它的头部甚小，与现存的所有鲸鱼类的头骨通然不同，而且颈部奇长，特别是有 4 个对称的大鳍，这就没有其他海洋动物或鱼类可以与它相提并论了。

（2）鳍须：这是留下的唯一重要物证。它是怪兽鳍端的须状角质物，长 23.8 厘米，粗 0.2 厘米，呈米黄色的透明胶状，尖端分成更细的 3 股，很像人参的根须。

（3）骨骼草图：草图左上方写着"10 时 40 分吊起，尼西（即尼斯湖里的怪兽？）拍了照片"。怪兽骨骼长 10 米，头和颈部长约 2 米，其中头部 45 厘米，颈的骨骼粗 20 厘米，尾部长 2 米，根部粗 12 厘米，尾端部粗 3 厘米，身体部分长约 6.05 米。

虽然上述这些记录和证据是非常宝贵的，而且成为科学家们研究、鉴定、探讨的依据，但是要依靠它们来确定怪兽究竟属于哪一种动物，还缺少根本性的依据。因为没有实物，无法与已知的各种动物和古生物的化石骨骼做比较，也就无法对比鉴定。所以，科学家们至今还对这个怪物到底是什么的问题争论不休。

有人怀疑它是 7000 万年前便已绝灭了的蛇颈龙的子孙。其中一个主要的依据是它的长颈。许多学者据此认为它是"活着的蛇颈龙"。日本横滨国立大学的鹿间时夫教授认为："从照片上看，仅限于爬行类，然而可以考虑太古生息过的蛇颈龙，可以说是发现了名副其实的活着的化石。"这种说法曾经轰动一时，甚至有报纸认为："这是 20 世纪最大的发现！"

但是不久，东京水产大学对怪物须条进行了蛋白质的分析后，发现它的成分酷似鲨鱼的鳍须，于是报纸、新闻又转向鲨鱼说，一时间"巨鲨""一种未见过的鲨鱼"的说法又充斥了报纸杂志。英国伦敦自然史博物馆的奥韦恩·惠勒说："这个猎获物大概是鲨鱼，以前在世界各海滨附近曾发现许多别的怪物，结果弄清楚后，都是死鲨鱼。鲨鱼是一类软骨鱼。它们没有硬骨架。当鲨鱼死后，尸体逐渐腐烂时，头部和鳃部先从躯体脱垂，这样就形成一个细长的'颈'，末端像个小小的头。许多日本渔民，甚至更为内行的人都被类似蛇颈龙的形状所愚弄……"这种说法似乎很有道理，而且一时间许多持有蛇颈龙说法的人也都放弃了自己原来的主张，认为怪兽就是鲨鱼，言之凿凿，仿佛已成定论。

但是，对怪物须条进行重复测试后，又不能肯定它是鲨鱼了。一些科学家和日本记者提出了种种否定它是鲨鱼的根据：

其一，鲨鱼的肉是白的，姥鲛的肉是粉红色的，而怪兽则是赤红的。

其二，鲨鱼没有排尿器，体内积蓄的尿是利用海水的浸透压力，从全身排出的；因此，鲨鱼的肉有一种尿特有的臭味，有经验的渔民都会闻出来。"瑞洋丸"的渔民们正是根据这一点而否定了它是鲨鱼。

其三，如果真是鲨鱼，那么具有软骨架的鲨鱼，在死了半年之后，是绝对不会被起重机吊起来的。因为尸体开始腐烂，软骨也开始腐烂，尸体的软骨架绝对经受不住大约两吨的自重。对此，许多鱼类学权威都认为这是否定鲨鱼说的一个重要论据。

其四，怪兽有较厚的脂肪层，包裹在全身的肌肉上，而鲨鱼只在肝脏里才有脂肪。

于是，从鲨鱼说又转回到爬行类动物说。证明怪兽可能是爬行类动物还有一个重要的论据，即怪兽的头部呈三角形，这是爬行类独具的特点。

到现在为止，围绕着这个奇怪的太平洋怪兽到底是什么的问题，科学家们仍然在议论纷纷，人们都盼望有一天怪兽会再现其踪影。

动物集体自杀之谜

一个风雨交加的夜晚，印度北部有一个小村镇的一伙村民，正举着火把寻找一头失踪的水牛，忽然发现大群的鸟向他们扑来，跌落在火把周围。它们不再飞回空中，也不愿吃东西，不到两天，全部死去。在这里，每年都有大量的鸟群"自杀"。每当秋季风越大、雨越多的时候，到这里"自杀"的鸟也越多。令人奇怪的是，这一现象只发生在这个丛林中的小村附近，而不发生在其他地方，这其中的原因是什么呢？

其实，一些动物的集体"自杀"现象早已引起了科学家们的研究兴趣。1946年10月10日，835头虎鲸凶猛地冲上了阿根廷马德普拉塔城海滨浴场，全部死亡。1976年10月，在美国的科得角湾沿岸的辽阔的海滩上，有成千上万的乌贼登岸"自杀"。1980年6月30日上午，有58条巨鲸游上澳大利亚新南威尔士州北部海岸西尔·罗克斯附近的特雷切里海滩死亡。

一些科学家猜测，鲸可能是遇上了凶猛的鲨鱼或受到其他动物的威胁，仓皇逃命而窜上了海滩；也有的学者认为，这可能由于鲸一时贪玩或在浅海边上找吃的，而不慎搁在海滩上，游不回去了。显然，这些理由都比较牵强。

还有科学家认为，鲸"自杀"的地方，大多是在海岸平坦或泥沙冲积成的海滩。

1984年，95头鲸鱼因不明原因集体冲上美国马萨诸塞州海滩，随后全部丧生。

这种地方，往往不能很好地将"超声波"反射回去。这就使鲸发出"超声波"后，接收回声发生困难，造成确定方向、浮测目标"失灵"，而发生"盲目行动"，冲上海滩死亡。后来，有两位美国科学家在死鲸的耳朵里发现很多寄生虫，他们据此认为，就是这些寄生虫，影响了鲸的耳朵功能，造成了悲剧。

与鲸相反，陆上动物旅鼠曾多次集体奔入大海"自杀"。在澳大利亚昆士兰地区，曾发生过13次规模宏大的旅鼠投海"自杀"事件。这又是什么原因呢？有人认为这是旅鼠为了求生而采取的手段。早在1万多年前，它们就有规律地跨越波罗的海和北海到对岸的陆地去另觅乐土，那时海峡尚窄，泅渡到对岸很容易。后来由于地理环境的变化，海水越来越湍急，但是旅鼠却一无所知，仍然一如既往地跳入海中，由于无法抵抗海水的冲击，结果就发生了大规模的旅鼠死亡事件。但是这无法解释旅鼠周期性自杀的现象：难道旅鼠不会从一次又一次的失败中总结教训，另辟新途？

还有人认为这是旅鼠们实行的一种"计划生育"的手段。因为这种旅鼠的繁殖力特别强，过多的旅鼠破坏了居住地的生态平衡，为了缓解这种状况，其中的一些旅鼠就选择了自戕。这样的解说实在是难以令人信服。如果真的是这样的话，那么造物主是不是过于残忍了一些？

动物集体自杀的现象在我国也曾发生过。1975年的冬季，我国海城地区发生了一次大地震，而在地震发生的前十几天，成批的冬蛇集体自杀。经过了10多年的研究，科学家们还是没有弄清楚其中的缘由，只是提出了3种解释：

一是地声说。科学家认为在地震发生前地壳深处会发出一种细小的声音，但是人是听不到的，由于蛇的听觉很灵敏，能够听到，以为是大祸临头了，所以爬出了洞。

二是地气说。这种观点是说在岩层的强烈摩擦中，会产生大量的氡气，大量的氡气积聚在蛇洞中，使冬眠的蛇清醒被迫爬出洞。

第三种说法就是地热说。这是目前比较流行的一种说法。因为蛇是冷血动物，体温会随外界温度的变化而变化。在地震前，由于岩石的摩擦产生了大量的热，使地温升高，蛇从冬眠状态醒来，纷纷出洞觅食，结果被冻死。

这3种解释都有一定的道理，但是还是存在一些疑点。蛇是一种反应比较迟钝的动物，上述的变化都发生在地震前很短的时间内，蛇又怎么会在地震发生的十几天前就感觉到呢？

动物界昆虫类的自杀事件似乎不是很多，但是这些低等的动物自杀的原因往往更令人不解。其中，蝎子的自杀就是一例。动物学家研究发现，无论是在自然条件下，还是在实验的条件下，蝎子都是对火畏若神明的。遇到火的时候，就躲在碎石下、树叶下或者土洞中不出来，更为奇怪的是，要是用大火将它们团团围住，它们会弯起尾钩刺向自己的背部，不一会儿就会死亡。对于这种现象，有人认为这是蝎子在长期进化的过程中形成的，是一种遗传的结果。有人对此提出异议，因为根据科学家和生物学家的检测结果，蝎子不是死于自己的蝎毒。还有人说是由于蝎子天生在阴暗潮湿的环境中生活，突然见到光明，为了保护自己，就假装自戕而死。事实究竟如何，还有待于查证。

动物自杀的记录到现在已经 100 多年了，这种现象至今仍是有增无减，科学家们尽管对此现象作了大规模的调查研究，但仍然没有令人信服的权威性的答案。

动物为何冬眠

冬眠是一些不耐寒动物度过不利季节的一种习性。许多动物都会冬眠，每年的霜降前后，气温逐渐降低，池塘里的蛙鸣消失了，刺猬、仓鼠等也进入了洞穴开始了它们的长睡。进入冬眠的动物在体温、呼吸以及心率等方面都要发生改变，新陈代谢会降到最低。而且热血动物和冷血动物的冬眠还不同，在冬眠的时候，冷血动物体温的升降是一种被动的形式，完全由外部的环境来决定。而热血动物则不同，它们是有目的地对体温加以控制，调节到冬眠时的最佳温度后才开始冬眠。而当它们苏醒的时候，制造热量的器官会充分地调动起来，在几小时内把温度恢复到原来的水平。

研究人员经过研究发现，刺猬在冬眠的时候会把身体蜷缩起来，不吃不喝，呼吸变得极其微弱，心跳缓慢，每分钟只跳 10 ~ 20 次。一只清醒的刺猬放到水里几分钟就会淹死，而冬眠的刺猬半小时也淹不死。黄鼠在冬眠的 130 多天中总共放出的热量才 29 焦耳，而在冬眠过后的 13 天中却放出 2420 焦耳的热量。

动物在冬眠的时候，白细胞还会大大地减少。通过对土拨鼠的实验发现，平时土拨鼠 1 立方毫米的血液中含有的白细胞数是 12180 个，而冬眠时平均只有 5950 个。

科学家们对动物冬眠时发生的制造热量、补偿体温消耗和保持恒温的高级的复杂的生理现象非常感兴趣，作了许多的研究，但迄今为止，有关动物冬眠诱因和生理机制还是众说纷纭，莫衷一是。

有的科学家认为，外界的刺激是导致动物冬眠的原因。外界的刺激主要有温度下降和食物不足两个方面。有人对蜜蜂做过这样的实验，当气温在 7℃ ~ 9℃的时候，蜜蜂的翅膀和足就停止了活动，但轻轻的触动还是能微微抖动的，当气温降到 4℃ ~ 6℃的时候，就完全进入了麻痹的状态，如果再降低温度，就会进入更深的睡眠状态。由此可见，动物的冬眠和温度的关系密切。实验中还发现，笼养的小囊鼠在供食充足的情况下，冬季的时候不会进入冬眠的状态。

但是有人提出，人工降温并不能保证所有的冬眠动物都能进入冬眠的状态；不少冬眠动物在进入冬季的时候就会自动地停止进食或拒绝进食，并不是由于食物不足的原因。以此来反对上述的观点。

还有的科学家提出了生物钟学说，认为是生物的节律控制了每年冬眠动物的代谢变化，恒温动物的冬眠变温现象是进化生态的一种次生性的退化，是和动物迁徙和冬季储藏食物相似的一种生态的适应，是在进化中已固定下来的一种生物节律。

但是这种学说缺少事实性的根据。

　　科学家们发现在冬眠动物的体内存在一种诱发冬眠的物质。在对黄鼠进行的实验中，科学家在人工条件下冬眠的黄鼠身上抽取出血液，然后注射到活蹦乱跳的生活在夏季的黄鼠体内，这些黄鼠很快进入了冬眠状态。目前在冬眠动物的血液中还有 3 种颗粒无法鉴定。与正常的黄鼠相比，冬眠黄鼠的血液红细胞较结实，不容易分解，一种还呈褶皱状。而且进入冬眠时间长的动物的血液比刚进入冬眠的动物的血液诱发冬眠的作用更强烈。诱发动物冬眠的物质存在于血清中。我们知道，通常不同动物之间会发生物质的排异反应，但令人奇怪的是，将正在冬眠的旱獭的血清注射到清醒的黄鼠的体内，黄鼠不仅不会发生排异的反应，反而会呼呼大睡。科学家们还发现，在冬眠动物的体内不仅存在诱发冬眠的物质，还存在和冬眠物质相对抗的另一种物质。这种物质可以维持动物的正常的活动和清醒的状态，它和冬眠物质相结合形成复合体，当冬眠物质超过抗冬眠物质的时候，动物才会冬眠。

　　由此看来，动物何时开始冬眠，不仅取决于诱发的物质，还取决于诱发物质和抗诱发物质的比例。科学家推断：冬眠动物可能全年都在"制造"诱发物质，而抗诱发物质是在进入冬眠之后才产生的。该物质产生之后就会不断地上升，直到春天开始的时候才会开始下降。当它在血清中的浓度高于诱发物质的浓度时，动物就会从冬眠的状态中苏醒过来。但是，对于冬眠诱发物质和抗冬眠物质到底的性质如何，为什么会引起动物生理发生这么大的变化，科学家们还是不了解。

　　1983 年，科学家从松鼠的脑中提取到了一种抗代谢的激素。把这种激素注射到没有冬眠习惯的小鼠的体内，发现小鼠的代谢率会明显地降低，体温也会降低到 10℃左右，看来激素可能也是诱发动物冬眠的一个因素。最近，又有科学家想从细胞膜的角度来探讨动物冬眠的机理。但是细胞膜的变化和神经传导是如何联系的，对于动物的冬眠是否具有关键性的作用还有待于研究。

　　到现在为止，人们还没有完全地揭开动物冬眠的秘密。科学家们还在继续探索。我们相信，谜底终究会有揭开的一天。

动物之间为什么会发生争斗

　　在地球上，除了人类以外，动物界也是经常发生大大小小的争斗。在以往的很长时间内，动物学家们都认为大多数的动物并不会杀害它们的同类。动物之间经常会发生侵犯的行为，主要是一种耀武扬威的姿态，而不是残杀性的。有时为了集体的利益，它们通常是相互合作的。

　　比如在草原上生活的土狼，为了捕捉长耳兔，它们经常采用接力的方法来弥补体力的不足。当第一条土狼追到体力不足的时候，就把长耳兔沿着对角线的方向追赶到一个隐蔽处，等在那里的另一条土狼会跳出来接着追赶，第一条土狼趁机抄近路跑到前边，等到充分的休息后，再接着追下去，就这样两条土狼轮番地追赶，直到兔子筋疲力尽成为土狼的口中美食。

还有一种长鼻浣熊，生活在中南美洲。喜欢吃栖息在树上的一种蜥蜴，可是对于浣熊来说，到树上捉蜥蜴是不容易的，它们就采取兵分两路的方法，一个在树下等，另一个则到树上把蜥蜴赶下树，彼此配合来捕捉蜥蜴。

两只白鹭为争夺一只配偶，而在空中大动干戈，占尽先机的一只显出招凌厉，一口咬住对方的脖子，胜机已然在握，处于劣势的一只禁不住"嘎嘎"求饶了。

几十年来，通过大量的观察，科学家们发现，在动物中间也存在着争斗的现象。而且在争斗的过程中还有着一定的规则，任何一方都是严格遵守决不违背。

蝙蝠的争斗方式是身体倒挂在石岩上，彼此通过鼻子的碰撞来发泄愤恨。蛇类相斗时从不以毒牙加害对方，常常采取的方式是将尾部交缠在一起，挺起胸膛竭力将对方的头部按下，谁将对方牢牢按压住几秒钟，谁就是胜者。雄旱龟在彼此相斗时，仅仅将对手翻个仰面朝天失去战斗力就算赢家。

鸟类之间的竞争准则很多。如鸽子之间仅仅是以发怒的一方羽毛横竖挺着胸在另一方面前踱步的方式来进行对抗。谁的外貌显得雄壮威武谁就为胜利的一方。红眉雄黑禽鸡在争斗时要先发出一阵啾啾声，然后张开翅膀像公鸡一样厮杀，胸脯碰撞，相互击打，看起来就像一大团羽毛在狂飞乱舞。

大型的动物中争斗方式比较奇特的要数棕熊了。雄性的棕熊在发情期间会变得格外的凶悍，不仅会因争夺配偶斗得头破血流，还会疯狂地袭击附近的民宅。

对于动物来说，在争斗中总是以最强壮的器官作为理想的兵器。袋鼠的争斗很像是"拳击"，因为它们自信自己的前爪最有力。海狸争斗的武器是尾巴，而长颈鹿是用脖子来击打对方。有蹄类的动物常常将角作为自卫的武器。但是对于过于锋利的武器，动物之间也是要遵循一定的规则的，直角羚从不在同类的争斗中使用角。而鹿和驼鹿则在准备争斗的时候，目不转睛地盯着对手，直到弱小的一方认输为止。狼和狗在争斗中如果认输时，会把身体中最薄弱的咽喉暴露给对方，而胜者决不会再碰负者一下。

当然，在动物中也有一些相互残杀的例子。有记载的最触目惊心的一个例子在20世纪70年代，一群约15头黑猩猩，以每次杀死一头雄性黑猩猩的方法，杀死了邻近的一小群黑猩猩。

对于动物之间的这种争斗和残杀，有一些是可以找到原因的。比如为了争夺配偶、领地或者食物等。美国动物学家曾经亲眼看见过象海豹为了争夺首领而厮打的场面。当两头雄性象海豹中的一头被打得晕倒在地的时候，一群雄性的象海豹扑到战败者的身上，把它折磨致死。在1990年的6月澳大利亚曾发生过一起大群企鹅自相残杀的事件。这场残杀导致大约7000只企鹅丧生，其中有雏企鹅6000只。而科学家们对于事件的原因却是无法解释。

社会生物学家对于动物之间的争斗现象是这样解释的。他们说这完全是出于动物的一种自私的本性。所有的动物都想把自己的基因或者亲属的基因传到下一代去。所以，它们进行漫山遍野的厮杀，只是为了让自己的后代进行繁殖，并不是为了种族的利益去牺牲。因此在一个亲属关系比较稳定的群体里很少发生剧烈的厮杀。

而动物学家却认为，动物是不存在传宗接代的自觉意识的。它们所进行的争斗和残杀原因很可能是偶然的。随后发生的大规模的征战很可能是由于受到刺激而引起的。而且在缺乏信息交流和手段的动物中是很容易发生这种情况的。

动物学家们有着不同的观点，但是有一点意见是统一的，他们一致认为动物之间进行的不流血争斗有着积极的生态学意义。年轻而健康的动物虽然在争斗中败北，却为以后获得幸福准备了条件，而在争斗中以流血殒命的动物也是自然淘汰的一种途径，也就是说残杀的威胁可能有助于形成动物的行为，对于物种遗传是有利的。但是，真正引起动物们争斗的谜底是什么？人类至今不得而知。

大象怎样"埋葬"自己的同伴

1978 年 12 月，在调查非洲象的分布时，一位动物学家曾声称他无意中遇到一场大象的葬礼。据他说，在距离密林不到 70 米的一片草原上，一头雌象被几十头大象围着。那是一头患了重病连站都站不住了的老年雌象。过了一会儿，老象蹲了下来，低着头，不停地喘着粗气，偶尔扇动一下耳朵，发出一种低沉的声音。附近的草叶被围在四周的象用鼻子卷成一束，投在雌象的嘴边。可这只雌象已经任何东西都吃不下了，只是艰难地支撑着身体。最后，终于支持不住的雌象倒在地上死了。这时，一阵哀号从周围的象群发出，为首的雄象用自己的象牙掘松地上的泥土，并用鼻子把土块卷起投到死象身上。其他的大象纷纷仿照这只雄象，把石块、泥木、枯草、树枝用鼻子卷成团，投到死象身上。不大一会儿，死象就被完全掩埋了，一个土墩在地面上堆起。为首的雄象用鼻子在土墩上加土，同时用脚踩踏土墩。其他的象也跟着它去做，将那土墩踩成了一座坚固的"坟墓"。最后，只听雄象发出一声洪亮的叫声，听到"命令"的象群马上停止踩踏，开始绕着土墩慢慢地走。就这样一直走到太阳下山，象群才耷拉着头，甩着鼻子，扇着耳朵，恋恋不舍地离开土墩，往密林深处走去。

人们对这场罕见的"大象葬礼"议论纷纷。有的动物学家从生物进化的角度对大象这种神秘的"殡葬"行为进行解释。就像前述动物学家观察的那样，群居的大象可能会对死去的同伴表现出某种怜惜，它们可能掩埋伙伴，或者为其收尸。有时候，大象也许会用长长的鼻子，把象骨和象牙卷起来放到某一个集中的处所去，即它们的"公墓区"。但有的时候，可能因为象牙是大象生命的某种象征物，所以大象会将死去同伴的象牙拿走。但是，一些科学家仍然认为，目前还缺少足够确凿的资料证实大象有真正的"殡葬"行为。所以，人类还是持谨慎态度来看待"大象葬礼"为好。

布加莱夫斯基兄弟是苏联探险家，他们曾经追寻"大象墓园"这个传说，去非洲的肯尼亚寻找象牙。据说有一天，在一座高高的山顶上，他们看见有许多白花花的动物尸骨堆在对面的山上，一头大象正摇摇摆摆地走到骨堆旁边，哀叫了一声后便倒地而亡了。兄弟俩惊喜万分，确定那里就是大象的墓地，于是立刻向那里奔了过去。但他们却在途中遭到野兽的袭击，又遇到深不可测的沼泽，只好无功而返。

既然已经看到了那块神奇的地方，布加莱夫斯基兄弟为什么又会功亏一篑？由于无法确证是否真的有人去过那里，所以人们对有关大象墓园的传说一直持怀疑态度。更多的学者则认为，自从被列入贵重商品的行列后，象牙在非洲的地位就显得日益重要，而且流传的那些有关动物生活习性的神秘说法，也日益变味走样。特别是当猎杀大象的行为被法律禁止后，一些偷猎者为了达到自己不可告人的目的，故意渲染所谓"大象墓园"的传说，以探险、科学考察为幌子，肆意捕杀大象、攫取象牙，事后却声称象牙是自己在"大象墓地"中找到的。

所以，要想更好地了解大象、保护大象，人类亟待进行一次真正意义上的科学考察。

匪夷所思的蚂蚁行为

科学家们发现，生活在南美洲的蓄奴蚁竟然是靠掠夺、蓄养奴隶为生的，它们就像是我们人类社会的奴隶主那样实行王国统治。蓄奴蚁是一种非常强悍的蚂蚁，它们没有兵蚁、工蚁之分，几乎所有的工蚁都变成了兵蚁。这些蓄奴蚁大都懒惰成性，从不进行造巢、抚幼、觅食、清洁工作。看到这里，读者不禁要问，它们是如何生存的呢？

原来，蓄奴蚁都勇猛好战。它们通过发动战争，闯入其他蚂蚁的巢穴，将其他蚂蚁的幼虫和蛹掠夺过来抚养长大，使它们最终成为蓄奴蚁蓄养的"奴隶"。蓄奴蚁懒得去做的如

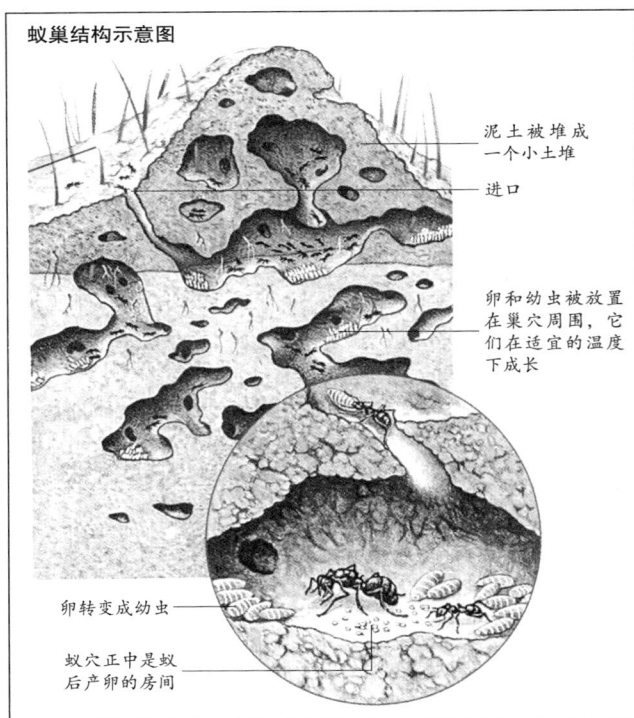

蚁巢结构示意图

泥土被堆成一个小土堆

进口

卵和幼虫被放置在巢穴周围，它们在适宜的温度下成长

卵转变成幼虫

蚁穴正中是蚁后产卵的房间

造巢、抚育幼虫、觅食、打扫卫生等种种繁重的工作，都由它们去做。由于"奴隶"蚁寿命很短，为了补充"劳动力"，蓄奴蚁就会不断发生战争。

一种叫红蚁的蓄奴蚁长期过着"剥削"的生活，它们衣来伸手、饭来张口，懒

惰成性，完全丧失了独立生活的能力。这种蓄奴蚁宁愿饿死也不肯自己张口取食，就算食物就在眼前也要"奴隶"蚁侍候着喂食。

蚂蚁虽小，可它们的力量却不可忽略。有人曾在非洲看见一只大老鼠不小心闯进了蚂蚁的阵营，几秒钟之内，这只大老鼠的身上就爬满了黑色的蚂蚁。一会儿工夫，只见地上血淋淋的鼠肉连续不断地被运回蚂蚁巢穴。5小时之后，那只活蹦乱跳的大老鼠就只剩下一副骨头架子了。

在南美洲的热带丛林里，生活着很多种蚂蚁，其中最厉害、最凶猛的当属食肉游蚁了。当食肉游蚁来"拜访"人类住宅时，人们就得提防着它的攻击。尽管它们会让人心惊肉跳，但房屋一经它"光顾"以后，屋里的蟑螂、蝎子等害虫就会一扫而光，其效果是杀虫剂也比不了的。

在草丛里，食肉游蚁若碰上了别的动物，它们就会成群地聚集起来，群起而攻之。一次，食肉游蚁遇上了一条睡在草丛里的毒蛇，它们立即把毒蛇团团围住，并逐渐缩小包围圈。然后，一些游蚁冲上去狠狠地咬住毒蛇。蛇受痛惊醒过来后，会凶狠地向四周冲撞，可是食肉游蚁并不放松，迫使它不断退缩回来。游蚁们同毒蛇扭成一团，边咬边吞食着蛇肉。这样，只需几小时，地下就只剩下一条细长的蛇骨架了。

蚂蚁非常聪明，其自身有一种化学信息素会在蚁群的集体行动中发挥出神奇的作用。搬运食物时，它们会散发出气味，形成一条"气味走廊"。它们还能发出警戒激素，接收到这种警戒激素的蚁群就会做好防卫或逃离的准备。

有一次，几只蚂蚁一起抬出了一只强壮的蚂蚁。这只蚂蚁一次一次地爬回到蚁巢里，但很快又被蚁群一次一次地抬出洞外。这是怎么回事呢？原来，那只蚂蚁身上沾上了死蚂蚁的气味，回巢后，引起了蚁群的误会，蚂蚁可不允许洞内有"死亡气味"，也不管你是死是活。于是，众蚂蚁把它当作死尸抬出洞外，不管它如何挣扎，直到它身上的那种气味完全消失了，才被允许回巢。

夏日里，人们常常能看到成群的蚂蚁在一起混战，一直杀得天昏地暗。蚂蚁为什么这样好战呢？原来，不同窝的蚂蚁身上都有一种独特的"窝味"，能分辨出对方是不是"自家人"。如果不是，就有可能厮杀起来。如果其他同窝的蚂蚁看见了，就会立即赶来增援，一场血腥"大战"就这样开场了。有趣的是，如果去掉正在拼杀的蚂蚁身上的"窝味"，它们便会相安无事地走开。如果同窝的一只蚂蚁身上沾上香料后回到窝中，那么同窝的同伴马上会把它当作异己分子驱赶出去。

人们还发现了一个有趣的现象，蚂蚁经常会跟在蚜虫后面。经过研究后才知道，蚜虫在蚂蚁触角的按摩下，会分泌出"乳汁"。担任"运输工"的蚂蚁就会从伙伴手中接过乳汁，运回巢中。在蚂蚁的按摩下，有些蚜虫能不断分泌蜜滴。例如，一只椴树蚜虫能分泌23毫克的蜜汁，超过自身体重的好几倍。

最大的黑树蚁"嗉囊"的平均容量为2立方毫米，而褐圃蚁只有0.81立方毫米，全体"搬运工"要将5升蜜滴运回蚁穴就必须往返数百万次。负责按摩的"挤奶员"占蚁群总数的15%～20%，它们平均每天要"挤"25次"奶"。一棵老树根上大约有 2 万个黑树蚁家庭营巢，它们能在一个夏天得到寄生在豆科植物上的蚜虫分泌的高达 5107 立方厘米的"奶汁"。

为了保证蚜虫的生活，蚂蚁会不惜花费大力气来修建"牧场"。在聚集大量蚜虫的枝条的两端，它们用黏土垒成土坝，形成一个牧场，土坝上开的两道缺口就是牧场的"入口"和"出口"。为避免有"小偷"混入，两边"拱门"都会有蚂蚁重兵把守。当"牧场"的蚜虫繁殖过多时，蚂蚁就会把多余的蚜虫转移到新的地方。为了保护和抢夺蚜虫，不同家族的蚁群经常会展开战争。

令人费解的是，没有蚂蚁的地方绝对找不到斯托马菲奈夫蚜虫。蚂蚁甚至会把蚜虫的越冬卵也保存在蚁穴里，像照顾自己的孩子一样照顾着虫卵。春天，蚂蚁会把从卵中孵化出的小蚜虫小心翼翼地护送到幼嫩的树梢上。

更让科学家感到惊讶的是，有的蚂蚁还会种蘑菇，这就是生活在南美的一种切叶蚁。切叶蚁整天在枝叶繁茂的大树上爬来爬去，如果相中了哪一棵果树，它们就会用大颚切光满树的叶子，只剩下光秃秃的树干。所以，果农们对这些破坏树木的家伙讨厌极了。不过，切叶蚁并不喜欢吃树叶，而是把切碎的叶子搬回蚁巢，再用大颚将碎叶反复嚼成碎屑，堆入一间间的"蘑菇房"，还在其上排泄粪便并用来栽培蘑菇。不久，碎叶堆里就会长出一种小型蘑菇。等蘑菇长大后，切叶蚁咬破蘑菇的顶部吸吮破口处分泌出来的黏液，这种黏液就是蚂蚁们的第一道菜。子实体表面积聚了很多蛋白质，会慢慢变得黏稠，这些蛋白质就是切叶蚁的第二道菜。有趣的是，年轻的雌性切叶蚁会在自己的"嗉囊"里装上蘑菇碎片去为自己另辟新家。雌蚁们在新家里种下带有孢子的碎蘑菇，孢子萌发后又会长出新蘑菇。

让人不可思议的是，这种小蘑菇只有在切叶蚁的蚁穴中才能看到。如果没有切叶蚁的帮助，它们肯定早就绝种了。看来，切叶蚁完全可以申请"种植专利权"了。

寻找鸟类的祖先

目前，从对世界各地的化石研究发现，科学家普遍认为恐龙是鸟类的祖先。把鸟类称为"活着的恐龙"或是"会飞的恐龙"。但是恐龙如何脱离地面演化成蓝天中的精灵——鸟类？演化的具体环节是什么？这些问题却一直是个谜。

目前，关于鸟类起源的化石资料并不是很多。因为鸟类的骨骼脆弱，又是在天空飞的，形成化石的机会很少。世界上已发现的原始鸟类的化石只有 5 例。这 5 例原始鸟类化石距现在已有 1.5 亿年了，都是在德国巴伐利亚州的石灰岩层中发现的。这些化石被证明为始祖鸟。这些化石有与现代鸟类相似的特征。如在化石上有清晰的羽毛印痕，而且分为初级和次级飞羽，还有尾羽。它的前肢进化成飞行的翅膀，后足有 4 个趾，三前一后；锁骨愈合成叉骨，耻骨向后伸长等等。但奇怪的是，化石上还具有和爬行类极为相似的特征，它的嘴里长着牙齿，翅膀尖上长着 3 个指爪；掌骨和趾骨都是分离的，还有一条由许多节分离的尾椎骨构成的长尾巴。经研究证明，它是爬行类向鸟类过渡的中间阶段的代表，所以被称为"始祖鸟"。据测定，始祖鸟最小飞行速度是每秒7.6米，它可以鼓翼飞行，但不能持久。始祖鸟是怎样从地栖生活转变为飞翔生活的呢？

对于这个谜，100多年来，学术界一直存在着两大推论：树栖说和地栖说。树栖说认为飞翔是由栖息在树上的生物借助重力，经过一个滑翔阶段形成的；而地栖说则认为，居住在地面上的生物在用力奔跑的过程中学会了飞翔。

一直以来，地栖说在学术界占有主导地位，与树栖说相比得到更广泛的认可，更容易被人接受。美国蒙大拿大学生物飞行实验室的肯·戴乐教授发现一些幼鸟在爬坡时拍打翅膀，帮助它们向上爬。基于这一发现，他推测鸟类的祖先在奔跑的同时拍打翅膀，从而学会了飞翔。

中国科学院古脊椎古人类研究所的徐星博士认为，从逻辑上来讲，戴乐教授所支持的地栖说是可行的。他说："对恐龙的行为研究表明，恐龙是典型的生活在地面的奔跑型动物。通过对化石的研究可以

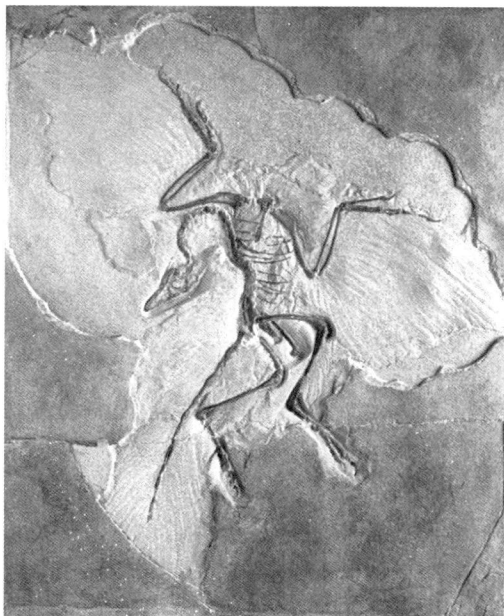

始祖鸟化石
始祖鸟的第一块化石，于1860年在德国巴伐利亚的索冷霍芬一个采石场发现。这块化石的原始所有人，以700英镑的价格卖给大英博物馆。第二副骸骨在1877年发现，最初由一位精明的收藏家以140马克买到，他立刻转手卖出。由于物以稀为贵，他卖给柏林大学洪堡博物馆的价格是2万马克。

推测恐龙在奔跑的过程中演化出飞行需要的一切结构，并且能够达到起飞所需要的速度。有很好的模型和数据可以描述这一过程。"

但是，他又说："戴乐教授的推测是很冒险的。我们是在用现代的眼光来推测古代的行为。古代行为产生的原因很多，我们并不知道。（地栖说）从生物力学的角度来说是可行的。"

虽然大家都赞成鸟类是从恐龙演化而来的，有人预测一些恐龙长着羽毛，但是在此之前从来没有人发现过化石证据。相反，许多化石证明恐龙长着鳞片，像爬行动物一样。科学家们希望发现恐龙身上的鳞片是如何变成羽毛的，恐龙身上是否有羽毛。世界上已经命名的恐龙一共有1200多个属，但其中很多是无效的，目前得到认可的恐龙大约有300～400属。在中国，除了海南、福建和港澳台地区外，其他地区都发现过恐龙化石，从化石的数量和种类上看，云南、四川、新疆、内蒙古、辽宁的恐龙化石资源最为丰富。尤其是近年来辽宁的化石发现正在使我国成为世界恐龙研究的中心。1996年以来在辽西连续发现了"中华龙鸟""原始祖鸟"、尾羽龙、北漂龙、中国鸟龙、小盗龙等恐龙化石，这些化石都表明恐龙长着羽毛，有的是原始羽毛，有的是现代羽毛。

相对于地栖说，树栖说也有自己的优势。与滑翔或飞行相关的动物几乎都生活

在树上，比如蝙蝠。一般来说，飞行动物祖先的身体结构还不会完全适应飞行，因此飞行最初借助重力更容易。徐星博士和同事的论文就为这一观点提供了新的证据，就是在中国辽西发现的四翼恐龙化石。他们认为，鸟类的祖先最先利用重力学会了滑翔，然后才有了鸟类的拍打飞行。从恐龙前后肢上羽毛的形态和排列方式来看，它们与鸟类的翅膀完全相同。

加州大学伯克利分校的帕丁教授评论说："这一发现的潜在重要性和始祖鸟一样。"英国里兹大学的进化生物学家瑞讷博士称，四翼恐龙是始祖鸟之后在鸟类演化研究领域最重要的发现，但是，现在只有顾氏小盗龙一种恐龙可以证明四个翅膀的滑翔阶段是向鸟类进化的必经阶段，要想在演化树上代表一种必经阶段还需要有其他的恐龙化石予以佐证。

也有些科学家提出四翼恐龙化石可以用其他方式进行解释，也就是说，四个翅膀不一定是恐龙向鸟进化的必经阶段，也许只是进化过程中的一个旁支。

但并不是所有的科学家都对徐星等人所作出的推论表示认同。美国芝加哥大学的保罗·塞里诺教授认为只有找到腿上长有羽毛的其他恐龙的化石之后才能肯定小盗龙（中国四翼恐龙）代表了鸟类进化过程中的必经阶段。

推测和事实相比，我们更加相信科学。从上述的内容中，我们可以知道，尽管科学家们目前认为恐龙是鸟类的祖先，但是还没有足够的证据来证明这一点。鸟类的祖先是否为恐龙还有待于推敲。

贝加尔湖为什么会有海洋生物存在

贝加尔湖位于俄罗斯东西伯利亚南部，中国古代称"北海"，那里曾是中国古代北方民族主要的活动地区，汉代苏武牧羊即在此地。"贝加尔"一词源于布里亚特语，意为"天然之海"。该湖湖面狭长弯曲，好像一轮弯弯的月亮镶嵌在崇山峻岭中，它长 636 千米，平均宽 48 千米，最宽处 79.4 千米；面积约 31500 平方千米，是世界上第七大湖泊。贝加尔湖是全世界最深也是蓄水量最大的淡水湖，容纳了地球全部淡水的 1/5，相当于北美洲五大湖的总水量。

贝加尔湖是由地壳的深裂谷或积水而形成的。2000 万年前，这里曾发生过强烈的地震，地壳岩层发生大断裂，大块土地塌落下去，形成了巨大的盆地，急流的河川向着盆地飞奔而来，形成了瀑布，不断地注入湖中。至今，仍有色楞格河等 300 多条河流注入该湖泊，但只有一条河——安加拉河从湖泊向北流去，奔向叶尼塞河，年均流量仅为 1870 立方米／秒。在湖水向北流入安加拉河的出口处有一块巨大的圆石，人称"圣石"。当湖水上涨时，圆石宛如滚动之状。相传很久以前，湖边居住着一位名叫贝加尔的勇士，他有一个美貌的女儿安加拉。有一天，海鸥飞来告诉安加拉，有位勤劳勇敢的青年叶尼塞非常爱慕她，安加拉听了怦然心动。但贝加尔断然不许，安加拉只好乘父亲熟睡时悄悄出走。贝加尔猛醒后，追之不及，便投下巨石，以挡住女儿的去路，可女儿早已离去。从此，那块巨石就屹立在湖中间。贝加尔湖中还散落着 27 个岛屿，最大的是奥利洪岛，面积约 730 平方千米。湖滨夏季气温比周围地区约低 6℃；冬季约高 11℃，相对湿度较高，具有海洋性气候特征。在冬季，湖水冻结至 1 米以上的深度，历时 4 ~ 5 个月。但是，湖底深处的温度一直保持 3.5℃左右。

贝加尔湖蕴藏着丰富的生物资源，是俄罗斯的主要渔场之一。湖中生活着 600 多种植物和 1200 多种动物，其中 3/4 是世界其他地方寻觅不到的。奇怪的是贝加尔湖是淡水湖，但湖里却生活着许许多多海洋生物，如海螺、海绵、龙虾等。在贝加尔湖里还生活着世界上唯一的淡水海豹，它们喜欢成群结队活动，冬季时常在冰中咬开洞口来呼吸。由于海豹一般是生活在海水中的，人们曾认为贝加尔湖有一条地下隧道与大西洋相连。在欧洲的典型湖泊中，通常只有几种端足类动物（虾状甲壳动物）和扁虫，而贝加尔湖却有 200 多种端足动物和 80 多种扁虫。而且有些种类还十分奇特，有一些端足类动物呈杂色斑驳，与周围环境的色彩混为一体。贝加尔湖底还有 1 ~ 15 米高像丛林似的海绵，这在其他湖泊里是找不到的，奇形怪状的龙虾就藏在这个"丛林"里。

贝加尔湖形成的年代不过几千万年，而 5 亿多年来西伯利亚中部从未被海洋淹没过。这里的地层曾经发生过剧烈的断裂，有的下降为狭长的洼地，有的上升为高山。洼地积水成了湖泊，从而形成了狭长而深邃的断层湖。那么，海洋生物又从何而来呢？有一种观点认为，这些生物是从海洋通过河流迁移过来的；也有人认为，这些海洋生物就产生于本地。

贝尔格院士等人在对贝加尔湖的奇特生物现象进行研究后认为，贝加尔湖中真正的海洋生物只有海豹和奥木尔鱼，它们可能是沿着江河从北冰洋旅居到贝加尔湖的。那么，海豹和奥木尔鱼又是在谁的驱使下，从北冰洋跨越 2000 多千米来到贝加尔湖这样一个淡水湖来生活的呢？而且更令人不可思议的是，这些动物如何知道有贝加尔湖的存在，又如何知道这个湖会适合它们生存呢？还有，海螺、海绵、鲨鱼、龙虾等生物又是通过什么样的方式来到贝加尔湖，并长期在此生存的呢？

关于贝加尔湖的生物来源问题，至今科学家们尚未给出明确的答案。但我们相信，随着科学研究的进一步深入，这一问题终究会水落石出的。

植物血型之谜

我们都知道，人类和动物的血液有不同的类型，科学家们将其称为"血型"。不同的人血型是不相同的，目前已知道的人类血型有 4 种类型，即 A 型、B 型、AB 型和 O 型。对于血型的区分可以避免在给病人输血的过程中由于血型的不吻合发生的危险。不仅人类的血型不同，动物的血型也是不相同的，这一点已经得到了科学家的证实。然而，令人感到惊奇的是，人们发现植物也有血型。植物既没有红色的血液，又没有红细胞，怎么会有血型呢？这个消息立即引起了科学家们的研究兴趣，纷纷要揭开植物血型的秘密。

云杉

据说杉树也有一种"流血"的本领，在威尔士有一株 700 多年的云杉，树干上有一条 2 米多长的裂缝，里面长年流出一种像血一样的液体，引起科学界的注意。

大家知道，人和一些动物的血液呈现红色是因为里面有红细胞，在红细胞的表面有一种特殊的抗原物质，是它决定了血液的类型（即血型）。但是植物没有红色的血液，也没有红细胞，为什么会有血型呢？

日本警察研究所的法医山本茂最早提出植物具有血型。他对植物血型的发现源于一起凶杀案，在侦查案件时，他在一点血迹都没有的现场，发现在一个枕头上竟有微弱的 AB 型反应。为了弄清事实的真相，他对装在枕头里面的荞麦皮进行了血型的鉴定，鉴定的结果却让他大吃一惊：荞麦皮显示出 AB 血型的特征。山本茂随后又对 150 种蔬菜、水果以及几百种植物的种子进行了实验检测，结果显示有 79 种植物有血型反应。在这些植物中，大多数的血型是 O 型，其余为 AB 型、B 型。进行了大量的实验后，山本茂在世界上首次宣称：植物也有血型。他还认为，在植物的血型中，O 型是最基本的类型，B 型和 AB 型是从 O 型发展而来的。

后来，世界上的许多科学家对植物的血型进行了研究。科学家通过研究发现，植物体内有和人类很相似的附在红细胞表面上的血型物质，即血型糖。人体的血型是由血型糖来决定的，O 型血、A 型血、B 型血，分别由岩藻糖、N- 乙酰 -D- 半乳糖、D- 半乳糖所决定。植物体内也有和人类这些血型物质相同的东西，其中在红色果实的植物中数量最多。科学工作者还发现，大多数植物的种子和果实都含有血型物质，并且植物的血型物质在果实成熟和发育过程中，从无到有逐渐增多，到发育成熟后，血型物质便达到最高点。

植物体内血型物质的发现，不仅为植物的分类测定、细胞融合、品种杂交等提供了新思路，还可为案件的侦破提供方便。比如，通过对被害者胃里食物的检测，确定食品的类别，可以为侦破案情提供线索。

现在人们已知道，大多数的生物机体内部有血型物质，氨基多糖和蛋白质是决定血型的抗原性的基本物质，不同种生物血型物质是不同的，即使是同种生物，血型物质也不相同。这是由于各种氨基多糖的差别很大，结构也不稳定，导致血型物质种类很多。

对于生物界存在血型物质的原因，目前还不十分清楚。但是，科学家对血型物质的作用目前有几种不同的看法。有的科学家认为血型物质起一种信号作用。比如，通过实验发现，生物体内的糖链合成达到一定长度时，在它的顶端就会形成血型物质，然后合成就停止了。有的科学家认为，植物的血型物质，具有贮藏能量的作用；

还有科学家认为植物的血型物质的黏性大，似乎担负着保护植物体的任务。

植物细胞模型

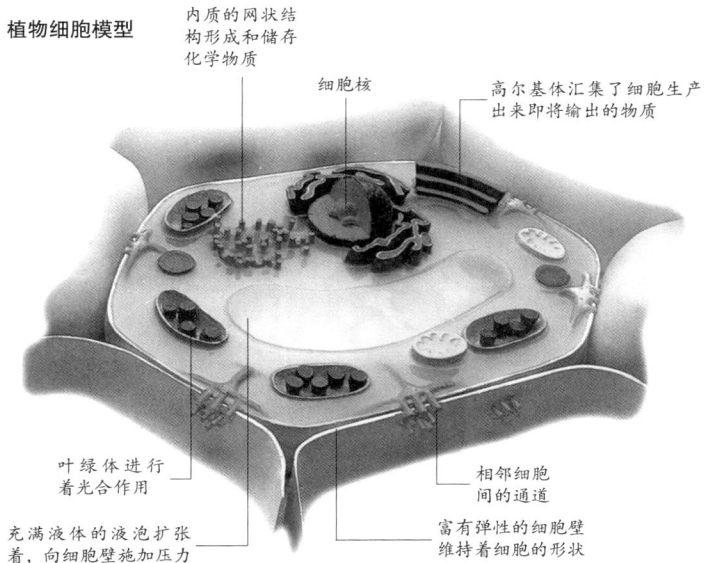

内质的网状结构形成和储存化学物质

细胞核

高尔基体汇集了细胞生产出来即将输出的物质

叶绿体进行着光合作用

充满液体的液泡扩张着，向细胞壁施加压力

相邻细胞间的通道

富有弹性的细胞壁维持着细胞的形状

虽然目前还没有全部揭开植物血型之谜，但是已开始在侦破案件中应用。据报道，在日本中部地区的某县发生了一次车祸，肇事司机把一名儿童撞伤后，开车跑掉了。后来警察发现了这辆汽车，对车轮子上的血型进行验证后发现，除了有被撞儿童的 O 型血外，还有 B 型血和 AB 型血。当时警察怀疑，这辆汽车除了撞伤这位儿童外，还撞伤或撞死过其他人，但司机只承认撞伤了那名儿童，不承认还撞过其他人。后来经过科学研究所的验证，原来其余两种血型是植物的血型，这样才使案件得到正确处理。

现在日本已研究出了检验荞麦、胡萝卜等一些植物的抗血清。山本茂等人声称，一旦有了已经确定血型的植物的全部抗血清，就能准确地判断植物的种类，这样，利用植物血型侦破案件的时代就将到来。

现在，对植物血型的探索还只是刚刚开始，植物体内存在血型物质的原因以及血型物质对植物本身有什么意义，还需要科学家们去进一步研究和探索。随着研究工作的不断深入和发展，人们也将会揭示出植物血型在其他方面的广泛用途。

解读植物自卫之谜

大自然中的病菌、昆虫和高等动物，无时无刻不在向植物进行侵袭，然而，地球上的绿色植物却仍然占绝对优势。有些科学家认为，这是植物在长期的演化过程中，形成了保证物种生存的防御措施——自卫。然而，有些人认为，自卫是一种有目的的反应，它需要神经系统作出判断，需要一种意识活动，而这两点都是植物所不具有的，因而，植物根本就不具有自卫的活动。但是，如果说不存在植物自卫，那么，在自然界所发生的一些情况又如何解释呢？

1970 年，阿拉斯加原始森林中的野兔繁殖非常迅速，它们啃树的嫩芽，破坏根系，严重威胁森林的存在，人们想方设法消灭野兔来保护森林。然而，各种方法都收效甚微。眼看大量森林就要遭到毁灭，这时，野兔却集体生起病来，短短几个月内，野兔的数量急剧减少，最后在森林中消失了。野兔为什么会自己消失了呢？科学家们发现，森林中所有被野兔咬过的树木，在它们新长的芽、叶中都产生了一种叫萜稀的化学物质。就是这种物质使野兔生病、死亡，最终被迫离开森林。

1981 年，类似的情况在美国又发生了一次。一种叫舞毒蛾的害虫把东北部大片橡树林的叶子啃得精光。美国有关部门束手无策。但奇怪的是，一年过后，这种害虫全部消失了。大森林又重新恢复了生机。一些科学家通过对橡树叶子化学变化的分析，发现这样一个秘密：橡树叶子在遭受舞毒蛾破坏之前，含有很少量的单宁酸，但在害虫咬过之后，叶子中的单宁酸的含量迅速增加。恰恰是这种单宁酸跟害虫胃里的蛋白质非常容易结合，从而使这些叶子难以被消化，导致了舞毒蛾的最终灭亡。

通过这两件事，一些科学家就认为：植物是能够进行"自卫"的。接着很多的科学家对此进行了大量的研究。

科学家发现，植物的自卫措施真是多种多样。有些是保护植物免遭一切危险；有些则是有效地对付某些"敌人"；有些防御手段仅使"敌人"反感；而有些手段则是伤害那些企图侵害它的动物。比如，许多植物都含有各种化学物质，有些生物碱类的有毒物质，对抵抗动物侵害有很强的威力。如马利筋和夹竹桃，都含有强心苷，可以使咬食它们的昆虫肌肉松弛而丧命；丝兰和龙舌兰含植物类固醇，可使动物红细胞破裂。一些金合欢植物含有氰化物，能损坏细胞的呼吸作用；漆树中含漆酚，使人中毒，被称为"咬人树"；有些植物体则是在受到侵害后，通过化学变化，体内产生抵抗害虫的物质。更令人惊奇的是，当柳树受到毛虫咬食时，不但受到毛虫咬食的柳树会产生抵抗物质，而且 3 米之外没有受到咬食的柳树也会产生出抵抗物质。

有的植物虽不含毒素，但是在它们体内却含有某些物质，使它们不受动物欢迎。如橡树叶子含鞣质，能与蛋白质形成一种络合物，降低了叶子的营养价值，昆虫也就不爱吃了。某些植物或苦或酸，多数动物尝过后就不再问津。气味不佳的有毒植物，如水毒芹和烟草，草食动物闻到难闻的气味后便去别处觅食了，从而也保护了草食动物。干紫杉、万年青等植物能产生蜕皮激素或类似蜕皮激素的物

奥瓦迪树长长的刺使动物不能伤害它的短叶子

这种香槐幼小时有坚硬的刺，长大后刺脱落变成硬皮

植物的"武器"
植物用针或刺来保护它们的叶子不被饥饿的动物吃掉。有些植物上的刺是弯曲的，在动物咬食叶子时，植物的刺可以刺入动物的嘴里并突然断掉，留下断刺使动物长时间疼痛。这种防御对于那些小而易接触到的嫩植物来说非常重要。当植物长大了，它们的"软茎"变得坚硬如柴，刺或针就会自行消失。

质，昆虫食后，会造成发育异常而无法繁衍后代。

采用外部的形态进行自卫的植物占植物总量的大多数。如皂荚树等植物，树干和枝条上都生有许多大而分枝的枝刺，连水牛都不敢碰它一下。"玫瑰虽好刺太多，有心摘花又怕扎"，正是这些刺保护了植物。栓皮栎和软木栎的树皮上都有一层厚厚的木栓层，这是它们的"防弹衣"。桃核等核果的核坚硬如石，有保护种子的作用。

樱树叶柄上的蜜腺，分泌甜汁，喜欢吃此甜汁的蚁类常徘徊于枝叶上，而毛虫类害虫因害怕蚁的攻击而不敢去侵犯树木。蜜腺成了樱树招镖护卫的本钱。

另外有些植物还可用花朵的气息、自身的毒毛等本领驱除前来侵犯的敌人。有的植物身上的毛虽然无毒，但却能阻止一些害虫的啃食和产卵。如臭虫爬上蚕豆叶面时，就会被一种锋利的钩状毛缠住，动弹不得而饿死；棉花植株的软毛能排斥叶蝉的侵犯；大豆的针毛能抵制大豆叶蝉和蚕豆甲虫的进攻，多毛品种小麦比少毛品种更不到叶甲虫的成虫产卵和幼虫食用。

科学家还发现，植物分布的地理环境也决定其防御武器的形式。如生长在干燥和干旱地区的植物，一般都具有保护并帮助植物贮水的针状叶。对这些植物来说，防御动物的侵害尤为重要，因为这里缺少动物可以为食的其他植物。各种奇异的自卫措施，使许多植物种类保持了自己种族数量的稳定。

但是有些科学家仍然反对植物具有自卫能力这种说法，他们认为以上的情况只是植物的一种本能，而且只是部分植物有这种本能。植物本身没有神经系统、没有意识，所以不能说植物有自卫的行为。

究竟植物有没有自卫的能力呢？是不是所有的植物都能够进行自卫呢？这些问题都要等植物学家们做进一步的研究后，才能最终揭开谜底。

"巨菜谷"的蔬菜肥硕之谜

看过叶永烈著的《小灵通漫游未来》的朋友一定对未来世界的农场里的长得有圆桌面那么大的西瓜羡慕不已，但也只是把这当成是一种美好的理想，却从来没有想象过在现实世界中会有这么大的西瓜，因为这不符合植物生长的自然规律。不过正所谓大千世界，无奇不有，美国阿拉斯加州安哥罗东北部的麦坦纳加山谷和俄罗斯濒临太平洋的萨哈林岛（库页岛）这两个神奇的地方就具有这种化腐朽为神奇的能力。据一本科学杂志介绍，那里的蔬菜长得硕大异常：土豆长得像篮球那么大，一个白萝卜重达20多千克，红萝卜有20厘米粗、约35厘米长，卷心菜平均有30千克重，豌豆和大豆能长到2米高，牧草也高得可以没过骑马者的头顶。由于这地方所有的植物都长得非常高大，所以被人称做"巨菜谷"。

读者一定会问，为什么这里的植物可以长得这么巨大呢？其实这也是科学家迫切想弄清楚的问题。从"巨菜谷"被发现的那天起，科学家们就开始了对这一反常现象的研究。一开始，有人怀疑这不过是一些特殊品种的蔬菜，但经考察研究，却发现并非如此，这些都仅仅是一些普通蔬菜。因为科学家曾做过实验，将外地的蔬菜籽拿到这两个地方，只要经过几代繁衍，也会长得出奇的高大，但是如果把那里的植物移往他处，不出两年就退化成和普通植物一样。这种离奇的现象让科学家们百思而不得其解。

为了解开这个谜团，科学家们做了更为深入细致的研究，也各自提出了不同的解释。有的科学家认为，这是由于这两个地方都处在高纬度地带，夏季日照时间长，所以这里的植物能够吸收到特别充分的阳光照耀，这就刺激了它们的生长激素，导致它们变态性地生长。但是，这种解释是经不起仔细推敲的。因为，还有很多地方和这两个地方处于相同的纬度，但在这些地方却并未发现有如此高大的同类植物。因此，又有科学家提出观点认为，这种奇怪现象是悬殊的日夜温差起作用的结果，骤冷骤热的日夜温差破坏了植物的生长系统，使得它们疯狂生长。但这种解释和前一种观点有同样的漏洞，即它也同样无法解释为什么有类似气候条件的其他地方却没有这一奇异现象。

这种现象让我们想起了中国古代晏子的那句名言，"橘生淮南则为橘，生于淮北则为枳"。难道真的是水土的原因吗？于是科学家们的关注点从植物研究转到土壤研究。有科学家提出了这样一个假设，认为这可能是富饶的土质或者土中有什么特别的刺激生长的物质起作用的结果。为了验证这种假设，科学家们对这里的土壤进行了实地化验，但化验的结果却提供不出可用以说明这里土质特殊的资料和数据。

以上几种观点都有自己的理论破绽，所以有些科学家认为起作用的并不是一种原因，而是上述各种条件的综合。其他地方虽然和这两处地方处于同一纬度，但却由于不具备如此巧合的几方面条件，所以生长不出这样高大的蔬菜和植物。这种观点比起前几种观点要完善得多，种种假设都被人们考察的结果无情地否定了，关于这个问题的研究似乎无法再深入下去了，因此一直没有取得什么实质性的进展。

近些年，一些生物学家注意到有一种寄生在植物幼芽上的细菌会分泌一种赤霉素，这种植物激素具有促使植物神速生长的奇效。这个发现给长期被这个问题困扰的科学家带来了一丝曙光。他们据此认为，这两个地方的巨型植物的出现，可能是某种适宜于当地生长的微生物的功劳。于是他们又开始了对这种特殊的微生物的寻找工作。但直到今天，他们仍然没有查清究竟是哪种微生物在起作用。

如果说"巨菜谷"还牵涉到植物种子的话，那么在我国也有一个地方，竟不用播种也能收获油菜籽。这块不种自收的神奇"福地"在湖

不能进行光合作用，没有根、茎、叶的大花草却是当之无愧的"花中之王"。

北兴山县。在兴山县的香溪附近，有一块面积为 200 平方千米的土地，当地人每年冬天将山坡上的杂草灌木砍倒，到春天用火将草木烧掉，待几场春雨后，地里就会自己长出碧绿的油菜来。到了 4 月中旬油菜花开季节，只见漫山遍野一片金黄，当地人对这种不种自丰收的现象自然是乐不可支。

据当地老农说，这里方圆 20 多个村庄，每户人家每年都可收野生油菜籽 60 多千克，基本上可满足当地人的生活用油。就连 1935 年那年山洪暴发，坡上的树都被连根拔走了，可第二年春天这里依然到处是野生的油菜。

不少科学家曾到此作过考察，也作过种种解释，但始终没有一种理论能把这里出现的奇迹确切地加以说明。"巨菜谷"的植物为什么会长得如此巨大？"福地"为什么能不种自收、不劳而获呢？这至今仍是无法揭开的谜，这一旷日持久的探索或许还要继续下去。

食肉植物之谜

人们都知道有不少动物是吃肉的，可是植物当中也有吃肉的，甚至还有不少关于吃人树的传说。

传说中的吃人树是一种神奇而又可怕的植物。国外的许多报纸杂志不断刊登了有关吃人植物的报道。

传说在非洲内尔科克斯塔的莫昆斯克树林中，有一块近 100 平方米的地方用铁丝网围住，在它边上竖着一块醒目的牌子，在木牌上赫然写着：游人不得擅自入内。在它旁边还立着一块巨大的木牌，上面详细地记载着过去曾在这里发生过的不幸事件，提醒人们珍惜生命。在这圈铁丝网中，矗立着两株巨大的樟树，它们的躯干庞大，直径足有 6 米多。其中一株樟树，由于生长日期久远，因此在树的底部，已经腐烂，露出一个 3 米宽、5 米高的树洞，两株樟树相距 10 米远，据专家分析，它们已经有4000 多年的寿命了。

传说法国人吕蒙梯尔和盖拉两家人到莫昆斯克度假。他们到了莫昆斯克后，大人便开始忙着安排宿营和晚餐。吕蒙梯尔和儿子欧文斯以及盖拉的儿子亚博去丛林拣树枝，两个孩子自顾自地游戏去了。没多一会儿，吕蒙梯尔就听见两声叫喊，他知道非洲丛林中有许多食人野兽出没，心一紧，丢了柴火，便向声

每个叶片在枯萎之前大约要消化 3 只昆虫

活动的陷阱——维纳斯捕蝇草

有些食肉植物如捕蝇草，具有可活动的陷阱。陷阱由位于叶端处的圆裂片构成。圆裂片的边缘长有很长的褶边，内面呈红色并长有灵敏的长毛。这些长毛可感受到轻微的触动并启发陷阱。维纳斯捕蝇草仅在美国的北卡罗来纳和南卡罗来纳沼泽地里发现。

音发出的地方奔去。就在他跑出 10 多米远时，突然觉得自己的身体变轻了，跑起来一点也不费力，接着他的身体居然飞了起来，而且直向前面一棵大树撞去，吕蒙梯尔弹在了树上，无法动弹。不知什么时候，欧文斯和亚博两人已经来到他身后，对他说："快脱掉衣服，否则你无法离开这棵大树。"在儿子的帮助下吕蒙梯尔从树上下来了。他想从树上拔下衣裤来遮挡身体。没料到他刚一接触衣服，又被树木吸住，他再也不敢扯那衣服，就带着两个孩子回去了。

后来，盖拉太太硬拉着丈夫，随儿子亚博去看。约半小时后，只见亚博惊慌失措地跑来，告诉吕蒙梯尔："我爸爸请你快快去，我妈妈被吸进了一个大树洞里，请你快去帮助救我妈出来。"10 多分钟以后，盖拉赤裸裸地哭着回来了，他对吕蒙梯尔伤心地说："我妻子死了。"盖拉说他们走到那里时，盖拉太太首先飞了起来，向一株大樟树飞去，盖拉想上前拉住妻子，却被吸到相反的方向，撞在另一棵树上。这棵树正是吕蒙梯尔遇见的那一棵，而他的太太飞向了另一棵树。儿子亚博早有准备，他是光着身子来的，他看见母亲飞进树洞，跑去一看，里面黑乎乎的，不敢钻进树洞救母亲，就将另一棵树上的父亲救下。盖拉忙叫儿子去告诉吕蒙梯尔一家，自己走进了树洞，里面又黑又湿，他鼓起勇气叫着妻子的名字，却没有回应。待他走到洞深处，发现太太已经曲成一团死去了。待他俩再次来到树洞准备将盖拉太太的尸体搬出来时，那里什么也没有了。这件事传开以后，有几个年轻人争着要去体验一下，他们一行 7 人来到莫昆斯克。结果 4 个女孩被吸进了洞，不知到哪里去了，洞中只留下 4 副耳环和 5 枚戒指。3 个男孩回到温得和克，并向政府讲述了这件事。有人为此建议政府砍掉这两棵害人的大树，但当地政府舍不得，最后用铁丝将它们围了起来。这是多么可怕的植物啊！类似这样的文章还有不少。由于文章中详细逼真的描写，结果使很多人都相信，真的存在一种会吃人的植物。可是严肃认真的植物学家却对此产生了很大的怀疑。因为在所有发表的关于吃人植物的报道中，都缺少吃人植物的真凭实据，即清晰的照片或实实在在的植物标本。植物学家们决心把吃人植物的问题查个水落石出。

科学家们查阅了大量文献资料，终于发现，有关吃人植物的最早消息来源于 19世纪后半叶的一些探险家们，其中有一位名叫卡尔·李奇的德国人在探险归来后说："我在非洲的马达加斯加岛上，亲眼见到一种能够吃人的树木，当地居民把它奉为神树。曾经有一位土著妇女因为违反了部族的戒律，被驱赶着爬上神树，结果树上 8片带有硬刺的叶子把她紧紧包裹起来，几天后，树叶重新打开时只剩下一堆白骨。"于是，世界上存在吃人植物的骇人传闻，很快就传开了。后来，从亚洲和南美洲的原始森林中，也传出了类似的传闻，吃人植物的消息越来越多，越传越广。

为了证实这些传闻，1971 年底，一支由南美洲科学家组成的大型探险队，专程赴马达加斯加岛考察。他们在传闻有吃人树的地区进行了一遍又一遍的仔细搜索，结果并没有发现卡尔·里奇所描述的吃人树。不过，科学家们倒是在那儿见到了一些能够捕食昆虫的猪笼草，以及一些带刺的荨麻科植物。

毕生研究食肉植物的权威人士艾得里安·斯莱克在 1979 年指出：到目前为止，

在正规的学术刊物上还没有发现有关吃人植物的记载，就连最著名的植物学巨著《植物自然与科学》杂志，以及世界性的有花植物与蕨类植物辞典中，也没有这方面的描写。除此以外，英国著名生物学家华莱士在走遍南洋群岛后，叙述了许多罕见的南洋热带植物，但也未曾提到过吃人植物。所以植物学家越来越认为，世界上也许根本就不存在这样一类能够吃人的植物。

植物不老之谜

在我们生活的这个地球上，植物可以说是品种繁多，且寿命长久。在植物王国里，年龄超过 100 岁的树木还真不少。比如，苹果树可以活 100 ~ 200 年，梨树能活 300 年左右，枣树可以活 400 年，榆树可以活 500 年，樟树可以活 800 年以上，松树的寿命则在 1000 年左右。有人说，雪松能活 2000 年，银杏能活 3000 年，红桧能活 4000 年。世界上最长寿的植物是水杉，可以活到 4000 年以上。

由此可见，植物长寿的现象是普遍存在的。在世界各地，年龄达数百、数千岁的老树到处可见，而在动物界，即使是被视为长寿象征的乌龟，顶多不过能活几百岁，"千年王八万年龟"只是一种夸张的说法。那么为什么植物的寿命远比动物的长呢？

从生命的起源来看，植物和动物完全是一个祖宗的，但其后代经过千万年的漫长岁月，怎么会产生这样大的差异呢？植物长寿的原因究竟是什么？我们人类能够从中获得哪些启迪呢？

带着这些问题，科学家们对植物和动物进行了广泛的研究和比较，结果发现：不论人类还是其他动物，只要是相同的物种，都会以大致相同的速度生长：性成熟，产子，随年龄的增长而老化，最后以大致相同的寿命结束一生。但是，植物却能够在一生中的某个阶段休眠一段时间：比如冬天停止代谢，春天再开始生长。从同一棵树上同时掉落地面的多粒种子，有的第二年立刻发芽，有的则躲在地下休眠数年乃至数十年后才发芽，有些种子甚至经过几百年之后才发芽。差别之大，令人惊叹。

为了形象地说明这个道理，不妨举一个具体的例子。在春天，撒下牵牛花种子，到了夏天，人们在田野里、小路旁便会看到许多盛开的牵牛花。入秋之后，这些花朵便会立即枯萎。因此在一般情况下，牵牛花的寿命只有半年。如果把发芽的牵牛花置于阴暗之处，使它照不到光线，它在刚刚长出双子叶还没有抽蔓时就开花结果，进而枯萎。这时，它的寿命只有短短几个星期而已。与此相反，如果把牵牛花移入温室，一到夜晚便点起电灯，那么它将始终不会开花，而是一个劲儿地伸蔓长叶，持续生长好几年。这样，牵牛花的寿命就被延长了。

由此看来，牵牛花好像可以"随意"改变一生的长度，没有固定的寿命。

此外，植物和动物在繁殖后代方面也有着根本不同的机理。动物的繁殖离不开精子和卵子的结合，即使是"克隆"也需要有卵细胞或者胚胎细胞的参与。而植物却不是这样，它可以借助自身细胞（单细胞）不停地分裂来繁殖，不断地创造出新的植物个体。因此，植物能够永葆青春，永不死亡。

科学家早已通过实验证明了植物单细胞繁殖的特性。1963 年，英国植物学家史基瓦德切下一小块胡萝卜放在培养液中，不久，胡萝卜块中有不少细胞游离出来，他便将这些细胞放到培养基上。很快，令人惊奇的现象出现了：细胞开始繁殖，在试管中长成了整个的胡萝卜。

在这个实验中，史基瓦德第一次证明了构成植物体的每一个细胞都具有重新发育成新个体的能力，而人或者其他动物都不具有这种功能。

可不能小看植物的这个本领！因为具有这一超常的本领，植物才能够适应各种恶劣的环境，顽强地生存下来。

有时，火灾会将漫山遍野的植物烧成一片惨状，但到了第二年的春天，烧焦的树干上又奇迹般地出现稀稀疏疏的新绿。"野火烧不尽，春风吹又生"这句古诗不就是最好的注脚吗！

另外，包括人类在内的一切动物个体都具有特定的形状和外貌，以便显示物种特征，而同一种类的植物在形状和外貌上却有很大差异。同样是落叶松，如果生长在不同的地方，可能完全是两个模样。即使是生长在同一地方的相同种类的两棵树，形体也可能相去甚远。

研究植物长寿之谜对于延长人类的生命有着重要价值。几乎每个人都怀有"不会衰老而永远活着"的欲望，但这只是一个无法实现的梦。人虽然不可能长生不老，但在目前的基础上延长生命还是大有潜力的。

从生命的起源来看，植物与动物有相同的祖先，但后来为什么会有如此大的差别呢？植物长寿的原因究竟是什么呢？也许当植物长寿之谜被最终解开之际，人类也就真正掌握了延长自身寿命的秘诀了吧！

光合作用之谜

作为地球上最重要的化学反应，光合作用对大多数人来说，好像并没有什么太大的秘密，它的过程无非就是吸收二氧化碳，放出氧气。然而，尽管光合作用的发现距今已有 200 多年的历史，并且已有多位科学家在光合作用前沿研究上频频摘取诺贝尔奖，但其内在复杂机理仍被重重谜团笼罩。科学家坦言，要真正揭开"绿色工厂"的全部谜底，仍有很长的一段路要走。

为什么科学家们要对光合作用进行研究呢？这是因为人类所需的各种生产生活资料都是由光合作用产生的，如果没有光合作用就不会有人类的生存与发展。所以，光合作用研究是一个重大的生物科学问题，同时又与人类现在面临的粮食、环境、材料、信息问题等密切相关。现在世界上每年通过光合作用产生 2200 亿吨生物质，相当于世界上所有的能耗的 10 倍。要植物产生更多的生物质，就需要提高光合作用效率。通过高新技术转化，我们甚至可以让有些藻类，在光合作用的调节与控制直接产生氢。根据光合作用原理，还可以研制高效的太阳能转换器。

光合作用与农业的关系同样密切，农作物干重的 90% ～ 95% 来自光合作用。高产水稻与小麦的光合作用效率只有 1% ～ 1.5%，而甘蔗或者玉米的效率则可达到 50% 或者更高。如果人类可以人为地调控光能利用效率，农作物产量就会大幅度增加。

近年来，空气里面二氧化碳不断增加，产生温室效应。光合作用能否优化空气成分，延缓地球变暖，也很值得探索。光合作用研究，还可以为仿真模拟生物电子器件、研制生物芯片等，提供理论基础或有效途径，对开辟 21 世纪新兴产业产生广泛而深远的影响。正是这些，使得光合作用研究在国际上成为一大热点难点。

早在一个多世纪以前，科学家就已经知道了光合作用，但真正开始研究光合作用还是在量子力学建立之后，人们也越来越为它复杂的机制深深叹服。

现在，科学家们已经知道，光合作用的吸能、传能和转化均是在具有一定分子排列及空间构象、镶嵌在光合膜中的捕光及反应中心色素蛋白复合体和有关的电子载体中进行的。但是让科学家们不可思议的是，从光能吸收到原初电荷分离涉及的时间尺度仅仅为 10^{-15} ～ 10^{-17} 秒。这么短的时间内却包含着一系列涉及光子、激子、电子、离子等传递和转化的复杂物理和化学过程。

更让人惊奇的是，这种传递与转化不仅神速，而且高效。在光合膜系统中，在最适宜的条件下，传能的效率可高达 94% ～ 98%，在反应中心，只要光子能传到

光合作用的过程

这一过程是在叶细胞内一种叫作叶绿体的特殊结构中进行的。叶绿体含有叶绿素，这是一种从阳光中吸收能量的绿色色素。在光合作用过程中，用吸收的能量把二氧化碳和水结合起来形成葡萄糖。葡萄糖是整个植物的能源；氧气被排放到空气中。

葡萄糖分子

氧原子

氢原子

碳原子

葡萄糖是光合作用的高能产物。它通过韧皮部输送到植物的各部分

叶是光合作用的主要场所。它宽而薄的叶片是适应这一过程的结果

阳光被叶中的叶绿体所吸收，为光合作用提供能量

水是土壤中的一种原料，它通过木质部从根输送到叶

氧原子

碳原子

二氧化碳分子

氧分子

氧原子

氧原子

氢原子

水分子

二氧化碳是空气中的一种原料，它通过叶片下表面的气孔入叶

氧通过叶片下表面的气孔离开叶

其中，能量转化的量子效率几乎为 100%。这种高效机制是当今科学技术远远不能企及的。

那么，光合系统这个高效传能和转能超快过程到底是如何进行的？其全部的分子机理及其调控原理究竟是怎样的？为什么这么高效？这迄今仍是多年来一直困扰着众多科学家的谜团。有科学家说：要彻底揭开这一谜团，在很大程度上依赖于合适的、高度纯化和稳定的捕光及反应中心复合物的获得，以及当代各种十分复杂的超快手段和物理及化学技术的应用与理论分析。事实上，当代所有的物理、化学最先进设备与技术都可以用到光合作用研究中。光合作用的另外一个谜团是：生化反应起源是自然界最重大的事件之一，光合作用的过程是一系列非常复杂的独立代谢反应，它究竟是如何演化而来？美国亚利桑那州立大学的生化学家罗伯特教授说："我们知道这个反应演化来自细菌，大约在 25 亿年前，但光合作用发展史非常不好追踪。有多种光合微生物使用相同但又不太一样的反应。虽然有一些线索能把它们联系在一起，但还是不清楚它们之间的关系。"罗伯特教授等人还试图透过分析 5 种细菌的基因组来解决部分的问题。他们的研究结果显示，光合作用的演化并非是一条从简至繁的直线，而是不同的演化路线的合并，把独立演化的化学反应混合在一起。也许，他们的工作会给人类这样一些提示：人类也可能通过修补改造微生物产生新生化反应，甚至设计出物质的合成反应。这样的工作对天文生物学家了解生命在外星的可能演化途径，也大有裨益。我国著名科学家匡廷云院士曾深有感触地说："要揭示光合作用的机理，就必须先搞清楚膜蛋白的分子排列、空间构象。这方面我们最新取得的原创性成果就是提取了膜蛋白，完成了 LHC–Ⅱ三维结构的测定。由于分子膜蛋白是镶嵌在脂质双分子膜里面的，疏水性很强，因此难分离，难结晶。"现在，中国科学院植物研究所经过多年努力已经提取了这种膜蛋白，在膜蛋白研究上，我国已经可以与世界并驾齐驱。那么是否可能会有那么一天，人们可以模拟光合作用从工厂里直接获取食物，而不再一味依靠植物提供呢？科学家们认为，这在近期内是不可能的，因为人类对光合作用的奥秘并不真正了解，还有很多问题需要进一步弄清楚，要实现人类的这一长远理想，可能还要付出更为艰辛的努力。

下 篇
中国未解之谜

历史悬案

作为一个独立的学科，历史无疑是完整的。然而作为一个纯粹的认知对象，历史又是不完整的。许多关键的细节都因为年代久远或史料缺乏等原因而湮没于往昔的沧桑岁月，而历史的玄机往往正隐藏在这消失的细节中。

扑朔迷离的历史悬案为历史真相披上了一层神秘的外衣，像磁石一样吸引着人们好奇的目光，并刺激着人们探究其庐山真面目、正本清源的兴趣。而在对种种历史悬案进行解析和破译的过程中，人们不仅能获得知识上的收益，还可以得到精神上的愉快体验。

"尧舜禅让"是礼让还是篡位

尧是远古时期有名的贤德的君主，他是三皇五帝中的第四个帝。他不"唯亲是举"，大力举荐有才干的舜为自己的继任者，这就是历史传说中有名的"尧舜禅让"。但是现在却有人开始怀疑这种说法的准确性，毕竟这仅仅是远古流传下来的一个传说，到了春秋时期，才有人把它诉之于文字。所以，关于尧舜之间权力交接的真相，就成了一个千古疑案，后世的人们众说纷纭，莫衷一是，但争论的同时，这个千古未解之谜也为我们留下了很多美丽的传说。

大部分人还是比较认可"举贤"说的，因为这反映了我们中华民族的大公无私、唯才是举的传统美德。传说中，舜姓姚，他的父亲是个瞎子，他的母亲很早就去世了。后来，他的瞎父亲又娶了一个妻子，舜的后母心胸狭窄，而且心地狠毒。后来，后母生了个儿子，取名叫象。象好吃懒做而且飞扬跋扈，在父母面前，他经常说哥哥舜的坏话。舜的父亲也被他们拉拢到一起，站在他们的战线上。所以，夫妻俩和象常在一块儿商量，如何找机会害死舜，这样，象就可以继承父母的全部财产。但舜心地善良，并不介意他们的故意刁难。他还是一如既往的孝顺自己的瞎父亲，对后母和弟弟也很好。

当时，尧已经86岁了。他觉得自己年老力衰，于是叫大家推举贤能的"接班人"，大家一致推举很有威望的舜。尧听了人们的推举后，决定先考验考验舜。于是，尧把自己的两个女儿娥皇和女英都嫁给了舜，并且派舜到各地去同人们一起干活。他先派舜来到历山脚下去种地。在舜来之前，那里的农民经常为了争夺土地不时地发生一些冲突。等到舜到了那儿后，农民们在舜的教化和领导下就变得互相谦让，经常你帮我，我帮你，把生产搞得很好。舜又到河滨去烧制陶器。原来那儿的陶工干活粗制滥造，陶器质地粗劣，等到舜一去，陶工们在舜的组织下，认真工作，制作出来的陶器十分精美。总之，舜每到一个地方，人们都愿意跟随着他。那时候，父权制已经确立，人人可以拥有财产。由于舜的才能，舜拥有了许多私有财产。

舜的瞎父亲和弟弟象听说舜有很多财富，又起了坏心。有一次，父亲叫他修补粮仓的屋顶。当舜沿梯子爬上屋顶的时候，他们就在下面放起火来，想借机把舜烧死。舜在屋顶看见起火了，想找梯子时，梯子已经被狠心的父亲和弟弟藏了起来。幸好当时，舜随身带着两顶遮太阳用的笠帽。他灵机一动，双手平举笠帽，像鸟张开翅膀一样跳下来。舜轻轻地落在地上，一点也没受伤。舜并没有怪罪他们，还是像以前一样尊老爱幼。一计不成，他们又设计了一个陷阱。一天，他们叫舜去掏井。当看到舜跳下井后，象和他的瞎眼父亲就在地面上把一块块石头丢下井去，把井填没了。他们企图把舜活活埋在里面。后来聪明的舜在井边掘了一个孔道，钻了出来。尽管父母兄弟对待自己不好，但舜还是像过去一样和和气气地对待他的父母和弟弟。于是，一家人就开始和和睦睦地在一起生活。

尧听说舜这样宽宏大量后感到很放心。于是在一个风和日丽的黄道吉日，尧在京城南郊举行了重大的禅让仪式。当尧庄严地把代表权力的权杖交给舜，舜恭敬地接过权杖的一瞬间，响起了雷鸣般的欢呼声。这就是一般历史书所说的"尧舜禅让"。因为它以群众推举或领袖授权为基础，所以人们称这种说法为"举贤说"。

还有一种说法是"拥戴说"。据说尧年老的时候，并没有想把帝位交给舜，而且当时尧的儿子丹朱也非常想继承父亲的大权，但碍于当时舜的声望迟迟没有下手。所以在尧死后，为了避免冲突发生，舜就避开丹朱到了南河之南。但那时天下的诸侯不到丹朱那里去朝见，反而跑来朝见舜。如果想打官司，他们不到丹朱那里去，都跑来找舜。于是，人们编出的歌谣不歌颂丹朱，却歌颂舜。所以，经过诸侯和民众的拥戴，舜便接受了大家的好意，接替尧登上了帝位。关于这个典故，荀子和孟子是比较赞同的。荀子认为，舜之所以能登上帝位，那是靠了他自身的道德；孟子也说过，舜登上帝位是靠了上天的赐予和民众的拥护。

关于"尧舜禅让"，有人甚至从根本上进行了否定，他们认为禅让只不过是被儒家神圣和美化了的精神价值取向罢了，实际上舜是篡夺了尧的大权。这就是比较流行的"篡夺说"。史学专家是根据《史记》的记载：舜取得了行政管理大权后，曾经进行了一系列的人事改组。例如，舜启用了被尧长期排除在权力中心之外的"八恺""八元"，历史上称之为"举十六相"，这表明了舜在扶植亲信。而对尧信用的混沌、穷奇等，舜把他们排出了权力中心，这在历史上被称之为"去四凶"，这显然是排除异己。历经这次人事改组之后，尧的大势已经去了，他的悲惨命运也就开始了。《括地书》引用《竹书纪年》说："昔尧德表，为舜所回也。"又说："舜国尧……使不与父相见。"意思大约是，舜先把尧软禁起来，后来也不准他同儿子、亲友见面，以此来逼迫他让位。就连尧的儿子丹朱也被放逐到了丹水。

关于尧舜之间的权力交接，是和平交接，还是被迫让位，从古至今就存在着很多猜测。由于当时没有确切的历史记载，这也成为一个千古未解之谜。

盘庚是否迁都于安阳殷墟

商朝是我国奴隶社会的发展时期，从成汤到商纣，共传17世，31个王，前后约有496年。商朝时，地域辽阔，势力最大时东到大海，南到长江流域，西达陕西西部，是当时的一个大国。商朝前期，王朝内部的政治斗争十分激烈，由此也导致外患不断，为保持国家的长治久安，商朝经历了5次

殷墟遗址

迁都。公元前14世纪，商王盘庚把都城迁到殷，从此商王朝稳定下来，因此商朝又称为殷商。然而，历史上对盘庚是不是迁到了今天的安阳殷墟却有争议。

大多数学者认为盘庚确实是迁都至今日的殷墟。《尚书·盘庚》篇对这次迁都的情况也有不少记载。

商汤建国时，最早的国都是亳，也就是今天河南的商丘。这里处在黄河下游，经常闹水灾，灾后损失惨重，皇宫内部、王公大臣和贵族之间也是矛盾重重，常常有内乱发生。到皇位传到能干的盘庚手里时，他决定改变这种混乱的状况，以促进国家的稳定和发展，于是他决定再次迁都。但是迁都的过程很不顺利，他的这一举动遭到了许多王公大臣和贵族的反对，盘庚只好对他们晓之以理，声称自己是"视民利用迁"，"承汝俾汝，唯喜康共，非汝有咎，比于罚"，即他不是为了处罚那些贪图权利的人，而是为了人民的利益，为了让商朝更加稳固才决定迁都。而对那些反对迁都的人，盘庚威胁说要将他们斩尽杀绝，不让孽种留在新邑。但是，还是有大多数贵族固执地不肯搬迁。盘庚坚定地表明自己的立场："我主意已定，不会再改变了。"众大臣敌不过盘庚的坚持，终于同意迁都。于是盘庚带着平民和奴隶，渡过黄河，搬迁到殷（今河南安阳小屯村）。盘庚迁殷以后，在那里重振朝纲，缓解了王室内部的矛盾，促进了社会经济的发展，使衰落的商王朝又出现了一派繁荣的局面，以后200多年，一直没有迁都。盘庚也因此被称为"中兴"之主，并为武丁盛世的到来，打下了基础。

经过3000多年的漫长岁月的洗礼后，商朝的国都已沦为一片废墟。近代，人们在安阳小屯村一带发现了大量古代的遗物。安阳位于河南省最北部，北临漳河水，西依太行山，是中华民族古老文化重要发祥地之一，殷指的就是今位于安阳西北郊的殷墟。在殷墟遗物中有10多万片龟甲（就是龟壳）和兽骨，而且上面还刻着很难

辨认的文字，记载了当时社会政治、经济等各方面的情况，这些文字就是我们今天所说的甲骨文。另外，在小屯村还发现了大量的种类繁多、制作精巧的青铜器皿和兵器，后母戊大方鼎就是在这发现的，它高130多厘米，重875千克，上面还刻有富丽堂皇的花纹，其技术和艺术水平十分高超。而那里至今保留的宫殿宗庙建筑遗址、王陵墓地、星罗棋布的居住遗址、繁华的手工业作坊所体现出的宏大规模和王者气派都能证明那里曾经是商朝国都的遗址。

但是也有不少史学专家和学者认为盘庚并不是迁都于安阳殷墟，《殷本纪》中记有"帝盘庚之时，殷已都河北，盘庚渡河南，复居成汤之故居……乃遂涉河南，治亳"，他们认为盘庚迁回了故都所在地——商丘。成汤帝于公元前1711年灭夏，建都于商丘南亳。据《史记》记载：成汤五世孙仲丁迁都到河南郑州，仲丁弟河澶甲迁都到今河南内黄东南，六世孙祖乙又迁都于今河南温县东，八世孙南庚把都城迁到了今天山东曲阜，九世孙盘庚"渡河南，复居成汤之故居"。所谓"渡河南"，就是从黄河以北迁往黄河以南。所谓"成汤之故居"，就是指成汤建都南亳之前所居住的商丘县北部的北亳。也就是说，盘庚又回到了先商的祖先居住地—商丘。《竹书纪年》记载："盘庚十四年，自奄迁于北蒙，曰殷，十五年营殷邑。"而学者们认为把盘庚所迁往的北蒙的殷，说成是今天安阳的殷墟，这显然是错误的：第一，安阳没有被称北蒙和亳的说法；第二，成汤和帝喾从不曾在安阳居住和建都。所以"渡河南，复居成汤之故居"所指的并不是安阳。至于在安阳小屯发现了商代出土文物和遗址，则是因为成汤的十三世孙武乙迁到了安阳小屯。晋代以后，由于个别史学家把北蒙的"殷"和"殷墟"混在了一起，所以后人才会误以为是安阳，以讹传讹，才有了今天的殷墟之说。

盘庚是不是迁都于殷墟，至今还没人能够下定论，有待专家学者们寻找更有说服力的史料和证据来证明。但是，不管史实如何，盘庚迁都后商朝社会的稳定和繁华显而易见，他为商朝的巩固和发展所建立的伟大功勋也是不可磨灭的。

秦始皇"焚书坑儒"之谜

提起秦始皇，人们就会想起"焚书坑儒"这一典故，但是秦始皇到底有没有"坑儒"呢？

秦始皇统一六国以后，采取了一系列的措施，以便加强中央集权。在完成政治上的诸多加强控制的举措之后，秦始皇便开始了精神上的控制。公元前213年，秦始皇在咸阳宫为群臣及众多的儒生大排酒宴。在宴会上，围绕着是否实行分封制，众多儒生之间发生了激烈的争论。丞相王绾、博士生淳于越等人主张实行分封，而丞相李斯等则赞同郡县制，并指责淳于越等"不师今而学古"，"道古以害今"。最后秦始皇支持李斯的观点，并采用、实施李斯的"焚书"建议，下令：除了秦纪（秦国史书）、医药、卜筮、农书以及国家博士所藏《诗》《书》、百家语以外，凡列国史籍、私人所藏的儒家作品、诸子百家著作和其他典籍，统统按时交官焚毁。同时，

秦坑儒谷
坑儒谷是秦始皇镇压不同政见者的地方，在西安市临潼区韩峪乡洪庆堡。

禁止谈及《诗》《书》和"以古非今"，违者定当严惩乃至判其死罪。百姓如想学一些法令，可拜官吏为师。从这一点来看，焚书的举动秦始皇肯定做过。

秦始皇称帝以后，力求长生不老，迷恋仙道，不惜动用重金，先后派徐福、韩众、侯生、卢生等人寻求仙药。侯生与卢生当初是秦始皇身边的方士，由于长期为秦始皇求仙人和仙药，却始终没有找到，而心急如焚，忐忑不安。依照秦国的法律，求不到仙药就会被处死。因此他们深发感慨：像这样靠凶狠残暴而建立威势并且贪婪权势的人，不值得给他求仙药。于是，侯生、卢生悄悄地远走他乡。

这件事使秦始皇十分恼怒，于是他下令，对所有在咸阳的方士进行审查讯问，欲查出造谣惑众的侯生、卢生两人。方士们为保全自己的性命，只得相互告发，秦始皇最后把圈定的460余人，都在咸阳挖坑活埋。

秦始皇的"坑儒"是"焚书"的继续。至于坑杀的人究竟是方士还是儒生，学术界各持己见。从分析"坑儒"事件的起因看，秦始皇所坑杀的人应该是方士；但从长子扶苏的进谏"众儒生都学习孔子的学说"来看，秦始皇所坑杀的又好像是儒生。

而且东汉卫宏在《诏定古文官书序》中记载，秦始皇在骊山温谷挖坑用以种瓜，以冬季瓜熟的奇异现象为由，诱惑博士诸生集于骊山观看。当众儒生争论不休、各抒己见时，秦始皇趁机下令秘杀填土而埋之，700多名儒生全部被活埋在山谷里。于是有人便根据这一点而偏向于传统的说法，认为秦始皇确实有过"坑儒"的行为。

但有人研究诸史籍，认为"焚书"有之，"坑儒"则无，实是"坑方士"之讹。"坑方士"事见始皇三十五年，因为侯、卢二人求仙药不成，他们惧"秦法不得兼方，不验辄死"，骂了秦始皇一番后逃走。既然事端由方士引起，那么就只能是"坑方士"，当然不能说被杀的460余人中没有儒生，而全是方士，但是由其代表人物可推知，被杀的主体应该是方士，而被杀的原因更与儒家的政治主张和学派观点无关。所以即使被杀者有儒生，也并非因其为儒生而得罪，总是与方士们有某种牵连之故。因此绝无理由说秦始皇"坑儒"。尽管秦始皇早因"坑儒"之举背上千古骂名，然而，直到今天，秦始皇究竟有没有"坑儒"这一谜团还是没有解开。

孟姜女哭长城是否真有其事

"孟姜女哭长城"是我国流传千古的古代民间传说，可谓妇孺皆知。为了纪念那位万里寻夫的孟姜女，山海关被后人认为是孟姜女哭长城之地，并在那里盖了姜女庙，登临庙宇的游人，无不动容。但有人认为，孟姜女哭长城的故事，纯属虚构。因为被指定为"孟姜女哭长城"之地的山海关所有的长城是秦朝以后才筑起的，而秦始皇所筑长城距山海关北去数百里。历史上有过哭倒城墙的记载，但故事发生的时间比秦统一六国要早得多，因此和秦始皇根本没有关系。

唐末有一首《杞梁妻》，诗中说杞梁妻为秦国人，她去长城哭吊筑长城而死的丈夫，"一号城崩塞色苦，再号杞梁骨出土"。到了宋代广为流传的杞梁开始有了姓，但有各种各样的说法，有说姓范，有说姓万，还有叫杞郎或喜良的。南宋郑樵曰："杞梁之妻，于经传所言者，数十言耳，彼则演成万千言……"看来孟姜女哭长城是由杞梁妻的故事演变而来的，而故事最后大致形成于北宋年间。

故事、传说毕竟代替不了历史事实，实际上并没有孟姜女哭长城这件事。但是因为这个故事的生动性与悲剧色彩，成了各朝各代人们借题发挥的素材。有种观点就认为，根据历代时势和风俗的不断变化，孟姜女哭长城也在不断变更。战国时齐都中哭吊盛行，杞梁战死而妻哭吊便是悲剧的材料。西汉时，天人感应之说盛行，杞妻的哭夫便成了崩城和坏山的感应。到了六朝、隋唐间，乐府中出现送衣之曲，于是送寒衣的内容增加了。可见孟姜女哭长城的故事是顺应了文化演变的潮流，随各时各地的时势和风俗而改变，并在民众的情感和想象基础上而发展起来的。

但也有人根本否定孟姜女即《左传》中的"杞梁之妻"，认为在封建社会，民不聊生，哭夫的题材并不少见，《左传》中也有记载，因此单凭哭夫就做出了论断，不能令人信服。还有的说，好端端的长城，竟然城墙被一位妇女哭塌了，过于荒诞。再说，齐国的孟姜女被捏造成秦国的孟姜女，攻打莒城被改为修筑长城，这是故意往秦始皇身上栽赃。

2000多年来，孟姜女哭长城的传说以故事、歌谣、戏曲等多种形式流传于我国广大地区。其故事的真实程度早已被撇到一边，人们欣赏的是孟姜女身上那种坚贞不渝的爱情和对统治者的坚定的反抗精神，真是"秦皇安在哉，万里长城筑怨；姜女未亡也，千秋片石铭贞"（宋文天祥书孟姜女庙楹联）。

"三顾茅庐"是真是假

"三顾茅庐"这个成语典故的出处妇孺皆知。我国古代四大名著之一《三国演义》写刘备"三顾茅庐"请诸葛亮出山辅助他成就帝业的故事，将刘备的礼贤下士的态度写得栩栩如生，把刘备对诸葛亮的敬仰之情，关羽、张飞的居功自傲描绘得惟妙惟肖，入木三分。这段"三顾茅庐"的故事，是罗贯中根据陈寿《三国志·诸葛亮传》中的记载，加以艺术构思而创作的。但刘备为请诸葛亮出山究竟是不是"三顾茅庐"？学术界各有说法。

《三国演义》中关于这第一次见面的记载是：刘备带领军队驻扎新野时，徐庶对刘备说："诸葛孔明者，卧龙也，将军愿见他吗？"刘备说："你带他一起来吧。"徐庶说："可以主动登门去见此人，但不能让他来拜见您。"可见，刘备亲自到诸葛亮那里去请求拜见、赐教。共三次前往，才得以相见。但没有写关公、张飞同往，也没有说明是在茅庐中相见。

诸葛亮自己写的《出师表》中也说："先帝不以臣卑鄙，猥自枉屈，三顾臣于草庐之中……"这几句话，证据确凿。陈寿在《三国志》中写到了《隆中对》，对刘备三次往访以及诸葛亮论天下形势的内容记载得更为详细。刘备"三顾茅庐"一直被当作礼贤下士、重视人才的典范。刘备当时困难重重，急需人才，从情理上看，"三顾茅庐"是极有可能的，所以历代没有人对此事的真实性有过怀疑。

但现在有人提出另一种说法，认为"三顾茅庐"的记载难以令人相信。诸葛亮是位胸有宏图之士，刘备请他出山，当然正合其意，他岂能大摆架子，而不抓住这个可能失去的机会？当时的诸葛亮只有27岁，刘备则是个有声望的政治家，对诸葛亮怎能那样低声下气地苦求？虽然前一种说法中以《隆中对》作为证据，但当时，曹操几十万南征大军正威胁着刘备，《隆中对》不提这个紧迫的现实问题，是不合乎情理的。同时，刘备第一次见诸葛亮，不会安排现场记录。所谓《隆中对》，很有可能是后人附会《出师表》而杜撰的。据此，"三顾茅庐"之说就不可信了。

三国人鱼豢写的《魏略》中，也提到了刘、诸葛二人第一次相见的情景。《魏略》中说刘备屯兵于樊城时，曹操方已统一黄河以北，诸葛亮预见曹操马上就要对荆州发动进攻。荆州刘表性情懦弱，不晓军事，难以抵抗。诸葛亮于是北行见刘备。刘备因为诸葛亮年纪小，根本不重视他。诸葛亮通过谈论对当今政局的对策，才使刘备逐渐信任他。最后，刘备才"以上客礼之"。西晋司马彪《九州春秋》的记载也大同小异。

从诸葛亮本身的积极进取的态度来看，《魏略》《九州春秋》的记载也有一定的可信度。

有人则调和了这两种说法之间的冲突，认为"三顾茅庐"与诸葛亮的樊城自请相见都是真实可信的。清代学者洪颐煊在《诸史考异》中说诸葛亮初见刘备于樊城，刘备虽以上客待之，但没有特别器重他。等到徐庶举荐时，刘备再次相见，才逐渐有了很深的感情。并指出：在建安十二年初见，再次相见是在建安十三年。诸葛亮后来非常感激，因而记入了《出师表》中。

诸葛亮与刘备究竟是"一见"，是"再见"，还是"三见"，这只有当事人知道了，然而，"三顾茅庐"的故事却流传了下来，吸引了无数人。

首次去西天取经的是玄奘吗

在中国，《西游记》的故事可谓家喻户晓、妇孺皆知，它以唐僧、孙悟空等师徒去西天取经的过程为线索，讲述了他们在西行途中与各方妖魔鬼怪比智斗法的传奇故事。小说里武艺高强、疾恶如仇的孙悟空大战白骨精、智取牛魔王，为取得真经立下了汗马功劳。相比之下，作为师父的唐僧却显得那么优柔寡断、懦弱无能。但事实上，唐僧的原形——唐代的玄奘大师却是中国乃至世界佛教史上一大功臣，也是我国古代西行求法高僧中成就最高、影响最大的一位。但中国历史上西行取经的第一人是否就是他呢？后世有很多不同的看法。

一些书籍中是这么认为的。根据史书记载，玄奘当年是冒着偷渡的危险去西行取经的，并且在同行的胡僧中途退出之后，他孑然一身，仍然坚持独行于沙漠。唐太宗贞观三年（629年），他从长安西行，经姑藏（今甘肃武威），出敦煌，经今新疆及中亚等地，历尽艰险，辗转达到中印度。他在中印度巡游了各方佛教圣地学府并学习讲研了大量佛教著作，于贞观十九年（645年）回到长安。孤征17年，亲行5万里，历经100多个国家（"所闻所履，百有三十八国"），玄奘大师西行求法后带回了大量梵文经典，并且把他在印度中亚的所见所闻写成了《大唐西域记》，详细介绍了印度各地的风土人情和宗教盛衰。此书不仅是历史研究的宝贵资料，也为今天考古工作提供了重要依据。可以说，玄奘是我国佛教传播史上一位重要人物。

但更多的人否认这种说法。众所周知，佛教是源于印度的。在中文的佛教教义里，西天往往是真理存在终极世界的代名词。因为佛教是从古中国的西域传入的。公元前6、前5世纪，佛教在印度恒河流域创立以后，不久就向周边国家传播。汉代张骞出西域标志着丝绸之路的开通，促进了佛教的东传。佛教由印度西北部，东逾葱岭，沿着丝绸之路传入中国内地。但最初来中国的传教者，基本上都是笃信佛教的中亚各国的西域僧侣，而不是印度僧。据北大学者季羡林先生考证，汉地最早的佛经并不是直接从梵文翻译过来的，而是经中亚古代语言转译的。同时，由于所翻译的经典，大都是口译，而且是按照西域的思想习惯，中国人不易接受。结果，初期佛经的原本在经过西域各地的间接输入后，不是经本不全就是传译失真，在

唐僧取经故事瓷枕 元
玄奘这位伟大的学者、翻译家、佛教徒，是7世纪最伟大的旅行家。他用10余年的时间穿过大沙漠，攀越帕米尔高原，游遍南北印度，带回大量佛经，晚年写成《大唐西域记》。他的精神以及人们对遥远西域的好奇使得关于他的传说在民间广为流传。从唐末至元明两朝，他的事迹逐渐发展，成为《西游记》的雏形。

流传过程中常常产生自相矛盾的现象。佛教盛行后，一些佛教徒想要改变这一状况，于是决意西出阳关，发起西行求法运动，由此揭开了中外佛教文化新的一页。在佛教盛行的两晋和唐代，西行求法的人陆续不绝，人数还是相当多的。据义净《大唐西域求法高僧传》所列就有近60人。但在古代生产力水平低下、交通极不方便的情况下，从我国内地到印度无论是走陆路还是海路，都需要经年累月，吃尽千辛万苦，甚至付出生命的代价。据佛教史传的记载，在成百上千的求法高僧中，真正能够幸存下来、学成而归的，只是少数人而已。这样看来，玄奘大师应该是这幸运的少数人中最成功的一位了，而不一定是第一人。

那么，如果玄奘不是，谁又是西天取经的第一人呢？根据现存的史料来看，一般认为三国时代的朱士行应当是我国最早西行求法的人。他是三国时魏国的僧人，原籍颍川（治所在今河南禹县）。朱士行少年时出家，嘉平（249～253）年间，开始依羯磨法受戒成为比丘。他在出家后就埋首研读经典。在洛阳讲《道行般若经》的时候，他常常感觉到口译的经文文句艰涩不说，有很多又被删略，很难理解，因此就希望去西域寻找原本。魏甘露五年（260年），朱士行从长安出发，历尽艰险，终于到达当时大乘经典集中的地方于阗（今新疆和田一带），经过20多年，才找到了原本梵文的《放光般若经》40章，大概60多万字。原本希望能立刻将写好的经文送回国，但由于当地学徒的阻挠，直到西晋太康三年（282年）才由他的弟子弗如檀（汉语译作法饶）等10人送回洛阳。元康元年（291年）由无罗叉和竺叔兰等译出，计20卷。而大师朱士行却终身未能回汉地，80岁病死于阗。虽然他所求得的经典只有《放光般若经》一种，译文也不算太完整，但在当时还是产生了很大的影响。有很多的学者如帛法祚、支孝龙、竺法蕴、康僧渊、竺法汰、于法开等，都通过《放光般若经》来弘扬般若学，更有后人假托其名作《朱士行汉录》，可惜连假托之作在隋初也已经散佚。但自朱士行后，西行求法的僧侣一时涌起，从三国到唐代，络绎不绝。只是成功者实在是微乎其微，史册上也无多记载。

"路漫漫其修远兮，吾将上下而求索"，也许正是这种为了寻求真理而不顾一切的坚强信念才给了前人那么大的动力，让他们心甘情愿前仆后继，为了取得真经而踏上充满荆棘的西行路。也许正是这样一种为了真理而不顾一切的执着精神才造就了这个民族雄汉盛唐的伟大文明吧。

"杯酒释兵权"之谜

"陈桥兵变"后，宋太祖赵匡胤登上皇帝宝座，为了巩固自己九五之尊的地位，将权力集中于自己一人之手，在赵普的劝说下，以"杯酒释兵权"夺去诸位功臣手中的兵权，从而将兵权牢牢控制在自己一人手中。这便是历史上有名的"杯酒释兵权"事件。长期以来，人们对此事件的真实性一直未加怀疑，但到20世纪40年代，某些学者考虑"杯酒"一事是否真有其事。这些年来，又有好些学者用不同的方式对"杯酒"一事提出质疑，认为此事"漏洞多多，难以置信"。其实，"杯酒"一事虽然在某些细节的记载上夸大其词，但后人也无法胡编乱造。作为一桩历史事件来说，确有其事。这些大事的进程，必定要有许多严谨、正规、周密的操作程序，不会是喝完一杯酒就发生的事情。但毫无疑问的是，它们又的确是通过杯酒一席间，创造出一种平和、智慧、诚挚的政治氛围的。所谓"杯酒释兵权"就是在如此的氛围中发生的一幕历史剧。

关于"杯酒释兵权"的史书记载，内容基本相同，下边摘录的是袁了凡、王凤洲合著的《纲鉴合编》中的一段：

一日因晚朝，与石守信等饮酒酣，屏左右，谓曰："朕非卿等不及此（石守信、高怀德、王审琦等是陈桥兵变的主要参与者）。然天子亦太艰难，殊不若为节度使之乐，朕终夕未尝安枕也，居此位者，谁不欲为之。"守信等顿首曰："卿等固然，其麾下欲富贵何？一旦有以黄袍加汝身，虽欲不为，其可得乎。"守信等泣谢曰："臣等愚不及此，陛下哀矜，指示可生之途。"帝曰："人生如白驹过隙。所以好富贵者，不过欲多积金钱，厚自娱乐，使子孙无贫乏耳，卿等何不释去兵权，出守大藩，择便好田宅市之，为子孙立永远不可动之业，多买歌儿舞女，旦夕饮酒相欢，以终其天年。朕且与卿等约为婚姻，君臣之间两无猜疑，上下相安，不亦善乎。"守信等皆谢曰："陛下念臣等至此，所谓生死人而肉白骨也。"明日，皆称疾乞罢典兵，赐赉甚厚。

如此安排，不但使石守信等高级将帅在一失（失去兵权）一得（与皇室联姻）中不会产生某种失落，更重要的是，使他们消除了一种将要被杀掉的猜疑，进而以另一种要进时就进，要退时就退的心态，在新的时代环境中适应各种阶级地位。值得一提的是，这批将帅虽然在"杯酒释兵权"中被解除了军权，调往各地为节度使，但统一战争一发生，他们当中又有不少人根据战情所需调回军队。

"杯酒释兵权"这种缓和的方式，既比较理性地缓解了皇帝与开国功臣之间的冲突，又使君臣之间保持了一种亲戚关系，使他们的关系更为亲密。"杯酒释兵权"就其直接意义而言，一是预防了禁军将帅内部钩心斗角，用兵权发动政变，重演"陈桥兵变"的史实；二是解决了开国将帅居功自傲、滥用职权的问题。因此，"杯酒释兵权"的成功，奠定了宋初政局的稳定基础，使北宋避免了重蹈五代短命王朝的覆辙。值得注意的是，"杯酒释兵权"意味着武人干政的终止，开启了偃武兴文之机。从政治的意义上看，"杯酒释兵权"所解决的，是中国封建王朝统治中的一个最难解决的问题——如何解决

陈桥兵变遗址

皇帝与开国功臣之间的矛盾。自建隆二年七月后，绝大部分身为开国功臣的禁军将帅，既被降了官职，又保持了同皇帝的亲密关系。这表明，宋太祖与功臣宿将的矛盾已经融合在一种较为宽缓、平和的氛围之中了。

"烛影斧声"与宋太祖之死

赵匡胤于公元 960 年发动陈桥兵变，黄袍加身，做了 17 年皇帝，到公元 976 年便撒手归西了，正史中没有他死亡的明确记载，《宋史·太祖本纪》中的有关记载也只有简单的两句话："帝崩于万岁殿，年五十。""受命杜太后，传位太宗。"因此他的死一直是一个不解之谜，为历史留下了又一桩悬案。

司马光的《湘山野录》中记载，开宝九年十月，那天天气极为寒冷，宋太祖赵匡胤急唤他的弟弟晋王赵光义进入寝宫，宋太祖斥退旁人，只留下他们两人自酌自饮。酒过三巡，已是夜深了，他见晋王赵光义总是躲在后边，极其害怕，自有几分得意。见殿前雪厚几寸，便用玉斧刺雪，还不时对他弟弟说："太容易了，真是太容易了。"当夜赵光义依诏没走，留宿于禁宫。第二天天快亮时，禁宫里传出宋太祖赵匡胤已经死了的消息。赵光义按遗诏，于灵柩前即皇帝位。

历史上所谓"烛影斧声"的疑案就指此事。有人认为"烛影斧声"也许不是疑案，只是晋王赵光义戕兄夺位的借口。宋太祖安排后事是宋朝的国家大事，不可能只召其弟单独入宫，并且赵光义又在喝酒时退避。用玉斧刺雪，这正是赵匡胤与赵光义进行过争斗的状态，晋王一狠心杀死宋太祖。要是不这样写，这段史料也许会被封杀。

不过，关于光义弑兄的原因，史书上另有一种说法。《烬余录》称，赵光义很喜爱已归降的后蜀主孟昶的妃子花蕊夫人费氏。孟昶死后，花蕊夫人被宋太祖赵匡胤纳为自己的妃子，而且特别宠爱。赵匡胤因病卧床，深更半夜时赵光义胆大妄为，以为宋太祖已熟睡，便趁机调戏花蕊夫人，可没想到太祖惊醒，要用玉斧砍他，等到皇后、太子赶到之时，赵匡胤已经只剩一口气了。赵光义趁机逃回自己的王府，第二天太祖赵匡胤就升天了。由此可知，赵光义趁夜黑无人，赵匡胤昏睡不醒的时候调戏他觊觎已久的花蕊夫人，谁知赵匡胤突然醒来发觉了，也许是他盛怒之下欲砍赵光义，可是因为病体虚弱，体力不足，未砍中赵光义。赵光义觉得自己只有死路一条，不管用何种方式都不能取得其兄的原谅与宽恕了，预料到自己将会死得很惨，于是一狠心便杀死了自己的同胞兄弟，然后慌忙逃回府中。宋太祖赵匡胤是病怒交加而死，还是他弟弟杀死的呢，谁也不知其详。不过十分清楚的是，赵匡胤之死与其弟赵光义当夜在皇宫内院的行为有一定的关系。

对于这个疑案，也有一些人为赵光义开脱罪责，司马光的《涑水纪闻》记道："太祖初晏驾，时已四鼓，孝章宋后使内侍都知王继隆召秦王德芳；继隆以太祖传位晋王之志素定，乃不召德芳，径趋开封府召晋王。见医官贾德玄坐于府门……乃告以故，叩门与之俱入见王，且召之。王大惊，犹豫不敢行，曰：'吾当与家人议之。'

入久不出。继隆促之曰：'事久，将为他人有。'遂与王雪下步行至宫门，呼而入……俱进至寝殿。宋后闻继隆至，曰：'德芳来耶？'继隆曰：'晋王至矣。'后见王愕然，遽呼官家曰：'吾母子之命，皆托于官家。'王泣曰：'共保富贵，无忧也。'"从这一记载来看，宋太祖赵匡胤过世时，他弟弟赵光义并不知晓，也没在宫中待过，似乎可以洗去"烛影斧声"的嫌疑了。

但是，自从赵光义继帝位后，赵匡胤的长子德昭于979年被迫自杀，次子德芳又于981年无故而死来看，宋太宗赵光义还是摆脱不了"烛影斧声""戕兄夺位"的嫌疑。

狸猫换太子真相如何

包拯于北宋仁宗皇帝时期在朝为官，因其公正无私被世人誉为"包青天"。广大老百姓有什么冤案、屈案都希望能由包青天来审理，"包青天"美名千古流传，他也的确是审理了一些重要的案件。传说中"狸猫换太子案"便是由包拯审理的。

据传，有一天包拯经过一地，有一位瞎老太太告状。包公见此婆口呼包卿，自称哀家，平民如何有这样口气？只见老太太眼中流泪，便将以往之事，滔滔不绝述说一番。原来，这位瞎眼的老太太是当今万岁的亲娘，当初他生下仁宗时，被忌恨她的刘妃陷害。刘妃抱走仁宗，让自己手下太监郭槐去找了一只剥了皮的狸猫，对着皇帝说是李妃产下的怪胎。盛怒的皇上将李妃赶出后宫，李妃因而流落到此。后来，李妃同众人一起返京。因为"狸猫换太子案"事涉宫廷，所以审理起来必须要十分周密。包拯考虑了一番，决定分两步来审理此案。

先是让仁宗生母李后去见以前自己的好姐妹狄后，让狄后向仁宗提起此事，使仁宗深信不疑；接着就是最关键的第二步，使郭槐招供。郭槐是当初"狸猫换太子"一案的主谋，他是受了刘后的指使，但因为对刘后十分忠诚，死不招供。于是，足智多谋的包拯与公孙策就想出了一个办法，用鬼魂吓唬郭槐。所谓的鬼魂，是公孙策派人到勾栏院找来的妓女。寇承御是当初在"狸猫换太子"案中被害的一名奴婢，包拯让找来的妓女假扮她。同时，营造出一种阴间的凄凄惨惨的气氛。郭槐吓得魂不守舍，就将当初犯下的罪行招供了。就这样，案件顺利审理了。

五殿阎罗王 明

此图描绘了阴曹地府阴风惨惨的情景，据载包拯就是设计了这样一个场面，吓得郭槐如实招供。

《宋史》则另有一说。说李妃本是刘德妃的侍女，她怀孕时，刘妃已被立为皇后。刘妃请皇帝把李妃产下的儿子立为己子。为了弄假成真，将孩子从李妃怀里夺走，割断母子联系。后来，李妃儿子赵祯继位。天圣九年，李妃得重病，次年去世，刘妃暗中吩咐以一品礼安葬李妃，以免以后赵祯知真相后怪罪自己。当时的宰相吕夷简又暗中吩咐内侍押班罗崇勋，给李妃穿皇后装入殓，并用水银宝棺。1033 年，刘妃也去世，赵祯才知真相，准备杀戮刘府家人，但被宰相吕夷简劝阻。

综上所述，包拯和李妃之事无关，李妃也没有流落人间。至于刘妃到底用什么方法把赵祯收为己子也不得而知。

但令人费解的是，赵祯登基之后 9 年间，李妃为什么会缄口不言，一直到死？这给世人留下一个谜。

王安石变法失败之谜

列宁曾称赞王安石是中国 11 世纪的改革家。然而其领导的"熙宁变法"来得快，去得也快，这其中的是非功过也只能留与世人评说。王安石（1019 ~ 1086），字介甫，晚年自号半山，抚州临川（今江西临川）人。他自幼读经学文，由于才华横溢，少年时已扬名当地。朋友建昌（今江西南城）名士曾巩把他的文章推荐给欧阳修，欧阳修大加称赞，后来他考中了进士科上第，封为淮南判官，从此开始了他的仕宦生涯。

在做了多年地方官之后，朝廷对他屡加提拔。嘉祐五年（1060 年）五月，王安石被任命为三司度支判官。他对当时宋朝皇帝上了一封万言书，规劝皇帝变法革弊，但是没有引起相当的重视。到了宋神宗即位，王安石得到重用，被任命为知府，后被擢为宰相。至此，王安石开始进入宋朝权力核心，并开始准备变法。

由于变法与当时的社会形势十分符合，王安石成了宋神宗时期一场大改革的策划人。"王安石变法"在当时产生了很大影响，但可惜的是，这场变法失败了。

变法的本意虽好，但是在执行过程中出现了太多失误。一石激起千层浪，变法在统治集团内部掀起了轩然大波，遭到当时皇族、元老重臣的反对，最后只得停止。

但令人奇怪的是，当时提出取消变法的理由居然是"天灾"，说是因这场变法使老天爷震怒，因而不降甘霖，使人民饱受旱灾之苦。这种理由当然不足为信。之所以会有这么荒唐的结论，都是因为一个叫郑侠的人。

担任光州司法参军的郑侠曾被王安石提拔，心存感激，决心尽忠报国，回报王安石的知遇之恩。任满后入京述职，王安石向他询问在州县所见所闻，郑侠道："青苗法、免役法、保甲法、市易法，以及边疆的军事状况，都不大妙，使在下心不能安。"王安石认为话不投机，便不再询问。郑侠改任为监安上门。安上门是汴京新城的城门，新城南门

王安石像

有三个，中有南薰门，东为宣化门，西面的为安上门。监安上门就是守门的门官。是年大旱成灾，颗粒无收，四方饥民，纷纷逃难来京城谋食，每日出入城者众多，以致堵塞道路。从城上看去，扶老携幼的、肩挑手提的络绎不绝。人人面黄肌瘦，个个衣不蔽体。还有的披枷戴锁，负瓦扛木，为官家服役偿债。郑侠将看到的情况请画工画了一幅《流民图》送呈神宗，并上疏说："去年大蝗，秋冬大旱，今春不雨，都是大臣辅佐不以道所致。"认为这都是新法造成的。其实在那种年头，遇上这样的大灾荒，什么法也免不了百姓流离。不过推行新法，便把灾难一股脑儿推在它身上，皇帝和官老爷们就能心安理得了。郑侠的做法正好说明了这个问题，所以马上被皇上接受。神宗反复看图，长叹不已。特别是那篇文章写得有情有理，实在感人。其中说："陛下南征北战，将士总是将战胜的情形画成图献给陛下，从来无人将百姓疾苦状况画成图献给陛下的。臣算是第一人。所绘之图为在安上门每日常见的景象，但这只是实情之万一。然而，图中的这一点点情景，已足催人泪下。陛下看图之后，若能批准臣的请求，废除新法，治新党诸人之罪，十天之内，若天不降大雨，请斩臣之头，挂在宣德门外，以正欺君之罪。"而知青州滕甫也上书说只要皇上废尽熙宁二年以来所行新法，就会"民气和，天意解"。一时间，自宫廷到朝野就形成了一股以天命、天意剿灭新法的逆流。后人看到这里，必定会想：他怎么有如此大的把握？即便上天有灵，他怎知十天之内必降大雨？其实他不过是用自己的脑袋与新法作赌注罢了。这一招还当真把神宗震住了，使他深受感动，彻夜不眠。第二天便命开封府发放免行钱，命三司调查新法有何不便，命司农寺打开常平仓，赈济灾民，命暂停追还青苗钱和免役钱，废除方田法、保甲法等等，总共采取了 18 项措施。据说民间为此欢呼庆贺，恰巧，这一天下了一场透雨。而新法也就此泡汤了。

其实，这也不过是皇帝老子的一个借口而已，他要以此事平息旱灾之年老百姓的不满情绪。那种年头，遇上这样的大灾荒，什么法也免不了百姓流离。不过，新法成为众矢之的，新法的推行者成了替罪羔羊，就可平安无事了。这就是变法因为"天灾"而失败的原因了。

明初"胡、蓝案"真相如何

谚语云："敌国灭，谋臣亡。"明朝建立以后，朱元璋从巩固自己政权的角度出发，不惜采取流血手段，大杀功臣，于洪武十三年（1380 年）杀丞相胡惟庸，洪武二十六年（1393 年）又杀了功臣蓝玉，并涉及蓝党、胡党，约 4 万人受到牵连，这就是历史上的"胡、蓝党案"。

据《明史》记载，从洪武十三年到洪武二十六年的 14 年之间，他几乎将军中勇武刚强之将和明初的开国功臣谋杀殆尽。其株连之广，手段之烈，可谓亘古未有。

其实胡惟庸本没有什么重要功绩。他是定远人，早年曾在元朝做官。龙凤二年（1356 年），朱元璋到达和州时，他才投奔而来。

洪武六年（1373 年）七月，朱元璋任命胡惟庸为中书左丞相。当了丞相之后，

明太祖朱元璋像

胡惟庸倚仗自己的权力和地位为所欲为，完全不顾别人的利益，甚至连皇上他也不放在眼里，他的这种做法，直接危及皇权的利益，这是朱元璋绝对不能允许的。朱元璋对此事早有察觉，为了削弱胡惟庸的势力，防患于未然，便采取了一些措施。洪武十年（1377年）五月，他召李文忠与李善长共议军国要事，将胡惟庸排斥在外。九月，又将中书省衙署内的佐理官全部调走。洪武十一年九月，又命令六部所属诸司"奏事毋关白中书省"，从根本上切断上中书省与六部诸司及地方官员的联系，使中书省成了一个空架子，同时也大大削弱了胡惟庸中书省丞相的权力。

胡惟庸也非等闲之辈，他清楚地知道朱元璋这一招完全是冲他来的，但他绝不是那种轻易臣服的人，不久便与中丞涂节、御史大夫陈宁等人策划谋反。

谋反尚在计划中，不料朱元璋已先发制人。经过一番审讯，朱元璋在《昭示奸党录》中宣布胡惟庸犯有"窃持国柄，枉法诬贤，操不轨之心，肆奸欺之蔽，嘉言结于众舌，朋比逞于群邪，蠹害政治，谋危社稷，私通日本、蒙古"等罪状，下令赐胡惟庸与陈宁死刑，株连三族并诛涂节，余党皆连坐而死。被杀的胡惟庸的党羽共有1.5万余人。

洪武二十六年（1393年）因大将军蓝玉专横跋扈，被告谋反，朱元璋又兴起了"蓝玉之狱"。

洪武二十五年（1392年）八月，蓝玉的亲家、靖宁侯叶升因胡案被杀。蓝玉担心叶升的同僚把他给招出来，怕被朱元璋治罪，便想先发制人，起兵谋反，于是便与心腹密谋策划，决定在第二年的二月十五日朱元璋外出时起事。洪武二十六年（1393年）二月初，离蓝玉计划谋反的日子不远，早已有所察觉的锦衣卫特务做好了逮捕蓝玉的准备。二月初八日，蓝玉入朝，立刻被逮捕，10天后就被处死，其家人亦全部被杀，朱元璋又借此机会除掉了功臣、文武大官2万人。

经过"胡、蓝案"，明初的元勋宿将被消灭殆尽。朱元璋下令将案犯的口供编辑成册，胡案有《昭示奸党录》，蓝案有《逆臣录》。"胡、蓝案"是朱元璋加强中央集权的一种措施。朱元璋是贫民出身，他和胡、蓝等人一起出生入死时地位是平等的。但封建政体要求把当上皇帝后的朱元璋神圣化，而许多功臣大将从心理到行为都没有适应这种剧变。而明初的诸多功臣在平定天下后成为新贵，占有大量田宅，政治上和经济上都与皇室统治发生了矛盾。像胡惟庸的"擅权挠政"，蓝玉的"进退自恣"都是专制皇帝所不能容忍的。

另一方面，朱元璋也是为其后代能坐稳江山而考虑的。他当时面临的是子弱孙幼的情况，需要消除有可能威胁后世皇帝的势力。正是这些因素使他大开杀戒。"胡、蓝案"便是绝对皇权的产物。

吴三桂"一怒为红颜"吗

明朝崇祯十七年（1644年）春天，李自成农民军攻占了北京，崇祯帝在景山自尽。此时辽东总兵吴三桂拥重兵驻扎在山海关。背面是南下的清兵，南面是提兵挺进的大顺军队。吴三桂的进退将对当时的战事起到近乎决定性的影响。最后，吴三桂选择了降清之路。于是吴三桂与李自成双方在山海关附近激战之时，关外的清军突然出现，攻击李自成军，李自成军措手不及，败绩而退。吴三桂引清军入关后，在清朝军事统一中国的过程中，立下了"汗马功劳"。那么吴三桂为什么投降清朝？是真心投降清朝吗？后代史家对此议论纷纷。

第一种说法是为了陈圆圆。

吴伟业（号梅村）在《圆圆曲》中写道："恸哭六军皆缟素，冲冠一怒为红颜。"这两句诗生动地揭示了吴三桂投降清朝的心态。"缟素"是为死去的崇祯帝戴孝，"红颜"自然是吴三桂的爱妾陈圆圆。

明朝末年清兵攻打到锦州，吴三桂在崇祯的命令下奔赴北方前线。由于明朝制度军中不能携带姬妾，所以吴三桂只能让陈圆圆留在北京。不料，李自成的起义军很快就攻进了北京城，吴三桂之父吴襄也投降了闯王的军队。当时吴三桂率领的军队乃是当时号称为"关东铁骑"的数万精兵，李自成和清朝都急于得到他。吴三桂自己则持观望态度，迟迟没做出决定。在这个关节上，李自成军队的一个将领刘宗敏听说了陈圆圆的美貌，便想要得到她。于是这位将领抓来吴襄，拷问陈圆圆的下落，并带兵到吴三桂的府上带走了陈圆圆。这个消息传到了吴三桂的军帐，吴三桂勃然大怒，拔剑斩案曰："大丈夫不能保一女子，何面目见人耶？"于是转而向清乞兵，使六军披麻戴孝，打着为大明王朝的崇祯帝报仇的旗号，带兵打入北京。就这样，吴三桂投降了清朝，成为清王朝统一中原的开路先锋。接下来，他又引兵进攻李自成，接受清朝官爵，镇压大顺、大西政权，追杀南明政权永历帝，俨然是清王朝的一员猛将。

吴伟业的《圆圆曲》一出，吴三桂"冲冠一怒为红颜"的降清原因，几乎成为定论。但是有人提出了异议。他们指出，吴三桂降清不可能起因于陈圆圆被掠。对于一个帝王将相来说，女子不过是他们的玩物而已。陈圆圆虽然美貌，但是她不过是妓女出身，不过是被别人当作是礼品送来的政治投资。像吴三桂这样一个聪明的人，怎么可能为了她而确定自己的重大政治决策？从刘宗敏这方面讲也是不合情理的。刘宗敏是一个忘我投身李自成事业的人，是李自成手下的忠实部属，甚至曾经在危难的时候杀掉了自己的妻子追随李自成。他不会不明大义，为了一个女子而影响大顺政权前途。之所以会有吴三桂为陈圆圆而降清的说法，一方面是人们对吴三桂降清的讽刺贬斥，另一方面也可能是后人对此事的附会加工以及文学创作上的需要。

二是为父报仇说。

根据《辽东海州卫生员张世珩塘报》记载，当时李自成的军队实行了一项追赃助饷的政策，对明王朝的大小官吏严加拷讯，逼要银两资助军队。吴三桂的父亲、明朝遗臣吴襄，本来已经归顺大顺，然而也被捉拿拷打，强逼交银，"止凑银五千两"。后吴三桂得悉父亲被大顺军拷打将死，怒不可遏，于是放弃了本要投靠李自成的计划，转而投靠清朝，决计攻灭大顺，为父雪仇。

但是有学者认为此说不实。《明季北略》记载，吴襄投降大顺后，曾经充当说客，写信给吴三桂劝他降大顺。吴三桂对此非常生气，并因此声称断绝父子关系，说"儿与父诀，请自今日。父不早图，贼虽置父鼎俎之旁，以诱三桂，不顾也。"后来，当起义军以他全家性命相威胁的时候，吴三桂也同样置之不顾，结果全家30多口人被杀。这样的一个人，可能为父报仇吗？他不过是为了自己的安全和帝位罢了，为父报仇不过是一块遮羞布而已。

第三种说法是说吴三桂投降清朝乃是出自阶级的本性。

李自成所率的农民起义军在进入北京后，基本保持着农民起义军本色。吴三桂也许曾经有过投靠李自成的想法，但是那不过是为了保全自己利益的政治投机罢了。尤其是当他知道李自成的军队在北京城内拷掠明朝降臣后，他对李自成的幻想就完全破灭了。而清朝对他则会是高官厚禄，他出于其大官僚地主阶级的本性，为维护本阶级利益，保证自己的荣华富贵，也必然会做出投降清朝的选择。

也有人认为，吴三桂并没有真心投降清朝，只是无可奈何之下的权宜之计。当时的吴三桂虽然握有重兵，但是他的兵力在李自成和清兵面前也不过是微弱的力量。形势让他必须在两者之间做出选择。实际上，在引清军入关前，吴三桂是一贯坚持抗清的，吴三桂曾经多次严拒了明降清将领的劝降。在李自成攻逼下准备联清时，他写信给多尔衮只说在攻灭大顺政权后，"我朝之报北朝者，将裂地以酬"，可见他只是想借兵联合，并无投降归附之意。山海关战后，清廷对吴三桂极不放心，吴三桂的力量也远远不能控制当时的局面。但是吴三桂在发布的檄文中，称："周命未改，仍是朱家之正统。"并且要求："凡我臣民为先帝服丧，整备迎候东宫"，为明王朝摇旗呐喊。此外，后来他还招揽奇才，广植党羽，

云南昆明太和宫金殿 清
此殿是吴三桂在云南称王时兴建的别宫，耗时漫长，耗费极大，至今看来仍然气派非凡。

训练士卒，囤积财货，为反清复明做了不少的工作，最后终于在 1673 年起兵反清。持这种看法的人指出，对吴三桂的降清如果简单地视为卖国投敌，对于吴三桂是不公平的。

然而这种说法，始终很难得到世人的同情和认可。尤其是对于后来吴三桂的起兵反清举动，后世普遍认为那不过是因为康熙下令削藩，吴三桂自感自己的地位受到了严重威胁，丝毫不是为了明朝。看来，对于吴三桂投降清朝的原因还要继续地争执下去。

李秀成投降书是真是假

忠王李秀成，太平天国后期重要的领导人之一，同时也是太平天国人物评价上争议最大的人物之一。当太平天国的京城被清军攻破后，他不幸被湘军俘虏。被俘后的李秀成一改往日之英勇，竟然在曾国藩的囚笼里写下了长达五六万字的《亲供》，即后人所说的《李秀成自述》。这篇《自述》使李秀成成了一个晚节不保的叛徒，给自己从前十余年无所畏惧的征战历程抹了很大的污点。长期以来，很多人对李秀成进行口诛笔伐。但是很多学者对李秀成投降书的真伪问题提出了质疑，认为这个由清政府宣布的投降书是非常有争议的，而以此书来断言李秀成是晚节不保的叛徒，这显然有失公允。

李秀成真的是叛徒吗？李秀成的投降书是真的吗？

李秀成投降书的原稿在后世一直不为外界所知。当时李秀成被害后，曾国藩命人将他的《自述》删改、誊抄了一份上报军机处，这份誊抄的文本后来由九如堂刊刻，即所谓的"九如堂本"。至于原稿的去处，世传曾国藩既没有将其上交朝廷，也不肯公开示人，而是私下扣留，他的后人也对此讳莫如深，严加保管，对外人一概保密。当曾国藩的刻本问世后，人们就对其真实性提出了种种怀疑。

有人从根本上否认了这个投降书的真实性。如吟唎的《太平天国革命亲历记》一文说："1852 年，在太平军占领南京以前，满清官方即已捏造一篇他们名为《天德供状》的文件，伪托是叛军领袖的供状，谎称他们俘获了这个领袖。《忠王自述》很可能也是同样靠不住的。这篇文件或为某个

李鸿章克复苏州图 清
同治二年（1863 年）十月十九日，李鸿章亲督大军进攻苏州。二十日，娄葑等各门俱被攻下，李秀成带万余人突围，谭绍光拼命死守。二十三日，太平军叛徒汪有为刺死谭绍光，苏州城破。

著名的俘虏所伪造（他可能因此而得赦免），或为两江总督曾国藩的狡猾幕僚所伪造。"吟唎认为李秀成投降书根本就是别人伪造的，甚至李秀成被俘虏一事也可能是伪造的。

1944年，广西通志馆的吕集义来到湖南湘乡曾国藩的老家，在百般请求下终于在曾家的藏书楼中阅读到了投降书的原稿，抄补了5000多字，还拍摄了14幅照片，之后根据这些文字和原来"九如堂本"的2.7万多字出版了《忠王李秀成自述原稿校补本》。罗尔纲先生根据吕氏的校补本和照片进行研究，写出了著名的《忠王李秀成自传原稿笺证》。该书以笔迹、语汇、用词、语气、内容等方面的鉴定作为依据，指出曾国藩后人出示的李秀成《自述》的确是忠王的亲笔。例如，罗尔纲先生一字一句、一笔一画地拿"原稿"和庞际云收藏的李秀成亲笔答词28字真迹对照，还征求了笔迹鉴定专家的意见，最后断定"原稿"是真品。从内容看，"原稿"十分清楚地描述了从金田起义到天京陷落14年间的每个过程和细节，这是曾国藩难以捏造的。此外，罗尔纲还指出，"原稿"的称谓大都遵循太平天国的制度，这也不是旁人能够清楚知道的，曾国藩等人也不可能做到自然地遵守。而"原稿"的大量李秀成家乡的方言，更是曾国藩等人无法伪造的。

罗尔纲的这一观点曾一度成为定论，但是，随着曾氏后人所存的"原稿"的出版，更多人看到了李秀成《自述》的全貌。在20世纪的80年代前后，学术界再次掀起了一场论战，如荣孟源曾经两次撰文断定这份"原稿"并不是李秀成的真迹，而是"曾国藩修改后重抄的冒牌货"。他的理由主要包括以下几点：

首先，根据其他史料记载，李秀成的自述一共写了9天，每一天若干页。按照常理，全文应该有8个间隔，但是今天所见的《李秀成自述》"原稿"的影印本文字相连，每天都写到最后一页纸的最后一行字，看不出每天的间隔。何况，既然是每天各交一些，真迹就应该是散页或分装成9本，但是今本却是一本装订好的本子。由此可以推测，所谓的"原稿"显然是曾国藩派人将李秀成每天所写的真迹汇抄在一起的。

其次，根据很多材料的记载，李秀成当时写了5万多字，然而今天的"原稿"影印本却只有3.6万多字。那少了的1万多字到哪里去了呢？显然应该是被曾国藩撕毁了的。既然是被撕毁，那么"原稿"的内容就应该上下不相衔接。可是在影印本中，每页都标有页码，整齐清楚，并且前后内容完全相连，人为的痕迹十分明显，显然是删节后的抄本。

再次，从写作的形式等方面看也有问题。太平天国有严格的书写规定，而"原稿"的影印本中出现的"上帝"、"天王"等词多数并不抬头；一些该避讳的时候不避讳，不该避讳的时候却避讳了，如凡"清"字均不讳，而不该讳的"青"却写成了"菁"等。这些显然都是违背太平天国的避讳制度的。何况，这样的笔误在"原稿"中出现的次数很多，不能简单地看成是笔误。

针对荣孟源的意见，也有人提出反对。陈旭麓认为，我们不可能设想当时的李秀成好像后来的作家一样，有一个每天分节写出的章节安排。至于书写形式，李秀成作为一个成年人早就已经形成了通行的书写习惯，尽管他熟悉太平天国的书写格式，但因疏忽犯讳，并不奇怪。说曾国藩作假也不合情理，他若要作假应该是在上报军机处和刊刻的时候就完成，何必造个假东西当作宝贝传之后代？曾氏后人又何必要将这个显然会招来众议的假东西公之于众？而钱远镕认为这个"原稿"不仅是李秀成的真迹，还是完整无缺的。曾国藩只对它进行了删改，并没有撕毁或是偷换。对钱远镕"完整无缺"的观点，罗尔纲先生虽然不同意，认为"原稿"确实有被曾国藩撕毁的地方，但他仍然坚持"原稿"并不是冒牌货，是李秀成的真迹。

不仅国内学术界对《李秀成自述》的真伪争论不已，国际上也有很多人予以关注。1978 年，国际友人路易·艾黎即对此发表了自己的看法："如果像曾国藩这样一个肆无忌惮的卖国贼官吏竟然会不去充分利用被俘的李秀成来进一步达到自己的目的，这是绝对不可思议的。他可以先鼓励李写下他本人的历史，然后再通过他的专家在同样的纸张，以同样的文风，添加上有害于太平天国事业的东西。之后，在显示他本人宽宏大量的同时，对全部东西加以剪裁。"又说："由于自首书是经过篡改的，所以，曾国藩对它的完整显得异常的神经过敏。他曾命令其家属不得给他人看这份自首书。我曾亲自在上海听见过他的孙子说过这件事。"还有一些国外学者持与此相反的看法，认为今天所见到的《李秀成自述》确实是李秀成亲手写的，等等。

李秀成生前在战场上英勇善战，对后期的太平天国的政治、经济、军事都产生了重大的影响。被后世争论了半个世纪之久的《李秀成自述》的真伪，也许是论断他功过的最好证据吧。世人希望这个谜能赶快解开。

帝王之谜

中国历史源远流长，历史上的帝王加在一起成千上万，他们有的对社会起过巨大的作用，影响了历史的进程，为后人所称颂；有的是过眼烟云，在历史画卷中仅仅留下了蛛丝马迹；有的则逆潮流而行，留下千古骂名。帝王是那个时代的代表，寻求帝王的身世与命运，掌握其遗踪以及史实记录的真伪，对了解其所在时期的历史有着重大的意义。

齐桓公死因之谜

齐桓公是姜姓、吕氏，名小白，公元前686年战胜了公子纠，夺得了君位，做了齐国国君。齐桓公即位后，管仲在齐国实行全面改革，国力迅速强盛；在外交上，"尊王攘夷"的旗号是齐桓公最先打出来的，他想借此得到中原各诸侯的信赖。他曾召集了9次诸侯会盟，充任了40年的盟主，是春秋时期第一个实力最强的盟主。

公元前645年，管仲病逝，临终前对齐桓公提出警告，要他疏远易牙、竖刁等小人。但齐桓公没有听从他的告诫，仍然重用这些人。公元前643年，易牙、竖刁等趁齐桓公患重病的机会，假借其命令，堵塞齐宫大门，并在大门前竖起一道高墙，任何人都不准进入宫内。因此，没有一个人过问病在床上的齐桓公，几天之后，齐桓公便神秘地死去。齐桓公的5个儿子谁也不管父亲的死活，只知道争夺权位，互相残杀。结果，齐桓公的尸体在寿宫中整整搁置了67天，都生了蛆，可仍然没人为他收葬。在《史记·齐太公世家》中有这样的记载："桓公病，五公子各树党争立。及桓公卒，遂相攻，以故宫中空，莫敢棺。桓公尸在床上六十七日，尸虫出于户。十二月乙亥，无诡立，乃棺赴。辛巳夜，敛殡。"

齐桓公究竟是怎样死的呢？他在宫中的最后几天究竟是怎样度过的呢？有人说他是被易牙、竖刁等小人关在宫中活活饿死的。但一代霸主在临死之前怎么会没有人照顾？活活饿死更是让人觉得荒谬之极，因此这种说法的可信度不是很高。

有人认为，齐桓公是被易牙、竖刁等人害死的。为了夺权，二人在宫中命人在食物中下毒，害死了齐桓公。但桓公死后，5个儿子互相争权，而二人的原有计划也落空了。

更有人认为，正是桓公的5个儿子为了争夺权位，齐桓公在宫中迟迟未死，所以5个儿子命人害死了桓公。

不管怎样，一代霸主落得如此下场，让人不由慨叹"是非成败转头空"。

奇货可居——秦始皇身世之谜

秦始皇嬴政是中国数千年专制时代的第一位君临天下、叱咤风云的皇帝。六国养尊处优的君主嫔妃、王孙公主、皇亲国戚无一不胆战心惊地揖首跪地、俯首称臣。然而，傲视天下的秦始皇内心却是异常脆弱，因为他对身世一直讳莫如深。

秦始皇是继秦庄襄王（子楚）之位，以太子身份登上王位的。秦始皇之母赵姬，据说曾为吕不韦的爱姬，后献予子楚，被封为王后。那么，秦始皇到底是子楚的儿子，还是吕不韦的儿子，后人争议不休。

《史记》中记载秦国丞相吕不韦本为河南濮阳的巨富，是远近闻名的大商人。但他不满足这种拥有万贯家私的地位和生活，野心勃勃，对王权垂涎三尺。

于是，吕不韦打点行装，到了赵国的国都邯郸，精心策划一个大阴谋，将正在赵国当人质的秦王的孙子异人，想法过继给正受宠幸的华阳夫人，转瞬之间，异人被立为嫡嗣，更名为子楚。

不久，国事生变。秦昭王、孝文王相继去世，子楚堂而皇之地登上王位，吕不韦被封为丞相。之后，吕不韦将自己的爱姬赵姬献给子楚，生下嬴政，被封为皇后，不料子楚仅在位3年就死掉了，于是他的儿子嬴政就顺理成章地继承了王位，这就是后来的秦始皇。

吕不韦认为嬴政是自己的亲生儿子，让嬴政喊自己为"仲父"，自己则掌管全国政事，成为一人之下、万人之上、权倾朝野、一手遮天的大人物，吕不韦在邯郸的密计实现了。

认定吕不韦和秦始皇有父子关系的说法，其原因是：

其一，这样可以说明秦始皇不是秦王室的嫡传，反对秦始皇的人就找到了很好的造反理由。

其二，是吕不韦采取的一种战胜长信侯嫪毐的政治斗争的策略，企图以父子亲情，取得秦始皇的支持，增强自己的斗争力量。

其三，解秦灭六国之恨。"六国"之人吕不韦不动一兵一卒，运用计谋，将自己的儿子推上秦国的王位，夺其江山，因此，灭国之愤就可消除了。

其四，汉代以后的资料多认为嬴政是吕不韦之子，这为汉取代秦寻求历史依据，他们的逻辑是，秦王内宫如此污秽，如何治理好一个国家，因此秦亡甚速是很自然的。

后世人也有认为上述传说并不能成立的。

其一，从子楚方面看，即使有吕不韦的阴谋，但其实现的可能性也很渺茫。因为秦昭王在位时，未必一定将王位传于子楚，更不能设想到子楚未来的儿子身上。

其二，从秦始皇的出生日期考虑，假若赵姬在进宫前已经怀孕，秦始皇一定会不及期而生，子楚对此不会不知道。可见，秦始皇的生父应该是子楚，而非吕不韦。

其三，从赵姬的出身看，也大有文章。《史记·秦始皇本纪》记载，秦灭赵之后，秦王亲临邯郸，把同秦王母家有仇怨的，尽行坑杀。既然赵姬出身豪门，她怎么能先做吕不韦之姬妾，再被献做异人之妻呢？这样，就不会存在赵姬肚子里怀上吕不韦的孩子再嫁到异人那里的故事了。

身世之谜也只有留于后人去推测了，而"奇货可居"这个成语却由此流传于世。

秦始皇铸造十二金人之谜

秦始皇是中国历史上第一个统一的王朝——秦王朝的开国皇帝。关于他的传奇故事在民间流传得甚为广泛。在传说中，他既是一位功不可没的大英雄，是中华民族的骄傲，另一方面他几乎又成了暴君、残忍的代名词。秦始皇为了永世享用他的征战功绩，做出了种种至今在世界上仍让人叹为观止的壮举，为世人留下了很多解不开的历史之谜，十二金人的铸造便是其中的一个。

在秦都咸阳，秦王宫阿房殿前，屹立着 12 个铜器铸造的大铜人，因为铜是黄色的，所以又称做"金人"。他们身着外族服装，每个都非常巨大和沉重，很难运输，而且他们浑身雕有精细的花纹，且个个耀武扬威，精神抖擞，英勇无比，日夜守护着秦王宫殿。铜人造形之大，制作之精巧考究，为历史上所罕见。在这方面，有很多历史书籍记载。如据《史记·秦始皇本纪》记载："二十六年……收天下兵，聚之咸阳，销以为钟镳金人十二，各重千石，置廷宫中。"贾谊的《过秦论》也有"销锋铸镳，以为金人十二"记录了十二金人的故事。

令人奇怪的是，中国第一位皇帝秦始皇要铸造这 12 个铜人目的是什么呢？为什么耗费巨资铸造这又笨重又没有实际作用的金人呢？围绕这个问题，存在两种主要说法：

秦始皇在统一全国后，创立了"皇帝"的尊号，自称始皇帝。但由于吕不韦曾经专权的阴影，和辛辛苦苦征战得来的皇位不易，为了实现自己当初"宣布子孙称二世、三世，以至万世，代代承袭"的宏伟愿望，所以他坐稳皇帝后始终在忧虑和思考着如何确保长治久安，使江山传之万世的问题。而要坐稳天下，必须要解决的一个问题就是收缴和销毁流散民间的各种兵器，只有这样，才能防止别人的武力夺

十二金人像
秦始皇时期的十二金人因为岁月的流逝，已无从寻找。图中的十二金人是后人根据历史记载重塑的。

权。于是，他总是在寻找一个合理的借口，来收缴全国的兵器，机会终于来了。一天，在大臣们的陪同下，秦始皇正在观看舞灯笼和各种杂耍。正在看得高兴的时候，忽见一队杀气腾腾、手里拿着刀剑等兵器的武士上场表演。秦始皇看见后，又触动了自己的长久以来的心病。这时候，恰巧临洮一个农民送来一条消息，说是见到 12 个巨人，而且他们当地还传唱着一首童谣："渠去一，显于金，百邪辟，百瑞生。"秦始皇听后，龙颜大悦。于是他假托征兆，说这是顺应天意，下令收缴民间兵器，集中到大都咸阳，铸成 12 个铜人。实际上，秦始皇收兵器铸造铜人，完全是出于巩固自己皇位的考虑。

还有另外的一个故事版本。有一天，秦始皇正在阿房宫中休息。突然，梦到天气大变，天空昏暗无光，并且伴有鬼神妖魔作怪，于是他非常惊恐害怕。正在他手足无措之际，忽然有一个白发苍苍、长髯飘飘的老道来到他的面前。这个老道精神矍铄，神采奕奕，他挥动着手中的拂尘，指点迷津道："制十二金人，方可稳坐天下。"说完，随着眼前金光一闪，老道人便不见了。秦始皇也从梦中惊醒了。秦始皇梦醒后，宁可信其有不可信其无，立即下令将全国的兵器收到咸阳，铸成了 12 个铜人。有很多专家学者也曾经指出，秦始皇一生非常相信方士道人的话，再加上天下统一之后的担忧心情，这种说法是可信的。

但遗憾的是，今天我们是看不到这 12 个铜人的踪影了。那么，它们究竟到哪里去了呢？难道如此巨大的金人会不翼而飞？目前，关于铜人的下落，有一些历史学者指出，这 12 个铜人是毁在董卓的手上。东汉末年，董卓率军攻入长安，将其中的 10 个铜人销毁，并铸成铜钱，而剩下的两个被他下令迁到长安城清门里。到三国时期，魏明帝曹睿下令把这两个铜人运到洛阳。当成千上万的工匠们运到溺城时，由于金人的重量太沉，不得不放弃了这个巨大的工程，于是就停止了搬运。到了东晋十六国时，后赵的石季龙又把这两个金人运到了邺城。后来前秦的秦王苻坚统一北方，他又把这两个金人从邺城运回长安销毁。至那时，存在于世间约 600 年的 12 个铜人全部被销毁了。

另有一种说法是比较乐观的，他们根据史料记载认为，这 12 个铜人并未被毁掉。因为 12 个铜人是秦始皇生前的最喜爱之物，所以在秦始皇陵墓营造好后，这 12 个铜人和其他精美的奇珍异宝一起随着秦始皇的死去被当作随葬品而葬于陵墓之中。现在，由于一些技术等方面的原因，秦始皇陵墓的发掘工作暂时还不能开展，因此十二金人的下落问题至今仍是一个未解之谜。也许到了我们的考古技术达到秦始皇陵墓开掘的那一天，这个历史上的未解之谜才有可能被解开。

王莽弑帝篡位之谜

公元元年前后，汉高祖刘邦开创的西汉王朝已经开始逐渐衰落。这一时期，贵族、官僚和地主拼命兼并土地，封建国家的赋税、徭役一天比一天重，致使广大农民纷纷破产，阶级矛盾越来越尖锐，全国到处呈现出动荡不安的局面。就在这种情

国宝金匮直万 新
此钱为王莽新朝所铸，
上半部为方孔圆形，铸
出"国宝金匮"四字，
下半部为正方体，铸出
"直万"二字，不到一
年就停废。

形下，外戚王莽取得了皇位。那么王莽是怎样一个人？而他又是如何弑帝篡位的？后人对此众说纷纭，莫衷一是。

史载，王莽，字巨君，出身于贵族官僚世家。但是由于王莽的父亲王曼死得早，所以王莽自幼家境贫寒。他为了能出人头地，一方面努力读书，把四书五经烂熟于胸；另一方面则拼命巴结叔伯，希望能得到他们的帮助和栽培。特别是对于担任大司马大将军的大伯王凤，王莽更是把他当作父亲看待。王凤病重的时候，王莽更是大献殷勤，亲熬汤药，端屎端尿，不嫌脏不怕累。为了服侍王凤，他甚至几个月没有梳头洗脸，睡觉也是和衣而睡。王凤被王莽的这种行为感动了，临死之前，他向皇太后和汉成帝力荐王莽。这样，王莽很快就被任命为黄门侍郎，接着被提携为射门校尉。从此王莽踏入仕途。

王莽工于心计，获得了他的姑母和叔伯们的欢心，所以，永始元年（前16年），其叔父王谭、王商以及当时名臣戴崇、金涉等人联名上书推荐，成帝下诏任命王莽为骑都尉光禄大夫侍中。又过了几年，大司马王根被王莽取而代之。王莽掌握了朝政大权。

王莽是继他的叔叔伯伯后王家的第五个大司马，为了使自己的名声能够超过叔伯们，王莽装出谦恭勤劳的样子，一丝不苟地工作。同时他搜罗党羽，凡是来投奔他的，均照单全收，给他们官做。他还把封邑里的钱粮送给宾客，自己却依然过着十分俭朴艰苦的生活。这样，王莽大公无私、克己奉公、勤劳俭朴的名声开始传播开来。朝廷里的大官都在皇帝面前称赞王莽，他的宾客、名士也到处替他鼓吹。

但是好景不长，王莽担任大司马还不到半年时间，成帝便一命呜呼。哀帝继位后，其祖母丁氏和母亲傅氏掌权，王莽受到排挤，无奈之下只好称病辞职，回到他的封国新都隐居起来。

公元前1年，哀帝病死，年仅9岁的平帝即位，王政君以太皇太后的身份临朝，外戚丁、傅二家开始衰落。于是王莽又以大司马大将军的身份，重新独揽大权。

再度登台的王莽，开始拼命栽培亲信，以各种各样的手段笼络和收买人心。例如，他恢复汉朝宗室和功臣后代的封爵；增加太学生的名额以扩充太学，为儒生修筑房舍等。于是，他得到许多官僚、贵族和儒生的拥护。有一年，有些地方发生旱灾虫灾，王莽上书朝廷，表示愿意献地30顷，出钱百万，发给农民。此举使得广大百姓对他感恩戴德。

王莽采取了这些措施后，就让亲信上书，要求朝廷给他加官晋爵。当太皇太后王政君封他为汉公时，他又虚情假意，再三推辞。后来，勉强把封号接受了，可是赏给他的封地他却故意推掉了。他说："要等天下的百姓都家给人足，然后才接受增加的封赏。"

因为王莽不肯接受封地，于是他的亲信又鼓动官吏和老百姓，叫大家上书称颂王莽的"功德"。据说当时上书的人竟达到 40 多万，可见他的势力和影响之大。最终，他毒死了汉平帝，可王莽还不满足，公元 8 年 12 月，孺子婴被迫"禅位"给他。这样，王莽终于如愿以偿，登上了皇帝的宝座。

王莽想借对外战争来缓和国内的矛盾，这一来又遭到了匈奴、西域、西南各部族的反击。王莽又征用民夫，加重捐税，纵容官吏残酷地对待老百姓，最后终于爆发了全国大规模的农民起义。公元 23 年，起义军攻破长安，王莽被商县人杜吴杀死。

晋武帝传位傻太子之谜

司马炎，字安世，西晋开国皇帝，谥号武皇帝，史称晋武帝。晋武帝司马炎纵横沙场，果敢英武，为晋王朝耗尽了自己的半生心血。但是，他却将辛苦打下的江山交给一个傻儿子继承，致使宫廷内外血雨腥风，西晋王朝昏暗动荡，成了一个短命王朝。英明的晋武帝为何做出如此糊涂的事情呢？

从史料看，司马炎虽称得上英武果敢，但在感情上却柔若女子，有妇人之仁。他一生共有 26 个儿子。不幸的是，26 个儿子当中虽不乏聪慧之辈，但长子司马轨却不幸夭折，因此次子司马衷成了事实上的长子。按中国的继承人法则，司马衷要被立为太子，而司马衷却是个白痴，不谙世事。司马衷的痴愚朝野皆知。

太子司马衷在吃饭时对粮食很不爱惜，师父李憙看不过去，就婉转地对司马衷说："殿下，碗中的米饭，一粒粒都是农民辛勤耕作得来的，殿下可知道稼穑艰难？如今旱荒严重，老百姓都没有粮食吃，都在忍饥挨饿。"司马衷听了这话，觉得十分奇怪，脱口说道："没有饭吃，干吗不吃肉粥？"师父李憙哭笑不得。

太子司马衷的低能，武帝是十分清楚的，他知道这个儿子难以担负国家重任。但是杨皇后反对更易太子。杨皇后名艳，字琼芝，是陕西华阳人，父亲杨骏是魏国贵族，以功封蒄亭侯。杨皇后十分美丽，出自豪门大族，替武帝生下了三男三女，长子早逝，次子便是这司马衷。武帝数次担心地说太子不长进，天性愚钝，难以胜任大事。杨皇后每次都和颜反驳，儿子虽不聪明，但却忠厚纯良，好生教导，会有长进的。武帝试探地说，现在更易太子，还来得及。杨皇后摇头，说太子的名分已定了，决不能轻易改动，无论立嫡立长，都应是太子，破坏了这项法制，日后岂不乱了套？

果敢刚毅的武帝司马炎在美人面前优柔寡断，下不了决心。武帝信任荀勖，尤其佩服荀勖的高深学问和不世之才。后来荀勖进奏，说太子有了

晋武帝司马炎像

进步，于是武帝相信了荀勖，放下心来，不再考虑更易太子。

天熙元年（290年）四月，晋武帝司马炎病死，其子司马衷即位，是为晋惠帝。不过一年，皇后贾南风发动政变，杀死总揽朝政的大臣杨骏；接着又发生了"八王之乱"。建兴四年（316年），刘渊的侄子刘曜攻破长安，俘获末代皇帝司马邺，西晋亡国。时距司马炎之死只有25年。

唐太宗为何发动"玄武门兵变"

唐太宗李世民是唐王朝的第二个君主，唐王朝的巩固和发展以至于出现为后世所称道的"贞观之治"就是他统治的时期的事情。唐太宗李世民是通过"玄武门兵变"杀兄逼父登上皇位的。

对于"玄武门兵变"一事，史学家们历来有不同的看法，有人认为唐太宗李世民发动"玄武门兵变"是迫不得已才作的决定，那么，具体情况又是如何？还是让下面的历史事实来说话吧。

《旧唐书》说："九年（626年），皇太子建成、齐王元吉谋害太宗。六月四日，太宗率长孙无忌、尉迟敬德、房玄龄、杜如晦、宇文化及、高士廉、侯君集、程知节、秦叔宝、段志玄、屈突通、张士贵等在玄武门杀了建成、元吉。六月八日，太宗被立为皇太子，各种政务概由太宗决断。"这就是有名的"玄武门兵变"。

《新编中国历朝纪事本末·隋唐卷》（上）是这么记载的：李渊建唐时，按嫡长子继承皇位的传统立建成为太子，封世民为秦王、元吉为齐王。在后来的全国统一大战中，李建成是储君，需要协助李渊处理政务，所以统一战争中的关键性大战，都是李世民浴血奋战，从而立下赫赫战功。李世民战功显赫，一方面使他逐渐产生了觊觎皇位的政治野心；另一方面也必然引起李建成的疑忌；而建成的疑忌，又增强世民"功高不赏、兔死狗烹"的恐惧，也越发要夺取最高权力。一场争夺皇位继承权的血腥宫廷斗争成为不可避免的了。于是，唐太宗李世民便策划了历史上有名的"玄武门兵变"。公元626年6月3日（己未），世民向高祖密奏建成、元吉淫乱后宫之事，并说："他二人一心想要杀我。也许从今以后，我就永远也不能够看到父王您了，而我也不想在地府里见到他们。"高祖对他的上奏十分惊讶："明天我定要审问他们，你早就应该告诉我才是。"

唐长安城遗址

第二天，在玄武门，世民带领长孙无忌等人埋下了伏兵，等待着元吉、建成他们一起到来。在这之前，张婕好知道世民的意图，急忙飞报建成，建成叫来元吉商量对策，元吉说："我们最好是耐心观察形势变化，首先按兵不动，也不上朝。"建成说："我们防备严密，应当一块进朝参见，亲自探听消息去。"于是二人都入朝去了。二人来到临湖殿，察觉形势已变，想马上退回去，但是已经迟了。世民追上来，用箭把建成杀死，而元吉则被尉迟敬德射杀。东宫齐王府的将帅薛万成等人率领众人赶来，攻打玄武门。敬德将建成、元吉二人的头颅出示给他们，薛万成等人随即撤去。而这时高祖正在太极宫中的海池里和嫔妃们游戏划船呢！

世民让敬德进入侍候。身披铠甲、手持长矛、威风凛凛的敬德来到高祖身边，向高祖报到："太子和齐王叛乱，秦王的士兵已把他们杀了，恐怕惊动皇上，派我来保卫。"高祖对裴寂等人说："真是想不到，我今天会碰到这种事情，那么应该怎么处理呢？"萧、陈叔达说："建成、元吉，本来打算造反，对天下又没有功劳，忌恨秦王功高望重，二人合伙狼狈为奸。现在秦王已经把他们给诛杀了，皇上如果想平安无事，只有把秦王立为太子，将国家大政交付于他，就安然无事了。"高祖说："这是我一向的心愿啊！"当时，秦府的兵将与建成、元吉两府的部下，还没有结束战斗。敬德向皇上建议，让皇上下达旨意，要宫廷内外一切朝臣武官都听从秦王管理，这样众人才安定了下来。高祖又召见世民安抚他，世民跪在地上吮吸皇上脚趾头，恸哭许久。建成、元吉的子女等都被株连处死，于是立世民为皇太子，高祖退位，做太上皇。

唐玄宗为何被奉为"梨园领袖"

人们习惯上称呼戏班、剧团为"梨园"，戏曲演员为"梨园弟子"。"梨园"是怎么和戏曲艺术联系在一起的呢？"梨园"在什么地方？其性质如何？这些都是值得研究的。唐玄宗前期，全国统一，经济繁荣，文化昌盛，许多亚非国家的使臣、学者、商人纷纷齐集长安。在中外文化交流的影响下，唐朝的音乐得到空前发展。唐玄宗本人素喜音乐，在公元741年原来隶属太平寺的倡优杂技人才划出来，设立左右教坊；又挑选好乐工数百人，在蔡苑的梨园进行专门训练。

有关这个艺术组织——"梨园"的建立，《旧唐书·玄宗本纪》载道："玄宗于听政之暇，教太常乐工子弟三百人，为丝竹之戏，号为皇帝弟子，又云梨园弟子。以置院近于禁苑之梨园。"《新唐书·礼乐志》则说："玄宗既知音律，又酷爱法曲。选坐部伎子弟三百，教于梨园。声有误者，帝必觉而正之，号'皇帝梨园弟子'。宫女数百，也为梨园弟子，居宜春北院。梨园法部，更置小部音声三十余人。"从此，"梨园"成了唐代一个重要的艺术活动中心。它究竟在什么地方呢？清人汪汲《事物原会》卷三十七"教坊梨园"条说："今西安府临潼县骊山绣岭下，即梨园地也。"关于梨园的出处，一般都认为它原是唐代长安的一个地名，但在具体地点上发生了分歧。有人指出在长安区西南香积寺附近今黄良乡立园村，此村最早叫梨园村或栗园村。还有人认为是在今西安城东南隅曲江池附近汉武帝所造宜苑旧址旁的春临村一带。第三种说法认为梨园在今西安城东北唐大明宫东侧附近三华里的午门村。第四种说法指出它在今西安临潼区骊山绣岭下。

另外还有人认为唐代长安有两个"梨园"。陈寅恪在《元白诗笺证稿》中说一个在光华门北面，一个在蓬莱宫的旁边。《辞海》也持有"梨园"说，指出唐代长安"梨园"有"禁苑梨园"，在长安城北芳林门

宫中乐舞俑 唐

这组乐舞俑均跪坐或盘坐，手中分别持筚篥、拍板、横笛、排笙、琵琶、箫等乐器，作演奏状。唐代宫廷的表演艺术融会了中外许多民族的乐舞，新编乐舞极为活跃。

外东北的禁园中；"乃唐代真正梨园所在"。"宫内梨园"，分男女二部，皆称"皇帝梨园弟子"。

对于梨园的性质的研究，《辞海》曰："唐玄宗时教练宫廷歌舞艺人的地方。"《中国大百科全书·戏曲曲艺》谓为"唐玄宗时，宫廷内专门训练乐工的机构"，"主要职责是训练器乐演奏人员"。李尤白提出："梨园"是既训练演员，又肩负演出的"皇家音乐、舞蹈、戏剧学院"，为我国第一所综合性艺术学院，李隆基则是其院长（崔公），在他之下有编辑和乐营将两套人马。前者的职责，类似现在的创作人员，后者相当于现在的导演和教师。

在"梨园"研究方面，算得上权威的是李尤白写的《梨园考论》，此书全面考证了与"梨园"有关的问题，而且还提出在西安建立"中国唐代梨园纪念馆"的建议。

明太祖大肆诛杀功臣目的何在

明朝开国皇帝朱元璋当过和尚的事众人皆知，然而，鲜为人知的是这个"出家人"出身的皇帝不以"慈悲为怀"，反而对杀人有着极大的兴趣，在建国之后，大肆诛杀功臣。

据说，官吏们在上朝之时，都要观察朱元璋把所佩带的玉带放在哪个位置。如果朱元璋把玉带高高地贴在胸前，那么这一天杀的人及遭处罚的人就会少些；当玉带被他低低地放在肚皮之下，那就意味着今天要杀很多人。当时在京的官吏，每天早晨入朝之前，必先和妻儿诀别，以备不测。当上完朝平安回到家中时，全家就开始庆祝，因为自己又幸运地过了这一天。时间一长，有些人就受不了这种日子了，于是装疯卖傻的事就出现了，御史袁凯就是一例。

袁凯，字景文，松江华亭县人氏，他在元末的时候做过府吏，洪武三年被荐授为御史。他是一个博学多才的人，而且口才很好，善于观察问题，提出问题，很让其他官员敬佩。但有一次，刑部报审一批案犯的判刑名单，朱元璋审批后主张全部

处死。后来又派袁凯将这些名单送到皇太子朱标那里去复审，而皇太子却主张减轻刑罚，宽大处理。袁凯向朱元璋做了汇报，不料，朱元璋反问袁凯："我与太子的主张，哪个正确？"袁凯眉头一皱，计上心来，想了一个自以为十全十美的办法来，便回答道："微臣愚见，陛下主张全杀，这是执法；太子主张赦减，这是心慈，都有道理。"谁想到，朱元璋被这样的回答激怒了。他认为这是袁凯在耍滑头，于是就将他关进了监狱。袁凯在狱中绝食三天后才被释放。但当袁凯上朝时，朱元璋见了他就说："是持两端者。"袁凯发觉到事情不对劲，感到自己的末日就要到了，心里着实恐慌害怕，该怎么办呢？

于是，袁凯就装出疯傻的样子，朱元璋当然不相信会有这事，就要验一验这是否是真的。朱元璋叫人用木椎子椎袁凯，说疯子是没有感觉的。袁凯咬住牙，忍住痛苦，不叫出一声。这下朱元璋有点信了，以为袁凯真疯了，因此把他放回家。

御史严德珉是吴人，由御史提升为左佥都御史。洪武年间，他害怕杀身之祸，遂因病向朱元璋提出辞职。朱元璋极为生气，于是让人黥其面，也就是在严德珉的脸上刺上字并涂上墨，这就让严德珉的脸上一辈子都有这个耻辱的字迹。后来他被贬发配

《御制大诰》书影　明

朱元璋采集触犯律令的事例，按类收编，这就是《御制大诰》。他要求全国教育机构都要教习，并做到家喻户晓。

到广西南丹，几年后遇赦放还。从此，严德珉穿上布衣，甘愿做一个普通老百姓，竟活到了宣德年间。一次，由于某件事他被御史逮到公堂。他跪在堂下，说自己曾在御史台当过官，通晓那些法规制度。御史问他任什么官，严德珉回答说洪武中台长严德珉就是他。御史听了大吃一惊，马上向前把严德珉从地上扶了起来。严德珉回到了家中，害怕朝廷再叫他做官，于是收拾家当，离开了那里。果然，第二天御史到他家中探访，但发现已人去楼空。后来，有位国子监教授与他一起吃酒，见他脸上有刺字，还戴了顶破帽子，就问他犯了什么罪受到这种处罚。严德珉向国子监教授讲了自己的亲身经历，接着又说以前国法如何严厉，做官的人经常是不能保住自己性命的，这顶破帽子是很难才戴住的啊！说完还向北方作揖拱手，连称："圣恩！圣恩！"

袁凯、严德珉等辈，都是被逼成这样的，也都是被冤枉的，很是无奈，但固执的朱元璋却一意孤行，在惩治贪官污吏的同时枉杀了不少好官。而他究竟出于何种目的，我们无从知晓。

朱棣生母之谜

明成祖朱棣是朱元璋的第四个儿子，洪武三年被封为燕王，拥有重兵，镇守北平。建文元年，朱棣以"清君侧"为名举兵，这就是历史上有名的"靖难之役"。经过3年多的兵戎相争，建文四年，朱棣终于攻占了南京，即皇帝位，改元为永乐。

他又于永乐十九年迁都北京，以南京为留都。朱棣统治期间继续执行明太祖的削藩政策，巩固中央集权，为以后的"仁宣之治"奠定了基础。可以说，朱棣是历史上一位较有作为的皇帝，但是由于他是夺权上台，所以被正统思想家们斥为"燕贼篡位"。有关他的各种传说不胫而走，甚至连他的生母是谁，也成为争议的内容。其说不一，难以断定。

明成祖像

有说法认为朱棣的生母为马皇后。

旧钞本的《燕王令旨》中记载说："顾予匪才，乃父皇太祖高皇帝亲子，后孝慈高皇后亲生，皇太子亲弟，忝居众王之长。"《明太祖实录》说："高皇后生长子，长懿文皇后标，次秦愍王，次晋王，次周定王。"《明史·成祖本纪》也说："文皇帝讳棣，太祖第四子也，母孝慈高皇后。"与前说如出一辙。从这些官方材料看，可以肯定朱棣是朱元璋的第四个儿子，为马皇后所生。但是后世学者认为这其中有窜改之词，不能信以为真，一生致力于明史研究的学者吴晗就这样认为。

另外有一些史籍说马皇后并非生了5个儿子，只承认四子朱棣与五子周王为马皇后所生，而懿文、秦王、晋王则为妃子所生。《鲁府王牒》也说："今鲁府所刻玉牒，又以高后止生成祖与周王。"《皇朝世亲》、《鲁府王牒》皆已早佚，这个说法难辨真伪。但是这些材料虽然说皇太子等人不是马皇后所生，却也都承认朱棣是马皇后亲生的儿子。

也有人说朱棣的生母是达妃。

明代黄佐的《革除遗事》中说，懿文、秦、晋、周王都是高皇后所生，而太祖朱棣为达妃所生。王世贞《二史考》也曾引用这一说法。但是后人分析，黄佐把明成祖说成是达妃所生是别有用心的，不足为信。例如清代史学家朱彝尊在著作中指出，"黄佐《革除遗事》与当时记建文事诸书，皆不免惑于从亡致身二录。盖于虚传妄语，就未能尽加芟削"。也就是说，黄佐的书对建文帝下台表示深深的同情，而对明成祖夺权大加贬斥，明显有个人感情色彩，所以记载的事情难免"虚传妄语"，故不可信。

三是生母为碩妃。

明朝末年何乔远的《闽书》、谈迁的《国榷》、李清的《三垣笔记》等人根据《南京太常寺志》认为明成祖的生母是碩妃。这种说法也得到了近人傅斯年、朱希祖、吴晗等人的赞同。此志以明孝陵奉先殿的陈设为旁证，奉先殿中间南向列太祖、马后两神座，东边排列的是诸妃神座，而两边则独列碩妃神座。为什么碩妃会得到如此尊重？无疑因为碩妃是明成祖的母亲。清初的学者潘柽章、朱彝尊等也肯定这个说法。朱彝尊还考证了碩妃是高丽人。然而碩妃的来历历史上并没有任何记载，要知道这种说法是否可靠，就要考察《南京太常寺志》的可靠性。此记述是否来自第一手资料？是否真实？实在是难以说清楚。根据考证，《南京太常寺志》被收入《四库全书总目》，是明代人汪宗元所撰写。汪宗元是明嘉靖己丑进士，曾经任总理河道右副都御史，此书是他任南京太常寺卿时所撰，与明成祖生年元至正二十年（1360 年）相距了 170 多年。这样看来，他在记述朱棣生母时很可能是道听途说，而不是第一手资料。尤其可疑的是，《南京太常寺志》的说法在其他的史籍都没有记载，因此其真实可靠尚难以说清。

还有一种说法认为朱棣的生母是元妃。

王世懋《窥天外乘》记载："成祖皇帝为高皇后第四子甚明。而《野史》尚谓是元主妃所生。"王世懋所指的"野史"，是指《蒙古源流》。《蒙古源流》说，明成祖是元顺帝之妃瓮氏所生，是元顺帝的遗腹子。"先是蒙古托衮特穆尔乌哈噶图汗（元顺帝）岁次戊申，汉人朱葛诺延年二十五岁，袭取大都城，即汗位，称为大明朱洪武汗。其乌哈噶呼图汗第三福晋系瓮吉喇特托克托之女，名格呼勒德哈屯，怀孕七月，洪武汗纳之，越三月，是岁戊申生一男……"刘献廷在《广阳杂记》中则说："明成祖非马后子也。其母瓮氏，蒙古人，以其为元顺帝之妃，故隐其事，宫中别有庙，藏神主，世世祀之，不关宗伯。有司礼太监为彭恭庵言之，余少每闻燕主故老为此说，今始信焉。"近人傅斯年所见的明人笔记则以为明成祖是元顺帝高丽妃所遗之子（《明成祖生母记疑》）。

这些野史、杂记都说得煞有其事，但是它们毕竟只是野史、杂记，说得再神乎其神也难以令人相信。近年更有人说，明成祖朱棣生母确实是马皇后。"碽"是瓮吉喇氏略语的不同译音，碽妃或瓮吉喇氏生明成祖的传闻，实属于无稽之谈。这其实是一则蒙古人编造出来的离奇的事，为的是以此证明元代国运不衰，后继有人。

说来说去，明成祖朱棣的生母之谜，到今天仍然没有确切的说法。

明建文帝生死之谜

明朝开国皇帝朱元璋死后，由于皇太子朱标已于洪武二十五年（1392 年）先他而死，乃由皇太孙朱允炆即位，这就是建文帝，后世也称为明惠帝。然而，在惠帝刚即位不久，燕王朱棣就夺取了帝位，以讨伐齐泰、黄子澄为名，起兵北平（今北京），发动了历史上有名的"靖难之役"。1402 年，燕兵攻陷了京师（今南京），燕王即位，是为成祖。就在朱棣攻入南京时，皇宫已是一片大火，建文帝下落不明。此后，有关惠帝已经出逃的传闻颇多，明成祖对此总是不放心，这件事也几乎成为他的一块心病。数百年来，建文帝的下落也是一桩争讼不决的历史悬案。综合各家说法，主要有"焚死"说和"逃亡"说。

一种说法认为建文帝是自焚而死的，据永乐年间修撰的《明太祖实录》中记录，燕王朱棣发

皇帝密旨印 明

动历史上有名的"靖难之役"。经过四年的征战，燕王获得全胜，建文四年（1402年）六月十三日，燕王统领大军开进南京金川门。当燕王军队开进皇宫时，宫中已是一片火海，建文帝也没了踪影。与此同时，建文帝所使用的宝玺也毫无踪影。正史记载建文帝死于宫中的大火中。《太宗实录》卷九记载："上（即明成祖朱棣）望见宫中烟起，急遣中使往救，至已不及。中使出其尸于火中，还白上，上哭曰：'果然，若是痴骏耶！吾来为扶翼不为善，不意尔亮而遽至此乎！'……王申，备礼葬建文君，遣官致祭，辍朝三日。"仁宗朱高织御制长陵后碑也说，建文帝殁后，成祖备以天子礼仪殓葬。成为明成祖的朱棣后来在给朝鲜国王的诏书中说：没想到建文帝在奸臣的威逼下纵火自杀。但是，太监在火后余烬中多次查找，找到马皇后与太子朱文奎的遗骸，建文帝是死是活无从得知。燕王为让天下知建文帝已自焚，曾作有祭文，但其坟墓处于何处，无人可知。明末崇祯帝就曾说过：想给建文帝上坟，却不知在何处。

另一种说法认为在南京攻破之时，建文帝曾想自杀，但在其亲信说服下，削发为僧，从地道逃出了皇宫，隐姓埋名，浪迹江湖。明成祖死后，他又回到京城，住进西内，死后葬于京郊西山。朱棣登位后，感到建文帝对他有一种无形的压力，因此多次派心腹大臣到处访问。永乐年间郑和下西洋的陪同官员中，有锦衣卫士，这显然就是用于暗中察访建文帝的。明成祖曾向天下寺院颁布《僧道度牒疏》，将所有僧人名册重新整理，对僧人进行了一次全方位的调查。从永乐五年（1407年）起，还派人以寻访仙人张邈遢为名到处查找，涉及大江南北，前后共20余年。民间流言中，在许多地方都有建文帝的踪迹与传说。有的说建文帝逃到云贵地区，而且辗转到了南洋地区，直到现在，云南大理仍有人以惠帝（建文帝）为鼻祖。也有现代学者认为，当年建文帝潜逃后，曾藏于江苏吴县鼋山普济寺内，接着隐匿于穹隆山皇驾庵，于永乐二十一年（1423年）在此病亡，埋于庵后小山坡上。

至于建文帝的下落到底如何，以上两种说法都无法提出令人满意的答案来。

崇祯帝究竟如何死去

天启七年（1627年）八月，熹宗病危，召信王入宫受遗命。不久熹宗撒手归天，年仅17岁的信王朱由检即位，大赦天下，次年改为崇祯元年（1628年）。年轻气盛的崇祯皇帝面临的是一种风雨飘摇的局面。这位明朝最后的一位皇帝很想凭借自己的一腔热血力挽狂潮，重建太平天下。他即位后铲除阉党魏忠贤，一心想要中兴，但是最终李自成的农民起义军冲破了京城，明朝覆灭了，他自己也落了个自缢的下场。崇祯帝朱由检生性懦弱、无主见，而且他继位时的明朝已是政治腐败。崇祯皇帝也回天乏术，大臣们个个明哲保身，少有为社稷着想者。而且崇祯为人极易猜疑，大臣们更是小心翼翼、很少发言。就是到了起义军进逼京城的时候，也没有主动站出来为崇祯分忧的大臣。

当李自成的起义军猛烈进逼，崇祯帝惊慌得完全失了主见，处处寄希望于大臣们，希望他们能提供妙计良策，甚至替他决断，但是危急之中，大臣们又能有什么办法呢？

崇祯十七年（1644 年）三月，每天崇祯帝都要召见大臣，有时候竟达到一日三次。起初大家都认认真真地替崇祯帝谋划，提出"南迁""撤关"等，可崇祯帝总是拿不定主意，大臣们也渐渐没招了。召见中，大臣总是惶恐地说："为臣有罪，为臣有罪！"然后就不再说话，实在被问急了，只是用些"练兵""加饷"等话来应付崇祯帝。每次召见，崇祯帝都非常不满，常常是中途拂袖离去，回宫后痛哭并且大骂："朝中无人！朝中无人！"

大明灭亡的前三天上午，崇祯帝来到东左掖门，召见了新考选官 32 人，问他们以急策。崇祯帝本想能从新臣中寻找到良策，可一见答卷，也全是些套话。召见未及一半，忽然有一太监送进一个密封，崇祯帝拆视后脸色突然大变，原来这是昌平（今北京市昌平区）失守的总报。李自成军已经攻到昌平。但是惊慌的崇祯帝仍无法从众大臣那里得到一计良策。

次日早晨，崇祯帝再次召见文武诸臣，半晌大家都沉默不语。崇祯帝流着泪恳请大臣们想办法，大臣们也是泪流满面地回应。忽然有位大臣大梦初醒一般，凑向前欲奏对，崇祯帝一见，马上将泪水收住，准备细听，只听这位大臣说："当务之急为考选科道。"原以为是什么良策，不想又是老套话。可这位大臣一开头，许多大臣也跟着说这人当起，那人该用。崇祯帝早就不耐烦了，俯首在御案上写了七个大字："文武官个个可杀。"起身示意退朝。

关于崇祯的死，历来众说纷纭，计六奇《明孝北略》卷二十记载道："丁未五鼓，上御前殿，与二人手自鸣钟集百官，无一至者。遂散遣内员，手携王承恩，入内苑，人皆莫知，上登万岁山之寿皇亭，即煤山之红阁也。亭新成，先帝为阅内操特建者……遂自尽于亭下海棠树下，太监王承恩对面缢死。"又有《明史》卷三百零九《流贼传》说："十九日丁未，天未明，皇城不守，鸣钟集百官，无至者。乃复登煤山，书衣襟为遗诏，以帛自缢于山亭，帝遂崩。"而《明之述略》中却说："丁未，内城陷，帝崩于西山。"可见，对崇祯究竟怎么死，死于何地至今还是个谜。一个力图中兴的君主竟落得如此凄凉的下场，令人深思。最后一次上朝时，大臣们还是一副唯唯诺诺、支支吾吾的样子，出的计策无非是什么巡街闭门、不许出入等。这时候守城者来报，守城军队不敌。见城陷就在眼前的崇祯帝，不禁大哭，边哭边道："诸臣误朕至此！"自己拿不定主意，却要埋怨大臣。大臣们见形势"不可为"，便俯首同崇祯帝一起恸哭，哭声响彻大殿，甚为悲惨。到了中午，崇祯又召见大臣，此时大臣们已彻底看透了这位年轻且毫无主见的皇帝，干脆以沉默来回答崇祯帝，崇祯帝不禁大吼道："既然这样！不如大家一起在奉先殿统统自尽吧！"此话倒是说中了，19 日晨，崇祯帝在走投无路中自尽身亡。

顺治帝出家之谜

在清朝第二位皇帝顺治短短的一生中，他一共娶了19个妻妾，差不多是每年一个，但是最讨他欢心的，只有董鄂妃一人。

在顺治眼里，董鄂妃就是他的心。虽然两人不曾有过任何誓言，但是，那种难舍难分的感情的确能感天地、泣鬼神。顺治十七年八月十七日，皇贵妃董鄂氏因病去世，顺治痛不欲生。为哀悼董鄂妃，他5天不理朝政。没过多久，他又亲自给礼部下了一道圣旨，特意采用追封的方法，给董鄂妃加封谥号：孝献庄和至德宣仁温惠端敬皇后。至于追加皇后应举行怎样的大礼，他命礼部要认真、详细、迅速商讨并递交他审议。

董鄂妃死后，顺治的心也随之而去，正如元稹所写的那样："维将竟夜长开眼，报答平生未展眉。"他不仅辍朝5日，而且将她晋封为皇后。在蔡东藩的《清史演义》里写道："顺治帝经此惨事，亦看破世情，遂于次年正月，脱离尘世，只留重诏一张，传出宫中。"此外，还有《清稗类钞》《清代野史大观》等书中均有关于顺治帝因董鄂妃去世而削发出家的故事。

顺治帝的离家出走，令清宫上下惊慌失措。他们为了不引起世人的非议，只得向外宣布：顺治皇帝驾崩。但是，这种谎言也瞒不了多久。很快，堂堂的大清皇帝为了一个女人而削发为僧的事就在民间广为流传了。

顺治一向好佛，宫中奉有木降惑、玉琳琇二禅师，印章有"尘隐道人""痴道人"等称号。他对木降惑曾说："愿老和尚勿以天子视朕，当如门弟子旋庵相待。"他早有削发为僧的念头。临宣布他去世前几天，他还叫最宠信的内监吴良辅去悯忠寺削发为僧，因此一些人认为顺治出家之因是与孝惠皇后不合，所以宠爱的董鄂妃一死，他就以此为借口皈依了净土。据说清圣祖康熙亲政后，曾经以进香为借口，多次到五台山看望顺治，希望顺治能回到宫中，但是顺治不为所动。康熙帝有诗哀悼："又到清凉境，巉岩卷复垂。芳心愧自省，瘦骨久鸣悲。膏语随芳节，寒霜惜大时。文殊色相在，唯愿鬼神知。"语气十分悲怆。又传说在康熙年间，两宫西狩，经过晋北，地方上无法准备供御器具，却在五台山上找到了内廷器物，这似乎又是一个顺治出家的证据。但民国时，明清史专家孟森的《世祖出家事考实》举出《东华录》等史书的记载，认为

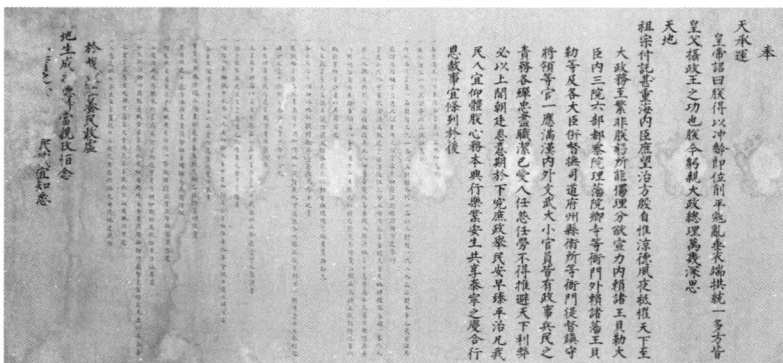

顺治帝亲政诏书

清世祖死于痘疹，没有出家；又认为吴梅村诗中"房"为天驷，"房里竟未动"是指顺治将幸五台山而忽然去世，后几句诗孟森认为是自责之词。所以顺治出家与否，仍然是一个谜。

秘密立储始于康熙吗

康熙是清代有名的圣君，有子 35 人，女 20 人，嫡出最长者为胤礽，康熙十四年曾被立为皇太子。后康熙在康熙五十一年（1712 年）十月，第二次废黜胤礽。第二年二月左都御史赵申乔上奏请求再次册立皇太子，这是二次废太子后，朝臣第一次为此事上奏请求。康熙看罢奏疏后，特别召集群臣说明此事。他说："立储大事，朕岂忘怀，但关系甚重，有未可轻立者……今欲立皇太子，必然以朕心为心者，方可立之，岂宜轻举。"谕旨表明，接受了两次废立太子的沉痛教训，又面临着错综复杂的储位之争的局面，康熙正在深入思考皇储关系、储君标准、建储方式等重大问题，力图寻找一个较好的办法，避免以往的失误；在没有找到可行方法之前，决不草率册立。他向群臣公开陈

康熙皇帝老年像

述他的观点，表明他在晚年已开始拟订新的建储计划了。

康熙在经过 4 年多的总结、思考以及对储君的精心选择后，开始实施他的建储计划了。

第一次建储之议出现于康熙五十二年（1713 年）。据《清世宗实录》载："康熙五十六年冬，圣祖仁皇帝召诸王子，面询建储之事。"朝鲜使臣于康熙五十七年（1718 年）四月从中国返回朝鲜后，禀告朝鲜国王："臣来时问太后葬后，当有建储之议。"建储之事虽然到处流传，反响很大，但人们对其具体内容却毫不知晓。这表明玄烨只是就建储一事征询皇子与重臣的意见，他本人并未表露态度，更未作出任何决定。可见他对储君人选、册立日期等重大问题，已开始有意识地采取保密措施了。

"长篇谕旨"出现于康熙五十六年（1717 年）十一月二十一日。康熙在皇太后病危，自己也重病缠身的情形下，召集全体朝臣，商讨建储的有关问题。"长篇谕旨"的说法便由此而来。

康熙五十二年二月及五十六年十一月两个谕旨构成了新的建储计划。与嫡长子皇位继承制度相比较，它的具体的方略，如皇帝全权决定储君人选，"有德者即登大位""择贤而立"的择储标准，对储君人选以及建储的有关问题的保密原则等等，

都比较新颖，而且秘密色彩浓厚，因而可称之为秘密建储计划。如果这个计划能贯彻执行，并且形成制度，将会减少传统建储制度的某些弊端，进一步加强中央集权。康熙对实施两千多年的建储制度进行了改革，尽管他本人并未认识到这样做的意义。

这一秘密建储计划的核心是皇帝全权决定储君人选，完全排除统治阶层中任何集团或个人对建储的干扰。从一定意义上讲，也是其他三部分得以实施的先决条件。这一点得不到保证，其他三部分也无法实施。

虽然康熙通过"择贤而立"的方式选择储君，但其主观上并无废除嫡长子继承制的意图。康熙的宗法观念浓厚，认为诸子之中，"允（胤）礽居贵"。在胤礽被废后，他已无嫡子，皇长子胤禔也获罪幽禁，所以只能把目光投向其他庶子。

再者，对储君暗中进行培养、考察，储君如果表现不佳予以撤换时，由于没有让其知道这件事，不会引起任何不良后果，这样皇帝在对储君的选择上，就完全抓住了主动权。

秘密建储在康熙朝晚期出现，是形势的需要，也有其历史的必然性。为了解决复杂、尖锐的储位之争，康熙只能总结经验，吸取教训，博采众长，另辟蹊径。不过对于他来说，这种做法只是一种权宜之计，他并未意识到自己正在开拓一条新的建储道路，更无将此立为定制、世代遵行之意。新制度的建立是一个不断摸索、逐步改进并完善的过程，秘密建储制度也不例外。虽然康熙是秘密建储的开创者，但直到雍正、乾隆二帝才把它的不足加以改进，把它的疏漏加以补足，并作为一种制度最终确立下来。

雍正帝嗣位之谜

清康熙帝驾崩以后，第四皇子胤禛在激烈的皇位争夺中登上了皇帝的宝座，这就是历史上有名的雍正帝。但雍正帝究竟如何嗣位至今仍是一个谜，是按遗诏之言登位还是篡位，众说纷纭。

官书中记载，康熙六十一年（1722 年）十一月冬至（初九）前，胤禛奉命代祀南郊。当时，康熙患病住在畅春园疗养，"静摄"政权。胤禛请求侍奉左右，但康熙因祭天是件大事，命他应在斋所虔诚斋戒，不得离开。到了十一月十三日，康熙的病情突然恶化，这时才不得不破例把胤禛召到畅春园来。而未到之前，康熙命胤祉、胤祐（七阿哥）、胤禩、胤禟、胤䄉（十阿哥）、胤祹（十二阿哥）、胤祥和理藩院尚书隆科多至御榻前，向他们宣布："皇四子胤禛人品极好，令人敬重，与朕很相似，因此他肯定能够继承大统，继承皇位。"此时，恒亲王胤祺因冬至奉命在东陵行祭典，胤禄（十六阿哥）、胤礼（十七阿哥）、胤禑（十五阿哥）、胤祎（二十阿哥）等小皇子都在寝宫外候旨。当胤禛来到康熙面前时，康熙还能够说话，告诉胤禛他的病情日益恶化的原因，但是到了夜里戌时，康熙就归天了。隆科多即向雍正宣布"遗诏"。胤禛听后昏扑于地，痛不欲生，而胤祉等其他兄弟则向胤禛叩头，并劝他节哀顺变，因此雍正就履行新皇帝的职权，主持康熙的丧葬之事。雍正曾特别强调：当日情形，"朕之诸兄弟及宫人内侍与内廷行走之大小臣工所共知共见者"。

从上面的情况来看，雍正的即位是由父皇康熙的寿终正寝后才开始的，是属于正常并且合乎法理的。对此，清代官书众口一词，都是同一个口径。后世有人根据雍正在品格、才干、年龄和气质上的众多特点以及雍正本人在皇宫中深藏不露、暗自修炼多年的特征，康熙对雍正的认识和父子感情基础，当时诸子争储互斗的背景，还有康熙在死之前留下遗诏的在场人物、地点、时间以及情节等来综合分析，认为雍正根据皇父"仓促之间一言而定大计"，是合法即位的，可信的。

但是民间传说中，雍正即位却是非法的，是篡位夺权。

早在雍正帝在世时，社会上就盛传：康熙帝要将皇位传给胤禵，在他患病的最后几日，曾经下旨要召胤禵回到京城，但是胤禛的死党隆科多却隐瞒了谕旨。致使康熙去世当日，胤禵不能赶到。隆科多于是假传圣旨，拥立胤禛为皇帝。此所谓"矫诏篡立说"的由来。另外有一种说法讲，康熙原来就有了手书，要把皇位传给十四阿哥胤禵，是胤禛把"十"改成了"于"字，于是遗旨明明传位于胤禵，却变成了传位于胤禛，此所谓"盗改遗诏说"的来源。那么，是谁来盗改了这个遗诏呢？有传说是雍正本人改的；有的说康熙把遗诏写在隆科多的掌心，而隆科多将"十"字抹去了；也有的说是由一些雍正府中所收养的武林高手所改写的；又有的说是雍正的亲生父亲卫某参与改的……

还有人认为，康熙原本要在胤禛和胤禵两人中选立皇储，而最终胤禛被选中，胤禵被任命为抚远大将军，确实说明康熙选择皇太子时他是候选人之一，而胤禛在康熙四十八年晋封为亲王，在皇子中的地位日益提高，先后 22 次参与祭祀活动，次数比其他皇子都多。此外，康熙对胤禛之子弘历宠爱有加，称赞其母是"有福之人"。由此可见，雍正是后来居上的皇太子候选人。也有人认为，临终时康熙本想让胤禵继承皇位，但他远在边疆，若将他召回再宣布诏书，在空位阶段必定会引发皇位纠纷，无奈之下只好传位于雍正。

总而言之，雍正继承皇位有着种种让人难以理解的疑点。这些问题使一些清史专家耗费了很多的精力，直到现在也没有能够得到很好的解释。可以说，在没有获得新的可靠材料之前，雍正的即位是否合法，仍然是个谜。这不仅仅是因为雍正在继承皇位上有很多令人费解的问题，而且他即位后的很多言行，尤其是与大肆诛戮贬斥功臣、兄弟、文人等事连在一起，更令人感到扑朔迷离。

乾隆帝的父母是汉人吗

看过金庸小说《书剑恩仇录》的人对书中的一个说法一定很好奇，因为书中说乾隆是陈家洛之兄。其实，小说中的说法并非空穴来风，是有一定来历的。

清末，上自官僚缙绅，下迄妇孺百姓，几乎人人皆知这一个传说，清初的某个皇帝是浙江海宁陈家的儿子。这个皇帝是谁呢？有人便说是乾隆皇帝弘历。这一

乾隆南巡图 清
清乾隆皇帝曾经6次到江南巡视，并多次在海宁陈家驻跸，因此引来了诸多猜测。

传说也见于一些私家所写的稗官野史之中。《清朝野史大观》卷一《高宗之与海宁陈氏》一文有这样的记叙：雍正帝胤禛当皇子时，与海宁陈氏很好，两家来往频繁。这一年恰巧两家在同月同日同时辰生子，只是胤禛家为女孩，陈家为男孩。胤禛命人抱来看看，但却偷偷把孩子换了。陈家发现孩子被换，大惊失色。但迫于对方权势，不敢追究，也不敢声张。不久康熙去世，传皇位于胤禛。胤禛即位后，陈氏一门数人也都官至显要。以后乾隆帝即位，对陈氏更是礼遇有加。乾隆6次南巡江浙，其中4次都到过海宁陈家，最后一次临走时步至中门，对陈氏说："以后若非皇帝亲临，这门不要轻易打开。"从此这座门就再也没被打开过了。

持上述观点之人还提出另外一些证据，海宁陈氏的宅堂中有两方皇帝亲笔书写的匾额，一方题为"爱日堂"，一方题为"春晖堂"。"爱日"一词，是从汉辞赋家杨雄《孝至》一文"孝子爱日"中来的，后世把儿子侍奉父母之日叫爱日。"春晖"一词是从唐代孟郊《游子吟》"谁言寸草心，报得三春晖"的诗句中来的。后人常以春晖来比喻母爱。这两方匾额的题词内容都有儿子尊敬和孝顺父母的意思。后来，与海宁陈氏的儿子相交换的那个女孩便在海宁陈家成长，到了婚嫁年龄便嫁与江苏常熟蒋氏，蒋氏专门为她筑了一座小楼，后世称之为"公主楼"。这些史料更让人坚信乾隆是汉人之子。

然而，也有人提出了反对的意见。

雍正帝有皇子10个，公主6个。乾隆帝是其第四子，推及情理根本没有把别姓的孩子换来当自己孩子来继承皇位的必要性。这是最有说服力的论证。

其次，从清代皇帝与海宁陈氏的关系来看，纯是君臣友谊。陈氏是清初的名门望族，在康熙、雍正、乾隆三朝，陈家历代都仕途通达，官居高职，煊赫一时。雍正初年，为了满足钱塘江下游经济发展和人民生活的需要，大举修建浙江海塘。但雍正帝忙于政务，而且海潮冲刷堤岸的危害还未到十分严重的程度，因此未能亲自前往。乾隆即位后，对这项工程非常重视，数次南巡，有4次来到海宁勘察，那么既到海宁，总得有个合适的住所，而陈氏是康、雍、乾三朝宰辅，其家园是海宁名胜，亭台楼榭，花木扶疏，自然就成为接驾驻跸之处。这个园子本叫"隅园"，乾隆帝把它改名为"安澜园"。"安澜"即水波不兴之意，由此也可以看出，乾隆帝临视海宁，是为了巡视海塘工程，而不是为了探视父母。

至于那两块匾额，据史学家孟森考证，清国史馆编纂的《陈元龙传》中说：康熙三十九年（1700 年）四月，康熙在便殿召见群臣，说："你们家中各有堂名，不妨当场写给我。我写出来赐给你们。"陈元龙奏称，父亲年逾八十，故拟"爱日堂"三字。《海宁州志》还提到，康熙五十四年（1715 年）六月，因陈元龙胞弟陈维坤的妻子黄氏寡四十一年，便御书"节孝"两字赐之，又赐以"春晖堂"匾额。这就是说，两方匾额的题词是康熙帝根据臣下的请示书写的，与孝敬父母的意思根本没有任何联系。因而，说乾隆是汉人之子只是无稽之谈。

《清宫词》中有一首词说："冕旒汉制终难复，曾向安澜驻翠蕤。"词中暗指乾隆与海宁陈氏关系。然而，这其中关系究竟怎样，乾隆身世究竟如何只能成为未解之谜了。

道光帝为何将皇位传于跛足咸丰

咸丰帝奕詝是道光帝旻宁的第四子，奕詝降生后，备受道光帝的宠爱，视之为理想的皇位继承人。

5 岁时，道光便给奕詝请来名师杜受田教他学理文法。稍长，道光帝为培养其武功，经常让奕詝演习枪法，并时常带奕詝等皇子游猎南苑，策马扬鞭，张弓搭箭，意在养成尚武精神。

后来，在一次出猎时，奕詝因急于求成，动作太快，身体失去平衡，从马上跌落下来，造成股骨错位，成了跛足。这使道光帝在日后皇位继承者的选择问题上，长期犹豫，久决不下。

道光皇帝是于道光二十六年（1846 年）开始考虑立储的。当时有实力参加竞争皇太子的只有皇四子奕詝和皇六子奕䜣。

在奕䜣和奕詝之间，为了考察他们的品行与能力，道光帝决定到南苑较猎以决雌雄。

傍晚，奕䜣和奕詝回宫向道光禀报战绩时，奕䜣所获猎物最多，奕詝却一无所获，道光帝不解，问其缘故，奕詝答道："儿臣以为现在正是动物繁衍孕育下一代的时候，我不忍心在这个时候杀死它们，并且我也不愿意以骑马射猎这些小的技艺，与兄弟们争个高下。"本来，道光皇帝看到奕詝一无所获，心里有些不高兴，但听到奕詝讲出这番话来，顿时眉开眼笑，连声说道："我儿果然有君子的风度。"

经过这番围猎较量，道光皇帝初步有了意向：立奕詝为储。

道光皇帝是个优柔寡断的人。虽然南苑较猎，已经决定把皇位传给奕詝，但不久，他的心

咸丰皇帝朝服像

里又不平衡起来，因为他毕竟非常喜欢奕䜣。奕䜣自幼活泼好动，聪明伶俐，不管学文还是习武，他总是学得最快，记得最牢，运用得最好。从以下两项殊荣上可以看出道光皇帝是如何偏爱奕䜣了。一是道光皇帝看到奕䜣读书能得大道，曾亲自为其书斋题写了"乐道书屋"四字匾额，这是其他皇子都没有得到的。二是道光二十九年（1849年），为了奖励奕䜣的武功，特赐给奕䜣一柄金桃皮鞘白虹刀，准许他永远佩带，这也是其他皇子没有享受到的殊荣。另外，从奕䜣生母的升迁上也能看到道光帝对奕䜣的钟爱。奕䜣生母原来只是位于宫内第五位的妃子。道光十四年（1834年），也就是奕䜣两岁时，她超越了和妃、祥妃，被晋封为贵妃。孝慎皇后死后，她在宫中居第二位。道光二十年（1840年），孝全皇后暴卒后，她便总摄六宫之事，成了实际上的皇后。

由于对奕䜣的偏爱，道光帝决定再给奕䜣一次机会，考察一下奕䜣和奕詝的品行。一天，道光皇帝将两个盒子放到两个皇子面前。这两个盒子，一个是金的，一个是木的。金盒上雕满了姿态各异的龙，龙体闪烁着光芒；木盒上刻着麒麟，也被漆得黑亮。道光皇帝指着两个盒子说："这两个盒子，我儿各选一个。"奕詝和奕䜣互相看了一眼。奕詝平静地说："六弟先选吧！"奕䜣听了这话，也不谦让，顺手将金盒抓在手里。

从这件小事上，道光皇帝感到，还是四子奕詝仁义憨厚，六子固然聪明，可是人品不如其兄，于是下决心把皇位传给奕詝。

清代改变了以前的嫡长子继承皇位的制度，实行秘密建储制度，即由在位皇帝对所有皇子作长期观察考验，选定皇太子后，朱笔书名，密定为储，藏之锦匣。锦匣两份：一份藏于乾清宫最高处"正大光明"匾额后，另一份由皇帝自己收藏。

道光二十六年（1846年），道光帝将立太子朱谕正式写好。道光三十年（1850年）正月，道光帝病笃，自知阳寿已尽，遂把军机大臣等8人召至寝宫，从床内取出装有朱谕的锦匣，递与诸大臣开启出示，正式宣布奕詝为皇太子。正月二十六日，奕詝在太和殿正式即位。次年改元咸丰，开始了清代咸丰朝的统治。

光绪帝之死探秘

和同治帝一样，光绪帝正当盛年时却突然死去，成为慈禧垂帘听政之下的第二个牺牲品，而且他的死与慈禧的死仅相差一天。因而，关于他的死因也就引起了世人的种种猜测。

第一种观点认为光绪是患重病而死。在废立风波中，光绪依旧做他的皇帝，但他的实权却丢了，精神也备受打击。光绪帝重重的顾虑极大地影响了他的健康。另外光绪帝自幼孱弱，脾胃素来虚弱。光绪虽贵为天子，却连一个孤儿也不如。据宫中太监寇连材日记说，当时宫中人受各种限制，不能亲近光绪。唯有西太后可以亲近他，而她当时骄奢淫逸，对光绪的生活根本不管。小皇帝每天有数十种菜，但皆不能入口。光绪要加菜，御膳房必先告知太后，慈禧必然责备他铺张浪费，不懂节俭，光绪只好从小挨饿。

光绪在这种情况下，很容易患上重病。《清德宗实录》《清史稿》《光绪朝乐华录》等都说光绪久病体虚，至光绪三十四年病入膏肓，最后驾崩，但这些均为官方文件，可信度不一定高。

第二种说法最为流行，说是慈禧谋害了光绪帝。持这种观点者认为光绪虽然长期被囚，保皇党却极依靠他。慈禧自己身体健康，能执政时，百般折磨光绪。晚年，她力不从心了，便想害死他。当时因担任起居注官而能接近光绪的恽毓鼎，写了一部《崇陵存信录》（又名《光绪外传》），记录了光绪临死前的状况：光绪三十四年（1908年）秋忽然传出病重消息，召京外名医入宫诊视。诊脉时，光绪静静地把双手置案上，自

光绪帝朝服像

己写出病情。入诊者都说光绪身体尚健。十月初十，逢慈禧万寿节（生日），光绪出瀛台，替太后祝寿，有人看见他为准备跪拜而活动筋骨。十九日，宫廷大乱，增加侍卫，稽查出入，传言光绪驾崩。次日，宫中恢复了宁静，午后，传载沣监国、溥仪入宫教养之命。二十一日，皇后入瀛台探视，光绪早已气绝身亡。太后闻此，仅叹息几声。

在这则记录里，恽毓鼎实际上暗示慈禧害死了光绪。而且，慈禧宣布光绪病重，和百日维新后废立风波之做法一样。恽氏长期任起居注官，他的话具有一定的可信度。

而曾在宫中担任女官的德龄女士，则在《清宫二年记》等书中，明确地指明正是李莲英下毒害死了光绪。

以上三种说法都是言之凿凿，但是清宫太监回忆录《清宫琐谈》则说光绪实则死于饥饿。据载，光绪本无大病，诸医开方皆以平和之剂为药，然而，太监们在光绪死前已得到光绪驾崩的消息。当时，在瀛台侍疾者共六名，其中二人饿死，剩下几人食不果腹，"因饿失血者又凡三人"。光绪死前，在床上召唤医生周某，他两眼瞪大，四次用手指口，周某知帝饿急，但实在是没有吃的，就连他本人也三天未进食了。后来，光绪便渐无声息了。不久，醇亲王入见，周报告说皇上已去世，醇亲王用镜子试皇上气息，确信其已死亡，于是匆匆而去。一会儿，皇后赶来探视，随后便把皇上驾崩的消息公之于世。

经现代医学技术对光绪帝遗存头发等检测后证明，光绪帝为中毒身亡，他头发中含有浓度极高的砒霜。但光绪帝如何服进砒霜的，目前还是一个谜。

后宫秘事

　　历史的演绎和文明的进步是多元化的，如同男女两性的相互依存。帝王政治的主流离不开后宫政治的映衬和补充，男性占绝对主宰的历史舞台，因为女性的加入而更加精彩，也更加充满了悬疑。

夏桀的爱妃妺喜是"间谍"吗

　　有施国是与夏朝同时期的一个小国，它的国内有一位叫妺喜的美女很有胆识，商便是在其帮助下灭掉了夏，被认为是中国有史以来的第一位女间谍。

　　有施国在与入侵的夏朝作战时战败。作为战败国，有施国国王为了复仇，将国中最美的美人妺喜送给了夏桀。据明代钟惺的《夏商演义》中说，妺喜是山东蒙山国君施独的女儿，其父母想把她进献给夏桀来实施复仇计划。

　　美貌绝伦的妺喜常常像男子一样佩剑戴冠，具有深不可测的多变性格。来到夏

夏桀与元妃

朝后，好色的夏桀很快就为其神魂颠倒，终日饮酒作乐。直至半月之后，外间击鼓奏事甚多……而桀即忙命罢朝。诸臣免朝，国事尽托太师。他整天抱着妺喜对其言听计从，昏乱失道。但国力不强的有施国，尚无能力打败夏国。此时，强大起来的商国也派来一位名叫伊尹的间谍。伊尹是商国的一名厨师，商汤非常赏识他的有智有谋，因此派他去夏朝从事间谍活动。为了不让夏桀怀疑，汤施用了苦肉计，亲自追射伊尹，以示伊尹有罪逃亡。果然，夏桀非常信任伊尹。伊尹的真实意图被妺喜知道后，与他配合行动。妺喜主要从事破坏和离间活动，刺探夏的机密，调查中原地形；及时通风报信则是伊尹的任务。

　　妺喜在取夏的时机成熟后，又让伊尹向商和各诸国传播谣言，说夏桀曾做了这样一个梦，梦见西方和东方都出现了一个太阳，两个太阳搏斗，东方的太阳战胜了西方的太阳。东方的太阳代表的就是位于夏的东边的商朝。迷信的商朝人认为这是上天的旨意，于是大肆宣扬，最后率领诸侯消灭了夏朝。

　　在商灭亡夏朝的过程中，妺喜做出了重要贡献，但她不但没有受到赏赐，反而

连同夏桀一道被流放到南巢。这可能是由于汤怕自己受不住过于妖艳的妹喜的诱惑而走夏桀的老路吧。

汉武帝后宫巫蛊之乱新探

在中国古代史上，秦皇汉武被相提并论。汉武帝一生大有作为，但在他在位时又上演了一幕幕巫蛊闹剧，致使皇后、太子、丞相和无数大臣都成为巫蛊的牺牲品，史称"巫蛊之乱"，它成为汉武帝一生洗不清的污点。

公孙贺是当时汉朝丞相，为了替儿子赎罪，他答应为汉武帝捉拿阳陵大盗朱安世。朱安世被捉后，为了报复，向汉武帝写了一封揭发公孙贺的信。朱安世在信中写出了公孙贺的种种罪行，甚至说公孙贺密谋要取代皇上；在皇上经常出入的甘泉宫路下埋下木偶，巫蛊皇上。很快，这封信便转到武帝刘彻手中。

本性猜忌多疑的武帝看了这封信，雷霆震怒之下下令火速查究，查究的大事由江充负责。江充派手下罗织罪名，趁机把公孙贺的人马一网打尽。公孙贺与儿子公孙敬声一同被捕入狱，严刑拷打，蔓引牵连，使得很多人无端获罪。最终，公孙贺父子惨死狱中。江充还不过瘾，还要灭公孙贺全家，甚至皇后的姐姐卫君儒也未能幸免。

这一巫蛊案使武帝更加疑神疑鬼，总怀疑有人用巫蛊术来暗害他。因此，这种迷信猜忌之心又被江充利用了。江充除去了公孙贺后，把矛头指向别的手握重权的皇亲国戚。诸邑公主、阳石公主、卫青的儿子长平侯卫伉也都受到牵连，并全部被杀。江充非常得意，又把仇恨的利剑指向曾得罪过自己的太子刘据。

一天，武帝神思恍惚，隐隐约约看到几千个木人，手拿着兵器，凶神恶煞般向他袭来。他惊醒后，便觉得浑身酸软，毫无力气，锐气精力荡然无存。此后的武帝，精气散佚，身体一天不及一天。武帝认为此乃巫蛊所致，命江充从速查实。

江充和心腹按道侯韩说、御史章赣率领大量爪牙进入后宫，对每一个宫都掘地三尺，搜查木偶，甚至武帝御座下的地面也被挖掘了。太子东宫和皇后中宫，也要挖地三尺。

太子刘据和皇后卫子夫恼怒万分，但有圣旨在，太子、皇后也只能听之任之。江充分部挖完之后，奏报武帝，声称在东宫和中宫挖出的木偶为数

汉武仙台遗址
位于陕西省黄陵县城北桥山上的黄帝陵内，据说是汉武帝祈仙所用。

最多，并且每个木偶身上都写了许多咒语，诅咒武帝，言辞不堪入目。武帝龙颜大怒，可仔细想想又不至于此，便召太子入宫，想要问个究竟。太子得知自己被江充诬告，非常恐惧。太子清楚武帝偏信江充，打算出城面见父皇，解释清楚。他又有些畏惧，唯恐武帝不问是非曲直，就置自己于死地。

太子真的无计可施，在万般无奈的情况下采用了少傅石德的计策，派人佯称天子使者，收捕江充，一举把江充及其死党杀死。

江充被杀死后的当天夜里，太子派心腹假称天子使者，进入皇后居住的未央宫，告知皇后大祸临头，情况危急万分。太子调用皇后御厩车马、射士，私自派人打开长乐宫中储备武器的仓库，紧急调用长乐宫卫士，大肆搜捕江充党羽。京师长安乌烟瘴气，宫中血雨腥风，一时天下大乱。太子刘据最终战败，带着残兵败将逃出京城长安。丞相刘屈耗率军占领京师后，把这次叛乱的主谋全部缉拿，太子宾客和太子少傅石德以及太子家小全部被杀。皇后卫子夫感到脱不了干系，也自杀身亡。

不久太子的行踪被发现，太子被迫自缢而死。

太子刘据全家死亡殆尽，但武帝想不通，依然派人调查此事。一年后，此事才真相大白。太子真的是无辜，皇后也是冤死，这纯粹是由佞臣江充策划的一场宫廷巫蛊冤案。史书记载，汉武帝时期的这些巫蛊案使两位太后被杀，两位丞相被腰斩，太子刘据和两位公主、皇孙罹难，加牵连的人前后超过10万人。晚年时汉武帝已感到巫蛊术的危害，了解到太子被巫蛊所害，遂诛灭江充家族，继而筑"思子台"，并在太子蒙难处筑"归来望思台"。武帝在思子台上老泪纵横，品尝自己一手酿成的苦果。

北朝众帝后出家之谜

在一般人的心目中，很难将高高在上、享受荣华富贵的帝后与孤独寂寞、陪伴青灯古佛的尼姑联系在一起。然而，在封建王朝中，却有多位早年出自尼庵或是晚年遁入空门的尊贵帝后。而且在北朝的中后期，大概100多年之中，仅历魏、齐、周11帝，竟然有17位帝后出宫为尼，实在是世所罕见。这成为我国佛教史和北朝发展史上的一个极为奇怪的现象。那么，何以造成这种现象呢？

有人从我国的佛教传说来分析，用帝后佞佛来

山西五台山显通寺 南北朝

解释它，认为这是迷信佛的结果。

东汉明帝时，佛教传入我国，先始于洛阳。汉末曹魏时期，在河南地区得到了初步的传播，西晋十六朝时期得以迅速的传播和发展，在北魏时达到鼎盛。

南北朝时期的佛教，由于门阀世族的推崇，进一步得到了统治阶级的扶植和推广，获得了广泛的传播。再加上佛教所宣扬的因果报应和六道轮回之说具有很大的诱惑性，因而南北朝历代的统治者，包括皇帝、贵族和世族官僚都信奉佛教，天竺（印度）僧人佛图澄、鸠摩罗什先后被北朝后赵石勒、石虎和前秦苻坚尊为国师。南朝的梁武帝更是一个信奉佛教的虔诚教徒，他曾把佛教定为国教，前后 4 次出家为僧，迫使朝廷和众大臣出巨资为他赎身。北朝也是如此，以北魏来看，各位帝王都崇尚佛法。根据史书的记载，北魏时的 15 位皇帝（连同西魏）都倡导佛法并且大兴译经、造寺及刻像之事。文明皇太后冯氏、孝明皇后胡氏、恭帝皇后若干氏及西魏文皇后乙佛氏都在长安出家为尼。在当时，洛阳城里的西域僧人有 3000 人之多。宣武帝下令建造的永明寺有一时期曾居住外国沙门达 3000 余人。当时的文人学士也大多崇尚佛法，这就致使寺庙僧人的发展极为迅速。从这些资料可以看出，正是由于对佛教的盲目信奉，才导致了北朝时 17 位帝后出宫为尼。

然而，另外一些人从北朝 17 位帝后为尼的背景出发，仔细加以比较，得出了另一种结论，认为佞佛并不是帝后出家的真正原因，以为这些帝后出家为尼的真正原因包括：一是健康的缘故，寺庵的环境有利于染病在身的帝后的康复；二是有的帝后在争宠的角逐中，由于失宠而被逐出宫为尼；三是因皇位更迭或王朝易代而沦为牺牲品的，对这些失败的帝后来说，入尼庵实在是一个很好的去处；四是幼主嗣位后两宫争权的失败者；五是入寺寻求政治避难的。

另外有一些人则认为应该从当时寺院经济的特殊地位来探讨分析这么多帝后出宫为尼的根本原因。北朝中后期，由于统治阶级的扶持，寺院势力得到了迅速的发展，僧尼的人数骤增。佛寺已经遍及全国各地，这其中的不少佛寺是由统治者出资修建的。这些皇帝修建的寺庵，大都富丽堂皇，以收容帝后为尼最多的瑶光寺为例，此寺还有大量的宫女供帝后妃役使。这些寺院都占有相当多的土地和大量的劳动力，渐渐形成了独立的寺院经济和特殊的僧侣地主阶层。寺院都拥有大量的土地财富，不经营生产，通过出租或役使依附农民，经营商业，发放高利贷等，剥削广大的劳动人民，聚集了大量的财富。范缜在《神灭论》中说：人倾尽家财去拜佛求僧，然而那些粮食却被无所事事的众僧吃掉了。大量钱财都流进了寺院，社会上到处都是坏人，但却没有人去制止，人们还都在称颂"阿弥陀佛"。因此可以看出，这些寺院其实是供帝后享乐的另一处别宫，在实际的物质生活上与宫中并无差别。因此，这些人认为，在当时，寺院的特殊地位才是帝后出宫为尼的根本原因。

总而言之，不论这些帝后出宫为尼的真正原因如何，都只是让人们在回顾这段历史时，徒增几声感叹而已。

上官婉儿为何不记武则天灭族之仇

上官婉儿是一代才女。在唐高宗时，上官婉儿一家被武则天抄没，然而上官婉儿一心服侍武则天，她为何就不记武则天的灭族之恨呢？

据说婉儿尚在母腹中时，其母梦中见大秤一杆，于是请教相士，相士掐指一算，惊呼："此子日后当称量天下。"待到婉儿出生，竟是一个女孩，大家都很失望，说相术骗人，无非为钱财而已，也就不再在意。等到婉儿祖父上官仪被武后杀害后，童年的婉儿与母亲郑氏被没入宫中为奴，本以为会暗无天日，可是等婉儿长成，她的才华开始在宫中显露出来。她博古通今，诗词文章尤为出色，甚至书法、数术、弈棋等无所不精。她的才名很快传到了武后的耳中并召见了她。当场面试时，小婉儿聪明伶俐，从容不迫，一挥而就，写了一首七言诗，其文辞精美，比起朝廷大臣们的腐儒酸调，可谓天上人间。尽管诗的字里行间不时透出对武则天的愤恨之情，可武则天并不计较，并感叹道："此女才智非凡，赛过须眉！"随后，她命上官婉儿离开掖庭，到她身边来当秘书。

上官婉儿接到诏命，心里非常复杂，这个权力至上的女人，曾是杀死自己家人的仇人，害得自己和母亲沦落为奴；现在，她又要将自己从困境中解救出来，委以重任，而且是随侍身边的贴身秘书，憎恨、感激、恐惧各种滋味涌上心头，烦恼无比。但是一个月以后，她就成了武后最信任的贴身女官。武后讨厌批阅表奏，起草诏命，便把这些事都交给婉儿处理，由此也正应了"称量天下"的预言。朝廷大臣们也竞相奔走其门下。从此，上官婉儿对武则天由仇视慢慢转为拥护。到中宗李显即位，上官婉儿更是大被信任，中宗被婉儿的才貌所迷，便将婉儿召幸，册封为婕妤，封其母郑氏为沛国夫人。

但此时婉儿并不高兴。因嫌中宗懦弱无能，在武后晚年时，她开始与武三思私通，并在诏命封旨上推举武氏，抑制唐中宗。此时的上官婉儿已变得心机重重，她为了讨好皇后韦氏，将武三思让给了韦氏。

景龙四年，韦后和安乐公主毒死中宗，立中宗年仅16岁的幼子李重茂为帝。韦后称太后，临朝听政，并派上官婉儿商请太平公主，想得到她的帮助。此事未果以后，韦后自当朝政，后来还想杀少帝李重茂和相王李旦。此事被相王第三子李隆基得知，他与太平公主合谋，联络御林军冲入皇宫杀死韦后和安乐公主。李隆基后来诛其逆党时，上官婉儿受此牵连被杀了。"称量天下"的一代才女从此香消玉殒。

韦后谋杀亲夫之谜

韦后是京北万年（今陕西西安）人，唐中宗做太子时，纳她为妃。嗣圣元年（684年），武则天立中宗为帝，封韦氏为后。景龙四年六月初二日，唐中宗被毒死于神龙殿。唐中宗被韦后等人毒死一事在史学界已无争议。但是，对于韦后毒死唐中宗的原因，史学界众说纷纭，主要有两种说法，现摘录如下：

一是韦后私通武三思淫乱后宫谋害亲夫，故而毒死唐中宗。武则天晚年，渐感体力不支，朝中正直的大臣们，都纷纷劝谏武后退居后宫，让中宗登基。武三思得知此事，就主动要求去迎李显返宫，从而为日后立功得宠打下根基。

武三思和中宗可以说是积怨很深，当初，为了太子之位，两人你争我抢，相互谋算对方。武三思此次奉旨来房州，中宗误以为是为取他性命而来，心中恐慌，拉住韦后抱头痛哭，韦后当时也没了主意。正在这时，武三思已走进中宗、韦后居住的阴暗狭小的房中，此时，韦氏什么都不顾，急抢上前去，拉住武三思的手，请他不要宣

朝官进谒图 唐

读圣旨。武三思本来就是好色之徒，当下忍不住抓着韦氏的双臂，扶她慢慢起来，口中道："恭喜王爷王妃，经过我不停地在万岁面前劝谏，好不容易万岁才回心转意，如今圣旨已下来，召王爷王妃回京，王爷将要重登帝位呢。"中宗、韦后像在梦中一般，直到宣读了圣旨，才敢相信，才破涕为笑，即刻盛情款待武三思。第二天，武三思整理好衣物等物品，起程回宫。中宗果然重新做了皇帝，回忆在房州期间的艰苦生活，不免对武三思万分感激，便以高官厚禄来报答他的恩情。

此后武三思对韦后一直念念不忘。通过上官婉儿牵线搭桥，二人私通，中宗却全然不知。

韦后渐渐胆子越来越大，处处不把中宗放在眼里，恣意行事，如中宗稍有责备，便以搬出房州的誓言来回驳。中宗本身就懦弱无能，只得任她胡作非为。武三思在后宫出出进进，竟然畅通无阻。

韦后与婉儿常常在中宗面前，称赞武三思才华出众。中宗任命武三思为司空，同中书门下三品。后来韦后嫌弃唐中宗年老体弱，另找年轻体壮的英俊小生来代替年迈的中宗。中宗在韦后眼里已是废人，故下毒将中宗毒死，才能方便韦后随心所欲，为所欲为。

另一种说法是韦后想篡夺皇位，中宗有所警觉，于是韦后便把唐中宗毒死。

中宗复位不久，武三思就与韦后、安乐公主、上官婉儿等人勾结在一起，狼狈为奸，形成韦武集团，危及中宗皇位。据《新编中国历朝纪事本末》载：韦后阴谋篡位已昭然若揭。景龙三年四月，定州人郎岌发上言："韦后、宗楚客将为逆乱。"韦后下令将其杖杀。五月，许州司兵参军燕钦融又上言："皇后淫乱，干预国政；安乐公主、武延秀、宗楚客谋危社稷。"中宗召他当面诘问，燕钦融神色不变，慷慨陈词，使中宗心有所悟。宗楚客却矫旨让飞骑士兵将燕钦融摔死在殿庭石上，并大呼称快。中宗见宗楚客如此目无君主，心中很是不悦，加之中宗对韦后及安乐公主迫害自己

胞弟相王李旦不满，这引起了韦后及其党羽的不安。景龙四年六月初二日，韦后、安乐公主与经常出入宫掖的散骑常侍马秦客、光禄少卿杨均密谋，在御膳中下了剧毒，中宗中毒死于神龙殿。

杨贵妃真的被缢死了吗

杨贵妃是中国家喻户晓的一位绝代佳人。她那传奇的一生曾触发无数骚客文人的才情，为之吟诗作赋。然而，这位国色天香的美女究竟归宿如何呢？史书记载天宝十五载（756年）六月，洛阳沦陷，潼关失守，盛唐天子唐玄宗狼狈地与众臣逃跑，其爱姜杨贵妃死于马嵬驿。可是，文人赋咏与史家记述是相差十万八千里的，因此杨贵妃的最后归宿，至今还留下许多疑问。

一种观点认为，杨玉环或许死于佛堂。《旧唐书·杨贵妃传》记载：禁军将领陈玄礼等杀了杨国忠父子之后，以"后患仍存"为由，强烈要求赐杨玉环一死。唐玄宗无奈，与贵妃诀别后只得下令，杨贵妃"遂缢死于佛室"。

也有人认为，杨贵妃也可能死于乱军之中，这可从一些唐诗中的描述看出。杜牧的"喧呼马嵬血，零落羽林枪"、张佑的"血埋妃子艳"、温庭筠的"返魂无验青烟灭，埋血空生碧草愁"等很多诗句，都认为杨贵妃被乱军杀死于马嵬驿，而不是被强迫上吊而死。

一些人称，杨贵妃之死存在其他的可能，比如有人说她实际上是吞金而死。这种说法只出现在刘禹锡所作的《马嵬行》一诗。刘禹锡诗中有段写道："绿野扶风道，黄尘马嵬行，路边杨贵人，坟高三四尺。乃问里中儿，皆言幸蜀时，军家诛佞幸，天子舍妖姬。群吏伏门屏，贵人牵帝衣，低回转美目，风日为天晖。贵人饮金屑……平生服杏丹，颜色真如故。"从此诗来看，杨玉环是吞金而死的，陈寅恪先生曾对这种说法颇感新奇，因而在《元白诗笺证稿》中提出质疑。陈氏怀疑刘禹锡听作《马嵬行》一诗，是流于"里中儿"，所以会有很多说法。可是，陈氏也没有排除杨贵妃在被缢死之前，也有可能吞过金，所以"里中儿"才一传十，十传百。

还有一种说法是，杨贵妃没有死在

杨贵妃骊山避暑图 清 袁江

马嵬驿，只是被贬为庶人，并被下放于民间。俞平伯先生在《论诗词曲杂著》中对白居易的《长恨歌》以及陈鸿的《长恨歌传》作了考证。他本人认为白居易的《长恨歌》、陈鸿的《长恨歌传》之本意，蕴含着另一种意思。假设以"长恨"为篇名，写到马嵬就不写了，何苦还要在后面假设个临邛道士和玉妃太真呢？从而俞先生认为，杨贵妃并未死于马

杨贵妃墓
风华绝代的杨贵妃真的葬在这里吗？

嵬驿。当时军中正乱，贵妃不明去向，只有金银散落一地。诗中详细说明了唐玄宗"救不得"之因，因此正史所载的赐贵妃一死，当然绝不会有。陈鸿的《长恨歌传》所言"使人牵之而去"是说杨贵妃被使者牵去藏了起来。白居易《长恨歌》说玄宗回长安后要为杨贵妃重造陵墓，结果是"马嵬坡下泥土中，不见玉颜空死处"，连尸骨都找不到。这就更证实了贵妃也许是被人救出。令人深思的是，陈鸿作《长恨歌传》时，恐怕后人不明其故，所以重点突出"世所知者有《玄宗本纪》在"，而"世所不知"者，今传有《长恨歌》。这分明是暗示杨贵妃没有在马嵬驿死去。

还有一种说法认为，杨贵妃最后逃亡到日本。1984 年出版的《文化译丛》第五期，张廉译自日本《中国传来的故事》一文说，当时马嵬驿被缢死的，乃是个侍女。禁军将领陈玄礼为贵妃美色所吸引，不忍杀之，遂与高力士谋，以侍女代死。杨贵妃则由陈玄礼的亲信护送南逃，大约在今上海附近扬帆出海，经海上漂泊，辗转来到日本久谷町久，最终在日本安度晚年。

但其生死情况究竟如何，至今仍令人难解。

明代"壬寅宫变"之谜

自古以来，防备森严的地方不是监狱，而是皇宫。皇帝为防人行刺，日日夜夜命人巡逻守卫。明朝也不例外。

明朝皇帝的寝宫是紫禁城内的乾清宫。除了皇帝和皇后，其余人都不可以在此居住，妃嫔们也只是按次序进御，除非皇帝允许久住，否则当夜就要离开。

嘉靖年间的乾清宫，暖阁设在后面，共 9 间。每间分上下两层，各有楼梯相通。每间设床 3 张，或在上，或在下，共有 27 个床位，皇上可以从中任选一张居住。因而，皇上睡在哪里，谁也不能知道。这种设置使皇上的安全大大加强了。然而，谁又能防备那些守在他身边的宫女呢？

就是这群宫女，干出了惊天动地的大事，这就是历史上的"壬寅宫变"。"壬寅宫变"发生在嘉靖壬寅年（1542 年），当时史料曾有如下记载：

嘉靖皇帝骑马像

嘉靖二十一年十月二十一日凌晨，十几个宫女决定趁嘉靖帝熟睡时把他勒死。先是杨玉香把一条粗绳递给苏川药，这条粗绳是用从仪仗上取下来的丝花绳搓成的，川药又将拴绳套递给杨金英。邢翠莲把黄绫抹布递给姚淑皋，姚淑皋蒙住嘉靖帝的脸，紧紧地掐住他的脖子。邢翠莲按住他的前胸，王槐香按住他的上身，苏川药和关梅秀分把左右手，刘妙莲、陈菊花分别按着两腿。待杨金英拴上绳套，姚淑皋和关梅秀两人便用力去拉绳套。眼看她们就要得手，绳套却被杨金英拴成了死结，最终才没有将这位万岁爷送上绝路。宫女张金莲见势不好，连忙跑出去报告方皇后。前来解救的方皇后也被姚淑皋打了一拳。王秀兰叫陈菊花吹灭灯，后来又被总牌陈芙蓉点上了，徐秋花、郑金香又把灯扑灭。这时管事的被陈芙蓉叫来了，这些宫女才被捉住。嘉靖帝虽没有被勒断气，但由于惊吓过度，一直昏迷着，好久才醒来。

事后，司礼监对她们进行了多次的严刑拷打，对她们逼供，但供招均与杨金英相同。最终司礼监得出："杨金英等同谋弑逆。张金莲、徐秋花等将灯扑灭，都参与其中，一并处罚。"

从司礼监的题本中可知，嘉靖帝后来下了道圣旨："这群逆婢，并曹氏、王氏合谋弑于卧所，凶恶悖乱，罪及当死，你们既已打问明白，不分首从，都依律凌迟处死。其族属，如参与其中，逐一查出，着锦衣卫拿送法司，依律处决，没收其财产，收入国库。陈芙蓉虽系逆婢，阻拦免究。钦此钦遵。"刑部等衙门领了皇命，就赶紧去执行了。有个回奏记录了后来的回执情况："臣等奉了圣旨，随即会同锦衣卫掌卫事、左都督陈寅等，捆绑案犯赴市曹，依律将其一一凌迟处死，剐尸枭首示众，并将黄花绳黄绫抹布封收官库。然后继续捉拿各犯亲属，到时均依法处决。"圣旨中提到了曹氏、王氏，曹氏、王氏是谁呢？据人考证，她们是宁嫔王氏和端妃曹氏。因此，有人根据这道圣旨得出结论，是曹氏、王氏指使发动了这场宫廷政变。

司礼监题本中记录了杨金英的口供："本月十九日的东梢间里有王、曹侍长（可能指宁嫔王氏、端妃曹氏），在点灯时分商说：'咱们快下手吧，否则就死在手里了（手字前可能漏一个"他"字，指嘉靖帝，或有意避讳）。'"有些人便以这一记载作为主谋是曹氏、王氏的证据。

然而有人则不以为然，认为如果主谋是曹氏和王氏，那么史料上应该记载宁嫔王氏和端妃曹氏的情况，而在以上所述的行刑过程当中，却从未见到过对曹氏和王氏的处置的描述，因此主谋是谁尚不能断定。

"深闺燕闲，不过衔昭阳日影之怨"，是明末历史学家谈迁对此案的看法，但事实究竟如何，无人知晓，因此成为又一桩宫闱之谜。

孝庄太后为何下嫁夫弟多尔衮

　　1644 年，皇太极驾崩。一场激烈的皇位之争展开了。有实力的竞争者有三个人：长子肃亲王豪格、皇太极十四弟睿亲王多尔衮和第九子福临。其中豪格和多尔衮都是拥有实力的亲王，得到八旗部队中半数的支持。这时福临的生母博尔济吉特氏看中了两红旗旗主礼亲王代善的辈分和威望具有能够左右大局的力量，便紧紧拉住代善，使两红旗长支持福临。然后又将镶蓝旗拉至麾下。最后，使多尔衮改变初衷，拥戴福临。幼主福临即位后，多尔衮把持国柄，成为摄政王。

　　《清朝野史大观》这样记载：多尔衮还以顺治的名义向天下颁布诏书：皇叔摄政王现在是单身，他的身份、地位和相貌，皆为国中第一人，太后非常愿意放弃自己的地位嫁给他。因此"太后下嫁"之说自明末清初即已流传，清末排满时重又复炽。

　　至于太后下嫁皇叔多尔衮，一直以来，史学界有着各种不同的看法。有的根本就不承认此事；有的说这件事是千真万确，也是符合满族传统的。满族入关前由奴隶制向封建制迅速过渡，但还保留着兄死则妻其嫂等遗俗，而且博尔济吉特氏既然要为自己的亲生儿子谋皇位，扩大政治势力是其必由之路，因此用新的联姻来扩大自己的势力还是符合情理的。至于下嫁时的规模怎么样，有没有向天下颁发诏书，这还需要进一步的考证。一些颇具历史价值的史书确切地记载了这件事。清蒋良骐在《东华录》中记载说，多尔衮"自称皇父摄政王，又来到皇宫内院"。假如太后没有嫁给他，假如他没有以皇父的身份对待顺治帝，那么，他经常出入内院，恐怕是皇室宗亲所不能答应的。而且，多尔衮死后，朝廷破格追封他为诚敬义皇帝。

摄政叔父王令旨 清

朝鲜《李朝实录》对此事也有记载。书中说，顺治六年二月，清廷曾派使臣到朝鲜递交国书。朝鲜国王李倧从见国书中将多尔衮称为皇父摄政王，便问道："贵国咨文中有皇父摄政王的称法，这是什么意思？"使臣回答："去掉'叔'字，是朝中可喜可贺的事啊。他和皇帝就成了一家人。"

《清圣祖实录》记载说，康熙二十六年十二月，孝庄文皇后得了重病，即将死去时，孝庄文皇后对康熙说："太宗文皇帝梓宫安放在那里已很长时间了，不可因为我而去打扰太宗皇帝的安息。我迷恋你父皇、皇父及你，不忍远去，所以在附近选一块地安葬了就行了。这样，我也没什么可以遗憾的了。"清朝讲究帝后合葬，显然，孝庄文皇后是觉得下嫁皇叔多尔衮，愧对太宗，于是就借口说不愿葬得太远，单独就近安葬。孝庄文皇后的要求不合情理，但作为孙子的康熙是亲耳听到孝庄文皇后的遗言的，当然得遵守，于是他把孝庄的灵柩停放在东陵。到了雍正继承皇位时，才将灵柩葬入东陵地宫。

南明弘光政权的兵部尚书张煌言在《建州宫词》中也讲述了这样一件事实："上寿称为合卺樽，慈宁宫里烂盈门；春宫昨进新仪注，大礼恭逢太后婚。"这事在当时很可能是尽人皆知的，否则，张煌言也不会这样撰写。四川师范大学图书馆收藏着一部《皇父摄政起居注》，注后有刘文兴写的跋。跋称：清宣统初年，内阁库坦妃家君刘启瑞当时是阁读，奉命检阅库藏，得顺治时太后下嫁皇父摄政王诏。于是，这件事便在整个朝野传开了。

另一方面，20世纪30年代，明清史大师孟森著《太后下嫁考实》，力辩此事全无。也有学者认为张煌言诗，不能作为太后下嫁确证。其诗系远道之传闻，故国之口语，诗非信史，不足为凭。而蒋氏《东华录》所记"皇父"，是清君主对某个臣下的尊称，或是清世祖封多尔衮为"皇叔父"后以其定鼎功勋显著，无可晋爵，乃以"皇父"为封。"皇父"之于皇帝仍为臣下。而满族旧俗有直呼尊者为父之例，多尔衮前封"皇叔父摄政王"，满文直译为"汗（君）的叔父父王"，因此这并不表明多尔衮为福临的皇父。

综上所述，"下嫁"是否确有其事，目前难以做出定论，只待新的材料发现和新的研究工作展开，才能解开个中之谜。

董鄂妃身世之谜

清初皇帝顺治是历史上有名的多情种子，他爱美人不爱江山，在自己钟爱的妃子去世后，开始万念俱灰。据民间传说，顺治因董鄂妃去世心灰意冷，遁入空门。而董鄂妃究竟是何人呢？是顺治以一般途径纳入宫中的妃子，还是另有来历？

据汤若望回忆录记载，顺治皇帝狂热地爱上了一位满籍军人的夫人，并在这位军人斥责他夫人时，打了此军人一个耳光，于是这位军人因愤致死，或自杀而死。皇帝于是把这位军人的夫人收入宫中，并封为贵妃。这位贵妃于顺治十七年（1660年）产下一子，皇帝本预备立他为将来的皇太子。但是这位皇子竟于数星期之后死去，其母不久亦去世。这与《御制董妃行状》中说董妃"后于酉冬生荣亲王，未几王薨"的记载相合。于是有人推测董鄂妃实为这位军人之妻。

不过，谁是那个军人，为什么他的夫人在宫禁中竟能自由出入，实是耐人寻味。从其夫人与皇帝的亲近情形看，必为近臣。有人于是开始猜测此军人即是顺治之弟太宗第十一子博穆博果尔，即襄亲王。此人卒于顺治十三年（1656年）七月初三日，终年16岁。董鄂妃于同年八月间在其18岁时即被册封为贤妃，从时间上推测，正好27天的服制刚满。

对董鄂妃进宫时情形，当时诸种史书均没有做过详细的记载，仅仅有顺治在挽词中说她在18岁时，以其德优而被选入宫中。可是选秀制度规定，超过17岁的女子就没有权利参加选秀了。董鄂氏若18岁时才去应选，别说"以德选入掖庭"，就是和众"合例女子"竞争而进宫做侍女的可能性都很小。那时选秀的合适年龄一般在13～16岁之间，若把初选、复选、择配、成婚和与襄亲王一起过日子的时间等因素考虑在内，董鄂妃参加选秀的年龄应在15岁左右，也就是顺治十年前后。董鄂氏进宫后没多长时间，顺治便将其赐为襄亲王博穆博果尔的妻子。

清初有各宗室及亲郡王命妇轮番入侍后妃制度，作为襄亲王妻子的董鄂氏，当然有进宫的资格。长时间周旋于内宫，这样自然而然就有机会与皇帝交往。顺治十一年四月，孝庄太后觉察到儿子与他的弟媳之间有不正当的勾结，赶忙命令停止命妇入侍后妃之例，说以前根本没有此定制，应"严上下之体，杜绝嫌疑"，这似乎就是针对顺治与董鄂氏的不正当关系而言。

襄亲王与顺治是同父异母的兄弟，而董鄂氏却是襄亲王的妻子。顺治这种强占弟媳的可恶行为当然不但有辱国体、宗门和家法，更严重的是恶化了满蒙贵族的政治关系，因此孝庄太后当然要竭力反对。首先，她废弃了亲王郡王命妇入侍后妃的旧例，以便不让儿子和董鄂氏继续来往，接着册立孔四贞为东宫，想使顺治转而宠幸孔四贞，可是她所做的一切均没有效果。顺治为了得到弟媳，逼死胞弟，夺占弟媳。对于顺治的种种行为，孝庄太后在无可忍耐时终于亮出"撒手锏"，将董鄂妃除去，也因此导致了顺治出家的闹剧。

以上说法只是一些人的推测而已，在民间，关于董鄂妃的来历还有另一种说法，认为董鄂妃即为明清之际江南名妓董小宛。

董小宛姓董名白，字青莲，又字小宛，她在19岁时嫁给了当时有名的才子冒襄。冒襄的《影梅庵忆

董小宛像

语》记载了董小宛的生平，《忆语》中追述她的生平时不吝笔墨，但对小宛生病及丧葬等事却语焉不详。冒襄写道"到底不谐，今日验兑"，似乎董小宛不是病死，病死应作悼亡之辞，而不至于生出"不谐"之叹。于是有人推测说冒襄以小宛被掳之日作为祭辰，托言小宛已死，实则被掳入宫，赐姓董鄂，晋封贵妃了。

到底董鄂妃是顺治弟媳，还是民间传说之董小宛，尚无人做出肯定的结论，董鄂妃的来历与顺治是否出家一样，成为千古之谜。

慈禧是如何除去顾命大臣的

慈禧太后是家喻户晓的名字。关于她的事，史书、影视等反映较多，几乎泛滥成灾。慈禧太后叫那拉氏，因祖居叶赫，通称叶赫那拉氏。那拉氏是满洲镶蓝旗人。父亲惠征，曾任安徽徽宁池广太道道员。咸丰元年，那拉氏17岁，选入后宫，封懿贵人。4年后晋封懿嫔。再过两年，生皇长子载淳，进封懿妃，次年晋封懿贵妃。这时，那拉氏在宫中位居第二，地位仅次于皇后钮钴禄氏。

慈禧太后像

由于那拉氏受过一定文化教育，通汉文，浏览过史书，因此经常出入办理政务的殿阁，帮助身体虚弱的咸丰理政，参与政事。3年以后的咸丰十年，那拉氏随咸丰帝逃往热河。她以果断的判断力和惊人的记忆力渐渐崭露头角，表现出了在政治上的野心。咸丰帝惊讶、钦佩之外，日益对那拉氏的参政感到恼火。逃奔热河以后，辅弼大臣肃顺乘机进奏，力劝咸丰像汉武帝那样立太子而杀太子的生母钩戈夫人，除掉那拉氏以绝后患。咸丰懦弱不忍，对此犹豫不决。但这件事却使那拉氏心惊胆战，惶惶不可终日，唯恐哪一日有不测之祸降临。

咸丰十一年七月，咸丰帝病逝，太子载淳即位，为清穆宗，年号同治。

咸丰临死时命令怡亲王载垣、郑亲王端华、协办大学士户部尚书肃顺、御前大臣景寿及军机大臣穆荫、匡源、杜翰、焦佑瀛八人为赞襄政务王大臣总摄朝政，奉6岁的皇太子载淳即位。慈禧对肃顺等人掌权后使她"声威大减，诸所钻求，不敢轻诺"（见于《热河密札》）的局面极为反感，必欲去之而后快。实际上，肃顺等人也与那拉氏一直针锋相对，如同世仇。

慈禧太后首先策动东太后钮钴禄氏站在自己一边，同八大辅臣对抗。接着，秘密联络留守北京办理洋务的咸丰帝六弟恭亲王奕䜣。奕䜣一直受到肃顺等人的排挤，也十分不安。几天以后，奕䜣在各国大使的默许下，以奔丧为名，赶到热河和西太后那拉氏密谋。据薛福成的《庸庵笔记》记载，叔嫂见面后，"两宫皆涕泣而道三奸之侵侮，因密商诛三奸之策"，并决定回京发动一场政变，"今各兵九月十二日到此"

（见于《热河密札》）。为保证回京途中的安全，派胜保带兵在北京至承德间沿途布防，以免肃顺等人先行下手，遭其暗算。而奕䜣这时也争取到外国列强的支持，向慈禧保证"外国无异议，如有难，唯奴才是问。"（见于王闿运的《祺祥故事》）。双方进行了两个小时的秘密协商，谈话的主要内容大约有两个方面，一是推翻赞襄制度，由他们掌握国家大权；一是准备发动政变。奕䜣回京后与亲信僧格林沁胜保掌握了清廷的嫡系武装，与

慈禧垂帘听政处

慈禧站在了一边。御史董元醇进奏谄媚，奏请两宫皇太后办理朝政。两太后召见载垣等辅臣入议，载垣等以本朝未有皇太后垂帘听政为由，拟旨驳回。西太后那拉氏不发折旨，引起了一场激烈的争论。

咸丰十一年九月二十八日，两宫太后和小皇帝一行抵京郊，奕䜣出城迎接，双方在当天开始密商政变后的政治权力的划分问题。次日，西太后那拉氏命肃顺等大臣护送咸丰帝灵柩回京，自己则偕幼子载淳和载垣、端华等走小道先行回京入宫。这天，先由两太后在宫中召见奕䜣、文祥、桂良、贾桢、周祖培等人，在经过一番哭诉、试探，确信留京大臣对诛除肃顺等人毫无异议之后，随之抛出九月十八日奕䜣在热河行宫草拟的"上谕"。内称："载垣、端华、肃顺朋比为奸，总以外国情形反复，力排众议……特面谕载垣等，着照所请传旨。该王大臣奏对时，哓哓置辩，已无人臣之礼。拟旨时又阳奉阴违，擅自改写，作为朕旨颁行，是诚何心？且载垣等每以不敢专擅为词，此非专擅之实迹乎？此皆伊等辜负皇考深恩，联若再事姑容，何从仰对在天之灵？又何以服天下公论？载垣、端华、肃顺着即解任……"（见于《清代档案史料丛编》）

这时，载垣、端华尚不知发生了何事，当两太后召见奕䜣等人时，竟在宫门外大喊大叫进行阻止。紧接着又迅速发下一道"谕旨"，将载垣、端华、肃顺革去爵职拿问，交宗人府会同大学士及六部、九卿等官共议其罪。这时，肃顺则刚走到京郊密云，睿亲王仁寿、醇郡王奕谡连夜赶去，在卧室中将其拿获。最后处死肃顺，令端华、载垣自尽，将景寿等革职充军。

十月初一日开始对参加政变的王大臣论功行赏，任命恭亲王奕䜣为议政王。

十一月十一日，举行登基大典，次日，慈禧便开始了长达半个世纪的垂帘听政。

名人谜团

中国历史每走到关键处，总会出现几颗璀璨的星。他们或成就了惊天动地的盛世伟业，或留下了可歌可泣的千古传奇，或咏叹了大千世界的波澜壮阔，或展现了世间的人情冷暖、世态炎凉。因为他们的出现，中国的历史才被演绎得如此的丰富多彩。

名人自然而然地受到世人的关注，名人背后的谜团也为人津津乐道。世事的变幻和岁月的沧桑依然掩盖不住那些谜团所散发出来的魅力，被历史尘封了的古籍卷宗中透露着揭开谜团的蛛丝马迹。人们不会因为年代久远就失去了追寻真相的兴趣，相反，那些充满了传奇与神秘的往事正等待着人们去探求，去阐述。

黄帝是传说中的人物吗

古书中有"三皇五帝"的说法，其中"五帝"是指东方太皋、南方炎帝、西方少昊、北方颛顼和中央黄帝。而传说中，黄帝是中华民族的祖先。然而，他究竟是人还是神？为什么被称为"黄帝"？现在仍然众说纷纭，没有统一的说法。

有学者认为，黄帝是神话传说中的雷电之神，后来才崛起而为中央黄帝。相传他长有四张脸，能同时顾及东、西、南、北四个方向。无论什么地方发生了事情，总逃不过他的眼睛。后来，他战胜了东、西、南、北四个天帝，建立了自己的神国。

黄帝和炎帝停战言和后组成的统一的部落联盟，成为中华民族的祖先。所以，今天的中国人自称"炎黄子孙"。

也有学者认为，黄帝实有其人，他应该是原始社会末期一位部落联盟的首领。《史记·五帝本纪》记载："黄帝者，少典之子，姓公孙，名轩辕。生而神灵，弱而能言，幼而徇齐，长而敦敏，成而聪明。轩辕之时，神农氏势衰，诸侯相侵伐，暴虐百姓，而神农氏弗能征，于是，轩辕乃习用干戈，以征不享，诸侯咸来宾从。"

这些记载似乎说明历史上的黄帝实有其人，是中华民族的形成与发展的创始者。因此，说他是人更有道理。那么，他又为什么被称为"黄帝"呢？

据说，黄帝在五个天帝中，是管理四方的中央首领，又因专管土地，而中原的土地是黄色的，故名"黄帝"。学者们认为，这反映了上古时期人们对黄土地的崇拜。古史称他为"以土德为王"。后世之人以此而崇尚黄色，把黄色演变成一种权力和尊贵的象征。历代帝王穿的"龙袍""马褂"都是黄色，就是由此引发而来的。

在中国的历史典籍和神话传说中，都有许多关于黄帝的记载，但因年代久远，许多说法都已经无法考证。然而，黄帝作为中华民族的始祖却是不容置疑的。

周公为什么没有取周成王而代之

西周时期，周武王驾崩，太子成王年纪尚小，关于周公作为叔父如何处理当时朝中政治局面的这一问题，从春秋时期到现在，一直是众说纷纭。《左传·僖公二十六年》称，周公曾"股肱周室，夹辅成王传"；《左传·定公四年》又记，成王在武王之后继位时，"周公相王室以尹天下"；《史记·周本纪》也载，由于天下刚刚稳定，成王还在少年时期，"周公……乃摄行政，当国"。从这些可了解周公只是"夹辅"或"相"成王，"摄（代为）行政"，并没有篡夺王位的意思。《孟子·万章》说得更为详细，"周公尔有天下"。

然而有些史料中记载，周公的所作所为并不是这样的。

《荀子·儒效》和《淮南子·记论训》都说，周公想要夺取天下。清代王念孙《读书杂志》解释说，周公想要得到天子的皇位。《礼记·明堂位》和《韩诗外传》卷三又称：周公想要坐上天子的位置。《尚书·大传》更明确指出，周公身居要位，管理着天下的国事。据今所考，《尚书·大诰》中的"王"把文王称为"宁王"，也称作"宁考"。"考"，是对已故父亲的称呼。文王的儿子是周公，文王的孙子是成王，所以只有周公才能称文王为"考"。《尚书·唐诰》又载："王若曰：孟侯，朕其弟，小子封。"周公的同母弟是康叔，"封"即为康叔之名。《康诰》中的王对康叔称"弟"，显然这个"王"又是周公。据上述条件可知，身居王位的周公的确自称为王。

为什么周公会僭位称自己为王呢？根据《尚书·金縢》的记载，周公曾对太公、召公说："我不管理国家，我没有办法告慰我的先王。"众所周知，武王死后，国家还未统一东方，这就有待于让自己的子嗣完成统一大业。由于成王尚年少，不能担负起这个重任。周公经过深思熟虑，觉得如果自己不称王，则各诸侯就会造反，先王的统一大业将毁于一旦，自己死后无法向先王交代。《荀子·儒效》也说，周公"履天子之籍"的原因是"恶天下之倍（背叛）周"。的确，由于刚创下基业，政局不稳定，成王年幼无知，还没有治理国家的能力；如果想巩固新生政权，就需要经验丰富的君主。其实，武王在临死前也想把王位传给周公。《逸周书·度邑解》记武王曾称赞周公为"大省知"，认为只有周公"可瘳于兹"，能稳定周初的政局，因而主张"乃今我兄弟相为后"，应该由弟来继承王位。当武王把自己的想法告诉了周公时，周公"泣涕共手"，即感激又害怕，并说自己不能这么做。这足以证明，周公并不是想篡权夺位。故《韩非子·难二》说："周公旦假为天子七年。"他也只是代替成王打理国事，等成王长大再主动交出权位。《汉书·王莽传》载，群臣上奏说："周公掌握大权，那么周朝就有道，且王室安稳，如若不然，周朝就有灭国的危险。"正因如此，周公才以天子的身份，对众多的大臣发号施令，常常称为天命。很明显，周公是为整个江山社稷作打算，才会"假为天子"。

但是，有些史料对此还有另一种说法。《荀子·儒效》记载说，周公屏除成王而继接武王来治理天下，有人说"偃然固有之"，这怎么不是想篡位呢？《史记·燕召公世家》又记当时"召公疑之",《鲁周公世家》也记载周公对太公、召公解释过这个问题。召公、太公都是贤明之人,如果当时周公安分守己,怎么都怀疑他呢?特别是管叔、蔡叔他们都害怕周公的所作所为对于成王会有很大的威胁,所以才会发生暴乱。看着管、蔡的表现,足以证明他们对周王朝的忠心。关于管叔、蔡叔"受赐于王""开宗循王"之事,在《逸周书》中的《大匡》《文政》等篇中都有记载。所以顾颉刚曾说:"他们二人确实是武王的好助手。"周公运用计谋让他的哥哥按照"兄弟相为后"应该继位的管叔到京城以外的地方做官,又在管、蔡发动暴乱起兵东征杀死了他。

孔子身世之谜

孔子是我国历史上伟大的思想家、政治家、教育家,儒家创始人,孔子本人也被称为"圣人",是历代统治者所尊崇的对象。他的卓越思想,是我国乃至世界思想界宝贵的财富,让人们推崇备至。然而由于史籍记载的模糊和理解史籍的不同,致使孔子的出身问题,千百年来纠缠不清,以至于后世有这样一个看法,就是认为孔子是"私生子",这是以史书中对孔子"野合而生"的记载为依据的。

大史学家司马迁在《史记·孔子世家》里记载:"孔丘生而其父叔梁纥死,葬于防山。"防山在鲁东。孔子问他父亲的坟墓在什么地方,但是母亲颜征在不愿告诉他。为什么颜征在不愿告诉孔子?这是因为"叔梁纥与颜征在野合而生孔子"。换句话说,孔子是"私生子"。汉朝时候的郑玄为《礼记·檀弓》作注时也认为,孔丘的父亲和颜氏野合而生下孔子,颜氏感到可耻而没有告诉孔子,孔子后来也对自己的出身情况讳莫如深。"孔丘疑其父墓处,母讳之也。"

夫子洞
孔子出生前,其父母曾在山东曲阜的尼丘山祈祷。故而孔子出世后,取名丘,字仲尼。上图是尼丘山的夫子洞,传说是孔子的出生地。

圣人孔子竟然是"野合"而生?这不是有些不可思议吗?有人持反对的态度。他们认为,产生这个看法的原因即是读这句"不知其父墓殡于五父之衢"的时候在"墓"字的后面断句了。古文断句是不打标点的,那么同样一段文字就会产生不同的看法。清朝雍正年间的一个举人在《檀弓》中,把"不知其父墓殡于五父之衢"连起来念,"墓"字后面不断句,这样就产生了第二种看法,即孔丘在三岁的时候父亲就死掉了,后来孔母也去世了。孔子想将父母合葬,但是不清楚埋在鲁城外东南部的父亲墓是"丘"葬，还是安葬深埋的。所谓"丘"葬就是浅埋的，它是一种过渡性的坟墓，可以改葬，而深埋的坟墓则是正规的坟墓，不能改葬了。对于这样一个大事，孔子自然十分慎重，他为此特地拜访了一位老人，打听到父亲的坟墓是"浅埋的"，孔子这才把父亲的骨骸迁过来，和自己的母亲合葬在防地。因此，在整个事件中，根本就不存在"母讳之"的问题。孔子是正式婚姻的结晶，不是私生子。这个举人认为，自从司马迁以来，读者都把"不知其父墓"断为一句，因此才造成了后世这样大的疑案。

也有说法认为，孔子父母正式结过婚，但是年龄差距太大了，所以被时人称为野合。《孔子世家》记述，叔梁纥原来的妻子是鲁国的施氏，生的9个孩子都是女孩，所以他又娶妻，生下男孩孟皮。但是孟皮的脚有毛病，于是他就求婚于颜氏。颜氏在姊妹中最小，她遵从父亲的命令，与叔梁纥完婚。既然颜氏与叔梁纥成婚是明媒正娶，为什么还会有野合的现象呢？唐朝司马贞写的《史记索隐》说："今此云'野合'者，盖谓叔梁纥老而征在（颜氏）少，非当壮初笄之礼，故云野合，谓不合礼仪。"也就是说，当时男人30岁称"壮"，女子15岁及笄，头发上首次戴簪，才准许结婚。叔梁纥老了，颜征在还年少，并不是壮年初笄，所以叫"野合"。

有人认为，古代婚嫁时的礼品很多，一样礼也没有，就被别人说成是私奔野合。梁玉绳在《史记志疑》一书中则认为这种说法是有破绽的，《孔子世家》已经说得很明白，颜征在是听从父亲意见后而出嫁的，既然是从父命的正式婚姻，怎么会产生六礼不备的情况呢？（当然，孔子父亲当时是否因为经济原因而缺礼，世俗是否因为其礼未备遂起流言，"孔丘是野合而生"，我们无从得知。）梁玉绳进一步认为，所谓野合是因为这对夫妇曾经"祷于尼丘而得孔子"，因而被演绎成"野合"。

颜征在向尼山祷告，祈求神灵降福给她儿子，当时叫"野合"，这种现象在后代也有，例如安禄山的母亲向轧荦山祷告生安禄山。"春秋公羊学家，所谓圣人皆感天而生，此即野合而生也。"根据现在存在的尼山以及孔子"生而首上圩顶"、如尼山之形的说法，乃至庙内至今还供奉着的叔梁纥、颜征在、孔子、孔子之子孔鲤、孔子之孙孔伋的牌位。崔适在《史记探源》中写道：此文疑作"纥与颜氏女祷于尼丘，野合而生孔子"。也就是说颜征在在尼丘山扫地为祭天之坛而祷之，遂感而生孔子，因此被称为"野合"。

关于"野合"，现代学者从婚姻制度方面进行考察得出下面的看法。他们认为，孔子所处的时代虽然早已经是男权的社会，但是原始社会所遗留下的偶婚制对当时社会还有一定的影响。野合之风不仅在春秋时代没有消失，实际上在战国时代也时有发生。这反映了时代的婚姻痕迹。或许，孔子对这种野合风俗很不提倡，感觉这是很不文明的，所以他才千方百计地将自己死去的父亲母亲合葬在一起，作为一夫一妻的标志。这种行为与孔子提倡"礼教"以及其他的倡导文明的思想是相一致的。

孔子的身世到底怎样？大多数人都将孔子乃"野合而生"看作是可信的，但是更具体的，迄今仍众说纷纭，还有待于史学家的进一步研究。

屈原为何投汨罗

"长太息以掩涕兮，哀民生之多艰"，"路漫漫其修远兮，吾将上下而求索"——这些都是伟大的政治家、文学家屈原留下的光辉诗句。屈原是中国历史上第一位杰出的浪漫主义诗人。他忠君爱国，忧国忧民，一生都在与邪恶势力做不屈不挠的斗争。然而，当时楚王信任奸佞小人，屈原一次又一次地受到迫害。最后，楚都被攻破，屈原自沉汨罗，谱写了中国历史上爱国主义的可歌可泣的诗篇。历史上一向认为屈原是殉国，然而关于其死因，后世除了这一看法外，还有许多其他的看法，所以屈原自沉汨罗的原因也就成了一个让世人争论不休的谜。

清代的王夫之认为屈原自沉是为殉国。屈原哀叹自己的国都被攻破，国家被灭亡，人民颠沛流离，无家可归。昏庸腐朽的顷襄王又不能抵御强秦。眼看着自己的国家即将被灭掉，屈原无比的痛苦，于是便自己投进了汨罗江以殉国难。现代人郭沫若也坚持并发展了这种说法。他说，"屈原活到了六十多岁，他的流窜生活已经过了好久，然而他终究是自杀了。自杀的动机，单纯用失意来说明，是无法说通的。屈原是一位理性很强的人，而又热爱祖国，从这些推断来说明，他的自杀应该有更严肃的动机。顷襄王二十一年的国难，情形是很严重的。那时，不仅郢都被破灭了，还失掉了洞庭、王渚、江南。顷襄王君臣朝东北避难，在陈城勉强地维持了下来。故在当年，楚国几乎遭到了灭亡。朝南方逃的屈原，接连受到迫害。一定是看到了国家的破碎已无可挽救，故才终于自杀了。"

而姜亮夫等人则认为屈原之所以自杀是为了自己光明磊落的道德理想。诗人在自己的绝命词《怀沙》中庄严地说："世界混沌没有人了解我，人心不能说啊。知道死亡是不能躲避的，因此希望不要吝惜它。明白地告诉君子，我将成为他们这一类人。"正是在这种"举世皆浊我独清，举世皆醉我独醒"的黑暗世界中，屈原才愤而投江，捍卫自己的高洁。不仅仅如此，坚持屈原自杀为"洁身"的人还强调，尽管屈原不是因为白起攻破楚郢都而"殉国难"，但他是激愤于昏君佞臣的不识忠良、祸国殃民才愤而投江的。这样的死，不是怯懦，也不是想要逃脱责任，而是以死来表明自己对邪恶势力的抗议。虽然他的死同样是出于对楚国前途和命运的担忧，但从最实质的意义上讲，他是为了自己的道德理想而死。

第三种说法是认为屈原在奸佞横行的楚国受到严重的迫害，不断被流放，但是他的忠君爱国之心，从来不曾

屈原卜居图 清 黄应谌

泯灭。他没有办法使楚王觉悟，只好投水而死，希望以自己的死来唤起楚王的觉悟。这就是有些人的"尸谏"的看法。

当时楚怀王已死掉，顷襄王继位后变本加厉。屈原一直主张联合齐国抵抗秦国。但是这个时候的顷襄王早已忘记国土沦丧、父亲被骗客死异国的国耻家仇，反而与齐国断交，认秦国为好友；内部则骄奢淫逸，任凭奸佞弄权。就这样，全国上下内无良臣守备，百姓离心，外有虎狼之秦国，楚国已经面临着亡国的大祸。满怀救国济民之志的诗人受谗言而遭受罢黜和放逐，欲报国而无门。顷襄王最后一次放逐屈原时，屈原感到自己的报国之梦已经完全绝灭。诗人身心交瘁，他怒斥了楚王的昏聩，并写下了"不毕辞以赴渊兮，惜壅君之不识"的诗句，决心以死谏来震醒无能的庸君。

为了证明这一点，还有人在"尸谏说"的基础上，增加了屈原效法彭咸一说。屈原《离骚》中有"愿依彭咸之遗则"一句。据说彭咸是殷朝的贤良大夫，他劝谏君王而不被采纳，于是便投水而死。屈原既"愿依彭咸之遗则"，"将从彭咸之所居"，则暗示了自己最后在衰志不堪时，将选择投江道路，以死作最后的一谏。

除了以上 3 种分析，后世乃至当今文学界历史界还有人从屈原的心理倾向、政治人格等方面来讨论屈原死因。前者认为屈原充满了悲剧性的双重人格，这种人格精神必然使他发狂，从而必然走向悲剧。后者认为屈原崇圣和忠君的政治人格酿成了他自杀的悲剧，因而他的死实际上是一种"殉道"行为，也就是对理想的坚持。这些说法更多地吸收了西方精神分析的方法，与其说是分析屈原投江的原因，更多的不如说是现代人的一种文学上的分析，所以不足为后世广泛流传。

伟大的诗人投江自尽了，留给后世的是无尽的叹息。今人以各种形式纪念这位具有伟大情操的人物，因此无论从哪个角度分析屈原自沉汨罗的原因，无论屈原自沉之谜何时能够解开，这位高尚诗人永远都是不朽的，亦将鼓舞更多的人。

韩非死亡之谜

中国历史上最早从理论上提倡"权术"论的人物恐怕就是韩非了。韩非是战国时期韩国人，著名的思想家。他曾经拜荀卿为老师，继承和发扬荀卿的法学思想，同时又吸取法学前辈李悝、吴起等人的学说，最终成为法家的集大成者。韩非的"法治"思想，以及提出的"法""术""势"等主张，对后世产生了极大的影响。因为当时正是群雄争霸之时，韩非的这种封建君主专制理论，是很适用于当时情势的。据说秦王嬴政看到他的文章后，非常急于得到韩非。但是韩非来到秦国后不但没被重用，反而很快被投入秦国监狱走上了不归之路，这是因为什么？

韩非像

韩非（前 280 ~ 前 233），战国末韩国人，法家学说的主要代表人物。

　　有人认为韩非是死于李斯的嫉妒陷害，这种说法自从王充《论衡》中阐述"韩非之死，乃李斯忌才所致"后，已经成为史学界普遍的看法。司马迁《史记》中也有这样的记载。《老庄申韩列传》中记载到，韩非出身于韩国的贵族世家，师从荀子，与后任秦国宰相的李斯为同窗学友。适值韩国日渐衰落，韩非屡次上谏韩王变法图强，却不被韩王所用。于是韩非发愤著书十余万字，来阐发自己的法治主张。这些作品后来传到秦国被秦王嬴政看到。嬴政读后大为叹服，激动地说如果自己能够得到韩非这个人，则"死不恨矣"。当得知韩非是李斯同学时，便下令攻打韩国，索要韩非。韩王本就不想用韩非的主张，现在自己处在秦国的攻打下，毫不吝惜地将韩非献出，美名曰将韩非"派遣到秦国"。

　　韩非到了秦国后马上被秦王接见。据说韩非本人有点口吃，但是他深刻的思想令秦王折服。秦王非常赏识韩非，大有相见恨晚之意。李斯看到这个情形，深知自己不如韩非，感觉自己的地位受到了严重的威胁。于是李斯对秦王说："韩非是韩国公子，他能真心为大王您吗？现在大王想吞并诸侯，他终究会为韩国而不能为秦国，这是人之常情。不能为秦国效力，大王您现在又留着他甚至送他回国，这是祸患的开始。不如找个过错用法律把他诛杀吧。"李斯这段话说得非常有技巧，句句充满对秦王和秦国的忠诚。一向对李斯很信任的秦王觉得李斯言之有理，便下令查办韩非，将韩非囚入监狱。李斯的目的初步达到，当然不能允许自己的计划落空。为了尽快铲除了韩非这个威胁，避免因秦王后悔而生出他事，他派人送去了毒药。韩非很想到秦王面前申诉，狱卒和李斯却不给他这个机会。可怜的韩非，昨日还是秦王座上客，今日就成了阶下囚，含冤而死。待到秦王后悔让人赦免韩非时，发现韩非已经死了。而李斯则说韩非是畏罪自杀，秦王半信半疑，但人已死了，也只有作罢。

　　也有人为李斯申冤，说李斯不可能杀韩非。原因有很多。若李斯是嫉贤妒能之人，他又何必把韩非的作品介绍给秦王？并且当时秦王不过是对韩非很赏识而已，还没有对韩非加以重用，作为当时绝对有权的李斯来说，韩非还不足以构成对自己的威胁吧。在这种情况下，李斯为什么要加害韩非呢？

　　与李斯"奸嫉贤良"版本相反的是，《战国策》中所记载的韩非之死则是说韩非自取灭亡。当时，楚国、吴国、燕国和代国四个国家打算联合起来抵抗秦国，秦国派姚贾出使四国。姚贾用重金贿赂四国，瓦解破坏了四国计划。姚贾回国后受到秦王重赏。韩非就攻击姚贾拿国家的钱自己去交朋友，还指出姚贾出身的低贱。姚贾在秦王面前反驳说，以财宝来贿赂四国，出发点是为了秦国谋利，而不是为了自己的利益。如果是为了自己交朋友，何必又返回秦国呢？虽然自己的出身低贱，名声不好，但是有一颗效忠君主的心，哪里像有些人，只是在那里说却不做任何实际的事情，专门挑别人的毛病。秦王认为姚贾的话非常有道理，更加信任姚贾，而对"挑拨是非"的韩非则冷落起来，最后杀掉了韩非。这样看来，韩非遭到杀害，是因为他自己嫉妒别人，是搬起石头砸了自己的脚。

　　后世人还认为，杀害韩非是秦王的主意，李斯就算是再受到秦王的宠幸，他也不敢自作主张杀死韩非。为什么说是秦王自己的主意呢？秦王嬴政是一个寡恩多忌的人，尽管他爱惜贤才，欣赏韩非的理论，但是韩非出身于韩国贵族这一事实终究不能消除秦王对韩非的戒心，始终害怕韩非会暗中为韩国出力。并且，韩非来到秦国后，只是谈自己的君主集权主张，不谈统一天下（作为韩国公子的韩非也不可能谈），因此，秦王并不重用他。但是，放回韩非，必定又要给韩国增添了一个抵抗秦国的好帮手。秦王怎么可能放他回去？相反，若是杀了韩非，不但他的学说可以为自己所用，而且也为秦国铲除了威胁，不是一箭双雕吗？这样分析，秦王杀死韩非是必然的了。这还可以从《史记》中看出来，书中说秦王对韩非的死感到后悔，但是他可曾去追究李斯的擅自谋杀罪？可曾为死去的韩非正名？不过是简单的"后悔"而已。

还有人认为，是李斯等大臣杀死了韩非，但是这并不能说明韩非死亡的实质，韩非实际是死于秦国和韩国之间的政治斗争。战国时期，各个诸侯国都极力保全自己，尤其是竭力对抗秦国这个一心消灭它国统一天下的大敌。韩国派韩非出使秦国，实际上就是为了保全韩国。李斯和韩非两个人，一个忠心于秦国，一个热爱韩国，两个人之间的矛盾是不可避免的。韩非必然要破坏李斯攻打韩国的计划，而李斯站在秦国要兼并六国的立场上，必然也要揭穿韩非出访秦国的目的。韩非与李斯、姚贾的矛盾冲突并不是如《战国策》中所说的是韩非个人的嫉贤妒能，也不是李斯本人与韩非有什么个人恩怨，而是秦国与韩国政治斗争的反映。所以说，韩非的死是当时秦与韩尖锐的矛盾斗争的反映。

关于韩非的死因究竟如何，韩非究竟是死于谁手，至今也没有更确凿的证据。一代大思想家死因未明是个历史的遗憾，但是想到韩非的理论终为后世所用且影响至今，韩非本人也算是重于泰山了。

王昭君为何出塞

"千门万戟赴荆门，生长明妃尚有村。一去紫台连朔漠，独留青冢向黄昏。"这是大诗人杜甫写王昭君的著名诗句。王昭君是历史上的四大美人之一，西汉时出塞到匈奴。有关昭君出塞的史料，《汉书·匈奴传》和《后汉书·南匈奴传》等正史中都有所记载，但是，关于昭君出塞的原因，却一直是个众说纷纭的话题。

昭君出塞首见于《汉书·匈奴传》。该传记载说："竟宁元年，单于复入朝……自言愿婿汉氏以自亲。元帝以后宫良家子王嫱字昭君赐单于。单于欢喜……王昭君号宁胡阏氏，生一男伊屠智牙师，为右日逐王……复株累单于复妻王昭君，生二女，长女云为须卜居次，小女为当于居次。"昭君出塞后大约460多年，范晔在其《后汉书·南匈奴传》中又对此事做了进一步的说明，解释了昭君出塞的原因，说她入宫后多年未受召幸，因而心生怨愤，正当此时匈奴呼韩邪单于到汉宫求亲，于是昭君就向元帝求行，自愿合番。临行前，"昭君丰容靓饰，光明汉宫，顾景裴回，竦动左右"。元帝被昭君的美貌震惊，非常后悔，但是又没办法失信于匈奴，所以只好让她去了匈奴。范晔的这种说法基本上是一个完整的故事，指出昭君出塞的原因是她多年不得见幸于皇上，在怨愤的情况下自愿合番的。而后代文人在此记载和民间传说的基础上添枝加蔓，逐渐演化成一个个情节丰满的昭君出塞故事，而各种故事关于昭君出塞的原因又不尽相同。

比较常见的说法是昭君受奸人陷害不得不去匈奴。据说，汉元帝有很多的后宫佳丽，因此不可能常见到每个宫女。于是他让画工给各个宫女画像，按照画像选召宫女。宫女们为了能被皇帝召幸，不惜重金贿赂画工，希望把自己画得漂亮些。初入宫廷的昭君未得此道，又自恃貌美，不愁皇帝不召见。所以当画工毛延寿给自己画像的时候，

昭君出塞图 明 仇英

昭君出塞的故事在唐宋两代主要出现于诗词里，从北宋中期开始，成为常见的绘画题材，元明清三代，更是频繁出现于各种文学艺术作品和手工艺制品当中。

她不仅没有贿赂毛延寿，相反还对毛的暗示加以讽刺。毛延寿很生气，所以就把昭君画得很丑。就这样昭君在后宫消磨了几年青春。

恰好这时候匈奴呼韩邪单于来朝，要求娶汉家女子为妻。元帝正愁无法抵御匈奴的侵犯，见呼韩邪单于来朝求娶，觉得正是开展和亲外交的好时机，立刻就赐其五名宫女。昭君久居深宫，寂寞冷清，积怨很深，于是她主动要求远嫁匈奴。汉元帝见有如此主动的宫女，马上就答应了她的请求。

辞行的大会上，昭君将自己盛装打扮，她的明艳动人令满庭佳丽黯然失色。元帝见到昭君帝惊叹不已，非常后悔，但是既然已经将她许给匈奴王，自然君无戏言，所以只好忍痛割爱，让她出塞和亲。但失去如此绝代佳人使他大为恼火，于是杀掉了索贿作弊的画工毛延寿。

据史载，昭君的和亲使汉匈关系从此和睦，边境安宁，百姓安居乐业。昭君本人也很受呼韩邪单于的宠爱，称其为"宁胡阏氏"，意思是说通过这次和亲，将与汉家建立永远和好安宁的关系。汉元帝也很高兴，下诏改元为竟宁元年，表示取得永久和平相处的局面。

这个故事描写了一个弱女子牺牲个人以保护国家，并且是在满怀怨愤的情况下远嫁塞外，因而昭君赢得了后世的同声叹息。但是这个带有唯美倾向的故事往往被认为是文人骚客抒发自己对君主不满的方式。并且有人查证，这个故事中的一些情节与史实是有出入的。

首先，匈奴经过汉武帝时期的征讨以及内部的纷争，势力已经大减。到汉宣帝时，呼韩邪单于曾两次到长安觐见汉皇，决心归依汉朝，协助汉朝征服保护边境，因此这个时候边境形势已经趋于和平安宁。等到汉元帝即位的时候边境已经安宁，

这才是改年号竟宁的原因。并且正是竟宁元年时呼韩邪单于来朝求亲，说明并不是因为昭君的出塞使边境安宁。

其次，毛延寿索贿不成报复王昭君的说法，很可能源于笔记体小说《西京杂记》。这本书是由晋代好事的文人缀合而成的，成书时间距昭君时代有300多年。画工丑化昭君而被杀的故事本来是小说家言，而后世又将《西京杂记》中所列六名画工之首的毛延寿当作导致昭君悲剧的罪魁祸首，更是有附会的嫌疑。

第三种说法更为浪漫，颇似后来唐玄宗痛舍杨贵妃的情节。

这个说法说，才貌双全的昭君与汉元帝一见钟情，恩爱无比。而画工毛延寿获罪朝廷后逃窜到匈奴，向单于献上昭君的画像，并盛赞昭君之美貌。单于于是向汉朝强索昭君，并欲发动战争。元帝最后迫不得已，割爱送昭君出关。单于得到昭君后，对昭君宠爱有加，并主动与汉室和善，送解毛延寿归汉，为元帝所斩。后元帝因思念昭君，怏怏成疾，当年就死去了。两年后，昭君因不愿改嫁而保节自尽。后人对昭君出塞对边境安宁所作出的贡献推崇备至，写诗赞道："为救苍生离水火，甘教薄命葬烟尘"，"将军杖钺妾和番，一样承恩出玉关。战死生留俱为国，敢将薄命怨红颜"等，高度赞扬了昭君的忠君爱国精神。元代散曲家白朴曾有《汉宫秋》传世，大致采用此说，只是写昭君在去匈奴的途中，投水自尽，更为悲壮。

关于昭君出塞原因的说法，民间传说和史籍记载各不相同，有些不乏为后世杜撰的东西，因此可信度不高。但是由于史料没有对此做出明确记载，所以昭君出塞的原因依旧是一个谜。杜甫说"一去紫台连朔漠，独留青冢向黄昏"，也许，昭君的青冢只能在历史中继续诉说自己的故事了。

"闭月"之貌出谁家——貂蝉身世之谜

在古代四大美人中，最迷人的当属貂蝉了，因为她竟让英雄豪杰为之神魂颠倒；也数她最不可捉摸，因为人们至今还没有弄清楚她的本来面目。关于她的身世，主要有以下4种观点。

第一种观点认为她是王允的歌妓。王允，东汉太原祁县（今属山西）人，字子师。初为郡吏，灵帝时，任豫州刺史，献帝登基后任司徒。王允为了铲除董卓，想用美人计来达到目的。于是他想到了貂蝉，王允对她说明了其中情由及利害关系，并要求她助一臂之力。貂蝉按王允的要求，以她的美色挑起了吕

貂蝉像

布和董卓之间的矛盾，最后，利用吕布杀了董卓，为王允排除异己立下了汗马功劳。事成后，貂蝉在花园里为王允祈祷拜月，正巧此时有一片彩云遮月。王允见之曰：

"貂蝉美色使月亮躲到云后面去了。"据此，后人都传说貂蝉有"闭月"之容。

第二种观点认为她是董卓的婢女。董卓，东汉陇西临洮（今甘肃岷县）人，字仲颖。本为凉州豪强，灵帝时，任并州牧。昭宁元年（198年）率兵入洛阳，废少帝，立献帝，专断朝政。曹操与袁绍等起兵反对，他挟献帝西迁长安，自为太师，后来为吕布所杀。据《后汉书·吕布传》载："卓以布为骑都尉，誓为父子，甚爱信之。常小失意，卓拔戟掷之，布拳捷得免。布由是阴怨于卓。卓又使布守中阁，而私与侍婢情通，益不自安。"这段记载的就是凤仪亭掷戟之事。由此可知，貂蝉是与吕布情通的董卓婢女。

第三种观点认为她是吕布之妻。据《三国志·吕布传》注引《英雄记》载："建安（汉献帝年号）元年六月，夜半时，布将河内郝萌反，将兵入布所治下邳府，诣厅事阁外，同声大呼，布不知反将为谁，直牵妇，科头袒衣，相将从溷上排壁出，诣都督高顺营。"又载："布欲令陈宫、高顺守城，自将骑断太祖（曹操）粮道，布妻谓曰：'宫、顺素不和，将军一出，宫、顺必不同心共守城也，如在蹉跌，将军当于何自立乎？妾昔在长安，已为将军所弃，赖得庞舒私藏妾身耳，今不须顾妾也。'布得妻言，愁闷不能自决。"这里描述的这位科头袒衣的妇人，就是吕布之妻貂蝉。

还有一种观点认为她是吕布部将秦宜禄之妻。据《三国志·关云长传》注引《蜀记》曰："曹公与刘备围布于下邳，云长启公：'布使秦宜禄行求救，乞娶其妻。'公许之。临破，又屡启于公，公疑其有异色，先遣迎看，因自留之。云长心不自安。"从这段记载中可知秦宜禄的妻子是很有姿色的。另外，因为关羽先想娶其为妻，可是由于曹操"自留之"，所以引起关羽的妒忌。他妒火中烧，一刀便把秦宜禄的妻子给杀了。元人杂剧《关公月下斩貂蝉》就是以此事创作而成。因此，秦宜禄之妻也成了传说中的貂蝉。

貂蝉作为四大美女之一，其红颜薄命委实令人悲叹。

曹操为何至死不称帝

看一下曹操的一生，不管他自己怎么说，他是由不自觉到自觉地在一条通向帝王的道路上一步步前进着。如果说建安元年（196年）前曹操在这方面的努力还只是一种不动声色的铺垫，那么从建安元年起，他就开始在这方面迈出了坚实有力的步伐。建安元年八月，曹操亲至洛阳朝见汉献帝，随即挟持汉献帝迁都许昌，将献帝变成了自己手中的一个傀儡和一张王牌，取得了"挟天子以令诸侯"的优势。献帝任命曹操为大将军，封武平侯，后来因为袁绍不满，曹操才将大将军的职位让给袁绍，自己改任司空，兼车骑将军，并从此开始主持朝政。

随着实力的增强，曹操对于朝政的控制也越来越严密，献帝的傀儡化程度也就越来越深了。

建安二十二年（217年）四月，献帝诏令曹操设置只有天子才可使用的旌旗，外出时像皇帝那样，左右严密警戒，不让行人通行。五月，曹操修建了诸侯有权享受的学宫泮宫。六月，曹操任命军师华歆为御史大夫。十月，献帝诏令曹操像天子那样头戴悬垂有十二根玉串的礼帽，乘坐专门的金银车，套六马。同时，封长子五官中郎将曹丕为魏国太子。

就这样，曹操完成了夺取帝位和世袭权力的所有准备，在通向帝王的道

曹操逼宫年画

路上，几乎已经走到了终点。曹操不但早已在事实上控制了朝廷的一切大权，使自己成了一个实际上的皇帝，而且在形式上，他也同皇帝没有什么两样了。曹操唯一没到手的，只不过是一个皇帝的名号而已。

事实上，曹操的代汉意图早就昭然若揭，但至死他也没有迈出最后的一步。他要把这最后一步让给自己的儿子完成。曹操为什么自己不称帝呢？主要考虑到以下几个方面：

其一，孙权劝他称帝是从自己的利益出发的。首先，孙权认为这样做可以获得曹操的信任，从而实现吴、魏之间的和解，自己就可以专心对付蜀汉。襄樊之役中，孙权为了从刘备手中夺回荆州，从背后袭击关羽，帮了曹操的大忙，但却得罪了刘备。吴、蜀之间长达十年的联盟关系就此结束，这时他比什么时候都更需要缓和同曹魏的矛盾，否则会陷入腹背受敌的不利境地。其实，孙权认为曹操如果真的称帝，拥汉派将会强烈反对，曹操因此陷入困境，减轻对吴国的威胁。因此，孙权阳奉阴违，曹操看穿了孙权的意图，不肯轻易上当。

其二，从当时形势看，如果贸然称帝，确实会给政敌和拥汉派势力一个舆论上的借口，使自己在政治上陷入被动。综观曹操的一生，内部的反对和反叛大都发生在他被封为魏公、魏王之后，就是最好的证明。因此，继续维持献帝这块招牌，对于安抚拥汉派，巩固内部，仍有不可忽视的作用。

其三，至少从建安十五年（210年）起，曹操一再"自明本志"，说自己绝对没有代汉自立的意图，言辞恳切，说了差不多十年，现在如果突然改变主意，否定自己，对自己的声誉名节必然会造成不利影响，不如坚持把戏演下去。

其四，更重要的是，曹操是一个讲求实际的人，只要掌握了实权，虚名并不重要，"施于有政，是亦为政"一语，是他内心想法的真实写照。

此外，建安二十四年（219年）曹操已65岁，年纪大了，估计自己将不久于人世了，这也可能是他不愿称帝的一个原因。

总之，曹操不当皇帝，是从策略上全面权衡得失后所作出的决定，是一种周密而明智的谋虑。

郑和为何下西洋

郑和，我国乃至世界航海史上最出色的航海家之一。明朝永乐三年（1405年）至宣德八年（1433年）的29年间，他奉明成祖朱棣之命，7次下西洋，先后到达非洲、亚洲两大洲的30多个国家和地区，最远到达非洲的东海岸，创造了远程航海史的壮举。可惜当年郑和航海的全部档案都被当时的兵部侍郎刘大夏付之一炬，后人难以对郑和航海的史料加以详细考证，于是就有了关于郑和航海的诸多谜案，其中一直让后世学者疑惑不解的是郑和下西洋的动机。人们的问题是：郑和为何下西洋？朱棣称帝后为何忽然将目光转向了茫茫大海？

关于郑和下西洋的第一种说法是认为郑和远航乃是奉明成祖朱棣之命，寻找建文帝。

众所周知，明成祖朱棣是通过谋反登上皇位的。当初建文帝朱允炆为了巩固皇权，相继废削了握有军政大权的周王、齐王、代王、岷王等藩王的职权。燕王朱棣唯恐自己被废，并且他对皇位觊觎已久，早就不甘心让自己的侄子为帝，所以就借口"朝无正臣，内有奸恶"，起兵谋反，号称为"靖难"。战争持续了4年之久，朱棣取得了最终胜利，登上了皇位，随即将都城迁至北京，称明成祖，改年号为永乐。就在朱棣大军攻破南京城时，建文帝朱允炆在一场大火中下落不明。虽然朝廷宣称建文帝已经在大火中丧命，但是朱棣心里明白这只是为了安定民心的做法，建文帝实在是"不知所终"，甚至他一直怀疑建文帝已经出逃。这种推测自然让有"篡位"之名的朱棣不得心安，为了彻底除去建文帝卷土重来的可能性，他多次派人四处秘访建文帝的下落。郑和就是朱棣派出寻找建文帝下落的一支。近年来，有学者考证说，为了寻找建文帝，郑和不但下西洋，而且3次东渡扶桑，到日本去过。

第二种说法说寻访建文帝最多不过是郑和远航的一个附带任务，说他是"专程"寻找建文帝踪迹则不合情理。他们认为郑和的远航有军事目的。如《明史·郑和传》说郑和远航"欲耀兵异域，示中国富强"；近代学者梁启超说，郑和下西洋是"雄主之野心，欲博怀柔远人，万国同来等虚誉"；尚钺在《中国历史纲要》中也指出，郑和下西洋"大概是想联络印度等国抄袭帖木儿帝国的后方，牵制它

郑和像

郑和（1371～1433），本姓马，小名三保（宝），明云南昆阳（今晋宁）人。明初入宫为宦官，赐姓郑，并为内官监太监。永乐三年（1405年）奉命与副使王景弘等率舰通西洋。之后，又远航6次，先后经30余国。最后依次航行回国后，病死于南京。

的东侵"，从而保证明朝的安全。而以郑和航海时的巨大规模，势必也能够实现这个目的，因为在郑和远航的 15 世纪，世界范围内还少有如郑和船队那样大的规模和气势，船队所展示出的强大的军事实力足以震慑异域。

第三种说法认为郑和航海以经济目的为主。明成祖为了增加财源，弥补财政亏损，派郑和出海远航。史实表明，郑和的船队与其所到之处的居民开展了很多的经济贸易，不仅满足了明朝官方对外贸易上扩大市场的需求，而且沟通了西洋大国对明朝的"朝贡贸易"，收效甚好。并且有史料表明，明代的中国已经被纳入世界贸易体系，与亚洲、非洲的几十个国家都有贸易往来，不但明朝官府、周边国家，甚至连沿海官绅、百姓都从中获得了巨大的经济利益。鉴于这样总体的经济环境，说郑和远航是出自经济目的是有一定根据的。

第四种说法认为郑和航海以政治目的为主。朱棣知道自己有篡位的坏名声，所以在他登基后积极采取各种措施来塑造一个好君主的形象。郑和下西洋的巨大规模向外界展示了自己所统治的国家的恢宏气势，这正是朱棣造成万国来朝的盛世局面以稳固政权的方式，并且也借此瓦解政敌势力。学者根据史料分析，郑和前三次航海，与东南亚、南亚沿海诸国建立了友好关系；后四次则向东亚以西的未知世界探访，开辟了新航路，使海外远国都"宾服中国"。也就是说，郑和远航已经达到了朱棣的既定目标。此外也有人说，郑和下西洋是政治和经济的双重目的，是"一箭双雕"的行为。

第五种说法则认为上述的诸种说法都有失偏颇，他们认为郑和下西洋是有阶段性的目的的。前三次的目的大致有三：一是追寻传说中逃往海外的建文帝的下落；二是镇抚海外的臣民，同时也是为了炫耀国威；三则是为了扩大海外贸易，沟通与南洋诸国的联系，保持南部海疆的和平。之后的四次下西洋，更多的则带有探险和猎奇的性质。朱棣是一个雄心勃勃的人，对南亚以西的未知世界很感兴趣，同时也想让他们对自己所统治的明王朝有更多的认识，因此派郑和开辟新航路，让海外诸国"宾服中国"。

尽管有这么多关于郑和远航原因动机的推测，但是至今并没有真正的结果。一个大陆国家为何要进行如此大规模的远程航海，也就在刘大夏对史料的"付之一炬"中成了千古难解之谜。

于谦被杀之谜

于谦，字廷益，号节庵，少时即"慨然有天下为己任之志"，永乐十九年（1421年）中进士，走上仕途。他为官廉正，极有才干，又因在宣德元年（1426年）镇压汉王朱高煦叛乱中的出众表现而受到宣宗赞赏。宣德五年（1430年），于谦任兵部右侍郎，多次上书，兴利除弊，但引起权贵不满，遭谗被贬，后因边防吃紧，入京任兵部左侍郎。土木堡之变后，瓦剌大举南犯，于谦运筹帷幄，捍卫了明朝，立下了盖世功勋。而后于谦大力改革军制，受到景帝重用。但同时也引起了更多人的嫉妒，最后被诬陷入狱，于景泰八年（1457 年）被处死。一代名臣于谦突遭横祸，成为千古奇案。

于谦像

此事还得从明英宗时说起。史载，英宗正统十四年，年仅 23 岁的英宗不听劝阻，受自己佞臣王振的唆使，下令自己御弟郕王朱祁钰驻扎京师，自己亲自点精兵 50 万挥师北上，迎战蒙古瓦剌部，结果在土木堡兵败被擒。

古语说得好：天下不可一日无主。可是此时此刻，英宗已成异邦阶下囚，皇太子尚年幼无知，也先部落随时都可能兵临北京城，这怎能让大臣们不忧心如焚呢？

当年九月，在大臣们的拥戴下，郕王登基，是为景泰帝。可虽然这样，依然无法平定民心，英宗带领的 50 万精兵已全军覆没，京城仅余不足 10 万的兵力，且都是羸弱之卒。一些贪图享受、贪生怕死的大臣这时候煽动王公贵族向南逃，侍讲徐珵甚至公开地散布谣言，声称天降灾祸，唯有南逃才可以消灾免祸。

大臣们不停争吵，景泰帝无所适从。就在这时候，新任兵部尚书于谦再次站出来，厉声喝道："凡倡议南迁者，立斩不饶！"

翌年，也先惨败，向明朝请和。因此，在瓦剌过了一年游牧生活的英宗被迎回北京，被迫接受"太上皇"的尊号，住到了南宫。

景泰八年一月，皇帝突然身染重病，卧床不起，这便为新年的宫廷罩上了一层阴云。景泰帝废了英宗皇储，立自己儿子为太子，不料未满一年，他唯一的儿子却死了。从这时起，皇储之位始终未定，这理所当然地成为宫廷阴谋活动的极好温床。

就在正月十六夜里，武清侯石亨、太监曹吉祥、都御史徐有贞等趁皇帝卧病休养、朝廷内外人心浮动之机，把做梦都想复辟的"太上皇"朱祁镇迎回了金銮大殿，而朱祁钰在其兄复位的欢庆声中撒手人寰。

英宗复位后，徐有贞、石亨等少不了加官晋爵。他们大权在握，就着手下一步的行动：陷害忠良，排除异己，首当其冲的就是于谦和王文。石亨始终嫉恨景泰帝让于谦做兵部尚书，再加上北京保卫战中于谦明智地否决了自己拥城固守的方案，石亨对此耿耿于怀。而那徐有贞正是那时候散布谣言、鼓吹南逃的徐珵。

石亨、徐有贞等捏造王文、于谦"逢迎景泰篡位"，并且声称于、王二人看到景泰帝一病不起，就阴谋迎立襄王。英宗对那两个奸臣毫不怀疑，所以命石亨和他的党羽都御史萧维桢主持会审。

萧维桢、石亨对王文、于谦进行严刑拷问，逼迫其承认一切罪行。王文对其无耻行径非常气愤，厉声质问道："召迎亲王必须有金牌，派人也要有马牌才行，现在这两样东西在哪里？"问得那两个奸臣无言以对。于谦冷笑着对王文说道："你无须费口舌了，这是他们的诡计，目的就是置你我于死地，辩解也是徒劳。"

一连审了几天，于、王二人依然不招供。石亨等人又缺乏证据，只好以谦和王文阴谋迎立外藩为名，请求凌迟处死这二人。明英宗念及于谦的功劳，不太情愿地签发了处死王文、于谦的旨令，但是，他把凌迟改为斩首。

几天后，王文、于谦慷慨就义。

袁崇焕被杀之谜

袁崇焕是明朝末年主持抗击后金的著名将领。明朝末年，后金军队进攻明朝，袁崇焕率领部队东征西战，曾一度收复辽东失地，沉重打击了后金军队，为保护明朝立下了汗马功劳。然而就是这样一位杰出的军事将领，却在崇祯二年即1629年的十二月被崇祯皇帝逮捕下狱，第二年的八月被杀害。袁崇焕为什么会被崇祯帝杀死？他究竟犯了什么罪使得崇祯帝如此发怒？这一直是历史上被人关注的问题。

一般的看法都认为，有功之臣袁崇焕之所以被崇祯帝所杀，是因为崇祯帝听信了阉党余孽的诬告，中了皇太极的反间计。也就是说，袁崇焕是被崇祯帝误杀的。明朝与后金军队开始作战的时候，后金军队在关外两次被袁崇焕军击败。后金军队领教了袁崇焕的厉害后，于崇祯二年避开了辽东防线，转而绕道进攻北京，这就是历史上的"己巳之变"。袁崇焕闻讯快速回京师援助，在北京城下再一次痛击后金军队。后金军再次吃了袁崇焕的苦头后，皇太极深知，如果不除掉袁崇焕，进取中原是不可能实现的，于是他心中顿生一计。这就是"反间计"。

早在后金军进攻北京的时候，朝中就有人散布流言诬陷袁崇焕，说袁崇焕是有意引金兵深入，目的是为了结城下之盟。这些流言使崇祯帝疑心大起。关于皇太极施行的反间计，蒋良骐《东华录》有详细的记载，文中说，开始的时候后金军队抓获到明朝的两个太监，命人严密看守。这时候副将高鸿中和参将鲍承先遵照皇太极的计谋，故意坐在离两太监不远的地方，假装做耳语状说："今天我们撤兵，不过是个计谋……袁巡抚有密约，事情马上就能大功告成了。"当时姓杨的太监在那里仔细地窃听两人的谈话。时辰到庚戌时，后金军将两个太监放了回去。杨太监回到皇帝身边后急忙将袁崇焕与后金有密约的事告诉了崇祯帝，至此崇祯帝对袁崇焕背叛自己的事情深信不疑，"遂执袁崇焕入城，砾之"。袁崇焕的兄弟和妻子也受到株连，被流放到几千里外的边远省份。据说，后金军队的这个反间计得益于皇太极对《三国演义》的喜欢。皇太极平素经常读《三国演义》，对其中的奥秘非常清楚。这个计划就是他巧妙用《三国演义》中的"蒋干中计"策，借崇祯帝之手剪除劲敌袁崇焕。崇祯帝不幸中了敌计，将忠臣误杀。这种自毁长城的举动使东北防备受

袁崇焕像
袁崇焕（1584～1630），字元素，号自如，广西藤县人，祖籍广东东莞。天启二年（1622年），擢兵部职方主事，自请守辽。六年守宁远，击败努尔哈赤，以功授辽东巡抚。第二年败皇太极，获宁锦大捷。崇祯元年（1628年）起为兵部尚书，督师蓟辽、登莱、天津军务，镇宁远。二年，杀大将毛文龙。不久率军解京师之围。随后，被崇祯帝下狱，次年被杀。

到了极大的影响，从而直接导致了明朝的迅速灭亡。

但是有人对这个说法提出了疑问：皇太极固然熟知兵法计谋，难道崇祯帝就是个无知的庸才吗？历史记载证明显然并非如此。一些研究者认为，崇祯帝杀袁崇焕根本是蓄意杀戮，而不是清朝后来津津乐道的因中"反间计"而误杀。袁崇焕被杀的真实原因，是崇祯帝担心袁崇焕及其东林党人妨碍他的专制皇权，袁崇焕是皇权与大臣之权冲突的牺牲品。

明朝年间太监专权是很常见的现象。崇祯帝即位后，为了除掉阉党对自己的威胁，起用东林党人，有效地削弱了阉党对皇权的威胁。但是当阉党对皇权的威胁减弱时，崇祯帝又开始削弱大臣的势力，即从依靠东林党转而回归到依用阉党群小。袁崇焕正是在这个环境下崛起的，自然成了阉党余孽倾陷的对象。袁崇焕耿直、豪放，敢说敢为，这正是阉党余孽所畏惧的，也是所有的皇帝所不喜欢的。同时袁崇焕又主持整个对后金的战局，有很大权势。自古以来臣子权势稍重必然容易遭到皇帝的猜忌，偏偏崇祯帝的猜忌心又是极强的，他之所以开始起用东林党人又继而起用阉党就是为了实现自己旺盛的专权欲望。这个时候的袁崇焕无疑是走在钢丝上，稍有不慎就会惹上杀身之祸。然而也很不幸的，袁崇焕是一个好的军事将领，却不能洞察君主的心思，他先斩后奏杀了明辽东悍将毛文龙就是一大不慎，崇祯帝"骤闻，意殊骇"。尽管事后袁崇焕亦悔悟道："毛文龙是大帅，不是像我这样的臣子所该擅自诛杀的。"但是这件事让崇祯帝心中杀袁崇焕的想法已经坚定。明末史学家谈迁就说，袁崇焕擅自杀死毛文龙，"适所以自杀也"。

崇祯帝开始时之所以不杀袁崇焕，一方面是缺少足够的借口，更主要的原因是那时崇祯帝对袁崇焕"五年复辽"充满了期待，因此暂时容忍了袁崇焕目中无君的举动，只是在暗中采取了很多监视和牵制的措施。"己巳之变"之后，后金兵大举入犯，继而围攻北京城，这时的崇祯帝对袁崇焕复辽已经不抱希望，至此君臣之间脆弱的依存关系不再存在，杀袁崇焕就是必然的了。而正在这个时候，皇太极施行了反间计，内廷阉党也捏造了袁崇焕引敌协和、擅主和议、专戮大帅三大罪状，崇祯帝立刻借此机会将袁崇焕投入监狱。

说崇祯帝是中了皇太极的反间计，这是不能服人的。因为人们可以根据史料得知，从袁崇焕的入狱到被杀戮，前后共有八九个月，这么久的时间里，崇祯帝是有足够的时间来辨明是非的。同时还有史实表明，反间计、诬告并不能瞒过崇祯帝，也就不足以置袁崇焕于死地。崇祯帝决定杀袁崇焕，是从巩固皇权、防止大臣结党、彻底摧毁东林党势力这些目标出发的，反间计只是为促成崇祯帝逮捕袁崇焕下狱制造了一个合适的借口而已。

自古"信而见疑，忠而被谤"，忠臣们的下场果真都是这样的吗？袁崇焕究竟是为何被杀？是君主昏庸不能识别敌人的诡计，还是君主猜忌不能留下权臣？谜的破解还需要后世的进一步考究。

李自成真的当了和尚吗

李自成，明末农民起义军的著名领袖，号称"李闯王"，他所领导的农民起义直接推翻了明王朝的统治。就在他已经率领军队进入北京城，准备登基称帝的时候，由于明将吴三桂迎清兵入关进攻起义军，李自成迎战失利，被迫退出北京向西撤退。此后，这位领袖的结局——死于何时何地，因何而死，直到今天仍然是众说纷纭、莫衷一是。

目前，流传较广的说法有两种：一是削发为僧，圆寂而终；一是兵败后被杀。

关于李自成出家为僧的说法，最早见于乾隆年间澧州知州何璘《澧州志林·书李自成传后》。他认为，李自成兵败后，"独窜于石门夹山为僧"，法名"奉天玉和尚"。所谓夹山，即夹山寺，该寺内遗有与此说相关的一些碑记塔铭、诗文残板，以及奉天玉和尚的骨片和包括宫廷玉器在内的许多遗物，寺西南15千米有遗冢岗，岗上有传为闯王疑冢的墓40余座。何璘说自己到夹山进行考察时曾见到一位口音似陕西人且服侍过奉天玉和尚的老僧，此僧对何璘出示了奉天玉和尚的画像，特别像史书所记李自成的模样。此外，1681年所作的《梅花百韵》木刻版中，有"金鞍玉镫马如龙"和"徐听三公话政猷"等诗句，说话口吻和气势显然与一般的和尚迥然。其弟子野拂所撰碑文及有关文物，又都可与何璘的文章互相引证，显示出奉天玉和尚应该就是李自成。

至于李自成出家为僧的动机，人们分析说这是形势所逼。当时农民起义军的敌人是清军，抗清已经成为当务之急，因此，必须联合国内的其他武装力量来对抗清军。根据当时的形势，李自成可以联合的力量，只有湖南何腾蛟拥立的唐王朱聿键部。这就面临着一个问题：联合何腾蛟，部队就必须交何腾蛟指挥，但是何是唐王的，李自成已经是皇帝，皇帝怎能听从宰臣？这在情理上是难以接受的。并且，李自成逼死崇祯皇帝，深恐唐王不能谅解他。所以，李自成就采取了假死、隐居等做法避开矛盾，让他的妻子高氏和李过出面与何腾蛟联合，从而实现自己抗清的夙愿。

有人否定李自成出家为僧的看法，他们认为何璘的记述并不可靠。如奉天玉和尚的画像与史书记载李自成"状况狰狞"的面目有出入；根据《梅花百韵》中诗歌的口气就下结论过于武断，如此等等。

那么，李自成的结局是什么？他们认为，通山县九宫山才是李自成的最后归宿。《清世祖实录》记载说："被俘贼兵俱言，自成窜走时，携随身步卒二十人，为村民所困，不能脱，遂自缢死。因遣素识自成者，往认其尸，尸朽莫辨。"另一种记载说，清顺治二年五月初二，李自成东征途中转战江南，为清军所挫，折向湖北，兵败单骑脱逃至九宫山，曾于黄土洞中躲藏，后来误入圈套，被程九伯手下的寨勇包围而战死。

假使李自成真地被杀死在九宫山，那么就有了一个新的问题，即他是死在湖北的九宫山还是湖南通城的九宫山。300多年来，在史学界占主导地位的说法是后者。

今天通城九宫山附近居住的续、廖、杨、姚等百姓中间，还流传着一种说法，这在同治《通城县志兵事》有所载，说李自成被害后，他的侄子李过夺回李自成的尸体，以衮冕葬在罗公山下（通城九宫山的又一名），并灭了一个村子而后离去。这也可以证明李自成是死在湖南通城的九宫山。

关于李自成的归宿，依旧是一个难解之谜。

郑成功暴死之谜

郑成功是我国著名的民族英雄。明清之际，台湾被荷兰殖民者占领。明永历十五年（1661年），郑成功率领将士

郑成功用过的大刀

数万人，从厦门出发，经过澎湖，在台湾鹿耳门的禾寮港登陆，对荷兰总督所在地赤崁城进行了围攻。8个月的激烈战斗后，荷兰总督终于投降，台湾回归祖国的怀抱。之后，郑成功在台湾建立了行政机构，推行屯田，极大地促进了台湾社会经济的发展。可以说，郑成功对祖国统一所做出的贡献是彪炳千秋的。

然而就在郑成功收复台湾仅仅5个月之后即1662年6月23日，正当郑成功想要在台湾进一步有所作为的时候，他却忽然死去，年仅38岁，留给后人无限的惋惜。由于关于郑成功的死因没有确切可依据的史料，也就给后人留下了深深的疑惑，以至众说纷纭。

同时代人对于郑成功死亡情况的记载都比较简单。不过几乎所有的史籍都记载郑成功是病死的，一般是说他"偶伤寒""感冒风寒"。同时代人李光地在《榕村语录续集》中还提到"马信荐一医生以为中暑，投以凉剂，是晚而殂"。

正是由于过于简单的记载，导致了后世人的种种猜测。于是有人说郑成功是由于"狂怒而闷窒致死"，有的说是"身染肝郁病症，内伤外感，又缺药物，终致死亡"，还有人说郑成功得肝病、肺结核病、恶性疟疾、流感等，外国学者乔治·菲力浦甚至认为郑成功是得了"骤发癫狂"的疯狂病。看来郑成功最后得病是可以肯定的。

也有人在心理上和精神上寻找郑成功死亡的原因。当时郑成功的儿子郑经与乳母通奸生子，郑成功下令将其处死，郑经惊恐之下竟然想要和清军妥协，这使性格刚强且崇尚礼教的郑成功在精神上受到了极大的刺激。除这个外，由于清政府的海禁给粮食接济造成了重大问题，吕宋华侨受到西班牙殖民者的残酷迫害，永历皇帝蒙难，祖坟被掘，自己的父亲等10余人被处死在北京等等，如此多的事情任哪一件都足以造成对郑成功的打击。继而一次急性感冒作为直接原因夺去了身体处于疲惫虚弱状态的郑成功的命。

诸多说法中，最骇人听闻但是也最广为流传的说法是郑成功乃为人毒死。

夏琳的《闽海纪要》中说，郑成功当时的病并不严重，病中"尚坐胡床谈论，人莫知其病"。汪日升的《台湾外纪》也有类似的记载，说在他死的当天，他还"登

台观望"，然后回书室，请《太祖祖训》出，边阅看边饮酒。如此谁会相信他是病死的？因而，林其泉先生指出，根据郑成功临终前的异常情况以及当时郑氏集团内部的矛盾，可以推断郑成功是被人用毒药毒死的。林先生进一步分析了郑成功被人害死的理由。

当时郑氏集团内部暗藏着很多危险因素。郑成功的儿子郑经生活失检，对郑成功十分畏惧；兄弟侄子辈中的郑泰长期掌管郑军的财政大权，拥资数百万，虽得郑成功的信任，但是却心怀叵测。郑泰一心想让郑成功在困难和打击下自败，结果不仅没有如愿以偿，台湾反倒在郑成功的努力下形势大好，这当然使郑泰感到不安。如此他孤注一掷，毒杀郑成功就是有可能的了。此外，郑成功平时纪律严明，赏罚分明，性情又十分暴烈，使包括他的长辈亲族在内的很多人被处以极刑。这自然引起了一些人的不满和恐惧。人心惶惶下，最容易引起解体和离心，"其下常惧诛"，"人多思叛"。结果不少人在清政府的高官厚禄下叛逃，另一部分很可能会铤而走险，支持和参与阴谋篡权，甚至谋划杀害。

根据史料记载，历史上暗杀郑成功的活动不止一次。据说，清王朝曾多次收买郑军内部的人来实施暗杀。有一次收买了郑成功的厨师，计划在食品中投放孔雀屎来毒杀郑成功，后来此事虽然没有造成严重的后果，但是足见反对势力对郑成功的谋杀阴谋是存在的。

另一个疑点是马信的死。马信是清朝的降将，后来投靠郑成功任都督并得到了郑成功的信任，他在郑成功死后神秘死亡。郑成功去世的当天，马信曾经"荐一医生以为中暑，投以凉剂"，当天晚上郑成功就死了。人们分析认为，马信很可能直接参与了谋杀郑成功的行动，至少了解一部分内情。谋杀的主谋者收买了马信，事后又来个杀人灭口，以防止其泄密。

从郑成功临死前的状况看，也完全可推断他为中毒而死。汪日升的《台湾外纪》说他"以两手攀面而逝"，夏琳的《闽海纪要》说他"顿足抚膺，大呼而殂"，吴伟业《鹿樵纪闻》说郑成功死时"面目皆抓破"，沈云《台湾郑氏始末》说他"啮指而卒"等等。所有的这些记载，都可以看作是毒性发作时的症状。《闽海纪要》还记载说郑成功临终前都督洪秉诚调药以进，被郑成功扔到了地上，然后"顿足抚膺，大呼而殂"。为什么会有这样的举动？可能郑成功当时发现了有人在毒害他，只是为时已晚。

郑成功的死在当时也引起了人们的怀疑，大家都认为这是一起谋杀，主谋就是郑泰。如前文所说，郑泰早就居心叵测，有篡权之心，很可能还与清政府有勾结，他很可能就是谋杀郑成功的凶手。可惜郑成功的继承人郑经在逮捕郑泰后，发现郑泰有大量银款放在日本，于是就将注意力集中到银款上，并且他原本就对父亲的死存有侥幸，当然不愿意进一步追查。因此，郑成功的死因也就没有得到认真的追究，当然几百年后，就更疑雾重重了。

郑成功被毒死一说，毕竟只是在蛛丝马迹中的一种猜测，并没有直接的文献记载加以证明。要破解这位民族英雄的死因之谜，还需要我们更进一步的努力。

清代名将年羹尧为何被雍正赐死

提起年羹尧，人们就会想起血淋淋的血滴子，因为在传说中，年羹尧总是用血滴子残酷地杀死其对头。在为雍正除掉许多对头之后，年羹尧也没有得到好下场，最终为雍正所杀。但雍正为什么要杀掉年羹尧呢？人们众说纷纭，莫衷一是。

年羹尧，字亮工，康熙三十九年（1700年）中进士。为人聪敏，豁达，娴辞令，善墨翰，办事能力亦极强。后受到雍亲王的重用，各皇储争夺皇位时，他利用自己的精明才干，时时向主子雍正出谋献策，奔波游说，深受青睐。更使主子高兴的是，年氏将自己的亲妹妹献给了他，以示忠诚。那时，主仆二人曾发誓，死生不相背负，从此交情更加深厚。君有情，臣有意，再加上年氏的才能，官阶越升越高，不到十年即升为四川巡抚。接着，又升为川陕总督，独掌军政大权，成为雍正心腹。

年氏受到雍正的宠幸是在雍正二年（1724年）十月年氏来京陛见以前，具体地说，在七月中旬以前，即平定西海叛乱以后。年氏手握重权，荣立青海大功，君臣之间，无猜无疑，如雍正所谓"千古君臣知遇榜样"。但七月中旬后，尤其是陛见抵署以后，即十二月初，雍正使出浑身解数开始置年氏于死地，雍正为什么转变得这么快？年氏的死因究竟是什么呢？

有人认为年羹尧的死与雍正帝夺嫡有关。学者孟森的《清代史》、王钟翰的《清世宗夺嫡考实》等持此说。据说康熙帝临终时指定十四子胤禵嗣位。四子胤禛串通年羹尧、鄂尔泰、隆科多，矫诏篡位。其时，十四子胤禵在西北为抚远大将军，原可挥兵争位，然受制于川督年羹尧，遂无能为力。胤禛即位后，改元雍正，为酬报年羹尧拥立之功，大加恩赏。然而这不过是灌"迷汤"，雍正帝实已对这些知情者存有杀心，最终还是找借口除掉了他。

有些人不同意此说。他们认为雍正初年年羹尧受宠，并非是雍正帝为他灌"迷汤"，而是皇帝对他效忠辅弼的奖励。雍正帝继位之时，年羹尧尚在四川平乱，并未参与其间，所以不可能知情，故上说不能成立。《清史稿》《清代七百名人传》等作者，都认为年羹尧是恃功自傲而致被杀。《清史稿》载："羹尧才气凌厉，恃上眷遇，师出屡有功，骄傲……入觐，令总督李维钧、巡抚范时捷跪道送迎……公卿跪接于广宁门处，年（羹尧）策马过，毫不动容；王公有下马问候者，年颔之而已。世宗前，亦箕坐无人臣礼。"《清代轶闻》作者说"年挟拥戴功，骄益盛"，且年羹尧残暴对待部下，任人唯亲，乱劾贤吏，引起公愤，也为雍正帝所不容，故被杀。

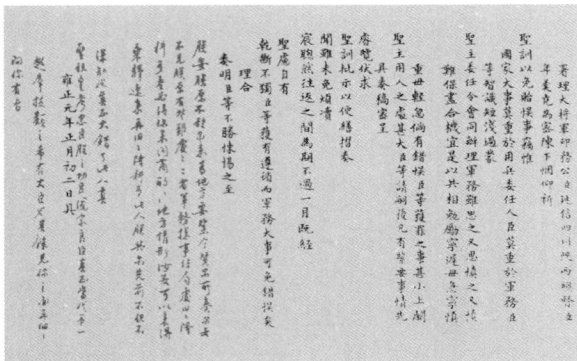

年羹尧奏折 清

年羹尧成败之速，异于寻常，对于其死因的种种说法，人们到现在还是难辨真假，难怪被史学家列为"雍正八案"的首案。

曾国藩为何没有称帝

曾国藩在太平天国运动威胁清王朝统治时，投笔从戎，通过组建湘军，掌握地方大权，到 1863 年湘军攻下南京后，曾国藩已经控制了整个统治集团，就军事实力而言，他比清政府已经超出了很多，他当时有 30 万的军队可以直接调动，其中曾国荃率领了 5 万多人的嫡系原湘军，李鸿章的 5 万淮军也都会听他的指挥；还有左宗棠的楚军，关键时刻，也都不会干涉他的行动。而清政府呢？僧格林沁是清政府军事力量的主要支柱，可他的部队已被北方的捻军死死地牵制住，根本动弹不得。若曾国藩振臂一呼，在 19 世纪 60 年代从满朝人的手中夺回统治权，应当说并不困难，但曾国藩除了在一些具体问题上不同意朝廷的做法之外，却没有实质性的反朝廷的行动。而且，曾国藩在攻下南京后，便把大批的湘军都裁撤了，朝廷因此便没有了后顾之忧。对这些问题，正史中除了讲他如何对朝廷忠心不二外，别的也没有什么了。但事实上，曾国藩没有接受其弟曾国荃以及一些下属的意见而

曾国藩像

拒绝称帝，原因并不单纯。曾国藩为何拒不称帝？一般归结为 3 点原因：忠君报国思想、条件不成熟和为了统一。

曾国藩满脑子的忠君报国思想，深受晚清理学大师唐鉴的影响。他起兵就是为了保卫地主阶级利益，保卫清朝，保卫明教。他的个人追求就是做个中兴名臣、封侯拜相、光宗耀祖。

相较其余两个原因，条件不成熟，即"势所不能"，似乎更有说服力。曾国藩即使想当皇帝，时势也不允许他这么做。当时清政府虽衰落，但科尔沁亲王僧格林沁拥有一支强大的以骑兵为主的军队。而且湘军攻陷天京后，人心思归，战斗力锐减。最关键的一条，湘军起兵是以"保卫儒教"和"忠君保国"为号召，一旦曾国藩称帝，很可能湘军要成为众矢之的。再说，也没有所谓"友邦"的帮助，曾国藩称帝未必能得到国际承认。他对满人的朝廷认识得再清楚不过了。而且朝廷对于汉人的防范，尤其是防范那些握有重兵的汉人，却是老谋深算、戒备森严的。咸丰帝询问王世全赠剑事，衡州出兵前夕降二级处分，刚刚接到鄂抚的任命却又把他撤掉了。德音杭布由盛京派到军营，多隆阿从金陵来到武昌，这些事时时存在于曾国藩脑海中，并时常冒出来，将他的心刺痛。眼下虽然湘军兵力在苏、浙、赣、皖南等处都拥有绝对的控制权，但官文、冯子材、都兴阿等环伺四周，尤其是僧格林沁的蒙古铁骑在防范着他。所有这一切，似乎早就是为着防备湘军而部署的，只等湘军一有

反叛端倪，他们就会马上围过来。还有左宗棠、沈葆桢，位列督抚，有着显赫的功绩，早就对曾国藩感到不满了，而朝廷竭力笼络，使他们之间出现矛盾，从而达到分化的目的。可以说，曾国藩手中自从掌握了几千团勇，朝廷便时时戒备着他，到现在对他的防备不但没有减弱，随着他的名声和功劳的隆盛反而越来越强了。

倘若与朝廷分庭抗礼，湘军内部的人首先就会出来反对，而这人一定便是目空一切、睥睨天下的左宗棠。曾国藩心想，老九的头脑未免有些简单，论打仗，不但老九比不上左宗棠，眼下海内将才，没有人能够对付得了他。到那时，左宗棠的形势是极为有利的，集全国之粮饷兵力，消灭曾氏家族的湘军，这可比消灭太平军容易多了。这一点上，比起其和曾国荃来说，高明万分。

当然，曾国藩真称帝的话，势必会引起社会动荡，各地又要出现割据的局面，天下统一的局面就要被打破了。因而从客观上说，曾国藩拒不称帝也是一件好事。

军事之谜

　　军事无疑是人类历史不可或缺的一个重要组成部分。在中国军事史上，许许多多的关键细节已经因为年代久远、资料缺乏或是某种其他原因而湮没于往昔沧桑的岁月之中，而诸多军事史上的玄机往往正隐藏在这消失的细节里。这些扑朔迷离的军事疑案极富传奇和神秘色彩，吸引着人们好奇的目光。

牧野大战究竟发生在哪里

　　发生于公元前 11 世纪的牧野大战，是周灭商的一次决定性战役。周是我国一个古老的姬姓部落，到第十五世先王周文王时，周已经成为商朝西方的一个强大方国。那时候正是商王纣统治时期。

　　商纣荒淫残暴，沉溺于美女酒色，不理朝政，却又喜欢发动武力战争，于是造成了整个国家民生疾苦，商朝统治摇摇欲坠。周文王这时也被商纣囚禁。获释返国后，与姜尚等人秘密策划以周代商的策略，决定表面上继续臣服于商，暗中则整顿政治和军事以扩大势力。文王死时，已是"天下三分，其二归周"了。文王的儿子姬发即位，这就是历史上著名的周武王。武王九年，在盟津大会诸侯，愿意从周伐商、自动而来的诸侯达八百之多。两年后，商朝统治集团内部出现了空前的分裂，商纣听信谗言，杀死了王叔比干，囚禁了箕子，微子逃到别的国家，商朝分崩离析，纣已经无法再维持他的统治了。

　　周武王认为攻打商朝的时机已经成熟，于是率领兵车 300 辆，虎贲（周王的近卫军）3000 人、甲士 4.5 万人，联合了庸、蜀、羌、卢、彭、濮等方国部落，向东讨伐纣。当武王率领大军从盟津渡过黄河，到达距离国都朝歌仅 70 里的牧野（今河南淇县西南）时，商朝的军队主力还在东南战场，一时难以调回。纣王只好把大批奴隶和从东夷抓来的战俘匆忙武装起来，驱上牧野战场。商朝军队虽然有 70 万人之多，但军士都十分痛恨商纣，根本无心与周军作战，于是就在前线倒戈，引导周军，进攻商纣。当夜，商纣见大势已去，就在鹿台自焚而死。第二天，商朝百姓都立于朝歌郊外以迎武王，武王在群臣拥下率军进入商都。这就是历史上著名的牧野大战。

　　古籍上关于牧野大战的记载很多。《诗·大雅·大明》第七章、第八章歌咏了牧野大战的壮阔和浩大。那么这样一场规模浩大的战争，到底发生在什么地方呢？所谓"牧野大战"的"牧野"，又相当于今天的什么地方呢？历来学者对此说法并不一致。

古文献上关于牧野的位置也有很多记载。《尚书·牧誓》孔安国作的传说："牧野，纣近郊三十里地名牧。"许慎《说文解字》说："坶，朝歌南七十犁地，《周书》武王与纣战于坶野。"许慎所说的坶也就是牧，这两个字在许慎的年代是通用的。《通典·州郡》："郊野之地，即纣都近郊三十里即此也。"这些记载，都没有明确指出牧野的具体所在，只是指出了它的大体方位，这就导致了后人对牧野具体所在的推测与争论。

范文澜先生主编的《中国通史简编》认为："牧野在'河南汲县'"；郭沫若主编的《中国史稿》认为"牧野"在"今河南淇县南"，并且补充说"距朝歌只差七十里"；而翦伯赞主编的《中国史纲要》却说"牧野"在"今河南汲县北"。总起来说，关于"牧野"的位置，一说即汲县，一说在汲县北，一说在淇县南七十里。他们的说法，都有自己的依据。当然也有一些学者提出了另外的看法，孙作云在《商周之际的"牧野大战"的"牧野"在哪里》一文中认为，牧野有广义狭义之分，广义的"牧野"包括河南地界中的黄河以北，北及辉县一带的地方。这一片区域在商代曾是牧区，所以人们称为"牧野"；狭义的"牧野"就是今天的河南新乡到汲县一带，直到今天河南新乡城北仍有一个村庄叫"牧野村"，今天的河南师范大学就坐落在这，这里很可能就是古代牧野地名的遗留。范毓周同志的《"牧野"考》也认为"牧野"就是"今新乡师院所在地的牧野村"。不过他认为新乡师院所在地的牧野村，古为牧邑，"而武王伐纣，誓师及陈兵之处的牧野，则为牧邑之郊野，约在今新乡以北靠近淇县附近的一个比较开阔的地带"。这就是说，"牧野之战"不是在牧村（牧野村）展开的，而是在牧野村以北靠近淇县附近展开的。

20世纪80年代也有学者提出，"牧野"不是一个具体的地名，而应该是一个泛称的方位名称。人们所说的"牧野"应该是商朝都城周围区域的泛称。代夫在《"商郊牧野"辨》一文中举例说，《尔雅·释地》曾说："邑外谓之郊，郊外谓之牧，牧外谓之野"，因此，他认为《尚书·牧誓》中的武王"朝至于商郊牧野"，应该读谓"朝至于商郊、牧、野"。郊、牧、野指的是商朝国都外的四周，是由近及远的一个区域范围，而不是具体的地名。宋人夏撰在他写的《尚书详解》中曾明确地指出"牧野乃凡郊外之统名。"

所有的这些说法，只是今人根据文献记载和民间传说而得出的种种推测，牧野大战究竟发生在哪里呢？我们仍旧难以做出定论。

孙武到底有没有著《孙子兵法》

我国古代的军事文化十分灿烂，以《孙子兵法》为其杰出代表。《孙子兵法》又称《吴孙子兵法》，通称《孙子》，为中外人士奉为兵书之鼻祖，相传为春秋吴将孙武所撰。在中国古代，这部经典的兵法著作为军事家的必读书，在宋代官定的军事教科书《武经七书》中位居首位。只有熟读《孙子》、考试合格的从军行武者才能被授武职。《孙子》传入西方，也有数百年历史。据说拿破仑滑铁卢失败后，曾十分后悔没有早读此书，否则或许能免遭失败。今日经营工商企业的日本、西方企业家，常有使用《孙子兵法》而取得成功的。

然而对于吴国将军孙武到底是不是《孙子》的作者，却有一番争论。战国时《商君书》《韩非子》等提到过"孙吴之书"，指的是《孙子兵法》和《吴子兵法》，但并未说明作者即是孙武。

汉代司马迁《史记·孙武列传》正式记录了孙武的事迹："世俗所称师旅，曾道《孙子》十三篇，吴起兵法，也多有敌弗论。"他肯定地说《孙子》十三篇为孙武所著。此后千年之间，无人对《史记》之说提出怀疑。但到了宋代，又出现了疑问：历史上是否确有孙武其人？孙武真的写了《孙子》？持怀疑观点的有宋人陈振孙的《直斋书录题解》、叶适的《习学纪言》等。怀疑者们认为：第一，他的名字和事迹有可能是司马迁的误闻或是杜撰，《左传》未提及；第二，一些孙武所处时代不可能出现的名词、事件、状况出现在《孙子》中，例如春秋时代仅称大夫为"主"，臣僚以"主"称国君是三家分晋后的事，而《孙子》中称国君为"主"；第三，《史记》同时记载了齐将孙膑的事迹并有兵法理论，

孙子像

《孙子兵法》是不是孙武所作，也许不大重要，人们关注作者之谜，只能说明对这部书的重视和对先祖的敬仰。

但并未专门说明有《孙膑兵法》，也许是太史公将一书误作二书，一人误作两人。因此，《孙子》或被说成是春秋、战国之时山村处士所写，或被认为是孙膑所撰，还有的说是秦汉时的人伪托。

但是，陈振孙、叶适的怀疑论遭到了许多学者的反对，如明代宋濂的《诸子辨》，清代的《四库全书总目提要》的撰者等。这些意见认为：严肃、认真的史家太史公在本传中所叙孙武、孙膑事明明白白、翔实可靠，《汉书·艺文志》明确提出古兵法有《齐孙子》（孙膑）和《吴孙子》（孙武），实无可疑。至于《左传》，本身也非完整之历史记录，也有可能出错，不能仅凭其中偶遗之记载即断定《史记》之文字为误谬。《孙子》原文定出自春秋之世，只是后代人在其中窜入了若干涉及后世名物之文字。先秦古籍常有此种现象，即便是《左传》本身，也不例外，《孙子兵法》核心内容的真实性、历史性和孙武的著作权不足以受到影响。

1972 年山东临沂银雀山汉墓竹简本《孙膑兵法》和《孙子兵法》的出土，为解决这番争论提供了一些重要的资料，有可能揭开历史真相。因为已考订出墓葬年代是西汉初年，而且竹简《孙子兵法》恰好有十三篇，所以可以证明：第一，至少在西汉初年《孙子》已经存在，其篇目内容与今天基本一致，曹操整理《孙子》，并无大的改动。第二，确实有《孙膑兵法》这本书。第三，确有孙武、孙膑两人。第四，《孙子》并非孙膑著。第五，《史记》所记载史实基本可信。有一种意见认为，《孙

子》的作者之争应该暂停，孙武肯定是《孙子》的作者。

由于竹简本的可信度还是一个疑问，因此不能证明《孙子》成书的具体时间，也无法证明《孙子》从成书到竹简抄录时，其间有无重大修改。不能直接证明《孙子》就是孙武所作，因而还有待于进一步的考古发现和研究，以解开《孙子》的作者之谜。

庞涓指挥过马陵之战吗

马陵之战是历史上的一次著名的战役，众所周知，孙膑在这次战役中杀死了庞涓，司马迁在《史记·孙子吴起列传》中记载了这次战役。魏国与赵国联合在公元前343年末进攻韩国，韩国向齐国求救。第二年，齐威王为救韩国而派大将田忌、军师孙膑，发兵攻打魏国。这场战争中，将军庞涓是魏国军队的指挥。他看到齐军援兵来到，便放下韩国转而攻打齐军。齐军军师孙膑献上一条妙计，让士兵装出一副害怕的样子，并且让军队一天接一天后退，第一天的行军营地有10万个灶，第二天减为5万个灶，第三天再减为3万个灶，这就是著名的行军灶之计。三日后，庞涓行军到此看到这个情景，喜出望外，放弃步兵，率领其精锐骑兵日夜兼程来追齐军。孙膑在马陵设下埋伏，马陵地势极为险峻，道路颇窄。孙膑在一棵砍去树枝的大树上写上"庞涓死于此树之下"8个大字，并在树的周围设下埋伏圈。果然，庞涓率领魏军在当晚追到马陵地区，想点火看看这树上究竟写了什么文字。庞涓还没有读完树上的字，周围隐蔽的齐军便已万箭齐发，魏军顿时乱成一团。庞涓在走投无路的情况下，拔剑自刎，齐军趁此机会大败魏军。从司马迁的这段记载来看，庞涓是指挥过马陵之战的，但在历史上还有另一种说法。

1972年，在山东临沂银雀山出土的汉简《孙膑兵法》中的《擒庞涓》一篇这样记载：魏军大将庞涓在公元前353年也就是马陵之战前11年的桂陵之战中，被齐军活捉。当时魏国攻打赵国国都邯郸，派将军庞涓带8万兵马出击。齐国也派将军田忌，军师孙膑领8万兵马去援助赵国。孙膑派"不识事"的齐城、高唐二大人先攻打守备森严、"人众甲兵盛"的平陵以迷惑魏军。结果齐国这两个大夫未进入平陵攻战，在路上就遭到了魏军侵袭，齐军大败。魏国开始骄傲轻敌，不把齐国放在眼里。接着，孙膑为了"以怒其气"，派遣轻战车到魏都大梁的郊外，让极少的士卒分散跟随在战车之后，显出一副兵少将寡的样子。正在全力攻赵的魏军统帅庞涓得知这个情况，并不知是骗局，转而率领精兵强将日夜兼程回到大梁与齐军进行决战。于是孙膑故意施计，追击到桂陵，生擒庞涓。《孙膑兵法》为孙膑弟子所写，它十分清楚地记载了孙膑在桂陵之战中生擒庞涓的事，应该说可信度也是很高的。既然在桂陵之战中齐军已经俘虏了庞涓，他怎么还能在马陵之战中再指挥魏军作战呢？如果说庞涓在桂陵之战时已经中了孙膑伏兵狙击之计，他怎么会不吸取教训，在马陵之战时再次受骗呢？

但司马迁在《史记》中多次提到马陵之战的魏将是庞涓。如《魏世家》中说，当时魏军任庞涓为将，太子申为上将军。结果，魏在马陵失利，齐国擒住太子申，杀了庞涓。再如《田敬仲完世家》中说，这次战役齐国救韩来打魏，使魏军大败于马陵，虏太子申，杀大将庞涓。再如《六国年表·魏》在马陵之战的当年记载："齐虏我太子申，杀将军庞涓。"

考察以上两种说法，关键就是庞涓在桂陵之战与马陵之战之间的经历，在这一段时间内，他是否被释放回魏国并重新担任将领？于是有的学者认为，桂陵之战，庞涓落入齐军之手，但不久后就被放出来了，又一次担任马陵之战中的将领，和孙膑再次交战。《水经·淮水注》引《竹书纪年》中的记载说，在桂陵之战的第二年，魏惠王调用韩国军队，在襄陵打败了齐、宋、卫三国联军。齐国见局势危急，就传楚将景舍在中间调和，也就在这个时候，庞涓被释放。

但《水经·淮水注》中毕竟只是转引其他书籍中的记载，其真实性如何，魏军将领庞涓是不是被俘而又释，是不是再次东山再起参加了马陵之战，至今仍无法确定。

汉高祖在"白登之围"中是怎样脱身的

汉高祖刘邦建立汉朝后，让韩王信迁到代国，建都在马邑。匈奴兵攻打韩王，并用大军包围了马邑。韩王信因为受到汉朝猜忌，失去了信任，他害怕遭到诛杀，率领众军在马邑投降匈奴。

韩王信投降匈奴后，使得匈奴对汉王朝的实情了解得更加清楚，因而率领大军南进，越过句注山，向太原郡进发，不几日，便抵达晋阳城下。汉高祖亲自率领大军追击，当时正赶上天上降大雪，天寒地冻，士卒冻掉手指的十有二三。这时候冒顿单于假装败走，来引诱汉兵。汉军果然中计追击。冒顿把老弱残兵暴露在外，而将精兵隐蔽起来，于是汉高祖带领 32 万汉军乘胜追击。他率前队兵马首先到达平城（今山西大同市东北），由于汉军大都是步兵，大队人马尚未赶到。正在这时，冒顿单于令 10 万精锐骑兵突然出击，把汉高祖重重包围在白登山（在平城东）。汉高祖被包围七天七夜，汉军内外不能互相接济军粮，士兵们七天未能吃上饭。而匈奴的骑兵士气高涨，西方皆骑白马，东方皆骑青马，北方皆骑黑马，南方皆骑红马。

汉高祖身陷在匈奴骑兵的重重包围之下，又没有军粮的接济，粮食断绝，情势万分危急。

这时，陈平献给高祖一计。他让画家画了一名美女，连夜派人从小道将美女图送给了单于的后妃阏氏，并且告诉她："汉朝皇帝被困在这里，想把汉朝的这位美女献给单于。"阏氏害怕如此一来，自己便要失宠于单于，所以就对冒顿单于说："汉朝天子也有神灵保佑，即使我们得到了他们的土地，也不一定能够占有它。"于是，匈奴网开一面，汉军才能得以突出重围。更有一些人说，陈平用数百个傀儡做成美女登城的样子，阏氏看见之后，怀疑是汉军献给单于的，唯恐夺了自己的宠幸，因此才为汉军解了围。

这次大战是汉王朝建国后与匈奴大军的第一次全面的交锋，最后却以汉高祖的白登被围和用计脱险而告终。至此，汉高祖对匈奴非常忌惮，并屡次告诫子孙毋与其轻开边衅。

项羽为何不肯过江东

说到项羽，人们一定都会记得他的"力拔山兮气盖世"，也都还能想起楚汉战争中他的英勇和最后的悲壮。李清照曾写诗说："生当作人杰，死亦为鬼雄。至今思项羽，不肯过江东。"这首笔力千钧的诗热情讴歌了项羽不肯忍辱偷生的英雄行为，寄托了自己对时局的愤慨。但是，项羽究竟为何不肯过江东？古往今来，人们猜测纷纷，却并没有一致的看法。

在《史记·项羽本纪》中，司马迁认为项羽之所以自杀而不肯过江东，是"羞见江东父老"，这也是目前影响最大的说法。司马迁在《项羽本纪》中记载说，项羽被刘邦军队追赶，逃到乌江江边。乌江亭长停船在岸边对项羽说："江东虽小，地方千里，众数十万人，亦足王也。愿大王急渡。今独臣有船，汉军至，无以渡。"项王笑着回答道："天之亡我，我何渡为！且籍与江东子弟八千人渡江而西，今无一人还，纵江东父老怜而王我，我何面目见之？纵彼此不言，籍独不愧于心乎？"之后项羽与刘邦军作了最后的一拼，后自刎而死。司马迁以激昂悲凉的笔调记述了穷途末路中的项羽仍不失其壮士本色的光辉形象。这样一种英雄气概，多少年来一直为后世所歌颂。每每提到项羽的死，人们总会唏嘘不已。

还有一种说法出自宋人刘子翚的《屏山全集》，他认为项羽之所以说出那样一番话是怀疑亭长有诈。刘子翚认为，当时刘邦正悬赏千金邑万户侯购项羽的性命，而在项羽身处那样的困境之时，亭长说那样好听的话，项羽难免怀疑亭长在说谎骗自己。"羽意谓丈夫途穷宁死，不忍为亭长所执，故托以江东父老之言为解尔。"他还说，项羽之所以选择逃到垓下，是希望自己能够逃脱，但是受到农夫的诓骗而陷入大泽，因而知道"人心不与己"，他怎么敢再贸然地听信亭长的话？所以项羽才不再寄希望逃脱再起，而选择了与刘邦军死战到最后。这种说法虽然只

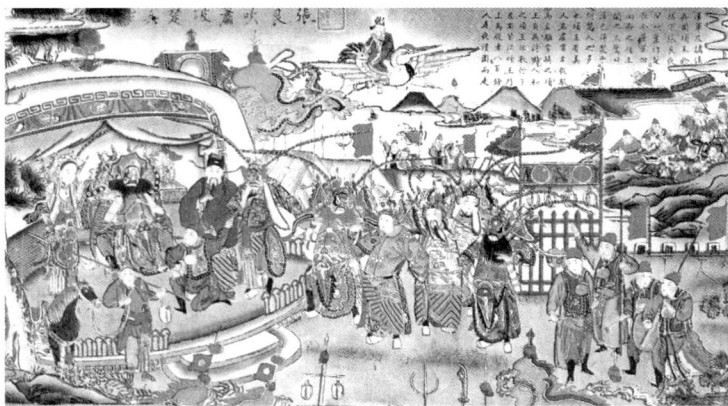

张良吹箫破楚兵 清

秦末天下纷争，刘邦与项羽战于垓下。韩信十面埋伏，张良吹箫作楚歌，令军士四面歌之。项羽闻声，疑楚军皆降汉，乃召虞姬入帐，饮酒吟歌诀别，虞姬慨然自刎。项羽闯出重围，至乌江，见所从兵马无几，以无颜见江东父老而自刎。图中项羽坐帐中，虞姬侍立于旁，空中有张良骑鹤吹洞箫。

是刘子羣自己的推测，但是也在历史上有一定的影响。

还有一种说法产生于20世纪80年代，该说认为项羽所以决然自杀是"为早日消除人民的战争苦难。"例如吴汝煜先生就认为，长期的内战给人们带来了极大的痛苦，项羽认识到这一点后，产生了尽早结束这场战争的想法。因此他放弃了乌江亭长劝他东渡为王的意见，毅然自刎而死。对此观点有人提出反对，认为项羽是一个很残暴的人，这一点可以找到充分的史料作为依据。《史记》中就记载了项羽在灭秦过程中屠襄城、坑杀20万降卒的行为。此外，楚汉战争爆发后，他依旧没有改掉滥杀恶习，"所过多所残灭"。这样的一个人，怎么可能以牺牲自己的方式来消除人民的痛苦？这显然不符合项羽"欲以力征经营天下"的性格特征。

吕仰湘还提出了独特的"敌生我死，成人之美"说。他认为，项羽一直信奉"非他即我"的斗争哲学。当他胜利的时候，他要把敌人彻底消灭，而受到阻碍时，他就甘愿把自己毁灭。乌江自刎，是这种品性的最后一次迸发，是一种既不委屈自己，又能成全别人的选择。因此，导致项羽不肯过江东的，是项羽独特的个性和奇特的心理因素，是他个性发展的必然结果。

项羽像

项羽（前232～前202），名籍，字羽，秦末下相（今江苏宿迁西南）人，战国末年楚国名将项燕之后，从叔父项梁居吴（今江苏苏州）。秦二世元年（前209）九月，随梁起兵会稽（今浙江绍兴），拥立楚怀王孙心为楚怀王。与秦将章邯战于巨鹿，破釜沉舟，大败秦军主力。不久，引兵入咸阳，杀秦降王子婴，烧宫室，掳财宝。公元前206年，分封诸侯，以刘邦为汉王，自立为西楚霸王。楚汉战争爆发后，于公元前202年十二月，被围困于垓下，突围至乌江自刎而死。

张子侠先生则在反驳了一些看法后提出了自己的观点。首先他对有较大影响的认为项羽"羞见江东父老"的说法提出了质疑，认为此说看似有理，实则不然。项羽在自杀之前曾遭遇了多次失败：他的军队在垓下被刘邦大军包围，爱姬自杀而手下散落；因为受到农夫的欺骗而身陷大泽，狼狈不堪；还有身边只剩下二十八骑、"自度不能脱"。如果谈及项羽是因自己葬送了八千江东子弟而无颜见江东父老，那么如前所述的失败他为什么没有因羞愧而自杀？恰恰相反，从前的那些失败虽然也令项羽陷入了极端的窘迫之中，但是他却没有动摇东山再起的决心。而他被刘邦大军追赶时，由陈下到垓下，又南逃至阴陵，至东城，最后来到乌江边，这一系列的逃跑路线，表明他正是打算要退守江东。可是为什么终于来到乌江，并且有人愿意助他渡河时，他反而生出羞愧之心要与刘邦作决一死战？这显然与他一直以来的撤军计划不符，是不合情理、不合逻辑的。张子侠认为，司马迁是为了使史书的情节更为完善，所以才补充了这个结局，但是后人却将此当成了信史，并传之于世。

此外还有一种分析，认为项羽是楚国人，而楚人素有兵败自杀的传统。如春秋时期打了败仗的楚国将军子玉就在兵败后自杀，楚国大夫屈原也是投汨罗而死。项羽当时已经弹尽粮绝，兵败至此，对于项羽来说是不能接受的，所以他决计不肯过江东，而只会选择自杀这样一种行动。

项羽究竟是不能过江东，还是不肯过江东，至今也没有定论。学术界的纷争并不能影响项羽在世人心中的壮士形象，他的英雄气概依旧为人们广泛地传颂着。

西汉大将军李陵投降匈奴之谜

李陵（？～前74年），字少卿，陇西成纪（今甘肃秦安）人，飞将军李广的孙子。年轻时为侍中建章监。

天汉二年（前99年），李陵向汉武帝请求攻打匈奴，收复国土。汉武帝很欣赏他这种勇气，就准奏了这次军事行动。

李陵于这年九月率5000人从居延出发，经过了30天的长途跋涉，到达浚稽山（约在阿尔泰山脉中段），在山下遇到了匈奴的军队。单于用3万大军包围了李陵军，李陵命令前队的人拿盾和戟，后队的人都持弓弩。他下令："听到鼓声就向前冲，听到锣声就停止。"匈奴见汉军少，就一直向前挺进。李陵指挥弓弩手，千弩齐发，单于的士兵顷刻间死伤一大片，匈奴兵顿时大乱，急急忙忙向山上逃跑。汉军乘胜追击，杀死匈奴数千人。

就在这节骨眼上，李陵军中有一个叫管敢的兵士，被李陵的校尉韩延年辱骂，一气之下跑去向匈奴投降。他还向匈奴讨好，对单于说："李陵的军队没有后备支援，弓矢也快用完了。"管敢还把李陵的排兵布阵告诉了单于。

由于单于洞悉了李陵的虚实，知道他是孤军作战，便放心大胆起来。他还按照管敢的主意，用许多骑兵攻打李陵。李陵率汉军向南走，还没有到鞮汗山，弓矢都用光了，汉军被单于困在峡谷中。单于乘机用垒石攻打，汉军死伤惨重。最后致使李陵被擒。此时，边关便报李陵降敌。

汉武帝听说这件事后，十分恼怒。朝中大臣也都大骂李陵。单单太史令司马迁对皇上说："李陵这个人诚实而讲求信义，他为国家常常奋不顾身。现在他处境不幸，我们应同情他。况且，李陵只带步兵5000人，面对匈奴8万大军，转战千里，弹尽粮绝，赤手空拳同敌人拼搏。这种勇往直前、无所畏惧的精神，即使古代名将也不过如此而已。他现在身陷匈奴，但是全天下的人都知晓他的战绩，他不死，估计是还想再为汉朝立功。"

苏李泣别图轴 明 陈洪绶
苏武出使匈奴后，匈奴王令降将李陵前去劝降，但遭苏武拒绝，李陵只得与其洒泪而别。画面中苏武持节斜视李陵，虽衣衫褴褛，但仍不失汉室气节。李陵身着胡服，佩胡刀，掩面而泣。

司马迁的一番话，非但没打动皇上的心，皇上反而定司马迁"为陵游说"之罪，处以宫刑。从此，司马迁打消了仕进的念头，忍辱负重，专心致志撰写《史记》，以此来宣泄自己心中的愤懑。

那么李陵为什么向匈奴投降呢？事实是李陵在匈奴数年杳无音信，皇上派公孙敖带兵去设法抢回李陵。公孙敖去匈奴后无功而返，为了回复皇上、完成任务，他带回了关于李陵的消息，告诉皇上说："听说李陵在那边训练匈奴兵，要攻打汉朝。"皇上听到这个消息，大发脾气，命人把李陵母亲、李陵弟弟及李陵的妻儿都杀了。其实，替匈奴训练士兵的人是李绪，一位早年投降匈奴的汉都尉，公孙敖显然是张冠李戴了。

就在李陵投降匈奴的前一年，苏武出使匈奴被扣。后来，李陵宴请苏武，李陵给苏武斟满酒说："你不降匈奴，忍辱负重，名扬天下，功劳盖世。"李陵推心置腹地告诉苏武说："我投降的目的原本是想找机会劫持单于，为国家效劳。却不料汉皇不了解我的心志，杀了我的老母和妻儿，绝了我的归路。"苏武说："过去，我深知老友的为人处世的态度，但现在你的处境不同过去，是非功过，也只好由人们去评说。但是我决不能做对不起国家的事。"

李陵听苏武说完后，长叹一声："比起苏君来，我这个人真如粪土一般。"说罢，热泪纵横，起身吟唱了一首《别歌》：

"径万里兮度沙漠，为君将兮奋匈奴。路穷绝兮矢刃摧，士众灭兮名已颓。老母已死，虽欲报恩将安归！"

一曲歌罢，李陵朝着南方跪拜不起，苏武望着他，叹息不止。这就是李陵"身在异族心在汉"的故事。

曹操赤壁战败之谜

赤壁之战是中国历史上一次著名的以少胜多的战役，究竟是什么原因使曹操在赤壁之战中打了败仗呢？一般人认为曹军失败的致命原因是遭遇火攻。《三国志·蜀书·先主传》载："权遣周瑜、程普等水军数万与先主并力，与曹公战于赤壁，大破之，焚其舟船。"司马光在《资治通鉴》中也说，黄盖"乃取蒙冲斗舰十艘，载燥荻、枯柴，灌油其中，裹以帷幕，上建旌旗，预备走舸，纱于其尾。去北军二里余，同时发展，火烈风猛，船往如箭，烧尽北船，延及岸上营落"。曹军败在火攻上，证据确凿。可是，随着社会进步，近些年来，有论者提出了许多关于火攻论的质疑。他们认为曹操之所以会失败，是因为军队遭遇疾病瘟疫，导致战斗力丧失，而不是由火攻造成的，更为详尽的是，他们说是血吸虫病造成曹军赤壁战败的。

血吸虫论者也是根据史籍提出这一论点的。如陈寿在《三国志·魏书·武帝纪》中叙述赤壁之战时，并未提及"火攻"这件事。他说，曹公到了赤壁，与刘军大战，不占上风。后来发生瘟疫，士兵大部分都死了，于是带领部队回去。从曹军主帅曹操在战后写给孙权的一封信中可看出，他不承认失败是因为遭到火攻，其中写道："赤壁之战，有疾病侵袭，我烧船而退，使周瑜白捡了这个好名声。"而曹操所说并不是唯一凭证，《吴书·吴主传》中也有曹操自己烧掉战船一说："曹公烧剩余船而退败。"由此论者认为，火攻一说不足以取信。曹军失利主要原因就是瘟疫，即血吸虫病，其理由是：

第一，我国古代早已存在血吸虫病，远古医书中的周易卦象便有"山风蛊"之病症，在 7 世纪初的《诸病源候论》中也有关于血吸虫病一类的记载。现今，研究者在出土于 1973 年的长沙马王堆 1 号墓中的女尸肠壁及肝脏组织中也发现了大量血吸虫卵。由此可以看出，早在汉代，血吸虫病之患就在长沙附近存在着。大量调查资料表明，与赤壁之战有关的地区为血吸虫病发区，尤其是湖南湖北一带。

第二，论者根据赤壁之战的时间与血吸虫病的易感染季节推断，血吸虫病的流行季节正好是曹军迁徙、训练水军的秋季。曹军从陆地转战水中，是最容易染上此病的。血吸虫在人体中的潜伏期为一个月，它们在一个月以后才会使人出现急性症状。所以曹军在训练时期已经染上此病，个把月后，进入冬季决战时期，此病也已进入急性期，致使曹军遭受此痛折磨，不堪一击。孙刘联军也同样是水上训练和作战，为什么不会染上血吸虫病呢？关于这个问题，论者认为这要根据人免疫力的强弱来看。孙刘联军长期居住于南方疫区，具有一定抵抗力，即使得此病，也不会这么严重。曹军都是北方人，抵抗力差，所以患此病的症状严重，因而溃败。

然而，血吸虫病说也不可尽信，它比火攻论的争议还要多。《新医学》1981 年 11 期与 1982 年 5 月 25 日的《文汇报》就这个问题相继载文展开争论，他们认为：

第一，曹操在邺而不是在疫区江陵训练水军，那里不是血吸虫病疫区，感染的可能性不是很大。

第二，史书确实记载曹操烧船退军一事，但烧船的地点不在赤壁而在巴丘，时间不在赤壁大战时，而在曹军兵败退到巴丘时。

第三，血吸虫病的潜伏期一般在一个月左右，少数在两个月以上，潜伏期越长，发病的症状也就越轻，所以即使曹军在秋季患上了血吸虫病，到大战爆发时才发病，曹军的身体状况也不会很糟糕。

第四，曹操的水军大部分是居于血吸虫病流行区的湖北人，跟孙刘联军的免疫力没有什么差别，除此之外，补充给曹操的刘璋军队也是来自疫区四川的士卒。所以，孙刘联军在免疫能力上与曹军没有高低强弱的分别。

火攻论不可尽信，血吸虫病说也有缺陷，那么，曹操在赤壁战败的原因，只能作为一个千古之谜留存于人们心中了。

诸葛亮斩马谡仅仅是为失街亭吗

"失街亭"的故事几乎人人皆知，诸葛亮挥泪斩马谡的故事也家喻户晓，有很多人为马谡不平，认为胜败乃兵家常事，仅仅打败了一场战争便要被斩，诸葛亮的军法是否太过严厉呢？但马谡被斩的原因究竟是什么呢？仅仅是因为失街亭吗？

朱大渭在《马谡被杀真相》一文中指出，虽然失街亭是马谡"罪在必诛"的导火线，但是常言说胜败乃兵家常事，不应因一次败仗就让将领"罪在必诛"。但就算街亭一战胜利了，按军法马谡也该杀，因为他不仅违反军法，而且还畏罪潜逃。因此朱大渭认为，马谡是违抗了诸葛亮的正确领导而失街亭的。《三国志·蜀书·诸葛亮传》载："马谡举动失宜，违亮节度，大意为所破。"街亭的失守，不是一个小的错误，而是在战争最关键的时刻，马谡自作主张一手造成这个严重后果，按军纪应斩马谡。俗话说"军纪如山"，特别像诸葛亮这样的人物更是治军严谨。正像诸葛亮回答蒋琬时所说："若不按军法斩马谡，谁还会服从指挥，如何能'讨贼'呢？"朱大渭还指出，马谡不但不承认错误，还畏罪出逃。按照当时军中的法规，如果将士临阵脱逃，就要被处死，所以失街亭正是马谡被斩的原因。

诸葛亮塑像

有人不同意这种说法，因为马谡在战前颐指气使，吹嘘自己"熟读兵书，颇知兵法"；在战时，他骄傲轻敌，让军队驻扎在山上，舍弃有利地形，不切实际地用"置之死地而后生"的兵法，副将王平几次劝说都没有用，因而他是个赵括般的危险人物。马谡这个危险人物根本不是"杰出将才"，而只是一个"成事不足，败事有余"的人，因而司马懿听说诸葛亮派马谡来时，笑曰："徒有虚名，乃庸才耶！孔明用如此人物，如何不误事！"马谡领命时立过军令状，表示"若有差失"，则"乞斩全家"。但结果他令军队全军覆没，耽误国事，还使诸葛亮险些被司马懿所擒。因此综合以上因素，正是因为马谡在战前、战时、战后的各种表现的综合，造成了马谡的被斩，而马谡的被斩，绝不仅仅是因为失掉了一个小小的街亭。所以尽管马谡没有畏罪投敌，而且认识了自己的错误，临死前还留了一份遗书给诸葛丞相，使全军官兵感动得痛哭流涕，但诸葛亮最后还是杀了马谡以谢众人。

尽管马谡被斩还存在各种各样的谜团，但总之还是造成了诸葛亮"出师未捷身先死，长使英雄泪满襟"的结局，让后人为之扼腕叹息。

淝水之战是以少胜多吗

淝水之战，是公元383年东晋与前秦在今安徽寿县一带进行的一次大战。"风声鹤唳，草木皆兵"的历史典故即出于此。

公元316年，西晋王朝灭亡。当时，占据陕西关中一带的氐族统治者以长安为都城，建立前秦政权。公元357年，苻坚做了秦王，他采取一系列改革政治和发展经济、文化的措施，使前秦国力迅速强盛，并基本统一了北方。在南方，琅琊王司马睿在建康（今南京）称帝，建立东晋王朝。东晋占有今汉水、淮河以南的大部地区。这样，就形成了秦晋南北对峙的局面。

谢安像

公元 383 年 8 月，苻坚发兵南下，三路进军，攻打东晋，共有步兵 60 余万、骑兵 27 万、"羽林军" 3 万余骑，百万大军从东到西，绵延千余里。在苻坚重兵压境下，晋孝武帝采纳了谢安、桓冲等人的主张，下令坚决抵抗。他派将军谢石、谢玄等率兵 8 万沿淮河西进，以拒秦军；又派将军胡彬率领水军 5000 增援战略要地寿阳（今安徽寿县）。

同年 10 月 18 日，秦军前锋攻占寿阳。胡彬所部水军走到半路，得知寿阳失守，退守硖石（在寿县西北 25 里）。秦军为了阻挡晋军主力西进，又派兵 5 万进至洛涧（今安徽怀远县以南之洛水），并在洛口设置木栅，阻断淮河交通。胡彬因困守硖石，粮食用尽，处境十分艰难，写信要求谢石增援。不料胡彬的求援信也被秦军截获。由此苻坚判断晋军兵力很少，粮食十分困难，应该抓紧进攻，遂把主力留在项城（今河南项城），只带了 8000 骑兵赶到寿阳。苻坚先派尚书朱序到晋军劝降。朱序原来是东晋防守襄阳的将领，襄阳失守时被俘。朱序到晋军以后，不仅没有劝降，反而透露了秦军情况，并且建议说，如果秦兵百万全部到达，晋军难以抵抗，现在应趁它还没有到齐，迅速出击，打破它的前锋，大军就会溃散。

听过朱序的建议，晋军将领谢石、谢玄于 11 月派猛将刘牢之率领精兵 5000 进攻洛涧。刘牢之分兵一部到秦军侧后，断敌退路，亲自率兵强渡洛涧，夜袭秦军大营。秦军果然抵挡不住。主将梁成战死，5 万秦兵大溃，抢渡淮水，淹死 1.5 万余人。洛涧的胜利，鼓舞了晋军的士气。晋军水陆并进，展开全线反攻。苻坚在寿阳城上，看到晋军严整，攻势猛烈，十分恐惧，竟然把淝水东面八公山上的草木都当成了晋兵。

洛涧失利后，秦军沿着淝水西岸布阵，阻止晋军反攻。晋军将领谢玄派人用激将法对苻坚的弟弟苻融说：如果你把军队稍向后撤，让出一块地方，使晋军渡过淝水，两军一决胜负。秦军诸将都认为不能让晋军渡河，但苻坚却说：可以稍退一步，等到晋军兵马半渡之际，再用骑兵攻击，一定可以取胜。于是苻融指挥秦军后撤。秦军本来内部不稳，这一撤，造成阵势大乱，不可遏止。晋军乘势抢渡淝水，展开猛烈攻击。朱序在阵后大喊："秦军败了！秦军败了！"秦军后方部队一听，争相逃命。苻融见势不妙，急忙驰马赶到后面整顿部队，结果被晋军追兵杀死。晋军乘势猛追。秦军人马相踏，昼夜溃退，听到风声鹤唳，也以为是东晋追兵。就这样，几十万秦军，逃散和被歼灭十分之七八，苻坚本人也中箭负伤，逃回洛阳。号称百万的前秦军队，被七八万东晋军队打得落花流水，这在中国战争史上是罕见的。因此，淝水之战历来被当作以少胜多的典型战例载入史册。

就是这样一个人人称颂的经典战例，却有人提出了质疑。他们对双方兵力之比提出新的见解。首先，前秦的百万军队是虚数。从当时北方人口的估计数看，前秦全国有百万军队已是惊人数字，即使有，苻坚也不可能全部征调伐晋，至少要留一些驻守各地重镇。更重要的是，这虚数百万也没有全部赶赴前线，苻坚到彭城时，凉州、幽冀、蜀汉之兵均未到达淮淝一带，因而根本没有参加淝水之战。

其次，当时集结在淮淝一带的军队，是苻坚的弟弟苻融率领的30万，他们也没有全部投入战斗，而被分布在西至郧城、东至洛涧500余里长的战线上。驻扎在寿阳及其附近的军队，充其量不过10万。加上苻坚从项城带来的"轻骑八千"，也不过10多万人，况且战争发生时，这些军队也不会全部投入战斗。正因为寿阳一带兵力不多，苻坚才会在看到晋军严整的阵容时，心中无底，产生草木皆兵之感。

最后，晋军共8万精兵，除刘牢之所率5000人进军洛涧外，均参加了战斗。当时，晋军在长江中游地区布置的兵力，本来就较雄厚，再加上新投入的8万，因此当秦、晋双方沿长江中游至淮水一线交战的时候，晋方在前线至少有20万以上兵力。再考虑到前秦军长途跋涉、晋军以逸待劳；前秦内部意见分歧、晋军上下一心等各种因素，晋军占了一定优势。因此，不论从两军交战的时候，还是从整个战役情况看，淝水之战时双方投入的兵力，是大致相当的。

长期以来，秦晋淝水之战是以少胜多、以劣势之军打败优势之军的辉煌战例。如今又提出了秦晋双方兵之比的新见解，淝水之战是否以少胜多又成为未解之谜，有待进一步破解。

"安史之乱"究竟是谁引发的

唐代社会由治转乱开始衰弱的明显标志，无疑是安史之乱。那么"安史之乱"究竟是谁引发的呢？不外乎以下几个方面的原因：

第一，人君德消。

开元二十四年冬，唐玄宗自东都回到西京，从此"不复东幸"。李林甫曾说"知上厌巡幸"。玄宗自此便开始"怠于政事"，这位刚刚经过数年"家事"烦恼的天子，这时已寻得精神上的寄托，终日沉溺在新的欢乐之中，整日与太真"娘子"如胶似漆，根本不会有太多的心思放在勤政上！

荒怠政事、思慕长生，随之而来的绝不会是厉行节俭，只能是崇尚奢靡，也就是所谓的"心荡而益奢"。

第二，宰相误国。

自开元末年开始，玄宗"渐肆奢欲，怠于政事"，这就给宰相专权造成了可乘之机。先是李林甫"在相位十九年，养成天下之乱"，后是杨国忠钩心斗角，取而代之，以聚敛而"终成其乱"。

杨国忠"终成其乱"一方面是其穷凶极奢，聚敛钱财；另一方面是千方百计欲"以激怒（安）禄山，幸其动摇，内以取信于上"。天宝年间，安禄山恩宠日渐加深，又握有兵权，"（杨）国忠知其跋扈，终不出其下，将图之，屡于上前言其悖逆之状，上不之信"。杨国忠还指使门客前去刺探安禄山"阴事"或"围捕其宅"，或将其安插在京官中的耳目贬官，使得"禄山惶惧，遂举兵以诛国忠为名"。

第三，天下势偏。

开元中期以来，良将精兵都戍守北方，使天下之势偏重。而且，节度使权重。每一节度使领若干州，是这个地区最高军事长官，功名卓著者往往可以入朝为相，所以节度使地位颇重。

时至开元中后期，"天子有吞四夷之志，为边将者十余年不易，始久任矣；皇子则庆、忠诸王，宰相则萧嵩、牛仙客，始遥领矣；盖嘉运、王忠嗣专制数道，始兼统矣"。

后来，安禄山得到宠信，势力膨胀，兼统三镇，封东平郡王。最终，杨国忠多次激怒安禄山，"欲其速反以取信于上"；安禄山则"决意遽反"，以"将兵入朝讨杨国忠"为借口，在范阳起兵，终于酿成大乱。

岳家军为何没能直捣黄龙府

绍兴十年，岳飞率领岳家军抵抗金人的进攻，一路乘胜追击，金人一筹莫展，很多人都准备投降。岳飞十分高兴，对将士说道："让我们继续努力，直捣黄龙府（今吉林农安，为金人都城），必与诸君痛饮。"众人也一齐欢呼："直捣黄龙！直捣黄龙！"

但是数日以后，形势大变。主和的秦桧打起了自己的小算盘，如果岳飞能以武力夺取中原，说明和谈的决策完全错了，他的决策就是错误的，那么他的宰相也就难以做下去。即使朝廷对此不说什么，他也应该主动辞职。对这种局面他怎么能坐视不管？所以，他先教唆言官向高宗奏请下令撤军，以免和谈破裂。此时此刻，岳飞当然不肯撤军，上疏说道："如今金兵锐气尽失，丢弃辎重军械，仓皇渡河北去。天下豪杰向风归顺，士卒用命。收复河朔，指日可待。这样千载难逢的机会，稍纵即逝，万万不可撤兵。"秦桧知道将在外君命有所不受，单凭一纸命令，岳飞绝不肯听，于是他采取措施，釜底抽薪，先从小处抽起。闰六月二十七日（己亥），他让刘锜暂领顺昌府事，而将顺昌知府陈规改任庐州，以后不久，又命刘锜为沿淮制置使，撤到淮河一线；二十八日（庚子），据说是因大雨淮西宣抚使张俊从亳州撤军还寿春（今安徽寿县），淮西宣抚副使杨存中也从宿州（今安徽宿县）撤到泗州（今江苏盱眙）。最后，秦桧上奏皇上说："岳飞孤军奋斗，不可久留中原，请朝廷下令班师。"于是朝廷连下十二道金牌召岳飞回师。

金牌的正式名称是金字牌，由递送文书的人佩戴，其作用就是使人一见就知道有紧急命令。金字牌本身并不含有班师回朝意义，主要只是表示事情紧急。它实际上只是紧急文书的一种标志，此后"声名大噪"，纯粹是"秦桧十二金牌召岳飞"这一故事影响的缘故。其实，在古代紧急文书中使用的标志并非单独由"金字牌"包揽，还有黑漆白字牌、黄漆青字牌、黑漆赤字牌等等，它们的作用与金字牌基本一样。

及至七月，金兵得悉宋朝大军已退回淮河一线，只余岳飞孤军战斗，便调集各路人马，集中对付岳飞。岳飞难以支持，于是派人向刘锜告急。刘锜遣统制官雷仲出兵太康（在今河南境内）以牵制金军。但是杯水车薪，无济于事。岳家军中部将杨再兴、王兰、高林先后战死。岳飞知道独力难支，只好于七月廿一日（壬戌）退军。岳飞撤兵后，中原州县很快又重新落入金人手中。

李自成的军队在清军面前为何不堪一击

17世纪40年代初，明朝终于在一系列农民起义中土崩瓦解了。

推翻明朝的英雄李自成雄心勃勃，他个性放荡不羁，坚信他就是人心所向。他不能容忍任何事情阻挠他的成功。

1644年春，通向北京城的大门终于向李自成的军队敞开了。这座由为数不多的宦官指挥军队防守的北京城，在势力浩大的起义军面前不堪一击。

李自成塑像

当李自成的起义军入城时，京城的人们走出家门，拥上街头，欢迎这位英雄。"新皇帝万岁"的标语挂满了街头。但是，此后不久热烈的欢迎就被恐怖所取代，其部将腐化堕落，大肆饮酒作乐，烧杀抢掠，战斗力大大降低。

现在该是清军最后攻打北京的时候了。

清军即满洲军，它的领导者是努尔哈赤。努尔哈赤16世纪末开始统一女真各部，并建都盛京，建立后金国。他创立了八旗制度，使得他拥有了一支英勇善战的军队。

占据北京的农民军领袖李自成为防清兵入关，曾多次派人招降明朝山海关守将吴三桂，但都没有成功。在这种形势下，李自成挥师东征，直奔山海关。

吴三桂得知农民军前来进攻的消息后，非常焦虑，立即派人向多尔衮求助。多尔衮接到了吴三桂的乞援信后，极为高兴，认为清军找到了一个理想的引路人。这样，满汉官僚地主阶级在共同对付农民起义军的目标之下相互勾结在一起了。

可是，李自成对满汉地主阶级的这种联合力量缺乏足够的认识，尤其对即将到来的大战认识不足，在思想上和军事行动上没有做任何必要的准备。这就注定了他在这场激战中失败的结局。

李自成失败后退出北京撤回西安，从此一蹶不振。

满族征服者于是宣称清朝是明的合法继承者，皇太极已在一年前去世，他5岁的儿子福临从而成为清朝定都北京的第一位皇帝，建年号"顺治"。他的叔叔多尔衮是主要的辅政大臣。

施琅是叛徒还是忠臣

人们常常遇到这样的疑问：说施琅背叛了明朝难道不是叛徒？他收复了台湾，推进了统一中国的步伐，怎么不是爱国的功臣呢？

施琅（1621～1696），字尊侯，号琢公，福建晋江人，自幼生长在海边，少年时代从师学剑，武艺超群。清顺治三年（1646年），施琅与其弟施显投奔郑成功，参加了郑成功领导的武装。由于才干超群，没过多久施琅就成为郑成功最为得力的将领。不过，战功卓著的施琅不小心触怒了郑成功，结果父子3人都被扣押起来。后来，施琅用计得以逃脱，但他父亲和弟弟却惨遭杀害。1652年，施琅投降清廷，立志打败郑成功，收回台湾，以报家仇。

有学者认为，要评价作为明清之际历史人物的施琅，首先不能站在明朝的立场上，更不能充当明朝的遗老遗少，要客观地认识到清朝是中国历史上的一个重要王朝，满族是中华民族的一个重要成员。在此前提下，对施琅做出评价，就会比较客观，比较接近事实。

首先，来看看施琅叛变的大略经过。施琅青年时个性极强，常常与脾性相同的郑成功发生冲突。顺治八年（1651年），施琅因反对郑氏"舍水就陆"的战略方针和强征百姓粮饷的做法，与郑氏产生了尖锐的分歧。次年4月，施琅捕杀了手下一名改投郑成功的清兵曾德，然而曾德原在郑氏军中地位较高，虽一度隶属于施琅部下，无论犯法与否，也无论施琅是否已经解除兵权，施琅都无权擅自将他处斩。于是，郑成功盛怒之下便将施琅及其父施大宣、其弟施显投入牢中。施琅被捕后竟然奇迹般地逃到大陆，藏在副将苏茂家中，并请人从中调停。但郑成功非但不接受调解，反而派人前去刺杀施琅。行刺失败后，郑成功一怒之下于7月间竟把施大宣、施显处斩，将施琅逼上了投清之路。施琅得知消息后，遂死心塌地投靠清朝政府，一意同郑成功为敌。

施琅降清后任福建水师提督。他之所以力主收复台湾，目的是为了祖国的统一，认识到只有使"四海归一"，才能使"边民无患"。后来，他几经周折，拼力说服清廷不可放弃台湾，最终使清廷下决心在台湾设府建制。施琅为实现统一台湾的理想进行了不懈的努力，他的爱国思想和行动可以从如下三方面加以评价。

第一，清朝平定三藩之乱以后，那时郑氏政权已无恢复明室的可能，只想保住在台湾割据的局面。他们在与清朝的谈判中，多次要求"不剃发，执朝鲜事例"，"称臣纳贡"，"世守台湾"，"照琉球、高丽等外国例，称臣进贡"。他们的这种设想，从主观上看，未必意识到要分裂中国，但客观效果则不堪设想。如果清朝同意郑氏政权的要求，台湾这块自古以来的中国领土，就会在那时从祖国分割出去。而那时的康熙正好采纳的是大学士明珠的意见，决定先招抚，招抚不成，再用武力。于是，在遣使与郑氏代表谈判中，做出了很大让步，即郑氏归顺清朝以后，可以在台湾居住，"保境息民"，但郑氏必须成为清朝臣民，台湾必须成为中国领土的一部分。对于这样的让步郑氏政权依然没有同意。不久，郑经病死，郑氏内部彼此争权，政局动荡。这时力主乘胜收复台湾的福建总督姚启圣认为，征台的时机已到，就向康熙帝再次奏请进取台湾，并推荐施琅任福建水师提督。此奏很快得到康熙同意。

从以上史实不难看出，清朝用施琅征台，已不是民族战争的继续，更不是什么明清两个帝国之间的对抗（那时的明朝早已不存在，就连南明诸政权也早已相继结束），而是清朝要么统一台湾，要么允许台湾从中国领土上分割出去。

众所周知，清代奠定了现代中国疆域的基础，使统一的多民族国家得到进一步巩固和发展。施琅正是完成清初统一大业的重要历史人物之一，他在中国历史上的重要作用不言而喻。

第二，清军攻下澎湖以后，有人向施琅进言："公与郑氏三世仇，今郑氏釜中鱼、笼中鸟也，何不急扑灭之以雪前冤？"施琅却说："吾此行上为国、下为民耳。若其衔璧来归，当即赦之，毋苦我父老子弟幸矣！何私之有与？"他还向郑氏手下的人声明，"断不报仇！当日杀吾父兄者已死，与他人不相干。不特台湾人不杀，即郑家肯降，吾亦不杀。今日之事，君事也，吾敢报私怨乎？"施琅的胸怀可见一斑。

第三，收回台湾后，清廷内部发生了一场对台湾的弃留之争。许多大臣对台湾的历史、地理缺乏认识，竟然认为台湾地域狭小，得到了不会增加领土面积，失去了也不会有太大损失，就连康熙皇帝也这么认为。

众大臣中只有少数人主张守而不弃，其中包括施琅。在台湾弃留之争中，施琅挺身而出，力排众议，坚决反对放弃台湾，并奏请朝廷设官兵镇守。为此，他还专门给康熙写了《恭陈台湾弃留疏》，反复陈述台湾的战略地位的重要性，指出台湾是关系到江浙、福建等地的要害所在，如果弃而不守，必将酿成大祸。更可贵的是他高瞻远瞩地指出，如果放弃台湾不守，无论是荷兰人还是叛徒，随时可能乘隙而入，而台湾如果再次被外国侵略者所侵占，那时恐怕后悔都来不及了。在施琅等人的力争下，康熙很快改变了原来的主张，决定对台湾设官治理。

在施琅的故乡福建省晋江市施琅纪念馆中，有这样一副对联："平台千古，复台千古；郑氏一人，施氏一人。"这是对郑成功和施琅功绩客观、完美的写照。至于施琅究竟是叛徒还是忠臣自有后人评说。

清政府为何在第一次鸦片战争中战败

1840 ~ 1842 年，英国殖民者对中国发动了一场侵略战争。这场战争是由于英国强行向中国推销鸦片而引起的，故称鸦片战争，也叫作第一次鸦片战争。

1840 年 8 月 11 日，英军闯入天津，向直隶总督琦善递交了英国首相帕麦斯给清朝的照会。在照会中，他们向清政府提出赔款、割地等侵略要求，引起清王朝极大震动。在此危急时刻，大臣们纷纷把斗争矛头指向主战派林则徐，说他禁烟操之过急。他们转向以琦善为代表的投降派，道光帝遂派他去与英国侵略者谈判。8 月 22 日，钦差大臣琦善赴广东继续办理中英交涉，并将林则徐、邓廷桢等官员革职查办。

广州海战图 清

这幅英国凹版图画中，一艘中国战船因被英国战舰"奈米西斯"号开炮击中而烧毁。此战发生于1841年1月，地点在珠江三角洲亚森湾，在两个小时的作战中，11艘中国战船被击沉，500名船员阵亡，而英军只有几人受伤。"奈米西斯"号是英国的第一艘铁甲战舰。在这样的战舰面前，中国海军的木船不堪一击。

他一反林则徐所为，立即惩办积极抗英的清军将领，并将珠江口附近防务设施全部拆除，遣散水勇、乡勇，还大骂广东人民都是汉奸，企图以此举措来讨好英国侵略军。琦善的卖国行为，更加助长了英军的气焰。

12月28日，琦善擅自与英国侵略者秘密地签订了《穿鼻草约》，其中包括割让香港、开放广州、赔偿烟价600万元等条款。

1841年2月6日，英军向虎门炮台发起猛攻。

3月，奕山率领大军齐集广州，但他们都不会打仗，贪生怕死，很快，便在广州城竖白旗投降求和。27日，奕山同英国侵略者签订了屈辱的《广州和约》。和约规定：清军退离广州六十里；奕山缴纳600万元的所谓"赎城费"，然后英军退至虎门。

9月，道光帝为挽救浙江前线战场的败局，任命自己的另一个侄儿奕经为扬威将军，侍郎文蔚等为参赞大臣率军前往浙江指挥军事。奕经同奕山一样腐败无能，在南下途中，尽情地游山玩水，丝毫不顾前线吃紧，到苏州便屯兵不前，整天沉溺在花天酒地之中。

1842年7月13日，耆英、伊里布等人与璞鼎查在英舰"汉华丽"号上签订了丧权辱国的不平等条约——中英《南京条约》。签约后，英军舰船陆续撤往定海一带，第一次鸦片战争遂告结束。

可以说，这次战争的失败，一是由于清政府的闭关锁国政策，二是与当权者的态度有很大关系，最根本的在于清王朝腐朽没落的封建专制制度。

石达开兵败大渡河之谜

石达开在洪秀全领导的太平天国运动中，以其卓越的智慧、高超的军事指挥艺术，在反封建压迫斗争中建立了不可磨灭的功勋。然而，这么一个忠心耿耿的优秀人才，最后的结局却是率军远走，继天京事变后再次导致了太平天国的分裂，自己也在兵败大渡河后为全兵士而引颈就戮。那么石达开究竟为何要出走呢？

究其原因，有人说石达开出走的最根本的原因在于，农民领袖洪秀全的不能放弃一己私利而顾全大局。

1856年夏天，太平天国领导集团洪秀全、杨秀清、韦昌辉之间为争夺天国领导权力爆发内讧，史称"天京事变"。它的发生正值太平天国运动发展的全盛时期，给太平天国造成极其惨重的损失，断送了军事上的大好形势，破坏了队伍的团结。

"天京事变"后，在天国首义诸王中，除洪秀全和石达开两人外，死丧殆尽。洪秀全的威望已大大下降，无论从威望、才干来说，石达开确是辅理政务、统帅军队、安抚百姓的理想人物。

作为农民革命领袖的洪秀全，本应从"天京事变"中吸取教训，以大局为重，做好队伍的团结工作，但是，他为保住自己的帝王位置，任人唯亲，猜忌忠直，终于又发生了逼走天国重要领导人物石达开，造成太平天国力量又一次大分裂的严重事件。

刚经历过刀光剑影的"天京事变"，谁不盼望有一个像石达开这样的人物来辅助国政，稳定局势？况且，在当时严峻的形势下，环视满朝文武，要找一个能力挽狂澜、收拾人心、重振危局的人来，除石达开外，再无他人。因此，从解救燃眉之急考虑，也不得不采取权宜之计，召石达开回京辅政。十一月，石达开带军从宁国经芜湖回到天京，受到天京军民的热烈欢迎，"合朝同举翼王提理政务"，洪秀全亦加封石达开为"电师通军主将义王"，命他提理政务。

石达开回京辅政，是他勇敢抗击韦昌辉滥杀暴行斗争的胜利，对洪秀全曾给他加以"反顾偏心罪"，下诏通缉，以"官丞相，金六百两"的赏金"购其首级"的错误做法，他亦不计较，显示出不计个人恩怨的宽阔胸怀和崇高品德，这就博得天京广大军民的尊敬。因此，石达开回京辅政，是他本人崇高的威望、品格和文武具备的才能为广大军民所信赖和拥戴的结果。

回京后，在他辅政的半年里，政治上安定人心，加强团结，重用人才，甚至连杀害了他全家的韦昌辉的父亲和兄弟都得到保护。他以正义的行为，竭尽全力，把天国从面临覆亡的危机中挽救过来。

天国的形势稍微有了转机，洪秀全又把斗争的目光转向内部。原来，洪秀全并没有从"天京事变"中吸取正确的教训，杨秀清独揽大权和逼封万岁的情景不断在他眼前出现，因而他时生疑忌。尤其是眼见石达开辅政，功绩卓著，又见石达开"所部多精壮之士，军力雄厚"，对其兵权的集中更为忌讳，再加上石达开为首义之王，威望极高，这都使洪秀全深为不安，他"时有不乐之心"，日夜思虑，"深恐人占其国"，使洪氏一家一姓的天下失之旦夕。他从维护洪氏集团的统治地位出发，对石达开进行限制、排挤。遂封其长兄洪仁发为"安

天王洪秀全画像

315

王"，又封其次兄洪仁达为"福王"，干预国政，以牵制石达开。

洪秀全对安、福二王的封赏，由他自己直接破坏了太平天国前期"非金田同谋首义、建有殊勋者不封王爵"的规定。在挟制、架空石达开的同时，还要夺取他的兵权，"终疑之，不授以兵事，留城中不使出"，甚至发展到对石达开有"阴图戕害之意"。石达开已然无法施展其聪明才智和匡国辅政的志愿，也对洪秀全及其集团能否继续保持太平天国和建立统一的"天朝"失去信心和希望，不禁发出"忠而见逼，死且不明"的叹息。

1857 年 6 月 2 日，石达开离开天京，前往安庆，一路张贴布告，表明"吾当远征报国，待异日功成归林，以表愚忠耳"的原因，从此离京远征，一去不返。

在他出走后短短的时期，广大太平军将士们很快就纷纷离开洪秀全，投奔到他的麾下，很快聚集起了几十万人，成为太平天国最重要的一支军事力量。6 年中，他转战江苏、安徽、江西、浙江、福建、湖南、湖北、贵州、广西、云南、四川 11 个省，除了宝庆、桂林两府外，一路都是战无不胜，攻无不克。1860 年，他攻克南宁时，手下还有精兵 20 多万。他计划分兵三路，北上四川，效仿三国时的诸葛亮，占天险之利，退可以守，进可以攻，北与当时纵横中原的捻军紧密配合，东与天京遥相呼应，荡平群妖，夺取全国胜利。不料就在这以后的 3 年中，形势急转直下，先是 20 万精兵东归，接着是西征失利，最后竟然全军覆没在大渡河边的紫打地。导致这一悲剧结果的原因到底是什么？特别是大渡河边的全军覆没和翼王的自缚清营请死，实在令人难以理解，找不到任何令人信服的答案。英雄的末路的确令人惋惜，然而百年之后这神秘的谜团依然没有找到一个合理的回答。

文明之谜

　　一段段远古的文明在回望中逐渐展露出她神秘的笑靥。神秘的秦陵兵马俑、璀璨的三星堆文化、消失的楼兰古国……它们中有的涉及一时一事，有的扩及一国一族，更有的牵涉到一个失落的世界。人们已经解答了很多，可是解答的越多，无法解答的也就越多。

半坡遗址之谜

　　黄河，我们的母亲河，她孕育了众多的文明，创造了灿烂的文化。半坡遗址就是在她身边的村落，这个遗址告诉了我们太多的东西，又留下不少谜团。半坡遗址是1953年被考古队发现的，随后几年中，考古工作者进行了多次发掘，渐渐揭开了这沉睡了6000多年的原始村落的面目，它位于陕西省西安市东郊，当时林木繁茂，自然环境异常优美。发掘中考古工作者认识到这是一个典型的原始村落，有较高的发展水平。但村民们的生活状态具体如何，人们之间是什么样的关系呢？这些都有待于发掘材料的证明。

　　半坡村落遗址南北长300余米、东西宽200余米，呈椭圆形，南部为居住区，北部为公共墓地。东北角有烧陶窑址。居住区、墓地与烧陶窑址之间有一条大壕沟相隔。这条壕沟长70多米，宽深各约5～6米，向两边延伸，起防护的作用，被壕沟围绕的是居住区。居住区内，最显著的是中间有一座大房子，其结构和建筑方法是半地穴式的。所谓半地穴式，是指建造时先挖出一个平整的坑，然后再搭建房屋，以使房子一半处在地坑中，这种方法在技术落后的情况下易于使房屋稳定。大房子门向东开，中间为火塘，其作用应是村落成员们举行集体活动的地方，如商量大事，接待外族重要来客，可以称为全村的政治文化中心。北边有许多小房屋，小房子的房门都朝向大房屋，形成不甚规则的半圆形房屋群。

　　中小房子有半地穴式和地面建造式两种，从外表来看有圆形和方形之分。墙壁是用草和泥抹成的，房屋中心都有一个灶坑，是村民们做饭的地方。从房屋中灶炕附近的灰烬中发现有烧残的兽骨，没吃完成堆的螺蛳，可以看出半坡村人早已脱离茹毛饮血的蛮荒生活，过上了比较殷实且安定的日子。

　　半坡人已知道进行农业生产，使用石头、兽骨和陶片制造的工具。石器以磨制为主，但仍有少量的打制石器。有些磨制石器也只是在打制的基础上，仅对刃部稍加磨制。石器制作方法的改进对人类来说有重大意义，标志着人类具有了征服自然的能力。遗址中发现生产工具达600多件，有斧、铲、锄头。先民们就用这些工具

半坡遗址 仰韶文化半坡型
陕西省西安市半坡。半坡遗址出土的彩陶可以说是中国彩陶文化辉煌的开始。

焚树造田、种植粟等农作物，这是典型的"刀耕火种"。在一座房子下面还发现了一陶罐保存完好的粟，粟虽已碳化，但皮壳却清晰可辨。这是半坡人过上了农业生活的有力证明。

当然，渔猎还是村民们非常重要的食物来源，从遗址中发现许多的渔猎工具和残留的大量兽骨可以推测出来。打猎使用的工具丰富多彩，最重要的是弓箭，有不同的样式，仅箭头就有柳叶式、三棱形、扁平三角形、圆柱尖头式等。弓箭的使用，让人们的捕猎能力提升了一个台阶，可以更安全、快速地捕到猎物。

陶器也是村民生活中重要的物品，有各种形状的盆、罐用于储藏、煮食物，盛水等。村中有一个公有的制陶作坊，制陶技法已很发达。早期的制法以捏制法为主，到了中晚期开始出现用转速很慢的转轮加以修整的制法。彩陶是具有代表性的一种陶器，彩陶花纹是在制作陶坯过程中绘上去的，然后入窑烧制，这样彩绘可以经久不脱。彩绘多以红色和黑色为主，题材多样，色彩对比强烈。内容除了人物形象外，还有反映动植物、天文等各个方面的写实图案。其中尤其以鱼形纹居多，最具代表性。这些彩绘早已超出实用的范畴，而是先民们创作的文化艺术了。在一些陶器的彩绘上发现了较多刻画符号，有人认为是早期的文字。也有人认为只是随意留下的，并没有什么意义，也无法识读。究竟是不是文字，仅从这些符号是不能确定的，如果哪一天也能像甲骨文一样发现众多材料，说不定汉字史又要向前推了。

在居住区附近有氏族的公共墓地，排列有序，位于居住区之北。这里已发掘出成人墓170多座，各墓排列纵横有序，成人墓多为一人一墓，合葬的较少。随葬品为日常生活用的陶具诸如罐和壶之类。半坡人对成人和小孩是用不同方式埋葬的。小孩墓地发现有70多座，绝大部分就是葬在屋旁，用瓮装着，不入公共墓地。可能是夭折不祥不能入氏族墓地，也可能是由于灵魂观念及"亲子之情"，把幼儿留在身边。

随着发掘的不断深入，半坡村民的生活状态逐渐明了。整个村落，居住区是中心，四周有防护沟，沟北为墓地，东边为窑场，从这种统一规划可看出，人们过的是一种有组织的生活。房屋的大小相近，随葬品数量及质量上相似，所以人们之间并无贫富差别。总之，他们过的是一种集体而平等的原始村落生活。

华夏第一都到底在哪里

中华民族有悠久的历史，从早期的人类到原始氏族社会，这片土地上有过我们祖先的身影。随着生产力水平的提高，社会不断进步，尧、舜之后，禹建立夏。夏便是我国历史上第一个国家政权，我们今天对于夏代的了解相当贫乏，只有少数文献中一些零星的记载。由于商都殷墟的发现，对商王朝的文明状况，我们有了较清楚的了解，而此前的夏代却仍是一片空白，几乎都要让人淡忘这个曾统治华夏几个世纪之久的王朝。如果能找到夏朝的国都遗址，我们就不会对夏代如此迷茫，但作为华夏第一都的夏都到底在哪里，长期以来一直是困扰历史学家的难题。

有人说是位于山西省运城市的夏县，据称，因我国奴隶社会第一个王朝夏朝在此建都而得名，号称"华夏第一都"。其历史悠久，为中华民族的发祥地之一。相传是嫘祖养蚕、大禹建都的地方，素有"禹都"之称。不过至今还没有在夏县找到有说服力的文化遗址。

有人说应该是在今许昌西部的禹州。禹州市是中华民族发祥地之一，大禹因治水有功曾在此受封"夏伯"。禹的儿子启继位后，于钧台大宴天下诸侯，建立了中国历史上第一个奴隶制国家—夏朝，亦被称为华夏第一都。夏都是在禹州吗？目前仍不得而知。

1959 年夏，中国科学院考古研究所组织了一支考古队，开始了探寻夏都的田野考察。从传说中夏人活动的中心地区豫西开始，在拨开重重迷雾后，考古队将目光锁定在河南偃师二里头，集中对其进行考古发掘。以此为标志，中国考古学界开始进入了有目的、有计划地探索夏文化的时期。

早期奴隶制夏王朝的存在无可非议，但由于文献和考古资料的缺乏，夏代的文化面貌始终无法确认。20 世纪 60 年代末，考古工作者在河南省偃师县二里头村发现了一些古文化遗址，出土陶器十分特殊，介于龙山文化与商代之间，引起了学术界的极大兴趣。二里头村，位于偃师县西南 9 千米的洛河南岸。古文化遗址包括二里头、圪当头、四角楼、寨后和辛庄 5 个村，面积 375 万平方米。1957 年发现后，1959 年开始进行发掘和研究工作，先后发掘面积达 1 万平方米。文化遗物的特征介于龙山文化晚期和商文化早期之间，尚属首次重要发现，命名其为"二里头文化"。这处遗址的最下层被确认为夏文化，出土有铜刀，为我国发现最早的青铜器。其上层为商代文化，发现有大型宫殿基址，面积达 1 万平方米。遗址中出土了大批工艺精良的铜器与玉器，应为夏商时期的都邑遗址，在考古学上占有极重要的地位，对了解和研究夏商文化的历史有很大意义。

经过几十年的研究，可以确认二里头遗址是一座早期王城。但这座都城是属于商代的还是夏代却还不清楚。2003 年，考古人员又在现已发现的中国最早都城遗址"二里头

青铜爵 二里头文化
高 20 厘米，尾长 26 厘米，河南省偃师市二里头出土。这是二里头文化中最具代表性的青铜器，造型细巧，素面而无纹饰。

遗址"中找到了两座大型宫殿建筑。其中一座，呈缺了一个角的长方形，东西长为110米左右、南北宽100米，东北部折进一角。整个庭院范围都是建造在高于地面半米的夯筑平台上。庭院四周为走廊，除西廊是外有墙、内有走廊外，其余三面中间都是墙，内外皆有走廊，说明在庭院北、东、南三面可能还会有相邻的庭院。这座宫殿的样式，后代有许多建筑都沿用。新的宫殿建筑群的发现又吸引了人们的目光，无论从其规模，还是样式都是皇宫大院的建筑。

这两座宫殿遗址的特殊处和意义，不完全在于认定它们是王宫，更重要的是它们发现的位置。早先考查知道二里头遗址所处的社会，很大可能是处于夏商两代分界的时期，其上层是商文化遗留，其下层为夏文化遗留。而这两座宫殿初步考定是处于夏文化层，那岂不是说，我们可以确定这是夏代的都城了吗？有位考古专家激动地说，"这意味着人们几乎可以从中触摸到中国第一个王朝的脉动了"。

然而事实上，二里头遗址是不是夏都并未得到公认，首先就此遗址本身的时期争论仍在继续，有人说属于夏文化晚期，有人说属于商文化早期，更为普遍的说法是"界于夏商之间"。历史学家冷静地说，"二里头遗址本身还存在着许多未解之谜，作为都城的二里头，它的内涵布局及其演变过程、它的文化面貌及其社会生活与组织结构、它的族属国别以及人地关系等诸多课题，目前还只是粗线条的把握"。

殷墟是商代的古都吗

时间上推到1899年，那时还是清朝末年，当时的北京国子监祭酒王懿荣，因为患病而吃药。他随便翻看一包刚买来的中药，以检验药的成色，发现一块"龙骨"上有些奇异的刻画符号。他没有轻易放过这个发现，而是立刻去药店查探，得到更多的有字龙骨，综合这些材料他得出这些符号肯定是商代的文字。此后他就不断以高价收购这些甲骨，一些商人也投其所好。此事逐渐为人所知，很多人便纷纷加入收购的行列，从此甲骨身价倍增。因为有巨大的利益，知道甲骨文来源的商人便长期隐瞒真正的出土地点。10年后，著名甲骨文学家罗振玉终于得知出土位置——河南安阳小屯。

甲骨出土数量不断增多，古文字学者罗振玉在1910年释出了十几位商王的名号和死后的谥号，这更加证实了小屯村就是湮没的殷墟。

公元前16世纪前后，商汤灭夏，在中原地区建立了商。在当时特殊的历史背景条件下，商王盘庚曾5次迁都，最后定都于殷。直到商纣亡国，273年间殷一直是商代晚期的统治中心。周取代商以后，殷民迁走，殷都也在漫长的历史变迁中沦为一片废墟。

甲骨的发掘工作也经历了几个不同阶段，大体分为：早期的滥采滥挖、中期的低水平集众发掘、前中央研究院的科学发掘、新中国成立后科学系统发掘。

1899年，甲骨文为世人所知后，其身价陡增，当地地主、农民、古董商等为牟取暴利集众挖掘。1904年冬，小屯村地主朱坤率先集众在小屯村北地、洹河南岸的农田中建起了挖掘工地，大肆挖掘甲骨达数车。同村人霍文元、刘金声等人见有利可图，也集众挖掘，双方为了争夺甲骨还发生了群体械斗。最后，安阳知县下令禁止私掘，但禁令并未维持多久，私掘现象依然严重。

后来，前中央研究院历史研究所成立之后，便派董作宾于 1928 年 8 月到安阳小屯村调查甲骨出土及保存情况。董作宾在小屯村一带多处调查走访，了解到近几年在小屯村仍有甲骨出土，便从村民手中收购了部分甲骨。经过这次调查，前中央研究院认为小屯村的地下还有甲骨出土的可能，遂从 1928 年 10 月至 1937 年先后进行了 15 次考古发掘。参加发掘的主要工作人员有李济、梁思永、董作宾、郭宝钧、石璋如等。这 15 次发掘中，第 1 至第 9 次以小屯村为重点，得甲骨 6500 余片；第 10 至第 12 次以距小屯村 3 千米远的洹河北岸的侯家庄为重点，挖掘了王陵墓葬，但没有甲骨出土；第 13 至第 15 次仍以小屯村为重点，得甲骨多达 1.84 万余片。其中收获最大的一次为 1936 年春开始的第 13 次发掘，出土甲骨 1.7 万片，并有完整和较完整的龟腹甲 200 多个。

通过这 15 次科学系统的发掘，他们不但发现了很多商代晚期的遗址、墓葬，同时还获得有字甲骨 24918 片。后来，前中央研究院从中选出近 1.3 万片辑成《殷墟文字甲编》和《殷墟文字乙编》。这 10 年的殷墟发掘是在考古专业工的者作指导下进行的，出土的甲骨等文物也收归国有，因此这是甲骨学史上的极大收获。特别是后 5 次发掘，对殷墟建筑基础的遗留及墓葬的排列情况都做了详细研讨，为中国考古学的形成奠定了基础。

新中国成立之后，文化部设立文物局。从 1950 年春到 1977 年，文物局对殷墟进行了十几次有组织、有计划的科学发掘工作，共获得有字甲骨 5000 多片及商代青铜器等珍贵文物，并使商代殷都的面貌整体呈献在世人面前，获得了甲骨学史上的空前收获。

甲骨文并不是一种处于起源阶段的简单文字，无论从文字的形体结构还是史料证据上，都说明甲骨文是一种比较成熟的文字。在距今约 6000 年的西安半坡遗址出土的陶器上，有二三十种刻画符号，郭沫若和于省吾先生通过考证都认为其是汉字起源的简单文字。约距今五六千年的大汶口文化时期的文字，更被认为是处于发展阶段的早期文字，而且其形体与商周文字较为接近。因此，许多学者都认为，在甲骨文字出现之前，中国的汉字可能已经经历了两三千年的发展和演变。

甲骨文已经不是最初的简单符号，它是商代文明的标志之一，其发达与成熟在许多方面都有所表现。从已出土的甲骨文看，其句子的构成已经具备了现今汉语的表达方式的雏形。不仅甲骨文中的词句已经具备了后来汉语表意方式的基本特征，而且甲骨文中的单字也已经具备了后来汉字的主要特征。汉代许慎《说文解字》中提出包括象形、指事、会意、形声、转注、假借在内的"六书"，甲骨文字也已经大体具备了这"六书"所包括的内容。

从甲骨文中可以看出，商朝，人们对神的崇拜已经具有宗教意义。人们通过向神灵卜问来预测吉凶祸福，这在当时是非常流行的。甲骨文就记录了大量的占卜辞。

世界文化遗产——殷墟

据研究发现，当时用于记录占卜卜辞的龟甲和牛胛骨是经过精心修饰的。在殷商时代，龟甲主要从南方进贡而来。据专家鉴定，出土于殷墟的龟甲多是取材于南方江淮、珠江流域的胶龟，其特大者则是产于我国近海的海龟。

学者们从一块已破译的甲骨上得知：商代武丁时期，一个雀地的诸侯一次向商王进贡"五百龟甲"。从其他甲骨文材料看，向殷王室进贡龟骨的人多为殷王之官或附属的方国之人。雀地的诸侯一次就送来 500 只龟，可见当时殷王室储存的龟甲数量是十分庞大的。

当时的社会，畜牧业已很发达，可以提供大量的卜骨。1973 年在安阳小屯发掘的 H99 是当时存放骨头的一个窖穴，里面存放着大量未经加工过的牛胛骨。可见，卜骨也是预先收集，以备随时取用的。

从发现的甲骨看，它们都有被锯、削、刮、磨的痕迹。卜甲一般是将乌龟的甲壳分成凸起的背甲和较平的腹甲两部分。连接背甲与腹甲左右两边的甲片，就叫甲桥，其位置在乌龟的前后足之间。在锯开上下甲时，甲桥留在腹甲上。腹甲、背甲都要经过一系列的整治。要除去鳞片、胶质等，背甲一般从中间剖开，并将中脊凸起部分锯去，在上面钻一孔。卜骨主要用牛肩胛骨，不分左右。其整治方法是将骨的顶端骨臼的圆形削磨成月牙形，以使骨臼与骨面平整。

甲骨经整治加工以后，还要经过钻凿才能用于占卜。钻凿是在甲骨的反面加工出窠槽，由呈椭圆形的凿和呈圆形的钻作用而成。钻和凿都只加工到距甲骨最薄的地方而不透过骨面。钻凿大致有三种：一是有钻无凿，二是有凿无钻，三是钻凿并用。

甲骨钻凿完毕，即已完成了占卜前的所有准备工作。当时的占卜内容是十分丰富的。

占卜的起始程序叫"灼龟"。钻凿的第一种和第三种，都是在钻处进行烘烤，这叫"灼"。第二种则在紧挨凿的左边或右边施灼，称"单灼"。在甲骨反面施灼之后，它的正面就会出现裂痕，直裂的兆纹称为"兆干"，横裂的称为"兆枝"。占卜者就是根据兆枝的走向来判断吉凶祸福。

在占卜结束之后，把所问之事刻写于卜兆旁边，这就是卜辞。卜辞刻在甲骨的正面和反面的均有，但前者居多，这以武丁时期甲骨文为多。有的卜辞正面刻不完，就在反面接着刻。早期甲骨文中多见这种正反两面相衔接的卜辞。

殷人契刻卜辞有一定的格式。一篇完整的卜辞可以分为前辞、命辞、占辞和验辞四部分。前辞，也叫叙辞或述辞，记述占卜的时间和占卜者。命辞，也称贞辞、问辞，即命龟之辞，是向龟陈述要卜问的事。占辞，即根据卜兆而判断吉凶。验辞，即将占卜之后应验的事补刻下来。

甲骨上的卜辞除契刻以外，还有朱砂或墨书写的卜辞，这种书写的卜辞字形特别粗大，比同一版面上的刻辞字形大得多。

继发现甲骨后，大规模的发掘工作随之而来，于是，一座标志古代文明的都市遗址——殷墟遗址被发现了。

殷墟是商代后期的王都所在地。河南安阳市西北 2.5 千米的小屯村是遗址的中心，洹水两岸的后岗、武官村、高楼庄、花园庄、孝民庄、侯家庄、四盘磨、大小司空村等 10 多个村庄都在遗址的范围内，总面积约 24 平方千米。

殷墟遗址从 1928 年开始共经历了 15 次发掘。抗日战争爆发后，发掘工作被迫停止。1949 年，殷墟的发掘继续进行，直到今天尚未间断。从遗址上看，小屯村是当时的王宫所在地。到目前为止，已发掘出 70 多处房基遗址，其中有大型宫殿和宗庙基址，也有小型居住址，都排列有序。在房基附近还发现有 700 多个大小深浅不同的窖穴，这些窖穴大都用来贮藏粮食、器具、甲骨，少数则作为居穴。在小屯村也发现有墓葬，它们集中分布在宗庙基址周围，多为人祭坑。另外，在遗址的东边曾发现包括有名的妇好墓在内的属于王室贵族的中型墓。

王陵区分布在洹水北岸的侯家庄和武官村一带。在这里共发现 13 座大墓和千余座小墓、陪葬坑，其中赫赫有名的商王大墓就在武官村。据推测，大墓多半是王陵，小墓和陪葬坑应该是附属于大墓的陪葬墓和人祭坑。

古代居民遗址和墓地在其他各村也有发现，但规模较之都略小，在小屯村东南的苗圃北地和小屯村西北的北辛庄分别发现了规模较大的铸铜和制骨作坊遗址。

殷墟是我国考古史上最早的、历时最长的、规模最大的考古发掘之地，所获实物资料也极为丰富，其中经科学发掘所得刻字甲骨将近 3 万片，青铜器多达几千件，以及不计其数的玉、石、骨、角、牙、蚌、陶等各类遗物。所有这些都是研究商代历史最珍贵的实物资料。

总之，甲骨文与殷都遗址是一个难得的文物宝库。甲骨文中还有许多内容没有破译，它们和许多历史问题联系在一起，形成一个个谜案。研究甲骨文字，将有利于揭开许多历史谜团。

殷墟殷代车马坑

三星堆文化之谜

　　三星堆遗址位于四川省广汉市南兴镇北，这里有一条古河道叫"马牧河"，河道北岸的阶地形似月牙，人们便给它起了个美丽的名字——"月亮湾"，而三星堆则得名于河道南岸的3个大土堆。三星堆遗址的最初发现，是非常偶然的。1929年2月的一天，家住广汉市太平镇月亮湾的燕氏父子在浇灌农田的过程中，锄头锄到了一块石板，他们满怀惊奇地撬开石板，竟发现了满坑光彩夺目的玉石器。不懂文物的他们却肯定这是宝物，于是燕氏父子便在深夜偷偷将一共300多件玉石器取出，搬回家中。过了一年，燕氏父子见周围并无异常反应，为了牟利，他们便携带这些玉石器到城市的少城路——以前最大的古董市场去卖。据说这些被他们变卖的玉器至今仍下落不明。如此多的罕见之宝涌入市场，一时间，广汉玉器在古董商和古玩家之间炒得沸沸扬扬。大批所谓的"淘金者"纷纷涌向月亮湾，去寻觅宝物。

　　三星堆遗址能以真面目示人也得益于一个机缘，就在燕氏父子出卖那些玉石器的时候，也带了一些送给当地驻军旅长陶宗凯。此人乃一介武夫，对古董一无所知，但他找到了当时在华西大学地质系任教的葛维汉先生，请他帮助鉴别。葛维汉先生来自美国，对古董有所研究，他看到这些玉石器后，眼前为之一亮，没想到如此精美的玉石器也会出现在西南地区，他初步认定了这些玉器是周代礼器，是稀世珍宝。就在1933年秋，葛维汉先生与同是华西大学教授的林铭钧先生、戴谦和先生等人组成了对三星堆遗址进行考察的考古队。考古队在发掘中，发现了许多陶器、石器、玉珠、玉圭等稀世珍宝。1936年，考古队将发掘所获加以整理分析，在《华西边疆学刊》上发表了《汉州初步发掘报告》的文章。在报告中，把有关遗址文物称之为"广汉文化"。不幸的是，第一次发掘工作仅仅持续了4年，就被1937年开始的日本侵华战争阻断了。

祭祀坑

四川省广汉市三星堆出土。三星堆商代文化遗址1号祭祀坑长4.4米，出土了为数众多的玉器、陶器和青铜器等。

　　第二次正式的发掘工作开始于20世纪50年代初期。为配合宝成铁路的建设，考古学家们又一次来到了月亮湾进行考古调查，继续十余年前对遗址的勘探。他们采集了大量石器和陶器标本，根据初步考证，他们确定该遗址可能是西周时期的古遗址。1963年的一次规模较大的发掘是由四川大学历史系考古学教授冯汉骥先生带领他的学生进行的。他们来到月亮湾的高地上，极目远眺，顿感这是一个不凡之地。冯先生深有感慨，他认为这里极有可能是古代蜀人的"都城"。后来的考古发掘证明了他的预言是正确的。

1980 年，在全面发掘条件成熟的情况下，由四川省文物管理委员会组织的对三星堆遗址抢救性的发掘全面展开了。这次历时 3 个月的发掘，收获颇丰，不仅出土了不少的陶器、玉器、石器，并且还发现了大量的房屋基址和 4000 多年前的墓葬。这些陶器、石器让人们了解了 4000 多年前古蜀人的文化特点，从而也从它们身上见识到了古蜀文化和古蜀人的生活方式。在这次成功发掘的激励下，考古学家们锲而不舍、继续前进，试图进一步揭开古蜀王国之谜。1986 年 7 月 23 日凌晨 2 时 30 分，他们又有了一个重大收获。考古学家以竹签为工具，在谨慎的挑土过程中，发现了一小点在灯光照耀下闪闪发光的黄色物体，他们耐住性子，继续挑土，不一会儿，黄色物体显露的面积越来越大，还显出花纹来。先是一尾雕刻逼真的鱼映入眼帘，接着人们又发现了一只振翅欲飞的小鸟。这弯弯曲曲的黄色物体不断地延伸，竟长达一米多，令人惊奇的是，上面除了刻有鱼、鸟纹外，竟然还刻有一个王者之像。考古人员将这一发掘物称为"金腰带"。意识到此发现非同小可，他们立即向政府请派军警保护现场，局面得以控制后，考古人员才公开了发现古蜀王"金腰带"的消息。一时间舆论哗然，三星堆又一次成为世人关注的焦点。继"金腰带"之后，大量的玉器、象牙、青铜器及金器也被陆续发现，尤其是青铜器中的各式人头像和黄金面罩是中国考古史上的首次发现，具有十分重要的意义。

在考古人员不知疲倦的奋战下，一具具神奇的青铜面具，一件件晶莹剔透的玉器，闪闪发光的金鱼、金叶，离开了它们沉睡的泥土，发出了熠熠光辉。尤其是 1986 年发现的两座祭祀坑，是三星堆遗址的代表，它们的发现令世人瞩目。其中一号祭祀坑位于三星堆土堆南侧 100 米左右，坑是一个口大底小的长方形，坑内大概有 400 多件文物出土；二号祭祀坑位于一号祭祀坑东南，相距大概 20 米，是一个坑壁稍微有些倾斜的长方竖穴，从这个坑里出土了 439 件青铜器，131 件玉石器，此外还有骨、象牙等器物。这些 3000 年前的青铜人像雕塑，在中国古代文明史上十分罕见，在东方乃至世界艺术史上都占有十分重要的历史地位。其中一件大型青铜立人像的发掘，填补了美术史上商代大型雕塑的空白，它总体身高将近 3 米，是目前为止发现的几尊最大的青铜铸像之一。人像面部的器官雕刻得栩栩如生，头上还戴着用羽毛装饰的发冠。它手臂的动作好像是在进献贡品，人像身着饰有巨龙、云雷、人面花纹的衣服，看上去十分华丽。无论是从它的面部表情、身体动作，还是衣着来看，都体现了浓厚的宗教色彩。因此，有的专家推断这个青铜大立像可能是一个象征着王者的"司巫"。在二号祭祀坑还出土了 41 件铜人头像，它们的大小、面部比例、神色与真人非常接近，大概也是巫师的形象。

在这两座祭祀坑中，人们还发现了一种被专家称为有"不死"或"通天地"功能的神树，那就是用青铜器制作的铜树。其中最大的一棵，高近 4 米，由树座、主干和三层树枝组成，体态挺拔，装饰十分精美。树下底盘为圆环形，上有一个描绘着云气状花纹的山形树座。高大的树干一共有 3 层，一层向外伸出 3 根枝条，每一根枝条上都站立着一只鸟，枝端挂着一个桃形的果实，十分精巧。除此之外，更让人称奇的是，在树座下面背朝着树干跪着 3 个人像，他们的表情十分威严庄重，愈发使神树显得神圣无比。这棵神树是目前世界上发现时代最早、形体最大的一株，据推测，后世兴起的"摇钱树"可能就是在此基础上发展而成的。两座祭祀坑中除了青铜立人像和铜树外，还有玉石器和青铜礼器也是颇为重要的。出土的玉器，其中一部分像矸、斧、凿、刀、锄、舌形器、椭圆形穿孔附饰等，具有浓厚的地方特色，很明显是当地人制造的、蜀人本来就有的玉器；而另一部分像玉璋、玉琮、玉戈、玉瑗等，它们的制造则体现出中原文化的影响。

三星堆遗址重新出现在世人面前，它的社会影响和学术意义是十分重大的。英国《独立报》曾以《中国青铜像无与伦比》为题发表文章，称三星堆青铜像是"古代最杰出的艺术制品"，而这次大量的青铜文物的出现，也将使人们对中国金属制造的认识上升到一个新的高度，让我们感受到了一个高度发达的早期蜀王国文明的无穷魅力。从对三星堆遗址的研究来看，商的势力和商文化的影响确已达到了成都平原。虽然过去专家们在研究殷墟卜辞时也曾发现有"征蜀""伐蜀""至蜀"的记载，然而遗憾的是，由于人们怀疑商王朝根本无力攻入像四川这样的遥远之地，所以这些记载以前并没有引起人们足够的重视。至于商文化是如何从遥远的中原地区传入四川的，专家们提出种种推测，著名历史学家李学勤先生经过考察三星堆出土的若干青铜器，认为商文化可能是在向南推进的过程中，经由淮河流域，穿过洞庭湖，沿着长江流域逐步发展到四川地区的。

历史渐渐离我们远去，唯有在对这些遗迹和遗物的考察中，我们才能探寻到过去的讯息。当然，我们从中所感受到的只是一个早期蜀王国灿烂文明的物质表现，至于它那深厚的文化底蕴和神秘的青铜艺术则需要我们慢慢地去品味、去欣赏。

巴蜀古国之谜

四川古称巴蜀，"巴"指川东，"蜀"特指以成都为中心的川西平原。今天的四川简称蜀，"蜀"是象形文字。《说文解字》称"蜀，葵中虫也。"说它是桑树中的虫，也就是蚕，这些象形字中有很多都像是长着大大眼睛的蚕。传说中第一代蜀王名叫蚕丛，最大的功绩就是教民种桑养蚕，正因为这样，后人爱戴他、崇拜他、敬仰他，尊奉他为蚕桑纺织业的鼻祖之一。而蚕丛又有"纵目"的异象特征，因此"蜀"字很可能就起源于对蚕丛形象的客观描绘，而"蜀"也成为一个族名、国名、地名被流传下来。历史上一直认为巴蜀地区偏居西南一隅，是一片蛮夷之地，新中国成立前人们还相信"蜀无礼乐，无文字"的说法。但新中国成立后的考古工作证明，四川地区在古代的时候并不是毫无礼仪的荒夷之地，它的文明和中原文明一样是中华民族多元一体文明中的一"元"。

大家都知道，四川在秦朝后被称为"天府之国"，说是李冰父子修建了都江堰，改变了以前四川地区有水则涝、无水则旱的局面。那么是不是以前这个地方就穷苦不堪呢？成都市的几处发掘可以回答这个问题。成都的十二桥遗址在1958年底、1986 ~ 1987年，经过两次发掘，在商代的地层内，发现了大型木结构建筑遗址，房顶、梁架、墙体、桩基、地梁等，基本保存完好。大型地梁式宫殿建筑与小型干栏式建筑浑然一体，错落有致，分布面积为1.5万平方米以上。在以十二桥遗址为中心南北延伸的数千米，还发现多处商周时期古遗址，它们的规模和形制与十二桥相同，应该是成都这个总遗址的不同组成部分。这么大的建筑规模和成熟的建筑艺术说明在商周之际的成都已是一个相当发达的地区。2001年2月以来在成都市金沙村发现商代晚期至春秋时期的大型遗址，年代当为商代晚期至西周早期，分布范围约3平方千米，遗址内有明显的规划迹象，各部分的功能有不同的区域划分，每一处都有一定的布局结构。在这里出土了大量的精美文物，其中包括金器40余件、青铜器700余件、玉器900余件、石器近300件等计2000余件，还发现大批象牙和数以万计的陶器、陶片等。大量的物品和成熟的城市建设理念从不同的角度说明这个地区的经济已经发展的不同凡响。墓葬的奢华程度也可以说明这个问题。成都市商业街在2000年8月至2001年1月发掘的墓葬中，有一处被确定为蜀王开明氏王朝晚期（约相当于战国早期偏晚）的大型多棺合葬的船棺、独木棺墓葬，墓坑长30.5米，宽20.3米，面积达620平方米，墓坑中现存船棺、独木棺葬具17具。船棺规模、形制宏大，最大的一具长达18.8米，为其他地区所未见。随葬品虽被盗过，仍出土陶器103件、铜器20件以及漆、木器153件等。并且遗迹显示，墓葬之上还应该有布局规整的地面建筑。

如果说这些还不足以说明古巴蜀国和中原一样礼乐并重的话，我们同样可以从考古工作者那里找到证据。四川新都战国木椁墓：1953年到1956年考古工作者在成都北郊清理了一座大型土台，这个土台残高10米，台底103.6米见方，最上层31.6米见方，为三级四方形土台。关于土台的年代，开始定为西周到战国。后经过研究，认为这个土台始建年代应该是商代。关于土台性质，一般认为是集会、观望和祀典的场所，或古蜀国巫觋通天地的神坛，即大型礼仪中心。

1980年在四川新都发掘了一座战国早、中期之际的大型带斜坡墓道的土坑木椁墓，椁内分出棺室和8个边箱，棺具为独木棺，椁室出土青铜器188件，青铜器多5件成组，或2件成组，显示出特殊的礼制。作为古代文明重要标志的乐器在巴蜀大地上也有发现，1972年在重庆涪陵小田溪战国土坑墓就出土了14件一组的错金编钟。另外不少器物上的宴乐图案中也常有针对乐器和歌舞的描绘。

至于巴蜀古国有没有自己的文字这个问题，考古工作者给出的答案也是肯定的。20世纪70年代他们在四川的郫县发现两件带有铭文的青铜戈，在新都发掘出一件有铭文的青铜戈，1973年在重庆万县发现一件有铭文青铜戈，1959年在湖南常德26号战国墓出土一件巴蜀铭文青铜戈，这些青铜戈上的文字似汉字而非汉字，为确证巴蜀有文字提供了重要的物证。1979～1980年在四川省青川清理82座土坑墓时发现了400多件器物更有说服力，从其中出土的秦武王时在巴蜀推行田律的木牍看，这批墓的年代为战国中期和晚期。同时出土的漆器上有刻画文字，既有汉字，又有一些不为人知的符号，这些符号与汉字夹杂在一起，为巴蜀符号确属文字提供了坚实依据。

从以上的考古发现中我们可以得知，古巴蜀国至少在秦以前就出现了相当发达的文明。那么这些文明的起源又在哪里呢？它是怎么传播和发展的呢？它与中原的文明又是一种怎样的关系呢？三星堆怪异的铜像、僰人高挂陡崖的悬棺等等也是那么有力地吸引着世人的眼睛。我们到底什么时候才能真正地走进这个曾经辉煌的古老国度呢？面对人类好奇的追问，滔滔的江水、巍巍的青山都沉寂无言。

长城的两端到底在什么地方

长城是中华文化的瑰宝、人类文化的财富。"不到长城非好汉"这句话更是每个中国人耳熟能详的名言。现在长城不但是中国人心中的圣地，而且世界各地的人也对它敬仰不已，只要提到中国，便会想起中国的万里长城，只要来到中国，就一定要去万里长城。中国的长城号称万里，实是当之无愧，并无疑义，但长城的两端到底在什么地方却有着不同的说法。因为长城的修筑前后历经2000多年、很多长城并不是绵延不绝连在一起，以及早期修筑的颇多损坏，以致对长城两端所在地的认识出现了不同的意见。

第一种说法是据《史记·蒙恬列传》载："秦已并天下，乃使蒙恬将三十万众北逐戎狄，收河南（今内蒙古河套以南），筑长城，因地形，用险制塞，起临洮，至辽东，延袤万余里。"这句话表明了秦始皇修建长城的两端，即临洮和辽东。秦始皇修的长城其实包括三段，东段起于现在内蒙古德化县内，向东基本上是沿着今内蒙古和河北交界处蜿蜒东行的。进入辽宁以后，折向东南，一直延伸到朝鲜境内的平壤大同江北岸，其终点即是所谓的"辽东"。秦始皇长城的中段，从东至西由内蒙古兴和县，北依阴山，南靠黄河河套，西抵乌兰布和沙漠北缘。西段长城，经考察西起甘肃省岷县，循洮河东岸向北至临洮县、兰州，再东折至榆中县。

专家认为今天的岷县就是秦朝时期的临洮县，是秦万里长城的西边起点。现在其遗址旁树立着一块碑，写的却是"战国秦长城遗址"，原来在春秋战国时期各诸侯

万里长城是有史以来最长的建筑，然而最终它却没能抵挡住侵略者。

国都修过长城，秦国也不例外。这一段从临洮起点的长城就是秦昭王时修建的，后来秦始皇加以修缮。可惜的是，经过时间的侵蚀，我们很难相信西起临洮的这一段长城是否存在过，因为几乎看不到绵延于山川田野的城墙。为了探访秦朝是不是在这修过长城，有人几十年来走遍这里的每一个角落，寻找昔日的长城，并且找到了很多秦代遗物，不过这并不能证明修长城之说，因为这一带本来就是秦朝活动区域，找到一些秦遗物并不能说明问题。

第二种说法是万里长城东端到辽东，西端为现在新疆罗布泊地区。此种说法是基于汉代所修筑的长城之上的。汉朝时期，北方游牧民族匈奴强大起来，不断在汉朝边境滋事，为此，汉高祖刘邦亲征匈奴，但却以惨败结束，被围困了七天七夜，后来用谋士陈平的策略，才得以逃脱。在匈奴威胁下，汉初国力衰弱，只得年年给匈奴交纳大量贡品，以求平安，但边境的骚乱并没有完全停止。经过汉初几代皇帝的休养生息政策后，汉武帝时国力空前强盛。于是汉王朝不再唯唯诺诺，而是主动出击，派遣大将卫青、霍去病等率军多次给予匈奴巨大的打击。经过一系列战争，打通了甘肃经河西走廊到新疆罗布泊的交通要道，并使西域各王国臣服于汉朝的统治。

汉武帝在军事进攻的同时，还着手另一项工作即是大规模修筑长城。汉武帝有四次大规模的修筑，第一次在公元前127年，在击溃盘踞在此地的匈奴后，将防御匈奴的北方边界推进到今内蒙古阴山南麓的原秦始皇长城一线。第二次在公元前121年，夺得被匈奴占据的河西走廊，而后几年修筑了由今甘肃省永登县至酒泉的长城，东面与秦始皇所修长城相接。第三次在公元前111年，用了两年时间，修筑了酒泉至玉门关段的长城。最后一次修筑长城是在公元前104年到公元前101年，修了玉门关至新疆罗布泊段的长城。

那么，长城的西端是否应该认为是在罗布泊呢？汉代在河西走廊到罗布泊的这段长城和我们一般概念中的长城不同，只有相隔的城墩、烽火台，而它们之间缺少相连接的城墙。不过其功能却是相同的——驻防，互相通报敌情。如果不认为是长城，那么这条千里屏障又如何称呼。

第三种说法是长城分别是东到山海关，西到甘肃的嘉峪关。这两座雄关修建得气势磅礴，至今保存完好，又经过多次修复，一东一西相互对峙，所以被认为是万里长城的两端。此说其实是明长城的两端。明代是最后一个大规模修筑长城的朝代，在其统治的200多年中几乎从没停止过长城的修建，因为明朝有着更为严重的边患。在周边众多实力强大的政权的压力下，明朝为求得安宁与和平，只得年年用大笔银子在崇山峻岭中铺就一条坚固的防线。朱元璋建立明政权，占领北京，推翻元朝的统治。此时的元政权并没有被消灭，而是退出了北京，回撤到今长城以北，仍有东至呼伦贝尔湖，西至天山，北抵额尔齐斯河及叶尼塞河上游，南到现在长城一线的广阔地域。而且元政权的统治者并没有完全死心，而是时时不忘收复失地，重主中原。在陕西、甘肃、辽东都有不服从明政权的规模庞大的军事政权，时刻让明朝统治者寝食难安。明代中后期，北方女真族政权兴起，更是成为明朝廷的心腹大患，这时修建长城的工程也更为浩大。

还有人认为万里长城的东端并不是山海关，而是辽东鸭绿江畔。只是因由山海关到辽东一线修筑比较简陋，到现在基本被损坏，所以认为万里长城是明代修筑得比较精良的嘉峪关与山海关之间一段，其两端是这两座雄关。

万里长城的两端到底在什么地方，以什么时候的为标准来定，众说纷纭，至今尚无定论。

阿房宫为何取名"阿房"

秦始皇灭六国、完成统一大业之后，自以为功德盖过三皇五帝，于是在首都咸阳大兴土木，建宫筑殿，供自己享用。所建的宫殿中规模最大的便是阿房宫。据《史记·秦始皇本纪》载，此殿"东西五百丈，南北五十丈，上可以坐万人，下可以建五丈旗"。

阿房宫汇聚了当时全国各地宫殿建筑的优点，规模空前，气势宏伟。其"离宫别馆，弥山跨谷，辇道相属，蔚为大观"。《汉书·贾山传》中记载："起咸阳而西至雍，离宫三百，钟鼓帷帐，不移而具。又为阿房之殿，殿高数十仞，东西五里，南北千步，从车罗骑，四马骛驰，旌旗不挠，为宫室之丽至于此。"

那么，这座宫殿为何取名"阿房"？历代记载说法不一。查考发现，主要有以下3种观点：第一种观点认为"阿房"一名是由于宫址靠近咸阳而得名的。《史记·秦始皇本纪正义》引《括地志》云："秦阿房宫亦曰阿城，在雍州长安县西北一十四里。按宫在上林苑中，雍州郭城西南面，即阿房城东南面也。"所以，颜师古说："阿，近也，以其去咸阳近，且号阿房。"

第二种观点则是从阿房宫的建筑风格加以分析，认为"阿房"一名是根据"四阿旁广"的形状来命名的。阿，在古意中有"曲处、曲隔、庭之曲"的解释。杜牧的《阿房宫赋》中说此宫"五步一楼，十步一阁，廊腰缦回，檐牙高啄"，正体现了阿房宫"阿"的特点。所以《史记·秦始皇本纪索引》中解释此宫名时说："此从其形命宫也，言其宫四阿旁广也。"

第三种观点认为，"阿房"一名是由于宫殿建筑在大陵上而取名。这一观点出自《汉书·贾山传》，传中注释为："阿者，大陵也，取名阿房，其言是高若于阿上为房。"意思是，阿房宫因宫殿建筑在大陵上而取名。考古发掘有力地证明了这一观点。古阿房宫的遗址所在地是西安市郊约15千米的阿房村一带。发掘的遗址表明，当年的阿房宫坐落在地势高峻的丘陵上，至今这里还有宫殿的高大地基。另外，在阿房村南附近，有一个宫殿遗留的大土台基，周长31米，高约20米；据考证在村西南还有一个是阿房宫前殿遗址的高大夯土台基，东西长约1200米，南北长500～600米，最高处8米左右。阿房宫就是建在这些高大的台基之上。

上面的3种观点都言之凿凿，很难判定孰是孰非。所以，这座千古留名的宫殿的取名之谜，只能等待后人的进一步发现了。

秦始皇陵兵马俑之谜

　　1974年3月，在陕西省临潼县（今西安市临潼区）秦始皇陵东面3里的西杨村，几位农民在奋力打井的时候发现了一个陶制人头。农民们十分泄气，因为据说挖井挖到人头是一件很不吉利的事。于是，他们悄悄把人头埋好，又换了个地方继续挖井。可是，没想到同样的情况又发生了，这次他们挖出许多陶制的身体和手。农民们感觉蹊跷，于是他们迅速地报告了有关部门。有关部门立即派考古工作者展开钻探和发掘工作。当地表层被掘开时，神话般的奇迹就展现在人们面前。在5米多深的深坑内站满了身披铠甲、手持兵器威武健壮的武士俑和拖拉木制马车的陶马俑。这就是举世震惊的一号兵马俑。1976年6月，第二号和第三号兵马俑坑又相继在一号俑坑的北侧20米处被发现。

　　秦始皇兵马俑共分3个坑，每个坑都是独立的一组建筑。这些建筑都是通过在地下挖坑的形式修建而成。

　　一号坑为步兵、车兵混合编组，坑四周是回廊，东西两端是守卫军队，南北两侧则排阵设防，中间9个过洞里，每个过洞四纵队组合，兵车相间，构成主体。二号坑在一号坑东端北侧20米的地方，总面积6000余平方米，为步兵、车兵、骑兵混合编组。该坑平面布局较为复杂，分东、西两区。东区即"曲天"之首，东西长26.6米，南北宽38米，面积约1050平方米。东西两端各有一南北向长廊，中间是东西向过洞6条，洞、廊相通。全区陶俑分为跪射武士俑和步兵武士俑，这些武士俑均面向东方。西区共有14条过洞，其兵种主要是车兵和骑兵。三号坑位于一号坑西端北侧25米处，呈"凹"字形，东西长17.6米，南北宽21.4米，深5米左右，面积约520平方米。坑内有一辆绘满彩图的战车，车后有4件陶俑。正中两件，前为铠甲武士俑，后为武官俑。三号坑出土陶俑68件，地位十分重要，是秦俑坑的统帅部。

　　那么，这些威武雄壮、栩栩如生的兵马俑究竟是怎样造出来的呢？这里还有一个传说呢。

　　据说，虽然拥有一个宏伟壮观、巨宝无数的陵墓，但秦始皇仍不满意。他向丞相李斯降旨，让李斯征集4000对童男童女准备为他殉葬。李斯想：营造陵墓、修筑长城已是民怨沸天了，如若再征集4000对童男童女以备殉葬，岂不是等于火上浇油。到那时百姓万一起兵造反，秦朝江山覆灭了不说，自己也难逃一死。

跪射俑　秦

陕西省西安市临潼区出土。通过革新与变法，秦国拥有了比东方六国更为先进的经济制度，国家经济实力日益雄厚。同时秦还建立起一支强大的常备军，独立而剽悍的骑兵和雄视天下的锐利兵器，使秦军的战斗力远在其他六国之上。因此，秦能统一天下，乃是历史的必然。

331

秦始皇陵兵马俑一号坑全景
陕西省西安市临潼区，40多乘战车和6000余名军士按进可攻、退可守，随机应变的原则组成的高效常用的矩形军阵，首次让我们目睹了秦军威武雄壮的非凡风采。

想来想去，他想出了一个好办法。于是，他赶紧上奏秦始皇说："启奏皇帝陛下，臣李斯冒死直言，征人殉葬，必将引起骚动，不如以陶人陶马殉葬，以壮皇帝声威。"秦始皇听了十分高兴，让李斯立即征集能工巧匠到咸阳烧制陶俑。

那么，这些陶俑和陶马是如何制作出来的呢？从目前发掘的兵马俑来看，其制作方法是先制造出不同的模具，然后利用模具分别制造出不同的陶俑，再烧制而成。陶俑的头与身躯的连接部和俑臂与肩部的连接部有明显的接痕，这说明这些部分是先单独制作出来的，然后，在烧制前，用泥条把各部分连成一个完整的陶俑，最后才进行烧制。足踏板是用单模制成，再粘接在陶俑脚下。俑的头、躯干、手臂中空，而脚、腿、手却是实心的。这说明当时制作时是自下而上，先做脚和腿，再用合模法制造躯干，最后再把各部分连接起来。最后，等胎干后，装窑火烧，出窑上彩。

陶马的制作比陶俑更为复杂细致，工艺水平更高。其制作方法是，先分别做出马的腿、躯干、头、颈、尾等，然后再把各部分套合粘接。连接后，再在初胎上涂一层细泥，雕塑刻画筋腱、肉褶纹、毛丝纹及马饰等。然后通体涂细泥一层，并打磨圆润光滑。

秦俑的造型，运用了模、塑、捏、堆、贴、刻、画等7种传统的泥塑技法，把体、量、形、神、色、质等基本要素表现得淋漓尽致。秦俑不仅体态丰盈、生动逼真，而且其身上各部位都涂上了不同的色彩，显得更加活灵活现、栩栩如生。因此，有人称秦俑艺术是"三分雕塑，七分彩绘"。

众所周知，世界上有七大奇迹，它们分别是埃及金字塔、巴比伦空中花园、土耳其月亮女神庙、奥林匹克宙斯神像、罗德岛太阳神巨像、小亚细亚摩宇拉斯国王陵墓、埃及亚历山大灯塔。不过，除了埃及金字塔外，这些古迹都因地震、火山和战争的破坏而永远地消失了。然而，当历史巨轮驶入 20 世纪后，世界上突然出现"第八大奇迹"，它就是已享誉全球的秦始皇兵马俑。

1974 年春，陕西临潼县发现秦兵马俑的消息一夜间传遍世界各地。不久，《美国国家地理》杂志便以《神奇的兵马俑》为题向世界各国介绍了秦兵马俑的情况。1976 年 5 月，新加坡总理李光耀来到秦俑坑，他是第一个以外国国家元首的身份来参观兵马俑的。李光耀参观后，激动地说："这是世界的奇迹，民族的骄傲。"第一个提出秦兵马俑是世界第八大奇迹的说法的是法国前任总统希拉克。1978 年他参观秦兵马俑后，说："世界上原有七大奇迹，秦俑的发现可以说是第八大奇迹。不看金字塔不算真正到过埃及，不看秦俑不算真正到过中国。"1980 年 9 月，新华社记者王光麟在《新民晚报》上发表了一篇题名为《参观世界第八大奇迹——秦始皇兵马俑博物馆巡礼》的文章。这是秦兵马俑第一次以"世界第八大奇迹"的称号出现在报纸上。

随着兵马俑在世界范围内的声誉越来越高，秦俑开始走出国门。在短短几年时间里，它们先后到过十几个国家的 40 多个城市去参加展出。据统计，在展出期间，参观秦俑的观众共达到 1000 多万人次。每到一处，都会引起该地区的轰动。

堪称"世界第八大奇迹"的秦朝兵马俑，自 1974 年重见天日以来，一直深深吸引着世界无数的专家学者慕名而来。人们无不为其宏伟的气势、精湛的陶制技术所折服。

那么，如此气势磅礴的兵马俑的主人是谁？修建如此大规模的兵马俑坑其目的究竟是什么呢？

一直以来，人们坚信这兵马俑的主人不容置疑，就是历史上赫赫有名的秦始皇。因为只有秦始皇才能有如此魄力修造这么大规模的兵马俑，也只有雄才大略的秦始皇才配得上建造这气势非凡的兵马俑！

确实，作为中国第一位统一全国的封建帝王，秦始皇杰出的政治才能与军事才能是无与伦比的。所以，不少人认为，统一全国后，为了表彰军功，宣扬其统一大业，秦始皇就下令塑造了这些兵马俑，并使之面向东方，"以示秦始皇坐西向东，吞并六国，统一全国的决心和气魄"。不过，也有人认为兵马俑是秦始皇为自己建造的陵园建筑结构的一个组成部分，象征着驻扎在京城内外的军队。不过，还有人认为秦兵马俑坑并不是秦始皇的陪葬坑，不属于陵园的组成部分，它仅仅是一种具有纪念碑性质的建筑物。其目的也是为了显示皇威，宣扬战功。

以上观点虽有差异，但都是基于一点，那就是承认兵马俑的主人就是秦始皇。事实真是如此吗？史书上对秦始皇统一全国后的一举一动，包括收缴兵器、统一文字，修筑长城、建造陵墓等等都记得一清二楚，奇怪的是唯独对其建造兵马俑坑只字不提。这是否有悖于常理？

有人于是大胆提出，秦兵马俑的主人并非秦始皇，而是秦始皇的祖母宣太后。宣太后曾经参与过秦国的朝政，权力很大。因为她是楚国人，所以她死后，他的儿子秦昭王就命人塑造了这些兵马俑，象征着护送队，护送宣太后重返故乡。这种看法也不是妄加揣测的，理由如下：

其一，秦兵马俑坑位于咸阳（今陕西西安）以东，面向东方。宣太后的故乡是东方的楚国。所以如果真是宣太后的护送队，那朝向的方向应该是正确的。

其二，据有关专家研究，秦兵马俑根本不具战斗力！兵马俑坑虽然阵容强大，有马也有车，但其列队方式与战国时期的作战方式不符。据考证，在已发现的三个俑坑中，一号俑坑为右军，二号俑坑为左军，三号俑坑为指挥部，却唯独缺少最重要的中军。一直以来，人们是这样解释的，四号坑也许就是拟议中的中军，之所以没有建成，是因为这时爆发了历史上著名的秦末农民起义，大部分修建陵墓的刑徒都被调去镇压起义军了，后来随着秦的覆亡，这项工程也就不了了之。如果兵马俑坑是宣太后的，问题就迎刃而解了。既然不是作战用的，当然就没有必要存在中军了。

其三，秦始皇统一全国后，为让天下人手无寸铁，无法发动叛乱，曾收缴天下的兵器。这些兵器中很大部分都是铁制的。奇怪的是，兵马俑中发掘出来的兵器全是青铜器。以前只是认为既然兵马俑只是象征性的，就没有必要使用正式的新式武器，用已淘汰的青铜器就足够了。可是，我们想想，按秦始皇的个性，他会愿意屈就吗？但如果是宣太后的护葬队，问题就另当别论了。宣太后死时铁制兵器比较少见，那时还普遍使用着青铜武器，既然并非打仗，使用青铜器又有何不可？再说，即使有，那也是非常珍贵的，当时正值用兵之际，怎么可能大量花费在这里呢？

其四，第三号坑内，也是三个坑中地位最重要的一个坑内，有鹿角及动物朽骨一堆。以前认为"这是古代打仗前举行祭祀天地和祖先的仪式时遗留的迹象。是为祈求神灵保佑，并进行鼓动性誓师，称之为'祷战'"。也许这根本就不是什么"祷战"，而是一个普通的殡葬仪式呢。

其五，前面已提及，关于秦始皇建造兵马俑，史书上没有任何记载，这也就反证了秦兵马俑的主人是宣太后而非秦始皇。即使不是宣太后的，至少也不能说是秦始皇的。

秦兵马俑的主人究竟是谁？秦始皇，宣太后，还是另有其人？谁也说不清楚。

秦兵马俑距秦始皇陵 1000 多米，共有 3 个坑，总面积达 2 万多平方米。在一号坑北侧约 20 米处，还发现了一个未建成的兵马俑坑，即四号坑，有学者猜测它可能是计划内要修

牵马陶俑　秦
通高 186 厘米，陕西省西安市临潼区秦兵马俑二号坑出土。从陶俑历尽沧桑的面部可以看出当时彩绘的层次与色泽。但大火已使他的面部斑斑驳驳。

的后勤部队俑坑，但也有人认为是象征中军的兵马俑坑。至于为什么突然停建，则很可能是秦末农民起义扰乱了修建计划。

可以看出，原来这些兵马俑是整齐有序地排列着的，但是，一号坑和二号坑的考古发掘现场却是一片残破的景象，一号坑的全部和二号坑的一部分有明显的因火焚烧而塌陷的痕迹。里面的兵马俑有的东倒西歪，有的身首异处，有的头破腹裂，有的臂断腿折。陶俑、陶马身上的彩绘经火焚烧后大都脱落，而坑上面架设的棚木、芦席、顶梁木等也都成了灰烬或者焦炭，坑周围到处是经过大火焚烧而成的赤红色的红烧土。如此景象不能不让人产生疑问，是谁焚烧了秦兵马俑坑呢？又是为什么要焚烧它呢？

对于这个难题，最流行的是"项羽、牧童焚毁说"。据《汉书》转引刘向的疏文："秦始皇帝葬于骊山之阿……天下苦其役而反之，骊山之作未成，而周章百万之师至其下矣。项籍燔其宫宇，往者咸见发掘。其后牧儿亡羊，羊入其凿，牧者持火照求羊，失火烧其臧椁。"其他史籍中也有不少类似的记载。所以，不少学者认为秦兵马俑就是项羽和牧童烧的。但是，也有人反对此说。他们认为，刘向之所以这样写，是为了谏阻汉成帝营建奢华的陵墓，这是一种援古讽今的方式，并不一定就是事实。何况，细细品味此文可以发现，文中仅提到项羽、牧童焚烧秦始皇的陵墓而并没有明确提出焚烧的就是秦兵马俑。事实上，纵观全文，刘向只字未提兵马俑。

由于在三号坑中发现有一堆动物骨骼朽迹和一段残缺不全的鹿角，说明了在秦代卜战仪式依然存在。再以古代丧葬制度和民俗学的资料为据，有人提出，秦兵马俑的火不是别人而正是秦人在陵墓建成之后自己放的。在古代以及一些少数民族的丧葬礼仪中，放一把火来烧毁祭葬物品和墓前某些建筑物是一种很常见的风俗，认为只有这样，死者才能够在阴间继续享受。不过，这种说法也有说不过去的地方。既然要烧，为什么只烧一号坑和二号坑而独有三号坑幸免于难？就算是秦人自己放火烧的，那么从建成到焚烧的间隔时间应该不会太久，可奇怪的是，根据现场考古发掘来看，俑坑底下普遍都有二三十厘米厚的淤泥，这种淤泥层绝非是短时间内就能够积累出来的。这也说明了在秦朝灭亡之前兵马俑是安然无恙的。所以，这种"葬礼仪式自焚说"也是站不住脚的。

那么，秦兵马俑到底是怎么起火的，或者说究竟是被谁焚毁的？要解答这个难题，只能靠进一步的探索。

丝绸之路通向哪里

现在如果我们去西方，乘飞机最多不过一天就可顺利抵达。然而，在遥远的古代，我们的先民们在西行时，不论是走陆路，还是走海路，不知要克服多少艰难险阻，要花费多少倍的时间。我们的祖先早在距今两千多年前的西汉时期，就不断探索着外面的世界，经过不断的努力，终于走出了一条连接东西方文明的陆上通道，这就是著名的"丝绸之路"。

丝绸之路

丝绸之路的起点为中国当时的首都长安，向西经过中国的北部和中亚到达位于亚洲西南部底格里斯河沿岸的城市——泰西封，继续向西延伸至地中海。它不是单单的一条路线，而是由一系列的路线组成。通过这些路线，商人们可以避免遭劫。

这条路由中原出发经过新疆一带，而后又通向更远的印度、西亚。最早开通这条道路是在汉代，张骞出使西域后，大规模的商贸活动就兴起了。出于研究的需要，人们给它取名，如"西域之路""中西古商路"等等，但都没能通行。1877年，德国著名的地理学者李希霍芬在其著作《中国》里，首次将古代中国与中亚南部、西部以及印度之间的以丝绸贸易为主的交通路线，称作"丝绸之路"。而后1910年，德国历史学家赫尔曼在其著作《中国和叙利亚之间的古代丝绸之路》一书中，根据新发现的文物考古资料，进一步把丝绸之路延伸到地中海西岸和小亚细亚，确定了丝绸之路的基本内涵，即它是中国古代经由中亚通往南亚、西亚以及欧洲、北非的陆上贸易交往的通道，因为大量的中国丝和丝织品经由此路西传，故此称作"丝绸之路"，简称"丝路"。

近年中国各地的考古发现表明，在古代世界，只有中国是最早开始种桑、养蚕、生产丝织品的国家。古罗马帝国的显赫军事统帅和政治家恺撒大帝，有一次身穿一件丝绸制作的长袍，出现在罗马剧场，那轻柔光亮的质地、轻盈飘逸的效果让恺撒显得分外耀眼。剧场的人顿时对恺撒的这件长袍发生了浓厚的兴趣，他们认为这件衣服简直是"天堂上才有的东西"，因此称恺撒穿的衣服为"天衣"。没过多久，在古罗马贵族就以能拥有一件丝绸衣服而引以为荣。中国的丝织品流传广远，是中国人民对世界文明的重要贡献。所以把这条中西交通的商路称以"丝绸"为代称就得到了广泛的认同。

丝绸之路通向哪里？有许多说法，首先其起点就有两种不同观点。

第一种观点认为，丝绸之路的起点是西安。史书记载张骞出使西域是从西安开始，后来西汉与西域的交往都与当时的都城"长安"相关，因此说起点为西安有充分的证据。第二种观点认为，从商贸角度说，真正值得称为起点的应是洛阳。洛阳历史悠久，自古就是能与西安相媲美的繁华城市，在西汉虽然不是都城，但有繁荣的经济，是全国商品流转站，在这里交易而后路经西安再向西域进发。在东汉，洛阳成为都城，更是一个国际大都会。隋唐时期是丝绸之路最兴盛之时，当时洛阳已经是一个规范的经贸中心，其兴建有3个市场：北市、南市、西市。3个市场各有分工，其中以南市规模最大。南市以商品交易为主，最繁荣时有商户三四千家，除了小商品零售外，与百姓生活密切相关的丝绸、瓷器、皮毛、珠宝、金银等商品由此批发到全国各地乃至国外，因此南市不仅在国内占有重要地位，也是当时重要的国际商业贸易中心。河南省洛阳市考古工作者新近在发掘一批唐朝墓葬中，首次出土3个胡俑，这3个留大胡子、高鼻梁、着大开领胡服、腰挎皮水囊的胡俑，一个为牵驼俑，两个为立俑，个个颜色鲜艳，栩栩如生。这说明当时洛阳已有西来的商客络绎不绝，这为洛阳丝绸之路"起点说"提供了有力的佐证。

对于丝绸之路的终点有诸多观点。第一种观点认为是丝绸之路其实就是到新疆，这段路才是中国商人常走的路。到了新疆，即古西域，就把货物倒卖给西域诸国，而后返回中原。至于西域诸国又与西亚相互贸易就与我们不太相关了。第二种观点是丝路终点是西亚波斯湾附近。丝路是中西交流的路线，以商贸为主，中国商品两汉时就已经在西亚强国古罗马和其他国家通行，可见交流的密切。而且公元1世纪，东汉甘英沿着丝绸之路，率领官员代表东汉出使西亚各国，他就到了亚洲最西部，只因遇到大海阻隔没再向前进发，所以说丝路终点是西亚。第三种观点认为，丝路应该更远，其终点是北非，在北非考古中已经发现中国的古瓷器。中国的商品能到那里是无疑的。

历史苍茫，丝路已离我们远去，我们甚至连它的终点都不清楚，不过古老的丝路处处都是中国文明的遗迹，是中国文化西传的见证者。

楼兰古国是什么样子

楼兰，一个动听的称呼，犹如少女芳名。楼兰遗址在罗布泊西岸，今天新疆的若羌县。现在看来是满目凄凉、寸草不生之地，天上没飞鸟，地上没走兽。曾经在此地的楼兰古国有什么样的神秘，在其中发现的3880年前的"楼兰美女"是谁？让我们一起来探寻。

公元7世纪唐代高僧玄奘取经回来路经楼兰，所见为"城郭岿然，人烟断绝"。可知这时候，楼兰已经是个空城了，仅剩下雄伟的城郭。随着自然的变迁，7世纪楼兰古国所在的整个罗布泊都变成荒漠，楼兰古国也湮没在千里黄沙中，一度被人忘却，人们甚至怀疑历史上是否曾有过这个国度。时间一年又一年，尘封的王朝丝毫没有向世人展示她美丽容颜之意，不断地在身上累积厚厚的尘土。

1900年，瑞典探险家

楼兰遗址
在新疆维吾尔自治区若羌县。楼兰是塔克拉玛干沙漠中丝绸之路上繁荣的商旅驿站和贸易中心之一，而今天都湮没在历史的黄沙之中。不过残存的遗址仍然能显示出昔日这里所拥有的辉煌。

斯文赫定率领一支探险队来到塔克拉玛干沙漠的罗布泊一带。由于带路的向导爱尔迪克的迷路，他们在孔雀河下游偶然发现一座神秘的古城遗址。第二年，这支队伍再次来到这片不毛之地。这次探险，他们揭开了世界考古史上楼兰文明的序幕。经过数天的发掘，在古城找到钱币、陶器、丝织品、粮食，以及几十张写有汉文的纸片、100 多片竹简和几管毛笔。通过与中国历代有关楼兰古城的文献作比较，考古学家认为这些文物都属于楼兰文明，从而确定这座被湮没的古城就是楼兰。埋在沙漠中的古城终于重现于世！

一个充满神秘色彩，并略带伤感的文明也由此向世人敞开心扉。通过那依然严整的古城建筑遗址，数量众多的石器，做工独特的铜铁器，充满异域风情的饰品以及饱经沧桑的古代文书，楼兰将昔日的繁荣昌盛再现于世。

令考古工作者费解的是：楼兰古国是如何从一个繁华的城邦湮没于沙漠中，并最终成为一所神秘的死城的？楼兰在消失了 1000 多年后，究竟发生了怎样的变化？"青海长云暗雪山，孤城遥望玉门关。黄沙百战穿金甲，不破楼兰终不还。"这是著名的唐诗《从军行》。在这首诗中，楼兰作为一个重要的军事目标出现。事实上，楼兰是汉代西域的一个小国家，它位于塔克拉玛干沙漠的东部。据说，它曾经是一个繁荣富庶的国家，地理位置优越，地处"丝绸之路"要道。中国古代文献中也有关于楼兰的许多记载，最早的是司马迁的《史记》。这些记载，大部分来源于张骞通西域经过楼兰回国后的叙述。汉代的一条丝绸之路要经过楼兰古国，楼兰也因此成为中原与西域各国交通往来的枢纽。到汉朝时，它改名鄯善国，成为西域重镇；三国时期，成为魏属国；西晋时期，封鄯善王为归义侯；到了公元 4 世纪，为零丁国所灭，至此，楼兰在历史上消失了。从 1901 年斯文赫定的初次发掘，到 1980 年中国考古学家的最新考察，这一系列活动都初步再现了楼兰古国的灿烂文明景象及其对沟通中西文化所起的重要作用。在遗址上发现的文物中，有许多古币，比如中国汉代的五铢钱，还有大量的器具用品，如丝织品、陶器以及漆木器。令人惊奇的是，竟然有公元初就已经被广泛使用的佉卢文，并且有希腊、罗马的艺术品，还有流行在中亚撒马尔罕、布哈拉一带的用窣利文字书写的纸片残件，波斯的地毯残片，以及具有罗马、波斯风格的壁画等等。所有这一切都无可辩驳地说明了楼兰古国在中西文化交流中的枢纽地位。

为了唤醒那沉睡已久的楼兰古城，开辟楼兰文明考古的新时代，1979 年，我国新疆考古研究所组织了楼兰考古队，进驻楼兰古城。在这里，出土了 3800 年前的楼兰女尸，发掘出了古城的建筑遗址，以及大量的石器、铜铁器、饰物、文书等等，往昔楼兰的繁荣仿佛又展现在人们的面前。

其中，最为著名的就是"楼兰女尸"。在通往楼兰的古老通道上，有一大批古墓，几具完好的女尸就排放在一座座奇特而壮观的古墓里。这些女尸脸庞不大，下颌尖圆，高鼻梁，大眼睛，双眼微闭，神态安详，几乎个个是年轻貌美的姑娘。她们赤裸的身体用毛织毯包裹，由起连接作用的骨针或木针点缀着，足下为做工精良的短筒皮鞋。她们头上戴着帽檐为红色的素色毡帽，几支色彩斑斓的雉翎点缀其上，其美貌可想而知。同时，墓中还出土了大量的器物，有木器、骨器、角器、石器、草编器等。其中木器还有盆、碗、杯和锯齿形刻木。为什么这些女尸在这里沉睡了千百年还保存得如此完好？这些女尸是些什么人？这都有待于人们去深入地研究和考证。

与此同时，楼兰古城的建筑风格和技术也引起了人们的广泛注意。古城遗址东西长335米，总面积10万平方米。城墙采用夯筑法建造，大概是由于地域相近的原因，它与敦煌附近的汉长城相似。城墙的四方还有城门，城内有石砌的渠道。城区以古渠道为中轴线，分为东北和西南两大部分。东北部以佛塔为标志，西南部以"三间房"为重点，散布着一些大小宅院。

其中，东北部佛塔的外形如同覆钵，与古印度佛塔有几分相似。在佛塔附近，考古队发现了木雕坐佛像和饰有莲花的铜长柄香炉等物品。同时，许多钱币以及来自不同国家和地区的物品也被发掘了出来。这一系列发掘从理论上验证了这里曾是"丝绸之路"上贸易的中继站，有过辉煌繁华的昨天。

西南部的"三间房"遗迹，是楼兰古城中用土垒砌的唯一现存的建筑遗址。考古人员在此清理出织锦、丝绢、棉布和小陶灯等物，还发现了一批比较完整的汉代文书。历史学界从文书的内容上判断，这里曾是一座个官署。在三间房西南的宅院遗址里，考古队清理出了大量的生活用品，如木盘、木桶，以及许多家畜的骨头等。这些具有重要生产和生活作用的器物，都在无声地诉说着这里昔日的文明和沧海桑田。

无论楼兰留给了我们多少珍贵的遗迹，多少令现代人叹为观止的不可多得的美丽，那曾经水流清澈、水土肥美的可人绿洲，曾经令世代楼兰人眷恋的心灵家园，最终还是被无情的黄沙吞噬了。难道楼兰古城的消失真的是一个现代人不可推测的神秘力量所为？事实恰恰相反，从出土文物来分析这个问题，考古学家指出，这一问题应当和富有神秘色彩的罗布泊联系起来考察。古楼兰国气候湿润、植被繁茂，汉魏时期的罗布泊就位于古楼兰遗址附近，当时北面的孔雀河与南面的车尔臣河都汇入了塔里木河，然后经库鲁克河在楼兰城注入罗布泊，罗布泊湖水孕育了楼兰城的文明。但是，由于塔里木河流水携带大量泥沙沉积湖中，湖底逐渐淤高，终于使塔里木河无法流入而另择流道，从而导致了罗布泊的干涸。4世纪时，由于罗布泊向北移动，使得楼兰城水源枯竭、树木枯死，往昔兴盛的城邦面临着死亡的威胁，城内的居民们纷纷弃城远走，寻觅新的水源，而楼兰古国也随之渐渐消失。除了河流改道、罗布泊缩小以至迁移造成了楼兰古国的消失之外，也有不少研究者猜测人为因素与社会环境的影响也是一个重要原因。古楼兰的废弃以及城邦周遭的沙漠化产生，直接与当时的居民兴修水利迫使孔雀河、塔里木河南流进行灌溉，造成了孔雀河、塔里木河改流不再流入罗布泊相关联。由于中国历史上战争频繁，各民族的纷争不断，这也对当地人们生产生活产生了重大影响。或许出于这种原因，楼兰古城最终如同其他湮没在荒漠之中的城市一样，告别昔日的辉煌而消失了。

以上种种论述虽然提出了有关楼兰古城及其所代表的楼兰文明的一些假设，但是，关于楼兰王国的衰退以致湮没的谜底并没有真正揭开。楼兰古国的居民究竟是哪个民族？在楼兰衰落后，他们迁居何处？他们的后代又在何方？至今仍无人能够解答。

敦煌莫高窟之谜

敦煌坐落在甘肃河西走廊的西端、党河的绿洲上，是中国西部的一座边陲小城。汉武帝元狩二年（前121年），汉朝在那里设置了武威、酒泉二郡，酒泉郡下辖敦煌地区。10年后的汉武帝元鼎六年（前111年），汉朝又在此增设了张掖、敦煌二郡，这就是所谓的"河西四郡"。

前秦建元二年（366年）对敦煌来说是一个具有特殊意义的年代。据史志记载，敦煌的第一个石窟就开凿在这一年，其建造者是一个名叫乐僔的和尚。乐僔和尚师徒四人来到敦煌城东南的三危山下时，看见了三危山上的奇景：夕阳照耀下，山峰发出灿灿金光，在乐僔的幻觉中，仿佛有千万个佛在金光中显现。虔诚的乐僔在三危山下顶礼膜拜，并立志要建造佛窟。他四处化缘，请来了一批工匠，在这沙漠的绿洲上开始了建造石窟的工程。

隋唐时期，敦煌莫高窟进入了全盛时代。隋王朝虽然在中国历史上的统治时间只有38年，但保留到现在的佛窟却有110个之多。在莫高窟现存的492个洞窟中，有一半以上建于唐代。安史之乱后，吐蕃乘机侵占河西走廊地区，统治敦煌长达70年。吐蕃也是一个信仰佛教的民族，莫高窟不仅没有因为统治者的改换而遭破坏，还增添了许多具有吐蕃风情的新窟。公元9世纪中叶，唐朝收复了河西走廊的东部。公元858年，敦煌世族张议潮领导河西走廊西部的人民起义，推翻了吐蕃贵族的统治，收复了敦煌及其附近地区，并遣使向唐报捷。不久，唐宣宗任命张议潮为归义军节度使，统领河西十一州之地。唐朝灭亡后，中国进入了五代时期。后唐同光元年（923年），后唐政府任命曹义金担任归义军节度使。中原地区虽然动荡不安、军阀割据，但河西走廊地区在曹氏家族的治理下，却呈现出一片繁荣昌盛的景象，莫高窟的佛洞也在持续地开凿着。

后来，党项族建立的西夏控制了河西走廊一带，这个政权统治敦煌达200年之久，这一时期仅留下了为数不多的小规模石窟。1227年，西夏被蒙古灭掉，蒙古族也是崇奉佛教的民族。在这一时期，元朝统治者在莫高窟又开凿了一些洞窟。1524年，明朝政府封闭了肃州（今甘肃省酒泉市肃州区）西面的嘉峪关，敦煌和内地完全隔绝，莫高窟就在中原文明的发展中被遗落了。

在1000余年的历史中，莫高窟的石窟在10多个朝代的众多统治者手中不断修缮、添新，也不断倾塌、毁损。总体来说，经历了以下几个阶段。

（1）初期。十六国时期是敦煌莫高窟石窟艺术的诞生期。公元366年，前凉的乐僔和尚在鸣沙山崖面上揭开了莫高窟艺术的第一页。这一时期的石窟内容以弥勒菩萨、禅定佛、说法佛为主要遗像。它们沉思俯视，垂悯下界，很具有时代特征。

北魏时期是石窟艺术的大发展时期。公元 439 年，北魏灭北凉，统一河西地区，并设置敦煌镇。这一时期的主要窟型是有人字坡顶和中心塔柱的"塔庙"（或叫"支提"）窟，壁画内容除本生故事外，多以千佛为主要题材。西魏灭亡之后，北周统治敦煌 20 余年，其统治者宇文氏尊经重儒，宇文邕还曾经念佛，这使得敦煌的石窟艺术得到了很大的发展。现存北周时期的洞窟内容丰富，描写细腻，人物渲染艺术手法多样，在技巧上充满探索精神，为丰富石窟艺术的表达能力提供了许多有益的探索。

（2）鼎盛期。隋朝的两个皇帝隋文帝、隋炀帝都十分信佛，把佛教尊为国教。隋文帝杨坚还诏令全国凡破坏佛像者均以"恶逆论"，从而增加了石窟造像的威严，也使佛教迅速传播开来。唐贞观十六年（646 年），翟思远一家修造的今编第 220 窟建成，这是莫高窟艺术的一个里程碑。武则天时期，由于她笃信佛教，再加上不断对西域用兵，从上到下为佛教与石窟艺术的发展奠定了良好的社会基础，许多方面都超过了前代。从神龙元年（705 年）到建中二年（781 年）是盛唐时期，也是唐朝由盛转衰的时期。为了维持西北地区的安定，唐朝大大加强了河西的保卫力量，仅玉门、安西、敦煌三地就屯兵 1.45 万人。当时的将军、都护、军使出兵西域，都带着许多文士、诗人、歌童、舞女、医人、星相术士、画匠、织工等各类随军服务人员。于是，内地的新画风、新技法在莫高窟有了直接的体现。莫高窟的中唐时期称为吐蕃时代。吐蕃时代壁画塑像在精致细腻方面是盛唐艺术的发展，笔墨精湛，线描造型的准确、生动都应是唐代艺术向深度发展所取得的成就。晚唐开凿的莫高窟石窟现存 60 个，在形式上和内容上较吐蕃时代有一些差异。首先，出现了大幅的《劳度叉斗圣变》，这是沙州民众推翻吐蕃统治的喜悦心情的直接反映。其次，《维摩诘经变》中吐蕃赞普的形象从壁画中消失。再次，经变中以汉族世家豪族的夫人子女代替了蕃装人物，给人耳目一新的感觉。

（3）衰落期。五代时期莫高窟的艺术风格是晚唐的继续。五代的壁画比较粗犷，特别重视笔、墨、色彩的结合效果，所谓"焦墨其中略施微染"的画法被广泛应用。

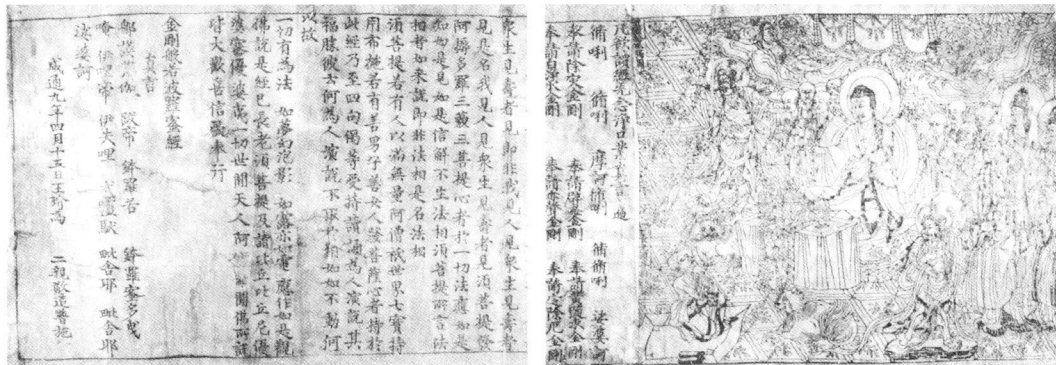

金刚波罗蜜经 唐

甘肃省敦煌市莫高窟藏经洞出土。1900 年发现于敦煌藏经洞的雕版印刷品《金刚波罗蜜经》，为卷轴装，刻印精良，印品完整，并有"咸通九年 (868 年) 四月十五日王玠为二亲敬造普施"字样，为雕版印刷术成熟之作。

西夏在莫高窟的早期做法是改修前代洞窟，其画风受甘州和西州回鹘画风影响较大，壁画上的人物造型和装饰纹样，与伯孜克里克石窟的壁画十分相像。元朝统治者也笃信佛教，当时全国比较流行萨迦派的金刚乘。因此，莫高窟现存的元朝石窟几乎都属于风格迥异的金刚乘藏密画派。明朝推翻元朝的统治后，封闭了甘肃酒泉西面的嘉峪关，繁荣近 1200 年的敦煌莫高窟艺术宣告结束。

敦煌莫高窟是我国古代佛教文化的集大成者，是一座举世无双的佛学宝库。按其艺术形式可将敦煌莫高窟艺术分为彩塑壁画和佛教典籍两大部分。莫高窟前后历时 1000 多年，保留下来的彩塑多达 2400 多尊，皆出自历代能工巧匠之手，风格多样，千姿百态，所以它不失为我国最大、最系统、最为珍贵的一份雕塑遗产。

莫高窟最早的彩塑是十六国时期塑造的，其表现题材比较简单，人物形象带有一些印度人的味道，塑造手法也存在石雕的痕迹，没有充分发挥泥塑特有的自由伸展的性能。隋朝时候，彩塑的形式开始有了明显变化。佛与菩萨由北魏以来的"秀骨清像"变得雍容厚重。唐朝是莫高窟彩塑的极盛时代，艺术家们充分发挥他们的艺术天赋，创造出了丰富多彩、风格迥异的艺术造型，并使塑像更接近写实，使佛与菩萨"世俗化"，并最终成功地打破了"神"与"人"的界限，使莫高窟艺术更接近生活。

莫高窟壁画的总面积达 4.5 万平方米。它所反映的范围虽然没有包罗佛教所有的经典内容，但几乎涉及了佛教经典的各部类宗派历史。莫高窟的壁画内容按其性质大体上可分为经变、说法图、民族传统神话题材、供养人像、图案装饰等 5 大类，其中内容最多的是经变。经变就是佛经故事画，画这种壁画的目的就是向人们灌输佛教思想。它们描绘的内容都是庄严简洁、没有污浊烦恼的西方极乐世界。壁画构图一般都很严谨，描写细腻。说法图是供养们供养礼拜的形象。北魏晚期的说法图，场面宏大，人物众多。中间的佛庄严神圣，两侧的菩萨却生动活泼、绰约多姿。他们有的交头接耳、窃窃私语，有的手舞足蹈、翩翩而起，有的虔诚献花，有的挽臂游戏，已冲淡了宗教法堂的庄严气氛，增添了浓厚的人间情趣。隋朝时，壁画内容发生了很大变化，说法图已减少，单身菩萨增多。这时期把菩萨画得都很美，几乎不再受西域影响，他们着俗装，衣饰华丽，不受固定仪型束缚，和现实世界中的人物很接近。唐朝时说法图已经退到一些次要的、不引人注意的地方，但这一时期的壁画达到了最高水平。供养人像也叫宗教"功德像"，是当时造窟人或参与造窟的人的肖像。佛教传入我国之后，人们又把所谓的"前世""轮回"结合在一起，寄托在佛的世界里，希望"轮回"得到幸福。装饰图案主要绘于藻井，还有的画在龛楣、椽间和主体画的边上，它没有什么太大的意义，主要是起装饰作用。这时期的各式图案明显受西域的影响，有劲健和美妍之风，尤其是莲瓣式的龛楣，组织得更为精巧富丽。

现在敦煌被人们关注不是因为其悠久的历史，也不是因为辉煌的过去，而是因为莫高窟艺术宝库的发现，因为莫高窟藏经洞的发现。

一个世纪前的中国，正处在日渐衰弱的清朝末年，偌大一个莫高窟艺术宝库由一个云游而来的道士看管起来。这个道士就是那个一提起便让人切齿的"王道士"。王圆箓，原是湖北麻城的农民，因麻城连年旱荒，生活无着，他便逃到肃州（今甘肃酒泉），做了一名边防军卒。退伍后无事可做，就当了道士。王道士云游到莫高窟后，就在今天的第 143 号窟居住下来。此时，敦煌寺院住的多为红教喇嘛，诵的是番经，唯独王圆箓能诵道经，且说汉语。因此，当地人大都请他礼忏，他的生活状况得到了明显改善。

王道士有了些钱后，为积功德，聘请人改造佛窟。1900 年 5 月 26 日，王圆箓早早起来，他要清扫莫高窟北端七佛殿下第 16 号石窟甬道中的积沙。他把这个 7 米长的甬道内的积沙清除掉后，甬道两壁露出了宋代人画的菩萨像，虽然画工并不精细，但保存得相当完好。王圆箓漫不经心地观瞧着墙上的壁画。这时，甬道的北壁忽然产生了一声巨响，墙上裂出一道缝隙。他吃了一惊，赶紧凑上前去，用旱烟管在裂了缝的墙壁上敲了几下。

结果让王圆箓吃惊不已，墙壁竟然是空的！王圆箓心里一阵激动，料想其中必藏有宝物。王道士轻描淡写地打发走了雇佣的人，耐着性子等到晚上，便悄悄地去打开了这道伪装的窟壁，找到了用泥封着的洞口。

王圆箓打开了这个洞口，一扇紧闭的小门出现了。他打开小门，里面是一个黝黑的高约 160 厘米，宽约 270 厘米，略带长方形的复室，室中堆满了数不清的经卷、文书、绣画、法器等等。王道士感到不知所措，他取出几份经卷，一路小跑来到县衙，送给县长汪宗翰。汪宗翰见多识广，知道这些古物的价值，便仗势向王道士索要了一批画像和写本。甘肃学台叶宗炽通过汪宗翰，也得到了不少藏经洞的藏品，其中有宋乾德六年（968 年）的水月观音像。他建议藩台衙门把这批文物运到省城来保存。昏聩的清政府觉得花高昂的路费运送这些"废纸"根本不值得，便没有采纳这项建议，只是发出了一纸命令，让王圆箓封起藏经洞，从此就不再过问了。

1900 年 5 月 26 日，道士王圆箓的发现使已经十分荒凉的敦煌再次成为世人瞩目的焦点，许多"学者"慕名而来。

盗取莫高窟宝藏的始作俑者是俄国的勃奥鲁列夫。1905 年，当他听说敦煌石室发现古代经卷写本，便于当年 10 月到了敦煌，以少量的俄国商品作交换，从王圆箓手中骗去一大批珍贵的文书经卷。勃奥鲁列夫将卷带回国后，对此秘而不宣，直到 1963 年世人才知道这一情况。

继勃奥鲁列夫之后来到敦煌的是斯坦因。他对于中国文化并没有什么认识，然而凭着冒险家追寻宝藏的本能，一听到这个消息便匆忙赶到中国，带着一个姓蒋的助手直奔敦煌，想办法结识王道士。

斯坦因想用金钱从王圆箓手中收买经卷，王道士看着斯坦因手中白花花的银子，虽然十分眼馋，但还不足以消除他对神灵及官衙的畏惧，斯坦因想用金钱收买的计划落空了。斯坦因常常光顾王圆箓住的洞窟，千方百计讨好王圆箓，想弄到宝物。一天，他忽然对王道士住处的壁画发生了兴趣，感到自己似乎找到了攻关的钥匙。原来，王道士住进这个佛窟后，剥去了原来的壁画，请人在上面重新画上唐僧西天取经的故事。斯坦因便决定由此突破。其实，斯坦因对玄奘事迹知道得并不多，他多方查找资料。经过准备之后，便和王道士谈起唐僧及其西游来。他装出一副对玄奘无比崇敬的神情，而且还说自己循着玄奘的足迹，历尽千难万险，从印度穿越峻岭大漠才来到了敦煌。他说得天花乱坠，让王圆箓对他无比崇拜。

深夜，王圆箓终于再次打开了密室的门，拿出一些经卷写本给这位"司大人"看。第二天，王道士又答应了斯坦因的请求，把他引进了密室。斯坦因首次获准进入藏经洞密室，初睹其中所藏丰富文物，简直目瞪口呆。他看见那小小密室里的物品，虽然不是井井有条，却是前所未见的经文卷帙。暗淡的油灯照明下，密密麻麻，一包包的手抄本堆在那里，几乎有 3 米高，后来经过测量，知道这密室容积近 14 立方米，几乎满是手抄本和书卷，密室内只留下仅能容两人站立的空间。

从那以后，王圆箓对这位洋大人放松了警惕，任由他进出密室，为所欲为。看到时机成熟，斯坦因告诉王圆箓说有成捆藏品要暂时拿出来作学术研究，而这样做绝非渎圣，因为抄本、书卷让诚心向道的人鉴赏等同宣扬佛法，功德无量。斯坦因还不断捐一点钱资助重修寺院，而且从来不提购买经卷的事，让贪心的王圆箓十分欢喜。斯坦因一边讨好王圆箓，一边利用中国助手屡次乘夜窃取大捆的珍贵文物背到营房。最后，这个以寻宝有功而被英国皇室封为爵士的家伙，共弄到 24 箱稀世奇珍，共计 3000 多卷经籍，另外 5 箱装着满满的绢帛以及 200 多部经书。

斯坦因盗宝成功的消息，极大地刺激了其他帝国主义者的贪欲，他们争相派"考察队"前往敦煌。

1908 年，法国汉学家伯希和也来到了莫高窟，他凭着对中国文化的研究，在斯坦因没有挑走的经卷中挑走了更珍贵的 6000 多卷写本和一些画卷，装满了 10 辆大车，几经辗转运到巴黎。他还给带不走的塑像和壁画拍了照片，印出了 6 大本，名为《敦煌千佛洞壁画集》，又把洞窟编了号码。他还拿着极少的一部分汉文写本来到北京炫耀，他的行为引起了爱国学者的极大愤慨。1909 年，北京学部才正式发布文告，并拨款到甘肃，命令敦煌县令陈泽把千佛洞所剩的古写本全部运到北京。然而这批宝贵的文化遗产在启运来京的途中被各地官吏层层盗窃，又因此受到很大损失。这批文物全部运到北京后只剩下 8697 卷了，经整理后保存在京师图书馆。

1911 年 10 月，日本人吉川小一郎和橘瑞超率领大谷光瑞探险队也赶到敦煌，从王道士手中骗得古写本经卷四五百卷和两尊精美的唐代塑像。

1914 年，斯坦因又来到中国，用 500 两银子从他的"旧友"王圆箓手中"买"走了 600 多卷古写本经卷。至此，他共骗得织绣品 150 多方，绘画 500 多幅，还有图书、经卷、印本、写本共 6500 多卷，成为敦煌艺术宝藏的第一盗匪。同年，俄国人鄂登堡也来到敦煌，盗走了不少文物和塑像，还剥去了一些壁画。

1924 年，美国人华尔纳匆匆来到敦煌，他用事先准备好的特殊化学胶布剥离盗走 26 方唐朝洞窟中的壁画，还窃取了几尊唐代塑像，这些东西现在收藏在美国哈佛大学的福格艺术博物馆和波士顿博物馆。

帝国主义分子掠夺的敦煌莫高窟文物数量十分惊人，仅北魏到北宋的古写本就有两万多卷。内容包括佛经、道经、摩尼经、诗赋词曲、小说、方志、信札、户籍、账簿、借贷契约、历书、医书等等。除此之外，还有绘画、织绣等工艺美术品1000多件，其中有一件唐咸通九年（868年）的一卷刻本经卷，卷头有一幅"佛说法图"，是世界上最古老的一件雕版印刷品，也是被盗文物中最珍贵的一种。

敦煌莫高窟的文物被劫掠后，莫高窟也随之名扬世界，国内外学者们从各种专门学科的角度，对以敦煌为研究对象的学术领域进行深入的研究，形成了独特的"敦煌学"（Tunhuangology）。

敦煌藏经洞经卷的发现，对人们研究历史、文化、佛教等都产生了深远的影响。当然，如同许多其他宝藏被发现一样，围绕敦煌经卷的谜团也随之而来——如此丰富的经卷是被谁封藏起来的？封藏这批经卷又是出于何种目的？这些问题从所藏经卷被发现到现在，一直悬而未解。有人认为敦煌各寺院把没有用途的书卷集中在一个洞窟中，形成了藏经洞，这种说法被称为"废弃说"。

主张"废弃说"的代表学者是盗取敦煌文物的第一大盗匪——斯坦因。日本学者藤枝晃也主张"废弃说"，他认为废弃的原因是随着中国印刷术的发明，印刷的佛经取代了卷轴装的佛经；图书馆的重新布置导致了原来的卷轴佛典遭到废弃，时间是在1002年以后不久。

有人对此提出了不同意见，认为洞中的经卷是因为躲避战乱而有目的地藏起来的。主张"避难说"的代表人是另一位盗取敦煌文物的名流——法国汉学家伯希和。伯希和认为唐代发生了"安史之乱"以后，驻扎在敦煌的军队被调入内地平定叛乱，吐蕃人乘机占领了敦煌，这一时期史书上称为吐蕃占领时期。1038年党项在敦煌建立了西夏政权的统治。藏经洞中的藏品却没有西夏文书，而且藏品的堆放也没有一定的顺序和分类，所以伯希和认为在第一次党项攻打敦煌时，为避免兵灾，当时僧人匆忙将这些东西堆入洞中，封了起来。中国有的学者也主张"避难说"，但他们认为经卷的收藏并不是发生在党项攻打敦煌的时候。有些中国学者认为北宋绍圣年间（1094～1097），黑汗王朝向北宋提出攻打西夏的请求，得到了北宋王朝的回应。当地僧人为了防止佛教典籍在战火中毁灭，主动采取了保护措施，将经典汇集一处，藏入洞中，并在外面画上壁画，进行了精心伪装。

究竟藏经洞中的经书是谁藏的，什么时候藏的，还是被抛弃的，至今还没得到完满的解答，仍是个未解之谜。

悬空寺之谜

悬空寺位于山西浑源县，距大同市65千米，是国内仅存的佛、道、儒三教合一的独特寺庙。属于国家重点文物保护单位。悬空寺始建于1400多年前的北魏王朝后期，北魏王朝将道家的道坛从平城（今大同）南移到此，古代工匠根据道家"不闻鸡鸣犬吠之声"的要求建成了悬空寺。悬空寺距地面高约50米，悬空寺建造的位置山势陡峻，两边是直立100多米、如同斧劈刀削一般的悬崖，而悬空寺就建在这

凌空欲飞的悬空寺金碧辉煌，十分壮观。

悬崖上，它给人的感觉像是粘贴在悬崖上似的，从远处抬头望上去，看见的是层层叠叠的殿阁，只有数十根像筷子似的木柱子把它撑住。而悬空寺顶端那大片的赭黄色岩石，好像微微向前倾斜，马上就要塌下来似的。于是有不少人用建在绝壁上的"危楼"来描述悬空寺，那么这座绝壁上的危楼又是怎么建造的呢？它又为什么要建造在悬崖绝壁上呢？又是什么原因使它历经千年仍旧保存得如此完好呢？

近些年来，专家们对悬空寺进行了多次实地考察，提出了许多新观点。有专家认为悬空寺之所以能够建在悬崖上，主要是由"铁扁担"把楼阁横空架起。专家们介绍说，从三宫殿后面的石窟侧身探头向外仰望，会发现凌空的栈道只有数条立木和横木支撑着。这些横木又叫作"铁扁担"，是用当地的特产铁杉木加工成为方形的木梁，深深插进岩石里去的。据说，木梁用桐油浸过，所以不怕被白蚁咬，还有防腐作用。这正是古代修筑栈道的方法，悬空寺就是用类似修筑栈道的方法修建的，把阁楼的底座铺设在许多"铁扁担"上。与此同时，也有专家指出悬空寺之所以能够悬空，除了借助"铁扁担"之力以外，立木（即柱子）也立下了汗马功劳。这些立木，每一根的落点都经过精心计算，以保证能把整座悬空寺支撑起来。据说，有的木柱起承重作用；有的是用来平衡楼阁的高低；有的要有一定重量加在上面，才能够发挥它的支撑作用，如果空无一物，它就无所借力而"身不由己"了。还有专家认为悬空寺全寺40间殿阁，表面看上去支撑它们的是十几根碗口粗的木柱，其实有的木柱根本不受力，所以有人用"悬空寺，半天高，三根马尾空中吊"来形容悬空寺。而真正的重心撑在坚硬岩石里，利用力学原理半插飞梁为基。也就是在山崖上先开凿好窟窿，将粗大的飞梁插到这些窟窿里，这插到山里的一大半支撑着楼体，露在外面的一小半便是楼阁的"基石"。这样，看上去像是空中楼阁平地而起，实际上楼阁的重心在山体。悬空寺到底是怎样建造的，专家们各持己见，争论不休。

那么悬空寺又为什么要建造在悬崖绝壁上呢？又是如何保存得如此完好呢？人们也是说法不一。有人说以前这里暴雨成灾，只好把寺建在悬崖上，悬空寺处于深山峡谷的一个小盆地内，全身悬挂于石崖中间，石崖顶峰突出部分好像是一把伞，使古寺免受雨水冲刷。山下的洪水泛滥时，也免于被淹。也有人说以前这里是南去五台、北往大同的交通要道，悬空寺建在这里，可以方便来往的信徒进香。而且浑河河水从寺前山脚下流过，当时常常暴雨成灾，河水泛滥，人们以为有金龙作祟，便想到建浮屠来镇压，于是就在这百丈悬崖上悬空修建了寺院。另外，也有人指出这里的山势好像一口挂起来的锅一样，中间凹了进去，而悬空寺恰好就建在锅底。这种有利的位置，不仅使得塞外凛冽的大风不能吹袭悬空寺，而且寺院前面的山峰又起了遮挡烈日的作用。据说，在夏天的时候，悬空寺每天只有3个小时的日照时间，这也正是悬空寺为什么能够历经千多年风吹日晒，仍然牢牢地紧贴在峭壁上的重要原因之一。近些年有专家指出，悬空寺之所以历经千年而保存得如此完好，除上述原因外，也归功于它奇特的建造。悬空寺除一进寺门有一条长不及10米，宽不到3米的长方寺院可容数十人外，其余楼台殿阁尽由狭窄廊道和悬梯相连，游人只能鱼贯缓行，不会造成拥挤现象，这就大大减轻了游人对廊道和悬梯的压力。另外也有专家认为悬空寺还有一个与众不同的特点，就是"三教合一"。在寺院北端的最高层，有座三教殿，我国佛、道、儒三大教派的释迦牟尼佛、老子、孔子端坐一殿。自古以来，各教派为赢得百姓崇信，各执己见，争论不休，故天下寺殿多是分立，而悬空寺却将三教融入一殿，实为罕见。而悬空寺内佛、道、儒三教兼有，历代朝野臣民对其都倍加爱护，这也是其完好无损的一个重要原因。

远望悬空寺，其凌空欲飞，似雏燕展翅；近观，如雕似刻，镶嵌在万仞峭壁。"飞阁丹崖上，白云几度封。蜃楼疑海上，鸟道滑云中"。古代诗人用这样优美的诗句赞美悬空寺，并非夸张。唐朝大诗人李白游完悬空寺，大笔一挥，写下"壮观"二字。明代旅行家徐霞客当年游历到此，惊叹悬空寺为"天下巨观"。悬空寺以其独特的建筑风格和文化内涵吸引着古往今来的游人，那一个个至今尚未被世人解答的谜也给悬空寺增加了几分神秘。

乐山大佛如何能保存得如此完好

乐山大佛坐落在乐山市峨眉山东麓的栖鸾峰，依凌云山的山路开山凿成，面对岷江、大渡河和青衣江的汇流处，造型庄严，虽经千年风霜，至今仍安坐于滔滔岷江之畔。又名凌云大佛。乐山大佛是世界现存最大的一尊摩崖石像，有"山是一尊佛，佛是一座山"的称誉。乐山大佛雕刻细致，线条流畅，身躯比例匀称，气势恢宏，体现了盛唐文化的宏大气派。

关于乐山大佛的开凿，历史上还有一段传奇佳话。乐山大佛古称"弥勒大像""嘉定大佛"，开凿于唐玄宗开元初年（713年）。当时，岷江、大渡河、青衣江三江于此汇合，水流直冲凌云山脚，势不可当，洪水季节水势更猛，过往船只常触壁粉碎。凌云寺名僧海通见此甚为不安，于是生发修造大佛之念，一使石块坠江减缓水势，二借佛力镇水。海通募集20年，筹得一笔款项，当时有一地方官前来索贿，海通怒斥："目可自剜，佛财难得！"遂"自抉其目，捧盘致之"。海通去世后，剑南川西节度使韦皋，征集工匠，继续开凿，朝廷也诏赐盐麻税款予以资助，前后历时90年，大佛终告完成。可就是这座享誉世界的大佛，历来仍有许多争论。乐山大佛的高度究竟是多少？有千年之久的乐山大佛又是如何保存得这么完好呢？

乐山大佛的规模在各类书籍上多有记载，人们比较统一的意见是，大佛头长14.7米，头宽10米，眼睛长3.3米，鼻子有5.53米长，肩宽24米，耳长7米，耳内可并立二人，脚背宽8.5米，可坐百余人，但关于大佛的高度说法不一。宋代的《佛祖统纪》《方舆胜览》，明清的《四川通志》《乐山县志》等书中，都记载乐山大佛高"三百六十尺"，也就是相当于现在的110米左右。新中国成立后，科研部门采用吊绳和近景测量的方法对大佛进行了多次测量，确认乐山大佛高71米。《中国大百科全书》《中国名胜词典》《中国名山大川词典》等字典书籍上也明确写有乐山大佛的通高为71米。但1990年由上海辞书出版社出版发行的《中国地名词典》却把乐山大佛的高度定义为58.7米，而且这一观点也同样有很多权威专家认同。

为什么同一座静止不动的石佛，它的高度会有两个差距如此大的数据呢？据有关专家介绍，这两种观点的主要分歧是定义乐山大佛"通高"的不同。文物界在测查文物时，将文物整体的最高点和最低点之间的差称为"通高"。中国的佛像底部多有莲花座，测量时通常将佛像和底部与之相连的莲花座看作一个整体，佛像的高度也就是从莲花座底端到佛像的顶端的长度。

就乐山大佛来说，人们对它的莲花座的看法不一致。有人认为大佛脚下有两层莲花座，一层是大佛的足踏，而在足踏下面还有一层更大的莲花座。因此他们认为大佛的通高应该以最底层的莲花座为起点进行测量，也就是大佛高71米。与此同时，还有人认为大佛脚下只有一层莲花座，因为与乐山大佛类似的隋唐时期建造的弥勒佛像都只有一层莲花足踏，乐山大佛没有道理在足踏下再

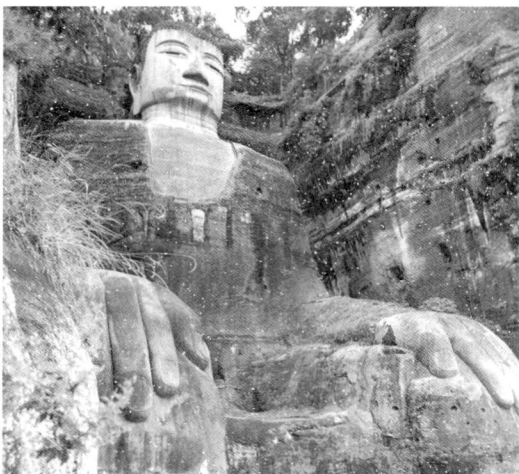

乐山大佛
又称凌云大佛，其姿态端庄安详，是中国也是世界最高大的一尊石刻大佛。大佛依凌云山的山路凿成，面对岷江、大渡河和青衣江的汇流处，虽经千年风霜，至今仍安坐于滔滔江河之畔。

加一层莲花座。也有人认为，所谓莲花足踏下一层更大的莲花座，实际上是莲花足踏下的一层石基，只不过建造者为了美观庄严在石基的边缘上刻了一些莲花图案。因此这层石基不能计算在大佛的高度之内，所以持这种观点的人把大佛的通高从莲花足踏开始算起，也就是 58.7 米。究竟乐山大佛最底下一层是莲花座，还只是一层石基，人们争论不休，至今未有定论。

那么，乐山大佛历经千年又是如何保存得如此完好呢？近些年来，通过专家们对乐山大佛的考察研究，不断揭开大佛的一些秘密。专家们认为乐山大佛具有一套设计巧妙、隐而不见的排水系统，对保护大佛起到了重要的作用。在大佛头部共 18 层螺髻中，第 4 层、第 9 层和第 18 层各有一条横向排水沟，分别用石灰垒砌修饰而成，远望看不出。衣领和衣纹皱折也有排水沟，正胸右向左侧也有水沟，它与右臂后侧水沟相连。两耳背后靠山崖处，有洞穴左右相通；胸部背侧两端各有一洞，但互未凿通，孔壁湿润，底部积水，洞口不断有水淌出，因而大佛胸部约有 2 米宽的浸水带。这些水沟和洞穴，组成了科学的排水、隔湿和通风系统，防止了大佛的侵蚀性风化。也有专家指出，大佛的雕刻结构对大佛的保存起到了至关重要的作用。人们观赏这尊世界第一大佛，往往只看到依山凿就的外表，看到它双手抚膝正襟危坐的姿势，而对它的部位结构则看不真切。其实，细究他的形体结构，是很有趣味的。乐山大佛屹立千年仍然风采依旧，究竟是什么原因使他如此"坚强"，人们仍在争论探索。

故宫为何称为紫禁城

故宫旧称紫禁城。明永乐四年至永乐十八年，明成祖开始修建故宫，明、清两代 24 个皇帝在此执政。

紫禁城为皇家宫殿，红墙黄瓦，金碧辉煌，为什么称皇家宫殿为紫禁城呢？大致有如下 3 种说法：

一种说法认为这与古时候"紫气东来"的这个典故有关。传说老子出函谷关，有紫气从东至，被守关人看见，不久，老子骑着青牛姗姗而来，守关人便知道这是圣人。守关人请老子写下了著名的《道德经》。因此紫气便被认为具有吉祥含义，预示着帝王、圣贤和宝物出现。由此可知紫禁城中"紫"大有来头。皇帝居住的地方，防备森严，寻常百姓难以接近，所以称为紫禁城。

另一种说法认为紫禁城的来历与迷信和传说有关。皇帝自命为是天帝之子，即天子。天宫是天帝居住的地方，也自然是天子居住之地。《广雅·释天》曰："天宫谓之紫宫。"因此皇帝住的宫殿就被称为紫宫。紫宫也称为紫微宫，《后汉书》说："天有紫微宫，是上帝之所居也，王者立宫，象而为之。"《艺文类聚》记："皇穹垂象，以示帝王，紫微之则，弘诞弥光。"

还有一种说法认为紫禁城的来历与古代"皇垣"学说有关。古时，天上星垣被天文学家分为三垣、二十八星宿及其他星座。三垣指太微垣、天市垣和紫微星垣。

故宫俯瞰

而紫微星垣是代称天子的，处于三垣的中央。紫微星即北斗星，四周由群星环绕拱卫。古时有"紫微正中"和"太平天子当中坐，清情官员四海分"之说。

　　既然古人将天子比做紫微星垣，那么紫微垣也就成了皇极之地，所以称帝王宫殿为紫极、紫禁、紫垣。"紫禁"的说法早在唐代即已有之，王维《敕赐百官樱桃》诗曰："芙蓉阙下会千宫，紫禁宋樱出上兰。"北京故宫占地 1087 亩，南北长 961 米，东西宽 753 米，周长约 7 华里，全部殿堂屋宇达 9000 多间，四周城墙高 10 余米，称这座帝王之城为紫禁城不仅名副其实，且含天子之城的意思。考察故宫中的建筑，象征着"天"的崇高和伟大的太和殿，位于故宫中极，是最高大突出的地方；象征着天和地的乾清、坤宁二宫紧密相连；它们两侧的日精、月华二门，象征着日和月；而象征着十二星辰的东西六宫以外的数组建筑则表示天上的群星。这些象征性的建筑群，拱卫着象征天地合璧的乾清、坤宁二宫，以表明天子"受命于天"和"君权神授"的威严。

　　故宫的旧称—紫禁城，从"星垣"学来看，其命名与建筑设计可以说是高度统一、珠联璧合的。

避暑山庄为何钟情青砖灰瓦

　　河北承德避暑山庄是中国最后一个封建王朝清朝的皇家宫殿。承德地处古北口外，其地理位置在清代很受统治者重视，顺治帝曾来围场北部察看过地形。自康熙四十一年（1702 年）开始，从北京到承德及至围场沿途中修建了 8 处行宫，到乾隆中期，口外已有 14 处行宫。

避暑山庄和北京故宫同是清代皇家宫邸，但是避暑山庄里的建筑并不像故宫那样金碧辉煌，而却全部罩以灰瓦，这是为什么呢？

避暑山庄是按照康熙皇帝的意思建造的。康熙在中国历史上可算是一位远见卓识、文武兼备的明君，他对于当时社会经济的恢复和发展、反对外来殖民势力的侵略和颠覆、维护国家的统一和国内各民族的团结都做出了杰出贡献。他一生南征北战，学贯

避暑山庄烟波致爽殿内景
烟波致爽殿是皇帝的寝宫，建于康熙四十九年（1710 年）。

中西、知识渊博，在数学、天文、地理、医学、书法、诗画等方面都有研究。他更提倡节俭，常以"勤俭可以兴邦，奢侈可以亡国"的道理来勉励自己。正因为如此，公元 1703 年，康熙在修建承德离宫时，提倡以朴素淡雅为主要建筑格调，下令这里的所有建筑全部以灰瓦罩顶。

其中最能体现他这一思想的，便是避暑山庄的正殿"澹泊敬诚"殿。此殿全部为楠木结构，俗称"楠木殿"。殿顶为灰瓦，天花板及门窗全部为楠木雕刻。殿内"宝座"上方高悬"澹泊敬诚"匾额，这四字的意思，就是康熙严于律己的节俭思想。他从诸葛亮的《诫子书》中得到启发。诸葛亮在写给儿子诸葛瞻的信中曾有这样两句话，即"非澹泊无以明志，非宁静无以致远"，意在告诫其子应该如何修身、立志、治学的道理。康熙对此十分欣赏，于是按此意把避暑山庄的正殿取名为"澹泊敬诚"殿。这样，"澹泊"二字可解释为恬淡寡欲，没有奢望，而"敬诚"二字便可引申为只有在宁静之中才能修身、养德，达到远大的目标。

既然避暑山庄外罩灰瓦，可建在离宫旁边的外八庙为何却又金碧辉煌呢？康熙和乾隆经常在承德接待漠北、漠南、青海、新疆的蒙古族、维吾尔族、哈萨克族、西藏、四川等地的藏族、苗族，以及台湾高山族等少数民族上层人物；邻国的使节也来避暑山庄觐见皇帝。为尊重各民族的宗教信仰，避暑山庄周围建起了汉、蒙、藏等不同风格的寺庙，俗称"外八庙"。清政府在这里进行了一系列政治活动，以缓和民族矛盾，调节外交关系。外八庙位于离宫东面和北面的山麓间，其实共有 12 座（现存 9 座）。这些寺庙是按照清朝统治者的意图，实行"佛法两施"的政策而建造的宗教建筑，不仅形状高大巍峨，而且装饰华贵，更以金碧辉煌取胜。屋顶除有金漆、彩画、琉璃瓦外，有的寺庙还用上了金瓦，大大超过了皇宫的规制。这与离宫的灰瓦相比，恰恰成了十分鲜明的强烈对比。原来，皇帝这么做是为了怀柔的需要，这一切都表现了清帝"尊崇黄教、绥服远藩"的政治需要。

因此，承德不仅是清帝与后妃们避暑的胜地，也成为北京以外的第二个政治中心，对于巩固国内统一和防御外来侵略具有重要的意义。

文物科技之谜

　　文物是中国古代文化的重要组成部分，也是中国文化与文明的重要载体，具有鲜明的民族风格、独特的审美特征、高超的艺术水平和深远的历史价值。科技则是人类摆脱蒙昧、走向文明的巨大推动力，代表一个国家、民族的先进程度和发展方向，科技的历史就是浓缩了的人类发展史。围绕着文物与科技，亦有许多无法解释的谜题：红山文化女神庙里的女神是谁？勾践剑与夫差矛为何在湖北出土？马王堆古尸为何历经千年不腐？……

《河图》《洛书》是上古的无字天书吗

　　《河图》《洛书》都是中国上古时期传下来的神秘图案。关于它们的传说是易学史上争论最多、最复杂、最混乱，但同时又是内容最为丰富的问题。

　　相传在我国远古的伏羲氏时代，有一个丑陋的怪物游到黄河边上的城市孟津，背上负着一块刻有一幅古怪的图案的玉版。这个怪物大得吓人，吃了百姓们的稻谷和庄稼，最后竟然开始生吞人类。伏羲听到这件事，带着利剑来到河边要斩除这头妖怪，妖怪打不过伏羲，跪地求饶，自称是黄河里的龙马，并将背上的玉版献给了伏羲。由于它是来自黄河的宝贝，伏羲称这张图为"河图"，后来，伏羲还按照《河图》做出了"八卦"，可以用来推算历法，预测吉凶等。

　　到了大禹治水的时候，有一次大禹在洛河引水疏通河道，从干涸的河底浮出来一只可以驮起百十人的巨龟，大禹认为这是一只通灵神龟就将它放生了。不久后，大龟腾云驾雾再次来到洛河，将一块光芒四射的古老玉版献给大禹，上面同样有一些神秘的文字和图画，大禹将这块玉版命名为《洛书》。传说在《洛书》上有65个红字。后来经过大禹反复揣摸，整理出历法、种植谷物、制定法令等9个方面的内容，古人又根据这九章大法，整理出一本一直传至今日的科学法典《洪范篇》。

　　上述这些传说在我国最古老的典籍《周易》《尚书》《论语》中都有记载。其中比较可靠的是《周易》中的系辞篇，里面是这样记载的："河出图，洛出书，圣人则之。"这与上述传说十分吻合。直到宋代，朱熹解《周易》时，还曾派他手下的学者蔡元定去四川，用高价才在民间收购到了华山道士传出的《河图》、《洛书》等，都是由一些圆圈点构成的图形。另外，还有一个可信的证据是在现在洛宁县长水一带有"洛出书处"石牌两块。1987年，安徽含山县凌家滩原始社会末期墓葬中出土大量的玉片和玉龟，据专家考证是距今5000年无文字时代的原始的洛书和八卦图。

　　据说《河图》《洛书》在古代出现的时候都有普通人无法识别的文字，但后来都慢慢地散佚，现在人们经常看到的两幅图是宋时朱熹的《易学启蒙》中的，因为有图无字又神秘难解，人们把它们叫作"无字天书"。其中《河图》是用黑白环点示数、排列成图的。即一六居下，二七居上，三八居左，四九居右，五十居中。而"洛图"也只有用黑白环点

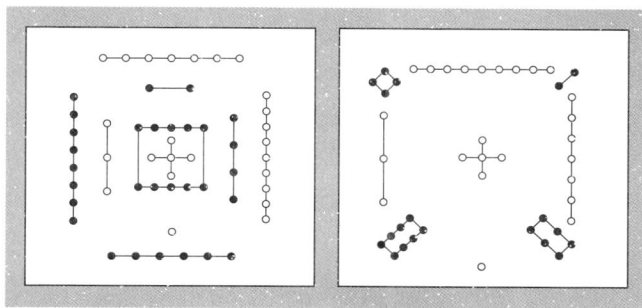

《河图》《洛书》

示数的图。有人形容它"戴九履一，左三右七，二四为肩，六八为足，五环居中"。关于河图洛书上的这些神秘的图案，自古以来无人能破译。

早在春秋战国时期，《河图》《洛书》已经开始与天命、阴阳、占卜等有关了。孔子周游列国不得意时悲叹说："鸟不至，河不出图，吾已矣夫。"那时就已经有老子、孔子写的关于天命的书《河洛谶》各一种。在两汉时期的算命文献中，《河图》《洛书》更复杂和神秘了，共有《河图括地象》《河图始开图》等37种，《洛书甄曜度》《洛书灵准听》等9种。宋时出现的河图洛书又加进了新的内容，是融天文、人体、阴阳、象数为一体的易学图像，是一种理念的阴阳消长的坐标图，暗喻的范围非常广泛。

对《河图》《洛书》的解释非常之多，有些人认为它是古人对天象的观察活动的记载。原因是有关河图的记载最早曾见于《尚书·顾命》篇。记载周康王即位时，在东边厢房有：大玉、夷玉、天球、河图。后人就认为《河图》是测日晷仪与天象图标，这些实物在当时是测日观天察地的仪器，在古人眼中带有神圣和神秘的性质，因而才有可能和代表古代王权威严的古玉器陈列在一起。还有根据《魏志》中说的"宝石负图"是一幅《河图》《洛书》的八卦综合图，看上去像罗经盘，磁针居中，外面围着八卦，最外层为二十八宿。所以这些《河图》是古代测量太阳的晷仪时根据日影来画出的；而《洛书》则是张天文图，用来概括天文的原理。还有人认为西安半坡出土的石板上用锥刺的圆点排成的等边三角形图案是它们的原型。但这还不过是一种有一定联系的设想，还无法看出这种图案与《河图》《洛书》的起源有什么联系。

西南电子技术研究所退休高工杨光和儿子杨翔宇发现，《洛书》的核心"十"字与墨西哥发现的"阿兹台克"历石中心人像的"十"字、金字塔俯视图中心的"十"字完全吻合。他们提出《洛书》是外星人遗物，《河图》则描述了宇宙生物的基因排序规则，而"阿兹台克"历石则是外星人向地球人的自我介绍。

各种关于《河图》《洛书》的说法都还没有真正找到依据，《河图》究竟是一个什么样的图案，《洛书》究竟是一些什么样的书写符号呢？《河图》《洛书》的原型是什么？古人又是如何按《河图》《洛书》画出八卦的？还有待科学的进一步解答。

远古岩画之谜

我国考古工作者在内蒙古狼山发现了一些远古时代的岩画。其中一幅画让人百思不得其解，上面画着两个桃子形状的东西，中间偏上方有两个圆圆的小洞，有点像人的两只眼睛，不过，如果这是张人脸却又不见鼻子和嘴巴。在这张"脸"的上方和周围画着很多的球状体，星星点点，纷纷洒洒，有人说是宇宙中的星星，也有人说是飞行器，自天而降。所以，很多人干脆把它称为"天神图"。

在韩乌拉山峰下东边沟口的岩画上，也发现了一些奇异的人头像。其中有一幅人头长着一张方嘴，两只圆眼睛，脑袋上还布满了线状物，就像古人形容的"怒发冲冠"。有人说是头发，有人说是天线，在画中还刻着"大唐"两个字。为什么写上这两个字呢？如果这指的是这些岩画的刻画年代的话，为什么不画佛也不画道呢？要知道，在唐朝，宗教画是非常流行的啊！这到底画的是哪一家的神灵呢？

无独有偶，考古工作者在宁夏贺兰山东麓也发现了一批稀奇古怪的远古岩画，共约 300 幅。其中北侧一块距离地面 1.9 米的岩壁上画着一幅人像写意画令人过目难忘。这幅画高 20 厘米，宽 16 厘米，头朝向西南方向，戴着一个又大又圆的密封式头盔，头盔与紧身连体套装浑然一体。头盔中间有一个圆形孔洞，也许是观察窗。整个头部就像是现代戴着头盔的宇航员。奇怪的是古代不可能有宇宙飞船，古人也不可能看见过今天的宇航员，那么，他们的灵感是怎么得来的呢？

事实上，类似这样的岩画不止在中国，在世界范围内都屡有出现。在非洲撒哈拉大沙漠中，欧美一些国家的考古学家在恩阿哲尔高原的丁塔塞里夫特也发现了一些神秘的人头画像。这些画中的人戴着奇特的头盔，衣着也臃肿可笑。刚开始学者们都不知道这幅画是什么意思。直到美国人造飞船上天，人们才恍然大悟。原来，撒哈拉沙漠岩画上人头上戴的奇特头盔正是现代宇航员的头盔！而这些画中人穿着的非常臃肿的服装也酷似现代宇航员的宇航服！我们不禁要问同样的问题，非洲的这些远古人类又是从哪里得来的艺术灵感呢？这是人物写真呢还是远古人类虚构出来的？如果真是人物写真的话，这些撒哈拉沙漠居民真的见到过天外来客吗？

在古代交通不发达的条件下，世界中的许多民族和地区都不约而同地留下了如此怪诞的图案，这不是能用"实属巧合"这类话能搪塞过去的。自古以来，全世界各个民族都有关于天神们开天辟地的神话传说，除了反映远古

远古时代的岩画

人类的艰难创业历程，是否也反映了人类祖先对于古代天外来客的原始记忆呢？也许，正是原始人类对这些具有高度文明的天外来客充满了崇拜，把他们当作神来膜拜，并把他们的形象画在了石壁上。

这些岩画真的是对天外来客的记忆吗？恐怕这个谜一时还无法解答。

西周微刻甲骨文之谜

1976 年，考古工作者在陕西省岐山县凤雏村发现了西周初年的甲骨文。据研究，刻有微型文字的甲骨共有 293 块，大都是周文王晚期到周康王初期的作品。这些刻在甲骨上的文字细若发丝，需要借助 5 倍以上的放大镜才能辨清。在当时的条件下竟能刻写出这么小的字，简直让人难以置信！一团迷雾笼罩在考古学界：这些文字是怎么刻上去的？

2002 年，考古工作者在陕西城固县宝山村商代遗址烧烤坑出土了一枚距今约 3000 多年的铜针。铜针首端又尖又细，末端还有一个微小的针鼻孔，孔径仅有 0.1 厘米。其做工精致，让现代人为之惊叹。这个铜尖针是做什么用的？有人认为，这样的铜针就是用来微刻甲骨文的。

那么，微刻出这么小的文字让别人怎么看呢？甲骨上的文字是需要借助数倍以上的放大镜才能辨别得出的！但即使没有放大镜，也不能说明当时就没有办法微刻出这么细小的文字。因为有些人的视力是可以超过常人数倍的。今天选拔飞行员的标准，其中一条就是要求视力必须超过常人。另外，现代医学研究发现，患有某些眼疾的人如中心性网络膜炎晚期、黄斑部病变结痂前期等，看东西会比实物大数倍。西周时期有没有人得这些病，我们不得而知，但也不能排除这种可能性。事实上，古人的视力究竟怎样，我们真的一无所知。在美洲丛林中有一个与外界接触较少的部落，他们竟然能用肉眼看见人造地球卫星！这是否说明，原始人类比现代人类的眼睛要好得多呢？

还有一个问题，这些微刻出来的甲骨文有什么作用呢？又是刻给谁看的呢？据专家研究，这几百片甲骨文所记载的内容多是周与商王朝的关系，商王的狩猎以及占卜之类。有人认为，这些内容之所以要微刻是因为关乎"军事机密"。众所周知，商王朝是被周王朝取而代之的，在灭商之前周人必须进行一番长期而又秘密的准备工作。"这些工作除了发展势力，访贤任能，研究周与商的关系，对商王行踪进行侦

花园庄甲骨坑内的甲骨堆积层

察也是必不可少的。"这种记录当然属于国家机密，必须严格保密，所以聪明的周人就想到了微刻的办法。

当然，微刻的办法可能是想出来的，也可能是偶然发现的。如果是想出来的，那说明微刻技术在当时就已经存在了，周王只需要任用一些微刻能手就行。但也许当时并没有什么微刻技术，只是那些专门负责占卜及观察天象等职责的巫史在长期思想高度集中的状况下视力得到了提高或者出现了眼疾，从而恰巧发生了看东西比实物大几倍的事情，于是微刻出这些甲骨文也就是自然的事情了。

在科技并不发达的古代，人们是怎么完成如此精细的工作的呢？至今尚无定论。

中国古代到底有没有指南车

有人认为黄帝是指南车的发明者。相传在 4000 多年前，黄帝同蚩尤在涿鹿大战，黄帝打败仗，因为蚩尤能作大雾，使黄帝的队伍迷失了方向。因此黄帝组织人力，研究创造了指南车，于是，再和蚩尤作战就取得了胜利。还有一个传说

马钧龙骨水车模型

是西周初，居住在偏远南部的越裳氏派使臣来朝贺周天子，周天子怕他们回去时迷路，就造了辆指南车送他们。

上述传说给人们带来一系列思考：真的有指南车吗？它是什么形状的？

有一个叫马钧的人，生活在三国时期，是一个著名的机械制造家，他能做许多奇特的机械。他改进了提花机，使它操作方便而且省时，还能织出复杂精美的图案；他还创造出了龙骨水车，这个水车结构精巧，运转省力，为灌溉提供了连续不断的水源；他甚至还改进发明了兵器，据说，马钧改进了当时诸葛亮使用的一种"连弩"，让它在连续射箭的基础上再提高五倍的效率。他试制成一种很厉害的攻城武器，叫"轮转式发石机"，能连续发射砖石，射程几百步；他还创造了"变幻百端"的"水转百戏"。这是一组木偶，利用机械传动装置，机关一开，各个木偶能够各自做着不同的动作，像是一台戏，机关一停，便马上停止运转。由此可见，马钧有杰出的机械设计才能并且发挥得淋漓尽致。

后来马钧在魏明帝的支持下，根据传说潜心研究指南车的造法。不久，马钧真的造出来一辆机械的、能指定方向的车子。他把齿轮传动机装在车上，车走起来，车上木人会自动指示方向。这种车子不同于利用磁铁造的指南针。

现在已看不到马钧造指南车的具体方法了，而且当时人们也没有使用指南车，只是作为陈设而束之高阁。西晋末，这辆指南车就下落不明了。留给后人的只是一个千古之谜。

后秦时，皇帝姚兴又让令狐生造了一辆指南车。可惜那辆指南车在后秦灭亡时，

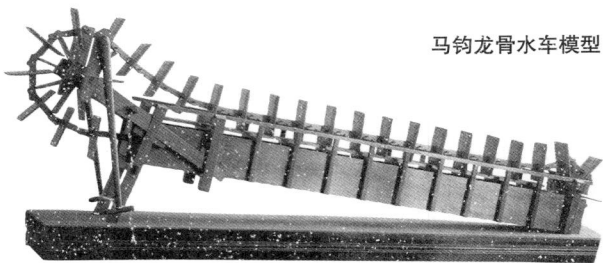

作为战利品被运到了建康。由于年久失修，机件散落，指南功能也就丧失了。

60年后的齐王萧道成忽然想起这个奇宝来，他让当时著名学者祖冲之再研制一辆指南车，祖冲之便闭门钻研。同时代的索驭林骥由于不服气也造了一辆。又过了几百年，北宋中期的燕肃和吴德仁都制造过式样不同的指南车。

指南车制造困难，比较笨重，实用价值不高。但古时人们对指南车的不断探索与研究，反映了我国古代人民辛勤劳动和不断创新的精神。正是由于几代人不断地辛勤研究，不断地改进和提高，才有我们今天指南针的问世。

中国酿酒的始祖是谁

我国的酒文化十分悠远。早在原始社会末期，我国便发明和生产了酒。那是远古人在劳动中发现了发酵的果类和谷物带有一种味道甘美的浆液，可以取而饮之，他们将这种味道称为酒味。从此，我们的祖先通过不断的实践认识了果类和谷物是怎样被发酵而变得甜美的，最终摸索出了酿酒的技术，制作了各种成酒。1987年底，在龙山文化遗址中就发现了各种陶制的酒器。一种密封保存完整的商代古酒在河南省被发掘，这酒距今已有3000多年的历史了，据专家测定，这种具有浓郁香气的酒是专用于祭祀祖先的，说明当时已有种类繁多的酒，酒也已成为专卖商品，难怪《诗经·商颂》里就有"既载清酤"的描写。商代出土的象形字中就有"酒"字，说明酒在商代已有很大的发展。有的学者认为是在商以前的2000～3000年前才开始发明酒的。因此，不管按哪种说法，出生在周朝的杜康，只能是个酿酒者或酿酒技术革新者，而并不是发明酒的始祖。即便是夏朝人仪狄（传说大禹曾饮过他酿造的酒），也不是酒的始祖，还有学者认为酒的起始是在距今7000年前的磁山文化时期，那时生产力发展了，粮食和果品逐渐有了剩余，人们就把它们储蓄起来，在存放过程中自然发酵而成为酒，先人们根据这个原理，再反复实践，才有了人工酿酒。

杜康生活的周代，出现了酒曲，这在酿造史上无疑是个飞跃，这也是世界化学史上的伟大创举。1974年曾在河北平山县战国时期的中山王墓内，发现过两种曲酿酒，一开启密封完好的酒壶盖，一时间酒香四溢，据说这就是闻名遐迩的"杜康"，意即好酒。此外"杜康"还应理解成品种名称。曹操说的"唯有杜康"，也是泛指好酒之意。《说文解字》上却说酒为"吉凶所造"，这里的吉凶不是说吉凶这个人造酒，而是说酒造吉凶。夏禹就曾主张禁酒，并预言"后世必有以酒之其国者"。果然，历代帝王中有许多嗜酒如命，甚至因酒精中毒而死去。商纣王也是过着"以酒为池"的荒淫生活，最后导致国破自焚。周代吸取了教训，颁发了禁酒令，因而酿酒集中在作坊中，开始专行专卖，而不是像以前分散在每家，每户均可自行酿酒，而酿酒技术也从家庭女主人的手中走向专业化，从而杜康之类的名师才得以崛起。我国古代典籍《周礼》也对酿酒过程中各个阶段作了详细区分，说明其产物名称，这体现了我国酿酒技术逐步走向专业化。

中国古代真的出现过飞碟吗

一提到飞碟，人们总是要把它与高科技联系在一起，然而飞碟并不是今天的新事物，它可能不止一次地在2000多年前访问过中国。曾有过许多不明飞行物的记载出现在浩瀚的中国古代文献中，这种飞行物光芒四射，来去神速，从记载看，很像现在所说的飞碟。

《晋阳秋》这本古书是最早记载飞碟的书。其中写道："有星赤而芒角，自东北西南投入亮（诸葛亮）营。三投，再还，往大，还小。俄而亮卒。"在《三国志》的裴松之的注、郑樵的《通志略》、马瑞临的《文献通考》中都有类似的记载。这件事发生在公元234年秋天，一天晚上，西北五丈原地区的天空中出现一颗星，它发射红光，来去自由，它三来三往，从东北到西南，以后便消失了。如果是星的话，它不可能"三投，再还"，也不可能"往大，还小"。从记载看，只有飞碟能自由飞行。

宋朝的著名科学家沈括曾记载了这样一件事："嘉祐中扬州有一蚌甚大，天晦多见。初见于天长县陂泽中，后转入甓社湖，又后在新开湖中，凡十余年，居民行人常常见之。余友人书斋在湖上，一夜忽见其蚌甚近，初微开其房，光自吻中出，如横一金线。俄顷忽张壳，其大如半席，壳中白光如银，珠大如拳，灿然不可正视，十余里间林木皆有影，如初日所照，远处但见天赤如野火，倏然远去，其行如飞，浮于波中，杳杳如日。古有明月之珠，此珠色不类月，荧荧有芒焰，殆类日光。崔伯勋曾为明珠赋，伯勋高邮人，盖常见之，近岁不复出，不知所往。樊良镇正当珠往来处，行人至此往往维船数宵以待观，名其亭为玩珠。"此事见于《梦溪笔谈》。记载此事的宋括是一位科学家，给他提供情况的是他的好友，好友就在蚌所在的湖边，应该不是杜撰。从记载看，这颗能发光、能飞行的珠已像一轮飞碟。

在镇江金山，宋朝大诗人苏轼也曾见到过来历不明的飞行物。有一天他游金山，被仰慕他的寺僧留宿寺中。这一夜二更天，苏轼尚未入睡，只见一个光亮的物体在江心降落，并发出光。他用一首诗记录了这个奇观："是时江月初生魄，二更月落天深黑。江心似有炬火明，飞焰照天栖鸟惊。怅然归卧心莫识，非鬼非人竟何物？"写到这里时，作者又加了个注："是夜所见如此。"说明不是虚构，而是实见，这就是《游金山寺》。

上述记载表明，中国古代确实有一种来历不明的飞行物多次光临过。这种飞行物有的发红光，有的发白光，有的则缓缓而行，有的快如星火，它们各有不同的外形。但是发出光亮、来去自由是这些飞行物的一个共同的特点。

有些研究者认为，这些记载中的飞行物就是飞碟。一次飞碟坠毁事件被《竹溪县志》记载了下来，从记载看，飞行物能倏忽而过，而"欲坠则止"，说明这个高速物体有很高的灵敏度，出了故障后，变得摇摇晃晃，终于坠毁。

有些研究者认为，《松滋县志》记载了覃某被不明飞行物带到贵州的事件，这就是飞碟被人发现以后的报复行为或保密行为，这很像近代一些接触飞碟的人们遭劫持的情况。

还有些学者认为，中国古籍中只是记载辗转传闻的故事，叙述又十分简单，不足为信。可能是一些经过夸张而编造的、道听途说的奇闻逸事。有些研究者则认为，这可能是连现代人也不清楚的古代的一些自然现象，它们能发光，会飞行，因而被误认为是飞碟。

这些古籍记载的飞行物究竟是什么？只有在现代的飞碟之谜揭开以后，这个问题才能得出可信的答案。

勾践剑和夫差矛为何在湖北出土

吴越之地，自古便以冠绝天下的铸剑术著称。在吴、越两国所铸青铜器中，兵器既精且美。春秋中晚期，随着吴越对外军事扩张的需要，其兵器铸造业也呈现出空前发展、繁荣的状态，因此，"吴矛越剑"不仅为时人所艳羡，其美名还流传千古，为历代所称道。

越王勾践剑出土于1965年12月，剑出土时，装在黑色漆木剑鞘内，剑与鞘吻合较紧。剑身寒光闪闪，毫无锈蚀，试之以纸，20余层一划而破。可见史书记载的"夫吴越之剑，肉试则断牛马，金试则断盘盂"不是虚妄之语。剑全长55.6厘米，剑格宽5厘米，剑身满饰黑色菱形几何暗花纹，剑格正面和反面还分别用蓝色琉璃和绿松石镶嵌成美丽的纹饰，剑柄以丝线缠缚，剑首向外翻卷作圆箍形，内铸有极其精细的11道同心圆圈。剑身一面近格处有铭文两行8字，为鸟篆，释读为"越王鸠浅（勾践）自乍（作）用铔（剑）"8字。

越王勾践剑经检测得出其主要成分为铜、锡、铅、铁、硫、砷等元素，各部位元素的含量不同。剑脊含铜量较多，韧性好，不易折断；刃部含锡高，硬度大，非常锋利。脊部与刃部成分不同，采用了复合金属工艺，即先浇铸含铜量高的剑脊，再浇铸含锡量高的剑刃，使剑既坚韧又锋利，收到刚柔结合的良好效果。剑格含铅量较高，这种材料的流动性较好，容易制作剑格表面的装饰。另外，在剑格、剑茎和剑身上所饰的菱形几何形黑色暗纹含硫化铜，有利于防锈，是当时一种先进的独特工艺，这

越王勾践剑 春秋
长55.6厘米，宽5厘米，湖北省江陵县马山出土。

黑色菱形暗纹

剑刃薄而锋利

吴越两地盛行鸟族崇拜，在生活中常出现以鸟族作装饰的器物。鸟虫篆是当地一种极具个性风貌的装饰字体。这种字体在与吴越相近的楚国也很流行。

正面嵌有蓝色琉璃，背面嵌绿松石。

越王勾践剑铭文

也许就是该剑保存至今 2000 余年而毫无锈蚀的原因之一。该剑上的 8 字铭文，刻槽刀痕清晰可辨，是铸后镂刻而成，而非铸就。铭文为鸟篆，笔画圆润，宽度只有 0.3 ~ 0.4 毫米。越王勾践剑集当时各种先进的青铜冶铸技术于一体，代表了当时吴越铸剑技术的最高水准，制作之精湛，可谓鬼斧神工。

提及勾践剑，不禁使人想起"卧薪尝胆"这段史实。公元前 494 年，夫差领精兵伐越，大战于夫椒，越军被击败，勾践仅以五千甲兵退保于会稽山上，屈辱求和，卑身事吴。

勾践则表面上臣事于吴，背地里苦身焦思，发愤图强，伺机复仇。史载他平常置苦胆于座，坐卧即仰胆，饮食亦尝胆，时时提醒自己勿忘会稽之耻。公元前 473 年，勾践终灭吴，夫差自杀身亡。

"卧薪尝胆"的历史已经过去很久，但勾践这种矢志不移的精神却一直鼓舞后人自强不息，奋发向上，因此 1965 年越王勾践剑的出土格外引人注目。1983 年 11 月在湖北省江陵县的楚墓又出土了吴王夫差矛。越王勾践剑和吴王夫差矛都出土在当年的楚汉之地湖北，有什么巧合吗？

有些考古学家和史学家认为是礼赠和赏赐的缘故，由于吴越出宝剑，故在吴越两国与其他国家的交往中，被作为赠赐的贵重礼物而到了楚国。"季札挂剑"的著名典故，就是以剑礼赠外邦之君的一个例子。有些学者则认为是出于战争和掠夺的原因，战争是古代文化传播的重要纽带，吴矛越剑作为一种文化的象征或者战后的战利品，也随着战争来到了当时的楚国。还有人认为，楚越有姻亲，楚惠王之母系越王勾践之女，所以作为陪嫁品的勾践剑留存于楚。当然也不排除有其他可能，比如民间流失到楚国，毕竟当时的国家那么小。历史已远去，勾践剑和夫差矛的"相逢"仍然有待于考古学家的进一步考证。

传国玉玺流落何方

玺是中国古代封建帝王的宝印。而传国玉玺在所有的宝玺当中无疑是最为宝贵的，有关它的传说几千年来也无不充满了神秘的色彩。这枚玉玺之所以称为"传国玺"，与历史上赫赫有名的秦始皇有关。

自卞和发现和氏璧后，它一直是楚国王室的重器，后来楚王将它赏赐给了大臣。之后，和氏璧下落不明。后来，和氏璧流传到了赵国。这块和氏璧在赵国时还引出了一场著名的历史剧并留下了一个成语"完璧归赵"。后来秦灭赵国，和氏璧最终还是落到了秦王手里。秦始皇把和氏璧定为传国玺，令丞相李斯在玉上刻"受命于天，既寿永昌"，希望代代相传，没想到在秦二世手里就亡了国。刘邦进咸阳后，子婴"上始皇玺"，刘邦称帝"服之，代代相受"，又把"秦传国玺"御定为"汉传国玺"。到了西汉末年，外戚王莽篡位。当时的皇帝刘婴才两岁，传国玺由汉孝元太后代管。传国玉玺再一次失踪是在东汉末期。那时政局动乱，汉少帝连夜出逃把传国玉玺落在宫中，等他回来时，传国玉玺已经不见了。不久，长沙太守孙坚征讨董卓时，在洛阳城南甄官井中找到了这枚传国玉玺。

从这以后一直到唐代，随着政局的动荡和少数民族的南下，传国玉玺不断易主。唐高祖李渊得到传国玉玺后，把"玺"改称为"宝"。传国玉玺最终在历史上失踪是在五代。从宋太祖时，就再也没有人见到过这块刻有"受命于天，既寿永昌"的传国玉玺。

不过，有关发现传国玉玺的记载却不绝于书。如北宋绍圣三年（1096年），咸阳段义在河南乡挖地基盖房时，竟挖出一"背螭纽五盘"的玉印。经十多名翰林学士鉴定，为"真秦制传国玺"。清朝初期，据说宫中藏有一枚刻着"受命于天既寿永昌"的玉玺。可是，这枚被当时人称为传国玺的玉玺却遭到乾隆皇帝的冷落。皇帝都认为是假的，看来这枚所谓的传国玉玺也是伪造出来的，并不是真正的国宝。

那么，真正的传国玺流落何方呢？直到现在也没有发掘出来。

长沙楚墓帛画中的妇人形象是谁

1949年春天，湖南长沙市东南郊陈家大山楚墓出土了一幅帛画，距今2200～2300年，是目前世界上发现的年代最早的帛画之一。帛画高约28厘米，宽约20厘米，画面中部偏右下方绘一侧身伫立的妇女，身着卷云纹宽袖长袍，袍裾曳地，发髻下垂，顶有冠饰，显得庄重肃穆。在她的头部前方即画的中上部，有一硕大的凤鸟引颈张喙，双足一前一后，作腾踏迈进状，翅膀伸展，尾羽上翘至头部，动态似飞。画面左边自下而上绘一只张举双足、体态扭曲向上升腾的龙。由于长期埋葬在地下，帛画出土的时候显得比较灰暗，几乎难于辨认。于是也就出现了新旧临摹版的差别之说。早在20世纪50年代初，郭沫若就根据当时的旧的临摹版本进行过研究，先后在《人民文学》上发表过两篇文章，论述帛画在我国文化艺术史上的地位。郭老认为妇人左上方的一兽一禽为夔（古代传说里的独角兽）和凤，并把帛画定名为"人物夔凤帛画"。画中妇人的身份，郭老未作更明确的考证。

20世纪80年代以来，通过对原画的重新鉴定，加上另外一些年代相近的帛画相继出土，不少专家学者多次撰文对帛画的主题思想以及它的用途做出了迥异的研究结论。如《江汉论坛》1981年第一期发表的熊传新的《对照新旧摹本谈楚国人物龙凤帛画》一文，认为帛画的结构和布局有上中下三层，上层为天空，左上方的兽是我国古代神化了的龙，而不应该是夔。作者认为画中妇人即墓主人的画像。美术史家金维诺先生也支持这种看法，他在《从楚墓帛画看早期肖像的发展》中，认为这些画上的中心人物均为死者本人是可以肯定的，并认为此类帛画是我国肖像画的滥觞。

但是帛画人物里的妇人究竟是谁？她的身份和地位究竟是什么？她的各种姿势确切的是要表达什么意思？这些还仍然是未解的谜，期待更进一步的考证和解读。

"金缕玉衣"真的能让尸体不朽吗

　　古代皇帝莫不希望长生不老、灵魂不灭，寻找长生不老药、喝甘露、炼丹丸等等是他们一生中的大事。为了长生，他们想尽了一切可能的方法，这种求生的欲望也寄托在死后的裹尸衣上，这就出现了汉代特有的玉衣。玉衣是什么样的？它是如何制成的？它真可以使寒尸不腐？种种谜团被考古工作者解开了。

　　据载，玉衣是汉代皇帝、诸侯王和高等贵族死后特制的一种殓服，史书中称"玉匣"或"玉柙"，但它的形状究竟是什么样的，汉代以后就没有人知晓了。考古工作者在 1968 年河北满城县的一座小山丘上，发现了西汉中山靖王和他的妻子窦绾的墓。许多小玉片分散在刘胜和窦绾棺内的尸体位置上，经过考古工作者的精心修整和研究，终于复原出两套完整的玉衣，使我们得以一睹史书中记载的玉衣的样子，这个谜团随之被解开了。

　　这两套玉衣制作很精细，他们的外观和人体的形状一样，分为头部、上衣、裤筒、手套和鞋五大部分，各部分都由许多三角形、长方形、梯形、圆形等图形的玉片组成，玉片上有许多小的钻孔，玉片之间用编缀着纤细的金丝，所以又称为"金缕玉衣"。刘胜穿的玉衣形体肥大，头部的脸盖上刻画出眼、鼻和嘴的形状，腹部和臀部突鼓，裤筒制成腿部的样子，颇似人体。可能是出于对女性形体造型的避讳，窦绾的玉衣比较短小，没有做出腰部和臀部的形状，刘胜玉衣全长 1.88 米，由 2498片玉片组成，用于编缀的金丝约重 1100 克。

　　汉代人喜欢用玉衣做殓服与当时人的迷信思想想必有关联。在汉代，人们深信玉能使尸体不朽，玉塞九窍，可以使人气长存。九窍指的就是两眼、两鼻孔、两耳孔、嘴、生殖器和肛门，一共九个孔。出土的玉衣经常就搭配有用玉做成的眼盖、鼻塞、耳塞、口含、罩生殖器的小盒和肛门塞。其中最讲究的是要用玉蝉含口，因为古人认为蝉是一种代表清高而且品格修养好的昆虫，它只饮露水而不吃东西。人死后，其灵魂离开尸体，正如蝉从壳中蜕变出来时一样，所以古人可能就是借"以蝉为含"的寓意。还有的学者持偏向于生物学的解释，他们认为汉人用玉蝉作口含，是受这种昆虫循环生活的启发，从蝉蜕转生而领悟再生，因此给死者含蝉比喻这只是暂时的死亡，而生命可以获得再生。

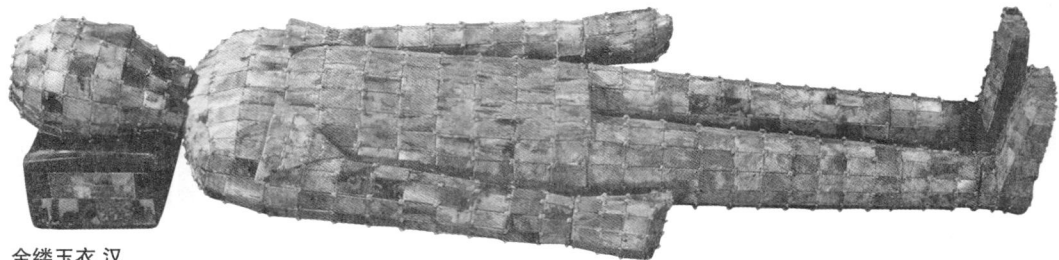

金缕玉衣 汉
河北定州中山怀王刘修墓出土。

在 2000 多年前的西汉时代是如何制作出来如此精美的玉衣的？让我们现代人确实琢磨不透。玉衣制作所用的玉料要经过开料、锯片、磨光及钻孔等多道工序，每一片玉的大小和形状都必须经过精心的设计和细致的加工，制作过程是很复杂的。据科学测定，玉片上有些锯缝仅 0.3 毫米，钻孔直径仅 1 毫米，它的工艺繁杂与精密程度实在令人惊叹。整个玉衣制作过程所花费的人力和物力当然也十分昂贵，据推算，汉代一名玉工制作一件玉衣需要花费十余年的工夫。

汉代皇帝可谓费尽心机，用玉衣作为殓服。但其结果适得其反，由于金缕玉衣价格昂贵，往往好多人去盗墓，以致汉代帝陵都被挖掘一空。盗掘者取出金缕玉衣加以焚烧，汉代帝王的尸骨也一并化为灰烬。因此，公元 222 年，魏文帝曹丕下令禁止使用玉衣，从此历史上就没有玉衣了。有幸躲过被盗命运的那些诸侯墓葬，尸骨早已化为一抔泥土，但他们所留下的精美绝伦的玉衣，让我们不得不惊叹 2000 多年以前工匠们的高超技艺。

诸葛亮制造木牛、流马之谜

《三国志·诸葛亮传》记载："（建兴）九年（231 年），亮复出祁山，以木牛运，粮尽退军……十二年春，亮率大众由斜谷出，以流马运。"文章描绘得那么奇妙，可说明诸葛亮以木牛、流马运粮是真实的事情。

诸葛亮到底用过木牛、流马没有，确实是一个谜，而且《诸葛亮集》中尽管对木牛、流马作了描绘，但由于没有任何实物与图形存留后世，多年来，人们对木牛、流马到底是什么东西做出了种种揣测。

一种说法为木牛、流马是诸葛亮改进的普通独轮推车。此说源于《宋史》《后山丛谈》《稗史类编》等史籍，它们认为汉代称木制独轮小车为鹿车，诸葛亮加以改进后称为木牛、流马，北宋才出现独轮车之称。

一种意见认为，木牛、流马是四轮车和独轮车，但是哪种为四轮，哪种为独轮，各人有不同的见解。宋代高承《事物继原》卷八说："木牛即今小车之有前辕者，流马即今独推者是也，而民间谓之江洲车子。"今世学者范文澜认为，木牛实际上是一种人力独轮车，有一脚四足，就是在车旁前后装四条木柱；流马是改良的木牛，前后四脚，也就是人力四轮车。

一种意见认为，木牛、流马是新颖的自动机械。《南齐书·祖冲之传》说："以诸葛亮有木牛、流马，仍造一器，不因风水、施机自运，不劳人

木牛复原模型
蜀军创制，用来运送军用物资，适于山地使用。

力。"这是指祖冲之在木牛、流马的基础上造出更新颖的自动机械。

木牛和流马到底是一种东西还是两种东西，后世对此发起了广泛的争辩。如谭良啸认为，木牛和流马是一回事，是一种新的木头做的人力四轮车；王开则说木牛与流马是两种东西，前者是人力独轮车，后者是经改良的四轮车；王谌认为两者同属一物，并且还做出了一种模型，既具备牛的外形，又具备马的姿势。陈从周等勘察了川北广元一带现存古栈道的遗迹：畜在前面拉，后面有人推，流马与木牛差不多，但没有前辕，不用人拉，反靠推为行进，外形像马。

令人遗憾的是当年诸葛亮没有留下木牛、流马的详细制作图解，导致后人苦苦思索，上下探求，仍是难以明白究竟。

岳阳楼是由谁建造的

江南三大名楼之一的岳阳楼因为一篇北宋范仲淹的《岳阳楼记》而妇孺皆知。自唐宋以来，它就久负盛名。"未到江南先一笑，岳阳楼上对君山"，这是800多年前，宋朝著名诗人黄庭坚登临岳阳楼时写下的句子。然而，长期以来，究竟是什么时候修建了岳阳楼，滕子京又是什么时候重修了此楼一直众说纷纭，谁也没有确切答案。

实际上岳阳楼的始建年代早已难以确定。南宋人祝穆就率先提出岳阳人"不知创始为谁"的说法。在祝氏的《方舆胜览》卷二十九中载称："岳阳楼在郡治西南，西面洞庭湖，左顾君山，不知创始为谁。唐开元四年，中书令张说出守是郡，日与方士登临赋咏，自尔名著。"

成书于宋理宗（1225～1264）在位时期的《方舆胜览》是南宋的一部地理总志，此书有一定史料价值，尤其对名胜古迹有比较翔实的记载。书中认为祝穆所说岳阳楼"不知创始为谁"是可信的。所以《岳州府志》也认为："岳阳楼不知俶落于何代，何人。"

岳阳楼到底"创始为谁"后来有各

黄鹤楼

黄鹤楼位于湖北省武汉市蛇山黄鹄码头，依临长江，享有"天下绝景"的美誉，并与湖南的岳阳楼、江西的滕王阁并称为"江南三大名楼"。传说黄鹤楼始建于三国时期的吴黄武二年（223年），是孙权为了军事目的，以实现"以武治国而昌"（"武昌"的名称由来于此）的理想，而建立此楼，以便于筑城为守，瞭望敌情。后来黄鹤楼逐渐由军事建筑而变成了著名的名胜景点，特别是唐代以后，很多文人墨客来到此处游览观楼，写下了不少名篇佳句。其中，以唐代诗人崔颢的《黄鹤楼》最为著名，一首便成为千古绝唱，更使得黄鹤楼名声大噪。

种不同的说法，大多数人认为是张说始建。这种意见又有两种说法，而这两种说法又大同小异。

如浙江人民出版社编辑出版的《初中古代诗文助读》说岳阳楼为"张说在唐代开元初年建造"。喻朝刚、王大博、徐翰逢编的《宋代文学作品选》又进一步确定了修建的具体时间，说岳阳楼是"唐开元张说做岳州知府时建的"。

第二种说法，讲岳阳楼"始建于唐"，此说法比较笼统。持这种说法的代表是新版的《辞海》。另外由郑孟彤主编的《中国古代作品选》、四川师范大学中文系古典文学教研组编写的《中国历代文选》、北京教育学院教研部编写的《语文复习资料》以及中国人民大学语文系文学教研室主编的《历代文选》（下册，中国青年出版社）都持这种说法，有的也说岳阳楼"始建于唐初"。

第三种是岳阳楼始建于周代说。如天津师专古典文学教研组编的《中学古代作品评注》中说，岳阳楼"相传建于周代，自唐代以来闻名于世"，这种说法不知是从哪里找来的依据。

在北宋以前，岳阳楼的修葺情况没有详细的记载，无从查考。原任庆路部署兼庆州（今甘肃庆阳）知州的滕子京在庆历四年（1044年）被谪为岳州知府，"越明年，政通人和，百废具（俱）兴。乃重修岳阳楼"。依照范仲淹的《岳阳楼记》中的说法，滕子京重修岳阳楼是在庆历五年，他们把"越明年"解释为第二年，即庆历五年。宋来峰在《"越明年"辨》一文（见《北京师范大学学报》1980年第6期）中认为，范仲淹应嘱作文，"滕子京重修岳阳楼与巴陵郡的'政通人和，百废俱应'同是一年—庆历六年"。对"越明年"的不同解释导致这两种说法相异，但究竟孰是孰非，我们也不能妄下结论。

北京古城墙为何独缺一角

《诗经·商颂》云："商邑翼翼，四方之极。"可见古代筑城时就有了城墙。

封建社会后期建筑时期最长、工程量最大的城是北京城。它最初称为元大都，城方六十里，十一门，至元四年（1267年）始用夯土板筑。今天北三环路北还有土城遗址。《光绪顺天府志》说，北京城雉堞一万一千三十八，炮窗二千一百有八。内城周长约四十里。墙高三丈五尺五寸，围栏高五尺八寸，通高四丈一尺三寸。明洪武、永乐年间都重修加固城垣。宣德九年（1434年），以五城神机营军工和民夫修城垣。这时才把城垣外壁包上砖。正统元年（1436年）到四年才建成九门城楼和桥闸、月城（平常叫瓮城）和箭楼等。城垣内壁也包上砖。各城门外立牌楼，内城四隅各立角楼。城外挖濠建石桥。嘉靖年间又在南边增修了27里的外城。修建北京城一直是"皇极用建，永固金汤"的大事。

全城以前门至地安门为中轴，正南正北，整齐如划。从1972年和1975年美国发射的两颗地球资源卫星在北京上方900多千米的高空拍摄的卫星照片上看，最为清晰的就数明代修建的内城城墙了。一般说来，城墙应修筑成方形的，我国的一些古城大都如此。可是北京内城城垣的西北角却不呈直角，城墙到了这里，却成了东北—西南走向的。这究竟是为什么呢？

长期以来，人们解不开这个谜。

有人说，从地形上分析，这是因为元时大都的北城墙，在现今德胜门和安定门以北5里处，至今遗迹犹存。它的西北角并无异常，是呈直角的。明代重修北京城，为了便于防守，放弃了北部城区，在原城墙南五里处另筑新墙。新筑的北城墙西段穿过旧日积水潭最狭窄的地方，然后转向西南，把积水潭的西端隔在城外，于是西北角就成了一个斜角。明初时，积水潭的水远比现在要深得多，面积也大得多。为了城墙的坚固和建筑的需要，城墙依地形而呈抹角是合乎情理的，所以这种观点被很多人所接受。

第二种说法是，从国外卫星影像分析，北京城西北角既有直角墙基的影像，又有斜角的墙基影像。这两道墙基的夹角为35～36度，正东正西墙基线正位于元代海子西北端北岸附近，和东段城墙在同一纬线上，这说明这里确实曾修过城墙。可是为什么没有修成呢？通过卫星影像还可以看到，从车公庄到德外大街有一条地层断裂带，正好经过城的西北角与那段直角边斜向相交。现在的北京城是明朝永乐年间修建的，建城时北京城四角都是直角。但明清两代，北京及其附近地区经常发生强烈地震，每次地震北京城西北角从西直门到新街口外这段城墙都要倒塌，虽经多次重修，但无论建得怎样坚固，总是被地震震塌。经风水先生察看，原来地下地基不牢，可能有活断层。皇帝陛下不得不屈服于地震的威力，决定将西北角的城墙向里缩小一块，避开不稳定地段。以后北京地区又经历几次地震，但城墙再没有倒塌。这就是为什么古城墙缺一个角的原因。

第三种说法是，北京城处处的设计都有含义，其中不修全可能是因为上天的暗示。如紫禁城这个名字取自紫微星垣，紫微星垣系指以北极星为中心的星群。古人认为紫微星垣乃是天帝的居所，而群星拱卫之。所以自汉以来皇宫常被喻为紫微。为佐证这个说法，紫禁城内特意设有7颗赤金顶（分别是五凤楼4颗，中和殿、交泰殿、钦安殿各1颗），喻北斗七星。有七星在此，谁能说不是天上宫阙？所以北京城墙缺一角必然有什么含义。其中就有这么一个故事，在明朝初年，燕王修建北京城，命手下的两个军师刘伯温和姚广孝设计北京城的图样。他们俩在设计的时候，不知为什么眼前都出现了哪吒的模样，他们很害怕，哪吒说不用害怕，我是上天派来的，告诉你们要如何建造都城，你们按我手中的图建造吧。于是两个人就都各自照着画了。姚广孝画到最后，吹来了一阵风，把哪吒衣襟掀起了一块，他也就随手画了下来。后来建城的时候，燕王下令：东城照刘伯温画的图建，西城照姚广孝画的图建。姚广孝画的被风吹起的衣襟，正好是城西北角从德胜门到西直门往里斜的那一块，所以至今那里还缺着一个角呢！

北京城墙缺少一角是因为上面哪个原因，或者都不是，不得而知。

神秘墓葬之谜

　　中国古代的墓葬文化含有浓厚的礼制内容，是研究当时经济、文化的重要依据，然而这些陵墓在地下沉睡数百年甚至几千年后，带给人们的，除了惊叹之外，更有无数的未知和疑团在其中：商代妇好墓的主人究竟是谁？秦始皇陵墓中为何含有大量汞？曹操真的设有七十二疑冢吗？成吉思汗的陵为何在马背上……

　　这一个个困扰着考古学家、历史学家的谜题，也磁石般吸引着我们的目光，随着科技的发展和研究的深入，许多谜团已经解开，欣喜之余，却发现还有更多的疑问等待我们去解答……

轩辕黄帝陵在何处

　　黄帝是我国原始社会末期一位伟大的部落联盟首领。黄帝姓公孙，因长于姬水，又姓姬。曾居于轩辕之丘（今河南新郑轩辕丘），取名轩辕。祖籍有熊氏，乃号有熊。又因崇尚土德，而土又呈黄色，故称黄帝。司马迁所著《史记》记载："生而神灵，弱而能言，幼而徇齐，长而敦敏，成而聪明"，15 岁就被群民拥戴当上部落领袖，37 岁成为中原部落联盟的首领。轩辕黄帝一生历经 52 战，降服炎帝，诛杀蚩尤，结束了远古战争。由于轩辕黄帝为中华民族创造了丰富灿烂的文化，后世都尊称轩辕黄帝为"文明之祖""人文初祖"。黄帝死后，人们选择了"桥山之巅"，将他深深埋进黄土里，希望"黄帝灵魂升天，精神永远常在"。这就是今天海内外中华儿女拜谒的中华第一陵——黄帝陵。

　　不管黄帝众多传说的真伪，但黄帝陵却自古以来就有，黄帝陵在哪里呢？

　　第一种说法是黄帝陵位于陕西北部今黄陵县境内的桥山之巅。据《史记·五帝本纪》载："黄帝崩，葬桥山。"自秦统一六国后，历朝历代每岁祭奠黄帝陵持续不断，因此黄陵县境内的黄帝陵有很多各代的遗迹。陵冢在桥山之巅。桥山有沮水环绕，群山环抱，古柏参天，有大路可通山顶直至陵前。山顶立一石碑，名为下马石，上有"文武百官到此下马"字样。古代凡祭陵者，均须在此下马，步行至陵前，陵前有一祭亭，亭中立一高大石碑，上有郭沫若题"黄帝陵"三个大字。祭亭后面又有一块石碑，上书"桥山龙驭"四字。黄帝陵冢在山顶平台的中央，陵冢高 3.6 米，周长 48 米。四周古柏成林，幽静深邃。历代政府对保护黄陵古柏都很重视，宋、元、明、清都有保护黄陵的指示或通令。据《黄陵县志》记载，桥山柏林约 4 平方千米，共 6.3 万余株。历朝历代政府为了表示尊祖，宣扬礼制，都会去祭祀黄帝，又因为此处陕西黄陵最早由秦始皇祭奠过，于是后来者都到此祭祀。不过很多人并不认同这就是黄陵所在地。

第二种说法是黄陵应在今河北省涿鹿县的桥山。

根据《魏土记》的记载："下洛城东南四十里有桥山，山下有温泉，泉上有祭堂。雕檐华宇被于浦上。"《史记·五帝本纪》载："黄帝与蚩尤战于涿鹿之野"；北魏著名地理学家郦道元所著《水经注·瀁水篇》载"黄帝与蚩尤战于涿鹿之野，留其民于涿鹿之阿"，也有记载此处为"桥山"的介绍。涿鹿县的桥山，在今河北省涿鹿城东南 20 千米，它以山顶上天然形成的一座拱石桥而得名，海拔 981 米。在桥山附近的一道山梁上，还有一个巨大的四方石桌，传说是祭祀黄帝时在此摆设祭品的。石桌右侧有一峭壁，壁面平整，像一块巨大的石碑，上面布满与象形文字一样的图案。传说这是古人刻石记事而留下来的遗迹。我国古代有许多帝王到桥山举行祭祀活动。

第三种说法是黄帝陵在北京平谷区。明《顺天府志》卷一上记载："（北京）平谷区东北十五里，传为轩辕黄帝陵，有轩辕庙。"黄帝当时曾在北京附近河北涿鹿一带建都，死后又葬在这里。唐代陈子昂的诗说："北登蓟丘望，求古轩辕台。应龙已不见，牧马空黄埃……"李白亦有"燕山雪花大如席，片片吹落轩辕台"的诗句。南宋爱国丞相文天祥诗曰："我瞻涿鹿郡，古来战蚩尤，轩辕此立极，玉帛朝诸侯。"北京市文物研究所与平谷区文化文物局组织中国社科院、历史博物馆、北京历史研究所等单位的专家学者，到平谷区山东庄村实地考察这个村西的轩辕陵，并确认这座轩辕陵即是中华民族始祖黄帝之陵。不过认为这个陵和陕西桥山的黄陵一样，是黄帝的衣冠冢。

据说全国共有黄帝陵 7 处，甘肃、河南、山东、河北等地都有黄帝陵，哪一个是真的黄帝陵呢？轩辕黄帝陵到底在何处？这同黄帝的其他传说一样还没有答案。

商代妇好墓的主人究竟是谁

殷墟是商王朝后期的王都，据文献记载，自盘庚迁殷至帝辛覆亡，历经 8 代 12 王。据历史学家确认盘庚迁殷为公元前 1300 年，武王克商为公元前 1046 年，共有 200 多年，商王朝居殷最久是无可争辩的。按理，出土最多文物的就应为诸商王的陵墓了，特别是一些功勋显赫的商王，但可惜的是已发现的商王陵都被历代盗墓者洗劫，失去了研究的宝贵资料。直到妇好墓发现，一大批文物才得以面世。妇好墓位于当时小屯村的西北地，这里原是一片高出周围农田的岗地，1975 年冬考古工作者对其进行考古勘探，在这一带用洛阳铲打孔钻探，几天后在钻一个孔的时候发现土层有变化，工作人员马上兴奋起来，这预示着里面可能有遗迹。这时在场的人谁也没有出声，小心翼翼地向下铲去，在大概钻到 6 米深时，慢慢向上拔铲，探铲提上来了，满铲都是鲜红的漆皮，漆皮就是腐坏的棺木，气氛顿时活跃起来，大家异口同声地说，是墓葬。

发掘结果证实，这便是妇好墓。妇好墓保存完好，随葬品极为丰富，共出土不同质料的随葬品 1928 件，有玉器、象牙器、骨器、宝石器、青铜器、蚌器等，其中制作水平最高的是青铜器和玉器。青铜器共 468 件，以礼器和武器为主，礼器类别较全，有炊器、食器、酒器、水器等。尤为珍贵的是有诸多成套器皿，圆鼎 12 件，每组 6 件；铜斗 8 件，每组 4 件。还有成对的方壶、方尊、圆鼎；有的酒器竟配有完整的 10 觚、10 爵（觚、爵为古代的青铜酒器）。

妇好墓内部　商

玉器类别比较多，有琮、璧、璜等礼器，作仪仗的戈、钺等，另有工具和装饰品。其中，玉人是研究当时人的发式、头饰、着装等的形象资料。各种动物形玉饰有龙、凤，有兽头鸟身的怪鸟兽，而大量的是各种动物形象，以野兽、家畜和禽鸟类为多，如虎、熊、象、鹿、马、牛、羊、鹦鹉等，也有鱼、蛙和昆虫类。

人们惊异于墓藏的奢华，感叹随葬品的精美和极高的艺术成就，于是疑问产生了，这个墓主人究竟是谁呢？肯定是个显贵无疑，那么又是哪个显贵？商代历史几乎没有记载，甲骨文的发现及释读，却使我们得知了部分情况。

从出土文物看，有部分铸有铭文，其中铸妇好铭文的共 109 件，占有铭文铜器的半数以上。其实妇好墓的发现正好解决了一个难题，因为专家们在此之前早就知道有"妇好"这个人。解读甲骨文的记载，妇好为商王武丁的妻子，是我国有文字记载的第一位文武双全的女将军。甲骨文中有关她的记录有 200 多条，属于数量相当多的。她曾率领 1.3 万多人的军队去攻打前来侵略的鬼方，并大胜而归，因功勋卓著而深得武丁、群臣及国民的爱戴。妇好终因积劳成疾而先逝，国王武丁予以厚葬，并修筑享堂时时纪念。

这个墓葬便是妇好的了，大量的刻有"妇好"的铭文器物，说明是她所有。而且墓室中发现兵器：商妇好大铜钺。钺主要是作为军权的象征。妇好墓出土了 4 件青铜钺。其中一件大钺长 39.5 厘米，刃宽 37.5 厘米，重达 9 千克。钺上饰双虎扑噬人头纹，还有"妇好"二字铭文。该钺并非实战兵器，而是妇好统帅权威的象征物。

虽然墓葬与甲骨文一定程度上相印证，认定墓主就是妇好，不过她又是什么样的人呢？甲骨文本身的记录也是让人无所适从。

有的甲骨片上说她是个大元帅，带兵镇压奴隶起义，辅助国王武丁南征北战；有的龟甲上说她是个诸侯，有自己的领地和供奉；也有的龟壳片上说她是商王武丁最宠爱的王后，武丁对她情深意笃，为她的怀孕和生子而焦虑。从这些发现上看，有人综合以后，说她是王后又有独立的领地，兼为一方诸侯。

可是后来发现的龟壳片上又出现了奇怪现象，有一些铭文中居然说她又嫁给了武丁前几代的君主，而且嫁了3个人！这令研究妇好的人们产生疑问：妇好到底是一个人，还是一类人的总称？为什么她在时间跨度长达300年间嫁给4个商王？于是原来肯定的墓主"商王武丁的王后"这个妇好，究竟是不是墓主，还是另有其他妇好？历史之谜解开一层，又显出一层。商代妇好墓主人究竟是谁？

曾国国君墓为何建在随国

随县地处湖北省中北部，居长江之北，汉水以东，是江汉平原与中原之间的丘陵带。厉山，传说中为炎帝神农的家乡，即位于随县，这里至今仍遗留下了许多神农氏活动的踪迹，如神农洞、炎帝神农碑等。殷商时，随县是王朝的南土，这在殷墟甲骨卜辞上有清楚的记载。在西周时代，随县成为周天子所封同姓诸侯的领地。

1977年，中国人民解放军某部为扩建营地，在距随州城西北约3千米处名为擂鼓墩的丘陵地带实施修建工程。施工人员因红砂岩坚

曾侯乙墓椁室（局部）战国
湖北省随州市擂鼓墩。

硬，阻碍施工，就用炸药把红砂岩炸得粉碎，然后用推土机推平，结果，发现了褐色的软土，再往下则推出了青灰色的石板。施工人员立即停止施工，迅速向上级做了汇报。

经多方支持，考古发掘工作于1978年5月上旬正式开始。首先是清理填土，接着是清理填土下的石板。石板向下是褐土与青灰泥相间的夯层，再往下是竹网、丝帛、篾席，木椁也随着发掘工作的深入展现在世人面前。在木椁四周与坑壁的空隙里，填有大量木炭。考古工作人员一铲铲地挖出木炭，共清理木炭31360千克，至此，墓室的椁板全部暴露出来。考古工作人员连续作战，至5月30日，淤泥清理工作基本完毕，发掘出的大批文物令世人为之一振。

曾国为楚国附庸国，公元前433年，楚惠王专门为曾国君主曾侯乙制造了礼乐器铜钟。

地下寝宫的墓坑方向正南，墓口东西长约21米，南北宽17米左右，总面积为220平方米。坑内置有木椁，高3米左右，分为北、中、东、西四室，且均为长方形。其中中室面积最大，长约9.75米，主要放置整架的宗庙编钟、编磬和其他多种乐器，并有大量的青铜礼器。编钟靠近西壁和中室南部，其他随葬品的摆放井然有序，这充分反映了墓主人饮酒作乐的生活场景。

东室长 9 米左右，为墓主的"寝宫"，放置着墓主的特大型双层套棺和 8 具陪葬棺，以及 11 具葬宠物的狗棺。墓中人骨经鉴定，墓主人为男性，45 岁左右；陪葬的均为女性，年龄在 13～25 岁之间，尤以 20 岁左右居多。这些应是曾侯乙生前的妻妾嫔妃。各室中面积最小的是北室，南北长为 4.25 米，主要放置大量的兵器、车马器、皮甲胄，有两件高 1.3 米、重 300 千克 的大铜缶用以盛酒，并有 240 多支竹简，简文记载的是用于葬仪的车马兵器，有自制的，也有赠送的。西室与中室并列，长 8.65 米，主要放置了 13 具均为女性的陪葬棺，除了极少一些玩具与服饰外，再无其他葬品。

6 月底，发掘工作基本完成，出土文物共有 7000 件之多，如此众多的文物，令人叹为观止。其中乐器 1.2 万件，包括编钟 64 件；礼器、宴器 140 件；兵器最多，共 4500 件，由此可一窥当时楚国强大的武力。如此众多的随葬品充分说明了墓主人曾侯乙的地位。

曾侯乙墓出土的青铜器器种数量之多、器型之大、铸造之精、纹饰之美、保存之完整，在历代出土的青铜器群中独占鳌头。这批青铜器的材料主要为铜、锡、铅合金体，铜占 80% 左右。出土的这些青铜器体积较大，重量较重，有 5 件超过了 100 千克，另有两件大尊缶是迄今发现的东周时期最大最重的酒器。令人吃惊的是，铸镶法首次发现于曾侯乙墓的青铜器上。在出土的这些青铜器中有一件造型精巧、结构复杂的尊盘。尊是一种盛酒器，盘则是一种盛水器，出土时，尊盘浑然一体，寓变化于整齐之中，达到了玲珑剔透的艺术效果。

曾侯乙墓出土的数量众多的青铜礼器和乐器在当时引起了轰动。这些编钟及其他古乐器的出土，是中外音乐史上的一大奇观。乐器或由青铜构件和木石构件混合组成，或由木竹制成，共 125 件（套）。其中的编钟，是目前中国出土乐器中规模最大、质量最佳、完整性最好、音律协奏性最高的顶尖精品。

曾侯乙墓共出土了 5012 件漆器，使用漆器的范围远远超过中原。曾侯乙墓出土的漆器彩绘和雕刻以鸟兽形纹、几何纹和龙形图案为主，大多是木制用品。这些用品包括衣箱、食盒、餐具、梳妆用品等，其中以 5 件衣箱和一件鸳鸯形盒的彩绘最为出色。春秋战国时期金银器极少，曾侯乙墓出土的那件金制酒器：方唇直口，浅腹平底矮足，双环耳，名"盏"，是迄今出土的先秦金器中最大最重的一件，约 2150 克。

考古人员从墓主人尸骨周围清理出 500 多件玉饰品。曾侯乙墓出土的玉缨是一件 16 节的龙凤玉挂。整件玉挂集透、平、阴雕等玉雕技艺于一身，共刻有大大小小的 37 条龙、7 只凤及 10 条蛇，皆栩栩如生，玲珑剔透，实为古代玉雕之精品。

曾侯乙墓的发掘，带给了人们一个个谜团，如战国时期的曾国在我国古代历史上只是一个名不见经传的小国，为什么这个小国的国君墓能具有如此规模呢？如在周代，礼器的使用权是泾渭分明的，其使用具有严格的限制，不同等级的人只能使用与自己身份和地位相符的礼器。曾侯的级别算是很低的，按当时规矩只能用"七鼎"，而曾侯乙墓出土的礼器却完全不管这些，规格极高，几乎达到天子的规格了。

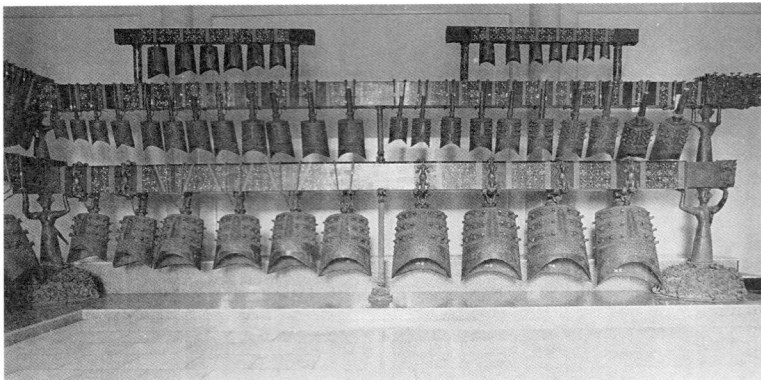

曾侯乙编钟 战国

湖北省随州市曾侯乙墓出土，春秋战国时期，统治者为显示等级差别，制作了青铜礼、乐器供权力阶层使用，并制定了相应的礼制，不同地位使用不同等级的器物。曾侯乙编钟的出土，证明了当时"礼崩乐坏"的现象已相当普遍。

除礼器外，曾侯乙墓出土的乐器也同样规格极高，这使不少学者怀疑墓主曾经是周天子执掌礼乐的"大乐"，只是目前为止还没发现充分证据可以支撑这种观点，更何况如果曾侯乙真是周的"大乐"，为何史书典籍中没有他的一点记载？不过，大多数学者不认同这种观点，他们认为这种现象不足为奇，因为众所周知，春秋战国时期正是"礼崩乐坏"的时代，周天子的地位已江河日下，越位现象的事情也屡见不鲜。

除了这个问题有争议以外，人们争论得最激烈的还是这个墓为何会在随县出现。因为，曾侯乙是曾国国君，而湖北随县在当时则属于随国，堂堂一国之君，怎么会在别国建自己的墓地呢？有学者认为，战国时代的随国其实就是曾国。确实，这种一国两名的现象在我国古代并不鲜见。如魏又称为梁、晋又称为唐、韩又称为郑等等。石泉先生的《古代曾国——随国地望初探》就详细论述了这一观点。他指出："随国和曾国都是姬姓国，都是西周分封于江汉的诸姬姓国之一。就两国的地望来看，也是一致的。从宋代出土的曾国青铜器，到曾侯乙墓，都分布在随枣走廊一带，而且都是从南阳盆地迁入随枣走廊的。"这个说法，也是有一定说服力的。

但是也有的学者不同意此种观点，他们认为，在西周时期，曾就已经与随并存了，这在文献中是有明确记载的，说随国就是曾国显然是不合理的。

究竟哪种说法接近事实呢？看来，只有躺在墓葬里的曾侯乙最清楚！

西施香魂归何处

绝代佳人西施，春秋时期越国人，是我国历史上著名的四大美女之一，据说有闭月羞花之容，沉鱼落雁之貌。然而她为历史所记载的不仅仅是她的美貌，更是她在吴越争霸中所充当的重要角色，以及她最后的归宿。

根据史料记载，西施与越国大夫范蠡在西施家门旁的若耶溪边相遇。西施仰慕范蠡言谈举止的不凡，范蠡也倾倒在西施绝美的姿色之中，两人一见钟情，相许终生。这段绝美的邂逅和爱情被后人写成小说和戏曲，尤其是明代戏曲家梁辰鱼笔下的《浣纱记》，可谓美丽绝伦。但是不久，战争开始了。吴王夫差为了给自己当初在吴越战争中被越国刺伤致死的父亲报仇，带兵攻打越国，而且大败越国，几乎使越国亡国。越国被迫成为吴国的臣属国，勾践和一些大臣到吴国做吴王的奴仆。勾践忍辱负重，过了三年奴隶般的耻辱生活，范蠡也跟随勾践夫妇为夫差服役三年才得归国。勾践回到越国后，励精图治，休养生息，时刻为报仇做好准备。但是报仇不仅仅需要自己的强大，还需要对方的削弱。为了达到这个目的，勾践采取了范蠡的"美人计"。范蠡设计献出了自己心爱的西施给吴王，来祸乱吴国的政治。

西施来到吴国后，因其绝世的美丽很快使夫差沉湎于女色之中，渐渐放松了对越国的警惕。从此以后，他听信小人的奸佞之言，对伍子胥等贤良忠臣则百般厌恶乃至将他们赐死。伍子胥死后，吴王身边更加缺少了忠臣的劝谏，国力日下。同时，他又大兴土木，耗费国力民力，又发动了很多进攻中原的战争。可以说，吴国这些自取灭亡的种种行为，都是越国献西施这个美人计所预期的结果。彼竭我盈，越国不成功就是不正常了。果然，越国终于灭掉了吴国，夫差自杀谢先祖为天下所笑。这个时候，西施到哪里去了呢？

广泛流传在百姓中间的是一种较为圆满的结局，说越国灭掉吴国后，范蠡深知勾践这个人只能共患难却不能同甘甜，因此，尽管他忍辱负重三年返越，又为政治、为君主牺牲了自己最爱的女子，可以说是越国最后胜利的最大功臣，但是他选择了功成身退。于是吴国灭亡后，他接走了西施，与之泛舟江上，隐居江湖。一段时间以后，他们定居在陶地，改名为陶朱公，从此经商致富，并凭借自己的聪明才智成为大富人，地位不下公卿，司马迁在《史记·货殖列传》以及《越世家》中都盛赞了范蠡的智慧。这样西施也就从昔日的屈辱生活中走了出来，与范蠡度过了富足安宁的一生。这个结局反映了人们对这个美丽无辜的女子的同情，人们不忍心在她付出了自己的青春后遭遇更大的不幸。明代梁辰鱼的《浣纱记》就是用的这个皆大欢喜的结局。

而与此相反的结局则是残忍的，带有对统治阶级忘恩负义的丑恶嘴脸的谴责和抨击。这种说法认为西施在战争之后被沉江淹死。《墨子·亲士》篇中曾经提到说西施被沉于江水中，因为西施实在是太美丽了。墨子的记载虽然在时间上接近事情发生的时间因而具有可信性，可惜记载的实在太简单。后来，又有史料说，吴国灭亡之后，越王将西施装入了皮袋中沉江致死。唐诗和宋词中也有"肠断吴王宫外水，浊泥犹得葬西施"以及"蛾眉婉转，竟绞

西施浣纱图 清 任颐

绡，香骨委沉泥"等说法，都反映了西施的悲惨结局，不知道所参阅和印证的是何古籍。这种说法尽管残酷，但是也有可能性。范蠡早就说过勾践"长颈鸟喙，可与共患难，不可与共乐"；勾践灭掉吴国后杀死当初帮助他振作奋起、治理国家立下卓越功勋的文种不就是证明吗？西施一个出身微贱的女流，被派去吴国施行美人计，这原本就是隐情，如果被"国际社会"知道勾践是靠一个女子这样一种不光明正大的手段来取得吴越战争的胜利，一定会轻视勾践。勾践怎么能让"国际社会"这样看他？他惧怕西施回国后会泄露这段隐情，所以就杀掉西施灭口。大概只有这样，才能将"美人计"这一段隐瞒，才能显示他这个霸主的丰功伟绩吧。否则，被人说成是靠一女流争天下，岂不为后世笑？对西施这种归宿的推测，反映了百姓对统治者的卑劣的痛恨，是有一定的历史依据的。

还有第三种说法是西施最后自杀身亡。西施原本是一个善良淳厚的浣纱女，并已经深深地爱上了范蠡。然而为了越国的政治大局，她不得不告别爱人来到吴国，与另外一个男子在一起。这原本已经是一种屈辱。这样一个已经心有所属且善良淳厚的女子，到吴国来做"间谍"，更加难为她。而吴王夫差又非常宠爱她，对她言听计从，让善良的她更加的内疚。吴国被灭、夫差自杀更加重了她的负罪感。她回国后，面对为越人敬仰、身洁志廉的爱人范蠡，她不是会污了范蠡的名声吗？西施的心中该是怎样的凄楚！何况越国以美人计灭他国，原不是光明正大，西施何尝不知道越王必定不可能给她好的归宿，国人一定也不能对她认可。所谓"物是人非事事休"！在这样的重重矛盾中，西施只能选择自杀，用自己的死来成全范蠡的名声，用自己的死来成全国家的名声，也用自己的死来给自己的忠义做一个了断。

毫无疑问，认为西施和范蠡最后泛舟江上浪迹天涯的说法更多的是出自人们对于西施和范蠡这两个人物的喜爱，而后两种想法中西施无疑都是政治斗争的牺牲品。善良的美人西施，为了国家，被迫牺牲自己的幸福和名节，而国家成功了，君主扬名后，她所留给后世的就仅仅是一缕香魂的飘散，留给后世的是其归宿的无限的谜，更有后世对其凄美一生的惋惜和哀叹。

秦始皇陵墓之谜

家喻户晓的秦始皇，因完成统一大业而名垂千古，又因实施暴政而遭千古骂名。秦王朝只存在了15年，他的万世皇帝梦也就破灭了。可皇帝制度、皇帝意识影响了中国几千年。不仅始皇帝的身世、生平、功过引人注目，连坐落在骊山脚下的始皇陵也因众多未解谜团而备受关注。

坐落在骊山脚下的那座小山包就是秦始皇的坟墓，山包下便是那幽深而神秘的地宫。封土北侧有寝殿礼仪建筑群、饲宫建筑群，封土外有两道长10千米的内外城垣，封土周围及东、西、南、北侧分布着数百座地下陪葬坑，秦始皇陵园封土、地宫、内外城垣形制及其礼仪建筑和布局都不同于先秦任何一座国君陵园。这座帝陵陵寝规模恢宏，设计奇特。陵园工程之大、用工人数之多、持续时间之久都是前所未有的。第一位记录秦始皇陵的是史学大师司马迁。他在《史记·秦始皇本纪》中留下 160 个字的记录。陵园工程的修建伴随着秦始皇一生的政治生涯。当他 13 岁刚刚登上秦王宝座时，陵园工程也随之开始了。工程的修建直至秦始皇临死时还未竣工。二世皇帝继位，接着又修建了一年多才基本完工。纵观陵园工程，前后可分为三个施工阶段。自秦王即位开始到统一全国的 26 年为陵园工程的初期阶段。这一阶段先后展开了陵园工程的设计和主体工程的施工，初步奠定了陵园的规模和基本格局。从统一全国到秦始皇三十五年，这 9 年当为陵园工程的大规模修建时期。《史记》记载："及并天下，天下徒送诣七十余万。"经 70 万人 9 年多大规模的修建，基本完成了陵园主体工程。自秦始皇三十五年到秦二世二年冬，历时 3 年多，是工程的最后阶段。这一阶段主要从事陵园的收尾工程与覆土工作。尽管陵墓工程历时三十七八年之久，整个工程最后仍然没有竣工。公元前 209 年即爆发了一次波澜壮阔的农民大起义，至此尚未完全竣工的陵园工程不得不中止。

20 世纪 60 年代之前所有关于秦始皇陵的推测只能停留在文献记载与传闻的基础上。1974 年 3 月 29 日，当下河大队西杨村生产队的几位农民一镢头惊醒了沉睡的兵马俑之时，立刻震惊了世界。这一惊人的发现，也撩起了秦陵神秘面纱的一角。当年无论是打井的农民还是参与勘探试掘的考古人员，谁也想不到兵马俑坑会有那么大的规模。当一号俑坑全面勘探试掘不久，又在一号坑北侧 20 米处发现二号兵马俑坑、三号兵马俑坑和一座甲字形大墓。单就兵马俑陪葬坑而言，它占地达 20000 多平方米，有与真人真马相仿的陶俑马 8000 余件，青铜兵器数十万件。如此规模宏大的陪葬坑不仅在中国，甚至在世界陵寝史上也是前所未有的。此后 20 余年来秦始皇陵园考古发现接连不断，陵园东侧发现了百余座马厩陪葬坑，17 座陪葬墓。陵园西侧发现了 31 座珍禽异兽陪葬坑，一座曲尺形马厩陪葬坑和 61 座小型墓坑。10 乘大型彩绘铜车马、木车马则位于地宫之西，原封土之下。近年来又在始皇陵北发现了一座较大的动物陪葬坑，在东内外城垣之间发现了铠甲坑、百戏俑坑……陵园地上地下精心设计、安置的这一切不正是一个理想的地下王国吗？始皇陵是一座充满了神奇色彩的"地下王国"。那幽深的地宫更是谜团重重，地宫形制及内部结构至今尚不完全清楚。

谜团一：幽幽地宫深几许？据最新考古勘探资料表明：秦陵地宫东西实际长 260 米，南北实际长 160 米，总面积 41600 平方米。秦陵地宫是秦汉时期规模最大的地宫，其规模相当于 5 个国际足球场。通过考古钻探进一步证实，幽深而宏大的地宫为竖穴式。司马迁说"穿三泉"，《汉旧仪》则言"已深已极"。说明深度已挖至不能再挖的地步。至深至极的地宫究竟有多深呢？神秘的地宫曾引起了华裔物理学家丁肇中先生的兴趣。他利用现代高科技与陈明等三位科学家研究撰文，推测秦陵地宫深度为 500 ～ 1500 米。现在看来这一推测近乎天方夜谭。假定地宫挖至 1000 米，它超过了陵墓位置与北侧渭河之间的落差。那样不仅地宫之水难以排出，甚至会造成渭河之水倒灌秦陵地宫的危险。尽管这一推断悬殊太大，但却首开了利用现代科技手段探索秦始皇陵奥秘的先河。国内文物考古、地质学界专家学者对秦陵地宫深

秦始皇陵

度也作了多方面的研究探索。根据最新钻探资料，秦陵地宫并没有人们想象的那么深。实际深度应与芷阳一号秦公陵园墓室深度接近。这样推算下来，地宫坑口至底部实际深度约为 26 米，至秦代地表最深约为 37 米。这是依据目前勘探结果推算的，这个数据应当说不会有大的失误。但是否如此尚有赖于考古勘探的进一步验证。

谜团二：地宫设有几道门？《史记》清楚地记载："大事毕，已藏，闭中羡，下外羡门，尽闭工匠藏，无复出者。"棺椁及随葬品全部安置在中门以内。工匠正在中门以内忙活，突然间"闭中羡门，下外羡门"，工匠"无复出者"，也成了陪葬品。这里所涉及既有中羡门，又有外羡门，其中内羡门不言自明。地宫三道门似乎无可辩驳。值得注意的是司马迁中羡门用了个"闭"字，外羡门则有了个"下"字，说明中羡门是可以开合的活动门，外羡门则是由上向下放置的。中羡门可能是横向镶嵌在两壁的夹槽中，是一道无法开启的大石门；内羡门可能与中羡门相似。三道羡门很可能在一条直线上。

谜团三："上具天文"作何解释？秦陵地宫"上具天文，下具地理"的记载出自《史记》，其含义是什么呢？著名考古学家夏鼐先生曾推断："'上具天文，下具地理'应当是在墓室顶绘画或线刻日、月、星象图，可能仍保存在今日临潼始皇陵中。"近年来，西安交大汉墓发现了类似于"天文""地理"的壁画。上部是象征天空的日、月、星象，下部则是代表山川的壁画。由此推断，秦陵地宫上部可能绘有更为完整的二十八星宿图，下部则是以水银代表的山川地理。在这座有着象征天、地的"地下王国"里，秦始皇的灵魂照样可以"仰观天文，俯察地理"，统治着这里的一切。

谜团四：地宫埋"水银"之谜。始皇陵以水银为江河大海的记载见于《史记》，《汉书》中也有类似的文字。然而，陵墓中究竟有没有水银却始终是一个谜。现代科技的发展为验证秦陵地宫埋水银这一千古悬案提供了必要的前提条件。地质学专家常勇、李同先生先后两次来始皇陵采样。经过反复测试，发现始皇陵封土土壤样品中果然出现"汞异常"。相反其他地方的土壤样品几乎没有汞含量。科学家由此得出初步结论：《史记》中关于始皇陵中埋藏大量汞的记载是可靠的。现代科技终于解开了地宫埋"水银"的千古谜案。至于地宫为何要埋入大量水银，北魏学者郦道元的解释是"以水银为江河大海，在于以水银为四渎、百川、五岳九州，具地理之势。"原来是以水银象征山川地理，与"上具天文"相对应。

谜团五：地宫珍宝知多少？"奇器珍怪徙藏满之"一语出自司马迁笔下。早于司马迁的大学者刘向也曾发出过这样的深切感叹："自古至今，葬未有如始皇者也。"那么，这座神奇的地宫珍藏了哪些迷人的珍宝呢？《史记》明文记载的有"金雁""珠玉""翡翠"等。其他还有什么稀世之宝谁也不清楚。不过20世纪80年代末考古工作者在地宫西侧发掘出土了一组大型彩绘铜车马。车马造型之精致，装饰之精美举世罕见。之前，考古工作者还发掘出土了一组木车马，除车马、御官俑为木质外，其余车马饰件均为金、银、铜铸造而成。地宫外侧居然珍藏了如此之精美的随葬品，那么，地宫内随葬品之丰富、藏品之精致是可想而知的。

谜团六：地宫有没有空间？目前考古勘探表明，秦陵地宫为竖穴式，墓内可能有"黄肠题凑"的大型木椁。如果是竖穴木椁墓，那么墓道及木椁上部都会以夯土密封。这样一来，墓室内外严严实实，不会再有空间。然而，陵墓主持者之一李斯则说："凿之不入，烧之不燃，叩之空空，如下无状。"李斯这段话如果记载无误，那地宫就明显有个外壳。李斯曾以左丞相身份亲自主持过陵墓工程，对地宫的构造了如指掌。加之这段话是当面向圣上汇报的，应该说不会有掺假嫌疑。如果按李斯所言，可以推断秦陵当是一座密封的、真空的大地堡式地宫。不然，怎么会"叩之空空"？又怎么会"烧之不燃"？按文献记载推理地宫是空的，且有较大的空间，但由于考古勘探尚未深入到地宫的主要部位，所以地宫内部究竟是虚是实目前还是个谜。

谜团七：内部是否有自动发射器。秦始皇在防止盗墓方面也苦费心机。《史记》记载：秦陵地宫"令匠作机弩矢，有所穿进者辄射之"。指的是这里安装着一套自动发射的暗弩。如果记载属实的话这乃是中国古代最早的自动防盗器。秦代曾制造过连发三箭的弓弩，但是安放在地宫的暗弩当是一套自动发射的弓弩。当外界物体碰到弓便会自动发射。2200多年前的秦代何以能制造出如此高超的自动发射器也是一大谜。

谜团八：秦始皇遗体是否完好。20世纪70年代中期长沙马王堆汉墓"女尸"的发现震惊中外。其尸骨保存之完好举世罕见。由此，有人推测秦始皇的遗体也会完好地保存下来。虽然客观上具备保护遗体的条件，但秦始皇遗体是否完好地保存下来呢？如果单从遗体保护技术而言，相距秦代不足百年的西汉女尸能很好地保护下来，秦代也应具备保护遗体的防腐技术。问题是秦始皇死在出巡途中，而且更糟的是正值酷暑时节，尸体未运多远，便发出了熏人的腥味，为了防止腥味扩散，走漏风声，赵高、胡亥立即派人从河中捞了一筐筐鲍鱼，将鲍鱼与"尸体"放在一起以乱其臭。这样，经过50余天的长途颠簸，九月，尸骨才运回咸阳发丧。

秦始皇由死到下葬间隔近两个月，根据当代遗体保护经验，一般遗体保护须在死者死后即刻着手处理。如若稍有延误，尸体本身已开始变化，恐怕再先进的技术也无能为力。秦始皇遗体途中就开始腐败，尸体运回咸阳等不到处理恐怕早已面目全非了。据此推测秦始皇遗体保存完好的可能性很小。

以上谜团只是秦陵地宫众多谜团之冰山一角，随着我国考古研究工作的深入和高科技探测技术的实际运用，秦陵地宫终有一天将再次震惊全世界。

汉景帝陵墓为何如此奢华

大凡对历史教科书还有印象的人都应该记得西汉初年有一个"文景之治"。所谓的"文景之治"也就是指在汉文帝和汉景帝统治的 40 年中，汉王朝社会稳定，经济发展，百姓安居乐业。可以说，汉景帝在我们心目中是一位开明的贤君形象。

可是，随着阳陵，即汉景帝陵墓的初步发掘，这个观点却受到越来越多人的质疑。考古队不仅在阳陵中发掘出大批奢侈的随葬品，更令人震惊的是在其陵墓南边发掘出数里长的殉葬坑！坑中尸骨不计其数，以千百计，很多骨骸的手脚上还戴着镣铐。如此众多的殉葬者是怎么回事呢？难道汉景帝竟然是一个嗜杀成性的人吗？

有人认为，这也许是当时的一种丧葬仪式，不值得大惊小怪。或者说是奴隶制时代人殉的残余。毕竟，西汉离人类野蛮时代并不遥远，我们不能用现在的标准来要求古人。

有人认为，这些人也许是建墓工人。朝廷怕他们泄露了机密，于是在陵墓竣工后就干脆把他们全部坑杀了。这种说法听起来也不是没有道理，历史上坑杀建墓工人的事并不鲜见，如秦陵的修筑就是一个例子。再加上很多人骨的手足上还戴着镣铐，说是做工的奴隶也并不矛盾。

阳陵陪葬坑发掘现场
陕西省咸阳市渭城区正阳乡张家湾村北。

有人认为，这些是战俘的尸骨。因为在景帝统治期间，曾发生过著名的"七国之乱"，也许是平定这场叛乱后，汉景帝为防止这些人东山再起，就把这些战俘全部坑杀。地点刚好距离自己的陵墓不远，这也许是巧合，但也许是顺便就做了殉葬者，也能趁机显示自己的威仪。

也有人认为这些死难者既不是建墓工人，也不是战俘，而确实就是汉景帝显示自己尊贵地位的牺牲品，是纯粹意义上的人殉。他们还从史料上考证了汉景帝在历史上的口碑其实是徒有虚名的。

据《史记》《汉书》记载，有一次，汉景帝与吴王刘濞的儿子，也就是他的堂兄弟在未央宫下棋。下着下着，两个人争执起来，当时身为太子的汉景帝跳起来，一把抓起铜棋盘子就往堂兄弟头上砸，堂兄弟顿时脑袋开花，一命呜呼。从这件事上可以看出汉景帝应该是一个性格暴戾、做事不计后果的人。

平定"七国之乱"，维护和巩固了国家统

一，是汉景帝在历史上留下的光辉一笔。可是，有人认为，汉景帝在这件事上其实没什么功劳，相反，还犯有严重过失。景帝即位后，听从晁错建议，采取削藩措施加强中央集权。当时势力甚强的藩王之一刘濞本来就有野心，又因为莫名其妙痛失爱子而早就记恨在心，以至于"多年不朝"，现在机会终于来了。吴王刘濞借口晁错离间刘家皇亲骨肉，联合其他王国打出"诛晁错，清君侧"的旗号起来造反。汉景帝惊惶失措，怪晁错惹来大祸，竟然把晁错给杀了。哪想刘濞一伙本来就不是为了"清君侧"，而是冲着皇位来的，杀了晁错照打不误。幸亏景帝身边还有一个周亚夫可以独当一面，力挽狂澜，把"七国之乱"给镇压了下去。这样一位大功臣，不久竟然也被汉景帝治罪，在狱中饥饿而死。由此可见，汉景帝是一位既昏庸又无能的皇帝。司马迁在《史记·景帝纪》中对景帝的评价也没有什么像样的言辞。"七国之乱"这么大的一个历史事件就不见于《史记·景帝纪》却散见于周亚夫、刘濞等人的传记中。莫不是连司马迁也认为汉景帝在平定"七国之乱"这件事上的作用是微乎其微的？

一些历史学者说"汉景帝只是沾他父亲和儿子的光，作为'文景之治'，他不够格"。事实难道真的是这样的吗？

马王堆汉墓之谜

1971年，全国各地的"深挖洞、广积粮"的群众运动如火如荼地展开了。马王堆旁一家部队医院将目光盯向了湖南省长沙市五里碑附近的两个大土冢，因为长沙临近湘江，地下水位高，土冢高几十米，自然成为修建地下医院的绝佳选择。在打孔探测过程中，马王堆汉墓被偶然地被发现了。

发掘工作开始于1972年初，东边的土冢被考古人员编为1号墓。封土被挖开后，露出了斜坡墓道和四级台阶的长方形墓穴。墓穴的白膏泥被清除后，发掘出了大量木炭，约有5000多千克。木炭清除后，一座巨大的椁室完整地展现于世人面前，椁室上覆盖了26张黄色的竹席。整个椁室由厚重的松木板构筑而成，长6.73米，宽4.9米，高2.8米。4块隔板以"井"字形把椁室分为四个部分，第三层棺内外绘制的图案最为精美，并以朱漆辅之，象征祥瑞的龙、虎、朱雀和仙人的图案反映了汉人崇神及"事死如事生"的葬俗观念。第四层为殓尸的锦饰内棺，内为朱漆外为黑漆，两道质地精良的帛束横缠盖棺，棺四壁粘贴了一层菱花形的毛锦，锦的边缘加饰了一条绒绣锦。

千年女尸在封闭较好的1号墓内，她的身上穿了18层衣物，并覆以两层衾被掩盖住。由此可推断，在中国古代，对于处在贵族阶层的孝子贤孙来说，死去的先辈的墓葬是一定要认真对待的，所以形成了厚葬的风气，恨不得将死者生前衣食住行所用物品全放进墓穴里，以供死者进入阴间享用。1号墓在规模和随葬品方面，均优于2号、3号墓，并且是女性，在当时"男尊女卑"的思想控制下，显然她应是家族中极有权威的长者，故考古学家判断，她的入葬应晚于前二者的入葬。

根据墓中随葬的一些印章、封泥、器皿上的铭文，并结合有关文献的记载，墓主的身份也就清楚了。2 号墓的墓主是轪侯利苍，1 号墓的墓主名为辛追，是利苍之妻，而 3 号墓的墓主是他们的一个儿子。

公元前 202 年，刘邦建立西汉。为稳固天下，刘邦分封了 7 个异姓王，各辖一方，听命朝廷。其中吴芮被分封在长沙，乃是长沙王。至刘邦末年，这些诸侯固守一方，严重危及中央统治，于是刘邦除掉了这些异姓王，代之以自己的亲戚。这样就加强了中央对地方的控制。但是长沙王吴芮却因长沙的特殊战略地位而保住了自己的位置，因为在长沙国南边有一个具有较强军事实力的南越国，西汉也为之忌惮。因此，长沙国成为西汉的战略要地。但刘邦并不放心，他既要笼络长沙国，保住这个战略要地，又要防止长沙国的叛乱，就把利苍派到了长沙国以监督、管束长沙王吴芮，使其不敢轻举妄动。又因长沙的重要地位，利苍不仅被封相且封侯。利苍的封地因在轪县（今河南信阳地区），故称轪侯。利苍死后，他的一个儿子利豨继任爵位。3 号墓墓主却是利苍的另外一个儿子，即利豨的兄弟，他是一位带兵守戍的将军。墓穴里出土的十几万字的帛书证明了他非常好学，却极为短寿，大概活了 30 多岁，死因不明。最后一代轪侯名为利扶（有些史书上记为利秩，实为同一人），因其触犯汉朝法律，丢了列侯的爵位。轪侯在历史上就这样无声无息地消失了。

马王堆汉墓随葬品极其丰富，体现了鲜明的时代特点。马王堆汉墓出土的文物不仅数量巨大，而且保存基本完好，鲜艳美丽的丝织品和漆器，极具学术价值的帛书和帛画，都让世人吃惊。

中国自古即有"缫丝之国"的美誉，汉代的锦绮则以美丽的花纹、柔软的质地、闪耀的光泽、华贵的气息而闻名于世，不但令北部草原上的游牧民族着迷，也使当时世界上的许多文明古国，如波斯、罗马、印度的商人慕名而来争相采购，而且那些国家的贵族们以穿戴中国产的丝织衣物为骄傲，它象征着身份、财富与地位。

所出土的丝织品中最精美神奇的要数墓主辛追夫人身上穿着的两件薄素纱蝉衣。衣长 128 厘米，两袖伸直长 190 厘米，而重量却轻得出奇，分别为 48 克和 49 克，不足一两。这种纱质地又轻又薄，透明度也甚高，故古人称其为"动雾霭以徐步兮"。薄如蝉翼、轻若烟雾的纱衣穿在身上，看上去会产生一种朦胧感，使人显得美艳绝伦。这两件素纱禅衣之精美，完全可以和现代精工织造技术媲美。

马王堆汉墓出土的各种各样的食物很准确地反映了汉代发达的农业状况。食物本来是极难保存上千年的，但由于 1 号墓密封甚好，所以发掘出多种残存的食物，在椁室里到处都有食物，有的放在陶器、漆器里，有的放在竹筒和麻布袋里，其中有些是已烹饪好的菜肴。多种粮食，如稻、粟、豆、麦、黍等放在麻袋里。稻谷出土时就像新鲜的一样金黄、完整，但由于长时间的存放，内含物质大多分解消失，出土后，即脱水逐渐干枯。最多的是菜肴瓜果，如甜瓜、枣、梨、杨梅、藕、桃等。另外还有一些畜鱼类，如猪、牛、鸭、斑鸠、鸳鸯等，它们多被烹调成熟食盛放于精美的陶皿或漆器里。让人觉得有趣的是，陶器里竟盛放着各种调味品及酒类，可见墓主人生前的生活饮食是极其丰富及奢华的。桃、藕等物刚出土时，还色泽鲜艳，不过很快就化成了一摊水。

马王堆汉墓出土了大量漆器，1号墓有184件，3号墓有316件，这是全国各地发现的漆器中数量最多、保存最好的一批。其中1号墓的一件双层九子奁，在黑漆的器表上还贴饰了金箔，金箔上再用油彩绘出变形云纹，更加绚丽多彩。3号墓的一件粉彩云纹漆奁，其彩绘则用具有油画效果的堆漆法画成，先用白漆勾出凸起的边框，再用红、黄、绿漆填绘云纹。与这种强烈立体感相反的装饰手法称为锥画，不用笔，而是用细尖锥或针在将干未干的漆膜上刻画出各种细如发丝而又栩栩如生的图案来，给人一种阴柔的朦胧美，需借助亮光仔细观察，才能欣赏到图案纹饰的精巧和纤丽。

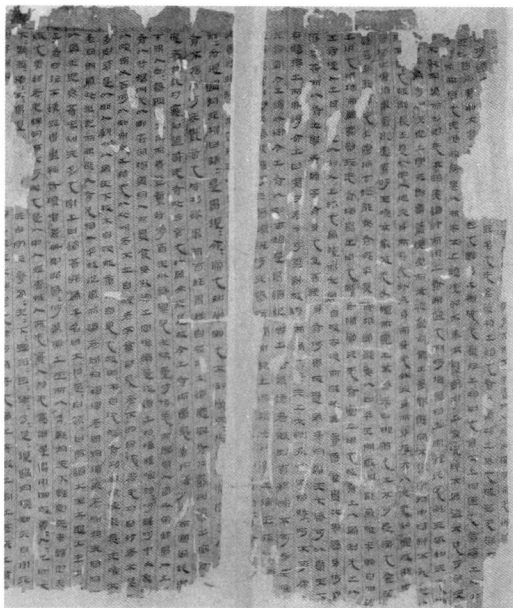

帛书《老子》乙本　西汉
纵48厘米，湖南长沙市马王堆3号墓出土。

许多漆器上烙有作坊地名；有些则写有"轪侯家"或"九升"等字样，表明物主及容量。最有趣的是许多耳杯和盒、卮、小盘上写有"君幸酒"或"君幸食"，令人遥想起当年"劝君更尽一杯酒"的宴饮情景。

墓中挖掘出的木俑是供墓主带到阴间遣役使用的，他们全都称职地守候在墓主的身边，随时听候派遣。木俑有平雕和圆雕两种，脸面均彩绘，有些着丝绸衣裳，有些则直接彩绘出衣裳。

除歌舞俑之外，还有乐俑和25弦瑟、7弦瑟、6孔箫、22管竽等乐器，这些乐器都是首次发现的西汉实物。其中1号墓出土的25弦瑟是目前发现的唯一一件完整的西汉初期的瑟。3号墓出土的一件竽在竽管中发现了竹子做成的簧片，簧片上有控制音调的银白色点簧，这是世界管乐器中最早使用簧片的实物证明。竽是中国古代的一种重要乐器，"滥竽充数"的故事想来大家都听说过。1号墓出土的12支一套的竽律证明竽在当时不仅是主要的乐器，而且还可作为其他乐器的定音标准。

汉代画在缣帛上的绘画作品颇多，但大多失传。马王堆1号、3号墓出土帛画共10余幅，占全国帛画出土量的近一半。

马王堆帛画最有代表性的应是在1号墓和3号墓出土的两幅帛画。画面呈"T"字形，顶部裹有竹竿并系有丝带，可以悬挂，是死者出殡时张举的旌幡。旌幡是古代丧葬仪式中的一种物品，使人高举，随丧葬队伍行进，大概起到识别死者、招魂、导引灵魂升天的作用。1号墓中的旌幡保存比较完整，3号墓中的则有些残破不清。

1号墓旌幡表现的是一幅死后升天图，自下而上分成三个部分，分别表示地府、人间、天上的情景。最下面有两只红鳞青色的巨鱼相交，鱼尾各立一长角怪兽，有人说此怪是打鬼的"方相氏"。鱼背上立有一裸体力士，双手擎着表示大地的平板，其左右有双蛇环绕，再外边各有一大龟，龟背上站有猫头鹰。大地之上是人间部分。中间画有两条巨龙左右穿绕于圆璧。璧下左右流苏之上，有两个羽人，悬着一个巨磬，巨磬的下面，有鼎壶以及成列的人物。圆璧之上，两只凶悍的豹子支撑着一个白色平台，一位衣饰华贵的老妇人拄着拐杖，身后有 3 个婢女，前面则是两个拱手跪迎状的男子，一穿红袍，一穿青袍。画中老妇是 1 号墓主——轪侯夫人，画中的两个男子应是天国使者，前来导引墓主人升天。而在帛画最上面，天门已开，天门左右各有一个守门者，作等待、亲密对语形态。天门之上是天界，正中上方是一个人头蛇身的形象，有人说是女娲，有人说是伏羲，无论是谁，都应是天界的主宰。天界之中，凡人的一切想象都表现了出来。墓中女主人骑龙舞于空中。

3 号墓旌幡构图与前者基本相同，由于墓主身份不同，人间部分画的是一个佩剑的男子，前后有 9 个侍从，显示出地位高于 1 号墓主。

这两幅帛画特色鲜明，充满了绚丽的神话色彩。画中图案，极具生命力和人间气息。这两幅帛画在构图上，众多的人物、禽兽、器物处理得有条不紊，左右对称，通过昂扬龙首的蛟龙、迎候的司阍，将地下、天界联系在一起，渲染出了升天的气氛。墓主的形象位于画的中央，显示出了主人的高贵身份，使画的中心更为突出。画的线条流畅挺拔，设色庄重典雅，展示了西汉绘画的卓越水平。

马王堆 3 号墓随葬帛书、简牍是继汉代发现孔府壁中书、晋代发现汲冢竹书、清末发现敦煌图卷之后，中国历史上的第 4 次古文献大发现，可分成六艺、诸子、数术、方术、兵书 5 类。

1. 六艺类。指儒家经典及一些辅助读物。《春秋事语》约 2000 字，记载着春秋时的史实。《战国纵横家书》约 1 万余字，部分内容见于《战国策》、《史记》，文句也大体一致。还有部分内容记载了苏秦的游说活动，属于现已不见于任何典籍的佚文。

2. 数术类。此类书主要是自然科学的著作。马王堆出土的帛书，包括当时的阴阳五行学说、驱鬼辟邪信仰、天文气象书籍，其中的《五星占》是现存最早的一部天文书，在天文史研究上特别重要。

3. 兵书类。内容属于兵阴阳家。发现了两幅地图，一幅是《长沙国南部地形图》，另一幅是《驻军图》。画得相当精确，一些水道的曲折流向，与今天的地图大体接近，并附有图例。而《驻军图》是中国乃至世界发现的最古老的彩色地图，反映出古代中国劳动人民的高超智慧。

4. 诸子类。包括《老子》和《黄老帛书》。《老子》分《道经》和《德经》两篇，马王堆出土的《老子》，《德经》在前，《道经》在后，与现在通行本顺序截然相反，是目前所见《老子》的最古的抄本。

5. 方术类。汉代将医经、经方、房中术、神仙术等 4 种称为方术。所出土内容最丰富的是《五十二病方》，全书有 52 题，记载着治疗各类疾病的医方，包括内、外、妇、儿、五官诸科，其中外科病方占 70% 以上，可以视为汉代的一部优秀外科著作。《导引图》是一幅绘有各种运动姿态并注有解说文字的图，还附有论述气功健身方法的文字。"导引"是把呼吸运动和躯体运动相结合的体育医疗方法，这是我国考古发现中最早的健身图谱。

满城汉墓的主人是谁

满城汉墓从一开始就让人觉得与众不同。为什么这样说呢？因为据考古工作者介绍，西汉流行的是竖穴土坑墓，而满城汉墓则显然是一座崖墓。所谓崖墓是指依山开凿的横穴墓。那么，墓主为何要如此别出心裁呢？这位墓主人又是何许人也？

满城汉墓位于河北省保定市满城县西南的一座陵山上。之所以称之为"陵山"，是因为当地相传这座山丘是一位古代帝王的陵墓。只是不知道这里埋的是哪一位帝王而已。

那么，满城汉墓的主人究竟是谁呢？满城汉墓其实有两座墓，一号墓全长51.7米，最宽的地方为37.5米，最高的地方为6.8米，容积近2700立方米；二号墓全长49.7米，最宽的地方为65米，最高的地方为7.9米，容积约为3000立方米。打开一号墓，惊现一件传说中的"金缕玉衣"，此外当然还有不计其数的稀世珍宝。但令考古工作者摸不着头脑的是里面竟然没有发现人的尸骨！据说，当时的负责人郭沫若马上推测道：可能是一号墓原本就是一座埋殉葬品的仓库，所以没有埋入尸体。如果此种假设成立的话，那么周围肯定还有一座或几座大墓，墓主人也许就埋在里面。墓主人所在的墓葬在哪里呢？郭沫若认为，可能就在发现金缕玉衣的地方还藏有另一层墓穴，但也可能在一号墓的周围一带。后来，他经过认真思考，认定在一号墓北面的一座山坡上还有一座墓！就这样，满城汉墓的二号墓重见天日！

令考古队员大为震惊的是，二号墓竟然又发现了一件价值连城的"金缕玉衣"！不过，这件金缕玉衣与一号墓中的金缕玉衣有明显的不同，瘦小得多，似乎为女性所有。考古工作者还在二号墓中发现了两件刻字的铜器，上边有"长信尚浴……今内者卧"的字样，同时考古学家还发现了刻有"窦绾"和"窦君须"的铜印以及写着"中山祠祀"的封泥。

很显然，二号墓的墓主并不是我们要找的人，而是另有其人，而且还是一位女

金缕玉衣 西汉

河北满城县中山靖王刘胜夫妇墓出土。这件金缕玉衣由2160片玉片制成，所用金丝约1200克。上衣前片除下缘外，所用玉片都比较厚大。其制作方法是先将玉片作对称横行的排列，然后贴在麻布衣片上，再用宽约6厘米的丝带，顺着对角线作交叉形粘贴在玉片上，同时每个玉片周围也用织物粘贴，编结成牢固、美观的完整衣片，衣片周缘也用织物包边。

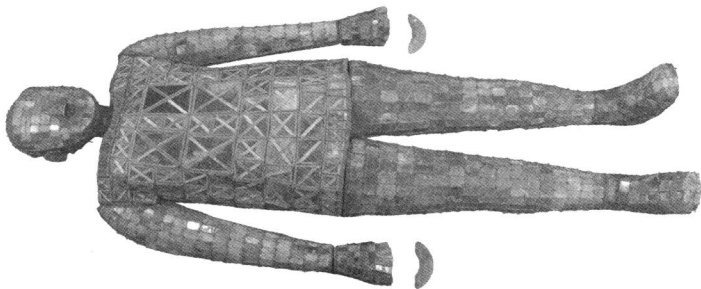

性。根据所掌握的资料来看，这位女性是中山王的妻子，名字可能就叫"窦绾"，字"君须"。

　　绕了一大圈子，问题还是没有得到解决，满城汉墓的主人究竟是谁？考古工作者不得不重新思考这个问题。在一号墓中出土了不少铜器和漆器，上面不时刻着"中山府"、"中山宦者"、"御"等字样；出土的封泥作"中山御丞"；墓中还出土了大量西汉时期的五铢钱；墓主还有玉衣，这在汉代是只有皇帝、诸侯王和高级贵族才配穿的殓服，而满城汉墓在汉代为北平县地，属于中山国。综合上述这些情况，一号墓主很有可能为西汉中山王的陵墓。

　　只是，在历史上西汉中山王共有10位。到底是哪一位呢？一号墓中的出土文物给我们提供了重要线索。细心的考古专家发现，在一号墓中出土的铜器和漆器中，刻有许多纪年。有"卅二年""卅四年""卅六年""卅七年十月""卅九年""卅九年九月"，等等，都是在30年以上。由此考古学家们断定，这必是中山国第一代王靖王刘胜无疑！因为据史料记载，中山国10个王中，只有靖王刘胜在位42年，其余的都没有超过30年。

　　满城汉墓的主人身份水落石出了，只是，靖王刘胜的尸骨究竟到哪去了呢？后来清理修整金缕玉衣时，专家们发现里面竟然有些灰褐色的骨灰与牙齿的珐琅质外壳碎片。原来，经历了千年，刘胜的尸体早已腐朽，而他身穿的金缕玉衣又全部锈蚀在了一起，所以当时谁也没有注意。就此，这个困扰考古学家多时的谜团终于解开。

　　身穿金缕玉衣，仍旧没能保住尸骨，恐怕是靖王刘胜做梦也没想到的吧！玉衣在史书中称为"玉匣""玉柙"等，据文献记载，玉衣是汉代皇帝、诸侯王和高级贵族死后的殓服。玉衣分为金、银、铜三个等级，对应不同等级的王公贵族，是很有讲究的。《后汉书·礼仪志》中提到，只有皇帝才有资格葬以"金缕玉匣"，诸侯王、列侯、贵人、公主等使用"银缕玉匣"，而大贵人、长公主只能穿"铜缕玉匣"。刘胜只是一个诸侯王，按规矩只能穿银缕玉匣，为什么他们夫妇俩胆敢冒如此大不韪呢？

　　也许是为了显示自己的尊贵，但更可能是为了使尸体不朽。在汉代，人们普遍认为"玉能寒尸"。所以，汉代的皇帝贵族都争相大量使用玉衣作为葬服。《后汉书·刘盆子传》中对古尸不腐有这样一句总结，"有玉匣殓者率皆生"。可是，现在看来，这只不过是古人一厢情愿的美好愿望而已。刘胜夫妇虽不惜工本制作了两件金缕玉衣，但不朽梦落空，还是没有能保住他们的尸体。而与他们同时代的马王堆汉墓出土的一具女尸，身上并没穿什么金缕玉衣，历经千年却依然栩栩如生，这对刘胜夫妇来说，不能不算是一个极大的讽刺。

刘备陵墓之谜

　　三国时蜀国皇帝刘备，其死后所葬的惠陵，至今仍然依傍在武侯祠旁。从现有的材料看，从未见惠陵被挖掘过的文字记录，甚至还有盗墓者进入惠陵被神鬼严惩之传说。这就让后人产生了疑问：历来皇帝陵墓鲜有不被盗挖的，为何此墓却完好无损？难道真的有神仙保护吗？显然这只是后人杜撰出的无稽之谈。为此，早在两宋时期就有人怀疑惠陵并不是真的刘备墓，而只不过是纪念刘备的衣冠冢。

那刘备真正的陵墓在哪里？

有人坚持惠陵即是真的刘备墓。史书记载，关羽败走麦城，为东吴所杀，刘备为了给死去的兄弟报仇，亲自带领军队攻打东吴，然而不幸大败。兵败后的刘备退回到了白帝城，在公元223年四月病逝。五月，诸葛亮扶灵柩回到成都，八月下葬。这说明刘备的陵墓确实就在成都的武侯祠，并且今天的武侯祠内确实也还有刘备陵墓的建筑。《三国志》记载说，刘备死后，尸体由奉节运回成都，后与甘夫人合葬在惠陵。《三国志》的作者陈寿曾任蜀汉的观阁令史，专门负责文献档案的管理工作，则他关于刘备墓地的记载必定是可靠的。

1985年，陈剑提出刘备应是葬在奉节。他认为，刘备死于四月，八月时下葬，并且是由奉节（即白帝城）运往成都。这里的四月和八月按照古时计月方式应是农历四月、八月，则此时的四川，正是酷热的夏天，温度极高，尸体最容易腐烂发臭。更何况，白帝城与成都之间相距千里，又都是逆行而上的水路和崎岖难行的山路，以当时的交通条件，即使是单行也需要一个多月的时间，若是大军扶灵柩而行，该用多长时间才能抵达成都？此外，当时几乎没有防止尸体腐烂的保鲜技术，一些民间的所谓的可以防止尸体腐烂的方法经专家的鉴定其实都是没有效果的。这样分析，刘备尸体在一个多月的时间里必然已腐烂不堪了。诸葛亮怎么可能拉着腐烂的帝王尸体，经过长达三个多月的时间去长途跋涉，非要刘备葬于成都？这显然不合情理。陈剑还指出，宋元以来的典籍和地方志大都记载说甘皇后葬在奉节，而据《三国志》所载，刘备是和甘皇后合葬的，然而在惠陵中却没有甘皇后。这就表明刘备应该是和甘皇后一起葬在奉节。此外，历史上还有很多关于刘备葬于此地的传说，近代还曾在奉节城内发现了多处人工隧道口，很像是墓道。文物勘测队曾经使用超声波开展物探，发现在隧道所通往的当地人民政府大院内的地底深处，埋藏了两个建筑结构，分别为18米到15米，高5米，专家分析认为它们很可能就是刘备和甘皇后的真墓。

坚持惠陵说的学者又对此提出反驳。他们引《三国志·先主甘皇后传》关于甘皇后的记载说，甘皇后死后，被葬在今湖北江陵，后追谥为皇思夫人，并欲迁葬于蜀。然而甘皇后的灵柩还没有到，刘备就死了。之后护送刘备灵柩归成都的诸葛亮在途中给后主上奏章述及此，

传说中的刘备安葬处
民间传说，刘备逝于重庆奉节县白帝城后，即安葬在此，后人在该处修建了一座亭子，以作纪念。

认为甘皇后"宜与大行皇帝合葬",并告太庙。可见刘备确实是和甘皇后合葬于一处的。此事在陈寿的《三国志》中有非常明确的记载,陈寿生在蜀地,又在蜀国为官,怎么会把国君的墓记错?另外还有人说,秦始皇于酷暑死亡却也千里迢迢地运尸归葬咸阳,刘备为何不可?并且如果说秦始皇时期还没有较好的防腐技术,400年后的三国时期,防腐技术必然是大有发展的,因而说因天热而不可能运尸回成都,理由并不足信。更何况史书中有明确的记载说刘备归葬成都。

近来,又有人提出刘备墓是在四川彭山的莲花坝。地处牧马山、彭山脚下的莲花村依山傍水,并且向来被看作是风水宝地,是古人墓葬的最佳选择之地。并且,牧马山当时是刘备的养马场,刘备手下有四名心腹都是彭山人,因此说莲花村是其墓所在具有可能性。此外,牧马乡的莲花村自古就有皇坟的传说。附近的农民也说他们村里大部分都姓刘,都说皇坟里躺着的是刘备。

但是仅从地理位置的优越来判断刘备墓就在莲花村也不充分,明显的疑问在于:莲花村与成都相距很近,刘备尸体运往成都安葬不合理,难道运到莲花村就合理吗?

历史上还有一个传说,认为刘备当年病死在白帝城,就在那里被安葬。对此人们解释说,三国时期正是历史上的乱世,这个时期的皇帝,无论是刘备还是曹操,他们都要防止自己的陵墓被破坏以及被后世盗墓者所毁。出自这样的心理,在刘备出殡时便四路进行,以求死后能得安生。

帝王都愿意自己死后依旧能享受到安乐的生活,然而他们的神秘和历史对其葬地的记载却让后人陷入迷雾之中。至今,各种传说虚虚实实,扑朔迷离,人们对刘备的陵墓依然在猜测不已,只能等待考古学者的进一步发现方能拨尽眼前迷雾。

武则天无字碑之谜

在今陕西省乾县西北的梁山上,有一座气势宏伟的皇陵——乾陵。乾陵是唐高宗李治及皇后即一代女皇武则天的合葬墓。乾陵东西两侧矗立着两块各高6米左右的墓碑,西面为"述圣碑",碑文为武则天所撰写,歌颂着唐高宗的生前业绩,而东面就是举世闻名的无字碑。

武则天,中国古代唯一的一个女皇帝。郭沫若称她为"奇女子"。但就是这样一位曾经在中国历史上叱咤风云的女子,死后却没有依照惯例在其陵墓前树碑立传,以表彰其生前的功绩。为什么生前活得轰轰烈烈,死后却自甘沉寂呢?

有人说武则天自小就冰雪聪明,智慧过人。立一块无字碑就是她别出心裁的表现。她认为自己功德无量,无法用文字来表述,取《论语》中"民无德而名焉"之意,故立一无字碑。

也有人认为武则天立无字碑并非是夸耀自己,恰恰相反,是她在晚年时幡然醒悟,自感罪孽深重,无脸述字。当其还为昭仪时,就与王皇后和萧淑妃钩心斗角,最终把她俩活活整死;当上皇后后,又施展出泼辣的政治手腕,培养党羽,消除异己，连长孙无忌也被逼自杀；登上帝位后，更是实行"铁血"政策，任用酷吏，滥施刑罚，残酷镇压反对势力，杀害了大批唐臣。特别是她改李唐为武周，大逆不道，愧对列祖列宗。

还有一种折中的说法，那就是武则天有自知之明，知道时人对她看法不一，议论颇多，于是干脆遗言留下无字碑，"是非功过，留与后人评说"。

近年来，对武则天的无字碑又有新说，认为无字碑的碑文可能埋在了地宫里。因为无字碑的阳面已经打上了方方正正的格子，似乎已经做好了镌刻碑文的准备。

孰是孰非，至今还是一个谜。

无字碑 唐
高 6.3 米，宽 1.8 米，厚 1.3 米，陕西省乾县乾陵。

为何称西夏王陵为"东方金字塔"

970 多年前，西北大地耸立着一个与宋、辽鼎立的少数民族王国——"大夏"封建王朝，西夏语为"大白高国"。因其位于宋、辽两国之西，历史上称之为"西夏"。它"东尽黄河，西界玉门，南接萧关，北控大漠，地方万余里，倚贺兰山以为固"，雄踞塞上，立朝 189 年，传位十主。13 世纪，蒙古迅速兴起并日渐强大，开始对外扩张和掳掠，西夏便成为蒙古对外扩张的首要目标。1227 年，成吉思汗包围西夏都城兴庆府达半年，威震四方的成吉思汗虽战无不胜，但西夏人拼死抵抗，双方陷入苦战之局。经过一番惊心动魄的战斗，蒙古大军攻下了西夏都城兴庆府，接着在城里四处抢掠、大肆屠杀，铁骑所到之处，白骨蔽野。历时 189 年，曾在中国历史上威震一方的西夏王朝灭亡了，党项族也从此消失。只有贺兰山下一座座高大的土筑陵台——西夏王陵，仍然默默矗立在风雨之中，展示着神秘王朝的昔日辉煌。于是，西夏王朝留给后人的，只剩下这些历史遗迹和一个又一个难解之谜。元人主修的《宋史》《辽史》和《金史》中各立了《夏国传》或《党项传》，但没有为西夏编修专史，这无疑给研究人员增加了困难。近年来，研究人员试图从那些废弃的建筑、出土文物和残缺的经卷中，寻找西夏王国的踪迹，以求破译众多谜团。

从 20 世纪 70 年代开始，考古人员对矗立在荒漠中的西夏王陵进行了科学的考察和研究，清理了一座帝王陵、四座陪葬墓、四个碑亭及一个献殿遗址，并从中发现了一些很珍贵的西夏文物。这些文物中有西夏文字，有反映西夏人游牧生活和市井生活的绘画，有各式各样的雕塑作品，有"开元通宝""淳化通宝""至道通宝""天禧通宝""大观通宝"等各个时期的流通钱币，有工艺精巧的各类铜器、陶棋子等文物。更让人惊讶的是，这当中出土了大量造型独特的石雕和泥塑。与此同时，考古工作者还对陵区进行了多次全面系统的测绘与调查，陆续发现了新的大小

西夏王陵陵园遗址
每到黄昏，沉落在贺兰山后的斜阳总是忘不了向这些夯土墩送上一抹古铜色的余晖。这种日复一日的凭吊，如果从 1038 年西夏正式建国起算，已近千年。

不等的陵墓。发现的陵墓从 15 座增加到 70 多座，后又增加到 200 余座，截至 1999 年共发现帝陵 9 座、陪葬墓 253 座，其规模与河南巩义的宋陵、北京明十三陵相当。东西 5 千米，南北 10 多千米，总面积 50 多平方千米，如此规模的皇家陵园在中国实属罕见。人们还惊奇地发现，在精确的坐标图上，9 座帝王陵组成一个北斗星图案，陪葬墓也都是按星象布局排列！为什么要这样排列呢？至今仍没人能够解释。

西夏王陵和其他陵园相比，有自己的特点。西夏王陵三号陵园陵城和角阙形制具有西夏佛教的显著特点。研究人员在清理陵塔墙基周围的堆积物时，未发现有登临顶端的任何形状的阶梯、踏步，角阙附近也仅发现大量的砖瓦及脊兽残片，而未发现明显的方木支撑结构，由此专家们推测角阙之上应为一种实心的，用砖瓦、脊兽垒砌的高低错落的塔式建筑，而决非可以拾级而上的亭台楼阁，而在此出土的铜铃应为佛塔角端悬挂的装饰物。研究人员说这种在陵园中修建的佛塔式象征性建筑目前尚属首见，这可能与西夏尊崇佛教有直接关系。另外陵园所有角阙和门阙皆由一座座大小不一的佛塔组成，与陵塔遥相呼应，形成一座气势恢宏的具有浓郁民族特色的建筑群。研究人员推想，西夏王陵应是以高大宏伟的密檐塔状陵台为中心，四周围绕高低相间错落有致的佛塔群，从而使整个陵园充满尊崇佛法的宏大气势，突出了西夏王陵别具一格的建筑特色。

西夏王陵另一个与众不同之处是它放置石像的位置。石像生自东汉创制以来，列于陵园正门外的神道两侧，成夹道之势。而西夏却将月城作为列置石像生之地，与传统的正门外神道两侧置石像生完全不同。考古工作者从月城残留的遗迹现象中，已找出了四条摆放石像生的夯土台基，台基呈窄长条形，南北长 41.5 米，东西宽 3.7 ～ 3.9 米。月城出土了数百块石像生碎块，研究人员根据石像生碎块的分布状况分析，一条夯土台阶上可能有 5 尊石像生，两条台阶上约摆放石像生 10 尊。三号陵园石像生的摆放状况可能是 4 排 20 尊，改变了宋陵将石像生群列于神道两侧一字排开的做法，这样使石像生更加集中、紧凑，缩短了陵园的南北纵向距离，形成了"凸"形的基本结构，与宋陵方形布局有明显不同。研究人员认为，把文臣武将集中摆列在月城，突出了皇家陵园的威严和气势。西夏陵月城的设置不同于宋陵，研究人员认为西夏陵园平面可能是仿国都兴庆府城之平面。陵园前凸出的一块，是仿常见的城门外之瓮城，突出了月城保卫陵园（陵城）的作用，可见西夏人仍按古代"视死如生"的丧葬要求设计陵园。另外，研究人员在西夏王陵还发现了中原地区陵墓所没有的塔式建筑。据此有关专家推测，西夏王陵可能吸收了我国秦汉以来，特别是唐宋陵园之所长，同时又受到了佛教建筑的巨大影响，使汉族文化和佛教文化、党项民族文化三者有机地结合在一起。

西夏王陵以其独特之处吸引着众多研究者，而那一个个未解之谜也给它增加了几分神秘，使它备受人们的关注。

众说纷纭的明孝陵

据说，明孝陵是明代开国皇帝朱元璋和皇后马氏的合葬陵墓，坐落在紫金山南独龙阜玩珠峰下，东毗中山陵，南临梅花山，是南京最大的帝王陵墓，也是我国古代最大的帝王陵寝之一。

明孝陵规模宏大，建筑雄伟，形制参照唐宋两代的陵墓而有所增益。陵占地长22.5千米，围墙内宫殿巍峨，楼阁壮丽，南朝 70 所寺院有一半被围入禁苑之中。陵内植松 10 万株，养鹿千头，每头鹿颈间挂有"盗宰者抵死"的银牌。为了保卫孝陵，内设神宫监，外设孝陵卫，有近 1 万军士日夜守卫。

明孝陵是明太祖朱元璋的陵寝建筑，但其地宫的具体位置在哪里，众说纷纭，史无定论。加之曾有朱元璋下葬时 13 个城门同时出殡和葬于南京朝天宫、北京万岁山等民间传说，因此朱元璋是否真的葬在明孝陵也成为数百年来人们心中挥之不去的谜团。

谜团之一：朱元璋是否葬在独龙阜？

专家们采用的精密磁测技术是根据物体磁场原理，通过探测地下介质（土、石、砂及人工物质）磁场的空间分布特征，根据其空间磁力线分布图像的不同，输入计算机分析，来判别地下掩埋物是否存在及其形制的。

最初的测网布置乃以明楼为中心。探测结果发现这条中轴线上没有想象中的地下构筑物。通过异常的向东南延伸的磁导信号，找到了宝城内明孝陵地宫的中心位置，确认朱元璋就葬在独龙阜下数十米处，而且这座地下宫殿保存完好，排除了过去流传的地宫被盗之说。

谜团之二：墓道入口在哪儿？

在对明楼中轴线以北的测网资料分析中，通道状并无连续的异常，相反以东拐向东南的线状异常。而且这种隧道状构筑物的异常是连续的，长度达到 120 米，具有一定宽度，内径为 5～6 米。同时判断，该隧道状构筑物的入口之一位于明楼东侧的宝城城墙之下。

经地表调查，在相应的宝城城墙上可看到两处明显的张性破裂的裂口和下沉错位的痕迹，由此推测这里很可能就是隧道状构筑物即地下宫殿的入口之一。

孝陵博物馆正面近景

谜团之三：墓道弯曲是岩石"作怪"？

明孝陵与历代帝王陵寝相比，有许多不同之处，其中之一就是墓道弯曲不直。

通过探测，结果发现竟是两种不同的岩石所致。明楼以北的山坡，地下由两种不同岩石组成，西侧是下中侏罗纪的砾岩，东侧是稍晚的长石石英砂岩。这两种岩石本身的磁性差异很大，更奇怪的是，这两种不同岩体的接触界面呈南北走向，并且位置也靠近明楼中轴线，开始时被误认为是墓道。

由于西侧岩石硬度强，开挖困难，专家根据宝城内的地质特征，认为不排除存在这样一种可能：当年明孝陵的建筑工程主持者已注意到本地岩石的磁性差异，而修改了原有的施工方案。

明孝陵地宫确实在独龙阜下，其墓道偏于宝城一侧的做法，起因是什么，目前尚不可知，但这种做法一直影响到明代后来的帝陵规制。如北京明十三陵中已发掘的定陵，其墓道入口便是偏向左侧，与孝陵墓道正好相反，但避免把墓道开在方城及宝城中轴线上却是它们共同遵循的法则。

谜团之四：宝顶表面巨大的卵石有什么用？

考古人员还发现独龙阜山体表面至少60%的地方是经过人工修补堆填的，宝顶上遍布有规则排列的大量巨型卵石。

经过研究分析，这些巨型卵石是当年造陵工匠用双手从低处搬运上去的，是帝陵美学的要求，还是为了防止雨水对陵表的冲刷和盗陵者的掘挖？

明孝陵坐北朝南、依山傍水，堪称风水宝地。它留给世人的这些谜团也散发着神秘魅力，给后人留下了广阔的想象空间。

定陵里面有什么

北京市昌平区北天寿山麓有驰名中外的明十三陵，即明代13个皇帝的陵墓区。十三陵依次为德陵、永陵、景陵、长陵、献陵、庆陵、裕陵、茂陵、泰陵、康陵、定陵、昭陵和思陵。其中，定陵为明神宗万历皇帝朱翊钧的陵寝。与其他陵墓不同，明神宗一反祖宗遗训，在其定陵里面合葬着其孝端皇后王氏与孝靖皇后王氏。

万历皇帝朱翊钧是明代第十三位皇帝，生于公元1563年，死于公元1620年。他10岁即位，在位时间为48年，是明代在位时间最长的一位皇帝。据史料记载，在他即位12年后，就开始忙着为自己建造陵墓，一共建了6年，耗银800余万两。

在刚完工时，定陵本来有富丽堂皇的地上建筑，可惜后来遭受了几次浩劫，发掘时地面只剩宝城、明楼、陵门和几道陵墙了。

在定陵的发掘中，细心的考古专家们发现宝城东南面的一处小小的缺口似乎有拆动的迹象。在缺口里侧石条上发现了浅刻的"隧道门"三个字。在继续发掘中，又在隧道的尽头发现了刻有"此石至金刚墙前皮十六尺深三丈五尺"的小石碑。考古专家们根据这些文字的提示，发现了又一条石隧道，其尽头就是"金刚墙"，打开金刚墙便是隧道券，再往里走就是定陵的地宫，即所谓的玄宫。

开启玄宫的石门全部用石材建成，虽说制作得非常精致，但在中间仍留有一条3厘米宽的门缝。从门缝往里看，可以发现有一根顶门的石条将两扇大门从里向外顶着。要想把石门打开首先就得把这根石条移走。于是专家们便用一根开口的铁制板条从门缝中伸进去，利用板条的开口卡住顶门石的上端，以此推动顶门石离开了原位。当确定里面并没有传说中的暗藏着置人于死地的各种机关后，考古专家们打开了地下宫殿的大门。

定陵的地宫由5座高大宽敞的殿室组成。前殿呈长方形，长20米，宽6米，高7.2米。令人大惑不解的是，这里面没有发现任何随葬品，也没有任何陈设，只是在地面上铺着一层黄松木板，有人认为是下葬时为保护砖面而设。

中殿也是长方形，长32米，宽6米，高7.2米。西侧陈设着万历皇帝和孝端、孝靖两位皇后的汉白玉石神座，万历皇帝的神座居中，左侧为孝端皇后的神座，右侧则为孝靖皇后的神座。各神座前有黄琉璃五供，即一个香炉，两个烛台和两个花瓶。五供前又放着长明灯。当然，由于缺氧，长明灯早已熄灭。在中殿的南北两侧，还发现有左右两处配殿。

后殿是放置皇帝、皇后棺椁的地方，也是玄宫的主体部分，所以比起其他各殿自然更为高大和宽敞。其南北长约30.1米，东西宽约9.1米，高约9.5米。在中部偏西设有一座白石镶边的棺床，床四周作束腰须弥座，饰覆仰莲。棺床上放着三具棺椁，中间为万历皇帝，左为孝端王皇后，右为孝靖王皇后。

万历皇帝的椁室里面是一口楠木棺，长3.3米，宽1.5米，高1.4米。棺木上盖着黄色丝织铭旗，书有"大行皇帝梓棺"6个烫金大字。打开棺盖，里面装满了光彩夺目的奇珍异宝！有光芒四射的金银器，价值连城的珠宝玉器，精美绝伦的青花瓷器，还有绚丽多彩的丝织品。让人惊叹不已！万历皇帝的尸体以锦被包裹，头上戴一顶乌纱翼善冠，身穿刺绣衮服，由于这件衮服是目前所见唯

定陵地宫通道 明
北京市昌平区明十三陵定陵。

一的缂丝衮服制品，所以显得特别珍贵。腰间束一条玉带，穿着一条黄色素绫裤，脚着红素缎高统单靴。万历皇帝的尸体已经腐朽。

此外，在定陵内还发现了29个随葬的物品箱，都塞满了各种精美的随葬品，如金银器、冠、带、佩饰等等。据统计，定陵出土的各类遗物共有2648件，其中不少是价值连城的稀世珍品。许多遗物不仅大大丰富了文献资料的内容，也为明史的研究提供了大量的实物资料。

西宫娘娘为何葬于东边

世人皆知有一位西太后慈禧，但并不是每个人都知道曾有一位与西太后并尊甚至身份应高于其上的东太后，即慈安皇太后。慈安皇太后何许人也？说起来她还是清朝咸丰皇帝的正宫皇后。西太后慈禧之所以能成为太后，是因为她是清朝的同治皇帝的生母，子荣母贵，所以在咸丰皇帝死后，慈禧才能由贵妃跃升为太后，与名正言顺的慈安皇太后并驾齐驱。

慈安皇太后对后世的影响之所以远远逊于慈禧，这由她本人的性格所致。咸丰皇帝死后，慈禧出主意，东太后与西太后曾共同垂帘听政。不久，东太后就感到厌烦了，常常推说身体不适。慈禧自然就独揽了朝政大权，统治了中国近半个世纪之久。

慈禧世称西太后，慈安世称东太后，有趣的是她俩的陵寝却一个在东边，一个在西边。具体地说，西太后慈禧死后葬于清东陵（今河北省遵化市）的东边，而东太后慈安死后却葬于清东陵的西边。这是怎么一回事呢？

民间流传着不同的说法，其中一种说法是对弈赌陵。前面已经提及，东宫太后慈安是由正宫皇后升为太后的，可以说是天经地义的皇太后，而西太后慈禧只不过是沾了儿子当皇帝的光才升级为太后的，所以在地位上远不及慈安太后，这样，西太后的陵墓无论是在风水上还是在规模上都不能与慈安太后相比。可是我们知道，慈禧太后向来争强好胜，心狠手辣，她怎么可能甘心屈居于慈安太后之下

定东陵
河北省遵化市马兰峪，定东陵是咸丰皇帝两位皇后慈安和慈禧的陵寝。两陵之间隔有一条马槽沟，建筑形制相同。

呢？于是她精心布置了一场赌局，与慈安太后约好，谁下棋下赢了，谁就先挑选陵墓。可怜慈安太后性格柔弱而又心无城府，自然不是诡计多端的慈禧太后的对手，于是西太后就毫不客气地把属于东太后的陵墓给霸占了。还有另一种说法，认为慈禧在柔顺的慈安太后面前根本就懒得去玩弄什么花招，说白了就是明抢了人家的陵墓。传说慈禧太后有一天晚上做了个怪梦，梦见自己死了以后被慈安葬在了清东陵的西边。这个梦给了慈禧一个大大的灵感，她想，如果慈安太后先于她死的话，把她葬在哪里还不是由自己说了算吗？于是，歹毒的慈禧太后就真的下药把慈安太后给毒死了，并如愿以偿地把她葬在了清东陵的西边。再后来，慈禧为了让自己死后继续过上豪华奢侈的生活，以"年久失修"为借口，对自己的陵寝花巨资大肆修整了一番。

当然也有人认为，慈禧太后生前虽然狡猾奸诈，不甘居人之下，但在祖宗面前她还是有所顾忌，不敢造次的，规规矩矩地葬在了属于自己的陵墓内。这个看法同样有不一样的观点：一种观点认为，东太后、西太后的名称，与她们的地位、资历是没有什么关系的，更不可能由她们的陵墓方位所决定。慈禧太后之所以称为西太后，是由于她生前居住于紫禁城内西边的储秀宫和长春宫，同样的道理，慈安太后之所以称为东太后，则因为她生前居住于紫禁城东边的钟粹宫。正是因为她们生前居住的方位不同，才决定了她们的称号。

西宫娘娘是否理应葬在东边？恐怕这个谜底将永远随着慈禧太后埋进坟墓。

文化迷踪

文化是人类历史的产物，世界各个民族在其历史进程中以不同的方式创造着不同的文化。作为历史的烙印，文化包罗万象，无处不在。

《诗经》是否为孔子所编？八卦的原意何在？预测千古的《推背图》究竟是什么？……这些文化之谜耐人寻味，又令人陶醉。

甲骨文之谜

大约在公元前16世纪，商汤灭夏，在中原立国。从此中国历史进入商代。商王盘庚曾五次迁都于殷。直到商纣亡国总共273年，商代晚期的统治中心一直在殷。但商朝被灭之后，殷民迁走，殷都逐渐变成一座废墟。殷都的文明也只局限于文字记载上，甚至有人认为那些记载不可作为信史。后来，一连串的偶然事件逐渐否定了这种怀疑。考古者逐渐将殷都积淀的古文明展现出来。

甲骨文中的象形字

1899年，北京国子监祭酒王懿荣老先生感到身体不舒服，就买了一剂含有"龙骨"的药物，在准备将这些"龙骨"研碎时，王懿荣发现这些坚硬的东西并不是什么骨头，而是上面有许多划痕的变黄的龟甲。王懿荣是一位研究古文字的专家。好奇心驱使他拿起甲骨仔细地观察。他吃惊地发现这些划痕像是一种文字。他于是将这家药店的全部"龙骨"买下，经过细致研究和考证，断定这种非篆非籀的字形是商代的一种占卜文字。

我们现在已能解释商代的文字为什么要刻在甲骨或兽骨上，为什么这些刻着文字的甲骨碎片总是有许多裂纹或切痕。原来所有这些碎片都是史书上所称的"卜骨"。骨上的裂纹是人们有意用高温加热所造成的。根据商代的习俗，商代人上自王公下至庶民，无论是大事还是小事，都要用这种龟甲和牛胛骨进行占卜。占卜时，就用燃炽的木枝烧炙甲骨的反面凿出的槽和钻出的圆窠，这时甲骨因厚薄不匀而出现"卜"字形裂纹。这些裂纹就是他们判断吉凶的"卜兆"。占卜以后，将所问事项刻记在甲骨之上，这就是"卜辞"。占卜的内容是以当朝国王为中心的，有对祖先与自然神祇的求告与祭祀，有对天象、农事、年成以及风、雨、水的关注，也有对周围各国战争的关注和商王关于旬、夕、祸、福以及田游、疾病、生育的占问等。这样就为我们提供了许多商代历史事件或天气气象的资料。

王懿荣的发现引起了许多中外人士对甲骨的重视。1908 年，经罗振玉先生多方查询，才得知甲骨实出自河南安阳小屯一带。伴随着甲骨被确认、购藏和挖掘，古文字学家也开始对甲骨文进行破译。经过众多专家的努力，甲骨片上排列的文字成为可以通读的文句了，从而证实了出土甲骨文的小屯村正是古文献记载的殷墟。因此，一个湮没了三千多年的繁华故都终于在世人面前得以呈现。

自 1899 年发现殷墟甲骨至今，约有 15 万片以上商代甲骨已出土，现分藏在中国内地和台、港、澳地区，另有一部分流散到其他国家。殷墟甲骨文内容涉及商代的政治、经济、文化及天文等。可以说甲骨文的发现和破译帮助我们解开了历史上许多难解之谜，而发现的甲骨文共有 4500 多个单字，还有三分之二的文字等待人们去破解。

八卦的原意何在

八卦图是我国上古传下来的神秘未解的图形，传说是古代圣人伏羲创造出来的。《易经》中记载着在我国远古的伏羲氏时代，一匹龙马驮着一幅奇怪的图案游出黄河将它献给伏羲，这就是《河图》；又有一只神龟从洛水爬出来，龟壳上写着些神秘的符号，这就是《洛书》。伏羲氏得到《河图》和《洛书》后苦思冥想，恍然大悟后画出了八卦，用以推算历法、预测吉凶等。在中国传统文化中认为八卦图里面蕴含着极其深奥的道理，它可以推算天命、预测未来，使八卦中掺杂进了万物天定的宿命论的内容。后来的学者否定了这种迷信的说法，但关于八卦的只有传说和不确切的猜想，它因此成为中国历史中最引人入胜的未解之谜之一。

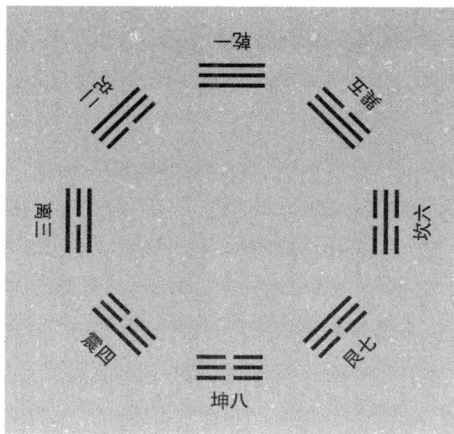

伏羲先天八卦图
据史书记载：古者伏羲氏之王天下也，仰则观象于天，俯则观法于地，观鸟兽之文，与地之宜；近取诸身，远取诸物。于是始作八卦，而文籍生焉。此图就是伏羲氏所作八卦。

八卦图的外观是正八边形，每条边上都有一个特殊的符号，分别代表了宇宙的八种最主要的物质，即乾、坤、震、巽、坎、离、艮、兑。八卦图有"先天""后天"之分，先天八卦图又称伏羲八卦图，以乾坤代表天地定位，形成中轴经线；以坎离代表水火为界，作为横轴纬线。相对二卦阴阳爻相反，互成错卦。后天八卦图又称文王八卦图，即震卦为起始点，位列正东。按顺时针方向，依次为巽卦，东南；离卦，正南；坤卦，西南；兑卦，正西；乾卦，西北；坎卦，正北；艮卦，东北。一般来说先天八卦图是理论的支撑，而后天八卦图则是被实际运用的。诸如天干、地支、五行生克等配置，均以后天八卦图作为背景参考的。

八卦反映的是什么呢？根据"五经"和《周易》中的记载，八卦是由太极推演出来的。《周易·系辞上传》上说"易有太极，是生两仪，两仪生四象，四象生八卦。八卦定吉凶，吉凶生大业。"这句话是说：生生之易的太极，运转中生成阴阳两种属性的物质，阴阳两种属性的物质不断分化、组合，又产生了"四象"和"八卦"。其中"四象"，有人解释为太阴、太阳、少阴、少阳，而"八卦"则是指构成宇宙的八种最主要的物质，即天（乾）、地（坤）、雷（震）、风（巽）、水（坎）、火（离）、山（艮）、泽（兑）。因此对八卦最普遍的看法是它反映的"天道""地道"和"人道"。天道所反映的是宇宙中所有事物产生、发展、变化乃至灭亡的规律，阴阳互补是这种变化的主要特征，如季节的变化、日月的起落等等，先天八卦图是它的有机模拟和高度概括。"地道"反映的是地面万事万物之间相互依存、克制、促进的规律，如江河奔流、生态平衡等，后天八卦图是它的有机模拟和高度概括。"人道"反映的是人与自然界之间的关系，也就是说人的生存变化都不过是自然中的一员，人应该遵循自然的规律。邵庸在他的著作《皇极经世·天象数第二》中说："天地定位一节，明伏羲八卦也。八卦者，明交相错，而成六十四卦也。数往者顺，若顺天而行，是左旋也，皆已生之卦也。故云数往也。知来者逆，若逆天而行，是右行也，皆未生之卦也。"古代著名学者邵庸将先、后天八卦融会贯通，用先八卦图解释后八卦图，收获很多。他在《皇极经世》中对先、后天八卦这样说："乾坤定上下之位，离坎列左右之门，天地之所阖辟，日月之所出入。是以春夏秋冬、晦朔弦望、昼夜长短、行度盈缩，莫不由乎此矣。"

到了近代，对八卦又产生了许多解释。韩勇在《太易论》中认为八卦是反映太阳运动的："先天八卦反映了太阳相对于地球周期运转的循环规律，其运动方向与月亮相对于地球的运转方向恰恰相反，前者是顺时针，后者是逆时针，所以太阳运动的卦序方向是震、离、兑、乾、巽、坎、艮、坤。而后天八卦方位图中帝指的是太阳……是说太阳在南方乾卦位天气最干，太阳最炎，而至巽卦位，太阳就开始下落入地，到西方坎卦位太阳就已陷入地下，即日落西山。"还有科学家认为八卦是外星人的生物密码，还有人认为它是结绳记事的工具，总之是五花八门。

八卦图还有一些有趣的事。现代电子计算机二进位制的创始人莱布尼兹收到了他的朋友从北京寄给他的"伏羲六十四卦次序图"和"伏羲六十四卦方位图"，他居然发现八卦由坤卦到乾卦，正是由零到七这样八个自然数所组成的完整的二进位制层数形。受到八卦图的启发，才有了二进制的发明。1930年，当时在法国留学的中国人刘子华发现太阳系的各星体与八卦的卦位有对应的关系，依据这个关系，利用天文参数进行计算，他推出当时未知的第十颗行星的速度、密度等，引起了一时轰动。

八卦图究竟是怎么创造出来的？八卦图有哪些作用？创造出它来究竟是有什么目的？这些仍是围绕在八卦图上的密云。

中华民族为什么叫"华夏"

　　汉族的形成和发展，是以华夏为主体，融合他族，不断发展壮大起来的。在中华五千年文明的漫漫发展的历程中，随着各民族经济文化上互相交流，互相渗透，形成统一的中华民族——华夏民族。"华夏"是中华民族的称号，凡是今天在中华大地上生活的56个民族，都称之为"华夏民族"。作为一名中国人，常常以称自己是"华夏民族""华夏子孙"为荣。尽管我们经常这样自豪地称呼自己，但对于"华夏"的由来，却是很难给出一个定论，作为一个未解之谜，自古至今，有很多说法。

　　关于"华夏"的由来，上古时代就留传这样一个传说。蚩尤原来是炎帝的大臣，是个很有野心的人，他想独霸天下，于是联合有苗氏，想把炎帝从南方赶到涿鹿，自称南方大帝。决定胜负的一战开始了，他们大战于涿鹿的野外。大战当时，蚩尤一夫当关，手持长剑，指挥着自己的士兵冲向炎帝的阵营，炎帝部落明显处于下风。不得已，炎帝被迫一面抵抗，一面带着部队仓皇地撤离战场，并向黄帝求援。这时蚩尤已向涿鹿进军，黄帝下令重整队伍，两军开始了新一轮的对垒，黄帝心想，只要我和炎帝携手并肩、齐心协力，一定可以打败蚩尤。但他们低估了蚩尤的法力，蚩尤竟然施起了妖法，刹那间，天地间扬起一片浓雾，而且天黑得伸手不见五指，炎黄的军队什么都看不见，被打得节节败退。面对一意孤行、制造战争、祸害百姓的蚩尤，黄帝决定奋力一搏，他找到了炎帝商量作战计划，并让人利用太极推测演算，后来又派人到蚩尤的大本营，探听军情，找到克制攻妖法的办法掌握了战争的主动权。当蚩尤再次施妖法反攻时，便被炎黄联军团团包围。此时炎黄联军把骨头做的战鼓擂得震天响，使得联军的士气大振，士兵们个个变得更英勇了。最后终于将蚩尤的部落打得落花流水，蚩尤也被俘虏。不肯投降的蚩尤被黄帝下令斩首，而炎黄部落最后团结一致，统一了整个中原。从此以后，中原各部落都尊黄帝为共主，炎、黄等部落在黄帝的领导下融合成华夏民族，这就是"华夏"的由来。

　　还有另外一个关于华夏由来的传说，

黄帝陵冢
黄帝陵位于陕西省黄陵县城北的桥山上，是传说中中华民族先祖轩辕氏之墓。据司马迁《史记》记载：黄帝崩，葬桥山。历代皇帝均到此祭祖谒陵。黄帝陵相传建于汉代，宋开宝五年（972年）时移至现址，此后历代迭有修葺。陵内有祭亭，四角微翘，柱红檐翠，内立碑石，上刻"黄帝陵"三个大字。全陵高3.6米，周围4.8米。还有碑亭一座，镌有"桥山龙驭"四字，再向前有"古轩辕黄帝桥陵"石碑。山下的黄帝庙内有14株古柏，其中一株称为"轩辕柏"，据说是黄帝亲手种植。庙中有过亭，内有石碑70多块，为明清两代所立，上刻历朝皇帝祭文。大殿正中上有"人文初祖"巨匾。

对此有不同的解释。相传，我国历史上第一个朝代是夏朝。大禹历时数年，成功治水，被舜选拔为继任者。之后他开启了一个清明的历史时代。所以在当时，以禹代表的夏后族在当时独领风骚，成为盛极一时的氏族部落。又加上夏后族以华山作为自己的活动中心，所以他们又被人们称之为华夏族。这也是为什么禹的儿子建立的第一个王朝叫夏的原因了。

今天，对于华夏由来的争论，仍然不断。一些专家学者将众多观点归纳为两类。第一种观点认为，"华夏"是民族的名称。他们认为我国古代以"夏"为族名，"华夏族定居在华山之周，夏水之旁，故而得名。"讲的就是这个意思。"夏"这个名词是由"夏水"得到的。中华民族自古以来就是融合了别的不同的民族构成的一个庞大的民族。她尽管不是一个单纯的民族，但是在历史的长河中她始终以一个核心民族为中心，逐渐地融合和同化别的民族，形成一种"单元性的多元化民族"，这就是今天的中华民族。在先秦时代，她被称为华族或夏族。而"华"指的是居住在华山、以玫瑰花（华）作图腾的"华族"，"夏"则指的是居住于长江中下游的"夏族"祖先的夏后氏。华夏民族的称谓，由此而来。

尽管现阶段我们还没有完全解开华夏之名由来的谜底，但我们相信，"华夏子孙"将永远是令我们每一个中国人自豪的称呼。

汉字起源真是"仓颉作书"吗

仓颉造字图 汉
西晋卫恒《四体书势》道："昔在黄帝，创制造物。有沮诵、仓颉者，始作书契以代结绳，盖睹鸟迹以兴思也。因而遂滋，则谓之字，有六义焉。一曰指事，'上、下'是也；二曰象形，'日、月'是也；三曰形声，'江，河'是也；四曰会意，'武，信'是也；五曰转注，'老、考'是也；六曰假借，'令、长'是也。"

早在几千年前就产生的汉字孕育和记录了中华民族古老的历史文化，传承了黄土地上悠久的文明。汉字以它独特的形状和用法而在诸多文字中独树一帜，汉字是怎样产生的？又是什么人发明的？对于这个问题，历来有不同的说法，最为流行的是"仓颉造字"说。

关于"仓颉造字"，有个美丽而神奇的传说。仓颉本来是黄帝的史官，他有着四个眼睛，能上观天文，下察地理，还能看到一般人所看不见的东西。黄帝时期，人们都还在结绳记事，这种方法过于简单，没办法将复杂多变的各种情况记录下来，人们往往因为无法正确传达和交流自己的意思，而使农耕生产受到了阻碍。于是关心民生的黄帝就命令仓颉去想办法。仓颉接到命令后，把自己关在洧水河岸边上的一个房子里，天天想得饭都忘了吃，觉都顾不得睡，整天蓬头垢面，还是很长时间也没造出字来。有一天，他站在屋门口的大树下发呆，一只凤凰飞过，把嘴中的果实丢在他面前，仓颉捡起来仔细一看，发现上面有一个从来也没见过的图案，十分美丽。这时有一个猎人经过，看到那个图案就告诉他说那是貔貅的蹄印，与别的兽类的蹄印不一样，而且世界上万物的蹄印都是各不相同的。仓颉从这些话中得到了启发，意识到自己原来造不出字是因为闭门造车的缘故。于是，他周游四方，跋山涉水，看到什么都要仔细地观察和思考，将他们的特征记下来，风花雪月、飞禽走兽、日月星辰都成为他的灵感来源。他将这些灵感的美丽动人的地方整理出来，成为最早的象形字。传说他在造字的时候，天上竟然不可思议地下起米来，夜间听到天地间有野鬼凄厉的哭嚎声。仓颉把他造的这些象形字献给黄帝，黄帝看后非常满意，立即召集九州酋长前来，让仓颉把造的这些字传授给他们，九州酋长们又在各自的部落和领土大力推行。于是，九州大地人们都开始使用这些象形字，这给人们生产生活和交流信息提供很大的方便。

关于这段传说，很多书中有相关的记载，在汉代淮南王刘安著的《淮南子》一书中说："颉作书，天雨粟，鬼夜哭"。汉代最伟大史学家司马迁在《史记》一书中也说："造端更为，前始未有，若仓颉作为……是也。"到了东汉，许慎更是很明确地在《说文解字》中写道："黄帝之史仓颉，见鸟兽蹄迒之迹，知分理之可相别异也，初造书契。"《兖州续志》中说"仓颉，冯翊人，黄帝史官也。生四目，观鸟迹而制字。"此外，为了纪念仓颉造字的功劳，后人还根据传说把河南新郑县城南仓颉造字的地方称作"凤凰衔书台"，到了宋朝时还有人在这里建了一座叫"凤台寺"的庙宇。甚至仓颉的坟墓也有多处，其中文物考古工作者在现在的铜城镇王宗汤村调查发现一处龙山文化遗址，距今约4000余年，据说原来就是被当地人称"仓王坟"，坟前原来还建有"仓王寺"。可以看出，仓颉造字的说法还是很有来历的。

但是如果客观和理性地分析的话，汉字的复杂和多变根本不可能由一个人在一个较短的时间内发明出来。仓颉所处的时代还是原始社会，人们每天风餐露宿，最基本的生活都无法保证，如此低的生产水平和文化水平要发明像汉字这样既是独立发展又有相当久远历史的文字，对仓颉这种原始人来说简直不可能。此外，根据学者的考证，当时的文字有许多异体字，无疑产生于很多人的手中，所以人们认为"仓颉造字"是一种不太可信的说法，可能性大些的是他对这种形体不一的文字进行了整齐划一的工作。荀子就曾经认为：古时候，创造文字的人很多，文字是众人发明的，仓颉的功劳只是在于整理它们罢了。一个很有说服力的考古史实是有人发现西安半坡出土的陶器上有一些刻画符号，笔画简单，距今大约6000年左右，比仓颉造字的时代早1000年。除了仓颉外，还有传说中的神农作穗书，黄帝作去书，祝融作古文，少昊作鸾凤书，曹阳氏作蝌蚪文，曹辛氏作仙人书，帝尧作龟书，大禹铸九鼎而作钟鼎文等等，可以说是各有各的道理。文人学者们为此考证了2000多年，发表了各种看法，但谁也没能压倒对方，成为权威。

但不管"仓颉作书"的真相是怎么样的，不论它是严肃的史实还是美丽的传说，都反映出人们对祖国文字的热爱、对它传承中华民族悠久文化的肯定。正因为人们对那些造字的祖先怀着热烈的感激和景仰，那些动人的传奇才能流芳千古。

绘画的始祖是谁

在世界美术史上，中国画独树一帜。中国绘画的起源可追溯到原始社会，其绘画痕迹留于陶器上的各种花纹、图案上，但现代意义上的绘画并非这些花纹、图案。那么，谁是中国画的始祖？中国画起源于何时？我国有很多关于这个问题的传说，古籍上也对此众说纷纭。

"白阜始作图画说"。《画史会要》中说："火帝神农氏，命其臣白阜，甄四海，纪地形而图画之，以通水道之脉。"白阜是传说中神农氏的大臣，古人在讨论绘画起源诸问题时极少提及此说，因为白阜画的是地形图。

"绘画源于黄帝说"。《鱼龙河图》说："黄帝遂画蚩尤形象，以威天下。"这些可以说是绘画。《云笈七签》又云："黄帝以四岳皆有佐命之山，乃命潜山为衡岳之副，帝乃造山，躬形写象，以为五岳真形之图。"这两者都只能算是画地形图了。

"伏羲氏始作画说"。《周易·系辞上传》云："古者伏羲氏之王天下也，仰则观象于天，俯则观法于地，观鸟兽之文，与地之宜；近取诸身，远取诸物。于是始作八卦，而文籍生焉。"古今都有学者认为，伏羲氏所画八卦的爻象的意义原在图形，因为它们都是象形的。伏羲氏观察天象画出了"乾"，根据大地则画了个"坤"等等。因而伏羲氏所画的八卦乃是中国最原始的绘画。

"绘画始作于史皇说"。史皇是黄帝的大臣。《文选》李善注中说：《世本》云：'史皇作图。'宋忠曰：'史皇，黄帝臣；图，谓图画物象。'"《云笈七签》则称："黄帝有臣史皇，始造画。"说得更为直截了当。在《画史会要》中，黄帝之臣史皇"体象天地，功侔造化"，颇"善鱼"，无一不通，无一不画。黄帝的另一大臣仓颉作文字便是授传于史皇的"写鱼龙龟鸟之形"。

"绘画始于仓颉说"。不仅书法，绘画亦源于仓颉。书画同源是得到我国大多数学者的肯定的。朱德润《存复斋集》云："书画同体而异文……类皆象其物形而制字；盖字书者，吾儒六艺之一事，而画则字书之一变也。"《孝经援神契》中说道："奎主文章，仓颉效象。"宋均注云："奎星屈曲相钩，似文字之画。"意即"屈曲相钩"的文字实际上就是中国最原始的绘画。

"绘画始祖为封膜说"。《画麈》中指出："世但知封膜作画。"意思是说人们只知晓封膜为绘画之祖。但此说没有根据。唐人张彦远见到《穆天子传》中有"封膜昼于河水之阳"之语后，误把"封"当作姓，又将"昼"解为"画"，并用郭璞的注来证实这一误解，很是牵强，有穿凿附会之意，使后人误传世上曾有过"封膜"其人，并说中国绘画之祖就是封膜。此说实为以讹传讹，故而不足凭信。

"敤首为绘画始祖说"。《说文解字》曰："舜女弟名敤首。"敤首是传说中英雄时代舜的妹妹，她曾"脱舜于瞍象之害"，向两个嫂嫂告发了恶徒们欲置舜于死地的阴谋，救了舜一命。《列女传》盛赞她善画，"造化在心，别具神技"。敤首又名嫘或画嫘。正是由于嫘创造了绘画，所以她又叫画嫘。

然而，敤首的绘画事迹，距今年代久远，某些古籍的记载又缺乏有力的根据，往往带有神话色彩，无从查考。中国绘画的始祖也许是黄帝时代的人物，究竟谁属目前仍是个谜。

十二生肖是怎样产生的

"十二生肖"又称为"十二属相"，是用十二种动物为名称的纪时方法。那么，十二生肖的纪年法是如何创立的呢？它又是在什么时候开始的呢？

据传说，在很久很久以前，天上的玉皇大帝为了让人们按时耕作、起息，便想让人们学会纪时。玉皇

十二生肖泥塑 南北朝

大帝想选十二种动物作为十二生肖，按顺序每年一个生肖，每十二年又重新开始一轮。消息传出后，天下所有的动物都想成为十二生肖中的第一位，都愿意作为十二生肖之一。于是动物们纷纷赶往天庭，接受玉皇大帝的挑选。玉皇大帝见动物们如此踊跃，很是高兴，为了尽量做到公平，玉皇大帝让动物们举行了一次比赛，胜者即可入选。老鼠因其机敏灵活，跟巨大的大象博斗时，它钻进了大象的鼻子使大象认输，赢得了所有动物的掌声，并以其聪明灵活被排在了选中的十二种动物的第一位。十二生肖就这样产生了。

但这只是一个生动的神话而已。真实的情况是什么样的呢？早在距今 6000 年前，我国古代人民就通过对天象的观察发现太阳和月亮一年要会合十二次，而每次会合的位置不同。所以古人将太阳运行一圈的轨道分为十二等分，即"十二宫"，以"子丑寅卯"等相配使用，用以纪年、纪日。"天干地支"就是这么产生的，"天干地支"纪时的方法非常方便、实用，但还要用十二生肖与之配合，这是为什么呢？

一些史学家认为，这是一种动物崇拜。以十二生肖纪时的原因是因为古代人民非常崇敬动物，对大自然中各种或活泼或凶悍的动物有一种图腾情结。在漫长的历史过程中，这种图腾情结就与天干地支联系了起来，后来就用于纪时了。

但各种说法都还没有形成一致的定论。今天，我们虽然仍在使用这种纪时方法，但是十二生肖之谜还未被破译。

《吕氏春秋》究竟成书于何年

《史记·吕不韦列传》曾载："《吕氏春秋》布咸阳市门，悬千金其上，延诸侯游士宾客，有能增损一字者予千金。"这便是有名的"一字千金"之说。此书的编纂者

吕不韦是卫国国都濮阳（今河南濮阳西南）人，早年通过经商成为大贾，"家累千金"。庄襄王作了秦王后，拜吕不韦为相，以酬谢其奔走请托的拥立之功。在秦执政期间，吕不韦不但学习信陵君、春申君的养士风气，还学习信陵君使用宾客著书立说的办法，命宾客综合各派学说之长，编成《吕氏春秋》一书。

《吕氏春秋》书影

《吕氏春秋》分三部分，即《八览》《六论》《十二纪》，共 160 篇。至今有关它的成书年代，说法不一。

第一，作于秦八年说。在《吕氏春秋》的《序意篇》中，吕不韦说："维秦八年，岁在涒滩，秋，甲子朔，朔之日，良人问十二纪。"高诱注云："八年，秦始皇即位之八年也。"古人习惯将序作于书作成后，那么，吕不韦自说《吕氏春秋》成于秦始皇即位八年（前 239 年）当然可信。

第二，作于秦十年说。司马迁在《史记·自序》中说："不韦迁蜀，世传《吕览》。"张守节的《正义》说："即《吕氏春秋》。"也就是说《吕氏春秋》成于"不韦迁蜀"之后。司马迁可以用其作《史记·吕不韦传》记载的吕不韦迁蜀的那一段历史证明自己《吕氏春秋》成书于秦十年后的观点，"秦王（秦始皇）十年（前 237 年）十月免相吕不韦，出文信侯（吕不韦）就国河南。岁余，诸侯宾客相望于道，请文信侯。秦王恐其变，乃赐文信侯书，其与家属徙处蜀。吕不韦自度稍侵，恐诛，乃饮酖而死。"司马迁在《史记·太史公自序》中又说："不韦迁蜀，世传《吕览》。"不韦迁蜀在秦十年之后，这一点是很清楚的，而这又与上所证吕氏之书成于秦始皇六年之说不相符。

究竟哪一个说法符合历史的真相，还是一个未解之谜。

《诗经》是否为孔子所编

《诗经》是中国第一部诗歌总集，标志着中国文学史的光辉起点和现实主义文学传统的源头，在中国文学史上占有极其重要的地位。关于《诗经》的作者，说法最多的是被后世尊为"孔圣人"的孔子，"孔子删诗"在众多文献中都有记载。

传说距今 2000 多年前的春秋战国时代，诸侯战乱、群雄割据，各个国家之间天天都上演着硝烟纷飞、刀兵相见的场面，孔子正生活在那个时期，为了传播自己的政治文化信仰，他不辞辛苦，风尘仆仆地带着诸多弟子周游列国，一路上吃尽了各种苦头，但他的理想在祖国鲁国行不通，到齐国也碰壁，到陈、蔡等小国，更不必说了。在卫国，被卫灵公供养，住了较长时间，到了 69 岁时才回到鲁国，目睹统治者的荒淫无道后，他转而从事《诗》《书》《礼》《乐》等六经的整理工作，将大半辈子精力都用于教育和整理古代文献。传说那时礼崩乐坏，人们谈诗的风气早就很少了，但孔子却十分重视《诗》的言志和交谈两种用处，认为《诗》是贵族阶层必不可少的教育科目，但当时流传的诗大部分是"王官采诗"。"采诗"是指周王朝派出专门的使者在农忙季节到各地采集民谣，由周朝史官整理后给天子看，目的是了解民情。但这些诗有好有坏，甚至有造反和淫乐的成分，为此，孔子把 3000 多篇古诗做了大量的删削，只留下 305 篇。强调"不学诗，无以言"，强调"诵诗"要"使之四方"而能"专对"。孔子不但要求弟子学《诗》，还要求于此两方面能够熟练运用。

先秦时人们把孔子删过的诗集称《诗》或《诗三百》，汉朝时儒家将其奉为经典，称为《诗经》，沿用至今。《诗经》收入了 305 篇诗；另有 6 篇只存题目而无内容，叫作"笙诗"。这样实际存在着 311 个题目，305 篇诗。这些诗歌分为 3 部分：风诗 160 首，雅诗 105 首，颂诗 40 首。现在我们看到的《诗经》的内容十分丰富。里面记录了 2000 余年前中华民族古老的祖先们在黄河两岸用质朴的声音吟唱着的一首首优美动听的歌曲。这中间包含了对生活劳动中种种愉悦和磨难的感受，还有追求爱情时的各种纯朴大胆而真实的心声。这些诗大多感情真挚、强烈、质朴、健康。

关于"孔子删诗"的事，孔子在《论语》中是这么说的，"自卫返鲁，然后雅颂各得其所"（自从我由卫国回到鲁国后，诗中的类别雅颂才得到分类归位）。在众多文献中也都有记载，在《史记》中记载得最为完整。司马迁在《孔子世家》中说："古者《诗》三千余篇，及至孔子，去其重，取可施于礼义，上采契、后稷，中述殷周之盛，至幽、厉之缺。……礼乐自此可得而述，以备王道，成六艺。"后世许多文献也都是从这点演化来的。

但是后代一直有人怀疑是否真有孔子删诗的事。《左传》中记载有人在孔子还不到 10 岁时就已看到了定型的《诗经》。唐代的孔颖达认为就算是像《史记》中说的那样，孔子删诗前有很多诗，但从书中引用的诗来看还是删去的少，《史记》中说去了十分之九，恐怕还是不太可能。宋代的朱熹也持同样的看法，有人问朱熹关于孔子删诗的事，他说："那曾见得圣人执笔删那个，存这个？也只得就相信传说去。"清

诗经图 南宋 马和之

《诗经》自诞生之日起，便成为历代艺术家着力表现的题材。在众多的艺术作品中，以绘画为首，其中最为著名的属南宋马和之所绘的《诗经图册》。此图画《诗经·周颂·昊天有成命》的文章大意，人物造型准确生动，笔法古朴流畅，是画家对 2000 年前《诗经》中文学作品的艺术再创作。

朝的崔述也说根据《论语》《孟子》《左传》《礼记》等书的考证，孔子后散失的诗还没有十分之一，所以"由是观之，孔子无删诗之事"。魏源也说："夫子有正乐之功，无删诗之事。"《左传》襄公二十九年载，吴公子季札在鲁国观看周乐，为他演奏的就是国风、小雅、大雅、颂，与今天《诗经》的编次相同，十五国风排列先后的次序也基本和现在《诗经》差不多。当时孔子还是七八岁的小孩，可见《诗经》的编次在孔子以前大体上就是这样，孔子并未删减，也没有做多大的改变。

这些怀疑到近代的古史辩运动时达到了极端，钱玄同甚至从根本上否认孔子与六经之间的关系，钱玄同在1923年在《答顾颉刚先生书》中认为："孔子无删述或制作六经之事……《诗》《书》《礼》《易》《春秋》，本是各不相干的五部书（《乐经》本无此书）……六经的配成，当在战国之末。"钱玄同以怀疑儒家经典奠定了他在中国历史学的地位。古史辩运动对于儒家经典的怀疑，可以说是对两千年来中国文化、学术、政治的核心部分，具有神圣不可侵犯性质的"经"的最后一击。但疑古学派"非圣无法""荒经蔑古"虽然适应了时代的要求，但却又在疑古过程中产生怀疑过头的倾向。但钱玄同的看法也可以作为对"孔子删诗"的又一挑战。

总之，《诗经》编者是谁直接关系着《诗经》在整个儒学系统中的定位问题和渊源问题，因此，有待后世的进一步解答。

端午节吃粽子是为了纪念屈原吗

农历五月五日端午节是我国汉族人民最重要的传统节日之一。这一天人们举办各种各样的活动来庆贺，有句民谣是这样说的："五月五，是端阳。门插艾，香满堂。吃粽子，洒白糖。龙舟下水喜洋洋。"描述的就是那天的种种情景，各家各户要包粽

屈子祠
屈子祠位于湖南省汨罗市汨罗江岸的玉笥山上，始建于汉代，现存规模为清代乾隆二十一年（1756年）重建。祠后有一平顶土丘，俗称骚坛，传说《离骚》就在此地写成。

子，挂菖蒲艾叶，薰苍术白芷，给小孩涂雄黄，尤其是盛大的龙舟竞赛，选手们随着隆隆的鼓声，奋力向前划，河的两岸人们高叫着呼喊喝彩，十分精彩。

但是关于端午节的来历，历来很多争执，归纳起来，大致有"纪念屈原说""恶月恶日驱避说""龙的节日说"这几种说法。

"纪念屈原说"是影响最为广泛的。屈原是战国时期楚国的大夫。他思想高洁，一心想振奋祖国。当时楚国被秦国打败了，国力一蹶不振，连国王楚怀王都被押在秦国达一年多后死在异乡。屈原

十分气愤，他劝楚顷襄王要励精图治，亲贤人远小人，操练兵马，使楚国强大起来。可是他这种抱负却招来了令尹子兰和靳尚等奸臣的仇视，他们在楚顷襄王面前说屈原的坏话。楚顷襄王听信这些谣传，把屈原流放到湘南去了。屈原到了湘南以后，经常在汨罗江边徘徊，他满怀悲愤，感到有生之年再难救国救民了，在写下了绝笔作《怀沙》后，抱着石头投汨罗江自尽了。楚国的人民知道这个消息之后，赶到江边来想打捞他的身体，但都找不到。为了不让水中的鱼虾把屈原的身体吃掉，他们就在江上划着龙舟、敲锣打鼓，希望能将鱼虾赶跑；还用粽叶包米饭，做成粽子，投到江喂给鱼虾吃，希望屈原的身体不要受到伤害。据说这就是划龙舟、包粽子的由来。端午节又因此被叫作"诗人节"。然而，许多盛行于世的端午习俗的历史却比屈原的传说还要悠久。有学者据此推测，端午节或许另有起源。

持"恶月恶日驱避说"的人则认为端午节源于对恶日的禁忌。古人认为五月初五这天是恶日，是普遍现象。根据《史记》中的记载，孟尝君田文就是生在五月初五，他的妈妈认为这天生的孩子要使父亲受灾，让家人把他扔在荒山野地里。东汉的《风俗通义》也有"五月五日生子，男害父，女害母"的说法。东晋大将王镇恶五月初五生，他的祖父就给他起名叫"镇恶"。宋徽宗赵佶从小寄养在宫外，也是因为他是那天生的。而且端午时值农历五月，正是仲夏疫疠流行的季节，俗称"恶月"所以《大戴礼》上说：沐浴啊，就是要去除毒气。所以到现在，在端午节要插菖蒲艾叶来驱鬼，薰苍术白芷和喝雄黄酒来避疫，也就是顺理成章的事。

"龙的节日说"主要是由闻一多先生所提出。在他的文章《端午考》《端午的历史教育》中写道：端午节最重要的两项活动——竞渡和吃粽子，都和龙有关。他还引了吴均的《续齐谐记》中的话作为证明：屈原死后，楚人常将竹筒里倒上米投入水中来祭祀他。一次有人在河中看到自称是屈原的人，并说人们祭祀的东西常常被蛟龙吃了，希望能用树叶包米并系上丝带来吓退蛟龙。竞渡与古代吴越地方的关系很深，当时吴越百姓还有断发文身"以像龙子"的习俗。

此外，还有"纪念伍子胥说""纪念曹娥说""夏至节说"等等各种说法，但都没有压倒性的证据。端午节带着未解的来历被人们世世代代地传承着。

"万岁"何时用做皇帝的专称

我们常在电视上看见大臣称颂皇帝时大呼"万岁"。在中国封建社会里，"万岁"一词是最高统治者的代名词。"万岁"是皇帝的专有称谓，除了皇帝，谁也不敢将自己与"万岁"联系起来。据说北宋大臣寇准出行，途中遇到一个精神病患者"迎马呼万岁"，此事被寇准的政敌上书告发，结果寇准被罢去了同知枢密院事的职位，降至青州任知州。就连明朝权倾朝野的大宦官魏忠贤，也只敢以"九千岁"自居。可见"万岁"这一称谓是被"万岁爷"独占的，一般人是绝对不能使用这个称谓的。那么"万岁"是何时被用做皇帝的专称的呢？

根据学者的考证，"万岁"这个词本来不是皇帝专用的。很久以前"万岁"只是表示人们内心喜悦和庆贺的欢呼语。在西周、春秋时，人们常用"万年无疆""眉寿无疆"等作为颂词和祝福语，传递喜悦与彼此间的祝福。如我国最早的诗歌总集《诗经》中有这样的诗句："跻彼公堂，称彼兕觥，万寿无疆。"这里的"万寿无疆"，就是人们经过一年的辛勤劳作后，举行欢庆仪式上举杯痛饮时发出的欢呼语。此外，西周金文中也有很多这类文字，如"唯黄孙子系君叔单自作鼎，其万年无疆，子孙永宝享"。那时也不是用于对天子的赞颂，表示的只是传之子孙后代之意。随着时间的推移，后来这些颂词、祝福语发展和简化成"万岁"一词。战国时期，人们还在频繁地使用"万岁"一词。"万岁"还没有成为身份的象征。上至诸侯王，下至百姓都在使用它。而且这时"万岁"一词在不同场合还有不同的意思。这一时期，"万岁"有一种意思，即作为"死"的讳称。如《战国策》载，楚王游云梦，仰天而笑曰："寡人万岁千秋后，谁与乐此矣？"据史书上记载，孟尝君曾派门下食客冯谖，前往封邑薛（今山东滕州南）收取债息。但有些贫民实在无力还息，于是冯谖便自作主张，"因烧其券，民称万岁"。可见那时的"万岁"只是一种欢呼语。

长生牌位 清

这是供奉于布达拉宫三界殿内乾隆皇帝像前的长生牌。长生牌曾是为祝福康熙帝而立的牌位，用藏、汉、满、蒙四种文字书写，长年供奉于西藏政教中心所在地布达拉宫，至今保存完好。

那么，"万岁"一词究竟在什么时候归帝王专用呢？史学界意见并不一致，说法不一，有的认为是到秦汉以后，臣子朝见国君时时常呼"万岁"，但这时还不是皇帝的专称。如汉朝礼仪规定，对皇太子亦可称万岁。当时皇族中还有以"万岁"为名的，汉和帝的弟弟就叫"刘万岁"。从汉到唐，人臣称"万岁"的事例，也是不绝于书。到了宋朝，皇帝才真正不许称他人为"万岁"。

目前多数人认为属于皇帝的"万岁"，始于汉高祖。刘邦本来不过是一介贫民莽夫，当登上皇帝宝座后，总觉得应该用一种方式来标榜自己的功德和地位。名臣叔孙通是个很聪明的人，他揣摩到了刘邦的心理，一天，在早朝上，叔孙通就说："皇上，我有事要奏。我认为必须制定一套御用礼仪制度，否则不利于维持天子的尊严。"刘邦十分高兴，连忙问他有些什么想法。叔孙通慢条斯理地将自己的想法告诉给刘邦，其中有一条认为，皇帝是天的儿子，能当皇帝的人都是有天命指派的，所以，汉高祖刘邦临朝时，人们应该一起高呼"万岁"，表示对自己的祝福和敬畏。并且"万岁"应该成为皇帝的专称，一般人不能再用，因为只有皇上才有资格活上万年而不朽。刘邦马上就同意了这套礼仪制度的推行。以后，每次早朝时，"殿上群臣皆呼万岁"，朝廷上下显得井然有序，连刘邦也感到十分快意："吾乃今日知为皇帝之贵也"。从以上的说法可以看出，"万岁"的专称是从刘邦开始延续下去，并和一整套朝廷礼仪连在一起的。这套礼仪被后世不断补充、修订，越来越完善。

还有一种意见认为，汉武帝独尊儒术，"万岁"才被儒家定于皇帝一人的。据说，有一次，汉武帝出外巡游，来到雄伟巍峨的华山，爬到山顶后，一行人在一个庙前休息，突然传来有一种苍老凝重的声音连喊了三声："万岁！万岁！万岁！"，随从们急忙去四处查看，却发现没有什么人，因为皇室出游的地方是不许一般人前来的。庙里的主持说："刚才这三声万岁是山神的呼喊，是对天子的到来表示臣服啊！"汉武帝十分高兴，于是诏令天下人以后不能随便用"万岁"的称呼，只能用在皇帝身上。《汉书》上就写着，元封元年春正月，武帝诏曰："朕用事华山……在庙旁吏卒咸闻呼万岁者三。"十五年后，汉武帝又旧事重提："幸琅琊，礼日成山。……山称万岁"。汉武帝的意思是连山神、山石都得喊他万岁，臣民岂能不呼？从此，宫廷里，宝殿前，"万岁"之声不绝于耳，既然这种称谓已为皇帝独有，其他的人若再用就是对皇帝大不敬，要受严惩的。

到宋朝，"万岁"已经绝对成为"万岁爷"的尊称了。除了皇帝，绝对不允许任何人称"万岁"。"万岁"之称人臣决不可染指。一般百姓如果称了"万岁"，后果更不堪设想。大臣被人误称万岁，要受降职处分，北宋大将曹利用从子曹讷，一次喝醉了酒，"令人呼万岁"，被人告发，杖责而死。

由此可见"万岁"这一称谓是逐步演化成为封建帝王的专称。在这漫长的历史中，至于究竟何时"万岁"被皇帝独占，还是值得进一步探讨的。

预测千古的《推背图》究竟是什么

人类文明的发展历史已有至少五千年，在历史的车轮滚滚前进的同时，现代文明快速发展也伴随着一些人类自身难以解释和解决的问题。对于茫茫难以预测的未来，如果有人或有些事物能揭露其奥秘，一定会引起社会上的轰动。各国的科学家与有识之士都进行了大量的推测，就连好莱坞的大片也对此热衷不已。而中国在这方面也有自己的很多预言，其中最家喻户晓、脍炙人口的，而且也最为扑朔迷离的，当属一千三百多年前，唐贞观年间袁天罡及李淳风合作的《推背图》。

《推背图》是中国比较有影响力的预言之一，由初唐的司天监李淳风和袁天罡共同编写，共六十象，分别预言了从唐朝后发生的主要历史事件。从地域范围来看，涉及中国和外国，如三十八象——噬嗑卦，预言的就是第一次世界大战。据说《推背图》有数个版本，原因是清兵入关后，恐怕有人能预知清朝未来，清廷故意颠倒《推背图》的顺序而制作不同版本流入民间。

对于《推背图》的起源的说法也很神秘。据说，李淳风精通天文历算，有一次他坐观紫微星斗，进行推算，预感到不久将有武则天乱唐的灾难。当他推算得忘了情准备一直推演下去时，突然被另一位术士袁天罡从后面推了一下后背，提醒道："天机不可泄露！"他才就此罢手，不再推算，但这时他已经推到千年之后了。李淳风便把他推算的天机，写成诗歌，并配以图画，通过袁天罡作为奏章呈给了唐太宗。这种事关国家机密的东西当然是不能再让别人看的，可是后来却不知怎么泄漏出来，这就是我们现在看到的所谓的《推背图》。《推背图》不仅把唐数百年间，而且唐代以后的宋辽金元明清的治乱兴衰都预测得分毫不差。真是前无诸葛亮，后无刘伯温！而且最为珍贵的是它的一幅幅插图，把唐以后一千多年的中外服饰也都预测出来了，包括满族的花翎马褂，甚至洋人的西服革履，也预言得惟妙惟肖。从这个意义上来说，人们很难解释得通，为什么唐代的一个术士，能够预测未来的事情，以至于后来的清朝统治者都惧怕它的神奇魔力，不得不通过扰乱视听的方式，破坏《推背图》的版本的完整，来维持自己的统治。

据说一位预言家曾引用《推背图》的预言，证实唐朝的武则天和杨贵妃乱唐之事也被预言中了。《推背图》第二象，谶曰：

累累硕果　莫明其数
一果一仁　即新即故

颂曰：

万物土中生　二九先成实
一统定中原　阴盛阳先竭

预言研究家据此认为，第二象预言的是唐朝女祸灾难。一盘果子是指李子这种果实，即指代唐朝，它的个数是二十一，指的是从唐高祖至昭宣年间共有二十一主。"二九"者指唐二百八十九年。"阴盛者"指武则天当女皇统治大唐，淫昏乱政，几乎危及唐朝的稳固统治。开元之治虽然可以与贞观之治媲美，却由于杨贵妃招来灾祸，女人受到宠幸，以致国乱家毁，所以称之为"阴盛阳先竭"。而这些从中国历史上都能找到证据来证明，从而也愈来愈加剧了人们对《推背图》的向往和崇拜，也增添了《推背图》在人们心目中的神秘色彩。

由上我们不难理解，为什么《推背图》在人们心目中如此有吸引力。的确，在人们心中，《推背图》是一种很神秘的东西，好像它是一本天书，能预知未来，它包含着什么"天机"，预言着未来的社会变迁，而且诗图并茂，在世界上被一些人称之为"中国七大预言"之首，它颇能引起人们的好奇心。但是如果《推背图》真能预知未来，李淳风这个人也太神奇了。他真是历史中确切存在的人吗？是有什么特殊的才能吗？

李淳风确有其人，在《旧唐书》、《新唐书》中都有他的传。他是唐太宗时人，博通群书，精通天文历算、阴阳之学。他曾经主持铸造过浑天仪，编成《麟德历》以取代过时的《戊寅历》，在唐代是一个了不起的天文学家、科学家。另一方面，他在史书中又被塑造成一个预言家，在稗官野史中更成了出阳入阴、兼判冥事的半仙（故事虽然在《西游记》中

《推背图》书影

《推背图》作为千古奇书，从诞生之日起，便充满了神秘的色彩，常沦为禁书。宋代和清代的统治者更是将其中的内容倒置、混合甚至篡改以扰乱视听，达到控制人心，巩固统治的目的。

为大家所知，但最早却是见于唐人的笔记《朝野金载》）。后来，由于他预测武则天乱唐之事，激怒了唐太宗被杀。由此可见，所谓预言书的作者的真伪更多的是文学家的描绘多一点，而他本身的真实情况也因此变得扑朔迷离。

再加上长期以来，《推背图》一直被当成禁书，不要说市面上不能出售，就是家里私自收藏和传阅也是违法的。人们往往有这样一种心理，对于一些"禁"的东西，兴趣愈浓，所以越是不让看的书就越是感到神秘，这样一来二去，反而不少人心里真的认为《推背图》中藏着什么天机。这从另一方面也加剧了《推背图》的神秘。但不论怎么讲，《推背图》反映了中国传统文化的瑰丽灿烂，反映了中国传统文化的博大精深和神秘。

宋真宗年间的"天书"之谜

北宋真宗年间，据传有"天书"突现泰山，乃降"祥瑞"。此事是真是假，已成为千古之谜。

史载，宋辽建立"澶渊之盟"后，畏敌如虎的宋真宗回到开封。在宋辽对峙的情况下，宋朝如何维持自己的政权呢？奸臣王钦若欺骗宋真宗说："戎狄之性，畏天而信鬼神，而今不如大搞符瑞，请天命以自重，戎敌便不敢轻视宋朝了。"他建议宋真宗"封禅"，说这是"镇服四海、夸示戎狄"的"大功业"。这正合崇尚迷信的宋真宗之意。大中祥符元年（1008年）宋真宗想东封泰山，任命王旦作封禅大礼使，王钦若作经度制置使，陈尧叟、冯拯分别作礼仪使，宦官周怀政负责在泰山营建行宫，为东封作有关的准备。此时王钦若上奏，说自古以来，必须天降祥瑞，才能封禅。祥瑞即指河出图、洛出书、醴泉涌、甘露降、芝草生、佳谷现等种种灵异之事，据说乃上天有意降下的吉祥征兆。真宗正为难，王钦若又道，无人知晓上天何时降下祥瑞，所以祥瑞亦可人造。《易经·系辞》所载河图洛书并非实有其事，不过以神道设教罢了。真宗心领神会。

正月的一天，宋真宗对大臣们说："朕于去年十一月在梦境中看到仙者，说这个月会有天书出现在泰山。"几天后，王钦若对宋真宗说："泰山脚下有醴泉涌出，泉旁出现了'天书'。"事实上，这是王钦若在迎合宋真宗。当时还在修建行宫的周情政，却拿着自造的泰山"天书"没日没夜地赶回京师，献给真宗，宋真宗亲自到含芳园奉迎泰山天书，还让送天书的功臣周怀政得到了高官厚禄。此"天书"为一书卷，上有泥封、丝结。内书"赵受命，兴于宋，付于恒。居其器，守于正。世七百，九九定"等等善祷善颂之语。意为大宋江山永不倾倒。天瑞即降，十月，真宗开始东封，周怀政和皇甫继明拿着"天书"在前面，真宗在大批侍卫保护下，经过澶州、郓州来到泰山，到了山门，因为山路崎岖危险，只能下去走。登上岱顶，祭祀了昊天上帝，而且将"天书"陈放在圜台的左边，祭礼结束后，群臣高呼万岁，声音回荡在山间。下山后真宗又宴请大臣们，群臣皆加官晋爵。

就在满朝文武庆贺"封禅"时，有大臣劝告真宗节省开支、勤于政事。但真宗不听劝阻，执意于大中祥符四年（1011年），率领文武百官到河中府汾阴祭祀后土。大中祥符五年（1012年），真宗说他又梦见玉皇大帝授予"天书"。于是大设道场，在京师建景灵宫，供奉玉皇大帝。一时间，朝廷内外乌烟瘴气。

宋真宗整日不问政事，热衷于祭祀天地鬼神的迷信活动，这标志着北宋上层机关腐化，政治趋向形式化，北宋自此埋下了走向衰落的隐患。1126年，金国率兵南侵，掳走徽、钦二帝，宣告了北宋的灭亡。

《满江红》的作者真是岳飞吗

岳飞是南宋抗金卫国的名将，骁勇善战，在南宋初期抗金战争中屡建功劳。他一生征战，反对投降，代表了广大人民矢志抗金，执着地追求收复失地、报仇雪耻的愿望。

绍兴六年，岳飞从鄂州移军襄阳北伐，一路上，顺利地收复了伊（阳）、洛（阳）、商（州）等州，大军围攻陈、蔡地区。但是，这次北伐，虽然五战五捷，却因钱粮不继抽回，而未能成功。岳飞面临着这种极其困难的处境，只好中途折回。岳飞的满腔热血沸腾起来，他想起自己从戎报国、风尘仆仆地转战在南北各地的战场上，虽然已经得到了节度使的荣誉与少保的官位，但是，这与自己追求的收复失地、报仇雪耻的壮志相比，个人的高官厚禄算得了什么呢？岳飞情不自禁写出了千古绝唱——《满江红》：

怒发冲冠，凭栏处，潇潇雨歇。抬望眼，仰天长啸，壮怀激烈。三十功名尘与土，八千里路云和月。莫等闲，白了少年头，空悲切。

靖康耻，犹未雪，臣子恨，何时灭！驾长车，踏破贺兰山缺。壮志饥餐胡虏肉，笑谈渴饮匈奴血。待从头，收拾旧山河，朝天阙。

人们一直以为这首豪气冲云天的词是岳飞所作。而近代学者余嘉锡却对《满江红》的作者是岳飞提出了疑问。他认为有两点值得怀疑：

疑点之一是这首词最早见于明代嘉靖十五年（1536年）徐阶编的《岳武穆遗文》，在岳飞去世（1142年）后，这首词从来不曾见于宋、元人的记载或者题咏跋尾，为什么会突然出现在400年后的明代中叶呢？这是令人生疑的。

另一个可疑之处是岳飞孙子岳珂所编《金陀粹编·家集》中没有收录这首词。岳飞的儿子岳霖和孙子岳珂，曾费尽千辛万苦、不遗余力地搜求岳飞遗稿，但在他俩所编的《岳王家集》中，却没有收录这首《满江红》，而且31年后重新刊刻此书时，仍然没有收录该词。如果真是岳飞所作，怎么会没有收入呢，岂不怪哉？据此，余嘉锡认为《满江红》可能不是岳飞所作，而是明代人的伪托。

继余嘉锡之后，20世纪60年代后期，夏承焘写了一篇《岳飞〈满江红〉词考辨》的文章，他除了赞同余嘉锡的怀疑外，又从词的内容上找出了一个新的证据，即"贺兰山缺"的地名有问题。他认为岳飞伐金要直捣的黄龙府，在今吉林省境内，而贺兰山却在今内蒙古河套之西，南宋时属西夏，并不是金国土地，这首词绝非是岳飞所作。

针对上述论断，一些学者又提出了不同的看法，认为不能轻易怀疑《满江红》的真伪，岳飞的确是《满江红》的作者：岳珂的《金陀粹编·家集》中没有收录此词，是当时复杂的政治局势使然，岳飞遭人陷害冤死时，他

岳王庙内正殿

所有的奏议、文字都遭毁弃，岳珂没能及时发现此词；历史上也有很多重要篇章是在当时被遗漏或湮没后重见天日的，古代的私人藏书，往往被视为珍宝，不想宣泄外人，因而某些珍藏的典籍手稿不可能都有记载；至于词中的"胡虏""匈奴""贺兰山"等都是借古喻今，并不是实指，不能简单地当作是违背地理状况。

《满江红》这首耀煌古今、激动人心的爱国名篇究竟是否出于岳飞手笔？学者们各持己见，尚难统一观点。但是不管作者是谁，这首词抒发了作者"精忠报国"的怀抱，表现了这位英雄不愿虚度年华，迫切希望建立功名事业、报仇雪耻及收复国土的雄心壮志。风格豪迈悲壮，音调激昂，可谓"千载后读之，凛凛有生气焉"。

武当拳的始祖是张三丰吗

"北崇少林，南尊武当。"武当派是我国古代一支重要的武学门派，与著名的少林派齐名。两派并称中华武术的两大主脉。武当派武功的特点是以静制动，以柔克刚。武当派的源流却十分复杂，引起众多人士的争论。

据研究，武当派共有四大派，即正乙派、全真派、玄武派、三丰派。

武当正乙派，一般不外传，是武当山本宫龙门内部传接的一派。正乙派的"武当太乙揉扑二十三式"曾被金子弢先生向世人披露过。当年他向他的师傅李合林道长发誓不以此传人，才学得此拳。李合林道长称明弘治年间（1488～1504），由本宫龙门及道门流派中的吐纳、导引、技击等融炼而成这"武当太乙揉扑二十三式"。此派要求做到"心息相依，腰随胯转，运行匀缓，动静自如"，"行与蛇之行，劲以蚕作茧，""辨位于尺寸毫厘，制敌于擒扑封闭"。从技击角度看，幅度较小，行动较慢。虽然后人不断更新此武功，但它仍具有很强的古典特征。

武当全真派与玄武派都有许多拳术、剑术。众所周知的八卦掌、太极拳、形意拳以及鱼门拳、猿猱伏地拳、六步散手等民间珍贵拳种均包括在内；剑术有武当剑、白虹剑等。这一派传授之人众多。现存疑问颇多，如太极拳是否发源于陈家沟，董海川是否创立了八卦掌等等。

张三丰像

历来认为武当派的鼻祖是武当三丰派。《武当拳术秘诀》云："本武当三丰之要诀，为武当之正宗。"1928年秋，万籁声先生所著《武当汇宗》谓："武当宗洞玄真人张三丰祖师。"裴锡荣、李春生主编的《武当武功》一书，也说是明代张三丰创立了武当武术。经过数百年的演变，武当武术由最简单的"八门五手"的十三势拳而发展今天，拥有众多门类，包括太极拳、八卦掌、形意拳、武当太极拳、武当八极拳、武当剑、玄武棍、三合刀和龙门十三枪等。

有人在对史料中的张三丰进行了考证研究后，却指出武当的祖师并不是明代道人张三丰，而是源于少林派。

经过武当拳法研究会和一些专家在1999年初开始的潜心挖掘整理，100多个武当拳法门派和500多种拳谱得到基本确认。几年中，武当拳法研究会和武汉体育学院的一批专家深入到民间考察，通过探访、召开武术名家座谈会等多方搜集资料，并查阅了成堆史料和数百件碑拓笔记。整理的资料总计1000多万字。他们从以上史实资料中得出武当祖师张三丰历史上确有其人，并认为，在他提出的"守内、崇实、修性、健身"的原则指导下，武当拳运用"太极说""阴阳说""五行说"等进一步发展，形成了"顺其自然、以静制动、技进于道"的特点，也进一步完善了武当派的独特理论和技术体系。

《永乐大典》正本流失何方

《永乐大典》是我国文化史上最早且最全面的一部百科全书，而且是迄今为止世界上最大的古代百科全书。明代永乐年间，明成祖朱棣命解缙、姚广孝前后用了5年时间编辑《永乐大典》，参加编写、撰稿、圈点的文人多达3000多人。《永乐大典》全书共22877卷，凡例、目录60卷，装订成11095册，3.7亿字。然而，这么一部重要的百科全书，在嘉靖年间重录之后，它的正本已丢失，委实奇怪。后人的有关记载又众说纷纭，而且以讹传讹，成了中国文化史上一件重大谜案，至今也没有形成定论。后人对《永乐大典》正本下落提出了种种看法和疑问。

有一种看法认为，随明世宗将此典殉葬于永陵。理由有3条：其一，从明世宗厚爱《永乐大典》来看，在明代帝王中，曾阅读过《永乐大典》的，不过明孝宗、明世宗两人。明孝宗曾命录《大典》药物禁方赐御医房诸臣。和孝宗比，世宗则更爱《大典》。据《明世宗实录》载：他"几案间每有一二帙在焉"，"按帙索览"；嘉靖三十六年（1557年）宫中失火，世宗连夜多次下命令抢救《大典》，之后又决定"重录一部，贮之他所，以备不虞"。由于明世宗对《永乐大典》视为珍宝，所以正本极有可能为其殉葬于永陵。其二，在明代，有用生者平时喜爱的书籍殉葬的习惯，如20世纪60年代山东发掘朱元璋子鲁王朱檀墓，发现殉葬的有《黄氏补千家集注杜工部诗史》等典籍；20 世纪 70 年代上海郊区发掘的明墓中有成化本的《白兔记》等。明世宗在位时间很长，又极爱《大典》，用《大典》正本殉葬的可能性自然也极大。再者，从永陵的建筑特点来看，其工程甚为宏伟，超过明代诸陵，以其建筑规模，也存在将《大典》正本殉葬的可能。

还有一种观点认为，《大典》正本藏于皇史宬夹墙说。此说以著名历史学家、山东大学历史系教授王仲荦先生为代表。王先生对《永乐

《永乐大典》书影

大典》素有研究，他始终认为"正本没有亡毁，我怀疑藏在皇史宬夹墙里"。皇史宬是修成于明世宗嘉靖十三年（1534 年）专门存放《实录》《圣训》及《玉牒》等的皇家档案库。而皇史宬的建筑，包括门、窗、大梁全用砖石修葺，殿基耸出地面，具有防火防水的功能。因此，《永乐大典》正本有可能藏于皇史宬夹墙内。

还有一种看法是《永乐大典》正本毁于明亡之际。坚持这一看法的人很多，以郭沫若署名的《影印〈永乐大典〉前言》为代表。郭沫若说："明亡之际，文渊阁被焚，正本可能即毁于此时。"

由于史籍没有明载《永乐大典》正本的下落，后人也在此问题上又有种种猜测和臆想，所以正本至今下落不明。要弄清它到底行踪何处，看来只有借助考古发现了。

谁是《金瓶梅》的真正作者

《金瓶梅》是一部惊世奇书，也是"明代四大奇书"之一，还被清代小说点评家张竹坡誉为"第一奇书"。它借《水浒传》中"武松杀嫂"一节引出以西门庆为主角的一段市井生活，借宋代的人物暴露明代社会的腐败。一般认为书名是以西门庆三个重要女人名字中的各一个字拼凑成的。"金"指潘金莲，"瓶"指李瓶儿，"梅"指庞春梅。这本书思想内容丰富、艺术手法娴熟，但是它问世时，作者并没有署上自己的真实姓名，所以学者们对它的作者问题始终抱有很大的兴趣，以至《金瓶梅》的作者到底是谁，迄今仍然无定论。

《金瓶梅》的作者署名"兰陵笑笑生"，但其真名实姓考证至今并无定论，作者是何方人氏也说法不一。因为作者声称写的是山东地面的人和事，署名中又有"兰陵"字眼，加之作品用语基本上是北方话，所以多认为是山东人。有的研究者认为作者是李开先。李开先是山东人，嘉靖进士，40 岁罢官回家，他的身世、生平和对词曲等市井文学的极深的爱好和修养与前人对《金瓶梅》的说法不谋而合；作品本身也证明它同李开先关系密切；李开先的作品《宝剑记》也是用《水浒》的故事，把《金瓶梅》和李开先的《宝剑记》作比较，就会发现不少相同之处。所以《金瓶梅》和《三国演义》《水浒传》《西游记》一样，都是在民间艺人中长期流传之后，

《金瓶梅》故事图 清

此是清初人依据《金瓶梅词话》第六十三回所绘的图画。画面中央艺人正在表现海盐腔，右下方的伴奏乐队有提琴、三弦、笙、笛、云锣等乐器，两旁是饮酒看戏的宾客，左上方是掀帘看戏的女眷。

经作家个人写定的，而这个写定者就是李开先。还有人认为作者是另一个山东人贾三近，他是嘉靖、万历年间大文学家，因为《金瓶梅》一书从头到尾贯穿了大量的峄县人仅用的方言俚语，峄古称兰陵，从贾三近的生平事迹，以及宦游处所、人生经历、嗜好、著作目录等方面看，他是最接近"兰陵笑笑生"的一个人。

最流行的看法则认为，嘉靖年间的大文学家王世贞是《金瓶梅》的作者。王世贞，字元美，号凤洲，又号弇州山人，是南京刑部尚书，也是明代著名的文学家、史学家。王世贞才学富赡，文名满天下，与李攀龙、谢榛等合称为"后七子"。在前后七子中最博学多才。李攀龙去世后，他独领文坛20年。《明史》称他"才最高、地望最显，声华意气，笼盖海内"。

他为官清正，不附权贵。东林党杨继盛被严嵩陷害下狱，他经常送汤药，又代杨妻草疏。杨被害后，他为杨殓葬；父亲被严嵩陷害，他作长诗《袁江流钤山冈》和《太保歌》等，揭露严嵩父子的罪恶。他精于吏治，乐于提拔有才识之人，衣食寒士，不与权奸同流合污，受时人推重。

据说他作《金瓶梅》是想为父报仇，王世贞的父亲因献《清明上河图》的赝品，被人识破，因而得罪权臣严嵩和严世藩父子，最后被残害致死。王世贞为报父仇，特作小说《金瓶梅》献给严世藩投其所好。书的内容隐射严嵩父子，揭露他们的种种丑行，而书上又涂有毒药，当严世藩读完此书后就中毒而死了。

但是著名学者吴晗率先对这个观点提出质疑，他查阅了大量的正史、野史、笔记，以翔实的史料作为依据，推翻了前人据以立论的主要依据——《清明上河图》与王世贞家族的关系，得出历史上的王世贞之父并不是因为献假图被害，严世藩也不是因为中毒而身亡的结论，否定了《金瓶梅》为王世贞所作的传统看法。吴晗还从书中大量运用的"山东方言"这一点来看，认为王世贞虽然在山东做过三年官，但是要像本地人一样用方言写出这样的巨著是不可能的。他还明确指出，《金瓶梅》应为万历十年至三十年的作品，作者绝不可能是王世贞。有不少研究者也撰文支持吴晗的观点。

20世纪80年代，国内开始有语言学家发表文章对作者的山东籍贯表示怀疑，理由是作品中有不少用语是当今山东方言所没有的，反而在吴方言区经常用到，于是大胆设想作者有可能是吴方言区人。30年代时，英国汉学家阿瑟·韦利就曾提出《金瓶梅》作者是徐渭这一说法，在60多年后的今天却被绍兴文理学院讲师潘承玉新近出版的《金瓶梅新证》给证实了。

潘承玉的《金瓶梅新证》首先从时代背景推断《金瓶梅》成书时代为明嘉靖末延续至万历十七年稍后，而这正与徐渭的生活时代相吻合。从地理原型、风俗、方言等诸角度多层面来看，小说与绍兴文化也有很深刻的联系，根据《金瓶梅》是一部"借宋喻明"、"借蔡讽严（嵩）"之作的定论，指出当时正是绍兴形成了全国第一个反严潮流，披露了徐渭与陶望龄以及沈炼为代表的一大批"反严乡贤"鲜为人知的史实，从沈炼正是被严嵩迫害致死，断言徐渭是因感于乡风，感于沈炼的冤死愤慨而作《金瓶梅》。另外，徐渭在晚年曾暗示过他花40年心血而完成了一部长篇小说。而《金瓶梅》的措辞用语、文风都与徐渭十分吻合。另外，从作者写作《金瓶梅》的特殊心态，也跟徐渭的遭际一脉相承。

中国古典文学名著《金瓶梅》问世400多年来，作者究竟是谁？创作背景怎样？笑笑生究竟是何人，还是一个未解的谜，这一连串疑问仍像重重迷雾笼罩，等待后人的解答。

高鹗续写了《红楼梦》吗

《西游记》《水浒传》《三国演义》以及《红楼梦》并称为我国古典文学的四大名著，其中又以《红楼梦》成就最高，达到了我国古典文学的顶峰。《红楼梦》成书至今已有200余年的历史了。作为我国最重要的一部小说，它不仅感动了中国人，也得到了世界人民的重视与喜爱。《红楼梦》有各种不同的版本，数十种续书，流传到世界各国。

长期以来，人们普遍认为曹雪芹只写了《红楼梦》的前80回，后40回是清代文人高鹗所写。然而由于《红楼梦》的成就如此之高，人们对它的热爱如此之深，曹雪芹心中的《红楼梦》的后40回究竟如何，一直成为文学界乃至热爱"红楼"的人的一大遗憾。

"高鹗续书说"最早是由我国大学者胡适提出来的。他最早看到《红楼梦》的时候，认为小说的诗词是在暗示人物的命运和结局，但是看到后来，有些人物的结局并不按照诗词所预言的那样。所以他提出小说的前80回和后40回有矛盾，进而猜测《红楼梦》可能是由两人所写。同时，经他考证，高鹗的同年进士张船山在《赠高兰墅鹗同年诗》题解中写道："传奇《红楼梦》后四十回俱兰墅所补。"于是胡适便将补书的作者认定是高鹗。这种观点提出后长期被人们接受，

大观园图（局部）清

也就是很多人普遍认为《红楼梦》后 40 回是由高鹗所写的原因。对于高鹗补写后 40 回，也有不同的说法。一种说法是高鹗根据自己的喜好编出自己喜欢的后 40 回，自娱自乐，还有一种说法更可笑，那就是高鹗奉清廷的要求，修改和续写"红楼"，所以在思想上必然受到约束。

然而，随着对内容的进一步研究，很多学者、专家认为高鹗不可能续后 40 回《红楼梦》。首先，从高鹗的生平来看他不可能续写《红楼梦》：高鹗，字兰墅，一字云士，清代文学家。因为他酷爱小说《红楼梦》，所以自取别号"红楼外史"。他是汉军黄旗内务府人，祖籍铁岭（今属辽宁）。他于乾隆五十三年（1788 年）中举人，六十年（1791 年）中进士。据胡适考证，高鹗续写"红楼"的时间是在 1791 ~ 1792 年，只有两年的时间。然而，这么短的时间，高鹗可能写出占原书一半篇幅的后 40 回吗？高鹗怎么可能求取功名的时间里花如此多的精力续写《红楼梦》？这显然是件不合情理的事情。其次，高鹗续写"红楼"的时候，真本的《红楼梦》并没有完成太久，可能根本就没有消失，只是零散不全，需要补充，那么高鹗何必又要舍弃原来的而自己另写后 40 回呢？难道他想替曹雪芹干活，自己做无名英雄吗？

而且据我国的红学专家周汝昌老先生考证，《红楼梦》的结果不是高鹗所续的那样，而是在大抄家后，贾府全家败落，在贾环及赵姨娘等的密告下宝玉和凤姐入狱，后来被小红（红玉）和贾芸搭救，凤姐因此心力交瘁而亡，宝玉沦为更夫时宝钗也已郁郁而亡。在抄家前黛玉与湘云投湖自尽，后来史湘云被搭救，沦落风尘。最后与宝玉邂逅二人结为夫妻。这才是故事真的结局。这么说，高鹗续书又何必两头不讨好呢？

我们再来看看曹雪芹。传说他曾"披阅十载，增删五次"，这说明《红楼梦》很可能本来就已经写完了，只是一些原因，我们没有看到后 40 回。那么高鹗是否真的续写后 40 回呢？

目前，一些专家学者认为高鹗不仅没有续写后 40 回，而且现存的红楼梦都是曹雪芹本人所写。据他们考证，将 1959 年山西发现的《乾隆抄本百廿回红楼梦稿》（简称《红楼梦稿》）与其他所有版本进行了比照，发现《红楼梦稿》才是曹雪芹的手稿本，而其他所有版本都是曹雪芹在这部稿本上一边修改一边由不同的人抄录出去的。只是由于全书修改的时间很长，抄出去的版本很多。另一方面，从语言上来考证，全书 120 回通用的语言风格都是南京话，而东北人高鹗是写不出来的。况且，"红楼"中的人物是变化发展的，不一定与诗词的预言发生矛盾。

无独有偶，一位计算机专家从数学统计方面入手，在语言风格上，通过计算机的统计、处理、分析，也对《红楼梦》后 40 回由高鹗所作这一流行的看法提出了异议，认为 120 回都是曹雪芹所作。

《红楼梦》后 40 回到底是由谁续写的？也许这并不重要，正如断臂维纳斯的完美之处，因为不完美而完美，后 40 回是给读者留个想象空间。到底是谁误读了《红楼梦》？高鹗是否钻了只有 80 回的这个空子？他是否真见到了 80 回以后的残稿？到底他的 40 回续书，和雪芹真书有无关系？这成了一个历史之谜，不过也正是因为后人的续写，才使得《红楼梦》这一经典成为一部有始有终的完整作品。

奇域之谜

　　人们总是对陌生的、神秘的未知疆域充满好奇，而对这些神秘的境域，世界各国的科学家有着怎样的认识、研究和探索呢？又有哪些最新成果已经或即将公之于世？还有哪些新生的神秘境域是你所不知的呢？

扑朔迷离的太湖成因

　　美丽的太湖位于风景如画的江苏无锡，古称震泽，是我国长江中下游五大淡水湖之一，水面达 2400 平方千米。

　　太湖的水域形态就像佛手，作为江南的水网中心，太湖蕴藏了丰富的资源并孕育了流域内人们的繁衍生息，自古就被誉为"包孕吴越"；历代文人墨客更是为之陶醉，留下了许多脍炙人口的诗句。太湖风光秀丽，物产富饶，附近的长江三角洲河网纵横，湖荡星罗棋布，向来是中国的鱼米之乡。太湖四周群峰罗列，出产的碧螺春名茶与太湖红橘，在古代就是朝廷的贡品。太湖里还富有各种各样的水产品，其中的太湖银鱼，身体晶莹剔透，肉质细嫩，是筵席上的美味佳肴。

　　然而，就是这样一个兼具秀丽风景和浩渺壮阔气派的饮誉中外的太湖，关于它的成因，直到今天还争论不休。

　　早在 20 世纪初，我国地理学家丁文江与外国学者海登施姆就认为，是大江淤积导致了太湖的形成。他们指出，在 5000 年前江阴为海岸，江阴以东、如皋以南、海宁以北，即包括太湖地区在内都是长江淤积的范围，这是最初对太湖成因所做的理论上的描述。

　　发展到 20 世纪 30 年代，由于在湖区地下发现有湖相、海相沉积物等，所以学术界对太湖的形成有了较成熟和系统的看法。著名的地理学家竺可桢与汪胡桢等提出了泻湖成因论，泻湖论在以后又不断被充实进新的内容。德国人费师孟在 1941 年提出，经太仓、嘉定外冈、上海县马桥、金山漕泾，直至杭州湾中的王盘山附近，为一沙嘴组成的冈身，是公元 1～3 世纪的海岸线。以后经对位于冈身的马桥文化遗址下的贝壳碎屑进行碳 –14 测定，基本上公认冈身是 6000 年前的古海岸线。

　　华东师范大学海口地理研究所的陈吉余教授等在总结前人研究的基础上，发展和完善了泻湖论。该论点主要依据太湖平原存在着海相沉积来推断，认为因长江带来的大量泥沙逐渐在下游堆积，使当时的长江三角洲不断向大海伸展，从而形成了沙嘴。以后沙嘴又逐渐环绕着古太湖的东北岸延伸并转向东南，与钱塘江北岸的沙嘴相接，将古太湖围成一个泻湖。后来又因为泥沙的不断淤积，这个泻湖逐渐成为与海洋完全隔离的大小湖泊，太湖则是这些分散杂陈的湖群的主体，又经以后的不断淡化而成为今日的太湖。

近年来，随着对太湖地区地质、地貌、水文、考古和文献资料等方面的不断研究，尤其是几十处距今 5000 ～ 6000 年前的新石器时代遗址，以至汉、唐、宋文化遗物的发现，许多研究者对泻湖论中所存的问题提出了质疑。认为在海水深入古陆地的过程中，虽然是一边冲蚀，一边沉积，但这种情况对于整个古陆地来说是不平衡的，有的地方虽有泻湖地貌的沉积，但它不具整体意义。因此，泻湖论虽然可以解释太湖平原的地形和地质上的海湖沉积，但难以解释何以在太湖平原腹地泥炭层之下以及今日湖底普遍有新石器遗址与古生物化石的存在，同时这也与全新世陆相层的分布范围不符。许多人因此提出，太湖平原大部原为陆地，所以古代居民能够在上面聚居生存。

据推测，大约在 6000 ～ 10000 年前，太湖地区是一片低平的平原，人们曾经在这里生活和居住过。由于地势较低，终于积水成湖，人们还没有来得及搬走他们的家当，就被洪水淹没了。

至于太湖这片洼地的形成，他们认为和这里的地壳运动有关。太湖地区可能一直是一个地壳不断下沉的地带，由于地势低洼，从四面八方汇来的流水不能及时排出去，自然就形成了湖泊。

太湖的"平原淹没说"还没有得到更多的传播和响应，又一种成因说突然出现了。最近，一批年轻的地质工作者们，用全新的观点来解释了太湖的形成。

他们大胆地假设，可能是在遥远的古代，曾有一颗巨大无比的陨石，从天外飞来，正好落在太湖的位置上。也就是说，偌大的太湖竟然是陨石砸出来的！他们估计，这颗陨石对地壳造成的强大冲击力，其能量可能达到几十亿吨的黄色炸药爆炸产生的能量，或者等于 10 万颗在日本广岛上空爆炸的原子弹的能量。

提出"陨石冲击"假说的年轻人，列出了如下几个方面的证据：

第一，从太湖外部轮廓看，它的东北部向内凹进，湖岸破碎得非常严重；而西南部则向外凸出，湖岩非常整齐，大约像一个平滑的圆弧，与国外一些大陆上遗留下来的陨石坑外形十分相似。

第二，研究者在调查中发现，太湖周围的岩石岩层断裂有惊人的规律性。在太湖的东北部，岩层有不少被拉开的断裂，而西南部岩层的断裂多为挤压形成。这种地层断裂异常情况只有在受到一种来自东北方向的巨大冲击时才会出现。

第三，研究者还发现，成分十分复杂的角砾存在于太湖四周，在显微镜下观察这些岩石，其中还可以看到被冲击力作用产生的变质现象。另外，他们还在太湖附近找到了不少宇宙尘埃和熔融玻璃，这些物质只有在陨石冲击下才会产生。

由以上的证据，他们推断，这颗陨石是从东北方向俯冲下来的。由于太湖西南部正好对着陨石前下方，冲击力最大，所以产生放射性断裂，而东北部受到拉张力的作用，形成与撞周方向垂直的张性断裂。由于陨石巨大的冲击力，造成岩石破碎，形成成分混杂的角砾岩和岩石的冲击变质现象。

可见，目前对太湖的成因还没有形成统一的认识，但所有这些不同的观点，都有助于推动人们作进一步的调查和研究。随着不断地深入探究，相信人们最终一定能揭开扑朔迷离的太湖成因之谜。

大明湖形成之谜

大明湖位于山东省省会济南市内，旧城之北。大明湖呈东西长、南北狭的扁矩形，南面紧邻济南市中心区。湖周长4千米多一点，面积46.5公顷，约占济南旧城的1/4。

济南市位于鲁中南山地北部与华北平原的交接带上，北面有黄河流过，南面紧接泰山的前山带。所以这座城市正好处在一个凹陷中，而大明湖正居于凹地的底部。虽然只是一个天然的小湖泊，但却以其

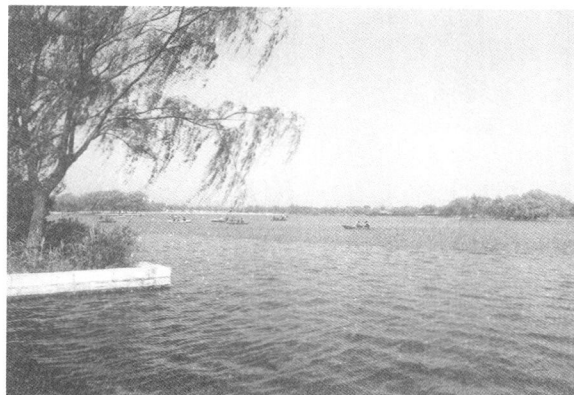
大明湖风光

美丽可爱而蜚声国内。一般而言，在城市里有一个封闭式的湖非常罕见，其成因肯定是非常特殊的。大概从什么时候起、在怎样一种情况下形成的这个美丽湖泊，我们还无法确定。

大明湖是一个由泉水在低地上汇集所形成的湖泊，湖水源主要靠南侧山麓的泉水补给。以前济南的名泉如趵突泉、黑虎泉、珍珠泉、五龙潭泉四大泉群的水或直接或间接汇入湖中，今天这些泉水大多数已经不再补给大明湖的水源，仅有珍珠泉、芙蓉泉、泮池、王府池诸泉仍注入湖内。湖水从东北隅汇波门流出，会合护城河水，流入北面的小清河，注入渤海。

这种特殊的现象，在我国还不多见，大概只为济南这样的"泉城"所特有。古时候，济南被称为"泉城"——"齐多甘泉，甲于天下"。这个古来著名的泉城究竟有多少泉水？过去说它的城内外有72处，其实远不止此数。据新中国成立后实地调查，仅在济南市区就有天然泉水108处。诸泉汇聚于地势低下的城北，形成一片广大的水域。今天这片水域的许多部分已填塞成为市街，而大明湖是留下的最大水面。济南为何如此多泉，这同它的水文地质条件有关。

科学家们认为，泉水跟倾斜的岩层也许有很大关系。济南处在石灰岩和岩浆岩这两种不同岩性的构造接触带上，这恰好为泉水形成和出露提供了有利条件。济南的南面有绵延的小群山，如千佛山等都是由厚层的石灰岩构成的，岩层略向北倾。石灰岩层内大小溶洞和裂隙很多。山地降水渗入地下，积蓄在其中，积蓄的水多了就顺着倾斜的岩层和裂隙向北流动，当流到济南北面时，遇到了组成北面丘陵的不透水岩浆岩的阻挡，便停滞下来，成为承压水，它一遇到上面地层薄弱的部分便冒

出地面，成为大大小小的涌泉。而大明湖所在地正是济南北部最低洼处，众泉汇聚，所以成为湖泊。

大明湖在历史上变化很大。北宋以后，由于人类活动频繁，生态有所恶化，古大明湖已逐渐堰塞，现在的大明湖是由古大明湖东面的一片水域，即历水陂演变而来的。在新中国成立前，社会的动荡和贫困使大明湖黯然失色，失修的湖内多为杂乱的湖田，湖边为坍塌的泥岸，岸边道路泥泞不堪。新中国成立后，疏浚了湖底，用石头砌成湖岸，对环湖大道及各种建筑都进行了修整。此外，还添设了新景点、新设施，又恢复了"四面荷花三面柳"的风貌，这样，这处著名的游览胜地重新焕发出青春的光彩。

黄果树大瀑布的成因是什么

黄果树瀑布群是中国贵州省境内一处以瀑布、溶洞、石林为主体的独特风景区。位于镇宁布依族苗族自治县境内。白水河流经此地，因山峦重叠，河床断落，多急流瀑布，奇峰异洞，黄果树附近形成九级瀑布。黄果树瀑布是其中最大的一级，瀑布高 74 米，宽 81 米，集水面积达 770 平方千米，是中国最大的瀑布，也是世界著名的瀑布之一。

黄果树瀑布群是大自然的产物。黄果树瀑布发育在世界上最大的华南喀斯特区的最中心部位，这里的地表和地下都分布着大量可溶性的碳酸盐岩，区域地质构造十分复杂；加上这里位于亚热带湿润季风气候的南缘，水热条件良好，形成打帮河、清水河、灞陵河等诸多河流。它们在向下流经北盘江再汇入珠江时，对高原面进行溶蚀和切割，加剧了高原地势的起伏，从而形成了各种各样绚丽多姿的喀斯特地貌。由于河流的袭夺或落水洞的坍塌等原因，形成了众多的瀑布景观，黄果树瀑布群便是其中最典型、最优美的喀斯特瀑布群。

由于黄果树瀑布群的瀑布不仅风韵各具特色，造型十分优美，而且在其周围还发育许多喀斯特溶洞，洞内发育有各种喀斯特洞穴地貌，形成了著名的贵州地下世界，具有极大的旅游观光价值。

黄果树大瀑布是黄果树瀑布群中最为知名的瀑布，它位于镇宁布依族苗族自治县城关镇西南约 25 千米，东北距贵阳市 150 千米。最新测量结果表明，黄果树大瀑布高为 74 米，宽达 81 米。因此，黄果树大瀑布水量充沛，气势雄壮。漫天倾泻的瀑布，带着巨大的水流动能，发出如雷巨响，震得地动山摇，展示出大自然一种无敌的力量与气势。巨量的水体倾覆直下，又形成了大量的水烟云雾，使得峡谷上下一片迷蒙，呈现出了一种神秘的色彩。瀑布平水时，一般分成四支，自左至右，第一支水势最小，下部散开，颇有秀美之感；第二支水量最大，更具豪壮之势；第三支水流略小，上大下小，显出雄奇之美；最右一支水量居中，上窄下宽，洋洋洒洒，最具潇洒风采。黄果树瀑布之景观，随四季而替换，昼夜而迥异。

黄果树大瀑布还有二奇；一曰瀑上瀑与瀑上潭，是为主瀑之上一高约 4.5 米的小瀑布，其下还有一个深达 11.1 米的深潭，即瀑上潭。瀑上瀑造型极其优美，与其下的黄果树主瀑形成了十分协调的瀑布组合景观。二曰水帘洞，其为主瀑之后、瀑上潭之下、钙华堆积之内的一个瀑后喀斯特洞穴。

水帘洞高出瀑下的犀牛潭 40 余米，其左侧洞腔较宽大清晰，并有三道窗孔可观黄果树瀑布；右侧因石灰华坍塌，洞体仅残存一半，形成一个近 20 米高的岩腔。水帘洞不仅本身位置险要，而且洞内之景颇有特色。然而，长期以来，由于进洞道路艰难危险，除少数探险者敢冒险进洞游览之外，一般游人是很少进去的。下面的犀牛潭，其深达 17.7 米，在黄果树大瀑布跌落的巨量水流冲击下，激起高高的水柱，若游人不小心从水帘洞中滑入犀牛潭，则非常危险。

游人在水帘洞中观赏美景时，往往会想到自己正处在瀑布之下，巨量的水体正从头上压顶而过时，不禁会产生一种难以名状的压抑感，甚至是一种恐惧感，仿佛洞内的岩壁会随时被压垮倾覆，随时会跌落下来一般，以致不敢久留。只有当走出了水帘洞时，看到洞外一片明亮，灿烂阳光下，翠竹簇簇，婆娑起舞，林木葱茏，树叶扶疏，才不觉松了一大口气，精神为之一振。

那么，黄果树大瀑布如此壮美的景观又是怎样形成的呢？对于黄果树大瀑布的成因问题，可谓是众说纷纭。有人认为它是典型的喀斯特瀑布，由河床断陷而成；有人则认为是喀斯特侵蚀断裂——落水洞形成的。还有一种说法是，黄果树大瀑布前的箱形峡谷，原为一落水溶洞，后来随着洞穴的发育、水流的侵蚀，使洞顶坍落，而形成瀑布。

黄果树大瀑布

由于一个瀑布的形成过程与瀑布所在河流的发育过程紧密相关，故探究黄果树瀑布的形成过程须与白水河的演化发育历史结合起来考虑。这样，就可以把黄果树瀑布的发育过程大致分成 7 个阶段：即前者斗期、者斗期、老龙洞期、白水河期、黄果树伏流期、黄果树瀑布期和近代切割期。其形成时代大约从距今 2700 万年 ~ 1000 万年的第三纪中新世开始，一直延续至今，经历了一个从地表到地下再回到地表的循环演变过程。

真的存在"天池怪兽"吗

矗立在我国吉林省东南部中朝两国交界处的长白山，是一座多次喷发的中心式复合火山。火山喷出的炽热岩浆冷却后堆积在火山口周围，形成一个圆锥状的高大火山锥体。锥体中央的喷火口，形如深盆，积水成湖，即闻名遐迩的火山口湖——长白山天池。

长白山天池

天池水面海拔 2194 米，面积 9 平方千米，湖内深达 373 米，平均水深 204 米。它的水温终年很低，夏季只有 8℃ ～ 10℃。从科学的常规看，这里自然环境恶劣，地处高寒，水温较低，浮游生物很少，水中不可能有大型生物。

然而，1962 年 8 月，在有人用望远镜发现天池水面有两个怪物在互相追逐游动。

1980 年 8 月 21 ～ 23 日，人们再次目睹了水怪。21 日早晨，作家雷加等 6 人在火山锥体和天文峰中间的宽阔地带发现天池中间有喇叭形的阔大划水线，其尖端有时露出盆大的黑点，形似头部，有时又露出拖长的梭状形体，好似动物的背部。9 点多钟，目击者们又一次见到三四条拖长的划水线，每条至少有 100 米长，这样的划水线，如果没有快艇的速度是不会形成的。翌日早晨，五六只"水怪"又突然出现在湖面上，约 40 分钟后才相继潜入水中。23 日，5 只怪兽又出现在距目击者 40 多米的水面，这回人们清楚地看到，怪兽头大如牛，1 米多长的脖子和部分前胸露出水面。水怪有黑褐色的毛，颈底有一白底环带，宽约 5 ～ 7 厘米，圆形眼睛，大小似乒乓球。惊慌的目击者边喊边开枪，可惜都未击中，怪兽潜水而逃。

此后，人们又分别在 1981 年 6 月 17 日和 9 月 2 日再次目睹了怪兽。《新观察》的记者还拍下了我国唯一的一张天池怪兽照片，证明怪兽确实存在。

然而，对天池水怪持否定态度的人认为：天池形成的时间并不长，是不可能有中生代动物存活的，况且池中缺少大型动物赖以生存的必要的食物链，无法解释此类大动物的食物来源。

1981 年 7 月 21 日，朝鲜科学考察团在池中发现一只怪兽，他们依据观察和摄影资料，判断怪兽是一只黑熊。而中国一位科学工作者提出质疑，认为人们所见的水怪与黑熊的形态有很大区别，且黑熊虽然能游泳却不善潜水等，因此并不能解释"天池怪兽"之谜。

于是有人又提出"怪兽"很可能是水獭。水獭身体细长，又善潜水，可在水下潜游很长距离。它为了觅食而进入天池，被人们远远看见，加上光线的折射，动物被放大，于是成了人们传说中的"天池怪兽"。

还有一种观点认为：天池中常有时隐时现的礁石从水中浮现，也如动物一样有时露头伸出水面，有时沉入水中。还有火山喷出的大块浮石，它在水中漂浮，在风吹之下也一动一动地在水面浮动，远远看去，也如动物一样在水中游泳。

难道许多目击者产生的都是同一错觉吗？如果不是，天池怪兽又是什么呢？它又是如何演变来的呢？

难识庐山真面目

在江西九江市南、鄱阳湖湖口之西，有一座令人神往的山，那就是以"奇秀甲天下"而著称的庐山。然而，云雾弥漫、峰峦隐现的庐山真面目，至今仍是个悬而未决的谜。

庐山的形成只能是地质年代地壳构造运动的结果。在遥远的地质年代，这里原是一片汪洋，后经造山运动，才使庐山脱离了海洋环境。现今庐山上所裸露的岩山，如"大月山粗砂岩"就是元古代震旦纪的古老岩石。那个时代的庐山并不高，在漫长的地质年代里，它经历了数次海侵和海退。庐山大幅度上升是在距今约六七千万年前的中生代白垩纪。当时，地球上又发生了强烈的燕山构造运动，位于淮阳弧形山系顶部的庐山，受向南挤压的强力和江南古陆的夹持而上升成山。山呈肾形，为东北—西南走向，形成了一座长 25 千米、宽 10 千米、周长约 70 千米，海拔 1474 米以上的山地。这就是千古名山庐山的形成过程。

庐山"奇秀甲天下山"之说并非过誉。因为这里无论石、水、树无一不是绝佳的风景，五老绝峰，高可参天，经常云雾缭绕。说到庐山多雾，这与它处于江湖环抱的地理位置密不可分。由于雨量多、湿度大，水气不易蒸发，因此山上经常被云雾所笼罩，一年之中，差不多有 190 天是雾天。大雾茫茫，云烟飞渡，给庐山平添了不少神秘色彩。凡到庐山者，必游香炉峰，因为香炉瀑布，银河倒挂，确实迷人。李白看见香炉瀑布后，万分赞叹，留下了千古不朽的诗句："日照香炉生紫烟，遥看瀑布挂前川。飞流直下三千尺，疑是银河落九天。"香炉瀑布飞泻轰鸣之美，至今令到此观光的游者大为倾倒。

庐山有没有出现过冰川的问题一直在我国地质界存在争议。

1931 年，地质学家李四光带领北京大学学生去庐山考察时，发现那里的一些第四纪沉积物，若不用冰川作用的结果来解释，很难理解。以后的几次考察，从不同的角度再研究这些现象，确信是冰川作用的结果。于是，他在一次地质学年会上发表了题为《扬子江流域之第四纪冰期》的学术演讲，提出了庐山第四纪冰川说，其主要证据是平底谷、王家坡 U 形谷、悬谷、冰斗和冰窖、雪坡和粒雪盆地。在堆积方面，他指出：庐山上下都堆

庐山龙首崖

积了大量的泥砾，这些堆积显示了冰川作用的特征。

当时，国际地质学界有一种流行的观点，认为第三纪以来，中国气候过于干燥，缺乏足够的降水量，形成不了冰川。英籍学者巴尔博根据对山西太谷第四纪地层的研究，认为华北地区的第四纪只有暖寒、干湿的气候变化，没有发生过冰期。他认为：一些类似冰川的地形，既可能是流水侵蚀所成，也可能是山体原状，而王家坡U形谷的走向可能和基岩的构造有关。法籍学者德日进也排除了庐山冰川存在的可能性。

以后的几年里，李四光也在寻找更多的冰川证据，以说服持怀疑论者。1936年，他在黄山又发现了冰川遗迹，更加证明庐山曾有冰川。他的论著《冰期之庐山》，总结了庐山的冰川遗迹，进一步肯定了庐山的冰川地形和冰碛泥砾，描述了在玉屏峰以南所发现的纹泥和白石嘴附近的羊背石。该书专门写了《冰碛物释疑》一章，对反对论者所提出的观点进行了分析与反驳。对于泥砾的成因问题，他否定了风化残积、山麓坡积、山崩、泥流等成因的可能性，再次肯定泥砾的冰川成因。不久，他又著《中国地质学》一书，着重讨论了泥流和雪线问题。对于泥流，他认为既然承认如此巨大规模的泥砾是融冻泥流所形成的，那就完全有必要承认在高山上发生过冰川作用，因为如果山下平原区发生了反复的冰冻与融化，以致产生了泥流的低温条件，按升高100米降低温度0.6℃计算，庐山上面的温度就要比周围平原低6℃～10℃，这样就不可避免要产生冰川。据此，反对庐山冰川的泥流作用，反过来却成了庐山冰川说的有力证据。对雪线问题，他认为在更新世时期，雪线在东亚有所降低，因此，虽然庐山海拔较低，也能发生冰川。

20世纪60年代初，黄培华再次对庐山存在第四纪冰川提出质疑。其依据是：所谓"冰碛物"不一定是冰川的堆积，其他地质作用如山洪、泥流都可以形成；地形方面，庐山没有粒雪盆地，王家谷等地都不是粒雪盆地，而且山北"冰川"遗迹遍布，何以在山南绝迹？庐山地区尚未发现喜寒动植物群，只有热带亚热带动植物。支持冰川说的曹照恒、吴锡浩从庐山的堆积物、地貌、气候及古生物方面反驳了黄培华的观点。

20世纪80年代初，持非冰川论观点的施雅风、黄培华等又进一步从冰川侵蚀形态、冰川堆积和气候条件等方面，对庐山第四纪冰川说加以否定。持冰川论观点的景才瑞、周慕林等人则从地貌、堆积，特别是冰川时、空上的共性与个性等方面进一步论证了庐山冰川的可能性。

在据最新论据的争论中，持非冰川论观点的谢又予、崔之久作了庐山第四纪沉积物化学全量分析，"泥砾"中砾石形状、组织的统计、分析，以及电镜扫描所采石英砂表面形态与沉积物微结构特征等，认为庐山的"冰川地貌"是受岩性、构造控制的产物，而不是真正的冰川地貌；所谓"冰川泥砾"也不是冰碛物，而是典型的水石流、泥石流和坡积的产物。

以上的争论并没有完结，面对庐山的地貌和沉积物这一共同事实，争论一方说是冰川作用的证据，而另一方却判定为非冰川作用的证据。庐山的真面目，至今仍是个谜。在庐山上是否存在过冰川，这对我国第四纪地层划分起着重要作用，因此有待于更深入的探讨。

自贡何以成为恐龙的"集体墓地"

20 世纪 70 年代初，地质部第二地质大队科技人员黄建国等人在四川自贡大山铺的公路旁裸露的岩石层中，意外地发现一处生物化石，后来经过考证，确认这就是恐龙化石。从此以后，中国考古专家云集这片丘陵僻壤，从中发现了大片连绵的化石脉，因此认定此必是化石宝库。

恐龙化石标本

1977 年 10 月，一具 40 吨重的完整的恐龙化石展现在目瞪口呆的人们面前。两年后，一个石油作业队在附近山坡炸石修建停车场时，"炸"出了一幅令人惊心动魄的景象：恐龙化石重重叠叠堆积一片……世界奇观出现了，一座巨大的恐龙群族"殉葬地"重见天日。

经初步发掘，在大山铺出土恐龙化石 300 多箱，恐龙个体 200 多个，比较完整的骨架 18 具，极其难得的头骨 4 个。这些珍品引起国内外科学家的浓厚兴趣，他们纷纷前来进行实地研究，希望能解开恐龙生死存亡的千古之谜。

从大山铺恐龙化石来看，恐龙并非都是庞然大物。此地当时有长 20 米、重 40 吨的"蜀龙"，也有仅长 1.4 米、高 0.7 米的鸟脚龙。它们无论大小，都不显得笨重，而且精力旺盛，行动敏捷。

恐龙的智力也比较发达：剑龙类的脑智商平均值为 0.56；角龙类为 0.8 左右；属肉食性的霸王龙和恐爪龙则超过了 5，想来是因为它们要捕食素食性恐龙，没有较高的智力是不行的。尽管恐龙的体温比现代哺乳动物要低些，调温体制要差些，但它们不冬眠，没有羽毛，活动速度超过每小时 4.8 千米，所以科学家们认为它们是热血动物，而不是像蛇、蜥蜴一样的冷血动物。

据测算，这些恐龙是在 1.6 亿年前就被埋藏在地层里，在缺氧条件下，经泥沙、岩石的固结、充填、置换等石化作用，而形成现在所见到的化石。那么，是什么原因使恐龙集体死亡于此呢？

有学者认为，大约在 7000 万年前的白垩纪末期，地球又发生了一次强烈的地壳活动（燕山运动）。四川盆地继续隆起，浅丘开始出现，水枯林竭。从海水中隆起的四川盆地形成了得天独厚的自然环境，而自贡地区当时是一个大汇水池，于是恐龙漂集于此，直到死亡。

也有人认为，在白垩纪末期，整个地球发生了广泛性寒冷，日夜温差增大，季节交替出现。习惯热带环境的恐龙，不能像蛇、蜥蜴那样进行冬眠，又不能像毛皮动物那样躲进山洞避寒，因而这些地球霸王们受到了大自然的酷寒"惩处"。

关于恐龙在此"集体死亡"的原因说法甚多，比如有人认为是天外一颗超行星爆炸后，其强光和巨大宇宙射线引起恐龙的遗传基因突变而致灭绝。还有一种理论认为，是一颗小行星撞入地球的大海之中，使海水升温，并掀起5000米高的巨浪，使恐龙被埋入泥沙之中。另有专家认为，大山铺恐龙化石里砷含量过多，可能是恐龙吃了有毒的植物而暴死并堆积在一起。

以上诸论争讼不已，更给恐龙死亡之谜蒙上了一层神秘的面纱。

"世界屋脊"青藏高原曾经是海洋吗

众所周知，青藏高原不仅是世界上最高大的高原，同时也是世界上最年轻的高原。它的面积约250万平方千米，平均海拔超过4500米。青藏高原由自南向北绵延不绝的一系列山脉构成。巍峨的喜马拉雅山、冈底斯山、念青唐古拉山耸立在青藏高原的西南部，中间是喀喇昆仑山、唐古拉山，北面则是广阔的昆仑山、阿尔金山和祁连山。

青藏高原有世界上最高的山峰——珠穆朗玛峰。全世界海拔超过8000米的山峰共有14座，都位于青藏高原。青藏高原雄踞地球之巅，确实无愧于"世界屋脊"的称号。青藏高原上有许多美丽的风景：无数蔚蓝色的湖泊镶嵌在广阔的草原上，雪峰倒映其中，美丽迷人；岩石缝里喷出许多热气腾腾的泉水；附近的雪峰、湖泊在喷泉的映衬下显得格外耀眼。青藏高原的大多数山峰都覆盖着厚厚的冰雪，许多银练似的冰川点缀在群山之中，这些冰川正是大江、大河的"母亲"。发源于此的有世界著名的长江、黄河、印度河和恒河等，它们都从此汲取了丰富的水源。柴达木盆地是青藏高原地势较低的地方，但海拔也有2000～3000米。

人们在为这瑰丽景色发出惊叹之余，不禁会问：青藏高原是怎么形成的？它原本就是这个样子吗？

可能我们难以想象，如今世界上最高的青藏高原曾经被埋在深深的海底，而且，喜马拉雅山至今也没有停止过上升。对1862～1932年间的测量结果进行分析就会发现，其许多地方以平均每年18.2毫米的速度在上升。如果喜马拉雅山始终按照这个速度上升，那么10000年以后，它将比现在还要再高182米。

在青藏高原层层叠叠的页岩和石灰岩层中，地质学家们发掘出了大量的恐龙化石、陆相植物化石、三趾马化石以及许多古代海洋生物的化石，如鹦鹉螺、三叶虫、珊瑚、笔石、菊石、海百合、苔藓虫、百孔虫、海胆和海藻等的化石。面对这些古代海洋生物化石，地质学家们的思绪也回到了遥远的地质年代。早在二三亿年前，青藏高原曾经是一片汪洋大海，它呈长条状，与太平洋、大西洋相通。后来，由于强烈的地壳运动形成了古生代的褶皱山系，海洋随之消失，古祁连山、古昆仑山产生，而原来的柴达木古陆相对下陷，变成了大型的内陆湖盆地。经过1.5亿年漫长的中生代，长期的风化剥蚀使这些高山逐渐被夷平。高山上被侵蚀下来的大量泥沙则全部沉积到湖盆内。

地壳运动在新生代以后再次活跃起来，那些古老山脉因此而剧烈升起，"返老还童"似的重新变成高峻的大山。现今世界最高山脉所在的喜马拉雅山区在距今 4000 多万年前是一片汪洋大海。这里原本是连续下降区，厚达 1000 米的海相沉积岩层深积于此，各个时代的生物也埋藏在岩层中。随着印度洋板块不断地北移，最终与亚欧大陆板块撞在了一起，这个地区的古海受到严重挤压，褶皱因此而产生。喜马拉雅山脉从海底逐渐升起，并带着高原大幅度地隆起，"世界屋脊"从此屹立于世。

高原的强烈隆升，对亚洲东部的自然地理环境产生了深刻的影响，高原大地形的动力作用和热力作用改变了周围地区大气环流的形势。经气象学家研究得知，夏季，高原的存在诱发了西南季风，使我国东部的夏季风能长驱北上，给广大地区带来充沛的降水；冬季，高原的存在产生了西伯利亚高压，强大的冷空气又足以席卷南部广大地区。如果我们把高原与其周围低地相比较，便可以看出它们的显著差别。高原南部的印度阿萨姆平原为热带雨林地带，而高原北部却是极端干旱的温带荒漠；高原东缘与亚热带湿润的常绿阔叶林地带相接；其西侧毗连着亚热带半干旱的森林草原和灌丛草原地带。青藏高原恰恰处在这南北迥异、东西悬殊的"十字街头"上。高原强烈隆升的结果，使气候愈来愈寒冷干燥，并且愈往中心地区愈明显，由隆升前的茂密森林过渡到了今天的高寒荒漠。相比之下，高原东南边缘变化最小，至今仍然保存着温暖湿润的森林景观。

"雪的故乡"喜马拉雅山之谜

"喜马拉雅"一词来自梵文，原意为"雪的故乡"。它全长 2400 千米，宽 200 ~ 300 千米，主脊山峰平均海拔达 6000 米，是地球上最高而又最年轻的山系。

高耸挺拔的喜马拉雅山脉东西横亘，逶迤绵延，呈一向南凸出的大弧形矗立在青藏高原的南缘。喜马拉雅山系由许多平行的山脉组成，自南而北依次可分为山麓、小喜马拉雅山和大喜马拉雅山三个带。大喜马拉雅山宽 50 ~ 90 千米，地势最高，是整个山系的主脉。

位于中尼边境中部的喜马拉雅山，雪峰林立，有数十座海拔 7000 米以上的山峰。在这一地区，海拔 8000 米以上的极高峰也比较集中，仅在我国境内的就有 5 座，即珠穆朗玛峰、洛子峰、马卡鲁峰、卓奥友峰和希夏邦马峰。它们和境外的干城章嘉峰、马纳斯仟峰、道拉吉里峰及安那鲁纳尔峰等海拔 8000 米以上的山峰共同组成整个喜马拉雅山系的最高地段。

喜马拉雅山脉的南北翼自然条件差异显著，动物和植物的种类组成截然不同。这种悬殊的自然景观十分奇特，让人不得不惊叹大自然的造化之功。以喜马拉雅山脉中段为例：中喜马拉雅山的南翼山高谷深，具有湿润、半湿润的季风气候特点。在短短几十千米的水平距离内，相对高差达 6000 ~ 7000 米，垂直自然带十分明显。

远望喜马拉雅山群峰

海拔 1000 米以下的低山及山麓地带是以婆罗双树为主的季雨林带。海拔 1000 ~ 2500 米的地方为山地常绿阔叶林带，与我国亚热带的常绿阔叶林类似，主要有栲、石栎、青冈、桢楠、木荷、樟、木兰等常绿树种。林木苍郁，有多种附生植物及藤本植物杂生其间。森林中常可见到长尾叶猴、小熊猫、绿喉太阳鸟等，表现出热带、亚热带生物区系的特点。

海拔 2100 ~ 3100 米的地方为针阔叶混交林带，主要由云南铁杉、高山栎和乔松等耐冷湿、耐干旱的树种组成。植物组成具有过渡特征，随季节变化而作垂直的迁移。海拔 3100 ~ 3900 米的地方为以喜马拉雅冷杉为主的山地暗针叶林带。森林郁闭阴湿，地面石块及树木上长满苔藓，长松萝悬挂摇曳，形成黄绿色的"树胡子"。林麝和黑熊等适于这种环境，喜食附生在冷杉上的长松萝。冷杉林以上为糙皮桦林组成的矮曲林，形成森林的上限。

森林上限以上，海拔 3900 ~ 4700 米的地方为灌丛带。阴坡是各类杜鹃组成的稠密灌丛，阳坡则是匍匐生长的暗绿色圆盘状的圆柏灌丛。海拔 4700 ~ 5200 米的地方为小蒿草、蓼及细柄茅等组成的高山草甸带。再往上则为高寒冻风化带及其上的永久冰雪带。

中喜马拉雅山北翼高原上气候比较干旱，没有山地森林分布。在海拔 1000 ~ 5000 米的范围内生长着以紫花针茅、西藏蒿和固沙草等为主的草原植被，组成高山草原带。这里的动物多为高原上广布的种类，如藏原羚、野驴、高山田鼠、藏仓鼠、高原山鹑、褐背地鸦等。海拔 5000 ~ 6000 米的地方为以小蒿草、黑穗苔草等为主的高寒草甸以及坐垫植被带。主要动物有喜马拉雅旱獭、岩羚羊和藏仓鼠等。海拔 5600 米至雪线（6000 米）间寒冻风化作用强烈，地面一片石海，只有地衣等低等植物，形成黄、橙、绿、红、黑、白等各种色彩，组成独具一格的图案。

喜马拉雅山脉的东、中、西各段也有明显差异。东段比较湿润，以山地森林带为主，南北翼山地的差异较小；西段较干旱，分布着山地灌丛草原和荒漠；中段地势高耸，南北翼山地形成鲜明对照。

喜马拉雅山的顶峰终年白雪皑皑，在红日映照下，更显得晶莹剔透、绚丽多彩；

一旦漫天风雪来临，它就被裹上一层乳白色的轻纱，犹如从茫茫太空中飘来的一座玉宇。

千百年来，生活在喜马拉雅山区的人们，利用河流切穿山脉的山口地带，南北穿行。喜马拉雅山区的农业开发历史约有600多年。

藏族和其他民族在河谷阶地和缓坡上开垦耕地，修筑梯田，他们把耕地分成"巴莎"（上等地）、"夏莎"（中等地）和"切莎"（下等地）等类别，开挖渠道，引雪水灌溉，种植青稞、燕麦、玉米等作物，在长期的生产实践中，积累了丰富的经验。他们根据高山冰雪消融引起的河流水量的变化，来判断气候的变化。他们看山影，观候鸟，观察报春花发芽、生叶和开花等物候现象，来掌握播种时节，安排田间管理。这些丰富的经验，对于发展喜马拉雅山区的农牧业有很实用的价值。

山体呈巨型金字塔的珠穆朗玛峰巍然屹立，为群峰之首。最先发现和熟悉这一世界最高峰的是我国的藏族同胞和尼泊尔人民。在西藏的历史记载和传说中，也流传着不少关于珠穆朗玛峰的故事。尼泊尔人民称它为"萨加玛塔"，这是一个梵语复词："萨加"意为"天"，"玛塔"意为"头"或"山峰"，两个词合在一起便是"高达天庭的山峰"或"摩天岭"之意。18世纪初，中国测量人员测定了珠穆朗玛峰的位置，并把它载入1719年铜版印制的《皇舆全览图》。

为了攀登珠穆朗玛峰，从1921～1938年，英国人在北坡进行过多次尝试，但都没有成功。1953年5月29日，人们首次从南坡登顶征服了世界最高峰，其中一个是尼泊尔谢尔巴族人，另一个为新西兰。1960年5月25日，我国登山队王富洲等三人第一次从北坡登上珠穆朗玛峰，在世界登山史上写下了光辉的一页。

神奇的高原圣湖——青海湖

青海湖，古称"西海"，藏语叫"错温波"，意为"蓝色的海洋"。从北魏起才更名为"青海"，青海省因湖而得名。青海湖离西宁约200千米，海拔3200米。它的周长360千米，面积4583平方千米，是我国最大的咸水湖。

大约在2000多万年前，青藏高原还是一片汪洋大海，后由于地壳运动，海底隆起成为陆地，青海湖地区因断层陷落，而成为一个巨大的外泻湖，湖水从东西口泻入黄河。到第四纪造山运动时，湖东的日月山异峰突起，封闭了泻水口，而形成内陆湖，由于各河流水进入湖中被盐化，因此成为咸水湖。古青海湖面积很大，后来因为当地气候日趋干燥，湖面逐渐缩小，以致成为现在的样子。

青海湖的四周为群山环绕，北有崇峻壮观的大通山，东有巍峨雄伟的日月山，南有逶迤绵延的青海南山，西有峥嵘挺拔的橡皮山。湖区有大小河流近30条，湖东岸有两个子湖，一个是面积10余平方千米的尕海，系咸水；另一个是面积4平方千米的耳海，为淡水。在青海湖畔眺望，苍翠群山合围，山巅冰雪皑皑，湖光潋滟，雪山倒映，水天一色，烟波浩渺，鱼群欢跃，万鸟翱翔。湖滨一望无际，地势开阔平坦，水源充足，气候温和，是水草丰美的天然牧场。夏秋草原，绿茵如毯，金黄

青海湖风光

油菜，迎风飘香；牧民帐篷，星罗棋布；牛羊成群，如云飘动。偶尔从远处传来一阵"花儿"悠扬的歌声，抒怀、畅想油然而生。这如诗如画的美景，令人流连忘返；更有日出日落的壮丽使人心旷神怡。

青海湖中心偏南的著名岛屿是海心山，长2.3千米，宽约800米，高出湖面七八米，自古以产"龙驹"（从波斯引进、培育的良种马）而闻名，又以佛教古刹而显神圣。这里环境幽雅，绿草如茵，天朗云薄，淡水清泉，风景宜人。古刹白塔坐落在山南石崖前，石洞内外有经堂、殿宇、僧舍数间，其法器、壁画、白塔甚是可观，堂前壁上有多座彩色佛像和生动的故事绘画。相传历史上有不少名僧曾在此修行炼丹。登上海心山的顶端，从海拔3266米的高处可俯瞰青海湖的全貌，那海阔天空的壮观，水蓝云淡的秀美，尽收眼底，一览无余。

在湖的西北部有驰名中外的鸟岛，它是最诱人的奇观。面积仅0.015平方千米，每年5、6月份是观赏鸟儿王国盛况的最佳时期。来自我国南北和东南亚等地的斑头雁、棕头鸥、鱼鸥、赤麻鸭、鸬鹚和黑颈鹤等10多种候鸟，成群结队返回故乡，营巢产卵，孵幼育雏，栖息在这个小岛上，最多可达10万只以上。它们或翱翔于蓝天之间；或嬉游于碧波之中；或悠闲信步于沙滩之上；或安然栖息在巢中，熙熙攘攘，热闹非凡。鸟儿发出的鸣声，汇集成一首奇妙的交响乐曲，娓娓动听。岛上遍地都是各式鸟巢和各色鸟蛋，几乎无游人插足之地。这个似乎散乱的众鸟部落，如遇到"天敌"，便精诚团结，群集而起，向来犯者发起猛烈攻击。万鸟齐飞时，隐天蔽日，极目纵观不由得使人心神俱往。